역주 한훤차록 寒暄箚錄

조선시대 간찰 서식집

역주 한훤차록 寒暄箚錄

조선시대 간찰 서식집

편저자 남윤묵
역　자 박상수

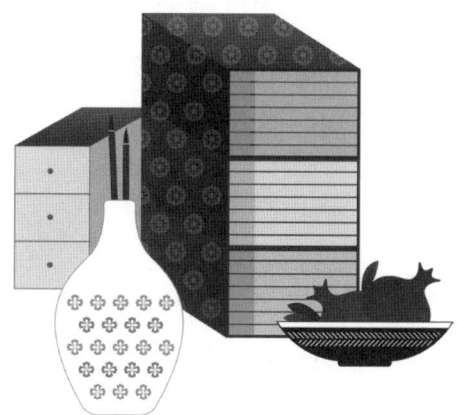

도서출판
수류화개

해제[1]

1. 《한훤차록》의 편저자와 구성

1) 편저자

《한훤차록》에서 '한훤'은 추운지 더운지 묻는 안부를 이르고, '차록'은 그때그때의 생각을 적은 기록을 이르는 말로, 상대의 안부를 기록한 편지 서식집이다. 이 책에는 서문이나 발문이 따로 실려 있지 않아 정확한 편찬 이유를 알기 어려웠는데, 조정순趙廷純(?~?)의 《동관지록童觀識錄》과 홍직필洪直弼(1776~1852)이 1811년(순조 11) 남윤묵南允黙에게 보낸 답장을 통해 남윤묵이 편찬한 자료임이 밝혔다. 그러나 남윤묵이 활동했던 연대와 어울리지 않는 유중교柳重敎(1832~1893)와 곽종석郭鍾錫(1846~1919)의 문집에서 발췌된 문장이 보이지만 이는 흔히 쓰이는 투식에 가까운 문장이라 우연한 중복으로 추정된다.

이 책은 여항의 남씨 성을 가진 사람이 편집한 것이라고 하는데 누각동樓閣洞 사람 하석河錫은 자기 아버지가 만든 것이라고 한다. 안타깝게도 예서

---

[1] 본 해제는 2010년 아세아문화사에서 간행된 박대현의 《한문서찰의 격식과 용어》, 2005년 김효경의 박사논문 〈朝鮮時代 簡札 書式 硏究〉, 2021년 김남규의 〈漢文書札 慰狀의 格式과 用語 연구〉를 상당 부분 정리하였다.

禮書를 상고하는 데 소홀하여 예서에 없는 두 글자를 함부로 첨가하여 《가례家禮》의 본 면목이 동속東俗에 가려지게 하였다. 이것이 그 단점이지만 명인의 문집을 유취類聚하고 두찬杜撰하지 않아 문文에 뜻을 두지 않으면서도 문이 미칠 수 없는 지경이다. 뒤에 나온 책들이 너무 문에 힘쓰다가 실수하여 문리가 맞지 않거나 또한 체재를 이루지 못한 것과 비교하면 천양지차가 난다.[此書閭巷南姓人所輯云 而樓閣洞人河錫 言其父所爲 恨其疎於考禮 漫添禮書所無之二字 使家禮本面目 晦於東俗 是其所失 而類聚名人文集 不自杜撰 無意於文而文不可及 視諸後出之書 失於太文而或不成文理 又不成體裁者 霄壤不啻矣]

- 《동관지록童觀識錄》

좌우左右께서는 한가롭게 지낸 지가 오래되었으니 응당 손에 잡고 있는 것이 있을 터인데, 무슨 일에 힘을 쓰시는지 모르겠습니다. 한 부의 《한훤차록》은 그 책이 비록 작지만 또한 충분히 고심을 볼 수 있었는데, 좌우께서는 이보다 더 큰 일을 하고 싶지 않습니까?[左右近者居閒久矣 應有藉手者存 不識所事何事 一部寒暄箚錄 其爲書也雖小 亦足以見苦心 未欲爲大於此者乎]

- 《매산집梅山集》〈답남윤묵答南允黙〉

《한훤차록》은 총 5권 3책 천天·지地·인人으로 구성된 목판본으로 정리자체철활자整理字體鐵活字의 목각본과 정리자체철활자본을 본떠 민간에서 만든 방정리자체철활자본倣整理字體鐵活字本을 비롯해 수많은 필사본이 전한다. 판본은 목판본과 목활자본으로 전해지는데 한국학중앙연구원 장서각, 서울대 규장각, 영남대학교, 경북대학교, 계명대학교 등의 도서관에 소장하고 있을 만큼 대중적으로 널리 유통되었던 자료이다.

2) 구성

책수	권수	목차	항목	참고
천	1	중봉식 重封式	영진류營鎭類 · 절하류節下類 · 집사류執事類 · 개탁류開坼類 · 상서류上書類	피봉의 격식
		피봉식 皮封式	형주류兄主類 · 석사류碩士類 · 대감류大監類 · 존장류尊丈類 · 노형류老兄類 · 아문류衙門類 · 모관류某官類 · 태좌류台座類 · 시안류侍案類 · 배후류拜候類 · 근봉류謹封類	
		왕서식 往書式	생례류省禮類 · 기두류起頭類 10 · 미심류未審類 · 시령류時令類 · 기후류氣候類 · 만안류萬安類 · 복모류伏慕類 · 제류第類 3 · 앙념류仰念類 · 소생류小生類 · 조안류粗安類 9 · 취고류就告類 2 · 궤유류饋遺類 · 결어류結語類 4 · 불비류不備類 · 복유류伏惟類 · 감찰류鑑察類 · 상후류上候類 · 연월류年月類 · 성명류姓名類 · 재배류再拜類	간찰의 격식
지	2	답장식 答狀式	기두류起頭類 10 · 비의류匪意類 · 치중류瀷中類 · 복승류伏承類 · 하서류下書類 · 근심류謹審類 · 시령류時令類 · 기후류氣候類 · 만안류萬安類 · 복위류伏慰類 · 제류第類 · 시의류示意類 · 감하류感荷類 · 사사류辭謝類	
	3	조위식 弔慰式	국애류國哀類 · 부모상류父母喪類 · 조부모상류祖父母喪類 · 숙부모상류叔父母喪類 · 형제상류兄弟喪類 · 처상류妻喪類 · 자상류子喪類 · 자부상류子婦喪類 · 여상류女喪類 · 요척류夭慽類 · 일가상류一家喪類 · 친지상류親知喪類 · 면례류緬禮類	내용
인	4	용례 用例1	방경류邦慶類 · 중시류重試類 · 대과류大科類 · 소과류小科類 · 발해류發解類 · 부거류赴擧類 · 낙방류落榜類 · 생남류生男類 · 과혼류過婚類 · 혼서류婚書類 · 승탁류升擢類 · 번곤류藩閫類 · 읍진류邑鎭類 · 서사류筮仕類 · 복직류復職類 · 부임류赴任類 · 부연류赴燕類 · 보외류補外類 · 견적류譴謫類 · 유환류宥還類 · 파관류罷官類 · 해관류解官類 · 취리류就理類 · 행역류行役類	내용
	5	용례 用例2	문병류問病類 · 과주류課做類 · 시십류詩什類 · 권면류勸勉類 · 청취류淸趣類 · 유상류游賞類 · 청요류請邀類 · 차여류借與類 · 수한류水旱類 · 겸황류歉荒類 · 촉탁류囑托類	

권1은 피봉을 비롯하여 왕서往書에 사용되는 사례를 순서대로 21항목으로 분류하였고, 권2는 답서 14항목, 권3은 상喪을 당하였을 때의 격식과 내용 13항목, 권4와 권5는 실생활에서 사용되는 용례1,2의 37항목을 담고 있다.

2. 《한훤차록》의 참고자료

《한훤차록》은 이이李珥(1536~1584)의 《율곡선생전서栗谷先生全書》에서부터 곽종석郭鍾錫(1846~1919)의 《면우선생문집俛宇先生文集》까지 수많은 간찰에서 구절을 발췌하였다. 그중 윤증尹拯(1629~1714)의 《명재선생유고明齋先生遺稿》와 김창협金昌協(1651~1708)의 《농암집農巖集》과 허목許穆(1595~1682)의 《기언記言》·《기언별집記言別集》등에서 집중적으로 가져왔다.

〈주요 발췌 문집〉

저자	서목
이이李珥(1536~1584)	《율곡선생전서栗谷先生全書》
신익성申翊聖(1588~1644)	《낙전당집樂全堂集》
허목許穆(1595~1682)	《기언記言》·《기언별집記言別集》
송시열宋時烈(1607~1689)	《송자대전宋子大全》
김수흥金壽興(1626~1690)	《퇴우당집退憂堂集》
남구만南九萬(1629~1711)	《남구만藥泉集》
윤증尹拯(1629~1714)	《명재선생유고明齋先生遺稿》
김석주金錫胄(1634~1684)	《식암유고息庵遺稿》
김창협金昌協(1651~1708)	《농암집農巖集》
심육沈錥(1685~1753)	《저촌유고樗村遺稿》
조구명趙龜命(1693~1737)	《동계집東谿集》
김정희金正喜(1786~1856)	《완당선생전집阮堂先生全集》
유중교柳重敎(1832~1893)	《성재집省齋集》
곽종석郭鍾錫(1846~1919)	《면우선생문집俛宇先生文集》

《한훤차록》에 인용된 구절이 해당 문집의 구절과 한 글자도 다름없이 인용된 경우와 일부를 인용하거나, 편저자에 의해 편집된 경우로 구분된다.

1) 동일한 내용 인용

(1) 〈기두류起頭類 3〉에 "일찍이 도성으로 들어가 찾아뵙고 회포를 펴려고 하였는데, 갑자기 산으로 돌아와 서운한 마음 사뭇 지극합니다.[曾審入城 方謀就敍 遽聞還山 悵惘殊極]"는 《율곡선생전서》〈답송운장答宋雲長〉에 "曾審入城 方謀穩敍 遽聞還山 悵惘殊極"과 동일하다.

(2) 〈기두류起頭類 4〉에 "산중에서 3일 동안 만났던 것이 십여 년 동안 얻지 못했던 것이니 감사한 마음을 어찌 이기겠습니까?[山中 三日之晤 又十餘年來 所未得也 豈勝感幸]"는 《명재유고》〈답박대숙答朴大叔〉에 "山中 三日之晤 又十餘年來 所未得也 豈勝感幸"과 동일하다.

(3) 〈기두류起頭類 10〉에 "장대 같은 오늘 비는 이전과는 비교할 수 없습니다.[今雨之壯 不比已前]"는 《농암집》〈답자익答子益〉에 "今雨之壯 不比已前"과 동일하다.

2) 일부 수정 인용

(1) 〈기두류起頭類 10〉에 "한 차례 내린 눈에 배나되는 감회가 산음山陰보다 적지 않아 사람을 그립게 합니다.[一雪倍興 不減山陰 儘令人懷仰]"는 《농암집》〈여이동보與李同甫〉에 "一雪助興 不減山陰 倍令人懷仰"라는 구절을 편집하였다.

(2) 〈복모류伏慕類〉에 "간절한 그리움이 날과 함께 쌓여갑니다.[區區瞻戀 與日俱積]"는 《월사선생별집月沙先生別集》〈여김사계與金沙溪〉에 "區區瞻戀之誠 與日俱積"이라는 구절을 편집하였다.

(3) 〈병문안[問病]〉에 "지난번 불편하신 안부는 이미 회복되셨는지요?[向來不安節 已得復常否 區區瞻戀 不能已也]"는 "《명제선생유고》〈여박

계궁與朴季肯〉에 "向來不安節 已得復常 區區瞻懸 寤寐不能已也"라는 구절을 편집하였다.

3) 생략과 수정 인용

(1) 〈병문안[問病]〉에 "다만 지난번 자주 편찮으시어 근처 도성에서 의사를 찾을 정도라는 소식을 듣고 비록 매우 걱정을 하기는 했지만 이미 나으셨겠지요?[第聞向來 頻有您候 至於近城尋醫 雖切奉慮 然想已快祛矣]"는 《명재선생유고》〈여박계궁與朴季肯〉에 "第頃因令姪泰慶甫 聞向來頻有您候 至於近城尋醫 殊切奉慮 然想已快祛矣"라는 구절의 내용을 생략하고 수정하였다.

(2) 〈조안류粗安類 2〉에 "계집종 하나가 병으로 누워있으니 전염되었는지 아닌지 모르겠습니다. 집을 잃은 괴로움도 하나의 병통입니다.[一婢病臥 未知染不染 而失巢之困 亦一病也]"는 《기언記言》〈여이생진무무경與李生晉茂茂卿〉에 "今聞又一婢病臥 未知染不染 而失所之困生一病也"라는 구절의 내용을 생략하고 수정하였다.

3. 피봉 서식

피봉은 오늘날 편지의 봉투를 말하는데, 크게 하나의 봉투로 구성된 단봉單封과 두 겹으로 구성된 중봉重封, 내지內紙가 피봉의 역할을 동시에 하는 자봉自封으로 나뉜다. 피봉의 경우 단봉과 중봉의 구분 없이 오늘날의 방식과 달리 모두 장방향으로 세로로 길게 쓰는 방식을 취하였다. 이는 19세기 후반 서양의 근대우편 제도가 도입되기 전까지 모두 이러한 방식으로 주소를 적었다. 또한 피봉은 종이가 접히는 쪽을 앞, 그 반대쪽을 뒤라고 여겼다. 이는 사람이 가름이 있는 가슴쪽을 앞, 그 반대쪽을 뒤라고 개념을 피봉에 적용한 것이다.

그밖에도 《한훤차록》에는 피봉에 적는 영진류營鎭類 뿐 아니라 경기京畿·호서湖西·호남湖南·영남嶺南·해서海西·관서關西·관동關東·관북關北의 팔도지명과 고호古號를 기록함으로써 피봉을 작성하는 데 편리하도록 하였다.

4. 간찰 서식

1) 기두류起頭類

기두류의 예문은 세부적으로 왕서往書 503개, 답서 276개로 모두 779개로 구성하고 크게 10가지로 구분하였는데, (1)소식이 막혀 그리움이 쌓였을 경우[阻闊], (2)이별 후에 보내는 경우[別懷], (3)소식이 막힌 끝에 안부를 전하는 경우[闊候], (4)찾아와서 감사한 마음을 전하는 경우[枉訪], (5)찾아 뵙고 나서 보내는 경우[謁後], (6)만남을 잊지 못해 보내는 경우[邂逅], (7)상대방의 간찰에 편지를 부치는 경우[付書], (8)심부름꾼을 통해 편지를 주고받는 경우[伻人], (9)평소 교분이 없는 데 보내는 경우[無雅], (10)계절이나, 월月에 따라 편지를 보내는 경우[時令]로 구분하였다.

2) 첨앙류瞻仰類

'첨앙'은 '매우 그립다'는 의미로 발신인의 심회를 서술한 부분으로,

(1)우러러 사모하다[瞻仰], (2)슬퍼하고 우러르다[悵仰]로 구분된다. 여기서 모慕·연戀·회懷·사思·상想·념念·경耿·현懸·첨瞻·소遡·왕往·치馳·앙仰·울鬱·창悵·탄歎 등의 글자를 조합하여 자신의 그리운 감정을 전달하였다.

3) 후문候問

상대방의 안부를 묻는 것으로 자신의 안부를 전하는 자서自敍로 구분된다. 왕서往書의 경우, 상대의 안부를 알지 못해 안부하는 미심류未審類·계절이나 절기에 따라 안부하는 시령류時令類·상대의 건강 등의 안부를 묻는 기후류氣候類·편안한지를 묻는 만안류萬安類·그립다는 뜻으로 안부하는 복모류伏慕類·다만의 뜻으로 쓰이는 제류第類·그립고 염려된다며 안부하는 앙념류仰念類로 구분하였다.

4) 자서自敍

자신의 안부를 전하는 부분으로, 소생류小生類와 조안류粗安類로 구분된다. 소생류는 상대에게 자신을 낮추는 겸칭으로 소생小生·세기世記·제弟·루인纍人·민民·복僕·종말宗末 등이 있다. 조안류는 자신의 근황을 상대에게 알리는 부분으로, (1)그럭저럭 편안하다는 뜻의 조안粗安, (2)공무에 있다는 뜻의 공용公冗, (3)병 중임을 알리는 질병疾病, (4)가족의 질병을 이르는 친환親患과 우환憂患, (5)한가롭게 지낸다는 한적閑寂, (6)외직에 있다는 외임外任, (7)여행 중임을 알리는 행역行役, (8)객지에 있음을 말하는 객중客中이 있다.

5) 술사述事

 상대와 안부를 주고받으며 특별하게 알리고 싶은 내용을 기술할 때 쓰는 형식으로, 취고류就告類와 궤유류饋遺類가 있다. 취고류는 '드릴 말씀은 다름이 아니라'라는 뜻으로 편지를 서술하는 방식을 이르고, 취고류는 선물을 보낼 때 서술하는 방식이다. 취고류로 쓰이는 말로는 취고就古・취복백就伏白・취송就控・취번就煩・취중就中・취달就達 등이 있고, 궤유류로 쓰이는 말로는 복정伏呈・정사呈似・복상伏上・송지送之・반간伴簡 등이 있다.

6) 결미

 편지를 끝맺는 부분이다. 이를 자세히 구분하면 결어류結語類・불비류不備類・복유류伏惟類・감찰류鑑察類・상후류上候類・연월류年月類・성명류姓名類・재배류再拜類로 구분된다.

① 결어류結語類

 '편지를 드리지 못해 죄송하다'는 뜻을 연용하여 쓰는 앙후仰候・곤골滾汨・인순因循・덕음德音이 있다. 언제 만날지 기대하는 마음을 담은 왕림枉臨・일회一會・근기勤企가 있다. 간단하게 쓰고 줄인다는 뜻인 편망便忙・호초胡草・장어長語・묵회默會・전고詮告・미고尾告 등이 있다. 잘 지내기를 빈다는 뜻을 담은 복축伏祝・대시對時・만안萬安・모용慕用 등이 있다.

② 불비류不備類

 '이만 줄인다'는 뜻으로, 불비不備・불선不宣・서례書例・지차只此 등이 있다.

③ 복유류伏惟類

'삼가 바란다'는 뜻으로, 복유伏惟 · 앙희仰希 등이 있다.

④ 감찰류監察類

'살펴주십시오'라는 뜻으로, 하감下鑑 · 숭조崇照 · 하량下亮 · 하재下在 · 태찰台察 등이 있다.

⑤ 상후류上候類

'편지를 올립니다'는 뜻으로, 배상후장拜上候狀 · 근사상謹謝上 · 소상疏上 · 장상狀上 등이 있다.

⑥ 연월류年月類

각 계절에 따른 연도와 12달과 날짜를 언급한다.

⑦ 성명류姓名類

발신인의 이름이나 등을 언급한다.

⑧ 재배류再拜類

'두 번 절한다'는 뜻으로 발신인의 이름 아래 재배再拜 · 배배拜拜 · 이배二拜 등을 통하여 존경의 마음을 전한다.

5. 맺음말

이상으로 《한훤차록》에 수록된 다양한 용례를 간단히 살펴보았다. 이 외에도 답서식答書式의 후문候問에 해당하는 비의류匪意類 · 체중류遞中類 · 복승류伏承類 · 하서류下書類 · 근심류謹審類 · 시령류時令類 · 기후류氣候類 · 만안류萬安類 · 복위류伏慰類 · 제류第類 · 앙념류仰念類와 술사述事에 해당하는 시의류示意類 · 감하류感荷類, 결미結尾에 해당하는 상후류上候類로 나누어진다.

번역하는 과정 중에 《한훤차록》에 실린 단어와 문장은 단 하나도 빼놓지 않고 고전번역원DB에서 검색하여 출처를 확인했다. 이러한 과정에서 남윤묵의 치밀하고 폭넓은 자료 수집과 활용에 감탄하였다. 이러한 결과 1905년에 발간된 김우균金雨均의 《척독완편尺牘完編》을 비롯하여 1946년에 발행된 김동진金東縉의 《청년학생척독青年學生尺牘》 등 다수의 서간문 투식집에 상당한 영향을 주었다.

책이 나올 수 있도록 노력해준 학문적 동지이자 수류화개의 대표인 전병수 선생께 고마움을 전한다. 매번 세상에 책이 나올 때마다 어지러운 원고를 꼼꼼히 읽고 다수의 오류를 잡아 주었다. 이번에도 다르지 않았다.

구일헌九一軒에서 역자 씀

참고 서적 및 논문

박대현, 《한문서찰의 격식과 용어》, 아세아문화사, 2010.
김효경, 〈朝鮮時代 簡札 書式 研究〉, 한국학중앙연구원, 2005.
김효경, 〈조선후기에 간행된 간찰서식집에 대한 연구〉, 한국서지학회, 서지학연구, 2006.
김남규, 〈漢文書札 慰狀 格式과 用語 연구〉, 영남대학교 민족문화연구소, 2021.

일러두기

1. 원문 누락은 〔 〕으로 표시하였다.
2. 소제목은 【 】로 표시하였다.
3. 【 】의 하위에 속하는 문장은 〚 〛로 표시하였다.
4. 원주는 〖 〗로 표시하였다.
5. 두주頭註는 { }로 표시하였다.

해제 004

권 1

중봉식重封式 020

영진류營鎭類...021 / 절하류節下類...029 / 집사류執事類...031 /
개탁류開坼類...032 / 상서류上書類...032

피봉식皮封式 033

형주류兄主類...034 / 석사류碩士類...034 / 대감류大監類...034 /
존장류尊丈類...035 / 노형류老兄類...035 / 아문류衙門類...035 /
모관류某官類...036 / 태좌류台座類...037 / 시안류侍案類...038 /
배후류拜候類...039 / 근봉류謹封類...041

왕서식往書式 042

생례류省禮類...042 / 기두류起頭類 10...042 / 미심류未審類...080 /
시령류時令類...081 / 기후류氣候類...085 / 만안류萬安類...088 /
복모류伏慕類...091 / 제류第類 3...095 / 앙념류仰念類...109 /
소생류小生類...109 / 조안류粗安類 9...113 / 취고류就告類 2...156 /
궤유류饋遺類...169 / 결어류結語類 4...174 / 불비류不備類...196 /
복유류伏惟類...198 / 감찰류鑑察類...199 / 상후류上候類...199 /
연월류年月類...200 / 성명류姓名類...201 / 재배류再拜類...202

권 2

답장식答狀式 206

기두류起頭類 10...206 / 비의류匪意類...238 / 치중류褥中類...238 /
복승류伏承類...239 / 하서류下書類...240 / 근심류謹審類...242 /
시령류時令類...244 / 기후류氣候類...244 / 만안류萬安類...244 /
복위류伏慰類...245 / 제류第類...253 / 시의류示意類...260 /
감하류感荷類...268 / 사사류辭謝類...294

권 3

조위식 弔慰式 300

국애류 國哀類...300 / 부모상류 父母喪類...301 /
조부모상류 祖父母喪類...336 / 숙부모상류 叔父母喪類...342 /
형제상류 兄弟喪類...346 / 처상류 妻喪類...357 /
자상류 子喪類...364 / 자부상류 子婦喪類...375 /
여상류 女喪類...379 / 요척류 夭慼類...383 / 일가상류 一家喪類...388 /
친지상류 親知喪類...395 / 면례류 緬禮類...403

권 4

용례 用例 1 408

방경류 邦慶類...408 / 중시류 重試類...410 / 대과류 大科類...412 /
소과류 小科類...418 / 발해류 發解類...421 / 부거류 赴擧類...425 /
낙방류 落榜類...427 / 생남류 生男類...429 / 과혼류 過婚類...432 /
혼서류 婚書類...436 / 승탁류 升擢類...439 / 번곤류 藩閫類...445 /
읍진류 邑鎭類...447 / 서사류 筮仕類...455 / 복직류 復職類...457 /
부임류 赴任類...459 / 부연류 赴燕類...463 / 보외류 補外類...469 /
견적류 譴謫類...470 / 유환류 宥還類...477 / 파관류 罷官類...482 /
해관류 解官類...485 / 취리류 就理類...489 / 행역류 行役類...490

권 5

용례 用例 2 500

문병류 問病類...500 / 과주류 課做類...506 / 시십류 詩什類...510 /
권면류 勸勉類...517 / 청취류 淸趣類...522 / 유상류 游賞類...526 /
청요류 請邀類...530 / 차여류 借與類...540 / 수한류 水旱類...542 /
겸황류 歉荒類...544 / 촉탁류 囑托類...548

색인 569
지명 색인 733

권 1

중봉식重封式

영진류營鎭類 / 절하류節下類 / 집사류執事類 / 개탁류開坼類 / 상서류上書類

피봉식皮封式

형주류兄主類 / 석사류碩士類 / 대감류大監類 / 존장류尊丈類 / 노형류老兄類 / 아문류衙門類 / 모관류某官類 / 태좌류台座類 / 시안류侍案類 / 배후류拜候類 / 근봉류謹封類

왕서식往書式

생례류省禮類 / 기두류起頭類 10 / 미심류未審類 / 시령류時令類 / 기후류氣候類 / 만안류萬安類 / 복모류伏慕類 / 제류第類 3 / 앙념류仰念類 / 소생류小生類 / 조안류粗安類 9 / 취고류就告類 2 / 궤유류饋遺類 / 결어류結語類 4 / 불비류不備類 / 복유류伏惟類 / 감찰류鑑察類 / 상후류上候類 / 연월류年月類 / 성명류姓名類 / 재배류再拜類

중봉식 重封式

〖먼 곳으로 주고받거나 존경하는 곳으로 보낼 때는 모두 중봉重封[1]으로 한다.[遠地往復及尊敬處 皆重封]〗

모영某營 절하하집사節下下執事 입납入納
모동某洞 모관某官 상서上書

모읍某邑 정아집사政衙執事 입납入納
모관某官 상후장上候狀

모진某鎭 융헌기실戎軒記室[2] 입납入納
모동某洞 후장候狀

모동某洞 모지某地 모인某人 사장謝狀
모관댁某官宅 입납入納

---

1 중봉 : 편지에서 봉투[皮封]는 크게 단봉單封과 중봉重封으로 나뉘는데, 단봉은 한 겹 봉투, 중봉은 두 겹 봉투를 이른다.

2 융헌기실 : '융헌'은 병거兵車를 이르는 말인데 여기서는 무관을 이르는 말로 쓰였다. 또 '기실'은 원래는 후한後漢 때 장관에 소속되어 문서를 작성하던 사람이었으나, 뒤에는 고관에게 직속되어 문서의 작성과 편지 쓰는 일을 관장하는 사람을 가리킨다.

영진류營鎭類

▶기영畿營〖경기감영京圻監營〗 ○해영海營〖황해감영黃海監營〗 ○기영箕營·패영浿營[3]〖평안감영平安監營〗 ○금영錦營〖충청감영忠淸監營〗 ○완영完營〖전라감영全羅監營〗 ○영영嶺營〖경상감영慶尙監營〗 ○원영原營·동영東營〖강원감영江原監營〗 ○함영咸營〖함경감영咸鏡監營〗

▶숭영崧營〖송도松都〗 ○심영沁營〖강화江華〗 ○남성南城〖광주光州〗 ○화성華城·수성隋城〖수원水原〗 ○통영統營〖통제영統制營〗 ○북영北營〖북병영北兵營〗 ○청영靑營〖남병영南兵營〗 ○안영安營·유영柳營〖평안병영平安兵營〗 ○강영岡營〖황해병영黃海兵營〗 ○청영淸營〖남병영南兵營〗 ○강영康營〖전라병영全羅兵營〗 ○촉영矗營〖경상우병영慶尙右兵營〗 ○울영蔚營〖경상좌병영慶尙左兵營〗

▶동영桐營〖경기수영京畿水營〗 ○소영蘇營〖충청수영忠淸水營〗 ○매영梅營〖전라좌수영全羅左水營〗 ○연영蓮營〖전라우수영全羅右水營〗 ○소영蘇營〖황해수영黃海水營〗 ○내영萊營〖경상좌수영慶尙左水營〗

▶만영灣營〖의주義州〗 ○내영萊營〖동래東萊〗 ○강영江營〖강계江界〗

▶모방영某防營〖방어사防禦使에게 쓴다.[防禦使用之]〗

▶모도중영某道中營〖중군中軍에게 쓴다.[中軍用之]〗

▶모읍진영某邑鎭營〖영장營將에게 쓴다.[營將用之]〗

▶모읍某邑〖대부분 옛 지명을 쓴다.[多用古號]〗

---

3 패영 : '패'는 '평안도'를 이르는 말로, '패영'은 평안도 감영監營을 달리 이르는 말이다.

경기京畿

▶여주驪州〖황여黃驪·여강驪江〗 ○파주坡州〖영평鈴平·파평坡平〗 ○양주楊州〖견주見州·내소來蘇〗 ○부평富平〖계양桂陽·수주樹州〗 ○남양南陽〖당성唐城·당은唐恩〗 ○이천利川〖남천南川·영창永昌〗 ○인천仁川〖소성邵城·인주仁州〗 ○장단長湍〖임단臨湍·단주湍州〗 ○풍덕豊德〖승천昇天·해풍海豊〗 ○통진通津〖분진分津·사성史城〗 ○교동喬桐〖재운載雲·고림高林〗 ○죽산竹山〖죽주竹州·연창延昌〗 ○양근楊根〖항양恒陽·석양石陽〗 ○안산安山〖장구獐口·연성蓮城〗 ○삭녕朔寧〖안삭安朔〗 ○안성安城〖백성白城〗 ○마전麻田〖미산眉山〗 ○고양高陽〖덕양德陽〗 ○김포金浦〖금릉金陵〗 ○교하交河〖선성宣城·선정原井〗 ○가평加平〖가평嘉平·근평斤平〗 ○용인龍仁〖구성駒城·용구龍駒〗 ○진위振威〖금산金山·연달連達〗 ○영평永平〖영흥永興·동음洞陰〗 ○양천陽川〖양평陽平·파릉巴陵〗 ○지평砥平〖지현砥峴·지제砥堤〗 ○포천抱川〖청화淸和·포주抱州〗 ○적성積城〖중성重城〗 ○과천果川〖부림富林·부안富安〗 ○시흥始興〖검주黔州·금양衿陽〗 ○연천漣川〖장천漳川·연주漣州〗 ○음죽陰竹〖설성雪城〗 ○양지陽智〖추계秋溪·양산陽山〗 ○양성陽城〖적성赤城〗

호서湖西

▶충주忠州〖태원太原·중원中原〗 ○청주淸州〖상당上黨·서원西原〗 ○공주公州〖웅진熊津·웅주熊州〗 ○홍주洪州〖홍양洪陽·해풍海豊〗 ○청풍淸風〖사열沙熱〗 ○임천林川〖가림嘉林·임주林州〗 ○단양丹陽〖단산丹山·적성赤城〗 ○태안泰安〖순성蓴城·소태蘇泰〗 ○한산韓山〖마산馬山·아주鵝州〗 ○서천舒川〖서주西州·서림西林〗 ○면천沔川〖혜성槥城·면주沔州〗 ○태

안天安〖영산寧山·환주歡州〗 ○서산瑞山〖부성富城·서녕瑞寧〗 ○괴산槐山〖괴주槐州·시안始安〗 ○옥천沃川〖옥주沃州·관성管城〗 ○온양溫陽〖온천溫泉·온창溫昌〗 ○대흥大興〖임성任城·임존任存〗 ○문의文義〖일모一牟·연산燕山〗 ○홍산鴻山〖대산大山·한산翰山〗 ○제천堤川〖내제奈提·의원義原〗 ○덕산德山〖덕풍德豊〗 ○평택平澤〖하팔河八〗 ○직산稷山〖사산蛇山·위성慰城〗 ○회인懷仁〖목곡木谷·미곡味谷〗 ○정산定山〖열성悅城〗 ○청양靑陽〖청무靑武〗 ○연풍延豊〖장연長延·상모上芼〗 ○음성陰城〖설성雪城〗 ○청안淸安〖도안道安〗 ○은진恩津〖덕은德恩·시진市津〗 ○회덕懷德〖비풍比豊〗 ○진잠鎭岑〖기성杞城·진현眞峴〗 ○연산連山〖황산黃山〗 ○노성魯城〖니성尼城〗 ○부여扶餘〖여주餘州〗 ○석성石城〖석산石山〗 ○비인庇仁〖비중比衆〗 ○남포藍浦〖마산馬山〗 ○진천鎭川〖상산常山〗 ○결성結城〖결주潔州〗 ○보령保寧〖신촌新村〗 ○해미海美〖정해貞海·여미餘美〗 ○당진唐津〖부지夫只〗 ○신창新昌〖온산溫山·온창溫昌〗 ○예산禮山〖오산烏山·고산孤山〗 ○목천木川〖대록大麓·목주木州〗 ○전의全義〖전기全歧·금지金池〗 ○연기燕歧〖전기全歧〗 ○영춘永春〖자춘子春〗 ○보은報恩〖삼산三山〗 ○황간黃澗〖황계黃溪〗 ○청산靑山〖기산耆山·음잠陰岑〗 ○아산牙山〖아주牙州〗 ○영동永同〖계산稽山·영산永山〗

호남湖南

▶전주全州〖완산完山〗 ○나주羅州〖금성錦城〗 ○제주濟州〖탐라耽羅〗 ○광주光州〖무진武珍·광산光山〗 ○능주綾州〖죽수竹樹·능성綾城〗 ○남원南原〖대방帶方·용성龍城〗 ○장흥長興〖관산冠山·정안定安〗 ○순천順天〖승주昇州·승천昇天〗 ○담양潭陽〖추성秋城·담주潭州〗 ○여산礪山〖호산壺山·

낭산朗山〕 ○장성長城〔오산鰲山·이성伊城〕 ○무주茂朱〔주계朱溪·적천赤川〕 ○보성寶城〔산양山陽·패주貝州〕 ○익산益山〔금마金馬·익주益州〕 ○고부古阜〔영주嬴州·안남安南〕 ○영암靈巖〔낭주朗州·낭산朗山〕 ○영광靈光〔무령武靈·정주靜州〕 ○진도珍島〔옥천沃川〕 ○낙안樂安〔낙천洛川·양악陽岳〕 ○순창淳昌〔옥주玉州·순화淳化〕 ○금산錦山〔금계錦溪·금주錦州〕 ○진산珍山〔옥계玉溪·진주珍州〕 ○김제金提〔벽골碧骨〕 ○창평昌平〔석양析陽〕 ○용담龍潭〔옥천玉川〕 ○임피臨陂〔취산鷲山·피산陂山〕 ○만경萬頃〔두산杜山〕 ○금구金溝〔봉산鳳山〕 ○광양光陽〔희양曦陽〕 ○함열咸悅〔함라咸羅〕 ○부안扶安〔부령扶靈·낭주浪州〕 ○함평咸平〔모양牟陽·함풍咸豊〕 ○강진康津〔탐진耽津·도강道康〕 ○옥과玉果〔설산雪山〕 ○고산高山〔봉산鳳山〕 ○태인泰仁〔태산太山·무성武城〕 ○옥구玉溝〔옥산玉山〕 ○남평南平〔영평永平·오산烏山〕 ○흥덕興德〔흥성興城〕 ○정읍井邑〔정촌井村·초산楚山〕 ○고창高敞〔모양牟陽〕 ○용안龍安〔칠성七城〕 ○무장茂長〔장사長沙·무송茂松〕 ○무안務安〔금주錦州〕 ○구례求禮〔봉성鳳城〕 ○곡성谷城〔욕주浴州〕 ○설봉雪峰〔설성雪城〕 ○임실任實〔운수雲水〕 ○장수長水〔장주長州〕 ○진안鎭安〔월랑越浪〕 ○동복同福〔옹성瓮城·복천福川〕 ○흥양興陽〔고흥高興〕 ○해남海南〔해진海珍〕 ○대정大靜〔예래猊來〕 ○정의旌義〔홍로洪爐〕 ○화순和順〔여미汝湄·여빈汝濱〕

영남嶺南

▶경주慶州〔계림鷄林·동경東京〕 ○안동安東〔영가永嘉·화산花山〕 ○창원昌原〔합포合浦·회산檜山〕 ○상주尙州〔상락上洛·상산商山〕 ○진주晉州〔진산晉山·진양晉陽〕 ○성주星州〔성산星山·벽진碧珍〕 ○김해金海〔가락

駕洛·분성盆城〕 ○영해寧海〔예주禮州·덕원德原〕 ○밀양密陽〔밀주密州·응천凝川〕 ○선산善山〔선주善州·숭선崇善〕 ○청송靑松〔청부靑鳧·운봉雲鳳〕 ○대구大邱〔달성達城〕 ○순흥順興〔흥주興州·연풍憐豊〕 ○함양咸陽〔함성含城〕 ○울산蔚山〔울주蔚州·학성鶴城〕 ○거제巨濟〔기성歧城〕 ○안동安東〔하남河南〕 ○동래東萊〔내산萊山·봉래蓬萊〕 ○인동仁同〔옥산玉山〕 ○거창居昌〔거타居陀·제창濟昌〕 ○칠곡漆谷〔팔거八莒〕 ○합천陜川〔대량大良·강양江陽〕 ○초계草溪〔팔계八溪·청계淸溪〕 ○청도淸道〔오산鰲山·도산道山〕 ○양천永川〔임고臨皐·영양永陽〕 ○온천醴泉〔보주甫州·기양基陽〕 ○영천榮川〔영주榮州·강주剛州〕 ○흥해興海〔회강回江·오산鰲山〕 ○양산梁山〔양주良州·양주梁州〕 ○함안咸安〔함주咸州·금라金羅〕 ○금산金山〔금릉金陵〕 ○풍기豊基〔기주基州·영정永定〕 ○곤양昆陽〔곤주昆南·곤산昆山〕 ○영덕盈德〔야성野城〕 ○경산慶山〔장산獐山·옥산玉山〕 ○고성固城〔고주固州·철성鐵城〕 ○의성義城〔문소聞韶〕 ○남해南海〔해양海陽·화전花田〕 ○개령開寧〔감주甘州·청주靑州〕 ○삼가三嘉〔기산歧山·삼기三歧〕 ○의령宜寧〔의춘宜春·의산宜山〕 ○하양河陽〔하주河州·화성花城〕 ○용궁龍宮〔용주龍州·원산園山〕 ○봉화奉化〔봉성鳳城〕 ○청하淸河〔덕성德城〕 ○언양彦陽〔헌양獻陽〕 ○칠원漆原〔칠제漆堤·무릉茂陵〕 ○진해鎭海〔팔진八鎭·우산牛山〕 ○진보眞寶〔진안眞安·진해眞海〕 ○문경聞慶〔관산冠山·문희聞喜〕 ○함창咸昌〔함녕咸寧·고령古寧〕 ○지례知禮〔구성龜城〕 ○안양安養〔화림花林·여선餘善〕 ○고령高靈〔영천靈川〕 ○현풍玄風〔포산苞山·현풍玄豊〕 ○산청山淸〔산양山陽〕 ○단성丹城〔진성珍城·단계丹溪〕 ○의흥義興〔구산龜山·구성龜城〕 ○군위軍威〔적라赤羅〕 ○비안比安〔병산屛山〕 ○신령新寧〔화산花山〕 ○예안禮安〔선성宣城〕

권1　25

○연일延日〖임정臨汀·오천烏川〗 ○장기長鬐〖기구鬐丘〗 ○영산靈山〖취성鷲城·취산鷲山〗 ○창녕昌寧〖창산昌山·하성夏城〗 ○사천泗川〖사주泗州·동성東城〗 ○기장機長〖차성車城〗 ○웅천熊川〖병산屛山·웅산熊山〗 ○자인慈仁〖여사餘沙〗 ○영양英陽〖연양延陽·고은古隱〗

해서海西

▶황주黃州〖제안齊安·용흥龍興〗 ○해주海州〖수양首陽·대령大寧〗 ○연안延安〖해고海皐·염주鹽州〗 ○평산平山〖영풍永豊·평주平州〗 ○풍천豊川〖풍주豊州·서하西河〗 ○곡산谷山〖가산家山·고곡古谷〗 ○장연長淵〖장담長潭·연강淵康〗 ○옹진瓮津〖옹천瓮遷〗 ○봉산鳳山〖휴암鵂岩·봉양鳳陽〗 ○안악安岳〖양악陽岳〗 ○재령載寧〖안릉安陵·식성息城〗 ○수안遂安〖수주遂州·요산遼山〗 ○배천白川〖은천銀川·백주白州〗 ○신천信川〖승주升州·신안信安〗 ○금천金川〖금릉金陵〗 ○신계新溪〖신은新恩·신성新城〗 ○문화文化〖신주信州·시녕始寧〗 ○장연長連〖장명長命·연풍連豊〗 ○송화松禾〖가화嘉禾·마경麻耕〗 ○강령康翎〖영강永康〗 ○은율殷栗〖율천栗川·율구栗口〗 ○토산兎山〖월성月城〗 ○서흥瑞興〖농서隴西·오관五關〗

관서關西

▶의주義州〖포주抱州·용만龍彎〗 ○평양平壤〖서경西京·기성箕城〗 ○영변寧邊〖약산藥山·영산迎山〗 ○안주安州〖안릉安陵·식성息城〗 ○정주定州〖정원定原·조천鳥川〗 ○강계江界〖석주石州·청원淸源〗 ○창성昌城〖창주昌州·장정長靜〗 ○선천宣川〖통주通州·선주宣州〗 ○성천成川〖송양松壤·성주成州〗 ○삭주朔州〖강새江塞〗 ○숙천肅川〖평원平原·진국鎭國〗 ○구

성龜城〖구주龜州·만년萬年〗 ○중화中和〖당산唐山·당악唐岳〗 ○자산慈山〖자주慈州·문성文城〗 ○철산鐵山〖철주鐵州·동산銅山〗 ○용천龍川〖안흥安興·용주龍州〗 ○초산楚山〖이주理州〗 ○삼화三和〖우산牛山〗 ○함종咸從〖아선牙善·아성牙城〗 ○상원祥原〖토산土山·식원息遠〗 ○덕천德川〖덕주德州·요원遼遠〗 ○개천介川〖조양朝陽·안수安水〗 ○가산嘉山〖가주嘉州·무령撫靈〗 ○곽산郭山〖곽주郭州·정양定襄〗 ○순천順川〖순주順州·정성靜成〗 ○희천熙川〖희주熙州·위성威城〗 ○벽동碧潼〖음동陰潼·설성雪城〗 ○운산雲山〖운중雲中·운주雲州〗 ○박천博川〖박릉博陵·박주博州〗 ○위원渭原〖밀산密山·청한淸漢〗 ○영원寧原〖요원遼遠〗 ○용강龍岡〖오산烏山·용원龍原〗 ○영유永柔〖영청永淸·영령永寧〗 ○증산甑山〖서하西河〗 ○삼등三登〖능성能城·양양陽襄〗 ○순안順安〖평교平郊·순화順和〗 ○강서江西〖무학舞鶴〗 ○양덕陽德〖동양東陽·양암陽岩〗 ○맹산孟山〖맹주孟州·덕맹德孟〗 ○태천泰川〖태주泰州·광화光和〗 ○강동江東〖송양松壤〗 ○은산殷山〖은주殷州·동창同昌〗

관동關東

▶강릉江陵〖임영臨瀛·임둔臨芚〗 ○원주原州〖서흥西興·평경平京〗 ○회양淮陽〖양산襄山·덕령德寧〗 ○춘천春川〖수춘壽春·안양安陽〗 ○철원鐵原〖철성鐵城·동주東州〗 ○삼척三陟〖실직悉直·척주陟州〗 ○영월寧越〖내성奈城·내생奈生〗 ○이천伊川〖화산花山·이진伊珍〗 ○평해平海〖기성箕城〗 ○통천通川〖내주通州·금양金壤〗 ○정선旌善〖도원桃源·주진朱陳〗 ○고성高城〖풍암豊岩〗 ○간성杆城〖수성水城〗 ○평창平昌〖노산魯山·백조白鳥〗 ○금성金城〖도성道城·도령道寧〗 ○울진蔚珍〖선사㴣槎〗 ○흡곡歙谷〖학림鶴林·습

한習漢】 ○평강平康〖평강平江〗 ○금화金化〖화산花山·부여夫如〗 ○낭천狼川〖생천牲川〗 ○홍천洪川〖연효緣驍·화산花山〗 ○양구楊口〖양록楊麓·양구楊溝〗 ○인제麟蹄〖저족猪足·저제猪蹄〗 ○횡성橫城〖황천潢川·화전花田〗 ○안협安峽〖궁악窮岳·안삭安朔〗

관북關北

▶영흥永興〖역양歷陽·쌍성雙城〗 ○길주吉州〖길성吉城·해양海洋〗 ○함흥咸興〖흥주興州·함산咸山〗 ○경성鏡城〖치성雉城〗 ○경원慶源〖광주匡州·공주孔州〗 ○회령會寧〖오산鰲山·회산會山〗 ○종성鍾城〖수주愁州·종산鍾山〗 ○온성穩城〖전성氈城〗 ○경흥慶興〖공성孔城·광성匡城〗 ○부령富寧〖부거富居·영산寧山〗 ○북청北靑〖청주靑州·청해靑海〗 ○덕원德源〖의주宜州·용주湧州〗 ○정평定平〖의성宜城·중산中山〗 ○무산茂山〖삼산三山·오대鰲戴〗 ○안변安邊〖등주登州·삭정朔庭〗 ○삼수三水〖삼강三江〗 ○단천端川〖복주福州·단주耑州〗 ○명천明川〖명원明原〗 ○갑산甲山〖갑주甲州·이주夷州〗 ○장진長津 ○문천文川〖매성妹城·문주文州〗 ○고원高原〖덕녕德寧·상주尙州〗 ○덕원洪原〖홍헌洪獻·홍긍洪肯〗 ○이원利原〖관성觀城·시리時利〗

▶모진某鎭〖첨만호僉萬戶 이하에게 쓴다.[僉萬戶以下用之]〗

▶모우某郵〖찰방察訪에게 쓴다.[察訪用之]〗

▶모목某牧〖감목관監牧官에게 쓴다.[監牧官用之]〗

▶모막某幕〖비장裨將에게 쓴다. 해당 영營의 칭호를 따른다. '기막畿幕'·'해막海幕'과 같은 종류가 이와 같다.[裨將用之 隨其該營 稱號 如畿幕·海幕之類 倣此]〗

▶모재某齋〖당호堂號이다. '모재某齋'·'모암某菴'과 같은 종류이다.[堂號 如某齋·某菴之類]〗

▶모동某洞〖지명이다. '모천某泉'·'모계某溪'와 같은 종류인데, 적절한 대로 이른다.[地名 如某泉·某溪之類 隨宜稱之]〗

절하류節下類[4]

▶절하節下〖감사監司·유수留守·통제사統制使·통어사統禦使에게 쓴다.[監司·留守·統制使·統禦使用之]〗 ○곤하梱下·곤하閫下〖모두 병兵·수사水使에게 쓴다.[并兵·水使用之]〗 ○월하鉞下〖병兵·수사水使와 방어사防禦使에게 쓴다.[兵·水使 及防禦使用之]〗

▶합하閤下·각하閣下〖모두 내외 높은 관직이 있는 사람에게 쓴다.[并內外尊官用之]〗 ○휘하麾下〖대장大將과 군관軍官의 아문衙門에 쓴다.[大將 及軍官 衙門用之]〗

▶선당宣堂 ○당헌棠軒·아헌牙軒〖모두 감사監司에게 쓴다.[并監司用之] ○상아上衙〖감사監司와 유수留守에게 쓴다.[監司及留守用之]〗

▶주헌籌軒〖병영兵營에 쓴다.[兵營用之]〗 ○수채水寨·장아檣牙〖수영水營에 쓴다.[并水營用之]〗

▶대아大衙[5] ○목아牧衙 ○부아府衙 ○군아郡衙 ○정아政衙 ○정아政牙

---

4 절하류 : '절하'는 감사監司·유수留守·통제사通制使·통어사通禦使 등의 이름이나 호칭의 아래에 붙여 쓰는 말이다.

5 대아 : 지방관으로 있는 아버지나 형에게 아들이나 아우가 편지를 보낼 때 '큰 관아官衙'라는

○정당政堂 ○정각政閣 ○정헌政軒 ○영당鈴堂 ○영헌鈴軒 ○금당琴堂 ○금각琴閣 ○금헌琴軒 ○인당仁堂 ○인각仁閣 ○인헌仁軒 ○황당黃堂 ○아사衙史 ○정사政史 ○군재郡齋 ○현재縣齋 ○아헌衙軒 ○동각東閣 ○동헌東軒 ○매당梅堂 ○매헌梅軒 ○혜각惠閣 ○아중衙中 ○아하衙下 ○영하鈴下

▶이아貳衙[6] ○이아貳牙 ○이아二衙 ○이아二牙

▶연막蓮幕[7] ○부아副衙 ○부아副牙

▶진아鎭衙[8] ○진헌鎭軒 ○진각鎭閣 ○진사鎭史 ○융헌戎軒

▶우아郵衙[9] ○우헌郵軒 ○우하郵下 ○우사郵史 ○우하사郵下史

▶목아牧衙[10] ○목헌牧軒 ○목사牧史

▶막부幕府[11] ○화당和堂 ○좌막佐幕 ○좌헌佐軒 ○좌사佐史 ○좌사幕史 ○막좌幕座 ○막중幕中

▶자사子舍[12] ○책아冊衙 ○책실冊室 ○책방冊房 ○책사冊史 ○서실書室 ○사소舍所

뜻으로 지방 이름 아래에 붙여 봉투[皮封]에 쓰던 말이다.

6 이아 : 감영監營이 있는 곳의 군아郡衙를 이른다.

7 연막 : 대신大臣의 막부幕府를 이른다.

8 진아 : 첨사僉使나 만호萬戶로 있는 사람에게 편지할 때 '진鎭의 관아'라는 뜻으로, 지방의 이름 아래에 붙여 봉투에 쓰는 말이다. '진각鎭閣'이라고도 한다.

9 우아 : 역驛의 아문衙門을 이른다.

10 목아 : 목사牧使의 아문衙門을 이른다.

11 막부 : 장군이 집무하는 곳을 이른다.

12 자사 : '본채에 딸린 작은 집'이라는 뜻으로, 고을의 책색서리冊色書吏들이 거처하는 방을 이른다.

▶행차소行次所¹³ ○행도소行到所 ○행중行中 ○행헌行軒 ○행사行史 ○행소行所 ○사소舍所

▶객중客中 ○객헌客軒 ○객좌客座 ○객사客史 ○객탑客榻 ○여헌旅軒 ○여사旅史 ○여탑旅榻 ○여차旅次 ○여소旅所 ○우헌寓軒 ○우좌寓座 ○우사寓史 ○우탑寓榻 ○우하寓下 ○우소寓所

▶적중謫中¹⁴ ○적소謫所 ○비소匪所 ○복사鵩舍

▶효려孝廬¹⁵ ○여소廬所 ○여하廬下 ○여차廬次 ○여사廬史

집사류執事類

▶하집사下執事¹⁶ ○집사執事¹⁷ ○기실記室¹⁸

▶서제소書題所¹⁹〖대관大官에게 쓴다.[大官用之]〗 ○중방소中房所 ○시하인侍下人

▶장명자將命者²⁰ ○시인侍人 ○시자侍者 ○시동侍童 ○하인下人

---

13 행차소 : 행차할 때 머무는 임시처소를 이른다.
14 적중 : 유배지를 이르는 말이다.
15 효려 : 상제喪制(거상居喪중에 있는 사람)가 거처하는 곳을 이른다.
16 하집사 : 주인 옆에 있으면서 그 집을 맡아 살피는 사람을 이른다.
17 집사 : 주인 옆에 있으면서 그 집의 일을 맡아보는 사람을 이른다.
18 기실 : 기록에 관한 사무를 맡아 보는 사람을 이른다.
19 서제소 : 정1품 벼슬아치의 사신私信에 관한 일을 담당하던 곳을 이른다.
20 장명자 : 명命을 전하는 사람을 이른다.

개탁류開坼類[21]

▶개탁開坼 ○개납開納 ○입납入納 ○즉납卽納 ○즉전卽傳 ○즉전납卽傳納 ○즉견卽見 ○개견開見 ○즉즉전卽卽傳[22]
▶회납回納[23] ○회전回傳 ○회견回見 ○회조回照

상서류上書類

▶상서上書 ○상평서上平書 ○상하서上賀書 ○상위서上慰書 ○상후서上候書 ○상후장上候狀 ○상하장上賀狀 ○상위장上慰狀 ○후서候書 ○하서賀書 ○위서慰書 ○평서平書 ○후장候狀 ○하장賀狀 ○위장慰狀 ○후간候柬 ○후간候簡 ○후독候牘 ○후찰候札 ○후첩候帖 ○서장書狀 ○평신平信 ○안신安信 ○서간書簡 ○서첩書帖 ○서書 ○안보安報 ○상장上狀 ○장상狀上
▶상답서上答書 ○답상서答上書 ○상사서上謝書 ○답평서答平書 ○상사장上謝狀 ○사서謝書 ○사장謝狀 ○사간謝簡 ○사첩謝帖 ○사찰謝札 ○사독謝牘 ○답서答書 ○답장答狀 ○답간答簡 ○복찰復札 ○복첩復帖 ○복장報章
▶상후소上候疏 ○상위소上慰疏 ○후소候疏 ○위소慰疏 ○소상疏上
▶답소상答疏上 ○사소상謝疏上 ○답소答疏 ○사소謝疏 ○사위소謝慰疏

---

21 개탁류 : '개탁'은 봉한 편지를 '뜯어보라'는 뜻으로, 주로 아랫사람에게 보내는 편지봉투[皮封]에 쓰는 말이다.
22 즉즉견 : '즉견卽見'과 의미는 같지만 강조하기 위해 '즉즉卽卽'으로 표현한 것이다.
23 회납 : 답장의 피봉에 받을 사람의 택호宅號 아래에 쓰는 말이다.

피봉식皮封式

〖중봉식重封式과 같다. 다른 격식은 아래에 간략히 보인다.[同重封式 別格 則略見于下]〗

모某에게 부친다.[寄某]〖아이·조카[兒·侄]〗

형님께 편지를 올립니다.[兄主前 上書]

모형某兄께 삼가 편지를 올립니다.[某兄 謹候狀上]

모석사某碩士 시안하侍案下[24]에 [某碩士 侍案下]

모아문某衙門 직중直中[25]에 [某衙門 直中]

모동某洞 태좌하台座下[26] 입납入納[某洞 台座下 入納]

---

24 시안하 : '부모님을 모시는 책상 아래'란 뜻으로 편지의 피봉에 쓰는 말이다.
25 직중 : '상대가 숙직하는 상황에서 보내다'라는 말이다.
26 태좌하 : '태감台監을 받들어 모시는 자리 아래'라는 뜻이다.

모관某官 집사執事께[某官 執事]

대감께 삼가 두 번 절하고 편지를 올립니다.[大監前 謹再拜上書]

형주류兄主類

〚일가一家 가운데 상복喪服을 입는 친존親尊한 항렬과 외숙外叔과 장인에게 모두 '주主'자를 쓴다.[一家有服 親尊行 及內舅外舅 皆用主字] ○조부모·부모님께는 '사뢰어 올리다.[上白是]'·'사뢰다.[白是]'라고 한다.[祖父母·父母前云 上白是·白是]〛

석사류碩士類

▶석사碩士 ○아사雅士 ○대아大雅 ○대사大士 ○사문斯文 ○상사上舍〚진사進士〛

대감류大監類

▶대감大監 ○태감台監 ○영감令監 ○사도使道 ○성주城主 ○도道

존장류尊丈類

▶존장尊丈 ○사장査丈 ○척장戚丈 ○족장族丈

노형류老兄類

▶노형老兄 ○사형査兄 ○인형姻兄 ○연형年兄 ○요형僚兄 ○경형庚兄

아문류衙門類

▶천관天官〔이조吏曹〕 ○탁지度支·지부地部〔호조戶曹〕 ○춘관春官〔예조禮曹〕 ○기성騎省〔병조兵曹〕 ○추조秋曹〔형조刑曹〕 ○수부水部〔공조工曹〕 ○경조京兆〔한성부漢城府〕 ○금오金吾〔의금부義禁府〕 ○주사籌司〔비변사備邊司〕 ○혜국惠局〔선혜청宣惠廳〕 ○내각內閣〔규장각奎章閣〕 ○상대霜臺〔사헌부司憲府〕 ○백부柏府·미원薇院〔사간원司諫院〕 ○후원喉院·은대銀臺〔승정원承政院〕 ○옥서玉署·영각瀛閣〔옥당玉堂〕 ○춘방春坊〔시강원侍講院〕 ○계방桂坊〔익위사翊衛司〕 ○괴원槐院〔승문원承文院〕 ○국자國子〔성균관成均館〕 ○운각芸閣〔교서관校書館〕 ○내국內局·약원藥院〔내의원內醫院〕 ○주원廚院〔사옹원司饔院〕 ○홍로鴻臚〔통례원通禮院〕 ○태복太僕〔사복시司僕寺〕 ○무고武庫〔군기시軍器寺〕 ○운관雲觀〔관상감觀象監〕 ○태상太常〔봉상시奉常寺〕 ○이원梨園〔장악원掌樂院〕 ○태창太倉〔광흥창廣興倉〕 ○풍저豊儲〔장흥고長興庫〕

모관류某官類

▶수규首揆·영각領閣〖영상領相〗 ○좌규左揆·우합左閤〖좌상左相〗 ○우규右揆·우각右閤·단규端揆〖우상右相〗 ○대총재大冢宰·전장銓長〖이판吏判〗 ○아전亞銓〖이참吏參〗 ○삼전三銓〖이의吏議〗 ○대사농大司農·판탁지判度支·탁지장度支長〖호판戶判〗 ○대사간大司諫·대종백大宗伯〖예판禮判〗 ○대사마大司馬·기판騎判〖병판兵判〗 ○대사구大司寇·추판秋判〖형판刑判〗 ○대사공大司空〖공판工判〗 ○판금오判金吾·집금오執金吾〖판의금判義禁〗 ○헌장憲長〖대사헌大司憲〗 ○간장諫長〖대사간大司諫〗 ○국자장國子長·반장泮長〖대사성大司成〗 ○지신사知申事·도령공都令公〖도승지都承旨〗 ○좌령공左令公·우령공右令公·좌부령공左副令公·우부령공右副令公·동복령공同副令公〖승지承旨〗 ○이상貳相〖찬성贊成〗 ○삼재三宰·사재四宰〖참찬參贊〗 ○원융元戎〖훈장訓將〗 ○내한內翰〖한촌翰村〗

▶모도자사某道刺史 ○안사按使 ○순사巡使〖'호남자사湖南刺史'·'기보안사畿輔按使'·'호서순사湖西巡使'와 같은 종류이다.[如湖南刺史·畿輔按使·湖西巡使之類] ○새로 제수되었으면 '신新'자를 붙이고, 이미 체직遞職되었으면 '구舊'자를 붙인다. 또 신사新使·구사舊使라고 한다.[新除 加新字 旣遞 加舊字 而亦稱新使 舊使] ○절도節度와 수령守令 이하도 모두 이와 같다.[節度守令以下 皆倣此]〗 ○모백某伯〖'관서백關西伯'·'해백海伯'과 같은 종류이다.[如關西伯·海伯之類]〗 ○순사巡相

▶유상留相 ○유무留務 ○모류某留〖'송류松留'·'심류沁留'와 같은 종류이다.[如松留·沁類之類]〗

▶절도節度 ○모수某帥〖'송수松帥'·'연수蓮帥'와 같은 종류이다.[如松帥·蓮帥

之類]》 ○ 병상兵相

▶태수太守 ○ 목백牧伯 ○ 부백府伯 ○ 사군使君 ○ 명부明府 ○ 감목監牧 ○ 통판通判《영하관營下官에게 쓴다.[營下官用之]》

▶모목某牧《'광목光牧'·'능목綾牧'과 같은 종류이다.[如光牧·綾牧之類]》 ○ 모수某守《'안성수安城守'·'안산수安山守'와 같은 종류이다.[如安城·安山守之類]》 ○ 모쉬某倅 ○ 모재某宰 ○ 모령某令《'용인령龍仁令'과 같은 종류이다.[如龍仁令之類]》 ○ 모판某判《'수판隋判'²⁷과 같은 종류이다.[如隋判之類]》 ○ 모윤某尹《'기윤箕尹'과 같은 종류이다. '소윤少尹'·'아윤亞尹'이라고도 한다.[如箕尹之類 或稱少尹 亞尹]》 ○ 보외수령補外守令²⁸은 '적수謫守'·'적쉬謫倅'·'루쉬累倅'라고 한다.[補外守令 稱謫守·謫倅·累倅]》

▶모독우某督郵 ○ 모승某丞

태좌류台座類²⁹

▶균좌하勻座下·균좌勻座《모두 대신에게 쓴다.[幷大臣用之]》 ○ 절좌節座《감사監司·유수留守에게 쓴다.[監司·留守用之]》

▶태좌하台座下 ○ 태좌전台座前 ○ 태좌台座 ○ 영좌하令座下 ○ 영좌전令座前

▶태안台案 ○ 영안令案 ○ 사안仕案 ○ 선안仙案《승지承旨에게 쓴다.[承旨用

---

27 수판 : '수성판관隋城判官'을 이르는 말로, '수원판관水原判官'이라고도 한다.
28 보외수령 : 관원을 징계하는 의미로, 지방 수령으로 임명하는 것을 이른다.
29 태좌류 : '태좌'는 삼정승三政丞, 곧 의정부議政府의 영의정領議政·좌의정左議政·우의정右議政의 자리를 이른다. 그래서 의정부를 '태부台府'라고도 한다. '삼공三公'·'삼상三相'·'삼태三台'·'상위相位'·'태정台鼎'이라고도 한다.

之]》 ○청안淸案 ○영안榮案

▶복좌하服座下 ○복좌전服座前 ○복좌服座[30]

▶애좌하哀座下 ○애좌전哀座前 ○애좌哀座 ○애전哀前 ○애차哀次[31]

▶직려直廬 ○직중直中 ○직헌直軒 ○직사直史 ○직소直所[32]

▶재소齋所 ○재헌齋軒 ○재사齋史 ○재안齋案[33]

시안류侍案類[34]

▶시안侍案 ○시사侍史 ○시기侍几[35] ○안하案下[36] ○안우案右[37] ○전사前史[38] ○하사下史[39] ○기우几右[40] ○문우文右[41]

▶정안靜案[42] ○정궤靜几 ○정좌靜座[43] ○정사靜史 ○한안閒案 ○한사閒史 ○좌사座史 ○좌우座右

---

30 복좌하……복좌 : 상중에 있는 사람에게 보내는 피봉에 쓰는 말이다.
31 애좌하……애차 : 상중인 사람에게 보내는 피봉에 쓰는 말이다.
32 직려……직소 : 당직 중인 사람에게 보내는 피봉에 쓰는 말이다.
33 재소……재안 : 재계하는 사람에게 보내는 피봉에 쓰는 말이다.
34 시안류 : '시안'은 어버이를 모시고 있는 사람의 책상이라는 뜻으로, 부모 슬하膝下에 있는 사람을 이른다. 주로 피봉에 편지를 받는 사람의 이름 아래에 쓴다.
35 시안……시기 : 부모를 모시고 있는 사람에게 보내는 피봉에 쓰는 말이다.
36 안하 : '책상 아래'라는 뜻으로, 상대의 지위나 이름 아래에 쓰는 피봉식이다.
37 안우 : '책상의 오른쪽'이란 뜻으로, 상대의 지위나 이름 아래에 쓰는 피봉식이다.
38 전사 : '전'은 '……앞', '사'는 '심부름꾼'의 뜻으로, 상대의 지위나 이름 아래에 쓰는 피봉식이다.
39 하사 : '……의 아래 심부름꾼'이란 뜻으로, 상대의 지위나 이름 아래에 쓰는 피봉식이다.
40 기우 : '책상의 오른쪽'이란 뜻으로, 상대의 지위나 이름 아래에 쓰는 피봉식이다.
41 문우 : 수신인의 이름 아래에 쓰는 피봉식이다.

▶경황經幌 ○문황文幌 ○학안學案 ○독안讀案 ○주안做案 ○주기做几 ○주사做史[42]

▶조좌調座 ○조안調案 ○조사調史[45]

▶체안棣案 ○체사棣史[46] ○첨안僉案 ○첨전僉前 ○첨좌僉座 ○첨사僉史[47]

▶아계雅契 ○현계賢契 ○정계情契[48]

▶존시尊侍[49] ○세시世侍[50] ○척시戚侍[51]

배후류拜候類

▶삼가 두 번 절하고 편지를 올립니다.[謹再拜上書] ○삼가 절하고 안부 편지를 올립니다.[謹拜上候書] ○삼가 절하고 안부 편지를 올립니다.[謹拜上候狀] ○삼가 안부 편지를 올립니다.[謹上候狀] ○절하고 안부 편지를

---

42 경황……주사 : 학문을 닦고 있는 사람의 이름 아래 쓰는 피봉식이다.

43 정안 : '조용한 책상'이라는 뜻으로, 수신인의 이름 아래에 쓰는 피봉식이다. '정궤靜几'라고도 한다.

44 정좌 : '조용한 자리'라는 뜻으로, 수신인의 이름 아래에 쓰는 피봉식이다.

45 조좌……조사 : 수신인이 조섭 중일 때 수신인의 이름 아래에 쓰는 피봉식이다.

46 체사 : 수신인의 형제에게 보낼 때 이름 아래에 쓰는 피봉식이다. '체안棣案'이라고도 한다.

47 첨안……첨사 : 수신인이 다수일 때 쓰는 피봉식이다.

48 아계……정계 : '아'는 현賢·정情과 더불어 상대를 높여 이르는 말이고, '계'는 계합契合하고 있는 관계를 이르는 뜻으로 쓰는 피봉식이다.

49 존시 : '존'은 상대를 높여 이르는 말이고, '시'는 상대를 모시고 있는 '시자侍者'를 이르는 말로 존경처尊敬處에 쓰는 피봉식이다.

50 세시 : 오랫동안 집안끼리 교분을 맺고 있는 사이에 보내는 피봉식이다.

51 척시 : 자신을 낮추어 인척姻戚 사이에 보내는 피봉식이다.

올립니다.[拜上候狀] ○삼가 안부 편지를 올립니다.[謹候狀上] ○절하고 안부 편지를 올립니다.[拜候狀上]〖'하賀'·'위慰'·'답答'·'사謝'자는 편의에 따라 바꾸어 쓴다. '상하서上賀書'·'상위서上慰書'·'상사장上謝狀'과 같은 종류이다.[賀·慰·答·謝隨宜改之 如上賀書·上慰書·上謝狀之類]〗

▶절하고 문안편지를 올립니다.[拜候上] ○삼가 문안편지를 올립니다.[謹候上] ○절하고 문안편지를 드립니다.[拜候] ○절하고 올립니다.[拜上] ○절하고 드립니다.[拜呈] ○삼가 안부 편지를 드립니다.[敬候] ○삼가 드립니다.[敬納] ○삼가 드립니다.[敬呈] ○즉일 드립니다.[卽呈] ○문안편지를 받듭니다.[奉候] ○문안편지를 받듭니다.[奉狀] ○받들어 올립니다.[奉上]

{답장答狀}[52]

▶답장을 올립니다.[謝狀上] ○절하고 답장을 올립니다.[拜謝上] ○삼가 답장을 올립니다.[謹謝上] ○삼가 답장을 드립니다.[敬謝] ○답장을 받듭니다.[奉謝] ○답장을 올립니다.[謝上] ○회답을 올립니다.[回上] ○회답을 드립니다.[回呈] ○회답을 올립니다.[還上] ○절하고 답합니다.[拜覆] ○삼가 답합니다.[敬覆] ○우러러 답합니다.[仰復] ○회답을 받듭니다.[奉復] ○답장을 받듭니다.[奉答] ○답합니다.[答]

---

52 저본에 없는 말이지만 독자들의 이해를 위하여 추가하였다.

근봉류謹封類[53]

▶근봉謹封 ○경봉敬封 ○봉封 ○돈봉頓封 ○근돈謹頓 ○돈頓 ○완完 ○함緘 ○배拜 ○식式〖피봉의 아래쪽 봉하는 곳에 쓴다.[用於下邊緘封處]〗

▶예를 생략하고 삼가 봉합니다.[省禮謹封] ○예식은 생략하고 삼가 봉합니다.[省式謹封] ○예식은 생략하고 봉합니다.[省式封] ○예식은 제외하고 봉합니다.[除式封] ○예를 생략하고 봉합니다.[省封] ○보호하여 봉합니다.[護封] ○예식은 제외하고 봉합니다.[除封] ○이마를 조아리고 삼가 봉합니다.[稽顙謹封]〖이상은 이름을 쓰지 않는다.[以上不着名] ○혹은 '근봉謹封'이라고 쓰지 않고 서명만 한다.[或不書謹封 而只着署] ○하단의 봉합되는 곳에 '모지후장某地候狀'이라고 쓴다.[下端合衿處 或書以某地候狀] ○혹은 '모월일某月日'이라고 써서 보낸다.[或書以某月日出]〗

▶경敬 ○숙肅 ○고固 ○정貞 ○정正 ○각恪 ○완完 ○식式 ○함緘 ○배拜 ○근謹〖피봉의 위쪽 봉하는 곳에 쓴다.[用之於上邊緘封處]〗

---

53 근봉류 : '근봉'은 피봉의 위아래 봉하는 부분에 쓰인다.

왕서식往書式

생례류省禮類[54]

▶예를 생략하고 아룁니다.[省禮白] ○예를 생략하고 말씀드립니다.[省禮言] ○예를 생략합니다.[省禮] ○예식을 생략하고 아룁니다.[省式白] ○예식을 생략하고 말씀드립니다.[省式言] ○예를 생략합니다.[省式] ○예를 생략하고 말씀드립니다.[省言]〖복중服中인 사람이나 상중喪中인 사람에게 쓴다.[服人用之 或用喪人]〗

▶예식은 제외합니다.[除式] ○번거로움을 제외합니다.[除煩] ○쓸데없는 것은 제외합니다.[除冗]

▶이마를 조아리고 아룁니다.[稽顙白] ○이마를 조아리고 말씀드립니다.[稽顙言] ○이마를 조아립니다.[稽顙] ○머리를 조아립니다.[叩首]〖상중喪中인 사람에게 쓴다.[喪人用之]〗

기두류起頭類[55] 1

{오랫동안 서로 떨어져 소식이 막혔을 경우[阻闊]}

▶이처럼 오랫동안 소식이 막혀 그리움만 간절할 뿐입니다.[阻候此久 只切慕仰而已] ○오랫동안 안부를 모르니 그리움이 어찌 끝이 있겠습니까?[久

---

54 생례류 : '생례'는 '예절을 생략하다'는 뜻으로, 복인服人이나 상제喪制에게 보내는 편지의 첫머리에 쓰는 말이다.

未承候 瞻慕曷極] ○오랫동안 소식이 막혀 간절히 그립습니다.[阻拜許久 但有勞仰] ○오랫동안 뵙지 못하고 소식마저 막혀 그리운 마음 때와 함께 깊어갑니다.[逖違薰德 承候間闊 瞻言慕往 與時俱深] ○이처럼 소식이 막히니 잊을 수 없는[56] 그리움[57]을 어찌 이기겠습니까?[積阻至此 豈勝耿耿願言] ○그간 뵙지 못하였으니 그리움이 어찌 끝이 있겠습니까?[間違光範 景溯何已] ○헤어지고 어느덧 해가 바뀔수록 그리운 마음은 더욱 느슨해지지 않습니다.[拜違門屛 倏爾經歲 慕仰之誠 祇益靡懈] ○해가 지나도록 소식이 막혔으니 그리움을 어찌 이기겠습니까?[隔歲阻候 豈勝悵仰] ○편지를 받고 해가 바뀌었으니 그리움이 어찌 끝이 있겠습니까?[承誨經歲 悵仰曷已] ○전혀 소식을 듣지 못해 그리움이 간절합니다.[絶然阻候 悵想徒切] ○여러 해 소식이 막혀 가슴속에 응어리가 맺힌 듯 그립습니다.[積歲阻闊 悵惘如結] ○오랫동안 만나지 못했으니 그립지 않겠습니까?[阻晤此久 能不悵然] ○이렇게 소식이 막혔는데도 날로 사모할 겨를조차 없습니다.[貽阻至此 日不暇神往] ○서남쪽으로 멀리 떨어져 소식을 들을 길 없어 늘 우르르며 그리워하지[58] 않은 날이 없습니다.[西南脩敻 問聞莫憑 尋常瞻仰 無日不憧憧] ○오랫동안 편지를 받지 못해 그립습니다.[久阻音墨 政爾馳仰] ○오랫동안 편지가 없으니 그리움이 어찌 끝이 있겠습니까?[阻信久矣 悵懷曷極]

---

55 기두류 : '기두'는 편지의 첫머리를 일으키는 말로, 조활阻闊·별후別懷·궐후闕候·왕방枉訪·알후謁後·해후邂逅·부서付書·팽인伻人·무아無雅·시령時令으로 구분된다.

56 잊을 수 없는 : 원문은 '耿耿'. 《시경詩經》〈패풍邶風 백주柏舟〉에 "말똥말똥 잠을 이루지 못하여 애통하고 근심함이 있는 듯하노라.[耿耿不寐 如有隱憂]"라는 구절에서 유래하였다.

57 그리움 : 원문은 '願言'. 《시경詩經》〈패풍邶風 종풍終風〉에 "잠 깨어 잠 못 이루며, 그리워하면 재채기가 나오네.[寤言不寐 願言則嚏]"라는 구절에서 유래하였다.

58 그리워하지 : 원문은 '憧憧'. 《주역周易》 함괘咸卦에 "끊임없이 왕래하면 벗만이 네 생각을 따르리라.[憧憧往來 朋友爾思]"라는 구절에서 유래하였다.

○궁벽한 골짜기에 병들어 들어박혀 지내느라 인사人事도 끊기고 구구한 편지를 보내는 예조차 스스로 떨치지 못하고 있었는데, 조카들이 왕래하는 편에 문득 소식을 듣고 그립던 마음에 위안되었습니다.[病伏窮谷 人事殆絶 區區竿牘之禮 亦未自振 時因族子輩往來 輒奉詢杖屨動止 以慰瞻慕之誠而已]⁵⁹ ○반년동안 서로 그리워만 할 뿐 소식을 듣지 못해 깊은 그리움만 이때 다시 간절합니다.[半歲相望 未聞消息 深用戀想 時復成勞]⁶⁰ ○봄이 다하고 여름이 시작되는데 줄곧 소식이 막혔습니다. 비록 근심 때문이기는 하지만 그리움은 언제나 끝이 있겠습니까?[春盡夏屆 一味阻候 雖緣憂係 悵慕 則何嘗已也] ○가을과 겨울 이후로 소식을 듣지 못해 그리움이 간절합니다.[秋冬以來 未聆動靜 瞻企爲勞] ○오랫동안 전혀 소식을 듣지 못해 참으로 그리움만 쌓입니다.[絶然 不得聞動靜久矣 良積懸仰] ○여러 달 소식이 막혔으니 그리움을 말로 하겠습니까?[積月阻候 瞻悵可言] ○달이 지나도록 안부를 몰라 그리움에 잊지 못하는 마음을 어찌 이기겠습니까?[逾月不承候 其於懸慕 豈勝耿耿]⁶¹ ○오랫동안 소식이 막혀 서운한데 가을이 오니 그리운 마음 배나 더 합니다. 형께서도 저와 같은 마음일 것입니다.[積阻悵仰 而秋來瞻懸倍之 兄能一般懷也] ○달이 바뀌었는데도 소식이 막혀 그리움이 더욱 간절합니다.[閱月阻候 瞻誦采勤] ○산처럼 막힌 회포는 말이 필요 없습니다.[阻懷如山 不須言] ○병에 시달리다 소식마저 막혔으니 늘 그립

---

59 病伏窮谷……以慰瞻慕之誠而已:《명재유고明齋遺稿》〈답한예산답한례산答韓禮山〉에 "病伏窮谷 人事殆絶 區區竿牘之禮 亦未自振 時因族子輩及令姪二賢之往來 輒奉詢杖屨動止 以慰瞻慕之誠而已"라는 구절이 있다.

60 半歲相望……時復成勞:《율곡선생전서栗谷先生全書》〈답이발답答李潑(경진庚辰)〉에 "半歲相望 未聞消息 深用戀想 時復成勞"라는 구절이 있다.

61 逾月不承候……豈勝耿耿:《농암집農巖集》〈여북계이공與北溪李公〉에 "逾月不承候 其於懸慕 豈勝耿耿"이라는 구절이 있다.

습니다.[冗病滾汨 竿尺積阻 尋常瞻耿] ○서남쪽으로 아득하여 그리운 마음이 늘 맺힌 듯합니다.[西南漠矣 瞻戀常結] ○오랫동안 소식이 막혔으니 그리운 마음 어찌 이기겠습니까?[久矣阻候 瞻嚮曷勝] ○집은 가까운데 사람은 멀어 그립기만 합니다.[室邇人霞 只堪瞻悵] ○요사이 너무 소식이 막혀 늘 간절히 그립고 답답합니다.[近甚阻闊 常切遡菀] ○요사이 오랫동안 소식이 막혀 궐연히 서로 잊은 것 같으니 어찌 정이라 하겠습니까?[近久阻閡 闕然若相忘 是豈情也哉] ○요사이 자못 소식이 막혀 그리움이 심합니다.[近頗阻信 鬱陶爲甚] ○자못 소식이 막혀 그리움을 어찌 이기겠습니까?[稍阻 豈勝瞻戀] ○거의 한 달이나 소식이 막혀 간절히 그립습니다.[阻音 殆一朔 但有勞仰] ○여러 날 서로 소식을 듣지 못해 그리움이 자못 깊습니다.[積日不相聞 懷仰殊深] ○서로 바빠 아직 만나지도 못하니 그리움을 어찌 이기겠습니까?[各自滾係 尙阻一番穩拜 曷勝瞻鬱] ○오랫동안 소식이 막혔으니 어느 날인들 서로 그립지 않겠습니까?[阻甚 何日不相思] ○요즘처럼 소식이 막힌 적이 없어 그리움만 날로 쌓여갑니다.[阻莫近若 向戀日積] ○잊은 듯 소식이 막혔으니 늘 그립기만 합니다.[阻隔如忘 一味馳想] ○오랫동안 소식이 막혔으니 많이 그립습니다.[阻久多耿] ○갑자기 소식이 막혔으니 그립습니다.[乍阻悵仰] ○소식이 막혔으니 목마르듯 그립습니다.[阻仰如渴]

기두류起頭類 2

{작별을 아쉬워하는 마음을 드러낼 경우[別懷]}

▶작별한 지 오래되었는데도 오히려 잊지 못하겠습니다.[辭退下懷 久猶耿黯] ○강가에서 헤어지고 나니 그리움을 어찌 말하겠습니까?[江頭拜別

恨惘可言] ○성의 남쪽에서 작별한 것이 지금까지 꿈만 같습니다.[城南一別 至今如夢] ○도성문都城門에서 헤어진 것이 봄꿈처럼 아련합니다.[靑門一別 春夢依然] ○이별한 뒤 그리운 마음 맺힌 듯 잊지 못하겠습니다.[別後瞻仰 憧憧如結] ○강가에서 헤어질 때를 추억하면 이별의 그리움만 더욱 어지럽습니다. 궁벽한 골짜기로 돌아왔지만 아직도 남은 그리움이 있습니다.[追別江上 只令離思益攪 歸來窮谷 尙有餘恨][62] ○이별의 회포는 말이 필요 없습니다.[別懷 不須言] ○헤어지고 나서의 그리움은 이별의 슬픔뿐만이 아닙니다.[拜別後瞻溯 不但離思而已] ○이별의 서운한 마음 아직도 잊지 못하겠습니다.[別意 尙覺耿然] ○지난번 이별로 아직도 서운합니다.[頃別 尙今作惡] ○이별하고 어느덧 해가 저물어 가는데 간절한 그리움 밤낮으로 잊지 못하겠습니다.[拜別 忽已歲晏 區區慕用 日夕耿結] ○이별하고 벌써 한 달이 지나가니 서로 그리워하는 마음 어찌 다르겠습니까[拜別已逾月 相憶何殊] ○헤어지고 소식이 끊겨 그리운 마음에 괴롭습니다.[一別音斷 甚苦思想] ○이별한 지 여러 달이 지나니 그리운 마음 어찌 이기겠습니까?[拜辭多月 茹恨曷勝] ○지난번 헤어지고 그리운 마음만 깊습니다.[向來送別 悵戀方深] ○이별의 서운한 마음 우울한데 추수도 끝나갑니다.[別意黯然 秋事將盡] ○봄 사이 이별하고 또 소식이 막혀 간절히 그립기만 합니다.[春間一別 又阻音墨 區區者 第切神往] ○중도에 서로 헤어진 때가 오래되었는데도 그립습니다.[中路分手 久猶耿耿] ○서로 헤어진 지 벌써 한 해가 되었습니다.[相別 已周歲矣] ○이별 뒤 그리움만 간절합니다.[拜辭後 耿慕方切] ○이별 뒤 그리운 마음은 고요할 때가 움

---

62 追別江上……尙有餘恨矣:《명재유고明齋遺稿》〈여박태보사원與朴泰輔士元〉에 "追別江上 只令離思益攪 歸來窮谷 尙有餘恨"이라는 구절이 있다.

직일 때보다 더합니다.[別後懷思 靜者 甚於動者矣] ○이별의 아쉬움을 지금까지 잊지 못하겠습니다.[別意 至今耿耿] ○이별하고 소식을 듣지 못해 그리움만 더욱 깊습니다.[別去 不得音信 悵想彌深] ○동문에서 손잡고 헤어진 것은 지금까지도 잊지 못하겠습니다.[東門握別 迨依依不能忘] ○오랫동안 소식이 막혔습니다.[阻問久矣] ○강가에서 헤어진 일은 어렴풋이 잊지 못하겠습니다.[江頭分袂 依依可能忘] ○이별한 뒤 한결같은 그리움이 때와 함께 깊어갑니다.[拜別之後 一念馳仰 與時俱深] ○이별의 서운함으로 가을이 지나 겨울로 갈수록 그리움만 더욱 깊어갑니다.[別意 經秋徂冬 悵仰采深] ○남문에서 갑자기 헤어지니 풀지 못한 서운한 회포가 지금까지 마지않습니다.[南門霎別 不足以敍悵懷 至今耿耿未已]

기두류起頭類 3

{오랫동안 안부를 묻지 못한 경우[闕候]}

▶이별 후 오랫동안 안부를 몰라 늘 그리웠습니다.[辭退後 久未承候 尋常伏悵] ○오랫동안 찾아뵙지 못하고 편지도 전하지 못하였으니 그리움이 어찌 끝이 있겠습니까?[久違進拜 書候亦曠 瞻慕何極] ○산천이 아득하고 인편이 드물어 구구한 편지로 전하는 안부도 때마다 얻지 못해 그리운 마음을 밤낮으로 잊지 못하겠습니다.[山川悠邈 便信稀闊 區區紙面之候 亦不得以時 但有瞻慕之誠 憧憧於日夕而已][63] ○헤어진 지 오래되었으니 어

---

63 山川悠邈……憧憧於日夕而已 : 《명재유고明齋遺稿》〈상초려上草廬〉에 "山川悠邈 便信稀闊 區區紙面之候 亦不得以時 但有瞻戀之誠 憧憧於日夕而已"라는 구절이 있다.

찌 인편을 통해 안부를 전해 부족하나마 만남을 대신하고 싶지 않겠습니까? 그러나 일이 바빠 틈이 없어 아직까지 생각대로 하지 못하고 늘 그리워만 합니다.[奉別久矣 豈不欲因便修候 聊以次面 而滾汨無暇 尚未遂意 居常耿結] ○그립지 않은 것은 아니지만 병에 얽매여 한 글자 안부도 못하고 있습니다.[非不瞻戀 而病憂冗甚 未奉一字仰候][64] ○마땅히 곧바로 안부 편지를 보냈어야 하는데 병으로 골골대느라 아직도 그러지 못하고 간절히 그리워만 할뿐입니다.[固當卽書申候 而病汨 尚未果 只切耿耿] ○의당 안부 편지를 보냈어야 하는데 지금까지 그러지 못하고 있습니다. 굽어 살펴주시리라 생각하니 죄송하고 한탄스러움을 어찌 이기겠습니까?[宜有書候 而迄此闕然 想或俯諒而區區 曷勝歎歎] ○이미 위문편지를 보내야 하지만 일에 바빠 그러질 못하고 그리워만 합니다.[業擬書慰 而滾汨未果 第此耿耿] ○모인某人이 돌아갈 때 마침 공무가 있어 편지를 보내지 못해 서운하기만 합니다.[某人之回 適有公故 不得修候 政以爲恨] ○매번 안부를 쓴다면서 지금까지 그렇게 하지 못하고 그리움에 탄식만 할 뿐입니다.[每擬書候 闕焉至今 只有瞻言 歎咄而已][65] ○오랫동안 안부를 전하지 못하였으니 참으로 불민합니다.[久未候訊 不敏多矣] ○제가 비록 바빠 붓을 잡을 겨를이 없다지만 형께서도 어찌 편지 한 통도 보내지 않으십니까?[弟雖滾汨 不遑把筆 兄何不以一書相存耶] ○같은 성省에 왔으면서 아직 한 통의 편지도 없었습니다.[來此同省 尚阻一候] ○이곳에 온 뒤로 추수에 바빠 곧바로 편지를 보내지 못하며 그리워하는 마음은 깊습니다.[來此後

---

64 非少瞻戀……未奉一字仰候:《농암집農巖集》〈답신정하答申靖夏〉에 "非少瞻戀 而病憂冗甚 未奉一字仰候爲歎"이라는 구절이 있다.

65 每擬書候……只有瞻言歎咄而已:《약천집藥泉集》〈여서계與西溪〉에 "一番書候 亦闕焉至今 只有瞻言歎咄而已"라는 구절이 있다.

秋務纏綿 未卽奉書以候 悵仰殊深] ○왕래하는 인편이 있었지만 병으로 안부 편지를 하지 못하였습니다.[非無往來便 而病闕書候]

▶오랫동안 찾아뵙지 못하여 죄송한 마음 얼마나 지극하던지요.[久未趨謁 罪悚曷極] ○더위가 겁나 틀어박혀 지내느라 찾아뵙지 못한 지 오래되어 서운하고 죄송한 마음 번갈아 이릅니다.[畏暑蟄伏 久未進拜 悵悚交至] ○남쪽에서 돌아온 뒤 병으로 고생하느라 아직도 찾아뵙지 못하고 있으니 죄송한 마음 어찌 이기겠습니까?[自南歸後 擾汨病憂 尙稽進承起居 豈勝悚恨] ○일찍이 도성으로 들어가 찾아뵙고 회포를 펴려고 하였는데, 갑자기 산으로 돌아와 서운한 마음 사뭇 지극합니다.[曾審入城 方謀就敍 遽聞還山 恨惘殊極]⁶⁶ ○지척의 거리에서도 끝내 한 번 찾아뵙고 안부를 펴지 못해 잊지 못하는 안타까움이 오랜 시간이 지나도록 풀리지 않습니다.[咫尺之近 竟失一展 此恨耿耿 久猶難釋] ○도성에 들어가서도 찾아뵙지 못해 매우 서운하였습니다.[入城未奉 第切悵念] ○바쁜 가운데 한 번 나아갈 여가조차 없지만 잊지 못하는 마음은 간절합니다.[奔忙中 未暇一就 徒切耿耿] ○일이 바빠 조금의 여가도 없어 오랫동안 찾아뵙지 못하였습니다.[役役少暇 久曠參尋] ○지난번 행차가 도성으로 들어왔을 때에도 나아가 찾아뵙고 이야기를 나누지 못해 지금까지 한스러움이 목에서 내려가지 않습니다.[頃於行憊入城 亦不得一進穩款 至今茹恨 在咽不下] ○탈 것이 없어 지금까지 찾아뵙지 못하여 죄송하고 탄식스럽습니다.[苦無所乘 迄未就拜 悚歎] ○올 때 너무 바빠 이별도 못하여 지금까지 그립습니다.[來時忙卒 未得造別 迨今恨戀] ○교외로 나올 때 부모님의 병환으로 갑자기 길을 나서 찾아뵙지도 못

---

66 曾審入城……恨惘殊極：《율곡선생전서栗谷先生全書》〈답송운장答宋雲長〉에 "曾審入城 方謀穩敍 遽聞還山 恨惘殊極"이라는 구절이 있다.

해 지금까지 죄송합니다.[出郊時 以親癠 恩遽作行 不獲就謁 迨極恨恨] ○ 일찍이 한 번 찾아뵈려고 했었는데 온갖 근심이 모여들어 지금까지 미루고 있으니 민망함을 어찌 이기겠습니까?[嘗擬一晉 而衆憂叢集 尙稽至今 豈勝悶歎]

기두류起頭類 4

{왕림해 준 데 감사의 마음을 드러낼 경우[枉訪]}

▶지난번 왕림해 주신 것은 아직도 위안됩니다.[頃蒙枉顧 迨用慰幸] ○ 어제 왕림해 주시어 감사한 마음 잊지를 못하겠습니다.[昨承枉訪荷 難忘] ○ 지난번 왕림해 주신 후의를 어떻게 잊겠습니까?[前者 遠臨厚意 何可忘也] ○ 당신께서 왕림해 주신 것은 아직도 위안되고 감사합니다.[華蓋賁臨 尙用慰荷] ○ 지난번 멀리서 황량한 교외로 왕림해 주신 것은 아직도 감사합니다.[傾者 遠枉荒郊 迄今感荷] ○ 궁벽한 곳으로 찾아주시어 지금까지 위안되고 감사합니다.[僻陋左顧 慰荷至今] ○ 일전에 당신께서 찾아와 반나절이나 말씀을 나누어 지금까지 영광스럽고 감사합니다.[日者 高軒賁臨 穩承半日淸誨 至今榮感] ○ 목석처럼 지내고 있었는데 은혜롭게 왕림해 주셨으니 이 정의情意가 진실로 두텁습니다.[木石之居 惠然臨賁 此意良厚][67] ○ 어제 왕림해 주시어 조용히 시간을 보냈으니 위안되는 마음 어찌나 지극하던지요.[昨日枉顧 從容移晷 慰感何極] ○ 지난번 왕림해 주신 것은 참으로 감사합니다.[頃枉良感] ○ 어제 왕림하여 들려주신 것이 모두 덕음德

---

67 木石之居……此意良厚 : 《농암집農巖集》〈답어유봉答魚有鳳〉에 "木石之居 惠然臨賁 此意良厚"라는 구절이 있다.

音이었으니, 간절하고 위안되는 마음을 절로 마지않습니다.[昨日臨顧 所聞 無非德聲 區區慰幸 殆不自已] ○지난봄에 왕림해 주신 것을 매번 깊이 감사드립니다.[前春 辱蓋之臨 每用感戢之深] ○지난날 누추한 곳에 왕림하여 말씀하신 댁의 승경勝景은 지금도 꿈속에서 그리워하며 늘 그 속에 있는 듯합니다.[疇昔之日 枉顧陋居 語及仙庄勝槪 至今夢想 每在其間] ○산중에서 3일 동안 만난 것이 십여 년 동안 얻지 못했던 것이니 감사한 마음을 어찌 이기겠습니까?[山中 三日之晤 又十餘年來 所未得也 豈勝感幸][68] ○지난번 꿈에서도 잊지 못하였는데 10년 만에 만났습니다. 한 번도 다행스러운데 드디어 두 번이나 만났으니 감사하고 위안되는 마음이 어떻겠습니까?[向於夢寐之外 獲接十載顔面 一之已幸 遂至於再 其何感慰如之][69] ○왕림해 주신 것에 감사드리지 못해 죄송합니다.[枉過 未謝爲罪] ○어제 찾아주시어 감사합니다.[昨蒙委臨] ○어제 만나서 자못 편안히 이야기를 나누었습니다.[昨奉頗穩]

▶어제 왕림해 주어 감사했는데 손님이 가득하여 이야기를 나누지 못하고 밤을 보내어 탄식스럽습니다.[昨枉 雖感 而緣客滿 未穩經宿爲歎] ○어제 왕림해 주셨지만 너무 바빠 서운합니다.[日昨 枉臨草草爲悵] ○지난번 들렀을 때는 번요하여 이야기를 나누지 못하였습니다.[向來歷晤際 撓未穩] ○어제 만남은 더욱 바빴습니다.[日昨之奉 尤覺悤卒] ○우물가로 당신의 수레가 찾아와 간절한 뜻에 감사하기는 하지만 시간이 너무 짧아 제대로 이야기를 나누지 못해 지금까지도 서운합니다.[井上枉蓋 甚荷勤意

---

68 山中……豈勝感幸:《명재유고明齋遺稿》〈답박대숙答朴大叔〉에 "山中 三日之晤 又十餘年來所未得也 豈勝感幸"이라는 구절이 있다.

69 向於夢寐之外……其何感慰如之:《명재유고명재유고明齋遺稿》〈답서경휘答徐景翬〉에 "向於夢寐之外 獲接十載顔面 一之已幸 遂至於再 其何感慰如之"라는 구절이 있다.

而短暑行色 不能穩討 迨以爲恨] ○도성에 들어온 날 두 번이나 만나기는 했지만 끝내 정성스럽게 응대하지 못해 서운한 마음 간절합니다.[入城日 雖得再見 而終未款曲 恨念徒切]70 ○하룻밤 말씀을 나누었지만 쌓인 사연을 다하지 못해 아직도 서운한 마음 남아 있습니다.[一夜奉誨 未究積蘊 尙有餘耿] ○대궐에서 만났지만 아직도 다하지 못한 한이 있습니다.[禁中奉拜 猶有未究之恨] ○사람은 많고71 자리는 넓어 잠깐밖에 만나지 못해 밤새 잊지 못하였습니다.[稠廣霎奉 通宵依耿] ○때마다 간혹 만나기는 했지만 마음만 아득한데 태감台監께서 어찌 이 마음을 다 아시겠습니까?[時或見面 只有脉脉 台豈盡知此懷也] ○모某의 행차가 어제 도착하여 하룻밤을 함께 보내고 쌓인 회포를 풀고 나니 궐 밖 나그네의 근심에 위안되었지만 너무 바쁘게 헤어져 도리어 만나지 못한 것만 못합니다.[某行昨到 一宵聯枕 穩攄積懷 頗慰闕外羈愁 而逢別 甚恩恩 反不如不逢之爲愈也]

▶지난달 헛걸음했다는 말을 듣고 매우 한탄스러웠습니다.[前月 聞嘗虛枉 殊切恨歎]72 ○지난날 찾아주었지만 회포를 풀지 못했는데 뒤늦게 듣고는 서운하고 그리운 마음을 이기기 어렵습니다.[向者 蒙荷委訪 而未及迎敍 追而聞之 恨遡難勝]73 ○일전에 헛걸음하게 하였으니 놀란 마음을 어찌 이기겠습니까?[日前虛枉 豈勝驚歎] ○어제 마침 다른 곳에 나가 있을 때

---

70 入城日……恨念徒切:《농암집農巖集》〈여이하곤與李夏坤〉에 "入城日 雖得再見 而終未款曲 恨念徒切"이라는 구절이 있다.

71 사람은 많고 : 원문은 '稠廣'. '조인광좌稠人廣座'의 줄임말로, '사람들이 빽빽하게 많이 모인 자리'라는 뜻이다.

72 前月……殊切恨歎:《농암집農巖集》〈답신명정答申命鼎〉에 "前月 聞嘗虛枉 殊切恨歎"이라는 구절이 있다.

73 向者……恨遡難勝:《명재유고明齋遺稿》〈답곽지숙答郭智叔〉에 "向者 蒙荷委枉 而未及迎敍 追而聞之 恨遡難勝"이라는 구절이 있다.

보내주신 편지가 도착하여 헛걸음하게 하였으니 놀랍고 감사한 마음을 어찌 말하겠습니까?[昨適出他 致使惠書 虛辱 驚感何言]

기두류起頭類 5

{뵙고 난 이후의 마음을 드러낼 경우[謁後]}[74]

▶일전에 찾아뵌 것은 아직도 위안됩니다.[日前拜謁 尙用伏慰] ○어제 막혔던 안부를 알게 되어 아직도 남은 다행스러움이 있습니다.[昨奉得於積阻 尙有餘幸] ○어제 찾아뵙고 이야기를 나누며 밤을 보내 소득이 있는 듯합니다.[昨進 頗穩經宿 如有得] ○어제 만남의 여운이 아직도 흥미롭습니다.[昨日之會 餘味尙津津] ○우연한 만남으로 마침내 잊기 어려운 즐거움을 이루었습니다.[偶然一會 遂成難朽之樂][75] ○여러 날 밤낮으로 나눈 진실한 말은 평생의 좋은 일이니, 어찌 잊을 수 있겠습니까?[數晝夜良話 爲平生好事 何可忘也][76] ○지난번 여러 날 이야기를 나누었으니 부평초 같은 회포에 위안되었습니다.[向者 數日奉穩 稍慰萍水之懷] ○지난번 시원試院에서 잠깐 만남은 기약하지 않은 기이한 만남이라 아직도 행운이라 생각합니다.[向之試院穩展 亦一萍場奇事 尙此爲幸] ○계곡 가에서 만나 이야기를 나눈 것은 아직도 위안됩니다.[溪上拜穩 迨今伏慰] ○가을 사이

---

74 저본에는 없으나 문맥을 살펴 추가하였다. 판본에 따라 '봉후逢後'라고가 기필된 곳도 있다.

75 偶然一會 遂成難朽之樂 : 《농암집農巖集》〈상백씨上伯氏〉에 "偶然一會 遂成難朽之樂"이라는 구절이 있다.

76 數晝夜良話……何可忘也 : 《기언별집記言別集》〈답로생사성答盧生思聖〉에 "數晝夜良話 爲平生好古事 何可忘也"라는 구절이 있다.

에 여러 번 만나 이야기를 나눈 것은 아직도 위안됩니다.[秋間 屢度晤言 尙此爲慰] ○귀부貴府를 지나쳐 오고 나니 보통 때 보다 배나 그립습니다.[自歷貴府以來 瞻往倍常] ○어제 종일 이야기를 나누고 물러나니 마치 소득이 있는 듯합니다.[昨者 終日穩退 而若有得]

▶지난번 찾아갔지만 이야기를 나누지 못해 아직도 남은 서운함이 있습니다.[向進未穩 尙有餘恨] ○일전에 만나 이야기를 나눈 것은 아직도 잊지 못하겠습니다.[日前拜敍 迄玆耿耿] ○지난번 만나기는 했지만 바빠 조용히 이야기를 나누지 못했습니다.[頃雖奉拜忙 未從頌] ○지난번 저물 무렵에 찾아뵙는 바람에 이야기를 나누지 못해 서운합니다.[頃進迫曛 未穩恨恨] ○이틀을 묵었지만 남은 회포는 시간이 갈수록 오히려 서운합니다.[信宿餘懷 久猶恨然] ○정오 무렵에 만났지만 번잡하여 만나지 못한 것 같아서 한탄스럽습니다.[午間之拜 膠擾如未奉 方以爲歎] ○만나지 못했을 때는 늘 그리워하다 한 번 만나고는, 또 바쁘게 빈 골짜기로 돌아오니 예나 다름없이 쓸쓸하여 때때로 우두커니 서 있으니 절로 서글픕니다.[未見尙思 一會旣見 又却恩恩歸來空谷 依舊離索 有時延佇 獨自悵然] ○어제 만났지만 너무 바쁘게 헤어져 잊지 못하는 마음 배나 됩니다.[昨拜恩恩 依耿倍多] ○도성에 있은 지 여러 날이 되었는데 끝내 조용히 이야기를 나누지 못하였으니 매우 한스러웠습니다.[在城多日 終失一從容 甚恨]⁷⁷ ○바닷가에서의 만남은 아직도 잊지 못하겠습니다.[海上晤 尙有餘耿] ○잠깐 만났다가 마침내 멀리 헤어지니 그리운 마음 해가 저물자 더욱 간절합니다.[霎拜 遂成遠別 馳仰歲暮

---

77 在城多日……甚恨:《농암집農巖集》〈여어유봉與魚有鳳〉에 "在城多日 終失一從容 甚恨"이라는 구절이 있다.

益切] ○오랫동안 그리워하다가 드디어 만나니 다행스러움을 알 만할 것입니다. 한스러운 것은 바빠서 반나절도 이야기를 나누지 못하였으니 간절한 그리움이 지금까지 그지없습니다.[傾嚮之久 得遂一見 欣幸可知 所恨 悤悤未成一半日款 追思耿耿 至今未已][78] ○거듭 만났지만 모두 조용히 이야기를 나누지 못했습니다.[再獲拜晤 俱欠從頌] ○일전에 말씀해주신 것은 사모하던 나머지에 나온 것이기는 하지만 너무 바빠 저의 정성을 다하지 못해 한스럽습니다.[日昨承誨 出於傾慕之餘 但恨悤遽 不能盡下忱] ○지난번 바쁘게 만나 지금까지 서운합니다.[頃奉卒卒 至今依恨]

▶이곳에 와서 한 번 회포를 풀 것이라 여겼더니, 행차하고 계시지 않아 만나지 못하였습니다.[此來 謂可一敍 値駕未奉] ○그저께 댁으로 찾아갔지만, 마침 행차하시는 바람에 헛걸음하여 지금까지 서운합니다.[再昨 委進軒下 適値駕言 而虛還 至今恨歎] ○어제 댁으로 찾아갔다가 행차하여 만나 뵙지 못해 서운하였습니다.[昨進門屛 値命駕 失拜伏恨] ○지난번 찾아 갔지만 만나지 못하였습니다.[頃進不利] ○여러 번 갔다가 헛걸음하고 돌아왔는데 이렇게 소식이 막히게 되었으니 매우 서운합니다.[屢進虛還 致阻至此 甚恨] ○갑자기 찾아갔는데 일찍 곤히 주무시어 감히 깨우지 못하고 돌아왔습니다.[俄進 値早睡方濃 不敢攪擾而歸] ○제가 연이어 일부러 찾아뵌 것은 간절한 정성이 아닌 적이 없는데, 형께서는 끝내 한 번 왕림해 주시지도 않고, 심지어 저의 마을을 지나고도 들르지 않으시니 매우 서운하였습니다.[弟之

---

78 傾嚮之久……至今未已 : 《농암집農巖集》〈답김미회答金美晦〉에 "傾嚮之久 得遂一見 欣幸可知 所恨 悤悤未成一半日款 追思耿耿 至今未已"라는 구절이 있다.

前後 委進非不勤摯 而兄則 終靳一枉 甚至過洞 不入慨恨極矣] ○제가 마침 도성으로 들어갔지만 대감께서는 멀리 관외關外로 나가시어 연홍의 탄식79만 더욱 간절합니다.[此行 適入城裏 台御遠爲關外 燕鴻之歎 益切恨悒] ○어제 이 고을에 도착했지만 주인이 객관客館에 없어 가을밤 홀로 객관의 초만 마주하고 함께 이야기를 나누지 못해 서운한 마음만 더욱 간절합니다.[昨到本縣 主人不在客館 秋夜 獨對官燭 無與晤語 恨仰益切]

기두류起頭類 6

{우연히 만났다 헤어진 뒤의 마음을 드러낼 경우[邂逅]}

▶어제 해후하여 마침내 아름다운 일을 성사시켰으니, 기쁨이 어찌 끝이 있겠습니까?[昨會得於邂逅 遂成勝事 欣幸何已] ○지난번 모지某地의 모임은 참으로 뜻밖에 나온 것이라 지금까지 감사합니다.[頃者 某地之會 實出意外 至今感幸] ○골짜기에서 만난 것을, 미루어 생각하면 마치 꿈속처럼 아련합니다.[峽裏 邂逅之奉 追思 政如夢境依然]80 ○하룻밤 함께 지냈던 것은 해외海外에서 흔하게 일어나는 일이 아니어서 객지의 가을 그리움에 위안되었습니다. 다만 너무 바빠 회포를 다하지 못한 것이 한스러울 뿐입니다.[一宵聯枕 海外不易得之事 稍慰客裏秋思 而第以怱怱 未盡懷 爲

---

79 연홍의 탄식 : 원문은 '燕鴻之歎'. '가을에 여름새인 제비는 남쪽으로 날아가고 겨울새인 기러기는 북쪽으로 날아가서 서로 만나지 못하여 탄식하다'는 뜻으로, 길이 어긋나서 서로 만나지 못하여 탄식함을 이르는 말이다.

80 追思 政如夢境依然 : 《기언별집기언집별集》〈여한진사오상與韓進士五相〉에 "追思 政如夢境依然"이라는 구절이 있다.

餘恨耳] ○하룻밤 해후는 아직도 위안됩니다.[邂逅一夜話 尙餘慰幸] ○많은 사람들 속에 잠깐의 만남을 아직도 잊지 못하겠습니다.[人海霎面 尙有餘耿] ○관외關外의 친척들이 우연히 만난 것은 작은 인연이 아닙니다. 한 해를 서로 의지하고 지냈었는데, 갑자기 헤어져 병든 회포의 암담함은 갈수록 더욱 잊을 수 없습니다.[關外 親戚之萍逢 不是少緣 匝歲相依之餘 遽爾分手 病懷悵黯 去益不可忘] ○지난번 만났던 것을 생각하면 마치 꿈속 같습니다.[向來奉面 思之 便一夢境] ○지난번 해후한 것은 지금까지 매우 기뻤습니다. 집으로 돌아와서도 서운하여 지금까지 그 속을 오가고 있습니다.[向來 邂逅之拜 追切欣幸 歸來悵仰 尙今往來于中] ○지난가을 우연한 만남이 지금까지 위안됩니다.[往秋萍會 迄用慰豁] ○영외嶺外에서 우연히 만난 것은 참으로 즐거웠으니, 그 기쁨이 어떠하였겠습니까?[嶺外萍會 極意團欒 其所欣慰 當如何] ○소사蕭寺[81]에서 하룻밤 이야기를 나눈 것은 기이한 만남이라 할 것입니다. 서로 갈 길이 바빠 쌓인 회포를 다하지 못하여 집으로 돌아온 암담함을 어찌 말로 하겠습니까?[蕭寺 一宵之穩 可謂奇會 彼此行色 悤卒 猶未盡積懷 歸來悵黯 曷可形諭] ○화석정花石亭의 아름다운 모임은 아득히 꿈만 같습니다. 추억해보면 서운하기만 합니다.[花石佳會 杳然如夢 追思悵惘][82] ○길가에서 잠깐 만남은 지금까지 잊지못하겠습니다.[路上霎面 追此依耿] ○말 위에서 잠깐 만난 것이 지금까지 아련합니다.[馬上揖鞭 追今依依] ○봄 사이 만난 것이 꿈속

---

81 소사 : '사찰'을 이르는 말로, 불교를 독실하게 믿던 남조南朝 양梁의 무제武帝가 사찰을 짓고 나서 자신의 성姓인 '소蕭'자를 쓰게 한 일에서 유래하였다.

82 花石佳會……追思悵惘 : 《율곡선생전서栗谷先生全書》〈답송운장答宋雲長〉에 "花石佳會 杳然如夢 追思悵惘"이라는 구절이 있다.

같습니다.[春間奉拜 況若一夢] ○타향에서 만나 위안되었지만 너무 바빠 이야기를 나누지 못하였습니다. 추억해보면 마치 꿈결같습니다.[殊方逢別 非不爲慰 而草草欠穩 思之如夢] ○모였다 헤어진 남은 회포 아직까지 잊지 못하겠습니다. 매번 만나 이야기 나눌 사람이 없는 이때 더욱 그립습니다.[聚散餘懷 至今耿耿 每於無人晤語時 尤爲之馳思也] ○쌍성雙城에서 만난 것은 아직도 꿈속처럼 아련하여 잊지 못하겠습니다.[雙城逢別 迨如夢境 依依不能忘] ○골짜기에서 잠깐 만났다가 곧바로 헤어졌으니, 부평초처럼 떠도는 몸과 세상을 따르는 처리라서 모두 그러하다는 것을 알지만 한결같이 잊지 못하는 마음 배나 서운합니다.[峽裏乍逢 旋卽分手 儘知萍蹤身世隨處 皆然而一念耿耿 倍切怊悵] ○병으로 틀어박힌 가운데 곡반哭班에서 만난 것을 추억하지 않은 적이 없습니다.[病蟄中 未嘗不追思哭班之奉] ○반형班荊[83]과 잠시 이야기를 나눈 것으로 어떻게 회포를 다 할 수 있겠습니까. 헤어진 뒤 몇 번이나 뒤돌아보았는지 모릅니다. 산굽이에 이르러서야 그만두었습니다.[班荊少語 何能盡意 分岐以後 不知幾回首 直至山轉而後已][84]

---

83 반형 : 옛 친구를 만난 기쁨을 표현할 때 쓰는 말이다. 《춘추좌전春秋左傳》 양공襄公 26년에 "초楚나라 오거가 정나라로 도망갔다가 다시 진나라로 도망가던 도중, 그의 친구인 채나라의 성자 또한 진나라에 가던 길에 정나라의 교외에서 서로 만나 형나무를 깔고 앉아서 함께 밥을 먹으면서 오거의 초나라 복귀에 대한 이야기를 나누었다.[伍擧奔鄭 將遂奔晉 聲子將如晉 遇之於鄭郊 班荊相與食 而言復故]"라는 구절에서 유래하였다.

84 班荊少語……直至山轉而後已 : 《명재유고明齋遺稿》〈여박태보사원與朴泰輔士元〉에 "班荊少語 何能盡意 分岐以後 不知幾回首 直至山轉而後已"라는 구절이 있다.

기두류起頭類 7

{편지를 먼저 보낸 뒤, 이를 빌미로 또 편지를 보낼 경우[付書]}

▶모지某地에서 편지를 드린 것은 과연 받아보셨는지요?[在某地上書 果入鑑否] ○지난번 발군撥軍[85]을 통해 부친 편지는 받아보셨겠지요?[頃付書於撥 上達否] ○지난번 보내드린 편지는 이미 받아보셨으리라 생각이 됩니다.[向來上書 計已下覽矣] ○어제 모참某站에 도착하여 한 통의 편지를 보냈는데, 이미 받아보았을 것으로 생각됩니다.[昨到某站先 付一札 想已照過矣] ○모일某日에 저체邸禠[86]를 통하여 차례대로 편지를 부쳤는데 받아보셨는지요?[日以邸禠 付書長弟 登徹耶] ○전날 모인某人을 통해 편지를 부쳤습니다. 그러나 모인某人이 가지 않아 체부禠夫만 들여보냈는데 벌써 받아보셨겠지요?[頃日 書付某人 而某人不往 書則入禠矣 果已關照耶] ○지난번 보낸 편지는 벌써 받아보셨겠지요?[頃者 仰候 想已關聽] ○지난 섣달에 보낸 편지는 받아보셨는지요?[客臘遣書 曾蒙下照否] ○모참某站의 길에서 한 통의 편지를 부쳤는데 바쁘고 피곤하여 전혀 여가가 없어 연이어 편지를 보내지 못하였습니다.[某站道間 脩上一候 驅馳撼頓 絶無餘暇 未得更尋竿尺] ○이전 편지는 받아보셨는지요?[前書照未] ○비로소 편지를 보냈습니다.[才有書矣] ○지난번 편지는 벌써 받아보셨습니까?[頃書已關照耶] ○차례로 보낸 편지는 차례로 받아보셨을 것입니다.[前後書 想次第照] ○지난번 안부 편지는 이미 받아보셨을 것입니다.[向者拜候 似已塵覽] ○지난번 모인某人이 가는 편에 급하게 편지를 보냈습니다.[向

---

85 발군 : 역마를 몰아 중요한 공문서를 체송遞送하는 군졸을 이른다.
86 저체 : '경저리[영저리]체신京邸吏[營邸吏]禠信'의 줄임말이다.

於某人之去 草草拜書] ○한 통의 답장과 한 통의 안부 편지는 모두 받아보셨습니까?[一復一候 俱覽未] ○월초 부채를 보내는 인편을 통해 보낸 안부 편지는 이미 받아보셨으리라 생각됩니다.[月初 扇便之候 想已關照矣] ○지난번 인편을 통해 보낸 답장은 이미 받아보셨겠지요?[前便覆書 想已照徹矣] ○지난번 답장은 받아보셨겠지요?[頃復想徹] ○일전에 보낸 편지는 받으셨겠지요?[日昨有書 想已塵案] ○비로소 안부 편지를 보냈습니다.[纔付候矣] ○지난번 보낸 답장은 이미 받아보셨으리라 생각합니다.[向修謝帖 想已覽下矣] ○지난번 길에서 인사를 하고 답장을 보냈지만, 아직 받지 못하셨을 듯합니다.[向來 在塗俯訊 伏奉復語 似未及達] ○지난번 답장은 경체京褫편에 보냈는데 그간에 이미 받아보셨으리라 생각됩니다.[頃脩覆語 付入京褫其間 想已俯領矣] ○지금 막 백족白足[87]편에 편지를 부쳤습니다. 지난번 두 차례 보낸 편지는 받아보셨을 것인데 아직 답장을 받지 못해 서운합니다.[向者 寄書於白足之行 頃者 兩度付書 想必入照 而惟以未承復爲恨] ○지난번 편지를 보냈는데 아직 답장을 받지 못했습니다.[向來奉書 未承復敎] ○두 번이나 편지를 보냈는데 아직 답장을 받지 못해 서운하고 그리운 마음 참으로 깊습니다.[再有書候 而未承府答 恨仰實多] ○지난번 편지를 보내고서 답장을 기다리는 마음은 마치 갈증 나듯합니다.[自往前書 拱俟回敎 如渴於飮] ○세 차례 보낸 편지에 한 번도 답장이 없으니 번요함으로 인한 것인지요? 참으로 무정한 줄 알지만 잊지 못하는 제 마음은 지극합니다.[三次之書 一靳下復 無乃緣撓耶 固知無情 而

---

87 백족 : 세속의 더러움에 오염되지 않은 청정한 수도승修道僧을 이른다. 위魏 나라의 승려 담시曇始는 발이 얼굴보다도 깨끗했는데 흙탕물을 걸어가도 발이 전혀 더러워지지 않았으므로 '백족화상白足和尙'이라고 불렸다는 일화가 전한다.

在我恨耿則極矣] ○편신便信이 가기만 하고 오지를 않아 사뭇 답답합니다.[有去無來 殊菀殊菀] ○두 번의 편지는 참으로 간절하였는데 한 통의 편지도 아직 받지 못하였으니, 백씨白氏의 종이 아마 홍교洪喬[88]의 소문을 들은 것이 아니겠습니까?[再書良勤 而一未奉玩 白氏從者 豈聞洪喬風者耶][89] ○지난번 편지가 중도에 전해지지 못했다는 소식을 들었으니 매우 안타까웠습니다.[前書 聞作石頭沈可歎] ○두 통의 편지를 보냈는데 아직 답장을 받지 못해 한결같은 그리움이 배나 더 간절하고 서운합니다.[兩書 俱未拜復 一念倍切訝恨] ○연이어 세 통의 편지를 보냈는데 아직 한 통의 답장도 받지 못하였습니다.[連有三書 一未承答] ○한 번 이별하고 나서 한 해가 지났고 두 통의 편지를 보냈는데도 답장을 받지 못하였으니, 의당 저의 책망이 있어도 형께서는 스스로 변명할 수 없을 것입니다.[一別經年 兩書無復 宜其弟之有誚 而兄亦不能自解也]

▶지난번 편지는 너무 갑작스러워 아직도 답장을 보내지 못하였습니다.[前書凌遽 未及作報] ○지난번 편지를 받았지만 마침 고을에 있었고 집으로 돌아오자마자 곧바로[90] 병이 나서 답장을 보낼 겨를이 없었습니다.[前者枉書 適値在鄕 歸家屬耳 病冗相續 不暇奉報] ○지난달 편지에 아직 답장을 보내지 못하였으니, 병들어 인사에 혼미함을 아실 것입니

---

88 홍교 : 편지가 분실됨을 이른다. 홍교는 진晉나라 은선殷羨의 자字이다. 《진서晉書》〈은호열전殷浩列傳〉에, 은선이 예장태수豫章太守가 되어 떠날 때 전해달라고 부탁받은 편지가 무려 100여 통이나 되었는데, 도중에 석두石頭에 이르러 편지를 모두 물속에 던지고, "가라앉을 놈은 가라앉고, 뜰 놈은 뜨겠지. 은홍교가 우편배달부가 될 수는 없지.[沈者自沈 浮者自浮 殷洪喬不爲致書郵]"라는 구절에서 유래하였다.

89 再書良勤……豈聞洪喬風者耶 : 《명재유고明齋遺稿》〈여정군계與鄭君啓〉에 "再書良勤 而一未奉玩 伯氏從者 豈聞洪喬風者耶"라는 구절이 있다.

90 곧바로 : 원문은 '屬耳'. 잠깐의 시간을 이른다.

다.[前月惠書 尙未復 病昏人事 可知也] ○ 오랫동안 소식이 막혔던 나머지 어제 편지를 받고서 마주하고 있는 듯 위안되었습니다. 그렇지만 손님이 찾아와 번요하고 날이 어두워져 즉시 답장을 보내지 못해 죄송한 마음 그지없습니다.[昨拜辱書於積阻之餘 欣慰如面 而客撓日曛 未卽討謝 歉歎不已] ○ 지난번 편지를 받고 막혔던 그리움에 매우 위안되었습니다. 그렇지만 바쁘고 소란스러워 답장을 보내지 못해 슬프고 부끄러운 마음 번갈아 이릅니다.[向來惠書 深慰阻思 滾擾稽復 悵媿交摯] ○ 길에서 편지를 받고 말로만 답장을 전하였습니다.[路上得惠字 只以口語致謝][91] ○ 저편邸便에 보내신 편지는 새해 첫 번째 소식이었으니, 저의 놀라움과 기쁨이 어떠하였겠습니까? 인편을 찾기가 쉽지 않아 아직도 답장을 보내지 못해 서운할 뿐입니다.[邸便所惠書 乃新年第一信也 區區驚喜 當如何 討便未易 尙稽修謝繼 以愴往而已] ○ 답장을 써서 벽에 걸어두고도 아직 인편을 만나질 못하였습니다.[裁答揭壁 尙未逢便矣][92] ○ 봄 사이 한 통의 편지를 받고도 병들어 정신이 혼미하여 답장을 쓰지 못하였습니다.[春間一書 病昏闕謝][93] ○ 지난번 편지에 아직도 답을 하지 못하여 여태 서운합니다.[向札未復 至今爲愴] ○ 우편이 아직도 막혀 답장이 늦어 죄송한 마음을 이길 길 없습니다.[遞傳旣稽 修敬曠遲 不勝悚負之至][94] ○ 어제 답장을 썼지만 적

---

91 路上得惠字 只以口語致謝 : 《농암집農巖集》〈답이현의答李顯益〉에 "路上得惠字 只以口語致謝"라는 구절이 있다.

92 裁答揭壁 尙未逢便矣 : 《명재유고明齋遺稿》〈여민언휘與閔彦暉〉에 "裁答揭壁 尙未逢便矣"라는 구절이 있다.

93 春間一書 病昏闕謝 : 《명재유고明齋遺稿》〈답심준答沈埈〉에 "春間一書 病昏闕謝"라는 구절이 있다.

94 遞傳旣稽……不勝悚負之至 : 《낙전당집樂全堂集》〈이좌상李左相〉에 "遞傳旣稽 修敬曠遲 不勝悚負之至"라는 구절이다.

당한 인편을 만나지 못해 마음속 회포를 잊지 못하겠습니다.[昨修謝書 而未遇的便 方懷耿耿][95] ○ 퇴근하여 책상에 놓인 보내신 편지를 보고 매우 위안되었습니다. 그렇지만 답장이 늦어 슬픕니다.[公退 見下札留案 仰慰十分 第以稽謝爲愴] ○ 지난번 보내신 편지를 책상에 두고 때때로 읽어보니 마치 벗을 대면하는 듯합니다. 그런데 모체某禠를 잃어 답장할 방법이 없어 지금까지 답장이 늦어지고 있으니, 한결같이 답답할 뿐입니다.[向來 惠札留案 時時諷誦 如覿故人一面 自失某禠 無由討覆 迄稽謝儀 一味菀晍而已] ○ 어제 편지는 위안되었는데 저물녘이라 답장을 보내지 못하였습니다.[昨書拜慰 抵曛未謝] ○ 어제 날이 저물어 곧바로 답장을 보내지 못하였습니다.[昨緣日暮 未卽修謝] ○ 어제 편지는 답장을 보내지 못하여 죄송합니다.[昨札 稽謝欠恭] ○ 지난번 답장을 받고 곧바로 답장을 보냈어야 하는데, 당시 묵은 병이 심해 열흘 남짓 위급하여 붓을 잡을 수 없어 끝내 편지를 보내지 못했으니, 지금까지 어찌 서운하지 않겠습니까?[向來辱復 宜卽有謝 伊時宿痾復劇 涉旬濱危 不能搦管 遂闕然 至今 豈勝耿結]

▶요사이 인편이 없어 고민이었는데 모인某人이 갑자기 이르렀습니다. 비록 편지는 없었지만 그의 말을 통해 대강의 소식을 알았습니다.[近苦無便 某人忽至 雖無下書 憑其口槪審] ○ 모인某人이 와서 영감의 편지를 받고 또 입으로 전해주니 안부 외의 소식을 자세히 알게 되어 간절했던 마음이 시원하니 만난 것이나 무엇이 다르겠습니까?[某人之來 承拜令翰 且因其口傳 細聞多少於起居之外 區區開豁 奚異合席]

---

95 昨修謝書……方懷耿耿 : 《명재유고明齋遺稿》〈여박화숙與朴和叔〉에 "昨修謝書 而未遇的便 方懷耿耿矣"라는 구절이 있다.

권1 63

기두류起頭類 8

{편지를 전달하는 심부름꾼을 통해 편지를 주고받은 경우[伻人]}

▶보내신 편지를 받았습니다.[伏蒙下訊] ○ 전교崩教[96]를 받았습니다.[玆拜崩教] ○ 심부름꾼이 와서 위안되었지만 어제는 소회를 다하지 못하였습니다.[朝伻恰慰 昨日未盡懷] ○ 일찍이 말씀을 듣고 위안되었습니다.[早被舌諭 仰慰仰慰] ○ 어제 마침 출타하여 심부름꾼이 헛걸음하게 되었으니, 어찌 놀랍고 탄식스럽지 않겠습니까?[昨適出他 以致伻者虛杠 豈勝驚歎] ○ 일찍이 심부름꾼을 통한 문안편지를 받으니, 어찌 한 번 만난 것에 부족함이 있겠습니까?[早承伻問 何減一晤] ○ 지난번 길을 나설 때 여러 번 심부름꾼을 보내주신 것은 퍽이나 넉넉한 정이었습니다.[向來 臨行 屢伻 殆有餘情] ○ 빗속에 심부름꾼이 멀리서 이르렀으니 감사합니다.[雨中 委伻遠至 知荷知荷] ○ 소식이 막혔던 나머지 심부름꾼을 보내어 물어주시니 얼굴을 마주한 듯 위안됩니다.[阻餘伻訊 慰當面譚]

▶지난번 심부름꾼을 보냈는데 마침 외출[97] 중이라 편지만 남겨두고 돌아왔습니다. 어제 오늘 다시 심부름꾼을 보내고 싶었지만 너무 바빠 그러지 못하였으니 참으로 서운합니다.[向來伻候 値駕言 只留書而歸 昨今又欲送伻 滾汨未果 政爾凝恨] ○ 여러 번 심부름꾼을 보내 안부를 드리고 싶었지만 병으로 그러지 못하였습니다.[屢擬伻候 而病冗未果] ○ 어제 심부

---

96 전교 : 해당 편지만을 전적으로 전달하기 위하여 심부름꾼을 보내 전달하는 편지를 이른다. '전고崩告'·'전찰崩札'이라고도 한다.

97 외출 : 원문은 '駕言'. '가언출유駕言出遊'의 줄임말로, '수레를 타고 나가 유람하다'는 뜻이다. 《시경詩經》〈패풍邶風 천수泉水〉에 "말에 멍에하고 나가 놀아 내 근심을 쏟아볼까.[駕言出遊 以寫我憂]"라고 하였다.

름꾼이 헛걸음하고 돌아와 편찮으신 줄 알았습니다.[昨佯虛還 知有愆節] ○그저께 심부름꾼을 보내 편지를 보냈습니다. 마침 교외로 행차하고 계시지 않아 돌아와서는 혹시 소식을 들으셨는지요?[再昨 送佯奉訊 值有郊行 歸或聞之否] ○종[98]이 없어 오랫동안 문안을 하지 못하였습니다.[苦乏僅指 久未奉問][99] ○심부름꾼을 보내 편지를 보내고 싶었지만 과거시험이 임박하여 맞이할 겨를이 없기에, 머금은 뜻이 간절하면서도 아직 실행하지 못하였습니다.[政欲耑人奉書 而苦牽試場迫頭 接應無暇 含意耿耿 姑此未果]

기두류起頭類 9

{평소 교분이 없는 사람에게 편지를 보낼 경우[無雅]}

▶비록 평소 교분이 없었지만 일찍부터 당신을 그리워했습니다.[雖無雅分 夙仰聲華] ○정분은 없었지만 그리워한 지 오래되었습니다.[曾無雅契 而景仰則久矣] ○비록 평소 교분은 없었지만 모우某友를 통해 목소리와 용모의 훌륭함을 익히 사모하였습니다.[雖無素分 而因某友 飽仰聲光矣] ○당신을 향한 그리움이 간절하지만 하루의 교분도 없어 감히 편지

---

98 종 : 원문은 '僮指'. '종의 손가락'이라는 뜻으로, 종을 이른다. 《사기史記》〈식화열전貨殖列傳〉에 "종이 백 명이다.[僮手指千]"라고 하였는데, 배인裴駰의 집해集解에 "동동僮은 '노비'이다. 옛날 빈 손으로 노는 날이 없이 모두 일을 한다. 일을 할 때는 손가락이 필요하기 때문에 '수지手指'라고 하여 말이나 소의 발굽이나 뿔과 구별하였다.[僮 奴婢也 古者無空手游日 皆有作務 作務須手指 故曰手指 以別馬牛蹄角也]"라고 하였다.

99 苦乏僮指 久未奉問 : 《농암집農巖集》〈답어유봉答魚有鳳〉에 "苦乏僮指 此際書柱"이라는 구절이 있다.

로 안부를 묻지 못하였습니다.[嚮往 非不勤 而以無一日之雅 不敢輒通書問]¹⁰⁰ ○지난번 목소리와 용모를 들었는데 만날 방법이 없어 다만 그리워만 할 뿐이었습니다.[向聞聲光 而無由奉際 只切耿耿] ○고명을 듣기는 했지만 십 년 동안 이곳에서 인사를 끊고 지내고 있어 여태 한 번 만나고 싶은 바람을 이룰 수 없었습니다.[獲聞高名 十年於此 跧蟄人事 汔未遂一識之願]¹⁰¹ ○식형識荊¹⁰²의 바람이 간절하였지만 아직도 이루지 못하고 있어 서운한 마음 깊습니다.[識荊願切 尙此未果 悵仰深] ○같은 성城안에서 살면서 비록 오가는 교분은 없었지만, 많은 사람들 가운데서도 얼굴은 익숙하였습니다.[同城 而雖無源源 稠中顔範 則熟矣] ○대대로 교분이 지극히 돈독하지만 평소 병으로 게을러 인사도 드물었습니다. 비록 많은 사람들 속에 만나 뵙기는 했지만 아직도 책상 아래로 안부도 드리지 못하여 늘 서운하고 그리웠습니다.[世分 非不篤至 而平居病懶 罕修人事 縱有稠中之拜 尙闕牀下之候 尋常悵仰]

▶일전에 뵙고 식형識荊을 이루어 매우 다행이었습니다.[日昨承拜 深切識荊之幸] ○타향에서 뵈오니 다행히 식형識荊을 이루었습니다.[殊方奉拜 幸遂識荊] ○그립던 나머지 어제 만나 드디어 평소의 소원을 이룰 수 있었으니 영광스럽고 다행스러움을 어떻게 말씀드리겠습니까?[景仰之餘

---

100 嚮往……不敢輒通書問:《농암집農巖集》〈답김숙함答金叔涵〉에 "嚮往 非不勤 而以無一日之雅 不敢輒通書問"이라는 구절이 있다.

101 獲聞高名……汔未遂一識之願:《명재유고明齋遺稿》〈여양득중택부與梁得中擇夫〉에 "獲聞盛名 將二十年於此矣 跧蟄人事 汔未遂一識之願"이라는 구절이 있다.

102 식형: '상대방을 경모敬慕하다'는 뜻으로, 당나라 이태백李太白이 형주자사荊州刺史 한조종韓朝宗에게 보낸 〈여한형주서與韓荊州書〉에 "태어나서 만호후萬戶侯에 봉함을 원하지 않고 다만 한형주韓荊州 알기를 원한다.[生不用封萬戶侯 但願一識韓荊州]"라는 구절에서 유래하였다.

昨承晤言 獲遂素願 榮幸何言] ○겨우 당신과 새로 만났는데[103] 갑자기 작별하게 되었으니 병든 가운데 회포는 세모에 더욱 괴롭습니다.[傾蓋纔新 遽爾作別 病裏懷緖 歲暮益苦]

기두류 起頭類 10

{새해, 계절, 월月에 따라 편지를 보낼 경우[時令]}

▶해가 새로워지니 그리운 마음 더욱 간절합니다.[歲籥載新 瞻誦益勤] ○해가 바뀌고 봄이 되니 그리운 마음 어찌 끝이 있겠습니까?[獻歲發春 瞻慕何極] ○해가 바뀌도록 안부를 듣지 못해 비록 바쁜 중에 있지만 늘 그립습니다.[歲新而未承起居 雖在奔走之中 每切懸仰] ○오늘 새해 첫날이고 한 해가 바뀌는 때이니 더욱 그립고 서운한 마음 지극합니다.[今當元日易歲之際 尤用馳戀 悵缺之至] ○해가 바뀌어 그리운 마음 배나 더합니다.[歲改以後 倍增瞻溯] ○이별 후 어느덧 다시 해가 바뀌니 그리운 마음 견딜 수 없습니다.[別來 忽復歲新 此懷不堪戀往] ○이별의 쓸쓸한 회포는 해가 바뀌니 더욱 간절합니다.[離索之懷 歲換益切] ○한 해가 바뀐 지 벌써 오래 되었지만 아직도 안부를 드리지 못하고 있습니다. 병들어 혼미하여 인사를 떨치지 못하는 줄 아실 것입니다.[歲換已久 尙未修起居之候 病昏人

---

103 만났는데 : 원문은 '傾蓋'. '수레의 일산을 기울여 두 사람이 서로 만난 것'을 이르는 말로, 《사기史記》〈추양열전鄒陽列傳〉에 "흰머리가 되도록 오래 사귀었어도 처음 만난 사이처럼 생소하기만 하고, 수레를 처음 맞댄 사이이면서도 오랜 옛 친구를 대하는 것처럼 느껴진다는 속담이 있는데, 이것이 무슨 뜻이겠는가. 바로 상대방을 알고 모르는 차이를 말해 주고 있는 것이다.[諺曰 白頭如新 傾蓋如故 何則 知與不知也]"라는 구절에서 유래하였다.

事之不振 可知] ○한 해가 바뀌도록 소식이 막힌 것은 말이 필요 없습니다.[隔歲阻戀 不須言] ○후반候班[104]에서 서로 바라만 보고 이야기를 나누지 못했는데 새해가 되고도 아직 이야기를 나누지 못하고 있으니 매우 서운합니다.[候班相望 不相語 新年尙阻奉穩 第切恨恨] ○새해 한 번도 인사를 드리지 못하였으니 잊지 못하는 한스러움을 어찌 이기겠습니까?[尙阻新年一奉 豈勝耿耿恨恨] ○해가 바뀌니 그리움이 더욱 깊습니다.[改歲懸念益耿耿] ○한 해가 지났는데 그리운 마음은 어제와 마찬가지입니다.[歲星已周 耿耿如昨][105] ○그대의 목소리 금옥과 같은데[106] 아득히 한 해가 바뀌었으니, 비록 강호에서 서로 잊고 지낸다고 하더라도[107] 어찌 서운하지 않겠습니까?[金玉爾音 悠悠歲換 雖云相忘於江湖 寧不恨然]

▶어느덧 해가 바뀌었습니다.[候爾歲改] ○해가 비로소 바뀌었습니다.[歲籥載改] ○해가 이미 바뀌었습니다.[歲律已改] ○해가 이미 새로워졌습니다.[歲色已新] ○해가 이미 바뀌었습니다.[歲已翻矣] ○해가 또 새로워졌습니다.[歲又新矣] ○해가 바뀌었습니다.[歲換新舊] ○해가 바뀐 지 여러 날이 되었습니다.[歲翻有日] ○해가 바뀌어 봄이 시작되었습니다.[獻歲發春] ○해가 바뀐 지 벌써 오래되었습니다.[獻發已久] ○안부 후 해가

---

104 후반 : 임금의 안부를 묻기 위하여 늘어선 백관의 반열을 이른다.

105 歲星已周 耿耿如昨 : 《낙전당집樂全堂集》〈전벽田闢〉에 "歲星已周 耿耿如昨"이라는 구절이 있다.

106 그대의……같은데 : 원문은 '金玉爾音'. 《시경詩經》〈소아小雅 백구白駒〉에 "너의 음성을 금옥처럼 아껴서 나를 멀리하는 마음을 두지 말라.[毋金玉爾音 而有遐心]"는 구절에서 유래하여, '상대의 글'을 이른다.

107 서로……하더라도 : 원문은 '相忘於江湖'. 《장자莊子》〈대종사大宗師〉에 "샘물이 말라 물고기들이 뭍에 있으면서, 입 안의 습기로써 서로 불어 주고 거품으로써 서로 적셔 주는 것이 강호에서 서로 잊고 사는 것만 못하다.[泉涸魚相與處於陸 相煦以濕 相濡以沫 不如相忘於江湖]"라는 구절에서 유래하였다.

바뀌었습니다.[信后歲改] ○봄이 되었습니다.[108][三陽回泰] ○봄이 시작되었습니다.[三陽獻歲] ○새해가 되었습니다.[履玆新正] ○봄이 되었습니다.[履玆三陽] ○한 해가 시작되었습니다.[109][卽玆履端] ○봄이 시작되었습니다.[卽玆春發]

{봄[春]}

▶서리와 눈이 번갈아 내리니 엄동설한이나 마찬가지입니다.[霜雪交下 無異嚴冬] ○겨울 같은 봄 날씨에 남은 추위가 더욱 매섭습니다.[春行冬令 餘寒更酷] ○봄에 안부가 막혀 간절히 그립습니다.[春生阻候 願言瞻詠] ○오랫동안 소식이 막혔는데 봄이 되니 그리움이 더욱 간절합니다.[積阻音信 春來 益復憧憧] ○봄 날씨가 따뜻해지더니 또 다시 날씨가 차갑습니다.[春氣 若將載陽 而又復陰冷][110] ○봄날에는 본디 바람이 많지만 요즘 같이 심하지는 않았습니다.[春日固多風 而未有若近來之甚] ○매서운 추위는 지났지만 따뜻한 기운은 아직도 미미합니다.[祁寒雖過 暖氣尙微] ○봄이 벌써 반이나 지났는데 추위는 풀리지 않습니다.[春序過半 而陰寒不弛] ○봄은 점점 화창해지니 그리움이 간절합니다.[春意漸和 瞻仰政

---

108 봄이 되었습니다 : 원문은 '三陽回泰'. 삼양三陽은 양효陽爻가 셋인 태괘泰卦(䷊)를 가리킨다. 동짓달인 11월부터 양효가 아래에서 하나씩 생겨 올라와서 정월에 이르면 양효가 셋이 되므로 새해 정월이 되었음을 뜻하며, 회태回泰는《주역周易》의 상곤하건上坤下乾의 괘명으로, 천지天地가 화합하여 만물을 태평으로 인도하는 상象이며 천지의 기운이 막혔던 비괘否卦(䷋)에서 화합의 태괘泰卦로 돌아온다는 뜻이다.

109 한 해가 시작되었습니다 : 원문은 '履端'. 천체의 운행을 관측하여 역曆의 시초를 정하는 것을 이른다.

110 春氣若將載陽 而又復陰冷 :《농암집農巖集》〈상중구上仲舅〉에 "春氣若將載陽 而又復陰冷"이라는 구절이 있다.

勤] ○어느덧 봄이 다하니 그리움이 배나 간절합니다.[居然春盡 瞻仰倍切]
○봄 서리가 아직도 매서움이 남아 있습니다.[春霜 尙有餘威] ○봄이 점점 화창해지니 그리움이 바야흐로 간절합니다.[春事漸闌 懷仰方切] ○봄날 경치가 날로 온화함을 느낍니다.[春物 日覺駘盪]

{1월[正月]}

▶봄추위가 매우 찹니다.[春寒甚嚴] ○봄추위가 아직도 매섭습니다.[春寒尙峭] ○가벼운 추위가 아직도 풀리지 않았습니다.[輕寒未解] ○봄추위가 절서를 잃었습니다.[春寒乖常] ○봄추위가 썰렁합니다.[春寒惻惻] ○봄추위가 다시 한창입니다.[春寒復肆] ○해국海國에 봄이 되었습니다.[海國春生] ○남은 추위가 아직도 매섭습니다.[餘寒猶峭]

{2월[二月]}

▶봄 날씨가 따뜻합니다.[春日載陽] ○봄바람이 고르지 않습니다.[春風不調] ○봄기운이 맑고 화창합니다.[春氣淸穆] ○봄이 점점 길어집니다.[春晷漸永] ○따뜻함과 추위가 일정하지 않습니다.[暄冷不常] ○단비가 만물을 적십니다.[佳雨潤物] ○좋은 비가 때를 알고 내립니다[111].[好雨知時] ○봄날이 점점 화창해집니다.[春日漸和] ○바람과 햇빛이 사뭇 좋지 않습니다.[風日 殊不佳] ○봄 날씨가 산뜻합니다.[春意輕盈] ○봄의 화창함이 점점 펼쳐집니다.[春和漸敷]

---

111 좋은……내립니다 : 원문은 '好雨知時'. 두보杜甫의 〈춘야희우春夜喜雨〉에 "좋은 비가 시절을 알기에, 봄이 되자 내리네.[好雨知時節 當春乃發生]"라는 구절에서 유래하였다.

{3월[三月]}

▶봄이 이미 저물었습니다.[春序已晩] ○봄도 무르익어갑니다.[春事向闌] ○소식 후 봄이 저물었습니다.[信后春暮] ○꽃이 피고 바람이 많습니다.[花發多風] ○바닷가에 봄 날씨가 따뜻합니다.[春暄海曲]¹¹² ○꽃이 한창 무르익습니다.[花序正闌] ○봄 풍경이 따뜻하고 곱습니다.[春風瞭妍] ○만물이 한창입니다.[品物條鬯]¹¹³ ○만물이 바야흐로 화창합니다.[萬和方暢] ○해는 따뜻하고 바람은 화창합니다.[日暖風和]

{여름[夏]}

▶한 번 헤어지고 한 해가 지나고 또 여름이 시작되니, 간절히 그리워한갓 내 마음만 괴롭습니다.[一別經年 又復夏屆 區區瞻懸 徒勞我心] ○벗을 그리는 마음이 긴 여름 내내 간절하였습니다.[停雲之思 長夏憧憧]¹¹⁴ ○늘 흐릿하고 갠 날이 적어 해 뜨는 날이 드문 촉蜀 나라와 다름이 없습니다.[恒陰少晴 無異蜀日之罕見]¹¹⁵ ○빗물로 길이 막혀 소식이 막혔다가 편지를 받고서 몇 달이 지났는데 장맛비와 습한 무더위가 더욱 심합니

---

112 春暄海曲:《율곡선생전서栗谷先生全書》〈여정사제생與精舍諸生〉에 "春暄海曲"이라는 구절이 있다.

113 品物條鬯:《명재유고明齋遺稿》〈상시남상市南〉에 "品物條鬯"이라는 구절이 있다.

114 停雲之思 長夏憧憧:《명재유고明齋遺稿》〈답이공달答李公達〉에 "停雲之思 長夏憧憧"이라는 구절이 있다. 또 이 구절은 벗을 그리는 뜻으로, 도연명陶淵明의 〈정운停雲〉에 "뭉게뭉게 제자리에 서 있는 구름이요, 부슬부슬 제때 내리는 비다.[靄靄停雲 濛濛時雨]"라는 구절에서 유래하였다.

115 촉 나라와……없습니다 : 원문은 '蜀日之罕見'. 한유韓愈의 〈여위중립서與韋中立書〉에 "굴원의 부에 '고을의 개들이 떼 지어 짖는 것은 괴이한 것을 보고 짖는 것이다.'라고 하였다. 내가 지난번에 들으니, 용·촉의 남쪽 지방은 항상 비가 오고 해 뜨는 때가 적어서 해가 뜨면 개가 짖는다고 하더라.[屈子賦曰 邑犬群吠 吠所怪也 僕往聞庸蜀之南 恒雨少日 日出則犬吠]"라는 구절에서 유래하였다.

다.[雨水 阻路積阻 承候而數朔 淫霖蒸濕 轉甚] ○흙비 내리는 날씨에 베개에 누워 마치 술에 취한 듯 혼몽합니다.[霾雨伏枕 昏昏 若中酒] ○오랜 가뭄 끝에 장맛비가 이렇게 내리니 수해가 걱정입니다.[旱餘陰雨 恐爲極備之憂]116 ○여름 날씨가 무척 서늘하여 사람에게는 마땅치 않습니다.[夏候頗涼 甚不宜人] ○가뭄 끝에 장맛비가 내리고 여름 더위는 견디기 어렵습니다.[旱餘淫雨 暑濕難堪] ○연일 흐리고 비가 내리니 모심는 농가에는 다행한 일이지만, 먼 객지 나그네의 회포는 도리어 무료함을 느낍니다.[陰雨連日 農家揷秧可幸 而遠客懷緖 轉覺無聊] ○가뭄의 햇빛이 사람을 볶는 듯합니다.[旱炎日 覺熬人] ○올해 같은 더위는 처음 보는 듯합니다.[今年盛暑 殆若初見] ○혹독한 가뭄 끝에 비 올 기미가 짙습니다.[亢旱之餘 雨意方濃] ○장대 같은 오늘 비는 이전과는 비교할 수 없습니다.[今雨之壯 不比已前]117 ○혹독한 가뭄의 재앙은 거리와 관계없이 같을 것입니다.[旱災之酷 遠邇同然]118 ○삼복더위도 벌써 지났는데 더위는 더 기승을 부립니다.[三庚已過 日熱愈熾] ○혹독한 남은 더위가 첫 더위와 같습니다.[殘暑甚酷 如在初炎] ○굳은 비가 겨우 지났는데 매서운 더위가 또 혹독합니다.[苦雨才過 烈炎又酷]

---

116 旱餘陰雨 恐爲極備之憂:《기언별집記言別集》〈여권감사수與權監司脩〉에 "久旱餘 陰雨如此 恐爲極備之憂"라는 구절이 있다. 여기서 극비極備는 '홍수'를 이르는 말로,《서경書經》〈홍범洪範〉에 "여덟 번째 서징은 비 오는 것과 볕 나는 것과 더운 것과 추운 것과 바람 부는 것과 제때에 맞게 하는 것이니, 다섯 가지가 갖추어지되 각각 그 절서에 맞으면 풀들도 번성할 것이다. 한 가지만 너무 갖추어져도 흉하고, 한 가지만 너무 없어도 흉하다.[八庶徵 曰雨 曰暘 曰燠 曰寒 曰風 曰時 五者來備 各以其敘 庶草蕃廡 一極備凶 一極無凶]"라는 구절에서 유래하였다.

117 今雨之壯 不比已前:《농암집農巖集》〈답자익答子益〉에 "今雨之壯 不比已前"이라는 구절이 있다.

118 旱災之酷 遠邇同然:《명재유고明齋遺稿》〈여정장원與鄭長源〉에 "旱災之酷 遠邇同然"이라는 구절이 있다.

{4월[四月]}

▶홀연히 다시 초여름이 되었습니다.[忽復初夏] ○요사이 꽤나 날씨가 따뜻해졌습니다.[近頗暄暖] ○한 해처럼 날이 깁니다.[日長如年][119] ○첫 더위가 비로소 왕성합니다.[初炎始旺]

{5월[五月]}

▶날씨가 더워지고 있습니다.[天時向熱][120] ○날씨가 점점 더워집니다.[天氣漸熱] ○비가 억수처럼 내립니다.[時雨沛然] ○한줄기 비가 더위를 씻어 줍니다.[一雨滌暑] ○한바탕 큰 비가 상쾌합니다.[一霈爽然] ○요사이 조금 가뭅니다.[近日少旱]

{6월[六月]}

▶날씨가 매우 덥습니다.[天時劇熱] ○흙비 내리는 더위가 매우 심합니다.[霾熱甚劇] ○더위가 매우 심합니다.[敲蒸殊甚] ○전에 없이 더위가 혹독합니다.[酷暑無前] ○가뭄의 기운이 사람을 괴롭힙니다.[旱氣惱人] ○가뭄이 혹독합니다.[旱炎比酷] ○여름비가 무덥습니다.[暑雨蒸溽] ○찌는 더위가 비를 빚어냅니다.[蒸炎釀雨] ○단비가 대단히 내립니다.[甘霈沛然] ○무덥고 습합니다.[溽暑蒸濕] ○장마 뒤에 더위가 기승을 부립니다.[霖後驕陽] ○혹독한 더위가 더욱 심합니다.[酷暑愈甚] ○늦더위가 더욱 치성을 부립니다.[老炎尤熾] ○복더위가 이토록 혹독합니다.[庚熱此酷] ○복伏이 지났는데도 배나 덥

---

119 日長如年:《농암집農巖集》〈여이의현與李宜顯〉에 "日長如年"이라는 구절이 있다.

120 天時向熱:《기언별집記言別集》〈여권유수대운시회與權留守大運時會〉에 "天時向熱"이라는 구절이 있다.

습니다.[庚後倍熱] ○괴로운 장맛비가 잠깐 걷혔습니다.[苦霖乍收] ○늦더위가 더욱 심합니다.[晚熱轉劇] ○여름의 서늘함이 가을과 같습니다.[夏凉如秋] ○복더위가 점점 혹독합니다.[伏熱漸酷]

{가을[秋]}

▶이미 초가을이 되니, 아득히 매번 그리움만 쌓이게 합니다.[秋已抄矣 便使杳然每積勞仰] ○불과 며칠 사이에 신속하게 더위가 시원함으로 바뀌었습니다.[不過數日間 炎凉之交 如是神速][121] ○매미소리가 더욱 청아한데 고풍스런 옛사람을 생각하니 나의 마음을 얻었습니다.[122][蟬聲益淸 緬懷高風古之人 實獲我心] ○가을이 되니 그리움이 더욱 깊습니다.[馳仰逢秋彌深] ○늦가을 교남에서 더욱 그리움이 간절합니다.[秋老嶠南 懷仰益切] ○여름부터 가을까지 줄곧 소식이 막혀 남쪽 하늘을 바라보니 마음이 길이 내달립니다.[自夏徂秋 一切阻候 瞻望南天 心神長馳][123] ○여름을 거쳐 가을이 지나도록 소식을 들을 길이 없어 아득히 그리운 마음 어느 날인들 마음이 느슨할까요?[經夏涉秋 信息難憑 悠悠馳仰 何日可弛] ○여름이 다하고 가을이 시작되었는데 오랜 장맛비가 오히려 괴롭습니다.[夏盡秋屆 積霖猶苦] ○가을로 들어선 뒤 한 달 내내 장맛비가 내립니다.[入秋

---

121 不過數日間……如是神速:《기언별집記言別集》〈여이생진무무경與李生晉茂卿〉에 "不過數日間 炎凉之交 如是神速"이라는 구절이 있다.

122 옛사람을……얻었습니다: 원문은 '古之人 實獲我心'.《시경詩經》〈패풍邶風 녹의綠衣〉에 "내가 옛사람을 생각하노니, 참으로 나의 마음을 얻었네.[我思古人 實獲我心]"라는 구절에서 유래하였다.

123 自夏徂秋……心神長馳:《명재유고明齋遺稿》〈여박화숙與朴和叔〉에 "自夏徂秋 一切阻候 瞻望南天 心神長馳"라는 구절이 있다.

後 淫雨竟月]^124 ○밤이 깊으니 비로소 가을이 깊었음을 알겠습니다.[夜深 始有高秋意] ○오랜 비가 이제 그치니 새로 서늘한 기운이 일어납니다.[積雨初收 新凉漸動] ○새벽과 저녁 사이에는 서늘한 가을 한기가 있습니다.[曉夕之間 凜有秋寒] ○가을 기운이 상쾌하니 더욱 그립습니다.[秋氣爽然 尤增馳仰] ○절서가 아름답고 늦은데 서릿바람에 나뭇잎이 떨어집니다.[節序婉晩 霜風搖落]^125 ○가을비가 사람을 괴롭힙니다.[秋雨 尙爾惱人] ○바람은 높고 강은 차가워 저의 회포를 더합니다.[風高江冷 增我懷伊] ○소식을 전혀 알지 못하는데, 또 이 해가 반이 지났습니다.[絶不得消息 又此歲半]

{7월[七月]}

▶가을 더위가 더욱 괴롭습니다.[秋熱盆苦] ○장맛비가 그치지 않습니다.[霖陰不止]^126 ○오랜 비가 막 개었습니다.[積雨始霽] ○괴로운 장맛비가 막 개었습니다.[苦霖新霽] ○비온 뒤 남은 더위가 있습니다.[雨餘殘暑] ○전에 없이 덥고 습합니다.[暑濕無前] ○초가을인데도 오히려 덥습니다.[初秋尙熱]^127 ○가을 기운이 점점 생깁니다.[秋意漸生] ○가을 기운이 문득 생겼습니다.[秋氣頓生]^128 ○가을 기운이 조금 있습니다.[薄有秋意]

124　入秋後 淫雨竟月 : 《기언별집記言別集》〈여윤좌랑휘중與尹佐郎鑴希仲〉에 "入秋後 淫雨竟月"이라는 구절이 있다.

125　節序婉晩 霜風搖落 : 《명재유고明齋遺稿》〈답라현도答羅顯道〉에 "節序婉晩 霜風搖落"이라는 구절이 있다.

126　霖陰不止 : 《명재유고明齋遺稿》〈답정만양규양答鄭萬陽葵陽〉에 "霖陰不止"라는 구절이 있다.

127　初秋尙熱 : 《기언별집記言別集》〈답낭선군우答朗善君俁〉에 "初秋尙熱"이라는 구절이 있다.

128　秋氣頓生 : 《명재유고明齋遺稿》〈여백문옥與白文玉〉에 "雨後秋氣頓生"이라는 구절이 있다.

○밤낮으로 맑은 기운이 있습니다.[日夕淸氣]¹²⁹ ○서늘한 기운이 문득 생겼습니다.[涼意乍生] ○초가을 서늘한 날씨에 기쁩니다.[新涼可喜]

{8월[八月]}

▶가을인데 다시 덥습니다.[秋日 復作熱]¹³⁰ ○가을인데도 많은 비가 내립니다.[秋日多雨]¹³¹ ○가을비가 줄곧 내립니다.[秋雨連綿] ○해국에 서늘함이 시작되었습니다.[海國涼動] ○가을장마가 지리합니다.[秋霖支離] ○가을이 이미 깊었습니다.[秋意已高] ○가을이 우뚝합니다.[秋意崢嶸]

{9월[九月]}

▶가을빛이 저물어 갑니다.[秋色向闌] ○서늘한 바람이 점점 높아갑니다.[涼風漸高] ○요사이 찬비가 내립니다.[比日冷雨]¹³² ○단풍과 국화가 한창입니다.[楓菊政闌] ○가을이 다하고 추위가 시작되었습니다.[秋盡寒屆] ○가을이 이미 깊었습니다.[秋事已晚] ○늦가을이라 더욱 날이 찹니다.[晚後益冷] ○서리 소식이 너무 이릅니다.[霜信太早]

{겨울[冬]}

▶한 해가 저물어가니 그리움이 날로 깊습니다.[歲色崢嶸 慕仰日長] ○세모에 날이 차가우니 그리움에 참으로 괴롭습니다.[歲暮天寒 瞻仰正苦] ○어

---

129 日夕淸氣:《기언별집記言別集》〈여허정중옥與許珽仲玉〉에 "日夕淸氣"라는 구절이 있다.
130 秋日 復作熱:《농암집農巖集》〈여이백상與李伯祥〉에 "秋日 復作熱"이라는 구절이 있다.
131 秋日多雨:《농암집農巖集》〈답어유봉答魚有鳳〉에 "秋日多雨"라는 구절이 있다.
132 比日冷雨:《농암집農巖集》〈답어유봉答魚有鳳〉에 "比日冷雨"라는 구절이 있다.

느덧 세모가 되었지만 안부를 듣지 못한지 오래되어 홀로 지내는[133] 회포에 그리움만 간절합니다.[候爾歲晏 不聞動靜久矣 索居懷仰爲勞] ○ 눈 속 궁벽한 골목에서 사람을 그리워하는 것이 참으로 간절합니다.[雪裏窮巷 懷人政切] ○ 한 차례 내린 눈에 배나 되는 감회가 산음山陰보다 적지 않아 사람을 그립게 합니다.[一雪倍興 不減山陰 儘令人懷仰][134] ○ 종일 문을 닫고 있으니 풍설이 사람을 괴롭힙니다.[終日閉門 風雪惱人][135] ○ 깊은 산골에 눈이 쌓이니 맺힌 마음만 간절합니다.[積雪窮陰 但結勞仰] ○ 겨울이 반이나 지나 한 해가 저물어가니 그리는 마음이 참으로 간절합니다.[冬序强半 歲將垂暮 懷人政切] ○ 설날이 벌써 지나 그리움만 더욱 간절합니다.[小歲已過 瞻仰益勤] ○ 눈 속에서 깊이 누워있으니 그립기만 합니다.[雪裏深臥 只有耿耿] ○ 아득히 서로 그리워만 하다가 올해도 다 갑니다.[悠悠相憶 此歲又盡] ○ 해가 저무니 다만 정신이 엉길 뿐입니다.[歲晏 只有神凝] ○ 해는 저물고 길은 머니 그리움만 간절합니다.[歲暮路遠 瞻仰耿耿][136] ○ 세모가 되니 그리움만 더욱 간절합니다.[耿仰 歲暮益勤] ○ 소식이 막혔는데 세모가 되니 더욱 간절히 그립습니다.[積阻瞻往 歲晏益切]

---

133 홀로 지내는 : 원문은 '索居'. '이군삭거離群索居'의 줄임말로, '벗들의 곁을 떠나 홀로 쓸쓸하게 지내다'는 뜻이다. 《예기禮記》〈단궁檀弓 상上〉에, 자하子夏가 "내가 벗을 떠나 쓸쓸히 홀로 산 지가 오래이다.[吾離群而索居 亦已久矣]"라는 구절에서 유래하였다.

134 一雪助興……倍令人懷仰 : 《농암집農巖集》〈여이동보與李同甫〉에 "一雪助興 不減山陰 倍令人懷仰"이라는 구절이 있다.

135 終日閉門 風雪惱人 : 《기언별집記言別集》〈답이생진무答李生晉茂〉에 "終日閉門 風雪惱人"이라는 구절이 있다.

136 歲暮路遠 瞻仰耿耿 : 《농암집農巖集》〈답도이答道以〉에 "歲暮路遠 瞻仰耿耿"이라는 구절이 있다.

○한 해가 저무니 만감이 교차합니다.[歲序垂盡 百感耿耿]¹³⁷ ○한 해가 다하고 추위가 심하니 배나 그립습니다.[歲幣寒甚 一倍耿耿] ○이 해가 얼마 남지 않아 사모하는 마음만 더욱 간절합니다.[此歲無餘 瞻慕益憧憧] ○눈 올 조짐이 있으니 쓸쓸하여 사람을 즐겁지 않게 합니다.[雪徵悄愴 令人不樂]¹³⁸ ○연일 겨울 날씨가 매우 나쁩니다.[比日冬候 甚不佳] ○겨울 날씨가 매섭고 해를 보기가 힘듭니다.[冬候凝嚴 見日恒罕] ○눈 속에 마음은 쓸쓸하고 추위로 괴롭습니다.[雪中意思 悄然寒苦]¹³⁹ ○한 해가 다해 가니 그리운 마음만 더욱 간절합니다.[歲行且盡 馳仰益勤] ○병들어 문을 닫고 지내는데 해가 바뀌어갑니다.[淹病閉戶 歲色將新] ○추위의 혹독함이 전에 없는 듯합니다.[寒事之酷 似乎無前] ○세모가 되니 그립습니다.[歲晏瞻溯] ○해가 저무니 더욱 그립습니다.[歲暮 益勞瞻懸] ○한 해가 점점 다해갑니다.[歲駸駸 將盡矣]

{10월[十月]}

▶겨울이 점점 시작됩니다.[冬令漸行] ○맑은 서리가 추위를 경계합니다.[淸霜戒寒] ○날씨가 점점 매서워집니다.[日候漸嚴] ○추위가 점점 가까워집니다.[寒事漸逼] ○첫추위가 매우 매섭습니다.[初寒甚祁] ○첫추위가 혹독합니다.[初寒陟酷] ○첫 추위가 심합니다.[初寒斗劇] ○눈이 오려

---

137 歲序垂盡 百感耿耿 : 《농암집農巖集》〈답도이答道以〉에 "歲序垂盡 百感耿耿"이라는 구절이 있다.

138 雪徵悄愴 令人不樂 : 《기언별집記言別集》〈남계정안楠溪靜案〉에 "雪徵悄愴 令人不樂"이라는 구절이 있다.

139 雪中意思 悄然寒苦 : 《기언별집記言別集》〈여송진사석호與宋進士錫祜〉에 "雪中意思 悄然寒苦"라는 구절이 있다.

는지 날씨가 흐리고 찹니다.[雪意陰寒]

{11월[至月]}

▶눈 추위가 심합니다.[雪寒斗劇] ○싸늘한 날씨가 더욱 혹독합니다.[凝嚴轉酷] ○날씨가 흐리고 차갑습니다.[天氣陰凝]¹⁴⁰ ○겨울 날씨가 상도常道를 잃었습니다.[冬候乖常]¹⁴¹ ○온종일 추위가 매섭습니다.[嚴威鎭日] ○하나의 양기陽氣¹⁴²가 이미 생겼습니다.[一陽已生] ○추운 날씨에 양기陽氣가 회복되었습니다.[歲寒陽復]

{12월[臘月]}

▶줄곧 추위가 심합니다.[一直寒甚] ○매서운 추위가 더욱 혹독합니다.[寒威愈酷] ○매서운 추위에 솜옷이 찢어집니다.¹⁴³[寒威折綿] ○한 해가 다하니 추위가 심합니다.[歲弊寒劇] ○추위가 더욱 심합니다.[寒事愈劇] ○한 해가 다해갑니다.[歲色垂窮] ○어느덧 한 해가 저물었습니다.[居然歲暮] ○한 해가 다하였습니다.[歲云盡矣] ○한 해가 당당하게 갑니다.[歲色堂堂] ○한 해가 다하였습니다.[歲色無餘] ○한 해가 기울었습니

---

140 天氣陰凝:《기언별집記言別集》〈남계정안楠溪靜案〉에 "天氣陰凝"이라는 구절이 있다.

141 冬候乖常:《농암집農巖集》〈여북계이공與北溪李公〉에 "冬候乖常"이라는 구절이 있다.

142 하나의 양기 : 동짓달인 11월을 이른다. 동짓달은 순음純陰인 곤괘坤卦(䷁)에서 양효陽爻 하나가 맨 아래에 다시 생긴 지뢰地雷 복괘復卦(䷗)에 해당하는데, 이는 땅 아래에서 우레가 일어나는 형상으로 만물이 태동하기 시작하는 것을 의미한다. 아래에서 양陽이 하나 회복되는 달이라고 하여 '복월復月'이라고도 한다.

143 매서운……찢어집니다 : 원문은 '寒威折綿'. '솜옷이 찢어진다'는 것은 몹시 차가운 날씨를 이르는 말로, 진晉나라 완적阮籍의 〈대인선생전大人先生傳〉에 "양기의 온화함은 미약하고 음기는 다하여, 바다는 꽁꽁 얼어 흐르지 못하고 솜옷이 찢어진다.[陽和微弱陰氣竭 海凍不流綿絮折]"라는 구절에서 유래하였다.

다.[歲律云暮] ○어느덧 세모가 되었습니다.[倏爾歲暮] ○한 해가 또 다했습니다.[歲行且盡] ○어느덧 한 해의 끝이 되었습니다.[居然窮臘] ○12월이 다하고 봄이 돌아옵니다.[臘盡春歸] ○겨울이 봄처럼 따뜻합니다.[冬暖如春] ○겨울이 봄날과 같습니다.[冬行春令] ○겨울 안개가 상도常道를 잃었습니다.[凍霧乖常] ○한 해가 장차 다해갑니다.[歲將除矣]

미심류未審類[144]

▶삼가 아직 모르겠습니다.[伏未審] ○즉일에 아직 모르겠습니다.[卽未審] ○아직 알지 못하겠습니다.[未審] ○삼가 모르겠습니다.[伏不審] ○즉일에 모르겠습니다.[卽不審] ○아직 모르겠습니다.[未諗] ○아직 모르겠습니다.[未委] ○알지 못하겠습니다.[未知]

▶삼가 아직 모르겠습니다.[伏未諦] ○아직 모르겠습니다.[未諦] ○삼가 아직 모르겠습니다.[伏未諳] ○알지 못하겠습니다.[未諳]

▶삼가 여쭙습니다.[謹伏問] ○삼가 여쭙습니다.[伏問] ○삼가 여쭙습니다.[謹問] ○삼가 여쭙습니다.[敬問] ○우러러 여쭙습니다.[仰問] ○즉일에 여쭙습니다.[卽問]

---

144 미심류 : '미심'은 '……모르겠습니다'는 뜻으로 쓰이는 말이다. 존장尊丈에는 복미심伏未審, 복불심伏不審, 복미체伏未諦, 복미암伏未諳, 근복문謹伏問, 복유伏惟를 쓰고, 평교간平交間에는 복문伏問, 근문謹問, 경문敬問, 복후伏候, 근후謹候, 경후敬候, 공후恭候, 근유謹惟, 즉미심卽未審, 미심未審, 즉미심卽不審, 앙문仰問, 앙후仰候, 즉유卽候, 앙유仰惟, 공유恭惟, 경유敬惟, 흠유欽惟를 쓰며, 강등간降等間에는 미념未諗, 미위未委, 미지未知, 미체未諦, 미암未諳, 즉문卽問, 즉유卽惟, 면유緬惟, 원유遠惟 등을 쓴다.

▶삼가 안부를 여쭙습니다.[伏候] ○삼가 안부를 여쭙습니다.[謹候] ○삼가 안부를 여쭙습니다.[敬候] ○삼가 안부를 여쭙습니다.[恭候] ○우러러 안부를 여쭙습니다.[仰候] ○즉일 안부를 여쭙습니다.[卽候]

▶삼가 생각합니다.[伏惟] ○삼가 생각합니다.[敬惟] ○삼가 생각합니다.[恭惟] ○삼가 생각합니다.[謹惟] ○우러러 생각합니다.[仰惟] ○즉일에 생각합니다.[卽惟] ○멀리서 생각합니다.[緬惟] ○멀리서 생각합니다.[遠惟]

시령류 時令類[145]

▶요즈음[辰下] ○즉일에[卽辰] ○이때[玆辰] ○근래[比日] ○근자에[比者] ○요사이[比來] ○요사이에[邇來] ○근간에[爾間] ○요즘[比間]

▶일간에[日間] ○근간에[日來] ○밤사이에[夜間] ○밤사이에[夜回] ○밤사이에[宵回] ○밤사이에[夜謝] ○밤사이에[宿回] ○밤사이에[宵環] ○밤사이에[經宿]

▶수일 사이에[數日來] ○여러 날이 지났는데[數宵謝]

▶비 오는 중에[雨中] ○비 온 끝에[雨餘] ○비가 오고 나서[雨後] ○잠시[少選] ○해진 뒤에[晩後]

---

145 시령류 : '시령'은 절기나 계절을 뜻하는 말로, 시각을 말하기도 하는데, 시령조時令條와 구분된다. 시령류는 상대방의 안부를 물을 때 들어가는 절기나 시간 등을 뜻하고, 시령조는 계절인사로 편지의 첫머리를 일으키는 말이다.

{1월[正月]}¹⁴⁶

▶신원新元 ○신정新正 ○이원履元 ○신양新陽 ○신춘新春 ○발춘發春

{2월[二月]}¹⁴⁷

▶춘한春寒 ○여한餘寒 ○초한峭寒 ○춘양春陽 ○춘음春陰 ○춘풍春風
○춘청春晴

{3월[三月]}¹⁴⁸

▶춘훤春暄 ○춘화春和 ○춘난春暖 ○춘우春雨 ○화후和煦 ○화후花煦
○춘만春晚 ○훤연暄姸 ○화신花辰 ○화풍花風 ○괴풍乖風

{4월[四月]}¹⁴⁹

▶청화清和 ○초하初夏

{5월[五月]}¹⁵⁰

▶조염肇炎 ○조염早炎 ○시염始炎 ○향염向炎 ○단염端炎 ○향열向熱

---

146 1월 : 화세華歲, 헌세獻歲, 태주大簇, 태월泰月, 태양泰陽, 탁금鐸金, 추월陬月, 초춘初春, 초세初歲, 청양青陽, 조세肇歲, 인월寅月, 이단履端, 월정月正, 원정元正, 원월元月, 수세首歲, 방세芳歲, 발세發歲, 맹춘孟春, 맹추孟陬, 맹양孟陽, 단월端月이라고도 한다.

147 2월 : 화조華朝, 협종夾鍾, 춘은春殷, 중양仲陽, 영월令月, 여월如月, 묘월卯月, 대장월大壯月, 감춘酣春이라고도 한다.

148 3월 : 화월花月, 혜풍惠風, 쾌월夬月, 진월辰月, 전춘殿春, 재양載陽, 잠월蠶月, 염양艷陽, 소화韶華, 병월病月, 방신芳辰, 모춘暮春, 만춘晚春, 동월桐月, 도월桃月, 고선姑洗, 가월嘉月이라고도 한다.

149 4월 : 청화절清和節, 중려仲呂, 정양正陽, 유하維夏, 앵하鶯夏, 시하始夏, 수요절秀葽節, 사월巳月, 맹하孟夏, 맥추麥秋, 맥량麥涼, 괴훈槐薰, 괴하槐夏, 건월乾月이라고도 한다.

150 5월 : 훈풍薰風, 하오夏五, 포월蒲月, 중하仲夏, 주하朱夏, 주양朱陽, 유화榴花, 유열榴烈, 유빈蕤賓, 오월午月, 순화鶉火, 명조鳴蜩, 매하梅夏, 매천梅天, 매월梅月, 매우梅雨, 구월姤月, 매자우梅子雨, 매림梅林, 주명朱明, 화풍和風이라고도 한다.

○시열始熱 ○점열漸熱

{6월[六月]}[151]

▶고열敲熱 ○증열蒸熱 ○고증敲蒸 ○성서盛暑 ○성열盛熱 ○극열極熱 ○극열劇熱 ○고혁敲赫 ○요염潦炎 ○서욕暑溽 ○매열霾熱 ○요열潦熱 ○비열比熱 ○임우霖雨 ○임습霖濕 ○한열旱熱 ○한염旱炎 ○혹서酷暑 ○혹열酷熱 ○극서極暑 ○극염劇炎 ○서우暑雨 ○독염毒炎

{7월[七月]}[152]

▶경열庚熱 ○경염庚炎 ○노염老炎 ○여염餘炎 ○잔염殘炎

{8월[八月]}[153]

▶추염秋炎 ○추열秋熱 ○잔서殘暑 ○작량乍凉 ○청추淸秋 ○추음秋陰 ○추림秋霖

---

151 6월 : 홍염烘炎, 혹염酷炎, 형월螢月, 치염熾炎, 차월且月, 재양災陽, 장하長夏, 임종월林鍾月, 유월流月, 유염庚炎, 유열庚熱, 요염燎炎, 염증炎蒸, 염열炎熱, 액시달, 썩은달, 성염盛炎, 서월暑月, 비염沸炎, 비염比炎, 복월伏月, 복염伏炎, 미월未月, 만하晩夏, 둔월遯月, 구토월具土月, 구월具月, 계하季夏라고도 한다.

152 7월 : 초추初秋, 조추肇秋, 조추早秋, 유화流火, 오추梧秋, 오월梧月, 양월凉月, 신추新秋, 신월申月, 신량新凉, 수추首秋, 소추小秋, 상추上秋, 상월相月, 비월否月, 미냉微冷, 맹추孟秋, 만염晩炎, 만열晩熱, 동월桐月, 노량露凉, 난추蘭秋, 난월蘭月, 금천金天, 교월巧月, 과월瓜月, 과기瓜期, 개추開秋라고도 한다.

153 8월 : 월석月夕, 완월玩月, 추천秋天, 추은秋殷, 추양秋陽, 추고秋高, 중추中秋, 중상仲商, 조월棗月, 정추正秋, 영한迎寒, 엽월葉月, 노냉露冷, 남려南呂, 관월觀月, 고추高秋, 계추桂秋, 계월桂月, 교월巧月, 유월流月, 소월素月, 한단寒旦, 노한냉露寒冷이라고도 한다.

{9월[九月]}[154]

▶상량霜凉 ○상천霜天 ○상신霜辰 ○추청秋淸 ○추청秋晴 ○신량新凉
○미량微凉 ○국신菊辰 ○상령霜令 ○추심秋深 ○상후霜候 ○상냉霜冷
○상풍霜風 ○심추深秋

{10월[十月]}[155]

▶호한沍寒 ○한호寒沍 ○한령寒令 ○시한始寒 ○초한初寒 ○조한肇寒
○초동初冬 ○초설初雪 ○초한初寒 ○초한杪寒

{11월[至月]}[156]

▶설한雪寒 ○설호雪沍 ○지한至寒 ○지호至沍 ○졸한猝寒 ○응호凝沍
○극호極沍 ○극한極寒 ○대한大寒 ○대설大雪 ○심한甚寒 ○융한隆寒
○기한祁寒 ○동난冬暖 ○학한虐寒

{12월[臘月]}[157]

▶납한臘寒 ○납호臘沍 ○궁호窮沍 ○응한凝寒 ○엄호嚴沍 ○극호劇沍

---

154 9월 : 풍신楓辰, 추심秋深, 추상秋霜, 추말秋末, 추계秋季, 초추杪秋, 중양重陽, 잔추殘秋, 영월詠月, 술월戌月, 수의授衣, 상신霜辰, 상냉霜冷, 박월剝月, 무역無射, 모추暮秋, 모상暮商, 만추晩秋, 노추老秋, 궁추窮秋, 국추菊秋, 국월菊月, 계추季秋, 계상季商이라고도 한다.

155 10월 : 해월亥月, 초한初寒, 초설初雪, 초동初冬, 조동肇冬, 응종應鍾, 양월良月, 소춘小春, 소양춘小陽春, 상동上冬, 상달, 방동方冬, 맹동孟冬, 동훤冬暄, 동난冬暖, 곤월坤月, 개동開冬이라고도 한다.

156 11월 : 황종黃鍾, 창월暢月, 중동仲冬, 정동正冬, 자월子月, 오동짓달, 양복陽復, 신양新陽, 설한雪寒, 복월復月, 동짓달, 남지南至, 고월辜月, 가월葭月, 선양線陽, 일선양一線陽, 주정周正이라고도 한다.

157 12월 : 혹한酷寒, 축월丑月, 초동杪冬, 청사淸祀, 제월除月, 절계節季, 엄월嚴月, 썩은달, 세초歲杪, 섣달, 서옷달, 사월蜡月, 빙월氷月, 모절暮節, 모세暮歲, 모동暮冬, 만동晩冬, 막달, 도월涂月, 대려大呂, 궁호窮沍, 궁임窮稔, 궁동窮冬, 궁기窮紀, 계동季冬, 가평嘉平, 극한極寒, 호한沍寒이라고도 한다.

○궁음窮陰 ○혹한酷寒 ○극한劇寒 ○응엄凝嚴 ○잔납殘臘 ○세잔歲殘

기후류氣候類[158]

▶기체후氣體候 ○기후氣候 ○기도氣度 ○체내제절體內諸節 ○체상體上 ○체중體中 ○체기體氣 ○체도體度 ○체용體用

▶동지후動止候 ○동지動止 ○기거후起居候 ○기거起居〖혹 '태감太監'·'영감令監'·'사도使道'·'순선旬宣'·'제곤制閫'·'도시道視'·'정여政餘'·'정중政中'·'시여侍餘'·'시외侍外'·'사여仕餘'·'직중直中'·'복중服中'·'건차虔次' 등의 글자를 적절하게 더하여 쓴다.[或加太監·令監·使道·旬宣·制閫·道視·政餘·政中·侍餘·侍外·仕餘·直中·服中·虔次等字 量宜用之]〗

▶균후勻候 ○균체勻體 ○정인동지鼎茵動止[159] ○보리체도保釐體度[160]

▶태체台體 ○태후太候 ○태리台履 ○태동지台動止 ○태기거台起居[161]

▶영후令候 ○영리令履 ○영동지令動止 ○영기거令起居[162]

▶순후旬候 ○순체旬體 ○순리旬履 ○순리巡履[163]〖혹 '안부按部'·'순선旬

---

158 기후류 : '기후'는 체후體候를 이르는 말로, 상대방의 신체의 상태나 건강이 어떠한지를 묻는 말이다. 체후體候·동지動止·정동靜動·기거起居·정인鼎茵·체사體事·체도體度·체황體況·위황爲況·체리體履·체도氣度 등이 있다.

159 정인동지 : '정인'은 '솥과 자리'라는 뜻으로, 먹고 자는 일상생활을 이른다.

160 균후……보리체도 : '재상宰相의 안부'를 이를 때 쓴다.

161 태체……태기거 : '대감大監의 안부'를 이를 때 쓴다.

162 영후……영기거 : '영감令監의 안부'를 이를 때 쓴다.

163 순후……순리 : '관찰사觀察使의 안부'를 이를 때 쓴다.

宣'·'원습原濕'·'포정布政' 등의 글자를 '동지動止'·'기거起居' 등의 글자 위에 더하여 쓴다.[或加按部·旬宣·原濕·布政等字 於動止·起居之上]〗

▶곤후閫候 ○곤리閫履 ○곤황閫況 ○곤제閫制 ○이곤莅閫[164]

▶정후政候 ○정리政履 ○정황政況 ○자후字候 ○자리字履 ○전리篆履 ○전황篆況 ○이후莅候[165]〖혹은 '정여政餘'·'정중政中'·'시정侍政'·'시전視篆'·'시인視印'·'장민長民'·'위정爲政'·'무자撫字'·'미부美赴'·'신리新莅'·'환아還衙'·'저아抵衙'·'환치還治'·'이정莅政'·'상관上官'·'하거下車'·'신정新政'·'혼아渾衙'·'임정臨政'·'임민臨民'·'정용政用' 등의 글자를 '동지動止'·'기거起居' 위에 더하여 쓴다.[或加政餘·政中·侍政·視篆·視印·長民·爲政·撫字·美赴·新莅·還衙·抵衙·還治·莅政·上官·下車·新政·渾衙·臨政·臨民·政用等字 於動止·起居之上]〗

▶융후戎候 ○무융撫戎 ○진후鎭候 ○진리鎭履 ○진황鎭況[166]

▶우후郵候 ○우리郵履 ○우황郵況[167]

▶목리牧履 ○목황牧況 ○공구攻駒 ○이황履況[168]

▶좌후佐候 ○좌리佐履 ○좌황佐況 ○막후幕候 ○막리幕履 ○막황幕況[169]

▶좌후仕候 ○사리仕履 ○사황仕況[170]〖혹은 '공극供劇'·'숙야夙夜'·'재공在公' 등의 글자를 더하여 쓴다.[或加供劇·夙夜·在公等字]〗

---

164 곤후……이곤 : '병사兵使와 수사水使의 안부'를 이를 때 쓴다.
165 정후……이후 : '외직에 있으면서 정후政候를 돌보는 지방관의 안부'를 이를 때 쓴다.
166 융후……진황 : '첨사僉使와 만호萬戶의 안부'를 이를 때 쓴다.
167 우후……우황 : '독우督郵의 안부'를 이를 때 쓴다.
168 목리……이황 : '감목관監牧官의 안부'를 이를 때 쓴다.
169 좌후……막황 : '비장裨將의 안부'를 이를 때 쓴다.
170 좌후……사황 : '벼슬하는 사람의 안부'를 이를 때 쓴다.

▶시후侍候 ○시리侍履 ○시황侍況 ○시봉侍奉 ○시채侍彩 ○시학侍學 ○채환彩歡

○시환侍歡 ○시독侍讀 ○시주侍做[171]

▶직후直候 ○직리直履 ○직황直況[172]

▶체후棣候 ○체리棣履 ○체황棣況 ○첨후僉候 ○첨리僉履 ○첨황僉況 ○첨시僉侍[173]

▶복후服候 ○복체服體 ○복리服履 ○복황服況

▶애후哀候 ○애리哀履 ○애황哀況 ○애체哀體 ○기력氣力 ○체기體氣 ○체력體力 ○기황氣況 ○효리孝履[174]〖혹은 '시존侍奠'·'궤존饋奠' 등의 글자를 더하여 쓴다.[或加侍奠·饋奠等字]〗

▶건후愆候 ○건도愆度 ○건절愆節 ○건후譽候 ○건절譽節 ○신후愼候 ○신도愼度 ○신황愼況 ○흠안절欠安節 ○불안절不安節 ○신절愼節[175]

▶조후調候 ○조체調體 ○조절調節 ○조리調履 ○조황調況〖혹은 '조장調將'·'조양調養'·'장섭將攝'·'조중調中'·'섭양攝養'[176] 등의 글자를 더하여 쓴다.[或加調將·調養·將攝·調中·攝養等字]〗

▶합후閤候 ○합리閤履 ○합권閤眷 ○혼권渾眷 ○혼황渾況 ○합권合眷 ○합실閤室[177]

---

171 시후……시주 : '부모님을 모시는 안부'를 이를 때 쓴다.
172 직후……직황 : '숙직하는 안부'를 이를 때 쓴다.
173 체후……첨시 : '형제의 안부'를 이를 때 쓴다.
174 복후……효리 : '거상居喪의 안부'를 이를 때 쓴다.
175 건후……신절 : '남의 병'을 높여 이르는 말로, 상대가 병이 걸렸을 때 안부하는 말에 쓴다.
176 조후……섭양 : '조리調理하는 안부'를 이를 때 쓴다.
177 합후……합실 : '가족들의 안부'를 이를 때 쓴다.

▶도체道體 ○도리道履 ○도황道況 ○소리素履 ○덕리德履 ○미도味道 ○위도衛道 ○진덕進德 ○기미氣味 ○체황體況[178]

▶주후做候 ○주리做履 ○독리讀履 ○학리學履 ○주황做況 ○독황讀況 ○학황學況 ○위황爲況[179]

▶체리體履 ○이용履用 ○이황履況 ○계거啓居 ○계처啓處 ○흥거興居

▶아후雅候 ○한후閒候 ○정후靜候 ○아리雅履 ○한리閒履 ○정리靜履 ○아황雅況 ○한황閒況 ○정황靜況 ○청황淸況

▶영위榮衛 ○동정動定 ○동인動引 ○동정動靜 ○진간震艮 ○동리動履 ○서식棲息 ○면식眠食 ○책응策應[180]

▶행리行履[181] ○행리行李

▶객후客候 ○객리客履 ○객황客況 ○여후旅候 ○여리旅履 ○여황旅況 ○우리寓履 ○우황寓況[182]

만안류萬安類[183]

▶만안萬安 ○만강萬康 ○안녕安寧 ○강녕康寧 ○강왕康旺 ○강복康福

---

178 도체……체황 : '학문하는 사람의 안부'를 이를 때 쓴다.
179 주후……위황 : '공부하는 사람의 안부'를 이를 때 쓴다.
180 체리……책응 : '일상의 안부'를 이를 때 쓴다.
181 행리 : '여행 중의 안부'를 이를 때 쓴다.
182 객후……우황 : '우거寓居하는 안부'를 이를 때 쓴다.
183 만안류 : '만안'은 '……니까?'라는 의문과 '……하기를 바란다'는 기원祈願의 의미 모두에 쓰지만, 여기서는 의문형으로 통일되게 번역하였다.

○만위萬衛 ○만유萬裕 ○만지萬祉 ○만복蔓福 ○만중萬重 ○만상萬相
○신명이 보호하여 내내 만안하십니까?[神明攸衛 一向萬安] ○신명이 보호하여 연이어 강녕하신지요?[神明攸佑 連獲康寧] ○내내 강녕하십니까?[一向康寧] ○신의 보호를 받아 만안하십니까?[神護萬安] ○신의 보호로 만강하신지요?[神衛萬康] ○신의 보호로 만중하십니까?[神相萬重] ○연이어 강중하심을 누리시는지요?[連享康重]

▶많은 복을 받으시는지요?[茂膺百福] ○더욱 만복을 받으시는지요?[184][增膺蔓祉] ○늘 아름다운 복을 받으시는지요?[茂膺休嘏] ○더욱 신의 도움을 받으시는지요?[益膺神佑] ○늘 복을 받으시고 더욱 경사스러우신지요?[茂納增慶] ○더욱 새로운 경사스러움을 받으시는지요?[益延新慶][185] ○늘 아름다운 복을 받으시는지요?[茂膺休祉] ○늘 많은〖복·복〗을 받으시는지요.[茂膺百〖祿·祉〗] ○이곳에 임하여 더욱 복을 받으시는지요?[莅玆增祉] ○새해를 맞아 더욱 복을 받으십니까?[迓新增福] ○새해에는 복을 받으시고 더욱 경사스럽습니까?[迓福增慶]

▶감영에서 더욱 진중하신지요?[上營珍重] ○잘 부임하여 더욱 복을 받으시는지요?[美赴增休] ○새로 부임하여 많은 복을 받으시는지요?[新莅多福] ○씩씩하게 부임하여 맑은 복을 누리시는지요?[莊莅淸休]

▶증휴增休 ○증복增福 ○증록增祿 ○증지增祉 ○증경增慶 ○증가增佳 ○증길增吉 ○증호增護 ○증하增嘏 ○증수增綏

---

184 만복을 받으시는지요 : 원문은 '蔓祉'. 《전한서前漢書》〈예악지禮樂志〉에 "길게 뻗어 나가는 것을 '무茂'라고 한다.[蔓蔓曰茂]"라고 하였고, 주석에 "만만蔓蔓은 장구함을 말한다.[言其長久]"라고 하였다. '무지茂祉'와 같은 의미이다.

185 益延新慶 : 《농암집農巖集》〈답조군범答趙君範〉에 "益延新慶"이라는 구절이 있다.

▶가복佳福 ○백복百福 ○진복鎭福 ○신복神福 ○균복均福 ○안복安福 ○다복多福 ○숭복崇福

▶청중淸重[186] ○안중安重 ○안중晏重 ○위중衛重 ○증중增重 ○호중護重 ○강중康重

▶숭위崇衛 ○중위重衛 ○증위增衛 ○신위神衛 ○가위加衛 ○익위益衛 ○청위淸衛 ○진위珍衛

▶신상神相 ○유상有相 ○증상增相 ○균경均慶 ○균승均勝 ○균지均祉 ○구태俱泰 ○구승俱勝

▶청비淸毖 ○안비安毖 ○충비冲毖 ○진비珍毖 ○증비增毖 ○휴비休毖 ○숭비崇毖

▶만승萬勝 ○진승珍勝 ○위승衛勝 ○가승佳勝 ○증승增勝 ○충승冲勝 ○안승安勝 ○안승晏勝 ○초승超勝 ○비승毖勝

▶진색珍嗇 ○충색冲嗇 ○비색毖嗇 ○보색保嗇 ○휴창休暢 ○납지納祉

▶익무益茂 ○익복益福 ○익휴益休 ○익위益衛 ○익승益勝

▶안적安廸[187] ○평적平廸 ○가적佳廸 ○충적冲廸 ○증적增廸 ○청적淸廸

▶중적中適[188] ○청적淸適 ○안적安適 ○순적順適 ○순적循適 ○순의循宜 ○일의一宜 ○여의如宜

▶청유淸裕 ○충유冲裕 ○청승淸勝 ○청안淸晏 ○청건淸健 ○충태冲泰

▶숭호崇護 ○진호珍護 ○지호祉護

---

186 청중 : '중'은 '편안하다[晏]'는 뜻이다.

187 안적 : '적'은 '따르다[順]'는 뜻이다.

188 중적 : '적'은 '합당하다'는 뜻으로, "절로 마음에 합당하여 유감이 없다.[自合于其心 而無遺憾也]"는 뜻이다.

▶평선平善 ○평길平吉 ○안길安吉 ○정길貞吉 ○강길康吉 ○경길慶吉 ○안온安穩 ○안정安貞 ○대가對佳[189] ○일휴日休 ○일안一安 ○일양一樣
▶강건康健 ○복상復常 ○강복康復 ○강승康勝 ○승상勝常 ○쾌안快安 ○쾌복快復 ○물약勿藥[190]
▶약하若何 ○여하何如 ○하사何似 ○하약何若 ○심사甚似 ○해사奚似 ○해약奚若 ○해여奚如 ○여하如何
▶지안支安 ○지승支勝 ○지상支相 ○지장支將 ○지호支護 ○지지支持 ○만지萬支 ○지장持將 ○지보支保 ○보안保安 ○만호萬護 ○호승護勝

복모류伏慕類[191]

▶간절히 사모하는 저의 【정성·진심·회포·기쁨·마음】을 가눌 길 없습니다.[區區伏慕 無任下【誠·情·懷·悅·悰】] ○저의 사모하는 간절한 마음을 가눌 길 없습니다.[下懷伏慕 無任區區] ○위안되고 그리운 【멀리 있는·보잘것없는】 저의 마음을 가눌 길 없습니다.[伏慰且慕 不任【遠·賤】] ○간절한 그리움 어느 때나 조금이라도 느슨할까요?[區區慕仰 何敢少弛] ○저의 사모하는 마음 밤낮으로 느슨하지 않습니다.[下懷慰慕 日夕靡懈]

---

189 대가: '대'는 '대시對時'의 줄임말로, "언젠지 말할 것 없이 언제나 편안하기를 바란다.[不論何時 惟隋其時而安寧]"라는 의미이다.
190 물약: '병이 완치되었음'을 이르는 말로, 《주역周易》 무망괘无妄卦(☰) 구오九五에 "잘못이 없는 병이니, 약을 쓰지 않아도 나을 것이다.[无妄之疾 勿藥有喜]"라는 구절에서 유래하였다.
191 복모류: '복모'는 '삼가 그리워한다'는 내용이 들어간다. 소溯·왕往·앙仰·첨瞻·모慕·사思·상想·연戀·념念 등이 주로 쓰인다.

○간절한 그리움 더욱 간절합니다.[伏慕區區 下懷采切] ○간절히 그리운 마음 가눌 길 없습니다.[伏不任區區慰慕之至] ○저의 간절한 마음을 어떻게 이기겠습니까?[下懷區區 豈勝慕仰] ○간절한 그리움을 이길 길 없습니다.[無任慕仰之至] ○간절한 그리움에 연이어 위안됩니다.[區區伏慕 繼以慰仰] ○저의 그리움이 세월과 함께 깊어만 갑니다.[下懷慕仰 與歲俱深] ○늘 그리움에 답답함을 이길 길 없습니다.[尋常瞻慕 不任鬱鬱] ○지극한 그리움에 저의 정성을 이길 길 없습니다.[戀慕之極 不任卑悰] ○그리운 사사로움을 어찌 이기겠습니까?[曷勝瞻慕之私] ○그리운 지극한 마음을 이길 수 없습니다.[伏不勝瞻慕之至] ○그리운 정성은 소식이 막혔다고 틈이 있지 않습니다.[瞻慕之誠 不以相阻 而有間也] ○보잘것없는 저의 그리움 어찌 이기겠습니까?[區區者 曷任慰慕] ○한결같은 그리움 언제나 그치겠습니까?[一心嚮慕 何時可已] ○위안되고 그립습니다.[伏慰且慕]

▶위안되고 또 그리움의 지극함을 이길 수 없습니다.[伏慰且溯 不任區區] ○간절히 위안되고 그리운 지극함을 이길 길 없습니다.[區區 伏不任慰溯之至] ○위안되고 그리운 간절함을 이길 길 없습니다.[仰用慰溯 不任區區] ○위안되고 그립습니다.[仰慰且溯] ○구구한 저의 위안과 그리움이 아우릅니다.[區區慰與溯幷] ○구구한 저는 위안되고 그립습니다.[區區且慰且溯] ○보잘것없는 저의 그리움을 이길 길 없습니다.[區區者 不任溯仰] ○구구한 저의 그리움이 날과 함께 길어집니다.[區區瞻溯 與日俱長] ○한 해를 건너 소식이 막혀 그리움이 간절합니다.[隔歲相阻 瞻慰區區] ○북쪽을 바라보며 잊지 못하는 마음에 위안과 그리움이 번갈아 지극합니다.[北望耿結 慰溯交摯] ○지극한 그리움을 이길 길 없습니다.[不任瞻想之至] ○그립다는 말은 실없는 말이 아닙니다.[瞻仰 非虛語也] ○거듭 그

립습니다.[重爲之馳仰] ○그리움이 절로 마지않습니다.[傾仰不自已] ○전혀 소식을 듣지 못해 그리워할 뿐입니다.[截然相阻 瞻言詠溯而已] ○저는 그리움으로 잊지 못하는 마음을 가눌 길 없습니다.[瞻翹之私 不任耿耿] ○간절한 그리움이 날과 함께 쌓여갑니다.[區區瞻戀 與日俱積]192 ○사람으로 하여금 그립게 하는 것이 절로 마지 못하겠습니다.[令人歆想 殆不自已]193 ○한결같은 그리움이 세월과 함께 새롭습니다.[一味馳想 與歲俱新] ○간절히 잊지 못하는 마음이 언제나 그칠까요?[願言憧憧 無時可已] ○보잘것없는 저의 그리움이 다시 어떠하겠습니까?[區區者 溯仰 當復如何] ○간절한 그리움을 어떻게 말씀드리겠습니까?[區區瞻戀 如何可喩] ○그리운 마음 더욱 간절함을 잊지 못하겠습니다.[瞻遡 更切耿耿] ○그리움이 끝이 없습니다.[瞻溯不可極] ○이때 그리움이 배나 간절합니다.[此時瞻往 倍覺憧憧] ○당신을 향하는 그리움을 마음속에서 잊지 못하겠습니다.[向風馳仰 有懷耿結] ○간절한 일념이 어느 때나 저의 곁에 있지 않은 적이 있겠습니까?[亹亹一念 何嘗不在吾左右也]194 ○간절히 그리워하는 한결같은 마음으로 산봉우리 구름 속으로 들어가지 않은 적이 없습니다.[憧憧一念 未嘗不入於嶺雲也] ○영특하신 모습이 눈에 아른거리지 않은 적이 있었겠습니까?[英英淸眄 何嘗不在眼中]195 ○서로 바라는 마

---

192 區區瞻戀 與日俱積 : 《월사선생별집月沙先生別集》〈여김사계與金沙溪〉에 "區區瞻戀之誠 與日俱積"이라는 구절이 있다.

193 令人歆想 殆不自已 : 《명재유고明齋遺稿》〈답남자문答南子聞〉에 "令人歆想 殆不自已"라는 구절이 있다.

194 亹亹一念 何嘗不在吾左右也 : 《명재유고明齋遺稿》〈여민언휘與閔彦暉〉에 "亹亹一念 何嘗不在吾左右"라는 구절이 있다.

195 英英淸眄 何嘗不在眼中 : 《명재유고明齋遺稿》〈답박교백答朴喬伯〉에 "英英淸眄 何嘗不在眼中"이라는 구절이 있다.

음이 서로 같은데 딴 세상인 듯 소식이 막혔습니다.[相望猶比肩 而相阻如隔世也][196] ○한결같은 마음으로 당신께 매달려 있지 않은 날이 없었습니다.[一心 無日不旌懸於左右也]

▶위안되고 그립습니다.[伏慰且溯] ○지극히 그립고 염려됩니다.[慕慮之至] ○배나 간절히 그립습니다.[倍切馳仰][197] ○간절히 그립습니다.[仰泝區區] ○그리운 마음 가눌 길 없습니다.[仰溯不任] ○그리움이 더욱 간절합니다.[仰泝彌切] ○그립기만 합니다.[但有瞻耿] ○그리며 발돋움을 합니다.[瞻言思跂] ○간절히 그립습니다.[區區嚮往] ○보고픈 마음이 간절하여 가슴에 맺혔습니다.[願言勞結] ○소식이 막혀 그리움이 가슴에 맺힌 듯합니다.[阻思如結] ○그리움이 간절할 뿐입니다.[瞻勞而已] ○맺힌 그리움이 지극합니다.[凝想之至] ○위안되고 그립습니다.[仰慰兼溯] ○간절히 그립습니다.[區區瞻溯] ○그리움을 가눌 길 없습니다.[瞻溯不任] ○위안되고 그립습니니다.[瞻慰且溯] ○갖가지로 그립습니다.[種種仰溯] ○그리움을 어찌 이기겠습니까?[豈勝馳仰] ○가슴에 맺힌 듯 그립습니다.[仰戀如結][198] ○간절히 그립습니다.[區區貢溯] ○그리움을 이길 수 없습니다.[不任耿耿]

▶그리움 그지없습니다.[戀溯不已] ○그리움 그지없습니다.[爲溯無已] ○그리움이 어찌 그치겠습니까?[委溯何已] ○그리움과 염려가 번갈아 이릅

---

196 相望猶比肩 而相阻如隔世也 : 《명재유고明齋遺稿》〈답기자량答奇子亮〉에 "相望猶比肩 而相阻如隔世"라는 구절이 있다.

197 倍切馳仰 : 《명재유고明齋遺稿》〈답정만양규양答鄭萬陽葵陽〉에 "倍切馳仰"이라는 구절이 있다.

198 仰戀如結 : 《택당선생별집澤堂先生別集》〈여안우산與安牛山〉에 "仰戀如結"이라는 구절이 있다.

니다.[溯念交至] ○그리움이 배나 간절합니다.[傾溯倍切] ○그리움을 말로 하겠습니까?[戀思可言]¹⁹⁹ ○거듭 그립습니다.[重爲之戀仰] ○참으로 그립습니다.[良用懸溯] ○위안되고 그립습니다.[奉慰且溯] ○진실로 그립습니다.[良用戀仰] ○한결같이 그립습니다.[一味馳係]²⁰⁰ ○그리움이 그칠 때가 없습니다.[瞻注無時可已] ○그리움이 얕지 않습니다.[傾溯不淺尠] ○그리움이 느슨하지 않습니다.[馳戀不弛]

▶그립고 위안됩니다.[溯慰溯慰] ○우러러 위안됩니다.[瞻慰瞻慰] ○참으로 위안됩니다.[良慰良慰] ○그립고 그립습니다.[仰溯仰溯馳遡] ○우러러 그립습니다.[瞻溯] ○그립습니다.[奉遡] ○그립습니다.[溯念] ○그립습니다.[馳念] ○그립습니다.[爲念]

제류第類²⁰¹ 1

{외직에 부임할 때[外任]}

▶새로 부임한 지 얼마 되지 않았는데, 괴로운 단서는 없으신지요?[新到屬耳 得無愁惱之端否] ○새로 부임하여 여러 가지 일들은 이미 실마리를 정돈하셨는지요?[新莅凡百 已整頭緖否] ○새로 막 부임하여 손님을 접대하는 고달픔에 흠은 없으신지요?[新莅之初 不瑕有酬接之苦否] ○해일海溢

---

199 戀思可言 : 《송자대전宋子大全》〈여김유선與金由善〉에 "比來阻甚 戀思可言"이라는 구절이 있으며, 《송자대전》에만 집중적으로 나오는 말이다.
200 一味馳係 : 《농암집農巖集》〈답자익答子益〉에 "一味馳係 無時可已也"라는 구절이 있다.
201 제류 : '제'는 '다만'·'우선'의 뜻이다.

권1 95

때문에 흉년을 알려오는 백성들의 근심으로 괴롭지는 않은지 염려됩니다.[海溢告歉 民憂貽惱 爲之仰念] ○흉년의 다스림은 어떻게 개괄되었는지요?[荒政 何以範圍] ○진휼의 정사는 이미 시작이 되었으리라 생각되는데, 백성들의 상황은 어떠하며 상하고 야윈 근심은 없으신지요?[賑政 想已始了 民形 果如何 而得無損瘠之慮否] ○농사가 예상과 달라 간절히 마음 쓰일 것을 생각하면 염려가 그지없습니다.[年事違料 想勞神用 仰念不已] ○백성들의 일은 실마리를 잡았는지요?[民事 能整頓頭緖否] ○비가 널리 기내畿內를 적셨으니 앞으로의 근심은 없으신지요?[雨澤 普洽畿內 則可無來頭之憂否] ○진휼하는 일이 끝났으니 백성들은 상하고 야위지 않았는지요? 분우分憂²⁰²하신 뜻을 체득하고 영광에 참여하는 기쁨을 이길 길 없습니다.[賑事完了 民無損瘠 克體分憂之意 曷勝與榮之喜] ○편안하게 구제하려고 정신을 허비할 것을 생각하니 매우 염려됩니다.[接濟奠安 想費神用 極用奉慮] ○서쪽으로 와보니 귀현貴縣이 더욱 심한 듯합니다. 추목蒭牧²⁰³의 책임에 더욱 신경이 쓰이실 것으로 생각되는데 진휼하는 물자는 범위를 정하셨는지 염려됩니다.[西來民憂 如貴縣爲尤甚 可想蒭牧之責 益勞心神 賑資 可能範圍否 爲念爲念] ○태수의 근심은 매번 이 해보다 더하니 걱정이 그지없습니다.[太守之憂 每多於此等之歲 仰念未已] ○흉년을 만나 백성의 근심이 많을 것으로 생각되니 걱정이 됩니다.[第當歉歲 想多民

---

202 분우 : 임금이 지방에 수령을 보내는 것을 이른다.

203 추목 : '추蒭'는 '추芻'와 같으며 지방관을 이른다. 《목민심서牧民心書》〈자서自敍〉에 "옛날에 순 임금은 요 임금의 뒤를 이으면서 12목을 불러 그들로 하여금 백성들을 기르게 하였으며, 문왕이 정치 제도를 세울 때 사목을 두어 목부라 하였으며, 맹자는 평륙에 갔을 때 추목으로써 백성을 기르는 것에 비유했으니, 백성을 기르는 것을 일러 '목牧'이라 한 것이 성현이 남긴 뜻이다.[昔舜紹堯 咨十有二牧 俾之牧民 文王立政 乃立司牧 以爲牧夫 孟子之平陸 以芻牧 喩牧民 養民之謂牧者 聖賢之遺義也]"라고 하였다.

憂 爲之奉念] ○많은 환곡정책은 요사이 이미 다 거두었으며 마음을 괴롭히는 단서는 없으신지요?[許久糴政 間已收殺 而能無惱心之端否] ○진휼정책이 겨우 끝났는데 가뭄 또한 이러합니다. 괴로울 것으로 생각이 되니 갖가지로 염려됩니다.[賑政才了 亢旱又如此 可想惱撓 種種仰念] ○이러한 아무 대비가 없는 때에 수토守土[204]의 근심이 반드시 배가 되리라 생각합니다.[當此備無斯極之時 守土之憂 想必倍之] ○재적災糴의 정책이 지난 겨울에 비해 어려운지 쉬운지요?[災糴之政 比昨冬 難易如何耶] ○세금 독촉이 이미 마무리 되었는데, 다른 괴로운 단서는 없으신지요?[催科已了 無他撓惱之端否] ○귀부貴府의 환곡을 거두어들이는 일은 듣기에 머리가 아프다고 하더니 그 사이 어떻게 마감이 되었는지 모르겠습니다. 피로하실 텐데 걱정입니다.[貴府糴事 聞者頭痛 未知其間 如何了勘耶 勞撓貢念] ○환곡을 거두는 일은 지금 어느 정도 인지요? 고을의 일과 백성들의 일로 정신이 어지럽지는 않으신지요?[糴政 今至何境 邑務民事 不至惱神否] ○수납은 언제 다 마칠 수 있습니까?[收納 何時可畢耶][205] ○첨정簽丁[206]과 세금 독촉으로 정신이 쓰이는 단서는 없는지 간절히 염려됩니다.[簽丁催科 無非費神之端 還切悶念] ○장기瘴氣[207]가 있는 고을에서 여름을

---

204 수토 : '수토지관守土之官'의 줄임말로, '외직'을 뜻한다.

205 收納 何時可畢耶 : 《기언별집기언별집》〈남계정안楠溪靜案〉에 "收納何時可畢耶 苦鬱陶"라는 구절이 있다.

206 첨정 : 군정軍丁에 결원이 생겼을 때 대신할 자를 정하는 것으로 6년마다 군적軍籍을 작성하되 그 사이 결원이 생기면 해당 군현에서 세초歲抄 때에 대신할 자를 정하고 절도사는 관할 지역에서 1년 동안 충정充定했던 숫자를 모두 합계하여 계문啓聞하도록 법으로 규정하였다. '첨괄簽括'·'괄정括丁'·'첨정簽丁'이라고도 한다.

207 장기 : 남쪽 지방의 숲속에 있는 습열장독濕熱瘴毒을 감수함으로써 발생하는 온병溫病을 이른다.

지내고도 병이 없으시고, 백성들의 근심으로 정신을 수고롭히는 지경에는 이르지 않으셨는지요?[瘴鄕經夏 能無所愼 而民憂 不至太勞神用否] ○ 병이 아직 낫지 않고 벼슬도 그만두지 못하고 있으니 괴로운 단서가 한둘이 아닐 것입니다.[第所愼 尙未快 縣紱未解 政想煩惱 非一端也] ○ 가뭄 끝에 비가 내리는데 서변西邊도 이같이 큰비가 내리는지요?[旱餘得雨 西邊 亦同此霈否] ○ 비를 기다리던 나머지에 때맞은 비가 막 시작되었는데 호남도 동운同雲²⁰⁸의 기쁨이 있는지요?[望霓之餘 好雨方始 未知湖南 亦得同雲之喜否] ○ 당신 도읍의 농사는 요사이 어떻습니까? 기내畿內는 바람도 불고 비도 와서 피해가 많은데, 이 또한 손해를 부르는 이치입니까?[貴道稼事 近來如何 畿內則或風或雨 爲害頗多 此亦招損之理耶] ○ 오랫동안 혼정신성昏定晨省을 하지 못하였는데 고을 일과 백성들의 일로 무척이나 괴로우시리라 생각하니, 걱정이 마지않습니다.[久曠之餘 邑務民事 想多惱撓 奉念曷已] ○ 다만 차원差員의 행차가 며칠 안으로 떠나면 참으로 오랜 시간을 길에서 지낼 텐데, 다시 만날 기약을 할 수 있을지 모르겠습니다.[第差員之行 不日當啓 眞所謂長在路上 殊未知更奉之爲企也] ○ 돌아와 부모님을 찾아뵙지도 못하고 찰미察眉²⁰⁹의 근심만 깊습니다. 태감의 마음을 생각하면 어찌 잠시라도 그립지 않은 적이 있겠습니까?[反面禮曠 察眉憂深 竊想台心 何嘗頃刻弛懷也] ○ 두 번 조련할 날이 멀지 않으니 괴

---

208 동운 : 눈이 내리기 전 온 하늘에 가득히 낀 먹구름을 뜻한다. 《시경詩經》〈소아小雅 신남산信南山〉에 "상천上天이 일색一色으로 먹구름이 낀지라 함박눈이 펄펄 내리네.[上天同雲 雨雪雰雰]"라고 하여, 눈이 내리는 전거로 쓰였다.

209 찰미 : '눈썹과 눈 사이를 살피다'라는 뜻으로, 여기서는 '백성들을 잘 살피다'라는 의미로 쓰였다. 《열자列子》〈설부說符〉에 "진나라가 도둑으로 괴로워하고 있었는데 극옹이란 사람이 도둑의 얼굴을 보고 눈썹과 눈 사이를 살펴 그 진실을 알아냈다.[晉國苦盜 有郄雍者 能視盜之貌 察其眉睫之間而得其情]"라고 하였다.

로움이 많으실 것입니다.[兩操不遠 必多撓惱也] ○고향으로 돌아가는 행차가 서늘한 계절이라 걱정이 그지없습니다.[省掃之行 政當凉節 貢慮無已] ○시험장의 일을 마치고 지금 벌써 돌아오셨는지요? 이러한 사소한 수고로움은 오두五斗²¹⁰ 때문으로 우리의 본분이 이러하니 어찌하겠습니까?[試場之役 今已往返否 此等小小勞碌 莫非五斗之故 吾輩本分 如此奈何] ○역참의 일꾼들은 이미 보냈는데 객사장客使將은 관아官衙로 돌아왔는지요?[站役已送 客還衙否] ○역참의 일로 괴로우실 것으로 생각됩니다. 여러 가지 지출비용은 백성들의 힘을 번거롭게 하지 않습니까?[站上之役 想勞神用 凡百支費 其能不煩民力否] ○청나라 사신이 또 왔으니 일이 배나 많으리라 생각됩니다.[北使又至 想多事自倍]²¹¹ ○사신이 국경을 들어와 가까이 있으니 수고로움이 많으시리라 생각하니 매우 걱정입니다.[客使入境 在邇 竊想勞攬多端 殊切仰念] ○바쁜 국경에서 응대하느라 정신을 허비하실 것으로 생각됩니다.[劇藩酬應 想費神用] ○또한 바쁜 병영에서 감당하기 어려운 단서는 없으신지요?[且念營下劇地 能無難堪之端否] ○쇠약한 나이에 바쁜 곳에서 어떻게 괴로움을 견디시는지 언제나 염려됩니다.[衰年劇地 何以堪苦 每切仰念] ○군기軍器를 보수하는 등과 꾸려나가는 여러 가지 일들은 거의 모두 정돈되고 잘 되어 가는지요?[修改軍器等 經紀諸務 幾皆整頓就緖耶] ○경궤擎跪의 수고로움은 익히 아는 것이니 근심

---

210 오두 : '녹봉'을 이르는 말로, 《송서宋書》〈도잠열전陶潛列傳〉에 도연명陶淵明이 일찍이 팽택현령彭澤縣令이 되었을 때 현의 아전이 의관을 갖추고 독우督郵를 보아야 한다고 하자, 그는 "나는 오두미五斗米 때문에 허리를 굽힐 수 없다."라고 한 후 관직을 버리고 고향으로 돌아갔다는 고사에서 유래하였다.

211 北使又至 想多事自倍 : 《기언별집記言別集》〈여권감사수與權監司脩〉에 "布政起居何如 北使又至 想多事自倍"라는 구절이 있다.

스러울 것이라 생각됩니다.[擎跪之苦 曾所稔知 可想愁眉之攢也] ○올해 염병의 기운은 영남이 관서에 비해 너무 늦게 잦아드니, 백성의 근심으로 눈살을 찌푸릴 것이라 생각됩니다.[今年癘氣 嶺以南 比關湖 爲甚晏寢 民憂 想多眉攢也] ○도내의 역질이 아직도 그치지 않은데, 도를 안찰하는 근심이 다른 때 보다 배나 더할 것이라 생각하니 걱정입니다.[道內癘疫 尙不止息 按道之憂 想倍他時 爲之奉念]

▶무슨 복으로 풍년을 독차지하는지요? 복성福星[212]이 비추었기 때문이니 축하드립니다.[以何福力 獨占豐登 福星所照 爲之仰賀] ○모내기 비는 벌써 충분하니 보리농사는 풍년이 들 것입니다. 금당琴堂[213]께서는 부모님을 모시는 기쁨으로 흥취가 많으리란 생각에 부럽기만 합니다.[秧雨旣足 麥秋且登 仰想琴堂所事 奉歡多趣 爲之馳豔] ○산골 마을이라 조용하고 민간의 풍속도 순후하여 크게 신경 쓰지 않아도 되니 더욱 기뻐할 일입니다.[峽邑閒靜 民俗淳厚 可以不費心力 尤可喜也][214] ○보리가 멀지 않아 여물 것이니, 구휼의 다스림이 끝날 수 있을 것입니다. 촌점村店에서 인재를 길러 나아갈 방향을 알도록 하였으니, 부모를 봉양하는 정성과

---

212 복성 : 원래는 목성木星이 세성歲星으로서 복을 주관한다고 하여 목성의 대칭代稱으로 쓰였는데, 뒤에는 한 지역에 행복과 희망을 가져다주는 훌륭한 지방관이란 뜻으로 전용되었다. 《산당사고山堂肆考》에, 송宋나라 철종哲宗 때 선우신鮮于侁이 경동전운사京東轉運司가 되어 부임할 적에 사마광司馬光이 "지금 동쪽 지방의 폐해를 구하려면 자준이 아니면 안 되니, 이 사람이 바로 한 지방의 복성이다. 모든 전운사의 모범이 될 수 있을 것이다.[今欲救東土之敝 非子駿不可 此一路福星也 可以爲諸路轉運模範矣]"라는 구절에서 유래하였다.

213 금당 : 수령이 정사하는 곳을 이른다. 옛날 복자천宓子賤이라는 어진 수령이 선보單父라는 고을을 다스릴 때 거문고를 타면서 마루 아래에 내려온 일이 없었으나 선보현은 잘 다스려졌다는 고사에서 유래한 말이다.

214 峽邑閑靜……尤可喜也 : 《명재유고明齋遺稿》〈답라현도答羅顯道〉에 "況復峽邑閑靜 民俗淳厚 可以不費心力 尤可喜也"라는 구절이 있다.

도를 행하는 뜻을 모두 얻었다고 할 만합니다.[麥熟不遠 賑政可訖 村店教養 可使知方 愛日之誠 行道之志 可謂幷得之矣]²¹⁵ ○모내기가 조금 이르지만 빗물이 적지 않다고 하니 백성들의 근심은 열에 여덟, 아홉은 덜어졌을 것입니다.[移秧稍早 雨水不少云 民憂 庶可除八九矣] ○올해의 적정羅政은 크게 신경을 쓰지 않아도 되리라 생각합니다.[今年羅政 想不至大費神用] ○가을걷이할 때인데 아무리 풍년이라고는 하지만 세금독촉의 정사는 많은 신경이 쓰일 텐데 매번 간절히 걱정스럽습니다.[方當秋務 雖曰豐歲 催科之政 宜多腦神 每切奉念] ○농사가 비록 처음 생각과는 다르다고는 하지만 그래도 흉년은 아니니 백성들의 근심으로 신경을 허비하지 않고 편안하고 여유롭게²¹⁶ 지내실 텐데 과연 자사刺史의 아취가 있으신지요?[穡事 雖云不如初料 猶不可以歉歲言 想無民憂之費神 輕裘緩帶 果有刺史之趣否] ○보리농사가 끝내 처음 생각에서 어긋났으니 참으로 탄식스럽습니다. 지금 가을 농사는 풍년의 희망이 있으니 이후 다른 재앙이 없기를 바랍니다.[麥事之終 違始料 誠可歎惜 而目下秋農 擧有大登之望 此後無他災 惟是企祝] ○올해 농사는 거의 수확을 기대할 수 있어 조금이나마 백성들의 근심을 느슨히 할 수 있을지요? 쇠약한 나이에 정사가 바빠 괴로운 상황이 많으실 것을 생각하니 걱정됩니다.[今年穡事 庶望有秋 可以少紓民憂否 衰齡理劇 計多苦況 旋用奉念] ○올해의 재앙은 곳곳마다 같은 처지인

---

215 麥熟不遠……行道之志可謂幷得之矣 : 《명재유고明齋遺稿》〈답라현도答羅顯道〉에 "仍審淸和 侍歡萬福 麥熟不遠 賑政可訖 於秀敎養 可使知方 愛日之誠 行道之志 可謂幷得之矣"라는 구절이 있어 '於秀'를 제외한 나머지 구절은 동일하다.

216 편안하고 여유롭게 : 원문은 '輕裘緩帶'. 《진서晉書》〈양호열전羊祜列傳〉에 "양호가 전쟁터에서도 갑옷을 입지 않고 허리띠를 느슨하게 하고 다녔으며[輕裘緩帶] 시위侍衛 군사도 10여 명을 넘지 않았다.[在軍 常輕裘緩帶 身不被甲 鈴閣之下 侍衛者不過十數人]"라고 하였다.

데 서해西海는 그래도 조금 낫다고 하니, 복성福星이 비추는 곳이라 그런가 봅니다. 기쁨을 어찌 이기겠습니까?[今年之災 到處同然 而海西 猶能稍勝云 福星所照 豈勝仰喜] ○집안이 단란하니 기쁨이 가득하리라 생각합니다.[室家團欒 可想其欣滿矣] ○고을은 후미지고 일은 간단하여 절로 편안하리라 생각합니다.[邑僻務簡 想多自便] ○강산과 누각에서 맑은 정취가 많으리라 생각합니다.[江山樓閣 想多淸趣] ○도의 일과 병영의 상황은 마음 쓰이는 상황에는 이르지 않았는지요?[道務營樣 不至費心否] ○깊은 진영 소금장銷金帳[217]안에 높이 누워 술을 조금 마시고, 짧은 노래를 부르며, 또 선화宣化로 백성들에게 임하시니 백악白岳의 궁벽한 사귐에 생각이 미칠 겨를이 없을까 걱정입니다.[高臥深營 銷金帳中 淺酌短唱 又從以宣化臨民 恐無暇念及於白岳窮交也] ○태감처럼 연광정練光亭[218]과 부벽루浮碧樓[219] 사이에서 뜻을 얻은 분은 어찌 한결같이 이를 보존하시는지, 마음속으로 잊지 못하겠습니다.[如台之得意於練光浮碧之間者 安保其一如此 心之耿耿也] ○형께서 일념으로 복성卜姓[220]하시니 이는 바로 평소에 크게 계획하신 일이었습니다. 지금 이관以關과 이서以西에 미인[221]이 많으니 어찌 바람대로 되지 않을까 근심하시는지요. 매우 우습습니다.[兄卜姓一念

---

217 소금장 : 금색 실을 넣어서 짠 정교한 휘장을 이른다.

218 연광정 : 지금의 평양시 중구역中區域 대동문동大同門洞 덕암德巖 소재의 정자이다. '제일누대第一樓臺'라고도 불리며 현존하는 누정은 1670년에 개수한 것이다.

219 부벽루 : 평양시 중구역 모란봉 청류벽淸流壁에 있는 누각으로, 원래의 이름은 '영명루永明樓'로 393년에 세운 영명사永明寺의 부속 건물이었는데, 12세기 초 중건한 뒤로 청류벽에 떠 있는 듯한 누정이란 뜻의 '부벽루'로 고쳐 불렀다. 현재의 건물은 1614년 개수한 것이다.

220 복성 : '첩妾을 얻는 것'을 이르는 말로, 첩을 얻을 때는 동성同姓을 피하여 고르는 일에서 온 말이다.

221 미인 : 원문은 '粉黛'. 곱게 화장한 미인을 이른다.

乃平生大經營 今以關以西 粉黛之富 何患不副望 極呵極呵] ○비는 때를 어기지 않고 보리는 점차 익어 가니 백성들의 근심으로 마음 쓰이지 않는 이때, 송죽松竹 사이에서 시를 읊조리니 참으로 복성福星이 비추어서 그러한 것입니까?[雨不愆 麥漸黃 無民憂關心 時得嘯詠於松竹之間 眞是福星所照耶] ○적상赤裳은 늘 선위仙尉[222]라고 말하시더니, 강산의 풍물은 과연 맑은 감상에 흡족하신지 절로 부럽습니다.[赤裳 素稱仙尉 江山風物 果愜淸賞 只自馳豔] ○신선의 지역에서 이은吏隱[223]하니 물맛은 맑고 시원하여 묵은 병이 마땅히 몸에서 떨어져 나가는 기쁨이 있을 것이니 거듭 다행한 일입니다.[仙區吏隱 水味淸洌 舊痾 當有祛體之喜 重可貢幸]

제류第類 2

{타향살이[客遊]}

▶타향에서 한 해를 보내시니 조정과 부모님의 그리움을 어떻게 견디시는지요?[殊鄕過歲 軒陛庭闈之戀 何以堪之] ○다만 서울을 그리는 마음이 이때 더욱 간절하리라 생각하니 매우 염려됩니다.[第想京國馳戀 際玆益深 區區仰念] ○빈 객관에서 한 해를 보내며 매우 쓸쓸하고 적막할 것을 생각하니 염려됩니다.[虛館送年 想多愁寂 爲之仰念] ○해가 훌쩍 빠르게 지나가니 군친君親의 그리움으로 맺힌 마음을 어떻게 견디시는지요? 자사

---

222 선위 : 한漢 나라 때 매복梅福이 남창현南昌縣의 부관인 위尉로 재직하고 있다가 왕망王莽이 정권을 잡자, 벼슬을 버리고 떠나 신선이 되었다는 데서 나온 말로, 지방 수령의 부관에 대한 미칭美稱으로 쓰인다.

223 이은 : 부득이 벼슬은 하고 있으나 속마음은 은거하는 일을 이른다.

刺史 벼슬에 낙이 없으리라 생각됩니다.[歲律 忽復駸駸 君親之戀 何堪耿結 想亦無樂乎刺史矣] ○다만 부모님을 떠나 있는 마음을 이때 더욱 억누르기 어려우리라 생각하니 걱정입니다.[第想離闈情事 此時益難抑 奉念] ○부모님을 떠나 있는 심정을 매우 억누르기 어려울 것을 생각하니 염려가 됩니다.[離闈情事 想多難抑 爲之仰念] ○타향에서 해가 바뀌니 감회를 상상할 수 있습니다.[他鄕歲換 感懷可想] ○묵은해를 보내고 새해를 맞이하는 정황을 마치 보는 듯합니다.[送舊迎新 意況如見]²²⁴ ○나그네로 이미 한 해를 보내고도 얽매여 돌아가지도 못하고 있습니다. 이렇게 해가 바뀌는 때가 되어 매우 울적한 마음일 것이라 생각됩니다. 언제쯤 돌아오실지요?[旅遊已經年 麋絆未歸 當此歲換之時 想多鬱陶之懷 何間 欲還來耶] ○다만 세모에 객중의 심정을 상상할 만합니다. 돌아올 날짜는 언제로 정하였는지요?[第當歲暮 旅思可想 歸期定在何時] ○책사冊舍의 박한 벼슬아치로서 장부로 고민하고 지내느라 견디기 어려움이 많으리라 생각하니 걱정이 그지없습니다.[冊舍薄況 簿書惱神 計多難耐 奉念不已]

제류第類 3

{병문안[問病]}

▶지난번 불편하신 안부는 이미 회복되셨는지요?[向來不安節 已得復常否 區區瞻戀 不能已也]²²⁵ ○문득 한 해가 다해가는데 조섭하시는 안부가 날로

---

224 送舊迎新 意況如見 : 《농암집農巖集》〈답자익答子益〉과 《계당집溪堂集》〈답성성회答成聖會〉에 "送舊迎新 意況如見"이라는 구절이 있다.

225 向來不安節……不能已也 : 《명재유고明齋遺稿》〈여박계긍與朴季肯〉에 "向來不安節 已得

좋아지실 것이라 생각합니다. 간절히 그립습니다.[悠爾歲窮 想調候日有康勝 勞仰區區] ○다만 지난번 자주 편찮으시어 근처 도성에서 의사를 찾을 정도라는 소식을 듣고 비록 매우 걱정을 하기는 했지만 이미 나으셨겠지요?[第聞向來 頻有愆候 至於近城尋醫 雖切奉慮 然想已快祛矣]²²⁶ ○북로北路에는 전염병의 기운이 크게 맹렬한데 영하營下는 이런 근심이 없으신지요. 그리운 끝에 지극한 걱정을 이길 길 없습니다.[北路染氣大熾 未知營下 果無此患否 溯仰之餘 又不任仰慮之至] ○지금까지 조섭하시는 안부는 벌써 말끔히 회복하고 다시 남은 증세는 없으신지요?[此間調節 果已快復 而更無餘証否] ○지난번의 병은 이미 말끔히 나아 남은 근심은 없으신지요?[向來所愼 果已快祛 無餘憂否] ○지난번 숙환으로 다시 고생하신다는 소식을 들었는데 지금은 나으셨는지요?[頃聞宿患復苦 今已復常耶]²²⁷ ○고질이 갑자기 다시 발작하지 않았는지요?[美痾 霍然不復作否] ○병은 이미 말끔히 나으셨는지요?[愆候 已底快安否] ○병이 아직도 낫지 않아 멀리서 근심하는 마음 이길 길 없습니다. 소식을 들은 지 여러 날이 되었는데 벌써 차도가 있었을 것이라 생각됩니다.[所患 尙未良已 不勝遠念 信后多日 竊想已就輕安矣] ○밤낮으로 분주한 나머지 안부에 손상은 없으신지요?[曉夜駿奔之餘 起居不瑕有損] ○풍질이 빌미가 되어 침과 뜸을 맞는 지경에 이르렀다는 소식을 들었습니다. 요사이는 병이 나았는지 모르겠습니다.[仄聞風疾爲祟 至徹鍼灸之單 未知邇來獲勿藥之慶否]

復常 區區瞻懸 寤寐不能已也"라는 구절이 있다.

226 第聞向來……然想已快祛矣 : 《명재유고明齋遺稿》〈여박계긍與朴季肯〉에 "第頃因令姪泰慶甫 聞向來頻有愆候 至於近城尋醫 殊切奉慮 然想已快祛矣"라는 구절이 있다.

227 頃聞宿患復苦 今已復常耶 : 《기언별집奇言別集》〈여권감사수與權監司脩〉에 "頃聞宿患復重 今已復常耶 仰慮不已"라는 구절이 있다.

▶지난번 병환은 요사이 나아서 봄과 여름처럼 병을 달고 있지는 않는지요? 걱정이 그지없습니다.[向來湯候 近得臻安 不至如春夏之沈綿否 仰慮不已] ○큰아버지의 병환은 곧바로 나았으니 걱정했던 나머지에 기쁘고 다행스러움이 또한 깊습니다.[大爺 証患旋瘳 仰慮之餘 欣幸亦深] ○지난번 병이 있다는 소식을 듣고서 놀라고 걱정되는 마음 이길 길 없었습니다. 지금은 이미 얼굴에 기쁨이 가득하시겠지요.[頃聞有湯憂 曷勝驚慮 不審此時 已奏滿容之喜耶] ○수레[228]가 벌써 출발하니 만면滿面에 기쁨이 가득하실 것을 미루어 알 수 있습니다. 경하드리는 마음을 어찌 이기겠습니다.[聞皁蓋已離發 滿容有喜 從可知矣 豈勝仰賀]

▶아버님[229]의 문안을 종종 들으시는지요?[大庭問安 種種承聞否] ○아버님의 소식은 연이어 듣고 계신지요? 오랫동안 소식이 막혀 늘 간절히 그립기만 할 뿐입니다.[大庭平音 屬承聞否 阻闊頗久 每馳勞仰而已] ○춘부장의 안부는 요사이 건강하신지요? 종종 그립습니다.[春府丈氣候 近爲康寧否 種種馳仰]

▶숙부의 병환이 심한데 멀리서 이 소식을 듣고는 매우 가슴 태우고 답답하리라 생각됩니다.[大阮丈患節 極其非細 遠外聞此 想甚焦菀也] ○조카의 병이 요사이 차도가 있으니 울적한 끝에 기쁨을 어찌 이기겠습니까?[兒咸所愼 近頗差復 憂悶之餘 豈勝欣幸]

▶백부께서는 요사이 평안하신지요?[伯氏 比沖勝否] ○모아某衙의 소식을 연이어 듣고 있는데 백씨 태감의 병환은 점점 회복되고 있으신지요?

---

228 수레 : 원문은 '皁蓋'. '높은 관원이 타는 덮개가 검은 수레'를 이르는 말로, '높은 관원'을 이르는 말로도 쓰인다.

229 아버님 : 원문은 '大庭'. 상대의 아버지를 높여 이르는 말이다.

간절한 그리움을 절로 마지못하겠습니다.[某衙平音 續聞之 而伯氏台愆候 漸臻康和否 區區嚮往 自不能已] ○백씨 대감의 병환이 한층 더 심해졌다는 소식을 듣기는 했지만, 마침 관청에 있어 몸소 나아가 안부를 드리지 못하였습니다. 연일 심부꾼을 보냈지만 헛걸음만 하였으니 간절히 탄식만 할 뿐입니다.[伏問 伯氏大監患候 彌留之報 適値在公 未果躬候 連日委伻 而未免虛還 第切悵歎] ○백씨의 병환은 이미 회복되셨는지요?[伯氏患候 已臻平復否] ○백씨 형과도 소식이 막혀 문안할 길이 없어 그립고 염려됩니다.[伯氏兄 亦致阻闊 憑問無路 旣溯且慮]

▶아우[230]의 수척함은 요사이 조금은 좋아졌습니까?[季(今)[方][231] 瘦銷 近稍有勝否] ○아우는 연이어 잘 지내며 열심히 공부하고 있는지요? 그립습니다.[季方 連得安過勤做否 懸懸] ○아우의 고질[232]은 늘 멀리까지 근심을 끼치니 비록 친구의 마음으로도 늘 걱정하는데 하물며 분통分痛[233]의 도리에 있어서는 어떠하겠습니까?[季氏貞疾 常貽遠慮 雖以故舊之心 每相愍念 矧惟分痛之情乎] ○지난번 서울 소식을 들으니 모某 누이의 병이 여전히 낫지 않고 있다고 하니 멀리서 애태우고 걱정하고 있습니다. 이미 가을이 되었는데 그사이 병이 나았는지 모르겠습니다.[頃聞洛報 某妹

---

230 아우 : 원문은 '季方'. 후한 때의 명사인 진심陳諶의 자字이다. 진심은 덕행이 자기 형인 진기陳紀와 똑같아서 매우 명망이 높았으므로, 전하여 남의 아우를 높여 일컫는다.

231 (今)[方] : 저본에는 '今'로 되어 있으나, 문맥을 살펴 '方'으로 바로잡았다.

232 고질 : 원문은 '貞疾'. '난치병'을 이르는 말로, 《주역周易》 예괘豫卦(䷏) 육오六五 효사爻辭에 "정한 병이 오래되어도 죽지 않는다.[貞疾 恒不死]"라는 구절에서 유래하였다.

233 분통 : '구애분통灸艾分痛'의 줄임말로, '형제간에 깊은 정'을 비유하여 이른다. 《송사宋史》〈태조기太祖紀〉에 "태종이 병을 심하자 태조가 가서 병세를 살펴보고 직접 뜸을 뜨면서 태종이 아파하면 태조도 몸에도 쑥을 가져다 스스로 뜸을 떴다.[太宗嘗病亟 帝往視之 親爲灼艾 太宗覺痛 帝亦取艾自灸]"라는 구절에서 유래하였다.

之病 尙此彌留云 遠外焦慮 秋序已入 伏未知其間 果能離却否也]

▶지난날 부인의 병[234]으로 급히 피하였으니 시름겨워하시리라 생각됩니다. 좌하께서는 초연히 떨쳐버릴 뜻을 빼앗겨 점필佔畢[235]의 공부를 그만두지 않으셨는지요? 걱정이 그지없습니다.[向日閤患 至有奔避 可想愁惱 座下 能脫然排遣志 不爲所奪 而不廢佔畢之工否 爲之奉念不已]

▶아드님께서 요사이 건강해져 공부에 전념하시는지요?[賢允比健 專於做工否] ○아드님께서는 평소 병으로 몸이 약한데 줄곧 잘 버티고 계신지요?[賢允素病弱 能一向支勝否] ○아드님 형제도 모두 평안히 공부하고 있는지요?[令允昆季 亦皆安穩做工否] ○아드님은 잘 지내는지요? 학문이 몸과 함께 성숙할 것을 생각하니 사람을 그립게 합니다.[賢允佳否 其學 想與其身俱長 令人戀繆] ○아드님은 혹시라도 이미 돌아왔는지요? 숙용宿舂[236]하는 곳에서도 끝내 방문해 주지 않으니 서운함과 그리운 마음이 번갈아 이릅니다.[令允 或已返面否 宿舂之地 竟靳迤訪 悵仰交至] ○큰 아드님께서 부모님을 모시고 있으면서 눈병으로 편지에 방해가 되고 인편이 도착하였는데도 안부하지 못한다는 말을 듣고 매우 서운했습니다.[伯胤 聞方在侍 而目疾 妨於筆札 臨便闕候 殊甚悵歎]

▶모영某營의 문안은 늘 건강하신지요?[某營問安 一向康寧耶] ○모아某衙의 안부를 연이어 듣고 계신지요?[某衙平信 連爲承聞耶] ○모읍某邑의 안부

---

234 부인의 병 : 원문은 '閤患'. 남의 아내의 병을 높여 이르는 말이다.

235 점필 : 독서함을 이르는 말이다.

236 숙용 : '전날 밤에 양식을 찧어 준비하다'라는 뜻으로, 《장자莊子》〈소요유逍遙遊〉에 "가까운 교외에 가는 자는 세끼 밥만 가지고 갔다가 돌아와도 배가 여전히 부르고, 백 리를 가는 자는 전날 밤에 양식을 찧어서 준비해야 하고, 천 리를 가는 자는 석 달 동안 양식을 모아야 한다.[適莽蒼者 三湌而反 腹猶果然 適百里者 宿舂糧 適千里者 三月聚糧]"라는 구절에서 유래하였다.

는 연이어 듣고 계신지요?[某邑平信 續續承聞否] ○모처某處의 소식을 가을 이후로는 듣지 못해 사람을 답답하게 합니다.[某處消息 秋後無聞 令人紆鬱] ○온 관아에 계신 분들은 모두 평안하신지요?[渾衙 皆平安否]

앙념류仰念類[237]

▶도리어 간절히 우려되는 마음 지극합니다.[旋伏切憂慮之至] ○도리어 걱정이 됩니다.[旋用伏慮] ○도리어 간절히 염려됩니다.[旋切仰念] ○도리어 염려됩니다.[還用仰念] ○오히려 염려됩니다.[旋用貢念] ○걱정스러움을 어찌 이기겠습니까?[豈勝貢念] ○걱정스러움을 어찌 말겠습니까?[貢慮何已] ○거듭 걱정됩니다.[重爲之慮仰] ○염려를 어찌 이기겠습니까?[豈勝獻念] ○걱정이 그지없습니다.[獻念無已] ○위안 끝에 도리어 걱정됩니다.[仰慰之餘 還切貢念] ○위안 끝에 도리어 염려됩니다.[拜慰之餘 旋切仰慮] ○사뭇 염려가 됩니다.[殊用馳念] ○위안과 염려가 번갈아 간절합니다.[慰慮交切]

소생류小生類

▶소생小生 ○소인小人 ○휼인恤人[238] ○권하眷下[239] ○기하記下[240] ○기하생記下生 ○세하世下[241] ○세하생世下生 ○문하생門下生 ○문생門生 ○만

---

237 앙념류 : '앙념'은 '우러러 염려된다'는 뜻을 상대방에 대한 구체적인 내용을 언급하고 나서 염려와 축하 등의 소회를 전한다. 환還·선旋·기豈·중重·수殊 등이 주로 쓰인다.

생晩生²⁴² ○시생侍生²⁴³ ○시교생侍教生²⁴⁴ ○시하생侍下生 ○하생下生²⁴⁵ ○요하僚下²⁴⁶

▶세기世記²⁴⁷ ○정기情記²⁴⁸ ○기말記末²⁴⁹ ○인기鄰記²⁵⁰ ○병기病記²⁵¹ ○인말鄰末²⁵²

▶제弟 ○경제庚弟²⁵³ ○정제情弟²⁵⁴ ○인제鄰弟²⁵⁵ ○병제病弟²⁵⁶ ○요제僚弟²⁵⁷

---

238 휼인 : 돌보아주시는 아래에 있는 사람이란 뜻으로, 높은 사람에 대하여 자신을 낮추어 이르는 말이다.

239 권하 : 돌보아주시는 아래에 있는 사람이란 뜻으로, 존귀한 분을 대하여 자신을 낮추어 이르는 말이다. '권하생眷下生'이라고도 한다.

240 기하 : 고관에게 직속되어 문서의 작성과 편지 쓰는 일을 맡아 하는 사람인 '기실記室의 아랫사람'이란 뜻으로, 자기보다 신분이나 계급이 조금 높은 사람을 대하여 자기를 겸손하게 이르는 말이다. '기하생記下生'이라고도 한다.

241 세하 : 대대로 집안 왕래가 있는 사람이란 뜻으로, 상대에게 자신을 낮추어 이르는 말이다. '세하생世下生'이라고도 한다.

242 만생 : 선배를 대하여 자기를 겸손하게 이르는 말이다.

243 시생 : '당신을 모시는 몸'이라는 뜻으로, 어버이와 비슷한 나이의 어른에게 자신을 낮추어 이르는 말이다. '시하생侍下生'이라고도 한다.

244 시교생 : 학덕이 있는 사람에게 자신을 낮추어 이르는 말이다.

245 하생 : 웃어른에 대하여 자기를 낮추어 이르는 말이다.

246 요하 : 동료에 대하여 자기를 낮추어 이르는 말이다.

247 세기 : 집안끼리 대대로 교분이 있는 사람에게 자신을 낮추어 이르는 말로, 평교간에 이르는 말이다.

248 정기 : 정의가 두터운 사람에게 자신을 낮추어 이르는 말이다.

249 기말 : 고관에게 직속되어 문서의 작성과 편지 쓰는 일을 맡아 하는 사람인 '기실記室의 아랫사람'이란 뜻으로, 자기보다 낮은 사람에게 자신을 낮추어 이르는 말이다.

250 인기 : '잊지 않고 늘 이웃처럼 가깝게 대하여 주다'라는 뜻으로, 자신을 낮추어 이르는 말이다.

251 병기 : 병을 앓고 있는 사람이 상대에게 자신을 낮추어 이르는 말이다.

252 인말 : '이웃처럼 친근하게 대해주는 사람'이란 뜻으로, 상대에게 자신을 낮추어 이르는 말이다. '인말제鄰末弟'라고도 한다.

○연제年弟 ○세제世弟²⁵⁸ ○동제洞弟²⁵⁹ ○소제少弟²⁶⁰

▶누제纍弟²⁶¹ ○누인累人²⁶²

▶민民²⁶³ ○화민化民²⁶⁴ ○구민舊民²⁶⁵ ○하관下官²⁶⁶

▶생生²⁶⁷ ○복僕²⁶⁸ ○졸拙²⁶⁹ ○병생病生²⁷⁰

○병졸病拙²⁷¹ ○차此²⁷² ○차간此間²⁷³ ○차중此中 ○나²⁷⁴[俺] ○나[吾] ○나

---

253 경제 : 동갑에 대하여 자신을 낮추어 이르는 말이다. 포송령蒲松齡의 《요재지이聊齋志異》〈수망초水莽草〉에 "초나라 사람들은 같은 해에 태어난 사람을 동년으로 삼는데, 명함을 주며 서로 만나 '경형庚兄'·'경제庚弟'라고 불렀다.[楚人 以同歲生者爲同年 投刺相謁 呼庚兄庚弟]"라고 하였다.

254 정제 : 친구끼리 자신을 낮추어 이르는 말이다.

255 인제 : '인말鄰末'이라고도 한다.

256 병제 : '병기病記'라고도 한다.

257 요제 : '요기僚記'라고도 한다.

258 세제 : '세기世記'라고도 한다.

259 동제 : 같은 동네에 사는 친구에게 자신을 낮추어 이르는 말이다.

260 소제 : 동년배 사이에 몇 살 더 든 사람에 대하여, 자신을 낮추어 이르는 말이다.

261 누제 : 윗사람에 대하여 자신을 겸손하게 이르는 말이다.

262 누인 : 허물이 있는 사람이란 뜻으로, 남에게 자신을 낮추어 이르는 말이다.

263 민 : 자기가 사는 고을수령에게 자신을 낮추어 이르는 말이다.

264 화민 : 자신이 사는 고을수령에게 자신을 낮추어 이르는 말로, 수령의 교화를 입은 백성이란 뜻이다.

265 구민 : 예전에 살던 고을수령에 대하여 자신을 이르는 말이다

266 하관 : 아래 직위의 벼슬아치가 상관에 대하여 자기를 낮추어 이르는 말이다.

267 생 : 학문하는 사람이 자신을 이르는 말이다.

268 복 : 상대에 대하여 자신을 낮추어 이르는 말이다.

269 졸 : 남자가 웃어른에 대하여 자기를 낮추어 이르는 말이다. '졸생拙生'이라고도 한다.

270 병생 : 병든 사람이 자신을 낮추어 이르는 말이다.

271 병졸 : '병들어 졸렬한 사람'이란 뜻으로, 자신을 낮추어 이르는 말이다.

272 차 : 격의 없는 사이에 자신을 이르는 말이다.

273 차간: 손아랫사람에게 자신을 이르는 말이다.

274 나 : 원문은 '俺'. 자기 자식이나 조카뻘에게 자신을 이르는 말이다.

[儂] ○나[275][走] ○비인鄙人 ○이름[名] ○자字〖혹은 별호를 쓴다.[或書別號]〗

▶족손族孫 ○족하族下 ○삼종손三從孫 ○삼종질三從姪 ○삼종제三從弟 ○삼종三從 ○재종손再從孫 ○재종질再從姪 ○재종제再從弟 ○재종再從 ○종손從孫[276] ○종질從姪 ○당질堂姪 ○종제從弟[277] ○종종宗從 ○백종伯從 ○종從 ○사백舍伯 ○중형仲兄 ○계형季兄 ○사제舍弟 ○종자從子 ○유자猶子[278] ○질자姪子 ○족종族從 ○족말族末 ○족제族弟

▶종말宗末 ○종인宗人 ○종기宗記 ○종하宗下 ○종하생宗下生[279]

▶척종戚從 ○척질戚姪 ○척종질戚從姪 ○척제戚弟 ○척하戚下 ○척말戚末 ○척종戚從 ○척기戚記 ○척戚

▶외종제外從弟 ○외제外弟 ○외종外從 ○내종제內從弟 ○내종內從 ○이종제姨從弟 ○이종姨從 ○부질婦姪 ○부제婦弟 ○인질姻姪 ○인제姻弟 ○표종表從 ○생질甥姪 ○생甥 ○외생外甥 ○외생外生[280] ○식息[281]

▶최복인縗服人[282] ○최복제縗服弟 ○기복인朞服人[283] ○기복제朞服弟 ○공복

---

275 나 : 원문은 '走'. '주인走人'의 줄임말로, 원래는 '심부름꾼'이란 뜻으로 자신을 낮추어 이르는 말이다.

276 종손 : '형이나 아우의 손자'를 이르는 말이다.

277 종제 : '사촌 아우'를 이르는 말이다.

278 유자 : '조카'를 이르는 말이다. 《예기禮記》〈단궁檀弓 상上〉에 "상복에 있어서 형제의 아들 즉 조카에 대한 복을 내 아들과 같이 한 것은 대체로 끌어당겨 올린 것이고, 수숙의 사이에 복이 없는 것은 대체로 밀어내서 멀리 한 것이다.[喪服 兄弟之子猶子也 蓋引而進之也 嫂叔之無服也 蓋推而遠之也]"라고 하였다.

279 종말……종하생 : 같은 일족끼리 자기보다 나이가 많고 관직의 품계가 높은 사람에게 자신을 낮추어 이르는 말이다.

280 외생 : 사위가 장인에게 자신을 이르는 말이다. '외생外甥'이라고도 한다.

281 식 : 아들이 아버지에 대하여 자신을 이르는 말이다.

282 최복인 : '삼년복을 입은 사람'을 이른다.

283 기복인 : '일년복을 입은 사람'을 이른다.

인功服人[284] ○공복제功服弟 ○복인服人 ○복졸服拙 ○복기服記 ○복제服弟

▶고애손孤哀孫[285] ○고손孤孫[286] ○애손哀孫[287] ○고애자孤哀子 ○고자孤子 ○애자哀子 ○고애孤哀 ○죄인罪人[288] ○죄제罪弟

▶심제인心制人[289] ○심제제心制弟 ○담복인禫服人[290] ○담복제禫服弟

조안류粗安類[291] 1

{손윗사람의 안부가 별다른 일 없이 편안함을 말할 경우[粗安]}

▶늙으신 부모님 모시고 별고 없이 지내는데, 저까지 감싸주시니 다행스러움을 어떻게 말씀드리겠습니까?[將老粗安 無非下庇攸及 伏幸何達] ○늙은 부모님은 별고 없이 잘 계시고 분수껏 생활하고 있으니 다행입니다.[奉老粗保 飮啄隨分 伏幸伏幸] ○부모님께서도 별고 없이 잘 계시

---

284 공복인 : 상복 중에 대공大功과 소공小功을 통틀어 이르는 말이다.

285 고애손 : 조부모를 모두 여읜 장손長孫이 아버지 없이 상제가 될 때, 자기를 이르는 말이다.

286 고손 : '조부를 잃은 손자'를 이르는 말이다.

287 애손 : '조모를 잃은 손자'를 이르는 말이다.

288 죄인 : '부모를 잃은 자신'을 이르는 말이다. '죄생罪生'이라고도 한다.

289 심제인 : 복은 입지 않았으나 복을 입었을 때와 같은 마음으로 근신하는 심상心喪이다. 부재모상父在母喪의 경우는 아들이 상주가 아니고 남편이 상주이기 때문에 기년朞年 만에 복을 벗는 것이 예제禮制이다. 아들은 예제에 의해 기년 만에 복은 벗지만 어머니를 위해 슬퍼하며, 복을 입었을 때와 같은 마음으로 근신하고, 모든 편지에 자신을 '애哀'라고 이르고, 편지의 끝에 '배상拜上'이라는 말 대신 '소상疏上'이라고 한다.

290 담복인 : 상중喪中에 있는 사람이 담제禫祭 뒤 길제吉祭 전에 해당하는 복을 입는 사람을 이른다.

291 조안류 : '조안'은 '그럭저럭 편안하다', '그런대로 잘 지낸다'는 뜻이다. 조粗·안安·견遣·의依등의 글자가 주로 사용된다.

니 이밖에 바쁜 일들은 말씀드릴 것이 없습니다.[省事粗安 外此奔汩 無足奉道] ○조부모님과 부모님은 별고 없이 잘 계시니 저에게는 다행스러운 일입니다.[重侍粗安 私幸] ○노인의 안부가 요사이 다행스럽게도 조금 편안하십니다.[老人諸節 近幸小安] ○저는 줄곧 편안하고 아울러 다른 병은 없습니다.[此中 一向安健 而兼無他恙耳] ○문을 걸고 궁벽하게 지내며 별고 없이 다행히 예나 다름없이 지내고 있습니다.[杜門窮居 粗幸依遣] ○한결같이 적적하게 지내고 있어 말씀드릴 것이 없습니다.[一味靜寂 無足奉聞] ○부모님 모시며 그럭저럭 지내고 있고 학업은 발전하고 병은 진전이 없으니 저에게 다행입니다.[省事姑遣 業有加病無進 私幸] ○근근이 묵은 상황을 보존한 채 지내고 있으니 염려해 주심을 알았습니다.[僅保宿狀 知荷盛念] ○늙으신 부모님은 별고 없으십니다.[奉老粗遣][292] ○전이나 다름없이 부모님을 모시고 있습니다.[侍側如昨][293] ○부모님께서는 별고 없이 잘 계십니다.[親候粗安] ○여전히 지내면서 죽과 밥을 축내는 중의 모습이니 자신이 밉습니다.[依舊 作粥飯僧樣子 自憎] ○'무병無病' 두 글자 외에 날마다 일에 파묻혀 지내느라 말씀드릴 것이 없습니다.[無病二字外 逐日撓汩 不足奉報] ○위로 부모님과 아래로 아이들이 별고 없이 지내고 있는 것이 매우 다행입니다.[上親下兒 僅得粗遣 是則幸甚] ○근근이 지내고 있습니다.[僅遣] ○우선 병이 없고 부모님의 안부도 한결같아 다행입니다.[姑不生病 而親候 亦一樣是幸] ○이제 비로소 환차還

---

292 奉老粗遣:《송자대전宋子大全》〈답이택지答李擇之〉에 "此中新寓中奉老粗遣 菽水其常 固已任之"라는 구절이 있다.

293 侍側如昨:《명재유고明齋遺稿》〈여류화중與柳和仲〉에 "此中侍側如昨 而沈式汝病終不救"라는 구절이 있다.

次²⁹⁴하니 부모님께서 별고 없어서 저에게 다행입니다.[昨始還次 親候粗安 是爲私幸] ○전이나 다름없이 지내고 있고 연이어 고향 집에서 칩거하는데, 마음이 맑아지고 한가하니 저의 다행스러움을 어떻게 말씀드리겠습니까?[姑依前狀 而連蟄鄕廬 心界淸閒 私幸何言] ○보잘것없는 상황은 어제와 같고 과거시험의 번요함이 닥쳐와서 절로 근심스럽지만 어찌겠습니까?[劣狀如昨 而科擾迫頭 自多惱心 奈何] ○불리한 상황에 근심하고 있으니, 이러한 괴로움이 사람을 고민스럽게 합니다.[惱攘於不利之場 方此委苦 悶人悶人] ○아우가 고향으로 돌아와 단란하게 모이니 이것이 저의 다행입니다.[舍弟 歸來團會 此爲私幸] ○저의 상황은 여전하고 그 밖의 바쁜 일들은 서로 아끼는 사람에게 말씀 드릴만 것이 없습니다.[拙狀猶前 自餘勞碌 不足爲相愛者 報也] ○저의 상황은 그런대로 지내고 있습니다만 일은 바쁘고 좋은 일은 적으니 어찌하겠습니까?[拙狀 姑遣 而撓汩少佳趣 奈何奈何] ○줄곧 바쁘게 지내고 있어서 말씀드릴 것은 없습니다.[一味勞碌 無足奉聞] ○피곤함이 날로 심하니 자신을 가련하게 여긴들 어찌하겠습니까?[憊劣日甚 自憐奈何] ○돌아와 칩거한 뒤로 예나 다름없이 보잘것없이 지내면서 병으로 시달리느라 말씀드릴 것이 없습니다.[歸蟄以後 (渝)[病]²⁹⁵劣依昔 而疾憂爲撓 凡百無足言]²⁹⁶ ○어제와 다름없이 지내고 있지만 형님을 전송하고 나서 흙덩이처럼 지내고 있어 즐거움이라고는 없습니다. 관외關外에서 안청眼靑²⁹⁷할 즐거움을 가만히 앉아 생각

---

294 환차 : 어른의 행차가 돌아옴을 이른다.

295 (渝)[病] : 저본에는 '渝'으로 되어 있으나, 문맥을 살펴 '病'으로 바로잡았다.

296 歸蟄以後……凡百無足言 : 《명재유고明齋遺稿》〈답최석문군망答崔錫文君望〉에 "拯歸蟄以後 病陋依昔 而疾憂爲撓 凡百無足言"이라는 구절이 있다.

297 안청 : '반가운 만남'이란 뜻으로, 《진서晉書》〈완적열전阮籍列傳〉에 완적阮籍은 "예를 차

하면 그리움을 이길 길 없지만 어찌하겠습니까?[姑如昨 而自送舍伯 塊獨無悰 坐想關外 眼靑之樂 不任馳神 奈何] ○ 늙으신 부모님께서 예나 다름없이 지내고 계시니 저의 다행입니다.[奉老凡百 姑依宿狀 私幸] ○ 요사이 한가한 백성이 되어 한가롭게 날을 보내고 있으니 매우 다행입니다.[近作閒民 優游度日 甚幸] ○ 부모님은 별고 없이 지내시고 저의 병도 조금 나아가니 다행스러움을 어떻게 말씀드리겠습니까?[侍事粗宜 賤疾少勝 私幸何諭] ○ 겨우 병든 몸을 보존하고 있지만 이 또한 태감께서 베풀어 주신 은혜입니다. 형제[298]와 멀리 헤어지니 노년에 견디기 어려운 일이지만 어찌하겠습니까?[厪保病骸 此亦台賜 而鴒原遠別 暮境之所 難堪奈何] ○ 부모님과 아이들은 별 탈이 없으니, 다른 소식은 생략하겠습니다.[老少免恙 他可略也] ○ 부모님은 잘 계시니 달리 말씀드릴 것은 없습니다.[侍事姑安 他何可諭] ○ 생활은 그럭저럭 편안합니다.[眼食粗穩]

▶우선 다른 대책은 없어 여러 계집종들이 통곡합니다. 이것이 요사이 치성熾盛하는 전염병의 근심이니 비록 걱정스럽지만 어찌하겠습니까?[姑無他端 而數婢痛出 此乃近來極熾之憂 雖悶奈何] ○ 근래 이웃이 정갈하지 못하여 모가某家에 우거하고 있습니다. 근년 이래로 이른바 피접避接은 신기한 일도 아니며 부엌의 재도 삼태기를 채우지도 못할 정도지만 이 역시 운수에 관한 일이니 어찌하겠습니까?[近以隣舍不淨 來寓某家

리는 세속 선비를 보면 백안으로 그를 대하고, 술을 가지고 거문고를 끼고 오는 이는 크게 기뻐하며 청안으로 보았다.[見禮俗之士 以白眼對之 乃齎酒挾琴造焉 大悅 乃見靑眼]"라는 구절에서 유래하였다.

298 형제 : 원문은 '領原', 《시경詩經》〈소아小雅 상체常棣〉에 "척령이 언덕에 있으니 형제가 급난을 구한다. 언제나 좋은 벗 있지만 길이 탄식만 할 뿐이네.[脊令在原 兄弟急難 每有良朋 況也永歎]"라는 구절에서 유래하였다. '척령脊令'은 곧 할미새로 '척령鶺鴒'과 같다.

比年以來 所謂避接 亦不新奇 廚灰不盈簣 此亦關數事耶] ○집안이 편안치 못하여 근래 성 밖에 우거하고 있으니 근심이 많습니다. 열흘 뒤에나 집으로 돌아가려 합니다.[家內不安 比寓城外 悶惱爲多 旬後 將還棲耳] ○근근이 지내고 있는데 종들의 통곡이 연이어 생겨나고 남은 두세 사람도 일간 사망하는 참혹함이 없지 않을 것입니다. 비록 피병[299]하고 싶기는 하지만 곳곳마다 매한가지이니 갈 곳이 없습니다. 때문에 배회하며 절실히 두려워만 할 뿐입니다.[僅遣 而婢僕相繼痛出[300] 只餘兩三人 間不無死亡之慘 雖欲移避 處處同然 無適可往 因仍盤礴 只切懍恐而已] ○계집종 하나가 병으로 누워있으니 전염되었는지 아닌지 모르겠습니다. 집을 잃은 괴로움도 하나의 병통입니다.[一婢病臥 未知染不染 而失巢之困 亦一病也][301]

조안류粗安類 2

{공직에 있는 자신의 처지를 말할 경우[公冗]}

▶쇠약하고 병든 사람이 나이는 많아지는데, 공무로 날마다 바빠 억지로 채찍질하며 정신없이 보내고 있으니 걱정스럽지만 어찌하겠습니까?[衰病年深 公冗日劇 强策奔忙 悶憐奈何] ○부모님은 여전하시고 저는 공

---

299 피병 : 병을 앓는 사람이 있던 곳을 피하여 다른 곳으로 옮겨가는 것을 이른다. '피방避方'이라고도 한다.

300 僅遣 而婢僕相繼痛出 : 《저촌유고樗村遺稿》〈여윤성재與尹聖在〉에 "此間堇遣 而婢僕相繼痛出"이라는 구절이 있다.

301 一婢病臥……亦一病也 : 《기언별집기언별집記言別集》〈여이생진무무경與李生晉茂茂卿〉에 "今聞又一婢病臥 未知染不染 而失所之困生一病也"라는 구절이 있다.

권1 117

무에 시달리면서 그럭저럭 지내고 있으니 나머지는 말씀드릴 것이 없습니다.[省奉如昨 公冗粗遣 餘何可聞] ○ 병 끝에 분주하니 딱합니다.[病餘奔走 悶憐悶憐] ○ 병든 몸을 이끌고 억지로 채찍질하며 다행히 쇠약한 지경은 면하였습니다. 왕의 위엄이 미치지 않는 곳이 없으니 다른 것을 어떻게 말씀드리겠습니까?[扶病强策 幸免委頓 莫非王靈所曁 他何可論] ○ 묵은 병이 닥쳐오고 번다한 공무가 이어지니 딱하지만 어찌하겠습니까?[宿病侵尋 公冗相仍 悶憐奈何] ○ 날마다 공무로 병이 더해져 피곤하지만 어찌하겠습니까?[逐日公故 添病昏頓 奈何奈何] ○ 병을 무릅쓰고 분주하느라 근력을 다 소진하였습니다.[强疾奔走 筋力殆盡] ○ 병을 무릅쓰고 분주하니 자신이 가련합니다.[扶病奔奏 自憐自憐] ○ 날마다 가난함을 일삼고 있어서 거의 버티기 어렵습니다. 당신의 이은吏隱[302]하시는 맑은 복과 비교하면 어찌 천양지차天壤之差[303]가 아니겠습니까? 절로 부럽기만 합니다.[日事潦倒 殆難支吾 視令吏隱之淸福 奚翅天淵 只自馳艷] ○ 요사이 겨우 한가한 자리로 나아갔지만 추위를 만나 문을 닫아걸고 지내느라 문득 좋은 일이 없으니 어찌하겠습니까?[近纔就閒而遇寒 閉戶 頓無佳緖 奈何] ○ 요사이 밤낮으로 일하고 있는데 일에 익숙하지 못해 마치 저 혼자 도맡고 있는 것 같아 견디기 어렵지만 어찌하겠습니까?[近日 晝宵之役 夫孰不然 而有若獨自當之 殆難堪克奈何] ○ 근래 장시간 분주하느라 피곤하여 날마다 끙끙대고 있지만 공사간에 아무런 보탬도 없으니 어찌하

---

302 이은 : '관리로서 숨어 있다'는 뜻으로, 실권이 없는 하급 관직에서 녹봉이나 받으며 살아가는 것을 가리킨다.

303 천양지차 : 원문은 '天淵'. 위로는 하늘, 아래로는 못을 이르는 말로, 매우 차이가 남을 이르는 말이다.

겠습니까?[近久奔疲 秖日呻疾 公私無補 奈何] ○ 날마다 분주하게 지내고 있으니, 저의 일을 어찌 말하겠습니까?[逐日奔汩 何堪言私耶] ○ 요사이 수고로움을 묵묵히 이해하실 것입니다.[近來勞滾 可以黙會] ○ 밤낮으로 바빠 괴롭게도 조금의 틈도 없어 오랫동안 찾아뵙지도 못하였으니 서운하고 그리운 마음 간절합니다.[晝夜奔忙 苦無片隙 久未進拜 悵仰殊切] ○ 관청의 일로 정신은 피로한 데다 부모님의 병으로 마음을 졸이느라 공사가 번민입니다.[館務疲神 親癠煎心 公私悶㞃] ○ 바쁜 것이 날로 심하니 딱하지만 어찌하겠습니까.[紛汩日甚 悶如之何] ○ 바쁘고 수고로운 것이 전날과 다름없어 근력이 다할 지경입니다. 공사의 번민은 실로 버티기 어려울 정도입니다.[勞碌 猶夫前日 筋骸殆盡 公私撓惱 實難支吾] ○ 묵은 병이 자주 재발하고 바쁜 공무에 골몰하고 있으니 스스로 가련할 뿐입니다.[宿病頻仍 公冗滾汩 只自悶憐而已] ○ 병을 무릅쓰고 반열에 참여했다가 돌아와 병이 더해 지금 쓰러졌습니다.[强病與班 歸後 添痾 見方委頓] ○ 여름에 일이 너무 바빠 실로 버티기 어려울 정도이니 딱하지만 어찌하겠습니까?[當暑供劇 實難支吾 悶憐奈何] ○ 바쁜 나머지에 쓰러져 자리를 털고 일어나지도 못하니, 근심을 어떻게 말씀드리겠습니까?[滾汩之餘 委頓不振 愁悶何狀] ○ 예나 다름없이 정신없이 지내고 있어 딱히 말씀드릴 것이 없습니다.[依舊冗散 無足奉道] ○ 요사이 공무가 심하니 앞으로의 걱정을 어찌 그치겠습니까?[近日 公故有甚 向來 悶憐曷已] ○ 감기를 앓고 신음하면서도 분주히 쉬지도 못하니, 자신이 가련할 뿐입니다.[患感呻楚 奔走不息 只自悶憐] ○ 저는 우거하는 상황에서 추위의 고생도 오히려 면치 못하고 있으니, 다른 것은 아실 것입니다.[此間 寓狀寒苦 猶不免他可知矣] ○ 긴요치 않은 직명이지만 오랫동안 풀려나지 못하고 있으니, 고민되고 괴롭습니다.[不緊職名 許久未解 悶蹙] ○요사이 밤낮으로 일에 매여 피곤함이 날로 심하지만 어찌하겠습니까?[近縻夙夜之役 瘁日甚奈何] ○봄여름 동안 고달파 병이 많은데 손자의 혼사가 임박하여 요사이 절로 머리가 아플 지경이니 고민스럽습니다.[春夏勞碌 病祟兟兟 而孫婚迫 近自貽撓惱 悶悶] ○오랫동안 한가한 나머지 억지로 일어나니 배나 고달파 기진맥진하니 어찌하겠습니까?[久閒餘强起 勞攘一倍 漸頓奈何] ○분주함은 여전한데 더욱 쇠약하고 병이 드니 절로 가련합니다.[奔走如前 衰病轉深 自憐] ○조금 병이 나아 여러 차례 공무에 수고하여 매우 지쳤습니다. 그래서 여러 증세가 갈수록 더해 또 이렇게 자리를 보존하고 신음하고 있으니 고민스럽습니다.[以少愈也 故數次 勞頓於公 故諸症越添 又此委呻 可悶] ○병든 몸을 이끌고 바쁘니, 저의 고민을 어찌하겠습니까?[扶病奔忙 私悶奈何] ○고달픔이 날로 심해 근력은 점점 피곤해지니, 딱하지만 어찌하겠습니까?[勞碌日甚 筋力漸疲 悶憐奈何] ○피곤함이 끝이 없으니, 이때의 가련함을 말로 할 수 없습니다.[勞碌無已 時憐悶 不可言] ○추위를 무릅쓰고 정신없이 바빠 견딜 수 없을 지경이니, 가련함을 어찌 말로 하겠습니까?[冒寒奔走 殆難支堪 悶憐何言]

조안류粗安類 3

{질병에 관해 말할 경우[疾病]}

▶묵은 병은 봄을 맞아도 오랫동안 낫지 않아 신음합니다.[宿病逢春 未解長時呻囈] ○한결같이 병에 차도가 없어 점차 나아가는 효과조차 없

습니다.[一味沈綿 頓無漸佳之效]³⁰⁴ ○묵은 병이 심하여 정신마저 쇠진하니 걱정입니다.[宿病添劇 神氣漸綴 悶悶] ○한 번의 병으로 녹초가 되어 아직도 소생할 기미가 없습니다.[一病沈頓 尙無蘇意] ○저의 병이 고질이 되어 두 달을 끌어오고 있습니다.[賤疾沈淹 跨歷兩月]³⁰⁵ ○병을 한결같이 방치하고 있는 상황을 말로 할 수 없습니다.[病狀一樣 置之 不足道] ○고질을 앓은 지 열흘이나 지나 정신마저 날로 어두워집니다.[抱痾閱旬 神思日昏昏]³⁰⁶ ○요사이 큰 병을 앓고 아직도 자리를 보존하고 있습니다.[間經大病 尙爾貼席] ○여러 차례 위태로운 상황을 겪고 요사이 겨우 병증이 돌아서고 있지만 완치는 쉽지 않으니 걱정을 어떻게 말하겠습니까?[屢經危域 近纔回頭 而蘇完未易 悶憐何狀] ○날이 추워지니 병세가 심해져 날마다 약을 달고 지내고 있으니 고민스럽지만 어찌하겠습니까?[病狀 當寒陟劇 日事湯杯 苦悶奈何] ○추위를 만난 이후로 본래의 병이 그사이 드러나 날마다 신음하고 지내니, 고민스러움을 말로 하겠습니까?[遇寒以來 本病間發 日事叫苦 悶不可言] ○비록 가을바람을 만나 병의 괴로움이 나아지지 않으니, 나머지는 어떻게 말하겠습니까?[雖逢秋風 病苦未蘇 餘何足言] ○한 번 걸렸던 병이 50일이나 지났는데도, 여전히 낫지 않고 있습니다.[一病五旬 尙遲霍然] ○고질을 겪고 거의 죽을 뻔했다가 겨우 형신만 소생한 채 옛날의 모습은 회복하지 못하고 있으니, 가

---

304 一味沈綿 頓無漸佳之效:《퇴우당집退憂堂集》〈여이생동보與李甥同甫〉에 "生歲換新舊 一味沈綿 苦無漸佳之效"라는 구절이 있다.

305 賤疾沈淹 跨歷兩月:《농암집農巖集》〈여조성경與趙成卿〉에 "賤疾沈淹 跨歷兩月"이라는 구절이 있다.

306 抱痾閱旬 神思日昏昏:《식암유고息庵遺稿》〈여신서명서與申瑞明書〉에 "抱痾閱旬 神思日昏昏 昨夜忽夢 與吾弟及揚卿 若鼎而坐"라는 구절이 있다.

련하고 탄식스러움을 어떻게 말하겠습니까?[纔經毒病幾殊 僅蘇形神 非復舊時貌樣 憐歎何言] ○지난번 수고로움이 심하여 위태로운 상황을 겪었는데, 요사이 비록 조금 낫기는 하였지만 아직도 남은 근심이 많으니 고민스럽습니다.[向以勞漸 屢經危域 近雖少減 尙多餘憂 苦悶] ○매번 고통을 당할 때마다 동병상련을 느낄 뿐입니다.[每當作苦 便有同病之憐耳] ○쌓인 고달픔으로 몸이 상하고 병은 더욱 고질이 되어 쓰러질 지경에 이르렀습니다.[積勞而傷 病發益痼 至於委頓] ○병이 없는 날이 없어 몸은 쇠약하고 정신은 혼몽함이 날로 심하지만, 상황이 그러하니 어찌하겠습니까?[無日不病 衰昏日甚 勢也奈何]307 ○오래전의 고질이 여름과 가을을 지나 더욱 심해, 요사이는 자리를 보존하는 것으로 명을 삼고 있으니 어찌할까요?[自來貞疾 越自夏秋 轉益癃苦 近以負席爲命 奈何] ○위장이 아파 먹지도 못하여 때때로 매우 정신이 흐릿하고 괴롭습니다.[胃敗却食 時多昏涔] ○병의 상태가 이상하여 세상에 오래 살지 못할 것 같으니 어찌하겠습니까?[病狀乖異 恐不久於世 奈何] ○연말부터 앓던 감기가 봄이 되었는데도 회복되지 않았습니다. 창밖 날씨가 조금 온화해졌는데도 여전히 창을 열어보지 못하고 있으니, 생기가 적다는 것을 알만합니다.[歲前寒疾 入春未蘇 窓外風日 稍和而猶不能開見 其少生趣 可知]308 ○쌓인 피로가 빌미가 되어 병의 고통이 더욱 심합니다. 지금 자리를 보존하고 괴로워하고 있으니 걱정입니다.[積瘁所祟 病情轉苦 見方負席涔涔 悶憐悶憐] ○지난

---

307 無日不病……勢也奈何:《명재유고明齋遺稿》〈답심정희명중답沈廷熙明仲〉에 "拯無日不病 衰昏日甚 自知死期不遠 無足言者"라는 구절이 있다.

308 歲前寒疾……可知:《명재유고明齋遺稿》〈여조사위與趙士威〉에 "歲前寒疾 入春未蘇 牕外風日稍和 而猶未能開見 其少生趣可知"라는 구절이 있다.

번 겪은 위태로운 증세가 아직도 낫지를 않고 있는데 피로는 더욱 심하니, 고민스러움을 어찌 말로 하겠습니까?[向經危証 迄未蘇健 而勞瘁則愈甚 悶惱何諭] ○병이 석달 동안 낫지 않아 날마다 약으로 지내고 있습니다.[賤疾 三朔沈苦 日事刀圭] ○조물주가 온전한 공이 없어 병이 몸을 떠나지 않아 오랫동안 자리를 보존하고 있으면서 자지도 먹지도 못한 지 벌써 수십 일이나 되었지만 어찌하겠습니까?[造物無全功 病不離身 長在牀(第)[第]³⁰⁹ 不寢不食 已數十日矣 奈何奈何] ○덥고 습한 기운에 몸이 상하였는데 담증도 번갈아 몸을 공격하여 오랫동안 이부자리 사이의 물건이 되었으니, 걱정을 말로 하겠습니까?[暑濕所傷 痰癖迭攻 長爲枕席間物 悶不可言] ○앓고 있던 담증과 천식이 추위를 만나니 더욱 심해 날마다 신음하고 있으니 걱정을 어찌 말로 하겠습니까?[所患痰喘 遇寒添劇 日事呻吟 愁悶何言] ○병증이 괴이하여 눈 덮인 궁벽한 골목에서 걱정을 일삼고 있으니, 다시 무엇을 말하겠습니까?[病情乖異 封雪深巷 憂惱爲事 更何言也] ○괴로운 어지럼증이 자주 발작하고 정신도 날로 쇠미하니 드릴 말씀이 없습니다.[所苦眩証頻作 神氣日益漸綴 無足言者] ○원기가 크게 상하여 정신이 풍연風烟 속에 있는 것 같아 흐릿함을 표현할 수 없습니다.[元氣大敗 精神如在風烟中 怳惚難狀]³¹⁰ ○덥고 습한 기운에 상한 증세는 가을이 되었는데도 소생하지 않고 오랫동안 신음하고 있으니 어찌하겠습니까?[暑濕所傷之証 逢秋未蘇 長時呻唱 奈何] ○넉 달이나 자리를 보존하고 반신불수가 되었으니, 다시 일어나 온전한 사람 노릇을 하지 못할까

---

309 (第)[第] : 저본에는 '第'로 되어 있으나, 문맥을 살펴 '第'로 바로잡았다.

310 元氣大敗……怳惚難狀 : 《기언별집奇言別集》〈여이생진무무경여이생진무무경與李生晉茂卿〉에 "元氣大敗 精神如在風煙中 怳惚難狀 不得任意出戶 悶苦悶苦"라는 구절이 있다.

걱정입니다.[四朔牀褥 半體不遂 恐不復起爲平人矣] ○고질에 추위를 만나 너무 아파서 오랫동안 자리를 보존하고 있으니 말씀드리고 싶지 않습니다.[貞疾 逢寒苦劇 長委牀褥 不欲告聞也] ○여러 달 병으로 줄곧 신음하고 지내니, 고민스러움을 말로 할 수 없습니다.[淹病多月 一味呻憊 愁悶不可狀] ○심한 감기가 한 해가 지났는데도 낫지 않아 아직도 자리를 보존하고 흐릿한 정신으로 지내고 있으니, 늘그막의 정사가 가련합니다.[重患外感 終歲不解 尙此委席昏涔 暮境情事 堪憐] ○성근 창과 차가운 방에서 지내느라 담한증이 갑자기 심해져 정신이 흐릿합니다. 하루 밤낮으로 관약灌藥[311] 두서너 그릇을 복용하고 나서야 겨우 회생하였지만, 남은 증세로 아직도 고생하고 있으니 어찌하겠습니까?[疏櫺冷屋 痰寒 忽劇昏憊 一晝夜 灌藥數三器 纔得回甦 餘証尙苦 奈何] ○묵은 병에 다른 증세가 더해져 아랫배가 시큰거리며 쑤시듯 아파 도무지 먹지도 마시지도 못하고 있으니, 걱정되지만 어찌하겠습니까?[宿患 又添別証 下腹酸痛 飮啖全卻 悶憐奈何] ○한 번 걸린 병이 석 달이나 끌고 있으니, 끊어질 듯 위태롭습니다.[一病三朔 危綴欲絶] ○병의 상황이 얕지 않아 약으로 일삼고 있습니다.[病狀非細 藥餌爲事] ○추위가 무서워 틀어박혀 날마다 신음하고 지냅니다.[畏寒蟄伏 日事吟病] ○병이 아직도 낫질 않아 이미 외로운 관사에서 신음하고 지내니 근심과 우울함이 배나 더하지만, 이 또한 어찌하겠습니까?[病情 尙未快 已呻頓孤館 倍覺愁菀 亦奈何] ○병이 질질 끌어 가을을 바라보는 때인데도 낫지 않고 있으니, 저의 걱정과 절박함을 어찌 말로 하겠습니까?[一病支離 望秋未蘇 侍下人事 悶迫曷喩] ○피를 토하는

---

311 관약 : 인체에 진액을 공급하여 윤조潤燥하는 효능을 지닌 약재이다.

증세가 달을 넘기니 더욱 괴롭습니다. 요사이 구토와 설사가 심해 견딜 수 없을 지경이니 어찌하겠습니까?[咯血之証 閱月彌苦 間多嘔下 殆無以支吾奈何] ○평상시 복서증伏暑症³¹²이 있었는데 연일 기우祈雨 행차로 더욱 심해져서 자리를 보존하고 음식조차 전폐하고 있으니, 걱정스러움을 어찌하겠습니까?[素有伏暑之証 越添於連日籲雨之行 委頓牀席 食飮全廢 悶憐奈何] ○병이 날마다 찾아들어 껍데기만 남아 있으니, 저 자신이 가련하지만 어찌하겠습니까?[病日侵尋 軀殼徒存 自憐奈何] ○병의 증세로 날이 갈수록 점점 쇠잔해져 가니, 다른 것은 말할 것이 없습니다.[病狀 日漸孱劣 他無可喩] ○병상에서 새해를 맞이하여 더욱 상심이 되니, 어찌 한 살 더 먹는 감정뿐이겠습니까?[病榻逢新 只益愴神 奚但添齒之感而已] ○병든 채 고향에서 약을 달이는 화로만 짝하고 있으니 걱정입니다.[病淹楸下 藥爐伴身 悶憐] ○병의 빌미는 여름에 있으니, 본래 뜨겁게 해서는 안 됩니다. 요사이 더욱 피곤하고 기력이 없을 뿐입니다.[病崇在夏 本不宜熱 而近益憊劣 只頹然而已] ○묵은 병이 더위에 더욱 심해 오랫동안 자리를 보존하고 있으니, 걱정스러움을 어찌 말로 하겠습니까?[宿暑添欻 長在牀褥 悶憐何狀] ○여름의 더위와 습기를 겪고 나서 기운이 오랫동안 맑지 못하였는데, 가을을 만나 묵은 증세가 또 갑자기 발병하니 근심을 말할 수 없습니다.[自經南中暑濕 身氣久不淸快 當此風高 宿証 又欲闖發 愁悶不可狀]

▶쇠약함과 병이 번갈아 침범하여 날마다 고통을 일삼고 있으니 고민스럽지만 어찌하겠습니까?[衰病交侵 日事呻痛 苦悶何言] ○날로 심해지는 쇠약함과 병을 어찌 말로 하겠습니까?[衰病日甚 何可言者] ○쓸쓸히

---

312 복서증 : 더위로 인해 열이 나고 복통이나 토사吐瀉·하혈下血 등의 증세가 있는 병을 이른다.

무료하게 지내니, 흰머리만 수없이 생겼습니다.[索居無聊 (贏)[羸]³¹³得數莖白髮]³¹⁴ ○올해 들어 흐릿한 정신이 더욱 심해 앞으로 살 날이 길지 않음을 스스로 알겠으니, 어찌하겠습니까?[入今年內 昏耄益甚 自知前路不長 奈何]³¹⁵ ○안고 있던 병이 더욱 심한 데다가 나이를 한 살 먹고, 저 자신을 어루만지고 성찰하니, 다만 더욱 부끄럽고 가련합니다.[抱病宛轉 又添一齒 撫躬循省 只切媿憐] ○지난달부터 오른쪽 어깨가 마비되어 고통스러운데, 쇠약한 나이에 병이 드는 것은 당연하지만 어찌하겠습니까?[自前月 臂右麻痛 年衰者 病侵應爾 奈何] ○또 겨울이 되니 풍담風痰³¹⁶이 더욱 심한데 증세가 누차 변합니다. 밤이면 더욱 고통스러워 날마다 약으로 살고 있으니, 민망함을 어떻게 말하겠습니까?[又當冬節 風痰轉肆 証形屢變 夜尤苦劇 日事刀圭 悶不可喩] ○늙고 병드는 것은 상황이 진실로 그렇다지만, 오랜 밤을 잠 못 이루는 것은 참으로 견디기 어려운 일이니 어찌하겠습니까?[衰病 固其勢也 而長夜無眠 最是難堪處 奈何] ○늙고 병든 것이 날로 심해져 말씀드릴 만한 좋은 정황이라고는 없는데, 세모를 맞으니 온갖 감회가 일어날 뿐입니다.[衰病日深 無況可言 徒有歲暮之百感而已]³¹⁷ ○늙고 아픈 것이 일상사인 환갑의 나이가 되었습니다. 지난날을 되돌아보면 아득하여 가련하고 한탄스럽기만 할뿐입니다.[衰病常

---

313 (贏)[羸] : 저본에는 '贏'으로 되어 있으나, 문맥을 살펴 '羸'으로 바로잡았다.
314 索居無聊 贏[羸]得數莖白髮 : 《기언별집記言別集》〈여정참봉창기與鄭參奉昌基〉에 "僕索居無聊 贏得數莖白髮 咄咄何可言"이라는 구절이 있다.
315 入今年內……不長奈何 : 《기언별집記言別集》〈여윤좌랑휘희중與尹佐郎鑴希仲〉에 "老僕入今年來 昏耄益甚 自知前路不長 奈何"라는 구절이 있다.
316 풍담 : 감기와 해소 따위의 질병을 이른다.
317 衰病日甚……徒有歲暮之百感而已 : 《명재유고明齋遺稿》〈답최한신答崔漢臣〉에 "拯衰病日甚 無況可言 徒有歲暮之百感而已"라는 구절이 있다.

事 喫到還甲 回顧茫然 只堪憐歎]³¹⁸ ○ 허송세월한 것이 이미 많은데, 이렇게 환갑이 되고 보니 서글픈 마음 배나 되지만 어찌하겠습니까?[空送歲月 已多而見此還甲 倍覺怆然奈何] ○ 쇠약함이 날로 더해 이가 흔들려 조금이라도 딱딱한 육포는 씹을 수조차 없습니다.[衰相日加 齒牙動搖 脯戴之稍硬者 無以詛嚼] ○ 화병이 봄 들어 더욱 심해졌습니다. 아주 고통스러워 자리를 보존하고 신음하며 지내니, 살고 싶은 마음이 다하였습니다. 아무리 화창한 양기가 덕화를 펼친다고 하더라도 마른 나무가 어떻게 다시 꽃을 피우겠습니까?[火病 入春尤苦 委席呻楚 生意頓盡 陽和 雖布德 枯木 何由再榮耶] ○ 긴 여름 동안 더위를 먹었는데 얼마 전 모우某友가 죽어 배나 슬픔이 더합니다만, 쇠약한 기운은 떨쳐 일어나지도 못하니 어찌하겠습니까?[長夏病暑 頃見某友入地 一倍添劇 衰氣不振 奈何] ○ 늙고 병이 들어 독서도 못하면서 밥만 축내며 중처럼 지내고 있으니, 절로 가련합니다.[衰病廢書 秖作喫飯 僧生涯 自憐自憐] ○ 병이 늙음을 따라 모여들고 친구들의 흉한 소식이 자주 귓가에 들려옵니다. 필경 이 일은 어진 사람이나 어리석은 사람이나 피할 수 없는 것이라 절로 바쁘기만 하여 저 자신이 마치 더부살이 신세처럼 느껴집니다.[病隨衰集 知舊凶聞 頻入耳界 畢竟此行 賢愚所不免 而自爾忽忽 覺此身如寄也] ○ 연이어 감기로 고통스러워 편안할 날이 없어 쇠약한 몰골 아님이 없으니 어찌하겠습니까?[連以寒感委苦 苦無寧日 莫非衰相 奈何] ○ 병과 쇠약함이 심해 무덤의 재실에서 칩거하고 지내면서 오직 이부자리만 짝하고 지냅니다.[病與衰添 棲蟄墳菴 惟以寢席爲伴] ○ 한결같이 병으로 칩거하고 지내며 하릴없이 시간

---

318 衰病常事……只堪憐歎 : 《명재유고明齋遺稿》〈답이백소答李伯邵〉에 "衰病常事不足道 而 喫到還甲 回顧茫然 只堪憐歎"이라는 구절이 있다.

만 축내는 사람이 되니 더욱 부끄럽습니다.[一味病蟄 只作悠悠者 尤可媿也] ○문을 나가지도 못하고 단단히 조치하여 일흔의 나이에 먹은 귀를 치료하는 것이 절대로 걸맞지야 않지만, 그래도 천만다행을 바라고 있으니 이 역시 허망합니다.[不得出房戶 厚擁調治 七十治聾 萬不近似 而猶望萬一之幸 亦妄矣][319] ○아직도 건강치 못하니 쇠약함을 아시겠지요.[尙未淸健 衰可知矣] ○시골로 돌아와 칩거하는데 날로 더욱 쇠약해지고 병이 드니 저무는 한 해의 깊은 회포를 말로 할 수 없습니다.[歸蟄鄕曲 衰病日添 歲晏幽懷 無可言者] ○쇠약하고 병듦이 날로 심한 데다가 한 해도 다 해 가니 절로 가련합니다.[衰病日甚 此年又盡 自憐自憐] ○융질癃疾[320]이 심해 오랫동안 자리에 몸을 맡기고 있습니다.[癃疾困篤 長委牀簀] ○그럭저럭 지내면서 설을 쇠고 나니 바쁜 공무는 지난겨울이나 다름이 없습니다. 고달픈 정신은 비단 쇠약한 몸으로 버티기 어려울 뿐만이 아닙니다.[粗遣而歲後 公冗 無異前冬 勞弊神精 不但衰骸之難支而已] ○늙은이의 병이 더욱 심한데 초상의 참혹함이 줄을 이으니, 안정되지 못하는 마음을 말로 하겠습니까?[老病滋甚 喪慘連仍 悶撓可諭] ○만릿길의 여독과 여름에 앓은 중병으로 쇠약한 상태는 더하니, 드릴 말씀이 없습니다.[萬里餘瘁 夏經重病 衰相層加 無足奉聞] ○융질癃疾로 쇠약하여 가망도 없고 집을 팔고 세 들어 살면서 몇 달이나 떠돌이 생활을 하고 있으니, 늘그막의 고생을 어찌하겠습니까?[癃衰無餘地 賣屋僦居 數月棲遑 亦暮境苦況 奈

---

319 不得出房戶……亦妄矣:《기언별집記言別集》〈여송진사석호與宋進士錫祜〉에 "近患耳聾猶不甚 自昨日 全塞不聞 不可以此出入 不得出房戶 厚擁調治 七十治聾 萬不近似 而猶望萬一之幸 亦妄矣"라는 구절이 있다.

320 융질 : 늙고 병약하여 허리가 굽는 병을 이른다.

何] ○병도 낫지 않고 융질로 쇠하여 가망이 없는 상황이니 어찌하겠습니까?[一病支離 可以瘝衰 無餘地勢也 奈何] ○노인의 고질은 점점 가망이 없습니다. 매일 밤 여러 차례 복통으로 눈도 붙이지 못하며 고생하고 있고, 진기眞氣가 날로 녹아내리고 있으니 서산으로 지는 햇빛은 언제쯤 다할지 절로 가련합니다.[篤老貞疾 漸無餘地 而最是每夜 腹痛便數 全不交睫 辛苦萬狀 眞元日爍 下山之景 幾何其盡 自憐自憐] ○늙고 병이 들어 점점 고통스러워지고 심란하게 날을 보내고 있어 문밖이 밤인지 낮인지도 모르고 지내고 있습니다. 이는 노인의 일상사이니 아무리 탄식한들 어찌하겠습니까?[老病轉苦 憒憒度日 殆不省戶外昏明 自是老者常事 雖歎奈何] ○약속이라도 한 듯 묵은 병이 거듭 발병하여 위태로움을 겨우 넘기고 요사이 비로소 조식하며 지내고는 있지만, 매년 여름만 되면 쇠약한 기운이 누적되어 참으로 버티기 어렵습니다. 옛사람들이 "남은 목숨 살기가 싫다."고 했던 말이 참으로 거짓말이 아니었습니다.[宿病 如期重發 幾危 僅甦 近始調息 而每年當暑 積委衰氣 實難支吾 古人所謂 自厭餘生者 良非虛語也]

▶여름 설사 끝에 가라앉은 기력을 차리기 어려우니 어찌하겠습니까?[暑泄之餘 憊頓難振 奈何] ○감서感暑[321]가 얕지 않아 걱정입니다.[感暑非細 悶悶] ○갑자기 설사병을 만나 줄곧 화장실에 있으니, 온몸에 기운이 다 빠지는 듯하여 근심입니다.[忽得泄痢 長在溷側之上 形脫氣厎 悶苦悶苦] ○대궐에서 물러나와 누워 일어나지도 못하는데, 또 여름 설사로 기운이 가라앉으니, 살고 싶은 마음이 없어 걱정입니다.[退自禁裏 仍臥不起 又添暑泄委頓 無生意 悶切] ○덥고 습한 기운에 고통스러운데 설사마저 심

---

321 감서 : 더위로 인하여 생기는 병으로, 구토와 설사를 동반하는 증세를 보인다.

합니다. 어제오늘 조금 나아져 침상에서 몸을 일으킬 수는 있지만, 근심스럽지 않은 날이 없으니 어찌하겠습니까?[暑濕 添苦下泄 殊重 昨今始少減 而起身牀席 無日悶憐 奈何]

▶관격關格[322]이 자주 생겨 환자와 다름이 없으니 절로 가련합니다.[關格頻作 殆同病人 自憐自憐] ○ 어제저녁 떡을 잘못 먹어 밤에 갑자기 곽란癨亂으로 크게 고생하다가 새벽 무렵부터 조금 진정이 되기는 했지만 아직도 남은 기운이 있습니다. 음식을 탐하는 사람을 누구나 천하게 여기는 것[323]이 참으로 확언임을 이제야 깨달았습니다.[昨晚 誤食餠餻 夜忽霍亂大痛 幾殊向曉 始鎭定 而餘氣尙苦 始覺[飮食之人][324] 則人賤者 眞確語也]

▶감기에 걸린 지 보름이나 되니 심신이 쓸쓸하여, 스스로 가련하니 어찌하겠습니까?[患感一望 神形索然 自憐奈何] ○ 요사이 감기에 걸려 기운이 다하니 고통스럽습니다.[近患感冒 委頓澌痛][325] ○ 감기 기운이 깊어 입맛 없는 증세가 한결같습니다.[感氣頗深 厭食一樣] ○ 감기가 심하게 걸려 사지가 오그라들어 등에는 마치 물을 뿌린 듯이 땀이 나서 공무에 몰두할 상황이 아니니 매우 고민입니다.[感冒大添 四肢攣縮 背如潑若决 非供劇之狀 極悶極悶] ○ 감기로 고통스럽고 모아某兒의 극심한 아픔이 조금 덜하

---

322 관격 : 위로는 한사寒邪, 아래로는 열사熱邪가 막고 있어 대소변이 나오지 않는 병으로, '관'은 소변이 나오지 않는 증세이고 '격'은 토하는 것을 이른다.

323 음식을……여기는 것 : 원문은 '人賤'. 《맹자孟子》〈고자告子 상上〉에 "음식을 탐하는 사람을 누구나 천하게 여기나니, 그것은 작은 구복만을 기르고 큰 체통을 잃어버리기 때문이다. 음식을 탐하는 사람이 만일 잃는 것이 없다면, 구복인들 어찌 척촌의 살갗만큼 하찮은 것이리오.[飮食之人 則人賤之矣 爲其養小以失大也 飮食之人 無有失也 則口腹豈適爲尺寸之膚哉]"라는 구절에서 유래하였다.

324 [飮食之人] : 저본에는 없으나, 문맥을 살펴 '飮食之人'을 추가하였다.

325 近連患感冒 委頓澌痛 : 《농암집農巖集》〈답원해익答元海翼〉에 "此間歲前後連患感冒 本火乘之 委頓澌痛"이라는 구절이 있다.

기는 하지만 고민입니다.[患感儘痛 而某兒 亦重痛乍減 苦悶苦悶] ○요사이 감기에 걸려 자리를 보존하고 신음하고 있으니, 가련함을 말로 하겠습니까?[近得寒疾 負席呻痛 悶憐可諭]

▶어깨가 담핵痰核[326]으로 고통이 심하여 침이나 뜸도 효과가 없으니 어찌하겠습니까?[臂痰苦劇 鍼灸無效 奈何] ○담종痰腫[327]이 재발하여 서울로 의사를 찾아가 침을 맞았지만 효과가 없어 오랫동안 자리에 누워있습니다.[痰腫復發 就醫洛下 砭炳罔效 長在牀褥] ○예나 다름없이 보잘것없이 지내고 있지만, 요사이는 풍담風痰[328]으로 오랫동안 신음하고 있습니다.[庸瑣依昔 而近以風痰之疾 長時呻痛] ○요사이는 풍현風眩[329]이 달을 넘기면서 병이 들쑥날쑥한 것이 저의 고민입니다.[間患風眩 閱月進退 私悶私悶] ○담증이 지금도 발작하여 바야흐로 자리에 누워 절규하고 있으니, 고통스러운 상황이 한둘이 아닙니다.[所患痰証 見又發作 方落席叫絶 苦狀非一]

▶부스럼이 겨우 나았는데 그 옆에 종기가 또 생겼으니, 고민스러움을 말로 하겠습니까?[瘡口才完 傍腫又生 悶何可言] ○종기는 줄곧 낫지 않고 있으니, 나쁜 뿌리를 졸지에 뽑아내기가 어렵습니다.[腫處 一樣無減 惡根 猝難拔出]

▶눈병이 한결같아 7일 밤낮을 바늘로 찌르는 듯 아파 견딜 수 없을 지경입니다. 비록 의사에게 치료를 받았지만 백방이 무효하니 고민을 어찌하겠습니까?[目疾一連 七晝夜刺痛 不能堪 雖請宜調治 而百未有片效 此悶如何] ○눈병이 한 달이 다 되도록 더욱 고통스럽게 하니, 고민을 어찌

---

326 담핵 : 담痰이 살가죽 속에 뭉쳐서 생긴 멍울을 이르는 말로, '담괴痰塊'라고도 한다.
327 담종 : 담痰이 한 군데로 몰려서 종기가 되는 병을 이른다.
328 풍담 : 풍기風氣를 유발하는 담이나 또는 풍기로 인하여 생기는 담을 이른다.
329 풍현 : 현훈眩暈의 하나로 풍사風邪가 몸이 허한 틈을 타서 머리에 침범하여 생긴 병증을 이른다.

말로 하겠습니까?[眼眚 浹月彌苦 伏悶何諭]

▶통증은 조금 덜하지만 입맛이 아직도 열리지 않아 음식을 완전히 물리쳤기 때문에, 진기는 점점 사그라들어 오랫동안 정신이 흐릿하니 고민스럽습니다.[痛勢頗減 而口味尙不開 飮啖頓却 眞元漸爍 長日昏昏 悶苦] ○ 저의 병은 조리해서 나아가고 있으니 매우 다행입니다.[此中 調事向減 甚幸甚幸] ○ 큰 병세가 비록 조금 나아가고는 있지만 남은 기운이 아직 많아 목하의 고통스러운 상황을 이미 견딜 수 없고, 앞으로의 행부行部[285]는 만에 하나도 자력으로 해 나갈 가망이 없으니, 공사간의 고민과 절박함을 말로 할 수 없습니다.[大勢 雖少卻 餘氣尙多 目下苦狀 已不可堪 前頭行部 萬無自力之望 公私悶迫 不可言] ○ 저의 병이 지난번에 비하면 조금 낫기는 하였지만 쌓인 피로 끝에 소생이 쉽지 않으니, 스스로 가련함을 어찌하겠습니까?[賤疾 比前差勝 而積羸之餘 蘇完未易 自憐奈何] ○ 병 끝에 연이어 모약某藥을 먹고는 있지만 원기가 부족하고 다리 힘이 빠져 문득 노인의 모양새를 이루었으니, 고민스러움을 어떻게 말하겠습니까?[病餘 連服某藥 元氣漸敗 脚力萎苶 奄成老人樣 悶憐何言] ○ 입추 이래로 병세가 차츰 나아지고는 있지만 완전히 낫지는 않았습니다.[立秋以來 病勢 非不漸減 而若曰蘇健 則未也] ○ 저의 병은 비록 뿌리가 제거되지는 않았지만 겨울나기 전보다는 조금 병세가 나아가는 것 같습니다.[賤疾 雖根柢 未祛 比春冬以前 亦似減得分數][286] ○ 저의 병은 요사이 조금 낫기는 하였지만 남은 증세로 여전히 괴로워 쾌유는 아득하니, 걱정을 어찌하겠습

---

285 행부 : 감사가 관할 지역을 순시하는 일을 이른다.

286 賤疾……亦似減得分數 : 《농암집農巖集》〈답김현보答金顯甫〉에 "賤疾雖根柢未去 視春冬以前 則亦似減得分數"라는 구절이 있다.

니까?[賤疾 近幸小減 而餘証尙苦 蘇完杳然 悶憐奈何] ○ 병증이 비록 대단하지는 않지만 먹지도 자지도 못하는 증세는 매우 괴상합니다. 육미탕六味湯[287]을 먹고서야 약간 변화가 있으니 매우 다행입니다.[病症 雖不大段 而不食無寐証 甚乖常 方服六味之劑 略有變動 幸甚幸甚] ○ 저의 병은 잠깐 낫다가 다시 고통스러워 오랫동안 기운이 하나도 없으니 너무 걱정입니다.[弟病 乍勝旋苦 長時委頓 極悶]

조안류粗安類 4

{부모님의 병환에 관해 말할 경우[親患]}

○ 저의 연로하신 부모님께서 요사이 매우 편찮으시고 저도 심통이 다시 발작하여, 지금 열흘 남짓 만에 처음으로 따뜻한 밥을 먹고 있으니, 애타는 마음을 어떻게 말로 하겠습니까?[此間老人 比多不健 弟亦心痛復發 今旬餘 始食煎飯 悶煎何言][288] ○ 부모님의 병환이 한결같이 낫지 않으니, 애타는 마음을 어떻게 말로 하겠습니까?[親瘁 一樣彌留 焦悶何喩] ○ 부모님께서 매우 편찮아 날마다 약을 달고 있으니, 애타는 마음 그지없습니다.[親候多愆 日事藥餌 焦灼無已] ○ 아버지의 기침 증세가 추위를 맞아 고통이 심하시니, 애타는 마음을 형언하기 어렵습니다.[家親 咳嗽之証 當寒苦劇 煎悶難狀] ○ 부

---

287 육미탕 : 숙지황熟地黃·산약山藥·산수유山茱萸·백복령白茯苓·목단피牧丹皮·택사澤瀉 등으로 짓는 가장 흔히 사용하는 보약이다.

288 此間老人……悶煎何言 :《동계집東谿集》〈답시회형서答時晦兄書〉에 "此間老人 比多不健 弟又心痛復發 今旬餘 始食煎飯 悶切悶切"이라고 하였다.

모님께서 추위를 만나 자못 불편하시니 걱정입니다.[親候遇寒 頗有欠節爲悶] ○연로하신 부모님께서 병환 끝에 기력이 다하였으니, 애타는 마음을 어떻게 말로 하겠습니까?[老親 病患之餘 氣力漸綴轉甚 悶煎何言] ○부모님의 병환이 어제 또다시 심하여 밤새 고통스러워하시니, 애타는 마음을 표현할 길이 없습니다.[親癠 昨又添劇 達宵苦劇 焦悶不可狀] ○부모님의 병환이 지금 8일이나 되었는데, 줄곧 물길이 막혀 범절凡節[289]조차 더욱이 이르지 못한다고 생각하니 절박하고 당황스러움을 어떻게 형언하겠습니까?[親癠 今至八日 水道 一向閟塞 凡節益覺不逮 煎迫罔措 何可形諭] ○아버지께서는 상사喪事에 분주하시느라 슬프고 피곤한 끝에 예전에 앓으시던 살쩍 뒤의 종기가 재발하였으니, 저의 근심이 어찌 그칠 수 있겠습니까?[家親 奔遑悲勞之餘 舊患 鬢後癤瘡復作 私悶何已][290] ○어머니께서 갑자기 곽란에 걸려 토하고 설사하시다가 몸이 뒤틀려 하루 밤낮을 애태우고 울면서 걱정하였는데, 천우신조天佑神助로 조금 낫기는 하였지만 남은 증세가 여전히 심해 설사가 그치지 않으니, 근심스러움을 어떻게 말씀드리겠습니까?[慈候 猝得癨亂 因吐瀉過多 轉成轉筋 一晝夜 焦泣憂遑 天佑小減 而餘証尙多 泄憂未霽 煎悶曷諭] ○어머님의 병환이 요사이 심하여 애타는 마음으로 날을 보내고 있으니 어찌하겠습니까?[慈癠 間又彌留 悶煎爲日 奈何] ○부모님의 병환이 갈수록 심하다는 소식을 듣고 급히 돌아와 간호한 지 벌써 열흘 남짓 되었는데, 다른 증상들이 연거푸 드러나고 원기는 날로 다해져, 계속 인삼이 든 약재를 쓰고는 있지만 아직은 눈에 띄는 효험은 없으니, 애타

---

289 범절 : '안부'를 이른다.

290 家親……私悶何已 : 《명재유고明齋遺稿》〈여송자문與宋子文〉에 "家親 奔遑悲勞之餘 舊患鬢後癤瘡復作 私悶何已"라는 구절이 있다.

고 당황스러움을 어떻게 말로 하겠습니까?[聞親癠 越添之報 蒼黃歸護 今已十餘日 而別証疊出 眞元日敗 連用蔘劑 尙無顯效 煎悶罔措 如何可言] ○부모님께서 쇠약해지고 병이 들었는데 요사이 들어 괴로움이 더하고, 아내의 병도 내내 위태로워 갖가지로 애가 탑니다.[老親衰病 近又添苦 妻病 一向彌留 種種煎悶] ○연로하신 부모님께서 병환이 깊고 저 역시 더위를 먹어 건강치 못한 데다가 아내와 아이들의 병이 이어지니, 갖가지로 애타고 고민되는 마음 말로 할 수 없습니다.[老親患候非細 身亦困暑不健 室憂兒病相繼 種種煎悶 不可言] ○부모님의 병환과 저의 병으로 오랜 걱정을 하고 있으니 어찌하겠습니까?[親癠身恙 長時憂悶 奈何] ○부모님의 병환과 아내의 병이 위급하고 고통스러워 근심하는 가운데 삼여三餘291를 다 포기하고 말았으니 어찌하겠습니까?[親癠荊病 種種危苦 拋盡三餘於憂撓裏許 奈何]292 ○어버이께서 병환으로 오랫동안 편치 않아 걱정스럽던 중에 저의 병은 나이가 들수록 쇠약해지니, 스스로 가련함을 어찌하겠습니까?[親候 長時欠寧 悶迫中 身恙與齒俱添 頓覺衰謝 自憐奈何] ○어버이의 병환이 줄곧 낫지 않고 있으니, 애타는 마음을 어찌하겠습니까?[親癠 一向無減 煎悶何諭] ○노친께서 여러 날 전부터 갑자기 풍담風痰에 걸려 의식이 흐릿하고 말이 분명치 않습니다. 여러 가지 약으로 치료해 보았지만 효과가 없으니, 쇠약한 상황과 위태로운 증세에 관계된 것이라 가슴 졸이고 눈물 흘리는 상황을 오히려 어

---

291 삼여 : 독서하기에 좋은 세 가지 여가餘暇를 말한다. 《삼국지三國志》〈위서魏書 왕숙전王肅傳〉에, 위魏나라 동우董遇가 "겨울은 한 해의 여가이고 밤은 하루의 여가이고 장마철은 한 철의 여가이므로 독서를 하기에 아주 좋다.[冬者歲之餘 夜者日之餘 陰雨者時之餘也]"라고 하였다.

292 親癠荊病……奈何 : 《명재유고明齋遺稿》〈여송자문與宋子文〉에 "弟等 親癠身恙 種種危苦 拋盡三餘於憂撓裏許 奈何"라는 구절이 있다.

떻게 다 말씀드리겠습니까?[老親 自數昨 忽中風痰 省覺怳惚 語言迷錯 多般藥治了 無效 應係是衰境危証 焦泣之狀 尙何具論] ○부모님의 안부가 요사이 편찮으시어 제대로 주무시거나 드시지도 못해 정신이 더욱 흐릿하니, 떨리고 두려운 상황을 형언할 수 없습니다.[親候 近更有損 寢膳益減 昏憒益甚 凜凜危懼之狀 不可形諭] ○노인의 모든 일들이 예전과 달라 어지럼증이 때때로 생기니, 애타는 마음을 어떻게 말로 하겠습니까?[老人凡百 不如前 眩氣時發 焦灼何諭] ○연로하신 어머니의 숙병이 오랫동안 낫지 않아 말할 수 없이 애가 탑니다.[老慈宿病 長時進退 焦灼難狀]

▶요사이 부모님께서 감기에 걸려 여러 날 위중하여 공무도 보지 못할 지경이라는 소식에 걱정이 됩니다.[近聞親候 以感患多日彌留 公務 亦至廢閣 悶迫悶迫] ○부모님께서 편찮다는 소식에 정사情私²⁹³가 절박합니다.[親信未寧 情私切迫]

조안류粗安類 5

{우환에 관해 말할 경우[憂患]}

▶숙부의 병환이 요사이 조금 회복되고는 있지만, 후유증으로 여전히 고통스러워하니 걱정입니다.[舍叔之病 近稍回棹而餘症 尙苦伏悶] ○숙모님께서 병환이 차도를 보이지 않은 지 벌써 오래이니, 참으로 두려운 걱정이 듭니다.[叔母所患 亦無分減 今則爲日已久 實有懍懍之慮耳] ○백부는 병증의 대체가 비록 조금 낫다가, 요사이 또 감기에 걸려 조섭을 잃었으니

---

293 정사 : 혈육 사이의 사사로운 감정을 이른다.

걱정입니다.[舍伯病証大體 雖稍減 而近又添感 失於將攝 悶悶] ○백부의 병환이 아직도 낫지를 않으니 걱정을 어떻게 말로 하겠습니까?[舍伯所慎 尙未痊 可憂悶 何言] ○종형께서 병환으로 거의 위태로운 지경이 되었다가 소생하였으나, 남은 근심은 여전히 끊이지 않습니다.[從兄病患 幾危而甦 餘憂 尙未艾矣] ○큰 형수의 병이 한 달 남짓 위태로워 연이어 치료는 하였지만 끝내 효험이 없고 조카들마저 염식증으로 말라가니, 병 아닌 병으로 더더욱 걱정스럽습니다.[丘嫂之病 浹月彌苦 連事刀圭 終無顯效 加以姪兒 厭食羸㾓 不病而病 尤可悶也] ○아내가 시령時令²⁹⁴에 걸려 위태로웠다가 다행스럽게 나았지만, 어제 또 감기에 걸려 고통을 겪고 있습니다. 본래 허약한데 다시 이러하니, 말할 수 없이 걱정입니다.[室人得時令甚重 幸得和解 昨又再感 方此苦痛 本來虛敗 又復如此 憂悶 不可言] ○아내와 아이들의 병이 시종 몇 달이 되도록 아직도 위중하니, 근심을 어찌 표현하겠습니까?[室憂兒病 首尾數朔 尙此彌留 愁悶何狀] ○아이의 병이 조금 낫자 아내의 병이 다시 심하여져서 온 집안에 신음하는 소리로 가득하고 날마다 약으로 일삼고 있으니, 걱정을 어떻게 말로 하겠습니까?[兒憂稍霽 荊憂復極 滿室呻楚 日事刀圭 悶何可言] ○병의 근심이 끊이지 않아 사뭇 걱정되고 심란합니다.[病憂頻仍 殊以悶撓] ○우환이 더하기만 하고 줄지 않으니 오랫동안 걱정입니다.[憂患 有加無減 長時憂惱] ○우선 옛 모습을 겨우 보존하고 지내고 있지만, 아이의 병이 깊으니 고민스러움을 어떻게 말하겠습니까?[姑保宿狀 而子病沈淹 悶苦何諭] ○온 집안 식구들이 감기에 걸려 아프지 않은 사람이 없으니, 걱정스러움을 어떻게 말하

---

294 시령 : 추위로 인하여 때에 따라 유행하는 병을 이르는 말로, '상한傷寒'·'시기時氣'·'시병時病'·'시절병時節病'·'시질時疾'·'시환時患'·'염질染疾'이라고도 한다.

겠습니까?[滿室感冒 無人不痛 苦悶何言] ○ 모모某 아내의 병이 매우 위급하여 오래 살지 못할 상황이었는데, 일전에 또 차마 당하지 않아야 할 상황을 당하고 말았으니, 사람이 목석이 아닌 이상 어찌 이를 감당할 수 있겠습니까?[某妻之病 奄奄有難久之勢 日前 又將見不忍見之境界 人非木石 何以堪此]²⁹⁵ ○ 재앙이 가볍지 않아 두 아이가 모두 죽을 지경을 겪어 애태우며 날을 보낸 지 70여 일이나 되었는데, 요사이 조금 안정이 되었습니다.[厄會非輕 兩子俱經死境 煎撓度日者 七十餘日 而近方少定矣]²⁹⁶ ○ 우환이 갈수록 심해 경황이 없습니다.[憂患 轉益右加 罔措罔措] ○ 손자의 천연두는 비록 위급한 상황에서는 벗어났으나 남은 증세가 마음에 쓰입니다. 게다가 때때로 숙직을 하니, 실로 난감함을 어떻게 말하겠습니까?[孫痘 雖已出場 而餘証關心 加以時時鎖直 實所難堪 謂之何哉] ○ 아이의 병은, 밤에는 비록 별다른 증세는 없지만 정신이 흐릿하여 지각이 없는 것이 어제보다 더 심하니 걱정입니다.[兒患夜來 雖無別証 而昏昏不知 比昨尤甚 悶悶] ○ 젖먹이 아이가 어제 오후에 온몸에 열이 났다가 식었다 하면서 매우 고통스러워하였고, 경기도 났지만 곧바로 알아채지 못하고 있었습니다. 밤중에서야 노야기[香薷茶]와 무가산無價散²⁹⁷을 썼는데 병이 낫지 않으니, 필시 심한 여름 감기일 것입니다. 걱정입니다.[乳兒 昨午渾身 或烘熱或太冷 痛勢苦劇 驚氣亦發 不卽聞知 夜間 始用香薷茶 無價散 而無減 必是暑感之

---

295 某妻之病……何以堪此:《농암집農巖集》〈답도이答道以〉에 "李妻之病 奄奄有難久之勢 强起來視 目前 又將見不忍見之境界 人非木石 何以堪此 苦痛苦痛"이라는 구절이 있다.

296 厄會非輕……而近方少定矣:《명재유고明齋遺稿》〈여박화숙與朴和叔〉에 "厄會非輕 兩子俱經死境 煎撓度日者 七十餘日 而近方小定矣"라는 구절이 있다.

297 무가산 : 개, 고양이, 돼지의 똥을 말린 것이나 말려서 태운 것을 빻은 가루로, 어린아이의 곽란癨亂·학질과 월경 불순·큰 종기·정疔·창병瘡病 따위에 쓴다.

重者 悶迫悶迫] ○모아某兒의 천연두는 기특하고 다행입니다. 늘 혈혈단신을 어떻게 키울까 가련하게 여겼는데 지금 그 일을 겪고는 걱정이 사라졌으니, 하늘의 이치가 진실로 이러합니까?[某兒聖痘 奇幸奇幸 每憐孑孑 何以成就 今經渠役 庶可無憂 天理固如是耶] ○모아某兒가 탈 없이 천연두를 넘겼으니 매우 기쁩니다.[某兒之順經痘疫 甚可喜也] ○제수弟嫂의 병이 지금 조금 낫기는 하였는데 병든 아이가 행역 끝에 숙환이 더욱 심하여 갖가지 근심이 사라질 때가 없으니, 간절한 걱정을 어떻게 말로 하겠습니까?[舍弟內患 今得少愈 而病兒行役餘 宿患添祟 種種憂慮 無休歇時 悶切何言] ○병으로 경황이 없고 심란하니 걱정입니다.[憂病滾撓 可悶] ○따님의 병에 의원은 무슨 처방을 내었으며, 약은 복용하고 있으며, 안부는 어떻습니까? 당시 편지를 보고 안부 이외의 병에 관해서는 한마디 언급조차 없어 참으로 답답하였습니다. 모병某病은 요사이 이상한 증세가 자꾸 발생하여 치료하기 어려운 근심이 있을까 두려워 매우 걱정입니다.[令愛之病 某醫命出何方 其已始服 而有甚動靜否 時見渠書 寒喧外 病狀加減 無一言之及 良可鬱也 某病近日 怪証疊出 恐有難醫之慮 切悶切悶] ○온 집안이 우환으로 모두 위태로운 지경을 겪었으니, 온갖 애타는 마음을 어떻게 말하겠습니까?[滿室憂患 俱涉危域 種種燋悶 何喩] ○모아某兒의 병이 차도가 없고 회복세를 보이지 않으며, 병의 뿌리가 매우 깊어지니 걱정되고 경황이 없습니다.[某兒之病 乍進乍退 頭勢終不回 根委頗深 憂迫罔措] ○저는 가족들이 다 모인 뒤로 날마다 병의 근심으로 고민스럽습니다.[此間 完聚以來 日以病憂 惱心苦哉] ○모아某兒의 처가 중병이 걸려 여러 날 걱정을 하였는데, 요사이 회복세를 보이니 참으로 다행입니다.[某兒之妻 重病多日憂惱 近得回勢 良幸]

조안류粗安類 6

{한적함을 말할 경우[閑寂]}

▶가을 회포가 쓸쓸하여 마음속에 온갖 감정이 생기니 어찌하겠습니까?[秋懷悇慄 百感彌中 奈何] ○늘 병들고 쓸모없는 사람이 날이 추워지자 회포가 갑절이나 좋지 않으니 어찌하겠습니까?[一味病散 而當寒懷緖 倍覺不佳 奈何] ○근심하고 골몰하느라 거의 머리가 하얗게 셀 지경이니 고민스럽습니다.[憂惱衮衮 幾乎頭白 悶苦悶苦] ○세모에 강가에서 바빠 두서가 없습니다.[歲暮江干 忽忽無緖] ○달력이 얼마 남지 않으니, 온갖 감정이 마음속에 번갈아 모여듭니다.[殘曆無多 百感交中] ○문을 걸고 칩거하니 일은 줄었습니다만, 오랫동안 태좌台座[298]를 찾아뵙지 못하고 그리워만 할 뿐입니다.[杜門蟄居 還覺省事 而只以久未趨拜台座 爲耿耿耳] ○여러 날 한가히 지내면서 편안히 책을 펼치고 있으니, 두터운 은혜뿐이 아니라는 것을 어찌 알겠습니까?[數日閑居 穩展方冊 安知非厚餉耶] ○하는 일 없이 삼여三餘를 보내고, 또 한 살 나이를 먹고 나니 사뭇 장차 어떤 사람이 될지 몰라 자신을 돌아보면 부끄럽고 가련합니다.[浪抛三餘 又添一齒 殊不知將作何狀人 自顧慙憐] ○문을 닫고 고요히 정양하며 지내니 세모의 쓸쓸한 회포를 절로 달랠 길 없으니 어찌하겠습니까?[閉戶養閒 頓覺有趣 而歲暮離索之懷 自不能排遣 奈何] ○문을 닫아걸고 고요히 정양하며 분수에 맞게 편히 지내니, 요사이 맑은 정취는 영남관찰사에 못지않습니다.[杜門養閑 隨分偃仰 比來淸趣 不下於嶺南觀察使矣] ○줄곧 흙덩이처럼 칩

---

298 태좌 : '삼공三公의 자리'라는 뜻으로, 재상宰相을 이르는 말이다.

거하고 지내고 있어, 남에게 말할 것이라고는 없습니다. 영감을 전송하고 매번 눈이 갠 달 밝은 밤이면 문득 현계玄溪와 한 거리[一巷]의 놀이를 떠올리고는 등불을 들어줄 사람도 없이 밖으로 나갔다가 다시 걸음을 멈추는 것이 머물고 있는 사람의 마음이라는 것을 어떻게 알겠습니까?[一味塊蟄 無足向人言者 自送令行 每逢雪晴月明之夜 便覺玄溪一巷之遊 無人提燈 欲出而還止行者 何知居者之心也] ○교외는 고요한데 수양하는 효과는 없이 나이만 먹어 쇠약하고 병만 자꾸 침범하니 부끄럽고 고민스럽습니다.[郊靜而無頤養之效 年衰而有疾病之侵 愧悶] ○문을 닫아 칩거하고 있으니 베개 하나, 책 한 권만으로도 노년을 마치기에 충분한데, 아직 늙기도 전에 한가함을 얻었으니 이만하면 만족합니다.[閉戶窮蟄 一枕一卷 足了如年之暑 未老得閑 如斯足矣] ○한가할 땐 책이 적격인데, 게으른 탓에 시렁에 묶어 두었으니 매우 탄식스럽습니다.[閑在宜書 緣懶束閣 是甚歎也] ○온갖 벌레들과 편안히 칩거할 생각이 조금 맞기는 하지만, 나이가 들어 사사건건 탄식스러워 즐거움이라고는 조금도 없음을 묵묵히 아시리라 생각됩니다.[得與百虫 安蟄身計 則差適而行 將添齒 事事嗟感 了無一分悰緒 想默諭之矣]

조안류粗安類 7

{외직에 부임하는 것에 관해 말할 경우[外任]}

▶병영에 부임하고 나서 아득히 실마리도 잡지 못하고 있으니, 재앙이 든 해에 여러 번의 체직 끝에 모든 것들이 모양새를 이루지 못하고 있

습니다. 열읍列邑의 진휼에 대한 근심에 마음이 많이 쓰이니 어찌하겠습니까?[莅營屬耳 茫無頭緖 而災年數遞之餘 凡百不成樣 列邑賑憂 又多關心 奈何] ○ 흔들림 없이 관직에 올라 온 식구들이 단란하게 모여 쌀밥을 먹고 고깃국을 먹으니 끝없는 은혜에 감축드리는 마음 어떻게 말씀드리겠습니까?[無撓上官 而闔室團會 飯稻羹魚 到底恩造 感祝何言] ○ 새로운 관청에 새로 부임하여 처음의 어지러운 일들로 심신의 수고로움뿐만이 아닐 것입니다.[新局新莅 草創愁亂 非直形役之勞而已] ○ 쇠약한 나이에 폐국弊局은 난감한 일이 많아 말할 수 없이 골치가 아픕니다.[衰年弊局 事多難堪 愁惱不可言] ○ 맡은 업무가 어지러이 모여드니 날마다 수고롭고 골치가 아픕니다. 재주도 없이 큰길[299]을 맡고 있어 더욱 난감하니 어찌하겠습니까?[帶務夢集 日被勞惱 生手孔途 轉覺難堪奈何] ○ 정사는 졸렬한데 마음을 쓰며 괜스레 날만 보내고 있으니, 어찌 멀리서 높은 덕을 더럽힐 수 있겠습니까?[政拙心勞 碌碌度日 何足遠溷尊德耶] ○ 폐국의 흉년 정사는 참으로 고민이 많습니다. 심부름꾼이 부산하게 오가며 분주함으로 일삼고 있는데 재앙 아닌 것이 없으니 어찌하겠습니까?[弊局荒政 實多愁悶 而使价旁午事奔走 莫非厄會 奈何] ○ 재주는 졸렬한데 임무는 무겁고 또 풍토병으로 몸이 상하였으니, 공사가 모두 고민입니다.[才拙任重 又傷水土 公私 俱可悶也] ○ 가을 농사가 바빠 어지럽게 날을 보내고 있으니 고민스러움을 어찌하겠습니까?[秋務煩劇 撓碌度日 愁悶奈何] ○ 장기가 끼는 습한 땅에 병이 날로 고질이 되고 있습니다. 이른바 농사라는 것이 날마다 반복되니 괴로운 마음을 어찌하겠습니까?[瘴濕之地 病情日痼 所謂秋務日復

---

299 큰길 : 원문은 '孔途'. 사람의 통행이 많은 길로, 중국의 사신이 왕래하는 서울과 의주의 길을 이른다. '공로公路'라고도 한다.

惱心奈何] ○공무로 번요함이 날로 심해지니 고민입니다.[公務勞擾 日甚一日 苦悶苦悶] ○또 가을 농사 때라 피곤하여 경황이 없지만, 늙으신 부모님께서 그럭저럭 버티고 계시니 다행스러울 뿐입니다.[又當秋務 疲汨無況 只以老人凡節 粗得支吾 爲幸耳] ○거듭 독감을 겪고 요사이 겨우 차도를 보이고 있습니다만, 흉년으로 백성들의 고민이 갈수록 더해 가니 수심을 어찌하겠습니까?[重經毒感 近纔少差 而災歲 民憂去益 愁惱奈何] ○번화하고 비옥한 땅을 저의 보잘 것 없는 곳과 비교하면 자못 서로 가깝지 않으니, 때때로 저 자신이 우습기만 합니다.[繁華膏腴之地 視措大本色 殆不相襯 有時自笑耳] ○관양官樣[300]이 기괴하니 더욱이 말할 것이 없습니다.[官樣奇怪 尤無足道] ○농사가 매우 흉년인 것은 원근이 마찬가지이니 공사간의 근심을 말로 할 수 없습니다.[年事大失 遠近同然 公私憂慮 有不可言][301] ○예나 다름없이 바쁘게 지내고 있는데, 시골에 돌림병이 점점 심해져 죽어 나가는 사람이 속출하니, 매우 신경이 쓰이지만 어찌하겠습니까?[依昔滾擾 而村癘漸盛 死亡相續 是甚關心 奈何] ○해가 저물어 가는데 변방에서 고향으로 돌아가고 싶은 마음이 더욱 깊으니 어찌하겠습니까?[歲暮關塞 歸思轉深 奈何] ○고생이 날로 심하여 고향으로 돌아가고픈[302] 마음 간절하지만, 이 또한 어떻게 할 길 없으니 고민스럽고 우습습니다.[苦狀日甚 深思賦歸 亦未能辦得 悶笑悶笑] ○관직에 있으면서 일은 적어서 마음대로 한가히 쉬는 것이 서울보다 낫지만, 어수선한 가운

---

300 관양 : 판에 박힌 듯 겉모양만 매끈한 것을 이르는 말이다.

301 年事大失……有不可言 : 《명재유고明齋遺稿》〈여정장원與鄭長源〉에 "年事大失 遠近同然 公私憂慮 有不可言"이라는 구절이 있다.

302 고향으로 돌아가고픈 : 원문은 '賦歸'. 도연명陶淵明이 팽택彭澤 고을의 원으로 있다가 문득 벼슬을 버리고 집으로 돌아오며 〈귀거래사歸去來辭〉를 지은 데서 유래하였다.

데 외로이 혈혈단신을 내맡기고 있으니, 사뭇 아름다운 흥취가 없습니다.[官居少事 優息隨宜 勝似洛下 膠擾之中 而孤寄子子 殊覺無佳趣] ○ 돌아가려 해도 아직 돌아가지 못하고 한결같이 체류하고 있고, 병도 지탱하기 어려우니 참으로 가련합니다.[欲歸未歸 一味蹲滯 病狀又難支 良可憐悶] ○ 겨울이 지나가기를 기다렸다가 곧바로 고향으로 돌아가고 싶은데, 뜻대로 될지는 모르겠습니다.[差待過冬 便欲賦歸 未知能如意否也] ○ 줄곧 지치고 피곤하여 잠깐의 짬조차 없는데, 종기와 눈에 백태가 끼어 고통스럽습니다. 마음고생이 몸고생보다 심해 다만 저 자신이 가련할 뿐입니다.[一味勞瘁 殆無暇隙 腫病眼眚 從以作苦 心役又甚於身役 秪自悶憐而已] ○ 봄이 지나면 고향으로 돌아가려던 계획은 벌써 화살처럼 날아가 버리고 춘궁기 백성들의 일로 훌훌 벗어나지도 못하고 있습니다. 이 달 저 달 미루다가 아직도 이렇게 머물고 있어 걱정되고 답답한 마음에 병의 단서만 더해지니 어찌하겠습니까?[春後 賦歸之計 如矢已發 而窮春民事 擺脫不得 此月彼月 尙此蹲仍 愁鬱悶迫 添一病端 奈何] ○ 3년 동안 쇠잔한 고을이 두 번이나 흉년을 만나 밀과 보리도 여물지 않았습니다. 지금 백성들의 근심을 참으로 미봉하기도 어려워 날로 흰머리만 더해 가니 가련함을 어찌하겠습니까?[三年殘邑 再値歉荒 兩麥又不登熟 目下民憂 實難彌縫 只爲華髮之日添 憐歎奈何] ○ 백성을 다스리고 힐융詰戎[303]하는 것은 실로 늙고 병든 사람이 감당할 수 있는 것이 아닙니다. 더구나 전에 없던 흉년을 만나 크게 구휼하고는 있지만 구제할 계책이 없어, 다만 스스로 고민만

---

303 힐융 : 평상시에 무비武備를 닦아 융복과 병기를 다스려 국방을 튼튼히 함을 이르는 말로, 《서경書經》〈입정立政〉에 "너의 갑옷과 병기를 사전에 제대로 닦아 두어야 한다.[其克詰爾戎兵]"는 구절에서 유래하였다.

하고 있을 뿐입니다.[治民詰戎 實非老病可堪 而況値無前災歲 方營大賑 接濟沒策 只自悶憐而已] ○고을에 흉년이 심해 날마다 괴로움만 일삼고 있으니, 탄식스러움을 어찌 하겠습니까?[邑劇歲荒 日事惱撓 悶歎奈何] ○제가 흉년을 만나 조세租稅 감면과 환곡 상환의 일들로 매우 근심스럽지 않은 것이 없으니 어찌하겠습니까?[拙當凶荒 俵災捧糴 無非愁擾之至 奈何] ○이렇게 흉년을 만나 백성들을 구제할 방법이 없으니, 말할 수 없이 걱정입니다.[當此災歲 賙民無策 憂悶不可言] ○겨울을 지낼 일로 한창 바빠 오래 지체할 수 없어 오늘 남쪽으로 내려가려고 하니, 부모님을 떠나는 저의 감정을 스스로 억누르기 어렵습니다.[冬務政殷 不敢久淹 今將南下 離闈情私 尤難自抑] ○도착하기도 전에 진실로 이럴 줄 알았으나 눈에 보이는 것마다 근심스럽고 손이 닿는 곳마다 심란하여, 외로이 여관에 몸을 부치기만 하고 마음 가눌 길이 없으니 어찌하겠습니까?[未到前 固知其如此 而觸眼 無非愁亂境 到手無非惱擾事 孤寄旅館 無以爲心 奈何] ○**졸렬한 재주로 패국에서 폐단을 바로잡을 방책도 없이 날마다 애를 쓰면서 종일 응접하며 예나 다름없이 어지러운 모양새로 지내고 있습니다. 끝내 위로는 특지**特旨**로 선발하신 뜻을 그릇되게 하고 아래로는 선조의 아름다운 명성을 더럽힐까 걱정되니 어찌하겠습니까?**[拙手敗局 蠧弊沒策 逐日勞擾 終晷應接 而依舊是亂麻樣子 終恐上誤特簡 下忝先美 奈何] ○**여름에 매서운 돌림병을 겪고서 아직도 건강을 회복하지 못하고 있습니다. 더구나 극심한 업무를 맡아 노쇠하여 머리가 희어져 더이상 여지가 없고, 정신마저 예와 다르니, 스스로 가련할 뿐입니다.**[夏初經毒癘 未及蘇健 況當劇務衰白 無復餘地 精神又非昔時 自憐而已] ○흉년에 큰길을 맡아 갈수록 근심스러우니 어찌하겠습니까?[災年孔路 漸覺愁惱 奈何] ○홀로 빈 관아에 지내니 하루가 1년 같습니다. 더구나 명절이 되니 고향의 그리움을 견딜 수 없으니 어찌하겠습니까?[單身空衙 度日如年 況當名節 不堪家國之戀 奈何] ○은혜롭게 체직되어 저에게는 매우 다행이지만, 다만 떠나고 머무는 회포가 있을 뿐입니다.[得蒙恩遞 私計萬幸 而第有去留之懷耳] ○공무가 갈수록 심해 근심과 병으로 번요함을 일삼던 중에 돌림병이 사방에서 들끓어 사망자가 속출하니, 두려움을 더욱 어찌하겠습니까?[公務轉益 愁悶病故 日事撓汨之中 時患四熾 死亡相續 悚懍尤如何] ○차원差員[304]으로 길을 나서는데 일에 간섭이[305] 심하고 병을 무릅쓰기도 어렵습니다. 쇠약한 나이에 벼슬살이하느라 이조차 시리니 어찌하겠습니까?[方作差員之行 而事多掣肘 病且難强 衰年吏役 益覺齒酸 奈何] ○백성들의 근심과 몸의 병이 뒤엉켜 감내하기 어려우니 어찌하겠습니까?[民憂身病 糾結難耐 奈何] ○병들고 졸렬한 상황은 어제나 다름없고, 부모님과 고향을 떠나는 슬픔은 가을을 맞아 더욱 간절하며, 고을 일은 하나하나 감당하기 어려우니 어찌하겠습니까?[病劣如昨 而離親去國之愁 逢秋益切 邑事 節節難堪

---

304 차원 : 중요한 임무를 맡겨 임시로 파견하는 관원을 이르는 말로, '차사差使'·'차사원差使員'이라고도 한다.

305 간섭이 : 원문은 '掣肘'. 공연히 다른 사람의 일에 간섭하여 뜻한 바를 이룰 수 없게 만드는 것을 뜻하는 말로, 노魯나라 복자천宓子賤의 고사이다. 《여씨춘추呂氏春秋》〈구비具備〉에 "복자천이 단보亶父를 다스리게 되었는데 노나라 임금이 참소하는 사람들의 말을 듣고 자신으로 하여금 술책을 펴지 못하게 할까 걱정이 되어 떠나갈 적에 노나라 임금에게 근리近吏 두 사람을 요청하여 그들과 함께 단보에 도착하였다. 고을 아전들이 모두 조회하자, 복자천이 근리 두 사람에게 글씨를 쓰게 하였다. 근리들이 글씨를 쓰려고 하면 복자천이 옆에서 때때로 팔꿈치를 잡아 흔들었다. 그러면서 근리들이 글씨를 잘못 쓰면 또 화를 내었다. 근리들이 매우 근심하며 사직하고 돌아갔다. …… 노나라 임금이 크게 탄식하고 탄식하며 '복자천이 이를 통해 과인의 불초함을 간하는구나.'라고 하였다.[宓子賤治亶父 恐魯君之聽讒人 而令己不得行其術也 將辭而行 請近吏二人於魯君 與之俱至於亶父 邑吏皆朝 宓子賤令吏二人書 吏方將書 宓子賤從旁時掣搖其肘 吏書之不善 則宓子賤爲之怒 吏甚患之 辭而請歸……魯君太息而歎曰 宓子以此諫寡人之不肖也]"라는 구절에서 유래하였다.

奈何] ○그럭저럭 관사만 보존하고 지내면서 큰 은혜를 입은 줄은 알지만, 흉년에 백성들의 근심으로 번민이 많습니다.[粗保官次 知荷盛念 但荒歲民憂 撓惱多端] ○오랫동안 영해에 머물러 더욱 쇠퇴함을 느껴 체직을 도모해 보지만, 뜻대로 되지 않으니 탄식을 어찌하겠습니까?[久滯嶺海 益覺衰頹 圖遞不得 悶歎奈何] ○한 해를 보내고 달을 넘기면서도 이른바 고을이라는 것이 사객使客³⁰⁶을 지대支待³⁰⁷하는 것으로, 참으로 동병상련의 감정이 있으니 어찌하겠습니까?[經年閱月 所謂邑務 卽使客支待也 實有同病之憐 奈何] ○열흘이나 관청을 비워둔 끝에 가을일이 더욱 바쁘니 걱정스러움을 어떻게 말하겠습니까?[上旬曠官之餘 秋事 日益恩擾 悶迫何言] ○부모님은 무사히 계시고 저는 분에 넘치게 관양官養³⁰⁸을 얻게 되었으니, 사사로이 은혜에 감사하며 갚을 바를 모르겠습니다.[侍奉無事 獲侈官養 感祝恩私 不知所酬] ○관부의 모든 일들이 실타래처럼 어지러워 실로 정돈하려는 바람조차 없습니다. 생소하고 무능하여 이미 스스로를 헤아려보면 난처한 단서가 한둘이 아니니, 걱정을 어찌하겠습니까?[府中百事 紛如亂緖 實無整頓之望 生疎鈍拙 固已自料而難處之端 亦非一二 憂悶奈何] ○곡식으로 받은 봉록은 부모님을 봉양하기에 충분하고 산과 바다의 아름다운 경치는 흥을 일으킬 만합니다. 푸른 장막에서 골몰하던 것에 비하면 신선과 범부처럼 차이가 난다고 저는 생각하는데, 집사께서는 어떻게 생각하시는지 모르겠습니다.[香稻之俸 足以養親 海山之勝 聊可期興 比諸滾汨於靑帷 自謂仙凡之隔 未知執事以爲如何]

---

306 사객 : 연로沿路의 수령이 해당 지역을 지나치는 '봉명사신奉命使臣'을 이르는 말이다.

307 지대 : 공사公事로 말미암아 시골로 나가는 높은 벼슬아치의 먹을 것과 쓸 물건을 그 시골 관아에서 이바지하던 일을 이른다.

308 관양 : 관청에서 늙고 덕이 있는 부모님에게 공급하던 음식을 이른다.

조안류粗安類 8

{여행의 피로와 괴로움에 관해 말할 경우[行役]}

▶수고하고 애쓴 나머지 겨우 병으로 인한 고통은 면하였지만, 서울이 아득히 머니 그리움을 견딜 수 없습니다.[勞頓之餘 僅免病苦 而京國杳然 不堪戀結之下忱] ○길을 가느라 힘을 허비하고 세월만 낭비하였습니다.[行役費力 虛擲光陰]³⁰⁹ ○부모님을 모시는 처지에 멀리서 행역하니, 정리상 매우 걱정입니다.[侍下遠役 情理切悶] ○여독이 더욱 심하여 매일 신음하고 지내니, 걱정을 어찌 말씀드리겠습니까?[行憊轉添 日事呻頓 悶惱何喩] ○길 떠날 때가 벌써 임박하니 스스로 번뇌가 많습니다. 저의 고민을 어떻게 말씀드리겠습니까?[行期已迫 自多惱撓 私悶何喩] ○길에서 감기에 걸리고 고달픔이 쌓여 아파하고 신음하며 날을 보내면서도 잠시도 집으로 돌아가 쉴 생각이 없으니, 가련함을 어떻게 말로 하겠습니까?[路得寒感 積瘁兼發作苦 呻囈以度 少無還家偃息之意 悶憐何狀] ○내일 사이에 여강으로 떠나려고 하는데, 날씨가 추워 길을 떠날 일이 매우 마음 쓰입니다.[明間 欲作麗江之行 當寒行事 極爲關心] ○생각지도 않은 일로 인해 서울[鳳城]에서 돌아와 여독으로 신음하고 있으니 어찌하겠습니까?[因意外事 自鳳經歸 路憊委呻 奈何] ○하루에 백여 리를 행차하여 겨우 이곳에 도착했는데, 피곤함을 떨칠 수 없으니 걱정입니다.[日行百餘里 僅僅低此 而澌憊不能振 悶憐悶憐] ○쉼 없이 갔지만 앞길은 아직도 멀어 걱정입니다.[行行不已 前路尙遠 愁悶愁悶] ○우환이 겹쳐 남쪽으로 들어갈 계획

---

309 行役費力 虛擲光陰:《명재유고明齋遺稿》〈답도윤중성중집중答都允中聖中執中〉에 "行役費力 虛擲光陰"이라는 구절이 있다.

은 지체되어 이루지 못하였습니다. 영하營下[310]로 둘러 나아갈 뜻은 지금 어긋나고 말았습니다.[憂患纏綿 南入之計 因循未遂 營下轉進之意 今歸左矣] ○송별의 말을 여러 번 읽고[311] 도리어 당신께서 저를 매우 아끼시는 마음을 알았으니, 말할 수 없이 감사합니다.[贐語三復 以還知尊愛我之深 感荷不可言] ○두루 명승지를 유람한 것은 기쁘지만, 시를 짓지 못하였으니 흠결이고 우습기도 합니다.[跡遍名區可喜 而第不能詩 可欠可呵] ○행차가 모현某縣을 지날 때 안부를 하려고 했었는데, 이미 되돌아가셨으니 서운함을 이기지 못하고 돌아왔습니다.[行過某縣 爲詗動止 則業已回轅矣 不勝悵然而返][312] ○황해도[海西] 행차는 그믐 사이에 길을 나서 곧장 장연長淵[313]에 도착하였고, 오는 보름쯤에 황주黃州와 봉산鳳山을 거쳐 차츰 평양[箕城]으로 가서 20일 후쯤이나 보름 사이면 만나 뵐 수 있을 것입니다. 앞으로 기약이 멀지 않으니 미리부터 기쁘고 기대됩니다.[海西之行 當於晦間 離發而直抵長淵 來望間 逶迤於黃鳳 次次轉進於箕城 念後晦間 可以奉拜 前期在邇 預切欣企] ○험한 길을 잘 돌아왔고 부모님께서도 별고 없이 잘 계시니 저의 다행입니다.[間關歸稅 親候粗安 私幸] ○천 리 험한 여정에 심신이 모두 피곤하여 지금 자리에 누워 괴로워하고 있으니, 가련함

---

310 영하 : 각 지방에 있는 감영監營, 병영兵營, 수영水營, 유수영留守營 따위의 관청 건물 내부나 그 전체를 가리키기도 하고, 또는 그것이 있는 고을을 두루 일컫기도 한다.

311 여러 번 읽고 : 원문은 '三復'. '항상 가슴속에 명심하며 잊지 않겠다'는 뜻으로, 《논어論語》〈선진先進〉에 "흰 옥돌 속에 있는 오점은 그래도 깎아서 없앨 수 있지만, 말을 한 번 잘못해서 생긴 오점은 어떻게 해 볼 수 없다.[白圭之玷 尙可磨也 斯言之玷 不可爲也]"라는 말이 나오는데, 공자의 제자인 남용南容이 매일 이 구절을 세 번씩 반복해서 외우자, 공자가 이를 훌륭하게 여겨 자신의 조카딸로 처를 삼게한 고사가 있다.

312 行過某縣……不勝悵然而返 : 《명재유고明齋遺稿》〈상정포옹上鄭抱翁〉에 "行過全義縣衙 爲詗動止 則云或已回轅矣 不勝悵然而返"이라는 구절이 있다.

313 장연 : 황해도 서부에 있는 지명이다.

을 어떻게 감당하겠습니까?[千里跋涉 心身俱疲 見方委席苶苶 悶憐何堪] ○더위와 비를 무릅쓰고 험한 여정으로 중도에 쓰러지지는 않았지만, 자못 처음의 근심이 미칠 바가 아닙니다.[衝炎冒雨 間關跋履 而能免顚踣於中道 殆非始慮之所及] ○여독이 더욱 심해 날마다 신음하며 지내고 있으니, 가련함을 어떻게 말씀드리겠습니까?[行憊轉添 日事呻頓 悶憐何諭] ○북쪽으로 갔다가 돌아오자 곧바로 동쪽으로 출발하여 오랫동안 길에 있으니, 말할 수 없이 피로합니다.[北轅纔返 東行旋發 長在道 勞撓不可言] ○서울에 온 이후로 점점 음성과 용모가 가까워지니, 쓸쓸한 회포에 조금 위안되었습니다.[西來後 聲光漸近 稍慰離索之懷] ○지난달 봉명奉命[314]하고 해주海州에서 평안도[關西]로 출발하여 막 이곳에 도착하였습니다. 그간의 지겨운 고생은 한 입으로 말하기 어려우니, 나머지는 모두 만나서 말씀드리기로 하겠습니다.[前月奉命 自海而關 方到此地 其間飽喫之苦 一口難說 都留奉討耳] ○모레면 당신의 치소治所에 도착할 텐데, 예쁜 기생과 맛있는 음식을 하나하나 준비해서 기다리는 것이 어떻습니까?[再明 當到貴治 佳妓也 妙饌也 一一等待 如何] ○집으로 돌아와 부모님을 모시면서 다른 탈은 없지만 길에서 시간을 헛되이 낭비한 것이 부끄럽습니다.[歸侍 無他撓 而虛費光陰於道路之間 是可媿也][315] ○돌아와 부모님을 뵈어 다시 유감이 없습니다만, 임금님의 은혜를 마음에 새겨 4천 리 행역에 근력이 이미 다 소진하여 돌아오자마자 자리에 누워 신음하고 있으니 어찌하겠습니까?[歸覲君親 更無餘憾 感祝恩造 寸情銘鏤 而四千里行役 筋力都竭 歸卽顚仆

---

314 봉명 : 임금 또는 윗사람의 명령을 받드는 것을 이른다.

315 歸侍……是可媿也 : 《명재유고明齋遺稿》〈답정만양규양答鄭萬陽葵陽〉에 "且費光陰於道路之間 亦可惜也"라는 구절이 있다.

昏囈奈何] ○험한 고개를 넘어 편안히 저의 집으로 돌아왔습니다. 우리 형께서 돌봐주시지 않으셨다면 중간에 고생을 어떻게 면할 수 있었겠습니까? 집으로 돌아와 식구들에게 말하며 감사할 뿐입니다.[間關嶺嶠 穩尋弊居 儻非吾兄眷念之盛 何能免中道之顚蹶耶 歸語家人 只有感頌而已] ○행차의 피로도 없이 잘 나아가고 있습니다. 이는 대궐의 염려가 미친 것이니 기쁘고 다행입니다.[能免行色之困頓 好樣前進 莫非大庭睠念攸及 喜幸喜幸] ○명승지의 아름다운 경치는 꿈속에서 부질없이 수고로운데 주인의 정성스럽게 대접하시던 뜻을 가슴에 새길 뿐입니다.[名區風烟之勝 夢想徒勞 主人款接之意 銘佩無已] ○더운 독기와 여독旅毒을 아직 떨치지 못하고 있는데, 집 소식을 자주 들을 길 없어 사사로운 정리情理에 고민은 더욱 감내하기 어렵습니다.[暑毒路憊 尙此難振 而庭信末由頻承 情私悶憐 轉益難耐] ○달포 전에 서울로 돌아와 관아의 소식도 매번 듣지 못하고 몸에 고질이 자주 발병하니 온갖 것들이 다 근심스럽습니다. 어찌 다시 즐거운 근황을 말할 수 있겠습니까?[月前西歸 而衙音每阻 身痼頻發 種種憂悶 豈復有怡況之可言耶] ○제가 북쪽으로 가고 태감께서 이미 동쪽으로 돌아가시고 나서 종적이 서로 어긋나³¹⁶ 소식이 끊기고 오가는 편지도 다시 이어지지 못하였습니다.[自弟北返 台已東歸 踪跡參商 轉成契闊 而書尺往還 亦復不繼]³¹⁷ ○어제 비를 무릅쓰고 이곳에 왔다가 내일 다시 거쳐서 출발할 것입니다. 비록 다시 만날 기약이 있지만 회고하면 서운한 마

---

316 종적이……어긋나 : 원문은 '參商'. 서로 멀리 떨어져 만날 수 없음을 비유적으로 이른 말로, 참성參星은 서쪽에 있고 상성商星은 동쪽에 있어서 서로 멀리 떨어져 있다는 데서 유래하였다.

317 自弟北返……亦復不繼 : 《식암유고息庵遺稿》〈답송간이상서答松磵李尙書〉에 "自弟北返 台已東歸 踪跡參商 轉成契闊 而書尺往還 亦復不繼 則不侫疏節之失也"라는 구절이 있다.

음 가눌 길 없습니다.[昨日 冒雨到此 明將轉進 雖有更奉之期 回顧悵黯 無以爲懷] ○더위를 무릅쓰고 길을 나서 쓰러지는 것은 면하였지만, 앞길은 여전히 먼데 근력이 이미 다하였으니 참으로 걱정입니다.[冒暑作行 能免顚仆 而前路尙遠 筋力已殫 良可悶也] ○어제 밤에나 집으로 돌아왔으니 피로함을 알 것입니다.[昨暮還棲 其憊可知] ○추위를 무릅쓰고 돌아왔더니 가래와 천식이 너무 심합니다. 걱정을 어떻게 말로 하겠습니까? 한 달이 넘도록 말을 달려 원습原隰[318]을 이미 두루 다니며 실컷 경치를 구경은 했지만 정력은 견디기 어렵습니다.[冒寒歸來 痰喘甚劇 悶迫何言 跨朔馳策 原隰已遍 玩景雖飽 精力則難支]

조안류粗安類 9

{객지에 머물고 있는 것에 관해 말할 경우[客中]}

▶객지에서 탈이 없이 지내고 있고 연이어 집안 소식을 듣고는 있지만 걱정으로 인한 고통이 끊이지 않아 고향으로 돌아가고 싶은데 돌아가지 못하고 있으니, 걱정을 어떻게 말로하겠습니까?[客狀粗安 而連接家信 憂病相仍 欲歸未歸 伏悶何達] ○객지에서 탈 없이 지내고 있어 다행이지만, 집 소식을 오랫동안 듣지 못하고 있으니 답답함을 말로 하겠습니까?[客狀姑幸粗遣 而庭信久阻 悶鬱不可言] ○객지에서 그럭저럭 지내고 있습니다.[粗依羈棲] ○부모님 소식을 오랫동안 듣지 못하였습니다.[親信

---

318 원습 : 왕명을 받든 사신의 행로를 가리키는 말로, 《시경詩經》〈소아小雅 황황자화皇皇者華〉에 "휘황한 꽃이여, 언덕과 습지에 피었도다.[皇皇者華 于彼原隰]"라는 구절에서 유래하였다.

久未承聞] ○객지에서 탈 없이 지내고 있지만 부모님을 떠나 있는 정리는 이때 견디기 어려우니 어찌하겠습니까?[客狀粗安 而離違情理 此時 尤難堪 奈何] ○부모님을 떠나는 사사로운 정을 더욱 억누르기 어렵습니다.[離闈情私 尤難按住] ○아버님의 편지를 소식이 막혔던 중에 받게 되어 걱정 끝에 다행스러움을 어찌 말로 하겠습니까?[家嚴書信 得於阻便 悶迫之餘 私幸曷諭] ○오랫동안 서울[319] 소식을 듣지 못하였습니다.[久不聞日下消息] ○서울에 홍역이 치성을 부려 매번 집안 소식을 들을 때마다 가벼운 마음으로 열어볼 수 없습니다.[落下 疹疾火熾 每得家信 不敢輕坼] ○근행覲行[320]을 하고 싶지만 출발하지 못하고 있으니, 근심이 올해만 그런 것이 아닙니다.[321] 부모님의 소식을 듣지 못한지 요사이 한 달이나 되고 보니, 사사로운 정리情理와 마음속 생각으로 완전한 사람이 되지 못한 지 오래되었습니다.[覲行 欲發未發 憂惱 匪今斯今 親信之未承聞 近爲一月 情私也心緒也 不能作完人久矣] ○이 한 몸 객지의 고생을 제대로 구휼하지도 못하면서 병으로 침상에 계신 어머니도 오랫동안 모시지 못하고 있으니 이것이 자못 근심스럽습니다.[一身旅苦 有不足恤 而惟是病母在牀 難

---

319 서울 : 원문은 '日下'. '서울'을 이르는 말로, 임금을 태양에 비유하여 임금이 머무는 곳을 이르는 말이다. 《세설신어世說新語》〈배조排調〉에 "순명학荀鳴鶴 순은荀隱과 육사룡陸士龍 육운陸雲 두 사람은 서로 알지 못했는데, 모두 장무선張茂先 장화張華의 좌석에 모였다. …… 육사룡이 손을 들어 '운간雲間의 육사룡이오.'라고 하자, 순명학이 '일하日下의 순명학이오.'라고 대답하였다.[荀鳴鶴 陸士龍二人未相識 俱會張茂先坐 張令其語……陸擧手曰 雲間陸士龍 荀答曰 日下荀鳴鶴]"에 대한 서진악徐震堮 교전校箋 "일하日下는 '경도京都'를 가리킨다. 순명학은 영천潁川 사람으로 낙양과 서로 가까워서 이른 말이다.[日下 指京都 荀 潁川人 與洛陽相近 故云]"라고 하였다.

320 근행 : 시집간 딸이나 객지에 사는 자식들이 본가에 부모님께 문안하러 가는 것이다.

321 올해만……아닙니다 : 원문은 '匪今斯今'. 《시경詩經》〈주송周頌 재삼載芟〉에 "올해에만 그런 것도 아니요, 아주 먼 옛날부터 해 오는 일이로다.[匪今斯今 振古如玆]"라는 구절에서 유래하였다.

於久違 此殊憗然] ○객지에서 한 해를 보내고 또 한 살을 먹고 나니 공문거孔文擧처럼 세월의 덧없음만 느낄 뿐 거백옥蘧伯玉과 같은 잘못을 깨닫는 보람은 없습니다.[322][客中過歲 又添一齒 徒有文擧如流之感 無復伯玉知非之效][323] ○부모님을 떠난 마음은 오랠수록 더욱 억누르기 어렵습니다.[離親情緖 久益難抑] ○여름이 된 뒤로 오랜 병으로 건강치 못합니다. 북쪽 나그네가 남쪽 더위에 익숙하지 못한 때문이지만 이 또한 일의 형편이 그러합니다.[入夏以來 長病少健 北客 不習南暑 亦勢之然也] ○일이 지체되어 아직도 부모님을 뵈러 가지 못하고 있으니 매우 근심스러워 병이 날 지경입니다.[因事濡滯 尙未歸覲 愁鬱之極 殆欲成病] ○객지의 고생이 더욱 심해 돌아가고픈 마음 날로 더하니 어찌하겠습니까?[客苦轉甚 歸思日促 奈何奈何] ○쓸쓸히 좋은 일은 없고 다만 고향으로 돌아가고픈 마음뿐입니다.[悄然無意況 只有鄕(圓)[園][324]之思耳] ○샘솟는 마음을 절로 감내하기 어렵습니다. 한 해가 저무는 타향에서 번갈아 이르는 온갖 감정을 더욱 말씀드릴 수 없으니 어찌하겠습니까?[滾滾不自堪 歲暮殊鄕 百感交中 益無可以仰道者 奈何] ○아우를 서울로 보내고 나서 외로운 마음으로 몹시

---

322 공문거처럼……없습니다 : 《후한서後漢書》〈공융열전孔融列傳〉에 공융이 당시 승상으로 있던 조조曹操에게 보낸 편지에서 "덧없는 세월이 물처럼 흘러 공은 이제 막 오십이 되었고, 나 역시 거기에 두 살을 더 먹었습니다. 나라 안에서 서로 알고 지내던 친지들은 연이어 세상을 떠나 버렸고, 회계會稽의 성효장盛孝章 한 사람만 남았을 뿐입니다.[歲月不居 時節如流 五十之年 忽焉已至 公爲始滿 融又過二 海內知識 零落殆盡 惟會稽盛孝章]"라고 하였다. 또 《회남자淮南子》〈원도훈原道訓〉에 "거백옥은 나이 50세에 49세 때의 잘못을 알았다.[年五十而知四十九年非]"라고 하여, 그가 해가 바뀔 때마다 지난해의 잘못을 뉘우치며 끊임없이 고치는 노력을 기울였다고 한다.

323 客中過歲……無復伯玉知非之效 : 《농암집農巖集》〈답이동보答李同甫〉에 "家眷聚粗安 而徒有文擧如流之感 無復伯玉知非之效 奈何奈何"라는 구절이 있다.

324 (圓)[園] : 저본에는 '圓'으로 되어 있으나, 문맥을 살펴 '園'으로 바로잡았다.

괴로우니, 오래 견디지 못할까 걱정입니다.[送弟西行 孤懷甚悄悄 恐久不能堪]³²⁵ ○ 외로이 변방에 몸을 붙이고 훌쩍 한 해를 보내고 있으면서 좋은 근황이라곤 하나도 없고 고향으로 돌아가고픈 마음만 조급하니 어찌하겠습니까?[孤寄邊塞 倏爾經年 好況全沒 歸思益急 奈何] ○ 여러 해 모某 서재에서 책상을 마주하고 앉아 마음껏 담론하던 일을 생각해 보면 실로 오래전의 일과 같습니다. 우러러 그리는 마음이 서글프고 암담하니, 쓸쓸한 것이 괴로울 뿐만이 아닙니다.[每想昔年 某齋裏 對牀劇談 眞一歷刼事 瞻望悽黯 不特離索之苦而已]³²⁶ ○ 매번 모우某友와 다정히 이야기를 나누던 것은 형이 계시던 곳이었는데, 형께서도 이를 생각하시는지요?[每與某友 相對娓娓者 惟是兄邊 兄亦念到於此否] ○ 매번 달려가 가르침을 받고 싶었습니다만, 그럴 수 없어 서글픈 심정으로 그리움만 간절할 뿐이었습니다.[每欲奮身自致 以奉盛誨 而不可得 則只自愴然瞻望而已]³²⁷ ○ 높이 솟은 산봉우리 아득하여 소식이 막혔고, 간간이 인편은 있었지만 부침浮沈³²⁸되어 답답한 마음만 당신께 달려갈 뿐입니다.[雲嶺夐闊 消息旣阻 間有便褫 亦

---

325 送弟西行……恐久不能堪 : 《명재유고明齋遺稿》〈답한배주문경答韓配周文卿〉에 "此送弟西行 孤懷甚悄悄 恐久不能堪耳"라는 구절이 있다.

326 每想昔年……不特離索之苦而已 : 《농암집農巖集》〈여김진사與金進士〉에 "每思昔年 脩然齋裏 對床劇談 眞一歷劫事 瞻望悽黯 不特離索之感而已"라는 구절이 있다.

327 每欲奮身自致……則只自愴然瞻望而已 : 《농암집農巖集》〈여조성경與趙成卿〉에 "欲奮身自致 以奉盛誨而不可得 則只有恨然瞻望而已"라는 구절이 있다.

328 부침 : 남의 서신을 제대로 전하지 않는 것을 이른다. 《세설신어世說新語》〈임탄任誕〉에 진晉 나라 은선殷羨이 예장군豫章郡의 태수太守로 있다가 임기를 마치고 떠날 즈음에 사람들이 100여 통의 편지를 주면서 경성에 전달해 줄 것을 청하였는데, 석두石頭까지 와서 모조리 물속에 던져 놓고는 "가라앉을 것은 가라앉고 떠오를 것은 떠올라라. 내가 우편배달부 노릇을 할 수는 없다.[沈者自沈 浮者自浮 殷洪喬不能作致書郵]"라는 구절에서 유래하였다. 홍교洪喬는 은선의 자字이다.

時浮沈 只自悄菀馳情而已] ○당신께서 광릉廣陵³²⁹으로 가시고 채 돌아오시기도 전에 제가 또 서울로 떠나 멀리 헤어지게 되니 서운한 마음 이길 길 없습니다.[賢有廣陵之行 行未還 而弟又西來 遂成闊別 悵想難勝] ○아버님을 떠나와서 또 이렇게 한 해를 맞이하니, 더욱 염려됩니다.[離違大庭 又此餞迎 私情益自難聊耳] ○바닷가 후미진 곳에서 새해를 맞이하니, 더욱 울적합니다.[海曲逢新 益無佳悰] ○병든 부모님을 위해 고향으로 돌아갈 시일이 급해 이윽고 유장由狀³³⁰을 보냈으니, 곧이어 고향으로 출발할 것입니다.[歸省病親 時日爲急 俄已送呈由狀 從當發歸耳] ○병으로 곧바로 돌아가지 못하고 마침내 한 해의 마지막 날도 머지않습니다. 신정을 기다렸다가 돌아갈 계획입니다.[病未卽還 遂致歲除不遠 勢將待新正而歸耳]

취고류就告類³³¹ 1

▶취복백就伏白³³² ○취달就達 ○취고就告 ○취백就白 ○취송就悚 ○취공就控 ○취번就煩 ○취중就中 ○잉백仍白 ○잉고仍告 ○잉공仍控 ○잉번仍煩 ○차고且告 ○차공且控 ○차번且煩 ○제중第中 ○제번第煩 ○제공第控 ○제고第告 ○취就

---

329 광릉 : 한성漢城의 옛 이름이다.

330 유장 : 벼슬아치가 임금에게 휴가를 신청하는 계장狀啓을 이른다.

331 취고류 : '취고'는 '드릴 말씀은'의 뜻으로, 이 부분이 인사가 끝나고 발신인이 하고자 하는 말의 도입부이다. 고告·백白·공控·달達 앞에 취就·잉仍·차且·제第 등의 글자가 더해진다.

332 취복백 : '드릴 말씀은 다름 아니라'의 뜻으로, 《비문척독備文尺牘》에 "다른 말을 각설하고 오직 관계된 일에 관하여 말하다.[除却他說 惟就所關事而言也]"라고 하였다. 이 부분부터 발신자가 수신자에게 전하고자 하는 내용을 쓴다.

{사적으로 부탁하는 것에 관해 말할 경우[講託]}

▶소지小紙[333]에서 말씀드린 것은 진실로 감히 할 수 없다는 것을 알지만, 일이 절박하여 말씀드리지 않을 수 없었습니다. 즉시 명령을 내려 시행케 하시는 것이 어떻겠습니까? 망령되이 평소 돌보아주심을 믿고서 체례體例[334]를 돌아보지 않았으니, 용서하여 주실 것이라 생각합니다.[小紙仰煩 固知不敢之甚 而事係關緊 不得不仰溷 幸伏望卽賜令施 如何 妄恃平日之眷 不顧體例 想有以諒恕] ○소록小錄에 적은 일은 보시면 매우 절박하다는 것을 아실 것입니다. 만약 보관하고 계신 것이 있어서 보내주실 수 있다면 곡진히 헤아려 베풀어 주시어 저의 체면을 살려 주시는 것이 어떻습니까?[小錄事 覽之可知其切緊矣 如有所儲 可以推移者 則曲諒曲施以爲生色 如何] ○모인某人의 일을 종전에 만나서 여쭙기도 하고 편지로도 여러 번 간청하였는데, 아직도 명확하게 허락을 받지 못하였으니 탄식스럽습니다.[某人事 從前面稟書懇屢矣 迄未承快許 悚歎悚歎] ○저의 상황을 굽어 헤아려 용서하십시오. 기회를 만났지만 놓치고 말았으니, 비록 한탄스럽지만 어찌하겠습니까?[此間形勢 想俯諒善恕 而不免遇機錯過 雖歎奈何] ○지난번 의논드렸던 말씀은 끝내 난처한 단서가 없지 않은 듯하니, 어찌하면 좋을지 모르겠습니다. 모쪼록 자세히 헤아려 알려주십시오.[向來仰議事 似不無畢竟難處之端 未知何以則好耶 幸須細量而指敎也] ○모某일은 아직도 소식이 없어 돌아보면 이루어질 날이 없습니다. 집사께서도 힘을 베푸신다면 이 일이 어찌 이렇게 지체될 수 있겠습니까? 유

---

333 소지: 본 편지 외에 따로 기록한 작은 종이를 이른다. '별지別紙'·'태지胎紙'·'태간胎簡'·'소록小錄'이라고도 한다.

334 체례: 관리들 사이에 마땅히 지켜야 할 예절을 이른다.

의하시어 곧바로 주선하여 주시는 것이 어떻습니까?[某事 尙無(淸恩)[消息]³³⁵ 顧無可遂之日 執事 亦宣力 則此事豈如是遲延耶 幸乞留意 卽爲周旋如何] ○ 태간胎簡³³⁶은 바로 모인某人이 청한 것이니, 혹시라도 허락하여 시행할 방법이 있겠습니까?[胎簡 卽某人所請 或有許施之道否] ○ 이번에 보내드린 소지小紙의 일은 사제舍弟가 이미 간청 드렸다고 들어서 거듭하여서는 안되지만, 애정을 나누는 사이라 괄시할 수 없어 이렇게 번거롭게 말씀을 드리니, 용서하시고 특별히 시행하여 주실 것을 간절히 바랍니다.[此呈小紙事 舍弟 聞已仰懇 固不當(架)[架]³³⁷疊 而情愛之間 獨不可恝視 如是煩浼 幸須俯恕 另施切仰] ○ 태지胎紙에서 말씀드린 일들은 매우 긴급하니, 장차 허비되지 않는 은혜³³⁸를 속히 도모하여 주시기 바랍니다.[胎紙事事 極緊切 且是不費之惠 速圖爲望] ○ 죄송하지만 드릴 말씀은,³³⁹ 태지胎紙에 적은 말은 절박하여 감히 말씀드리는 것이니 혹시라도 베풀어 주실 수 있을런지요?[仍悚胎錄 緣切敢控 倘蒙採施耶] ○ 모某와는 아직 만난 적이 없어 직접 편지를 쓸 수 없으니, 이 뜻을 전해 주시고 이 편지를 함께 보시는 것이 어떻습니까?[某則未曾相拜 不敢直作書 以此意傳布 同照此書如何]³⁴⁰ ○ 별지의 일을 반드시 자상하게 처리하여 저의 체면이 살게 하시

---

335 (淸恩)[消息] : 저본에는 '淸恩'으로 되어 있으나, 문맥에 살펴 '消息'으로 바로잡았다.

336 태간 : 본 편지지 외에 주로 청탁할 때 작은 종이에 써서 본 편지지와 함께 보내는 별지別紙로, '태지胎紙'·'별록別錄'·'별저別楮'·'소지小紙'·'별폭別幅'이라고도 한다.

337 (架)[架] : 저본에는 '架'로 되어 있으나, 문맥에 살펴 '架'로 바로잡았다.

338 허비되지……은혜 : 원문은 '不費之惠'. 자기에게는 해가 될 것이 없어도, 남에게는 이익이 될 만한 은혜를 이른다.

339 죄송하지만……말씀은 : 원문은 '仍悚'. 안부 인사를 마치고 용건을 꺼낼 때 쓰는 말이다.

340 某則未曾相拜……同照此書如何 : 《약천집藥泉集》〈여부연부사윤참판與赴燕副使尹參判〉에 "正使則未曾相拜 不敢直作書 今監以此意傳布 同照此書如何"라는 구절이 있다.

는 것이 어떻습니까?[別紙事 必須曲施 生色如何] ○ 말씀드리고 싶은 것은 간략하나마 별폭別幅에 갖추어 두었으니, 보시고 곧바로 불태워[341]주십시오. 추한 저의 상황을 드러나지 않게 하고 싶습니다.[所欲言者 略具別幅 蓋欲其覽 卽付丙 無使露醜故耳] ○ 소지小紙를 상세히 보시고 곧바로 자상하게 부응하여 주시는 것이 어떻습니까?[小紙詳覽 必卽曲副如何] ○ 어떤 일에 관해 전에 이미 번거롭게 말씀을 드렸으니, 굳이 거듭 말씀드릴 필요가 없습니다.[某事前已煩告 不必疊牀] ○ 제멋대로 돌보아주시는 마음을 믿고서 감히 번거롭게 말씀드리지만, 저의 송구한 마음이 지극합니다.[妄恃眷愛 敢此煩告 而下情惶悚 則極矣] ○ 말씀드리는 일은 참으로 장황하여 죄송[342]함을 이길 길 없습니다.[爲陳事 實未免張皇 不勝主臣] ○ 오로지 믿고서 여러 번 말씀을 드리니, 만에 하나라도 소홀히 하지 마시기 바랍니다.[專恃屢控 萬望無忽] ○ 일이 다급하여 이렇게 번거롭게

---

341 불태워 : 원문은 '付丙'. '부병정付丙丁'의 줄임말로, 병정丙丁은 오행五行에서 화火에 속하니, '불에 태우라'는 뜻이다.

342 죄송 : 원문은 '主臣'. '황공하다'는 뜻이다. 《사기史記》〈진승상세가陳丞相世家〉에 "'각기 주관하는 자가 있다면 그대가 주관하는 일은 무슨 일인가?'라고 하자 진평이 사죄하며 '황공[主臣]합니다. 폐하께서는 저의 노둔함을 모르시고 저에게 재상의 직책을 맡게 하셨습니다.'라고 하였다.[上曰 苟各有主者 而君所主者何事也 平謝曰 主臣 陛下不知其駑下 使待罪宰相]"라는 구절에 대한 배인裴駰의 집해集解에 "장안張晏이 '지금 사람들이 사죄할 때 「황공합니다」라고 하는 말과 같다.[張晏曰 若今人謝曰 惶恐也]"라고 하였다. 《임하필기林下筆記》〈화동옥삼편華東玉糝編 주신지유主臣之由〉에 "《한서漢書》〈진평전陳平傳〉에 '문제文帝가 진평에게 결옥決獄과 전곡錢穀에 대해 묻자, 진평이, 「황공[主臣]합니다」라고 사죄하였다.'라고 하였다. '주신'에 대해 장안張晏은, '지금 사람이 「황공惶恐합니다」라고 사죄하는 것과 같다.'라고 하였고, 문영文穎은, '요즘에 말하는 사죄死罪라는 말과 같다.'라고 하였고, 진작晉灼은, '임금이 내려치고 신하가 복종한다는 뜻이니, 내려쳐서 복종하듯이 황공함을 말한 것이다.'라고 하였다. 옛날에는 주장奏狀에 이 두 글자를 쓰지 않았는데, 우리나라에서는 서독書牘에 이 두 글자를 쓴다.[漢書 陳平傳 文帝問陳平決獄錢穀 平謝曰 主臣 張晏曰 若今人謝 惶恐也 文穎曰 猶今言死罪也 晉灼曰 主擊也 臣服也 言其擊服惶恐之詞 古者奏狀 不用二字 東國書牘恒用 卽謙愧之意也]"라고 하였다.

권1   159

말씀 드리지만, 매우 죄송합니다.[緣於緊切 有此煩稟 還切悚仄之至] ○ 다만 요청만 할 뿐 감히 편지로 말씀드리지 못하였습니다.[直請 不敢玆要書告] ○ 서둘러 은혜를 베풀어 주시고 오래전 승낙을 저버리지 마시는 것이 어떠하십니까?[幸望速賜嘉惠 無棄宿諾 如何] ○ 자세한 내용은 소지에 있으니 상세히 보시고 잘 처리하여 주시는 것이 어떻습니까?[其詳在小紙 幸望詳覽而善處 如何] ○ 평소 이러한 일을 말이나 글로 드러낸 적이 없었는데, 제 편지를 형께서 보시면 어떤 생각을 하실런지요.[平日 以此等事 未嘗一發於口頭筆端 而弟書兄看 有何慮焉] ○ 앞뒤로 드린 간청을 주선해주시었기에, 오로지 믿고 다시 번거롭게 말씀드립니다.[前後此等請 屢蒙周章 專恃更煩] ○ 말씀해 주시어 저쪽에 대답하도록 하시는 것이 어떻습니까?[幸示敎 以爲答彼之地 如何] ○ 형과 제 사이가 아니라면 어떻게 이렇게 자질구레한 말을 할 수 있겠습니까? 헤아려주십시오.[非兄我間 何敢出此瑣言 諒之] ○ 감히 아끼시는 마음을 믿고서 겁도 없이 당돌한 짓을 하니, 특별히 염려하시고 베풀어 주시어 미치지 못하는 탄식이 없기를 지극히 바랍니다.[敢恃相愛 不怕唐突 幸須另念俯施 得無不及之歎 至望至望] ○ 이때 번거롭게 미안함을 무릅씁니다. 벼슬을 그만두고 고향으로 돌아갈 뜻이 있다는 말을 들었기 때문에 감히 말씀을 드리니, 유념하시는 것이 어떻습니까?[此時 煩冒未安 而聞有解歸之意 故敢曰 留念如何] ○ 한 가지 일 때문에 여러 차례 번거롭게 말씀을 드리니, 피차 지루하다고 생각할 수 있지만 긴절한 일이고 또 유념하라는 말을 듣고서 이렇게 또 말씀을 드립니다.[因一事 屢次煩瀆 可謂彼此支離 而事係切緊 且承留念之敎 玆又仰浼] ○ 이러한 일은 만약 매우 친한 사이가 아니면 번거롭게 말씀드리기 어려울 것입니다. 이미 거듭 안부를 물어주셨으니, 저를 소외한 것이 아니라고 자처하면서 감히 이렇게 당돌한 짓을 합니다.[如此事 若非 甚親之間 有難塵瀆 而旣辱再問 不敢以疎外自處 敢此唐突] ○긴절한 일이 아니면 어찌 이렇게 누누이 말씀드리겠습니까?[如非緊切 豈如是縷縷]

▶소지를 유념해 주십시오.[小紙 幸留意也] ○이는 사소한 일이 아니니 소홀하게 여기지 마십시오.[此非細事 可無忽也] ○별지를 자세히 살펴보시고 알려주십시오.[別紙 幸(詳)[詳]³⁴³覽 而指敎之也] ○이전에 말씀드린 것을 알려주십시오.[先此仰稟 幸乞裁敎] ○속지를 보시고 답장하지 않으셔도 됩니다.[有裏紙視 至勿賜答] ○별지를 보는 것도 도리어 무방합니다.[別紙 覽 還無妨] ○소지에서 볼 수 있습니다.[小紙 可覽也] ○굳이 직접 방문하지 마시고 글로 주고받는 것도 마땅합니다.[不必親枉 以書往復爲宜] ○이 뜻을 아울러 말씀드립니다.[此意 竝通爲仰]

취고류就告類 2

{물건이나 금전을 요구하여 청하는 것에 관해 말할 경우[求請]}

▶상례를 치른 끝에 조리가 더욱 어렵고 제전祭奠³⁴⁴의 절차로 뜻과 같이 할 수 없었으니, 저의 민망함이 마땅히 어떠하였겠습니까? 오로지 평소 두터이 돌보아주신 정의를 믿고서 감히 이렇게 종과 말을 보내드리니, 모쪼록 모某 물건을 말에 실어 보내시어 저의 다급함을 구제해 주시는 것이 어떻습니까? 처음에는 이러한 일로 입을 떼고 싶지 않았

---

343 (詳)[詳] : 저본에는 '詳'으로 되어 있으나, 문맥을 살펴 '詳'으로 바로잡았다.
344 제전 : 의식을 갖춘 제사와 갖추지 아니한 제사를 아울러 이르는 말이다.

지만 오직 상황이 매우 어려울 뿐만이 아니어서입니다. 만약 존장이 아니라면 굳이 이렇게 하지 않았을 것이니, 매우 부끄럽습니다.[喪葬之餘 調道益艱 祭奠之節 末由稱意 此間悶迫 當如何 專恃平日眷厚之誼 敢此起送奴馬 須以某物充馱下送 以濟此急如何 始不欲開口於此等事 而不惟形勢之甚艱 如非尊長 必不如是 媿赧則深矣] ○ 저처럼 늙고 보잘것없는 사람은 바로 제나라 선비들이 의지하여 먹고 사는데[345], 그대는 많은 재물을 경영하여 반드시 여유가 있을 것인데 과연 아낌없이 옛사람들이 했던 가난한 사람을 구휼하는 의로움을 행하시겠습니까?[如我老拙 便是齊士之待以擧火者 大財營勘 簿 必有餘地 其果不惜 肯爲古人恤貧之義否] ○ 저 같은 사람은 한양에 커다란 비석을 먼저 세운 다음에야 칭송하는 소리가 길에 넘쳐날 것이니, 특별히 베풀어 주십시오.[如弟者 先立豐碑於洛下然後 方可謂頌聲載路 幸另施之] ○ 믿는 것은 오직 이뿐이니, 형께서 만약 대수롭지 않게 보신다면 어찌 어진 사람의 정사이겠습니까? 다시 모쪼록 특별히 유념하시어 베풀어 주십시오.[所恃者 惟此 而兄若泛視 則此豈仁人之政 更須另念特施] ○ 형께서 관중管仲을 깊이 알아주시지[346] 않으셨다면 제가 아무리 다급하더

---

345 제나라……사는데 : 원문은 '齊人之待以擧火者'. 《십팔사략十八史略》〈제齊〉에 "안자의 이름은 영이고 자는 평중이니, 절약하고 검소하며 힘써 행하여 제나라에 명망이 무거웠다. 그는 여우갓옷 한 벌로 30년을 입었고, 돼지 어깨살이 제기를 가리지 못하였지만 제나라 선비들이 그에게 의지하여 생계를 잇는 사람들이 70여 집이나 되었다.[名嬰 字平仲 以節儉力行 重於齊 一狐裘三十年 豚肩 不掩豆 齊國之士 待以擧火者 七十餘家]"라고 하였다.

346 관중을……알아주시지 : 원문은 '知仲之深'. 친밀한 교분에 비유하는 말이다. 《사기史記》〈관중열전管仲列傳〉에 "내가 처음 빈곤했을 때 포숙아와 함께 장사를 한 적이 있는데, 재리를 나눌 때는 내가 스스로 많이 차지했으나, 포숙아가 나를 탐한다고 여기지 않았던 것은 내가 가난한 줄을 알았기 때문이다. ……나를 낳아 준 분은 부모요, 나를 알아준 이는 포자였다.[吾始困時 嘗與鮑叔賈 分財利多自與 鮑叔不以我爲貪 知我貧也……生我者父母 知我者鮑子也]"라고 하였다.

라도 결코 이러한 자질구레한 말을 하지 않았을 것이니, 또한 용서해 주시리라 생각합니다.[非兄知仲之深 弟雖萬萬渴急 決不爲此瑣屑之言 想亦有以善恕之也] ○연로하신 어머니의 회갑이 가까운데 저의 집안 살림을 돌아보면 비록 작은 술자리도 마련하기 어렵습니다. 또 딸아이의 혼례가 모일某日로 정해져 필요한 모든 물품은 아득히 두서가 없습니다. 이별할 때 말씀드렸던 것을 기억하시는지요? 이 태지胎紙를 보시고 헤아려 베풀어 주시는 것이 어떻습니까?[老慈甲日屆近 而顧此家力 雖小酌 猶難辨得 且女婚定在某日 凡具茫無頭緖 臨別時所溷 果能記有否 覽此胎紙入量 俯施如何]

▶흐린 눈에 꼭 필요한 안경은 매우 절실하니, 품질이 좋은 것을 구해 보내 저의 눈을 뜨게 하시는 것이 어떻습니까?[昏眸所須眼鏡甚切 幸以品好者 覓惠以開眼 如何] ○안롱鞍籠[347]은 받았고 납상臘牀은 지난번 편지에 말씀을 드렸는데 속히 만들어 보내주십시오.[鞍籠謹領 而臘牀 前書有報矣 幸速速造惠焉] ○새해 달력을 넉넉히 보내주시기 바라며, 달자達者[348]에게 요구하는 것은 예절 없는 놈의 일상적인 태도이니 사뭇 염치가 없음을 느낍니다.[新曆望優惠 求於達者 野漢常態 而殊覺沒廉也] ○아름다운 부채가 기쁘지 않은 것은 아니지만 얻으려고 했던 것은 바로 옻칠한 부채였습니다. 제가 어린아이 같은 마음이 사라지지 않아 장난감으로 삼으려고 하니, 가을 겨울 사이에 각각의 색깔로 가지고 놀 만한 것을 보내주시는 것이 어떻습니까?[妙箑 非不喜也 第此欲得者 卽別製漆扇 童心猶未已 欲作玩物 幸於秋冬間 以各色可玩者 送之如何] ○보내신 부채는 손님을 응대

---

347 안롱 : 수레나 가마 따위를 덮는 우비의 하나로, 기름을 바른 두꺼운 종이로 만들며 한쪽에 사자를 그려 넣었다.
348 달자 : 학술이나 기예에 능한 사람이나 사물의 도리에 달통한 사람을 이른다.

하는 데 쓸 만하지만 미선尾扇³⁴⁹이 매우 부족하니, 수십 자루를 더 구해 보내주십시오.[惠篦可用酬應 而尾字 甚不足 更以數十柄 覺惠焉] ○푸른 부채를 요청하고 싶었지만 그러지 못하였습니다. 혼례를 치르고 요청한 것이 많았고, 또 친가에 부득이 응대해야 할 곳이 있으니 4~5자루를 빠른 인편을 통해 보내주시고, 쥘만한 각각의 색깔 부채를 또 넉넉히 보내주시기 바라니 어떻습니까?[靑扇欲請 而未果 有過婚而請之者多 且有至親家不得不酬應處 幸望以四五柄 付惠速便 而可把各色扇 亦望優惠 如何] ○지난번 허락하신 흰 벌꿀은 약용으로 쓸 것입니다. 혹시라도 서 너되 보내시면 감사함이 적지 않을 것입니다.[向諾 䗪釀色白者 蓋爲藥用地也 儻蒙三四升見惠爲感 當不淺] ○만약 품질 좋은 흰 꿀을 얻으면 반드시 동병상련同病相憐을 생각하시어 때때로 나누어 주신다면 어찌 감사하지 않겠습니까? 멀리서 편지를 부치기는 하지만 어찌 남의 충성을 갈망하겠습니까?[如得別品白淸 必思同病之憐 時或分味 則豈不感幸 而遠地相寄 安敢望竭人之忠也] ○전복은 그대 관청의 귀한 생산물인데 한 번도 은혜를 받지 못하였으니, 사돈의 의리가 진실로 이 시대의 현달한 사람만 못하단 말입니까?[鰒魚 貴府珍産 而一不見惠 査誼 固不如時貴耶] ○물고기는 비록 시장에서 샀지만 마침 잘 먹지 못하는 위장에는 충분합니다. 그러나 언젠가 소식지에 실린 것을 보니 민어는 맛이 좋고 황주黃州의 쌀새우젓갈[細蝦醢]은 이미 즙이 많으며 간이 적당하다고 합니다. 제가 평소 기름진 것을 좋아하지는 않지만 자못 이것을 먹어 위장을 채우고 싶으니, 모

---

349 미선 : 둥근 부채인 단선團扇의 일종으로, 두 개의 대쪽을 잘게 쪼개어 살을 만들어서 어긋나게 대고 자루목에 얇은 대쪽을 끼어 살 끝을 벌리고, 자루목을 중심으로 가는 대를 휘어 실로 엮어서 종이를 바르고 가를 둥글게 오려 낸 부채를 이른다.

쪼록 약간의 물건을 덜어서 이것과 아울러 곤쟁이젓갈[甘冬]을 구입하여 빠른 인편을 통해 부쳐주시는 것이 어떻습니까?[魚鮮 雖貿之場市 適足 以敗胃 曾見信載之間 民魚味佳 黃州細蝦醢 旣多汁 鹹淡得中 素不喜脂膏之物 頗思喫此 以鎭胃 須捐如干團物 貿此竝與甘冬 速便付惠 如何] ○이별할 때 자주 홍로주[350]를 부치자고 약속을 하시더니, 아직 하나도 실천하지 못하시니, 아마도 잊어버리신 것입니까? 매번 모우某友와 이를 이야기하니 귀가 가려울 것이라 생각합니다.[別時 頻寄紅露之約 尙不一踐 無乃忘之耶 每與某友語此 想耳痒矣] ○노인이 병든 뒤로는 곡식을 끊은 중이 되었으니, 오직 입맛에 맞는 음식을 생각하고 있지만 얻지 못하고 있습니다. 서쪽에서 생산되는 것 중에 만약 부드럽고 먹을 만한 것이 있다면 조금 보내주시는 어떻습니까?[老病以後 便作休粮僧 惟思適口之味 而不能得 西産中 如有柔軟可食者 少許寄送 如何] ○두 가지를 모두 요구하는 것은 염치가 없는 짓 같습니다. 그러나 절실하여 감히 이렇게 하니 용서하시기 바랍니다.[二者竝求 似涉不廉 而緣切 敢此恕施爲望] ○집에 제사가 있으니 초를 만약 보내주신다면 더욱 다행이겠습니다. 이미 긴요하게 사용해야 돼서 처음으로 요청하니, 모쪼록 특별히 헤아려 주십시오.[家有祀 故炬燭 若蒙竝惠 則尤幸尤幸 旣係緊用 且是初請 更須另施] ○허락해주신 추석秋石[351]은 아직도 지체되니 바쁘신 와중에 잊고 지낸 것은 이상한 일이 아닙니다. 자리 보존하고 누워있어 필요한 것이라 이렇게 말씀을 드립니다.[惠諾秋

---

350 홍로주 : 원문은 '紅露'. 청주를 증류하여 만든 소주로, 증류기 입구에 잘게 썬 자초紫草를 넣어서 내린 술이다. 그 색깔이 붉기 때문에 '홍주紅酒'라고도 이른다. '노'는 증류기에 맺힌 이슬을 가리키는 말로 증류한 소주를 이른다.

351 추석 : 어린아이의 오줌을 고아서 정제한 결정물로, 야뇨증이나 유정遺精 따위를 치료하는 데 쓴다.

石 尙遲俯踐 冗中忘過 不是異事 委病所須 玆敢奉提] ○ 병환에 쓰이는 민강사탕閩薑砂糖[352]과 익원산益元散[353] 10여 첩을 보내주시고 종이도 많이 보내주시는 것이 어떻습니까? 황공한 마음으로 말씀드립니다.[病患所用 閩薑砂糖 及益元散十餘貼下賜 紙地 亦多惠如何 惶仄敢達] ○ 시골에는 의약이 없고 시골 사람은 고후古侯[354]의 생애도 모릅니다. 간혹 납제臘劑[355]를 구하니 부디 약간의 물건을 들여서라도 객지에서 지내는 사람이 필요한 곳에 쓸 수 있게 해주십시오.[荒陬無醫藥 村人不知古侯生涯 或求臘劑 望捐如干種 爲羈棲所須也] ○ 이 사람이 가는 것은 중국산 녹용을 사서 약으로 삼으려는 것인데, 제가 돈을 마련할 길이 없으니 조금이나마 주신다면 다행이겠습니다.[此人之行 欲貿唐鹿茸爲藥 而價不能自辦 或蒙略給則尤幸] ○ 상자 속에 혹시라도 남은 약[356]이 있으면 먼저 구제해 주시고, 이를 이어 훈련도감訓鍊都監으로 행하行下[357]하는 것으로 매달 두세 첩씩 나누어 주

---

352 민강사탕 : 생강을 설탕물에 조려 만든 과자를 이른다.

353 익원산 : 여름에 땀을 많이 흘리고 열이 많이 나며 갈증이 심하거나, 더위를 먹어서 토하고 설사하는 것을 치료하는 처방이다.

354 고후 : 진秦나라 때의 동릉후東陵侯 소평邵平을 이른다. 동릉후 소평이 진나라가 멸망한 뒤에는 벼슬을 하지 않고 장안성의 청문 밖에 오이를 재배하면서 여생을 보냈다는 고사에서 온 말이다.

355 납제 : 내의원內醫院에서 납일臘日에 조제한 약으로, 해마다 연말에 임금이 가까운 신하들에게 나누어 주는 청심원淸心元·안신원安神元·소합원蘇合元 등의 환약이다.

356 약 : 원문은 '刀圭'. 약의 양을 헤아리는 기구로, 칼과 비슷하며 위는 뾰족하고 가운데는 움푹 패어 있다. 후세에는 의술이나 약물을 이르는 말로 쓰인다. 《포박자抱朴子》〈금단金丹〉에 "세 도규를 복용하면 삼시구충이 모두 사라지고 모든 병이 다 낫는다.[服之三刀圭 三屍九蟲 皆卽消壞 百病皆愈也]"라는 구절에 대해 왕명교王明校의 풀이에 "도규는 약을 헤아리는 도구이다.[刀圭 量藥具]"라고 하였다.

357 행하 : 윗사람이나 주인이 부리는 사람에게 품삯 이외에 특별히 더 주는 돈이나 물품을 이른다.

시는 것이 어떻습니까? 달리 도움을 요청할 곳이 없어 감히 이렇게 말씀드립니다.[箱篋之中 或有刀圭之餘 則先爲惠濟 繼此以訓局所行下者 逐朔分數三貼 如何 無他望助之處 敢此委告耳] ○아이가 평소 앓고 있는 묵은 병이 있어 약을 먹고 조리를 하려는데 진품의 죽력竹瀝[358]을 구해 쓸 곳이 없으니, 혹시라도 구해서 빠른 인편을 통해 보내주실 수 있는지요. 생산되는 죽력은 언제나 화수和水[359]할까 걱정이니 믿을 만한 사람을 시켜 직접 가서 감독하도록 하고, 큰 주발로 두 개 정도까지를 단단히 밀봉해서 보내주시기 바랍니다.[兒子有素抱宿病 方服藥調治 而眞品竹瀝無以覓用 或可覓惠速便耶 竹瀝之出 每患和水 幸使可信人親監 限二大椀堅封 送惠爲望] ○의사들의 말에 따르면 검은깨는 폐의 기운을 윤활하게 하는 데 이롭다고 합니다. 그런데 서울 시장에서는 살 수 없는 것이라 이렇게 말씀을 드리니, 빠른 인편을 통해 몇 되를 구해 보내주시는 것이 어떻습니까? 만약 그곳에서 생산되지 않고 다시 다른 사람에게 부탁하기도 어렵다면 굳이 염려하지 않으셔도 됩니다.[醫言黑荏 利於潤肺 而此非京市可得者 玆以奉溷 幸向速便 覓惠數斗 如何 如非土産 而難於轉求 則不必費念耳] ○요사이 아주 하찮던 국산 약재도 매우 가격이 치솟아[360] 실제로 사기가 어려우니, 만약 약상자에 보관하고 있는 것이 있다면 긴요한 것과 그렇지 않은 것을 따질 것 없이 넉넉하게만 구해서 저의 바람에 부응해 주시는 것이 어떻습니까?[近來 至賤草材 亦甚刁蹬 實難貿用 如有籠中之儲 勿論緊歇 從優覓副

---

358 죽력 : 대나무의 줄기를 불에 쪼일 때 흘러내리는 즙액을 이른다. 열을 내리고 가래를 삭이며, 경풍驚風·전간癲癎·파상풍破傷風 등에 약으로 쓴다.

359 화수 : '물을 더하다'는 뜻으로서, 곡물 따위의 부피나 무게를 늘리기 위해 물에 넣어 불리는 부정행위를 이른다.

360 가격이 치솟아 : 원문은 '刁蹬'. 교활한 꾀로 값을 조작하여 올리는 것을 이른다.

如何] ○ 영감께서 평양의 수령이 되고 나서 뇌물을 받지 않았습니다. 그런데 저에게 먹을거리가 갑자기 다 떨어졌으니, 형께서는 모쪼록 자주 은혜를 베풀어 목하에서 비방을 면하시는 것이 어떻습니까?[自令爲箕城 不受關節也 弟之草饌頓絶 兄須頻頻繼惠 免謗於目下 如何] ○ 올해 농사는 흉년이 들었는데 서울은 더욱 심합니다. 잠 없는 늙은이는 더욱 무료함을 느낍니다. 아무리 돈을 허비하더라고 실제로는 아무런 쓸데없는 지푸라기뿐이니, 구하거나 응하는 사람 모두가 부끄럽지 않게 좋은 물건을 넉넉하게 보내주시기 바랍니다.[今年草政亦歉 京裏尤甚 老無睡者 益覺難聊 此雖費鈔者 而實則草芥也 求之應之 俱涉無媿 幸以佳品優惠也] ○ 평양[箕城]이 비록 부유한 곳이지만 농사 외에는 마음을 움직이게 하는 것이 없으니, 하나의 물건이라도 자주 은혜를 베푸시는 것이 어떻습니까?[箕城雖富 草政外無動心者 只以單種 頻頻送惠 如何] ○ 말씀드리는 것이 구차하고 어렵다는 것을 모르지는 않지만, 시지試紙는 향지鄕紙로는 미진한 은혜가 있을 듯하니 돈으로 은혜를 대신한다면 얼마나 다행이겠습니까?[非不知仰溷之爲苟艱 而試紙則鄕紙 似有未盡之惠 以錢代惠 何幸何幸] ○ 저희 아이가 요행이 작년 감시監試에 합격하여 장차 회시會試를 보려고 합니다. 그래서 부득이 기일에 맞추어 글자를 익혀야 하는데 장지壯紙를 구할 곳이 없으니, 빠른 인편을 통해 넉넉히 보내주시는 것이 어떻습니까?[迷兒 倖參昨年監初 將見會試 不可不及期習字 而壯紙無路覓得 幸望速便 優惠如何] ○ 오가는 인편에 편지지를 보내주십시오. 이곳 종이는 금처럼 귀해 감히 이렇게 끝없는 욕심361을 부립니다.[幸於往來便 且投簡紙也 此

---

361 끝없는 욕심 : 원문은 '望蜀'. 《후한서後漢書》〈잠팽열전岑彭列傳〉에서 후한 광무제後漢光武帝가 일찍이 공신功臣 잠팽岑彭에게 내린 글에 "사람은 참으로 만족할 줄을 몰라서 이미

地紙貴如金 敢此望蜀] ○일은 보잘것없지만 요긴하게 사용해야 해서 이렇게 말씀드립니다. 유삼油衫³⁶²이 이번 북행에 다 낡아 쓸 수 없으니, 한 벌을 보내주시는 것이 어떻습니까? 또 바라건대 종이를 구하기가 매우 어렵습니다. 장차 작은 집을 수리하는데 소요되는 것이 또한 많고, 장백지壯白紙와 유둔油芚³⁶³으로 여러 칸 집에 바르려고 하니, 빠른 인편을 통해 넉넉히 보내주시는 것이 어떻습니까?[事微而用緊 玆以奉乞 油衫 盡弊於今番北行不堪用 幸以一件惠擲 如何 又有加乞者 紙地甚艱 且葺一小屋所入亦多 壯白紙及油芚 數間付塗者 亦爲優惠於速褫 如何] ○영감께서 경상도에 계시는데, 저희 몇 사람이 일상 사용하는 편지지를 계속 쓰지 못할까 걱정하겠습니까? 우습습니다.[令在嶺藩 而吾輩數人 日用簡幅 何患不繼用耶 可呵] ○작은 종이도 금처럼 귀한데 장백지壯白紙를 넉넉히 보내주실 수 있을런지요. 끝없는 욕심을 부리니 부끄럽습니다.[寸紙如金 壯白 可能優惠否 望蜀可媿] ○별지로 혼례와 장례 때 긴요하게 쓸 데가 있어서 간청을 드렸는데, 욕심이 사치스럽다 하겠습니다.[別紙 以婚葬所緊需 有所奉乞 可謂所欲者 奢矣]

궤유류饋遺類³⁶⁴

▶복정伏呈 ○복상伏上 ○앙정仰呈 ○한정汗呈³⁶⁵ ○정상呈上 ○정사呈似³⁶⁶

농을 평정하고 다시 촉을 바라본다.[人苦不知足 旣平隴 復望蜀]"라는 구절에서 유래하였다.
362 유삼 : 비나 눈을 막기 위하여 옷 위에 껴입는 기름에 결은 옷을 이른다.
363 유둔 : 비가 올 때 쓰기 위하여 이어붙이고 기름을 먹인 두꺼운 종이를 이른다.
364 궤유류: '궤유'는 물건이나 선물을 보내는 것을 이른다.
365 한정 : 물건이 보잘것없어 부끄러워 '땀을 흘리며 드리다'라는 뜻으로, 겸손의 표현이다.
366 정사 : '정呈'과 '사似'는 모두 '드리다'라는 뜻으로 쓰였다.

○반정伴呈³⁶⁷ ○반사伴似 ○반상伴上 ○반간伴簡 ○송정送呈 ○송사送似 ○봉정奉呈 ○송지送之 ○송거送去 ○반거伴去

▶간소하게나마 연말 선물을 마련하여 잠시 이렇게 안부를 여쭙습니다.[略備歲儀 暫此憑候] ○흉년이 들어 궁핍한 살림이라 비록 세문歲問³⁶⁸에 대해 생각도 못하고 있다가 이렇게 안부를 드리니 선물이 보잘것 없어 부끄럽습니다.[災年弊局 雖不敢生意於歲問 玆修候 儀物薄可愧] ○전사專使³⁶⁹를 보내 안부를 전해주시어 이미 죄송하여 저물녘에 보잘것없는 물건을 따로 적어 보내드리지만 더욱 부족하여 부끄럽습니다.[專使之候旣悚 晚後 而不腆別錄 尤用媿歉]

▶마침 새해 달력을 얻은 것이 있어 10개를 나누어 드리니, 영하營下의 응접에 보태 쓰는 것이 어떻습니까?[新曆 適有所得 十件分呈 補用於營下酬應如何] ○달력은 진실로 영감께서 넉넉히 얻었다는 것을 알지만 잊지 못하는 뜻으로 소략함을 잊고서 3개를 드리니, 한 번 웃으시리라 생각합니다.[曆日 固知令監之優得 而只以不能忘之意 忘略以三件呈去 想不免一笑也] ○달력 두 개를 부쳐드리니 그중 작은 것은 영감의 막냇동생에게 주는 것도 괜찮습니다.[二曆付上 其小者 傳致令季爲可]

▶새해 부채를 조금 얻었는데 다 나누어 주고 다만 남은 몇 자루를 드리니 부끄럽고 땀이 납니다.[新箑 略得盡散 只以如干把仰呈 媿汗媿汗] ○절삽節

---

367 반정 : '편지와 함께 짝하여 드리다'라는 뜻이다.
368 세문 : 흔히 지방 관원이 서울 관원에게, 해마다 같은 시기에 선물을 보내 문안하는 일을 이른다.
369 전사 : 어떤 일을 전담해서 처리하기 위해 보내는 사람을 이르는 말로, '전개專价'·'전족專足'·'전팽專伻'이라고도 한다.

箑³⁷⁰은 얻은 대로 싸서 보내드립니다. 고을에 남은 것은 두 자루밖에 없어 부끄럽습니다.[節箑 隨得裹送 於鄕中所餘 只是二把 可媿] ○ 세 자루의 부채를 보내드리니, 푸른 것은 아드님께 전해주는 것이 어떻습니까? 우리 두 사람의 정情의 후박이 부채에 따라 결정된다면 정의 근본이 좋지 않은 것임을 알 만하니 매우 우습습니다.[三把扇送呈 靑一把給令胤 如何 吾兩情厚薄 若決于扇子 則其情之本 不好可知 極好笑] ○ 보잘것없는 부채 세 자루를 보내드리니, 형제들이 나누시는 것이 어떻습니까?[劣扇 三柄送去 昆季分領 如何] ○ 만들어 놓은 절삽節箑이 많지 않아 소략하게 보내어 간절한 요구에 전해드립니다. 또 보내드리는 30자루는 전과 다름없이 솜씨가 보잘것없어 참으로 죄송합니다. 다만 약간의 부채 손잡이가 있으면 보내겠지만 없으면 보내지 못하니, 어찌 바라는 것과 바라지 않는 것을 견주겠습니까? 편지 끝에 하신 말씀은 대감 형께서 평소 하시던 말투가 아니었는데, 이는 아마도 말아놓은 편지 끝은 변색되고 남은 것은 색이 바래서 그럴 것입니까? 한바탕 웃습니다.[節箑 所造無多 所呈甚些 致此勤索 又以三十柄呈似 依前是拙手段 良自歉歎 第如干扇柄 有則奉副 無則不送 何至於所望非所望之較量乎 書末云云 頓非台兄平日口氣 無乃頂圈色變 所存者 從以渝耶 絶呵] ○ 보잘것없는 부채를 돌아가실 때 잊어버리고 있다가 이제야 소략함을 잊고 보내드리지만 세월이 지나 변색이 심합니다.[劣箑 臨歸忙了 今始忘略分呈 第犯霜風 無色甚矣]

▶약으로 구제하고 싶으니 병세의 경중을 알려주시는 것이 어떻습니

---

370 절삽 : 단오절에 선물로 주는 부채를 이르는데, '절삽'의 종류로는 '접선摺扇'·'합죽선合竹扇'·'단선團扇'이 있다. '단오선端午扇'·'절선節扇'이라고도 한다.

까?[欲濟以藥物 病之加減 示之如何]³⁷¹ ○말씀하신 납제臘劑는 조금 보관하고 있었지만 이미 사방에서 요구하는 바람에 다 떨어져 겨우 청심원淸心元 2개와 소합원蘇合元 5개를 드리고, 이어서 약원藥院에서 구해드리겠습니다.[敎臘劑些儲 已竭於四應 僅覓淸二蘇五以呈 續當求得於藥院以上也] ○납제臘劑 몇 종류를 소략함을 잊고 보냅니다.[臘劑如干種 忘略送上] ○약재료는 본래 개인적으로 보관하고 있는 것이 없고 사탕도 없으며 전약煎藥³⁷² 남은 것이 있지만 이렇게 소략하니 한탄스럽습니다.[藥料 本無私儲 砂糖 亦無所有 煎藥之餘存 些略如此 可歎] ○약재료는 소략하게나마 이렇게 보내드립니다.[藥料 略此分呈] ○전에 찾았던 납제臘劑는 다 떨어진 지 이미 오래되어 몇 가지 종류의 약재만 보내드립니다.[前索臘劑 罄乏已久 只以幾種呈上] ○생강막걸리가 지금 익었다고 알려와 다섯 복자³⁷³ 한 병을 보내드리니, 살펴보아 주시기 바랍니다.[薑醪 今始告熟 五鐥一壺呈似 幸視至]

▶지난번 모가某家를 통해 몇 근의 담배를 드렸는데, 살펴보셨는지요?[向因某家 以數斤草仰呈 其果視至耶] ○늘 한 번 문안하고 싶었지만 일이 바빠 그러지 못하다가 이제야 비로소 2근의 담배를 드리니, 정으로 받아주시는 것이 어떻습니까?[每欲一問 而擾汨未果 今始以二斤香草送呈 領情如何] ○두 종류는 연산燕山이 가지고 있던 것으로, 하나는 바닷가 비린내를 물리칠 수 있고, 하나는 관청 주방의 고기로 체한 증세를 없앨 수 있

---

371 欲濟以藥物……示之如何 :《낙전당집樂全堂集》〈이직부李直夫〉에 "其第二孤寢療云 欲濟以藥物 病之加減 亦須因便示知如何"라는 구절이 있다.

372 전약 : 동짓날에 먹는 음식의 한 가지로, 쇠가죽을 진하게 고아서 꿀과 그 밖의 여러 가지 가루에다 대추를 쪄 체에 거른 고膏를 한데 섞어 끓인 뒤에 사기그릇에 담아 굳힌 것이다.

373 복자 : 원문은 '鐥'. 기름이나 술 따위를 뜨는 귀때가 달린 접시 모양의 그릇이다.

습니다. 비록 작지만 긴요한 효과를 거둘 것이니, 정으로 받아주십시오.[兩種 卽燕山所攜也 一則可以辟濱海腥臭 一則可以消官廚肉滯物 雖微收效則緊 幸須領情也]

▶지난번 나뭇단을 보내 계수나무를 쪼개는 고생을 도왔는데, 받으셨는지요?[頃以柴束奉 助於斫桂之苦 果領受否] ○소금포를 지난번 전인專人[374]편에 보냈는데, 마침 외출하시고 계시지 않아 두고 왔다고 하는데, 살피고 받으셨는지요?[鹽包 頃者 專人送呈 而適値駕言 留之而來 未知檢納否] ○형님 집의 가난한 근심도 염려하지 않은 것은 아니지만, 요사이 응대에 매우 번다하여 생각처럼 넉넉히 도와드리지 못하니 매우 부끄럽고 한탄스럽습니다.[兄家 屢空之患 亦非不念 而近來酬應甚繁 不得如意優助 殊可媿歎] ○바닷가 고을이라 별미가 없어서 조금 귀한 물고기알 반찬을 드리니, 웃으며 받아주실런지요.[海邑無別味 敢以卵饌稍稀者 奉呈 或冀莞納] ○누각 앞 눈처럼 흰 물고기가 평소 살지고 맛있다고 하시어 몇 마리를 이렇게 보내드립니다. 비록 얼마 되지는 않지만 받아주시기 바랍니다.[樓前霜鱗 素稱其雋 數尾 玆以覓呈 雖少 俯領爲望]

▶먹 몇 개를 보내드리니 과거시험을 치를 때나 시문을 주고받을 때 쓰시는 것이 어떻습니까?[眞玄 幾同送上 用於科時酬應 如何] ○과거시험에 쓰는 먹을 나누어 드리니, 시문을 주고받는 자료로 삼는 것이 어떻습니까?[科墨分上 或可爲酬應之資耶] ○두꺼운 종이 몇 묶음과 장지壯紙 몇 묶음을 마침 가지고 온 것이 있어 보내드리니, 뒤에 반드시 배로 갚아주시는 것이 어떻습니까?[厚紙幾束 壯紙幾束 適有帶來 故送之 後必倍償 如何] ○지

---

374 전인 : 오로지 어떤 소식이나 물건 등만을 전하기 위한 목적으로 보내는 사람을 이른다.

난번 말씀하신 붓을 지금 몇 자루 추가로 보내드립니다.[前示管城 今以幾枝追副] ○ 모자는 당신이 직접 말씀하시어 보냈으니, 도착하면 모쪼록 받아보십시오.[帽子親敎 使之送去 至須領之也] ○ 편지지를 어찌 권세 있는 집안이나 한창 분주한 여러 집에서 구하지 않고, 도리어 가난한 집에서 구하시는지요? 20폭의 좋은 간지簡紙를 보내드립니다.[簡紙 何不求之於熱門 及見方奔走之諸家 而乃反求之於窮巷冷門乎 卄幅好簡 送之耳] ○ 오늘이 제 생일이라 늙은 아내가 술 한 병과 한 접시 안주를 구해왔지만 당신께 대접하기에는 너무 보잘것없습니다. 술은 제법 맛이 있지만 작은병을 드려 매우 죄송합니다.[今日 是賤晬也 老婦爲覓一壺酒一楪肴 以餉之尊前甚褻 而酒頗佳 謹獻小壺 悚極] ○ 저에게도 서쪽에서 생산되어 남아도는 두 가지 종류의 물건을 변변찮지만 보내드리니, 웃으면서 받아주시는 것이 어떻습니까?[弟 亦有西産所餘以二種 薄物仰呈 笑領如何]

결어류結語類 1

▶한 통의 편지로 안부를 드리는 것이 진실로 간절하지 않은 것은 아니지만, 병들어 쓸데없는 일에 골몰하며 머뭇거리다가 지금에 이르렀습니다. 그리운 나머지 도리어 불민함을 자책할 뿐입니다.[一書仰候 誠非不切 而滾汨病冗 因循至此 瞻耿之餘 還訟不敏耳] ○ 오랫동안 한 통의 편지로 안부를 여쭙고 싶었지만, 칩거하는 처지라 인사도 드리지 못하다가 지금에야 비로소 감사와 공경의 편지를 써서 인편을 통해 보냅니다. 하지만 이마저도 감히 자세히 말씀드리지는 못합니다.[久欲一書奉

候 而蟄伏人事 未克自申 今始憑修謝 又不敢縷縷]³⁷⁵ ○수시로 안부를 드리고 싶은 마음이 간절하지 않은 것은 아니었는데, 태수의 편지가 자못 사람을 번거롭게 할까 걱정이 됩니다. 길은 멀고 인편은 드물어 저의 정성을 이루지 못하여 송구합니다. 평소 저를 아껴주시는 것을 알고 있으니, 이 또한 용서해 주실런지요?[隨時申候意 非不切 而太守書尺 殊怕煩人 道修便稀 苦未遂誠 歉負且悚 平日知愛 亦或恕宥也] ○처음 부임하여 손님을 응접하는 일이 많고 또 대수롭지 않은 편지를 긴요하게 여기지 않으실 것이라 생각하면서, 마침내 지금까지 소식을 전하지 못하고 있으니 한탄스럽습니다.[新到之初 想多酬接 閒漫書札 亦恐不緊 遂至今闕焉 可歎] ○매번 문후드리고 싶다가도 공사의 일로 정신이 없어 아직도 그러지 못하고 있으니 매우 한탄스럽습니다.[每擬修候 而公私滾撓 尙此未果 歉歎萬萬] ○마땅히 즉시 편지를 드려 안부를 해야 하지만, 우편을 구하기도 쉽지 않고 병으로 정신이 없는 것이 이와 같아 여태껏 편지를 보내지 못해 죄송하기 그지없습니다.[宜卽奉書以候 而信便未易 病擾又如此 尙稽至今 歉悚何已] ○한달음에 달려가고 싶었지만 쇠약한 몸으로 떨쳐 일어나기 어려워 궁벽한 곳에서 지내는 저의 가을 회포를 만나서 이야기할 수 없으니, 울적한 마음만 더해질 뿐입니다.[亟欲一鞭往拜 而衰病難振 窮谷秋懷 無與晤語 只增蘊結而已]³⁷⁶ ○한 번 문후할 계획은 매번 병으로 미루고 있으니 말할 수 없이 죄송합니다.[一候之計 每患遷就 歉歎不可言] ○매번 나아가

---

375 久欲一書奉候……又不敢縷縷 : 《명재유고明齋遺稿》〈여윤숙린與尹叔麟〉에 "久欲以一書仰候 而蟄伏人事 未克自伸 今始憑修謝敬 又不敢縷縷"라는 구절이 있다.

376 亟欲一鞭往拜……只增蘊結而已 : 《명재유고明齋遺稿》〈여성여중與成汝中〉에 "亟欲一鞭往同 而衰病難振 窮谷秋懷 無與晤語 只增蘊結而已"라는 구절이 있다.

안부를 펴고 싶지만, 부모님의 병에 골몰하느라 품었던 마음을 이루지 못해 애가 탑니다.[每欲就敍 而汨於親病 含意未遂 只用耿耿] ○지금에야 비로소 우체를 통해 편지를 드리니 헤아리실런지 모르겠습니다.[今始憑褫修敬 未知有以諒之否] ○지체하던 한 통의 편지를 비로소 서울 인편에 부치니, 어느 날 받아보실지 모르겠습니다.[遲遲一書 始付京便 不知何日能徹座下否] ○마침 모某 노비를 만나 답장을 보냈는데, 어느 날 받아보실지 모르겠습니다.[適逢某奴 申謝 未知幾日能致靜几也] ○가만히 앉아서 날이 다 흘러가는 것을 보고 있자니 더욱 그리운 마음을 이길 길 없어, 이렇게 심부름꾼을 통해 묵은해의 선물을 드립니다.[坐見此日之駸駸將盡 益不任瞻嚮之私 玆奉伻仰申舊歲儀] ○가르침 받을 날이 앞으로 아득하여 대신 짧은 편지를 받들어 안부를 여쭙습니다.[承拜下風 前期杳然 替奉尺書 仰候起居]³⁷⁷ ○병들고 게으른 나머지에 또 참담한 소식을 들었지만 만사에 두서가 없어 지금에야 안부 편지를 드립니다.[病懶之餘 又聞慘報 萬事無緒 今始修候] ○둘째 아이가 장례를 치르느라 북쪽으로 올라가니 댁을 찾아뵐 것이기에 이렇게 대신 안부 전합니다.[仲兒 爲營葬北上 將歷拜門下 玆替候起居] ○요사이 안부를 여쭙기 위해서 이렇게 편지를 드립니다.[爲探近日起居節 謹此修敬] ○편지를 받고 안부 드리는 것도 지체하고 있으니 죄송합니다.[拜書申候 亦且遲遲 悚息悚息] ○병중에 그리움이 더욱 간절하여 안부 드립니다.[病中 向仰尤切 委奉起居節] ○요사이 안부를 여쭈려고 간략하나마 안부를 폅니다.[爲探近候 略此拜申] ○마침 지나는 인편이 있어 간략하게나마 안부를 부칩니다.[適有去褫 略此寄候] ○인편을 통해

---

377 承拜下風……仰候起居 : 《약천집藥泉集》〈여이상국與李相國〉에 "承拜下風 前期渺然 替奉尺書 仰候起居"라는 구절이 있다.

안부를 드리기는 하지만 자세히 말씀드리지는 못합니다.[因便修敬 未能縷縷] ○병중에 그리움이 배나 더하니 심부름꾼[378]을 보내 안부를 여쭙습니다.[病中 起想倍甚 謹此委伻奉候] ○미진美疹[379]의 상태를 알려고 이렇게 안부를 여쭙습니다.[爲探美疹加減 玆以修候] ○이곳에 와서 당신의 음성과 용모를 가깝게 모시게 되었지만, 객지에서 만난 기쁨이 비교적 늦었으니 서운함을 어찌하겠습니까? 저리邸吏[380]편을 통해 우선 소식을 전합니다.[此來聲光 頓覺密邇 而萍逢之喜 未免較遲 悵如之何 玆因邸遞 先此寄聲] ○간략하게나마 편지를 써서 안부를 여쭙습니다.[略此拜敬 仰申起居] ○겨우 시간을 내서 간략하게 안부를 폅니다.[僅偸少隙 略伸]

▶덕음德音[381]을 주시어 그리운 마음에 위안되게 하십시오.[幸賜德音 以慰瞻詠之懷] ○덕음을 바라는 것이 몸이 마비된 사람이 일어나는 것을 잊지 않는 것과 무엇이 다르겠습니까?[矯首德音 何異痿者之不忘起也] ○방자幇子[382]의 인편이 요사이 반드시 끊이지 않으니, 곧바로 편지를 보내주시기 바랍니다.[幇便 近必陸續 幸卽書及爲仰] ○자주 덕음을 주시어 그리운 마음에 위안되었습니다.[頻惠德音 慰此瞻仰] ○서울 인편이 막혀 서울 소식이 문득 끊어졌으니, 모쪼록 은혜롭게 좋은 소식을 주시어 만남을 대신할 바탕으로 삼게 하시는 것이 어떻습니까?[京便甚闊 洛耗頓絶 須望時惠好音 以爲替面之資 如何]

---

378 심부름꾼 : 원문은 '委伻'. 특별히 사람을 보내 안부를 물을 때 쓰는 말이다.
379 미진 : 남의 병을 높여 이르는 말로, '미구美疚'·'미신美愼'·'미질美疾'이라고도 한다.
380 저리 : 경저리京邸吏와 영저리營邸吏를 두루 이르는 말이다.
381 덕음 : 상대의 편지를 이르는 말이다.
382 방자 : 지방 관아에서 문서를 전달하는 일을 맡은 하인 가운데 하나이다.

결어류結語類 2

▶가까운 시일 내로 왕림해주시기를 간절히 기대합니다.[從近來枉甚企] ○마침 긴급한 소문이 있어 들려드릴 것이 있지만 요사이 움직이는 것을 도모할 수 없으니, 형께서 만약 무고하다면 내일 모쪼록 왕림하여주십시오.[適有緊聞 可以奉傳者 而顧無以從近謀動 兄如無故 明須臨穩也] ○어떻게 하면 한 번 회포를 풀겠습니까?[何以則可得一敍] ○일전에 궁궐에서 잠깐 동안 만났는데, 이는 만나지 못한 것이나 무엇이 다르겠습니까? 오늘 마침 재계로 인하여 일이 없으니 왕림하여 한 번 정담을 나눌 수 있겠는지요?[日前 殿庭霎奉 與不奉何異 今日 適坐齋無事 可蒙枉過 以做一穩耶] ○그믐 사이에 방문하신다는 말씀을 듣고 손꼽아 일정을 계산하며 고대하고 있습니다.[承許晦間見訪 屈指計程苦企] ○집안 조카가 와서 기다리는 뜻을 발막撥幕[383]으로 전해주니 우두커니 기다리는 마음 깊습니다.[家姪來 傳撥幕 相待之意 方深延佇] ○왕림하신다는 말씀에 더욱 송구하고 위축됩니다.[示諭臨訪之意 尤用悚蹙] ○어떻게 하면 다시 아름다운 만남을 이룰 수 있을까요?[何以則更得良晤] ○한 번 숙도叔度[384]를 만나 비루하고 인색함을 없애는 것도 운수에 달려 있는 것입니까?[一見叔度 而去

---

383 발막 : 각 역참에 속하여 중요한 공문서를 교대로 변방에 급히 전하는 발군撥軍이 교대하거나 말을 갈아타는 역참을 이른다. '발참撥站'이라고도 한다.

384 숙도 : 동한東漢의 고사高士인 황헌黃憲의 자字로, 자품이 청수하고 총명하며 도량이 매우 넓었다. 《후한서後漢書》〈황헌열전黃憲列傳〉에 그를 두고 곽태郭泰가 "숙도의 넓디넓은 기국은 마치 천 이랑 물결과 같아서, 맑게 한다고 해서 맑아지지 않고 흐리게 한다고 해서 흐려지지 않으니, 헤아릴 수 없다.[叔度汪汪如千頃陂 澄之不淸 淆之不濁 不可量也]" 라고 하였다. 후에 도량이 넓은 사람에 곧잘 비유하는 말로 쓰였다.

鄙吝 亦有數乎]³⁸⁵ ○언제 안개를 헤치고 당신을 만날 수 있을지요? 사람을 그립게 합니다.[何時 披霧得奉淸眄 令人瞻仰] ○병중에 몹시 그리워³⁸⁶ 한번 뵙고 싶지만 언제나 가능하겠습니까?[病中鬱陶 願一拜 何可得也] ○지나는 길에 만약 왕림하실 수 있다면 쓸쓸함에 위안되겠지만, 정담을 터놓을 수 있게 부응할런지는 모르겠습니다.[歷路 如得枉臨 可以慰窮寂 而攄情穩 未知能副否] ○돌아가실 때 바쁘지 않다면 반드시 이쪽으로 길을 잡아서 며칠 머물며 남은 회포를 펴는 것이 어떻습니까?[歸時 如不忙急 必由此作路 留連數日 更敍餘懷之地 如何] ○한 해를 넘기고도 소식이 막혀 그리움을 견디기 어려우니 가을걷이 때 내려오시기를 고대하겠습니다.[隔年阻奉 戀想難耐 趁秋穫 下來苦望] ○가을 산이 점점 더 아름다워져 가는데 어찌 한바탕 정담을 나누지 않을 수 있겠습니까? 그날만 기다리고 있겠습니다.[秋山漸好 豈無一場良話 是跂]³⁸⁷ ○한 해를 넘기기 전에 돌아갈 계획인데, 만약 어긋나지 않는다면 다시 하룻밤 정담을 나눌 수 있을지요?[歲前歸計 若不違繅 可得更做一夜穩耶] ○왕림하신다는 말씀에 미리부터 간절히 기다립니다.[枉顧之示 預用翹企] ○오마五馬³⁸⁸ 가

---

385 一見叔度……亦有數乎 : 《동계집東谿集》〈여황대경서與黃大卿書〉에 "一見叔度而去鄙吝 亦有數乎"라는 구절이 있다.

386 몹시 그리워 : 원문은 '鬱陶'. 《맹자孟子》〈만장萬章 상上〉에 순舜 임금의 이복동생 상象이 아버지 고수瞽瞍와 함께 꾀를 내어, 순 임금으로 하여금 우물을 파게 하고는 흙으로 덮어 생매장한 다음 순 임금의 소유를 자기가 차지하기 위해 궁전으로 들어가자, 뜻밖에도 순 임금이 상床에 앉아 금琴을 연주하고 있었다. 이에 상이 "가슴이 답답하도록 도군都君을 그리워했습니다.[鬱陶思君爾]"라며 부끄러워하였다는 데서 유래한 말이다.

387 秋山漸好……是跂 : 《기언별집記言別集》〈여윤좌랑휴희중與尹佐郞鑴希仲〉에 "況秋山漸好 豈無一場良話 是企"라는 구절이 있다.

388 오마 : '지방수령'을 이르는 말로, 한나라 때 태수가 다섯 필의 말을 탔던 고사에서 유래하였다.

지나는 길에 마땅히 청소하고 자리를 마련하고 기다리겠습니다.[五馬 歷過之路 當掃設以候耳]³⁸⁹ ○ 언제쯤 휴가를 청해 서울로 들어오시려는지 요?[何間 欲請由入洛耶] ○ 오마는 언제쯤 서울로 들어오십니까?[五馬 何 間 當入洛耶] ○ 섣달 전에 마땅히 서울로 들어올 소식이 있는지요? 만나 뵙기를 기대합니다.[臘前 當有入洛之便否 拜敍是企] ○ 서울 길이 혹시라도 이번 달 그믐이나 다음 달 초순을 넘기지 않는다면 만날 날이 가까우 니 자못 기쁘고 기대됩니다.[洛行 倘不踰今晦來初 奉際在邇 頗爲欣企] ○ 만 날 날을 간절히 기다립니다.[奉晤之期 勤企萬萬]³⁹⁰ ○ 세밑에 서울에 도착 하기를 미리부터 기쁘게 기다립니다.[臨歲戾洛 預用欣企] ○ 곧 만날 것이 니 미리부터 기쁩니다.[奉面在卽 預用欣釋] ○ 뱃길로 방문하신다니 언제 일지는 모르겠지만 매우 기다려집니다.[承許舟行歷訪 不知定在何間 極令人 凝佇]³⁹¹ ○ 만날 기약이 멀지 않으니 기대됩니다.[奉晤之期 要在不遠 是企] ○ 조만간 만나기를³⁹² 기다리겠습니다.[只竢早晩盍簪] ○ 서울에 오시는 날이 멀지 않으니 찾아뵐 생각입니다.[戾洛 知在不遠 可圖造拜] ○ 행차가 도착했다는 소식을 듣자마자 곧바로 찾아뵙겠습니다.[聞行旆戾止 卽當趨 拜也]³⁹³ ○ 세밑에 서울로 들어오시는 즉시 찾아뵙겠습니다.[歲前 如果入

---

389 五馬……當掃設以候耳 : 《기언별집記言別集》〈여권연천일與權漣川佾〉에 "車馬歷過之諾 當掃設以候"라는 구절이 있다.

390 奉晤之期 勤企萬萬 : 《기언별집記言別集》〈여권연천일與權漣川佾〉에 "此中奉晤之期 勤企 萬萬"이라는 구절이 있다.

391 承許舟行歷訪……極令人凝佇 : 《농암집農巖集》〈답민언휘答閔彦暉〉에 "承許舟行過訪 不 知定在何間 極令人凝佇"라는 구절이 있다.

392 만나기를 : 원문은 '盍簪'. 친구들끼리 의기투합하여 즐겁게 만나는 것을 이른다. 《주역周 易》 예괘豫卦(䷏) 구사九四에 "말미암아 즐거워하므로 크게 얻음이 있으리니, 의심하지 않 으면 벗들이 모여들리라.[由豫 大有得 勿疑 朋 盍簪]"라는 구절에서 유래하였다.

393 聞行旆戾止 卽當趨拜也 : 《명재유고明齋遺稿》〈상탄옹上炭翁〉에 "聞行旆戾止 卽當趨拜

洛 則可卽趨拜] ○당신께서³⁹⁴ 조만간 임지로 들어가시면 즉시 찾아뵙겠습니다.[御者 從近入臨 可卽進拜] ○기력은 심한 피로를 견디기 어렵지만, 그래도 억지로 일어날 수는 있을 것입니다. 말씀이 또 이러하니 혹시라도 객사를 정하고 나서 종과 말을 보내시면 감히 나아가 찾아뵙지 않겠습니까?[氣力 難甚委苶 猶可强力起動 下敎又如此 儻於定寓舍後 下送人馬 則敢不趨拜] ○돌아가는 길에 해가 만약 남아 있다면 찾아뵙고 싶은데, 쉽지는 않을 듯합니다.[歸路日力 如不盡 則擬欲歷入 而恐未易也] ○떠날 날이 이달 그믐이나 다음 달 초순에 있을 듯하니, 조만간 한 번 찾아뵙고 여유롭게 담소를 나누고 싶습니다.[行期 似在今晦來初 未間 當一造從容]³⁹⁵ ○곧바로 댁으로 찾아뵈어야 하지만, 병이 이러하니 조용히 차도가 있기를 기다렸다가 찾아뵐 계획입니다.[宜卽進候軒屛 而病狀如此 容竢將息 謹圖造拜耳] ○피곤이 풀리면 나아가 정담을 나누겠습니다.[蘇憊 可造穩] ○가을바람이 불 때 찾아뵙겠습니다.[西風起時 可以進拜] ○조금 낫기를 기다렸다가 나아가겠습니다.[容俟少間 一進]³⁹⁶

▶요사이 한 번도 찾아오지 않으시니 다른 사람이면 이상할 게 없지만, 어찌 형의 무정함이 이를 줄 생각이나 했겠습니까?[比日 一不枉訪 他人則無足怪 而豈料兄之無情至此] ○한 번도 오시지 않으니, 어찌 이리도 무정한지 매우 밉습니다.[一不來 何無情 甚可憎] ○다소 병환이 있어 오지 못

也"라는 구절이 있다.

394 당신께서 : 원문은 '御者'. 원래는 말을 모는 사람을 이르는 말이지만, 좌우左右의 경우처럼 상대를 직접 지칭하지 않고 그의 말을 모는 사람을 말하면서 간접적으로 상대를 이르는 경우이다.

395 行期……當一造從容 : 《농암집農巖集》〈여조성경與趙成卿〉에 "行期 似在今晦開初 未間 當一造從容"이라는 구절이 있다.

396 容俟少間 一進 : 《농암집農巖集》〈답조성경答趙成卿〉에 "容俟少間 一造"라는 구절이 있다.

하니 서운한 것 외에 걱정이 간절합니다.[知有少愆 不果來 悵然之外 奉慮亦切] ○ 근래 찾아뵐 인편이 있을 듯합니다. 찾아오시는 발자국 소리[397]를 듣지 못하니, 답답함이 어찌 끝이 있겠습니까?[近日 似有奉拜之便 而跫音無聞 悵鬱曷已] ○ 당신의 수레[398]가 반드시 지나갈 것이라 생각을 하며 밤새 고대했는데, 끝내 찾아오시지 않으니 서운함을 말로 하겠습니까?[華蓋 想必歷過 終夕苦待 而竟無跫音 悵歎何言] ○ 오늘 형께서 오시기를 고대했는데 끝내 도모한 바를 잃어버렸으니, 서운함을 어찌하겠습니까?[今日 苦待兄來顧 而竟失所圖 悵仰何如] ○ 이곳에 와서 마땅히 한 번 만나 뵈어야 하는데, 끝내 생각대로 되지 않았으니 서운함을 어떻게 말로 하겠습니까?[此來 謂當一奉 竟失所料 悵恨 何可言] ○ 심부름꾼이 돌아와 끝내 찾아오실 뜻이 없다는 것을 알고는 서운함을 이길 수 없었습니다.[伻還 審無意枉過 不勝悚悵] ○ 한 번 방문할 뜻이 있다고 알았는데, 세모가 되었는데도 찾아오시지 않으니, 병마가 방해해서가 아니겠습니까?[曾知有一訪之意 而直至歲暮 跫音寂然 豈二豎者爲之魔耶][399] ○ 비록 서로 만나 한 번 웃으면서 많은 이야기를 나누려 하였지만, 어찌 될 수 있겠습니까?[雖欲相對一莞爾 討此多少 何可得也][400]

---

397 찾아오시는 발자국 소리 : 원문은 '跫音'. 《장자莊子》〈서무귀徐无鬼〉에 "텅 빈 골짜기에 숨어 사는 자는 사람의 발자국 소리만 들어도 기뻐하는 법이다.[逃空虛者 聞人足音跫然而喜]"라는 구절에서 유래하였다.

398 당신의 수레 : 원문은 '華蓋'. 그림과 수를 놓아 화려하게 꾸민 큰 일산을 장대 끝에 단 의장물로, 흔히 높은 관리가 이용하는 수레를 이른다.

399 曾知有一訪之意……豈二豎者爲之魔耶 : 《명재유고明齋遺稿》〈답이공달答李公達〉에 "曾知有一訪之意 而直至歲暮 竟未聞跫音 豈二豎者爲之魔耶"라는 구절이 있다.

400 雖欲相對一莞爾……何可得也 : 《약천집藥泉集》〈답이판서答李判書〉에 "雖欲相對一莞爾 討此多少 何可得也"라는 구절이 있다.

▶병으로 혼미하여 외출도 못하니 만날 방법이 없습니다.[病昏 不能出 無以承晤也] ○오랫동안 출입을 못하여 공고公故[401] 외에는 문을 나선 적이 없어서 지금까지 소식이 막혔으니 용서하실런지요?[久廢出入 公故之外 未嘗出門 貽阻至此 可恕諒否] ○오랜 칩거가 버릇이 되어 전혀 문을 나설 생각조차 없습니다. 이제부터 만날 기약이 없으니 서운합니다.[百蟄 便成一癖 絶無出門意思 自此奉面難期 殊恨惘] ○한결같이 병으로 칩복하고 있으면서 집 밖으로 전혀 움직이지 않고 있어, 지금까지 소식이 막혔으니 답답함이 어찌 끝이 있겠습니까?[一味病伏 戶庭外 運動絶矣 以故阻闊至此 鬱鬱何極]

○나아가 감사한 뜻을 펴고 싶지만, 병으로 바람을 쐴 수 없어 정성을 펼 수 없으니, 서운함을 어찌하겠습니까?[竊欲就拜兼伸叩謝之意 而所患不可以風 末由如誠 恨仰如何] ○병을 안고 쓸쓸히 지내니 비록 만나서 다정히 이야기를 나누고 싶지만 쉽지 않아 매우 섭섭합니다.[抱病離索 雖欲一拚良話 有未易得者 只切冲悵] ○한결같이 찾아뵐 계획이 간절하지 않은 것은 아니지만, 저절로 미루어져서 뜻을 이루지 못하였으니 늘 그립기만 합니다.[一者 進拜計 非不切 而自爾遷就未遂 居常瞻耿] ○반드시 한 번 만나서 밝은 가르침을 받으려고 했지만 다시 성사되지 못하였습니다. 언제 이 뜻을 이루어 저의 비루함을 없앨 수 있겠습니까?[必欲圖一會 以承明誨 而又復不成 何當遂此 以祛鄙吝也][402] ○돌아가고픈 마음이 너무 급해서 저의 집을 방문하지 못하였으니, 섭섭함을 어찌하겠습니까?[歸意甚忙 未由轉叩衡門 恨仰如

---

401 공고 : 벼슬아치가 조회나, 거둥 등 그 밖의 궁중에서 행하는 행사에 참여하는 일을 이른다.

402 必欲圖一會……以祛鄙吝也 : 《명재유고明齋遺稿》〈여박화숙與朴和叔〉에 "則必欲圖一會 以承明誨 而又復不成 何當遂此 何當遂此 以祛此蔀也"라는 구절이 있다.

권1 183

何]⁴⁰³ ○오늘 물길로 서울로 올라가기 때문에 부득이 찾아뵙지 못하였으니, 서운함을 어떻게 말로 하겠습니까?[今日 將以水道上京 故不得歷拜 瞻悵何言] ○떠나기에 앞서 만날 방법이 없으니 서운함만 간절합니다.[臨行 無以奉敍 恨耿徒切]

▶세모라 쓸쓸한데 만나기도 쉽지 않으니, 우울한 제 마음을 어찌하겠습니까?[歲暮落落 盍簪未易 此懷紆軫 當如何] ○세모가 하루밖에 남지 않았는데 그리운 마음만 아득합니다.[殘臘 只有一日 相望渺然]⁴⁰⁴ ○이제부터는 만남을 기약하기 어려우니, 그립고 안타까울 뿐입니다.[自此奉晤難期 瞻言流恨而已] ○조만간 언제 다정히 이야기를 나눌지 편지지를 대하고 보니 마음에 맺힌 듯합니다.[未前 何以一穩 臨紙如結] ○만날 날이 아득히 끝이 없어, 편지를 대하고 보니 멍하기만 합니다.[奉晤未涯 臨楮惘惘]⁴⁰⁵ ○만날 인연이 없어 다만 서운한 마음만 더합니다.[奉際無因 只增冲悵] ○한바탕 웃을 길이 없었는데, 편지를 마주하니 그립기만 합니다.[無由一笑 臨書馳情] ○한 번 가르침을 받들 인연이 없습니다.[無緣一奉警咳]⁴⁰⁶ ○만날 길이 없어 다만 정신만 달려갑니다.[無路拜晤 只增神注] ○만날 날이 언제로 정해질지 모르겠습니다.[拜面 不知定在何時] ○서로 간의 거리가 가깝지 않아 만날 길이 없으니, 서글퍼한들 어찌하겠습

---

403 歸意甚忙……恨仰如何 : 《명재유고明齋遺稿》〈여박계긍與朴季肯〉에 "歸意甚忙 末由轉叩 衡門 恨黯奈何"라는 구절이 있다.

404 殘臘……相望渺然 : 《농암집農巖集》〈답조정이答趙定而〉에 "殘臘 秪有一日 相望渺然"이라는 구절이 있다.

405 奉晤未涯 臨楮惘惘 : 《면우선생문집俛宇先生文集》〈답김이필答金邇必〉에 "奉晤未涯 臨紙忉忉"라는 구절이 있다.

406 無緣一奉警咳 : 《퇴우당집退憂堂集》〈상우재上尤齋〉에 "無緣一奉警咳"라는 구절이 있다.

니까?[相望不邇 無由面晤 瞻戀奈何]⁴⁰⁷ ○반나절 거리인데도 서로 만날 길이 없으니 그립고 서운함이 어찌 그치겠습니까?[半日之地 末由相奉 瞻悵曷已] ○언제쯤 서로 만나 쌓였던 회포를 풀겠습니까?[何時相對 開敍襞積]⁴⁰⁸ ○목을 빼고 간절히 그리워하는 마음을 이때 더욱 견디기 어렵습니다.[引領馳想 此時益難堪]

▶모某 대감이 이웃 동네로 이사를 와서 마음은 비록 흡족하지만, 제가 병으로 출입할 수도 없고 저 사람도 왕래하려고 하지 않아 자주 오가는 즐거움이 없으니, 어찌하겠습니까?[某台移來隣洞 心雖欣滿 弟病不得出入 彼亦不肯頻枉 殊無源源過從之樂 奈何] ○마을에서 서로 어울리던 즐거움 또한 겨를조차 없습니다.[里閈追逐之樂 亦無暇爲之] ○모某 대감이 비록 들어왔지만 모某 영감께서 또 나가 사람을 서운하게 합니다. 마치 뭔가를 상실한 듯하니 어찌하겠습니까?[某台 雖入來 某令 又出去 令人悵然 如有失 奈何] ○모형某兄께서 세 들어 사는 집과 가까워서 끊임없이 오갈 수 있으니 다행입니다.[某兄僦舍相近 源源爲幸耳]

---

407 相望不邇……瞻戀奈何 : 《명재유고明齋遺稿》〈여김재해숙함與金載海叔涵〉에 "相望不邇 無由面晤 忡悵奈何"라는 구절이 있다.

408 何時相對 開敍襞積 : 《기언별집기記言別集》〈남계정안楠溪靜案〉에 "何時相對 開敍襞積"이라는 구절이 있다.

권1 185

결어류結語類 3

▶파발이 급히 출발하기에 너무 바빠서 대충 씁니다.[撥便急發 忙甚胡草]⁴⁰⁹ ○인편이 바빠 길게 말씀드리지 못합니다.[便忙 不能長語] ○심부름꾼이 독촉하는 바람에 입으로 불러 쓰게 하여 답장을 올립니다.[來使立督 口占奉報]⁴¹⁰ ○돌아가는 인편이 바쁘다고 하기에, 대충 쓰느라 회포를 다 하지 못합니다.[回便稱忙 潦草不盡懷] ○인편이 서서 재촉하는 바람에 간신히 씁니다.[便人立促 萬萬艱草] ○온 심부름꾼이 서서 재촉하는 바람에 입으로 다 말씀드리지 못합니다.[來人立督 不能口悉] ○피곤하여 누워 있는데 또 인편이 바빠서 뜻을 다 쓰지 못합니다.[憊臥 且因便忙 [不能悉意]⁴¹¹] ○관인이 답장을 요구하는 것이 너무 바빠 자세히 다 말씀드리지 못합니다.[官人討答甚急 抵昏悤悤 不能究布] ○파발을 대하고 급히 씁니다.[臨撥忙草] ○아드님을 기다리게 하고 서둘러 간략하게 이렇게 씁니다.[留坐胤君 信草略此]

▶잦은 설사로 기력이 쇠하여 겨우 씁니다.[數泄氣憊 厪草] ○병을 무릅쓰고 편지를 쓰느라 간신히 겨우겨우 쓰고 두루 말씀드리지 못합니다.[力疾 布此僅僅 不周悉]⁴¹² ○더위를 먹어 어지럽게 써서 제대로 글을

---

409 撥便急發 忙甚胡草 : 《농암집農巖集》〈여자익대유경명與子益大有敬明〉에 "撥便急發 忙甚胡草"라는 구절이 있다.

410 來使立督 口占奉報 : 《농암집農巖集》〈답조성경答趙成卿〉에 "而來使立督 口占奉報 殊愧鹵莽也"라는 구절이 있다.

411 [不能悉意] : 저본에는 없으나, 문맥을 살펴 '不能悉意'를 보충하였다.

412 力疾……不周悉 : 《농암집農巖集》〈답자익答子益〉에 "力疾布此 僅僅不周悉 只望春寒加護"라는 구절이 있다.

이루지 못합니다.[方此病暍 亂草不成書] ○정신이 혼미하고 바빠서 다 말씀드리지 못합니다.[神昏且忙 姑未盡復][413] ○여행의 피로가 몰려와 하고 싶은 말을 다 하지 못하니, 다만 이후 인편을 기다리겠습니다.[路憊方作 不能盡所欲言 只俟後便][414] ○겨우 능행을 배종하고 나니 매우 정신이 혼미하고 피로합니다.[纔過陵幸陪扈 昏憊忒甚] ○침상에 엎드려 간신히 씁니다.[伏枕艱草][415] ○침상에 엎드려 대충 씁니다.[伏枕胡草][416] ○침상에 엎드려 정신이 혼미하고 어지러워 대필합니다.[伏枕昏憒 倩草] ○다소 병으로 혼미하여 대필합니다.[多少病昏 倩白] ○손이 떨려 글자를 제대로 쓰지 못해 송구합니다.[手戰不成字 恐恐] ○마침 눈병을 앓고 있어 대필하고 이만 씁니다.[適患阿覩 倩布只此] ○팔에 뜸을 뜨다가 생긴 상처가 있어 간신히 쓰느라 글자를 제대로 이루지 못합니다.[臂有灸瘡 艱草不成字] ○손이 떨려 간신히 씁니다.[手掉艱草] ○간신히 답장을 쓰느라 두서를 이루지 못합니다.[僅復不成狀] ○너무 어지럽고 손이 떨려 간략하게 답장을 씁니다.[極眩掉略謝] ○눈을 비비고 병을 무릅쓰고 간략하게 이렇게 씁니다.[揩眼 强疾略此]

▶땀을 흘리며 바삐 씁니다.[揮汗忙草] ○한낮 더위에 땀을 흘려 많은 사연을 다 쓰지 못합니다.[午熱揮汗 萬不能盡] ○어지럽게 써서 공손하지 못합니다.[潦草欠敬] ○자세히 다 말씀드리지 못합니다.[不能縷縷]

---

413 神昏且忙 姑未盡復:《명재유고明齋遺稿》〈답심정희명중答沈廷熙明仲〉에 "神昏且忙 姑未盡復"이라는 구절이 있다.

414 路憊方作……只俟後便:《농암집農巖集》〈답자익答子益〉에 "路憊方作 不能盡所欲言"이라는 구절이 있다.

415 伏枕艱草:《성재집省齋集》〈답조우삼答趙友三〉에 "伏枕艱草"라는 구절이 있다.

416 伏枕胡草:《낙전당집樂全堂集》〈윤판서尹判書〉에 "伏枕胡草"라는 구절이 있다.

▶새벽에 일어나 등을 켜고 잠시 글로 대신합니다.[曉起呼燈 暫此替申] ○이른 새벽이라 언 붓에 입김을 불고 씁니다.[日早呵凍]⁴¹⁷ ○해가 저물어 붓끝이 미치는 바를 모르겠습니다.[日昏 不知筆端[所及]⁴¹⁸] ○날이 어두워 대충 답장을 씁니다.[觸昏潦謝] ○해질녘이라 간략하게 안부를 드립니다.[薄暮略申] ○촛불을 켜고 대충 쓰고 할 말을 다 하지 못하였습니다.[呼燭潦草 不能盡意]⁴¹⁹ ○한밤에 초를 켜고 서둘러 씁니다.[夜燈草草] ○밤에 허둥대며 이렇게만 씁니다.[夜草僅此] ○한밤 등불 아래에 모기가 모여들어 간신히 씁니다.[夜燈蚊集 艱草] ○종이가 모자라 대충 적었으므로 매우 공경스럽지 못하니, 용서하시고 살펴주십시오.[紙促潦草 殊涉不虔 伏惟恕鑑]⁴²⁰ ○응대에 번거로워 많은 사연이 누락되었을까 걱정입니다.[恐煩酬酢 多少竝漏]

▶산처럼 회포가 쌓였지만 막상 편지지를 마주하고 나니, 도리어 할 말을 다하지 못하였습니다. 묵묵히 이해하시기 바랍니다.[所懷山積 臨紙却寫不盡 惟冀默會]⁴²¹ ○막 도착하여 매우 정신이 어지러워서 하려던 말도 다하지 못합니다.[新到紛撓 忒甚 不能盡所欲言] ○간절한 회포를 다 말씀드리지 못하니, 제 마음을 이해하기 바랍니다.[不能盡萬萬懷 統希神會]

---

417 日早呵凍 : 《기언별집記言別集》〈여윤판서희중與尹判書希仲〉에 "日早呵凍"이라는 구절이 있다.

418 [所及] : 저본에는 없지만, 문맥을 살펴 '所及'을 보충하였다.

419 呼燭潦草 不能盡意 : 《농암집農巖集》〈답자익答子益〉에 "餘萬呼燭潦草 不能盡意"라는 구절이 있다.

420 紙促潦草……伏惟恕鑑 : 《명재유고明齋遺稿》〈여신숙필與申叔弼〉에 "紙促潦草 殊涉不虔 伏惟台恕鑑"이라는 구절이 있다.

421 所懷山積……惟在默會 : 《농암집農巖集》〈답임덕함答林德涵〉에 "所懷山積 臨紙却寫不盡 惟在默會"라는 구절이 있다.

○이제 겨우 성으로 들어와 매우 분분하니, 많은 사연들은 모두 헤아려주시는 데 맡기겠습니다.[今才入城 紛膠比甚 萬萬都在下諒] ○많은 사연들은 바빠서 다 쓰지 못합니다.[千萬恩恩不盡]⁴²² ○써야 할 답장이 많아 이렇게만 씁니다.[裁答頗積 只此] ○마침 바쁜 때를 만났습니다.[適値恩擾] ○마침 다른 곳에 머물고 있는 데다 어지러워 대필합니다.[適坐他所撓倩] ○나머지는 안장을 풀고 말씀드리겠습니다.[餘方卸鞍] ○안장을 풀고 바삐 씁니다.[卸鞍忙草] ○출발에 임박하여 정신이 없어 간략하게 씁니다.[臨發多撓 略拜] ○마침 번요하여 어지럽게 써서 공손하지 못합니다.[適撓 胡寫欠恭]

▶중모주仲母主께는 바빠서 안부 편지를 드리지 못해 죄송합니다. 이 뜻을 말씀드려주시는 것이 어떻습니까?[仲母主前 忙未修候罪悚 以此意詮告 如何] ○중형仲兄께는 바빠서 각각 안부를 드리지 못하니, 이 뜻을 전해주시는 것이 어떻습니까?[仲兄前 忙未各候 此意轉布 如何] ○모형某兄님과 모우某友에게는 각기 안부를 드리지 못하니, 편지를 돌려보시기 바랍니다.[某兄主 某友前 不得各候 輪照爲望] ○함께 보아주시는 것이 어떻겠습니까?[雷照如何] ○함께 보아주시면 매우 다행이겠습니다.[雷擊幸甚] ○모인某人이 아직도 있습니까? 그리움을 잊을 수 없습니다.[某人 尙在否 耿耿不能忘] ○모인某人이 자리에 있습니까? 그리운 마음을 전해주십시오.[某人在座否 幸傳戀意]

▶나머지 많은 사연들은 붓으로 다할 수 있는 것이 아닙니다.[餘萬非穎可旣] ○나머지는 필설로 다 할 수 있는 것이 아닙니다.[餘非筆舌可罄] ○많

---

422 千萬恩恩不盡:《농암집農巖集》〈답자익答子益〉에 "千萬恩恩不盡"이라는 구절이 있다.

은 사연은 편지로 다할 수 있는 것이 아닙니다.[多少非書可悉][423] ○나머지는 멀리서 편지로 다할 수 없습니다.[餘非遠書可旣][424] ○나머지는 만나서 말씀드리기로 하겠습니다.[餘在奉討][425] ○나머지는 찾아뵐 때를 기다리겠습니다.[餘俟穩進] ○나머지는 만나서 다 말씀드리기를 기다리겠습니다.[餘俟拜悉] ○나머지는 만나서 다 말씀드리기로 하겠습니다.[餘在面悉] ○나머지는 남겨두고 조만간 찾아뵙고 말씀드리겠습니다.[餘留早晏一進] ○나머지는 남겨두고 오래지 않아 만나서 터놓고 말씀드리겠습니다.[餘留非久面攄] ○나머지는 나아가 말씀드리겠습니다.[餘在就穩] ○모든 것은 돌아가는 날을 기다려 말씀드리겠습니다.[都俟歸日披敍][426] ○나머지는 마땅히 한 번 찾아뵙고 말씀드리겠습니다.[餘當一叩] ○나머지는 관청의 촛불 아래에서 말씀드리겠습니다.[餘在官燭下穩話] ○나머지는 맞이하여 말씀드리겠습니다.[餘在迎拜] ○편지지가 모자라 나머지는 별폭別幅에서 말씀드리겠습니다.[紙盡 餘在別幅] ○나머지는 별지에 두겠습니다.[餘在別紙] ○수시로 마땅히 편지드리겠습니다.[隨當有書] ○나머지는 이후 안부 편지에 말씀드리겠습니다.[餘在續候] ○나머지는 남겨두고 다시 안부 편지를 드리겠습니다.[餘留更候] ○많은 사연들은 모두 이 사람의 입을 통해 전달하겠습니다.[萬萬都在此人口傳]

---

423 多少非書可悉:《약천집藥泉集》〈여서계與西溪〉에 "多少非書可悉"이라는 구절이 있다.

424 餘非遠書可旣:《성재집省齋集》〈답윤운서答尹雲瑞〉에 "餘非遠書可旣"라는 구절이 있다.

425 餘在奉討:《곤재선생우득록困齋先生愚得錄》〈여라교관서與羅教官書〉에 "餘在奉討"라는 구절이 있다.

426 都俟歸日披敍:《농암집農巖集》〈답원해익答元海翼〉에 "都俟歸日披敍"라는 구절이 있다.

▶미고尾告⁴²⁷ ○차미借尾⁴²⁸ ○미백尾白 ○미급尾及 ○추고追告 ○추백追白 ○추공追控

결어류結語類 4

▶안부가 절서에 따라 편안하시기를 빕니다.[惟伏祝氣體候 若序萬安] ○당신의 안부가 편안하시기를⁴²⁹ 빕니다.[惟伏乞崇護萬安] ○당신의 안부가 좋으시기를⁴³⁰ 빕니다.[崇衛萬重] ○보배처럼 소중히 여기고 스스로 아끼시기 바랍니다.[珍重自愛] ○절기에 따라 더욱 보중하십시오.[對時增重] ○절서에 따라 더욱 자신을 보호하십시오.[順序加護]⁴³¹ ○늘 자신을 보호하시고 소중히 여기십시오.[以時衛重] ○정양⁴³²하시는 안부가 좋아서 제 마음에 위안되게 하십시오.[惟冀靜養崇愆 以慰下情] ○바라는 바는 자신을 소중히 여겨 저의 간절한 바람에 부응하시는 것입니다.[所

---

427 미고 : '끝머리에 말씀드리다'는 뜻으로, 편지의 끝인사를 다하고 할 말이 더 있을 때 그 말의 첫머리에 쓰는 말이다. 아래 '미백尾白'·'미급尾及'·'추고追告'·'추백追白'·'추공追控'도 모두 같은 뜻이다.

428 차미 : '끝머리를 빌어서 말씀드리다'라는 뜻으로, 편지의 끝에 덧붙여 쓸 필요가 있을 때 쓰는 말이다.

429 편안하시기를 : 원문은 '崇護'. 상대방의 건강 상태가 좋음을 높여서 부른 말이다. 아래의 '崇衛'도 같은 뜻이다.

430 좋으시기를 : 원문은 '萬重'. 상대방의 안부가 '평안하다'·'좋다'는 뜻이다.

431 順序加護 : 《계곡선생집谿谷先生集》〈모도독회첩毛都督回帖〉에 "春暄惟順序加護"라는 구절이 있다.

432 정양 : 원문은 '靜養'. 심신을 고요히 수양함을 이른다. '정'은 대개 벼슬에서 물러나 쉴 때 주로 쓴다. 정양靜養하는 안부를 '정체靜體'라고 한다. 도학을 공부하는 사람의 안부를 '도양道養'이라고 하고, 또 그의 안부를 '도체道體'라고 한다.

冀自重保安 以(冀)[副]⁴³³區區之望] ○더욱 몸을 보호하여 멀리서 그리워하는 저의 마음에 부응하십시오.[只冀加護 以副遠想]⁴³⁴ ○신의 가호로 화락하신⁴³⁵ 안부가 맑고 건강하시기를 빕니다.[惟希神相 豈弟體中淸健] ○균체勻體⁴³⁶는 한가히 지내시며 더욱 복을 받아 중외中外의 바람에 위안되도록 하십시오.[只冀勻體居閒益福 以慰中外之望] ○나라를 위해 몸을 조섭하여 여망輿望⁴³⁷에 위안되게 하십시오.[惟伏祝爲國保攝 以慰輿望] ○안무사按撫使로 더욱 몸을 보호하여 저의 기도에 부응하십시오.[惟冀按撫加衛 副此瞻禱] ○절모節旄⁴³⁸는 몸을 소중히 여기시기 바랍니다.[惟願節旄珍重] ○부모님을 모시는 가운데 만복을 누리시고, 또 백성을 다스리는 일에 더욱 마음을 쏟아 백 리 백성들의 바람에 부응하시기 바랍니다.[所祝侍奉蔓福之外 加意撫摩 以副百里之望]⁴³⁹ ○자신을 보배롭고 소중히 여겨 선지善地의 수령으로 옮기신다면 그곳 백성들에게는 복성福星⁴⁴⁰이 될 것입니다.[惟冀珍重 移宰善地 爲福星於他民也] ○모두 부모님 모

---

433 (冀)[副] : 저본에는 '冀'로 되어 있으나, 문맥을 살펴 '副'로 바로잡았다.

434 只冀加護 以副遠想 : 《농암집農巖集》〈여자익대유경명與子益大有敬明〉에 "只冀加護以副遠想"이라는 구절이 있다.

435 화락하신 : 원문은 '豈弟'. '愷悌'와 같은 뜻으로, 《시경詩經》〈소아小雅 육소蓼蕭〉에 "군자를 만나고 보니, 매우 편안하고 화락하도다. 형에게도 마땅하고 아우에게도 마땅하니, 훌륭한 덕으로 장수하고 즐기리라.[旣見君子 孔燕豈弟 宜兄宜弟 令德壽豈]"라는 구절에서 유래하였다.

436 균체 : '정승의 안부'를 물을 때 쓰는 말이다.

437 여망 : 여러 사람의 바람을 이르는 말로, '중망衆望'이라고도 한다.

438 절모 : 관찰사觀察使가 지니는 깃발에서 전의되어 관찰사를 이른다.

439 所祝侍奉蔓福之外……以副百里之望 : 《명재유고明齋遺稿》〈여박회숙與朴晦叔〉에 "所祝侍奉蔓福之外 加意撫摩 以副百里之望"이라는 구절이 있다.

440 복성福星 : 행복을 주관하는 별이란 뜻으로, 한 지방을 잘 살게 할 수 있는 지방관이나 어사御史 등을 이른다. 자세한 내용은 100쪽 역주 212를 참조하기 바란다.

시며 고루 좋으시기 바랍니다.[都冀侍奉均勝] ○덕업이 날로 새로워져 저의 사모하는 마음에 위안되게 하십시오.[只希德業日新 慰此慕用] ○절서대로 더욱 편안하시어 먼 곳에 있는 저의 정성에 부응하시기 바랍니다.[惟冀對時益衛 以副遠忱] ○간절히 절서대로 몸을 아끼시어 저의 울적한 마음에 부응하시기 바랍니다.[萬萬對序珍嗇 副此忉忉] ○새해에 모든 복이 모여들어 간절한 저의 마음에 부응하시기 바랍니다.[惟祝新年 百福茂集 以副區區] ○새해에 더욱 새로운 복을 받으십시오.[惟祝新年 益膺新祉] ○새해 복 많이 받으십시오.[茂膺新福] ○새해에 태평성세의 경사를 받으시기 바랍니다.[惟冀歲改 茂膺泰長之慶]441 ○더더욱 존체442를 보중하시어 정월正月443의 경사를 맞으시기 바랍니다.[惟祝加護杖屨 以迓三陽之慶]444 ○바라는 바는 그대가 새해에 만복을 누리시는 것입니다.[所望蔓福於新歲耳] ○다만 새해445 복 많이 받으십시오.[只願獻(撥)[發]446多福] ○새해 부모님 모시며 복 받으시는 것 외에 공부가 날로 새로워져 당신을 아끼는 저의 바람에 위안되게 하십시오.[只冀新元侍奉納福之外 學

---

441 惟冀歲改 茂膺泰長之慶 : 《명재유고明齋遺稿》〈답최여화答崔汝和〉에 "歲律將改 伏祝體國崇衛 茂膺泰長之慶"이라는 구절이 있다.

442 존체 : 원문은 '杖屨'. 존귀한 상대를 이르는 말이다.

443 정월 : 원문은 '三陽'. 하늘과 땅의 기운이 서로 통해 조화를 이루는 정월의 봄날이라는 말이다. 삼양은 봄 혹은 1월을 뜻한다. 음력 11월에 하나의 양효陽爻가 처음으로 생겨났다가, 1월이 되면 세 개의 양효가 하괘下卦에 자리하고 세 개의 음효陰爻가 상괘上卦에 자리하는 태괘泰卦(䷊)를 이루는 데에서 연유한 것이다.

444 惟祝加護杖屨 以迓三陽之慶 : 《명재유고明齋遺稿》〈상정포옹上鄭抱翁〉에 "惟祝加護杖屨 以迓三陽之慶"이라는 구절이 있다.

445 새해 : 원문은 '獻發'. '헌세발춘獻歲發春'의 줄임말로, 묵은해가 가고 새해가 시작됨을 이른다. 《초사楚辭》〈초혼招魂〉에 "해가 새로이 이르고 봄기운이 발양하건만, 나만 혼자 쫓겨나서 남으로 가네. 獻歲發春兮 汨吾南征"라는 구절에서 유래하였다.

446 (撥)[發] : 저본에는 '撥'이라고 되어 있으나, 문맥을 살펴 '發'로 바로잡았다.

味日新 慰此相愛之望]⁴⁴⁷ ○한창 뜨거운 날씨에 더욱 몸을 아끼시기 바랍니다.[正熱加愛]⁴⁴⁸ ○더운 여름날에 더욱 보중하시기 바랍니다.[愼暑加重] ○나머지는 가을을 만나 보중하시기를 빕니다.[餘祝逢秋衛重] ○서늘한 기운이 생길 때도 멀지 않은데, 늘 몸을 아끼시기 바랍니다.[凉生不遠 惟冀對時加愛]⁴⁴⁹ ○서리 내리는 서늘한 때 더욱 몸을 아끼시어 저의 바람에 부응하십시오.[霜冷加護 副此瞻祝] ○이른 추위로 산림이 쓸쓸해져 아무런 즐거움도 없이 의기소침합니다. 부디 진중하시기 바랍니다.[早寒山林蕭索 悄然無好懷 珍重]⁴⁵⁰ ○추위에 더욱 몸을 아끼시기 바랍니다.[履寒益珍衛] ○세모에 자신을 아끼시어 저의 그리움에 부응하십시오.[歲晏自愛 副此瞻仰] ○세월이 다해가는데 형제들의 안부가 절서에 따라 편안하시기를 빕니다.[歲華垂盡 惟望棣履 若序安吉] ○세모에 자신을 보중하시기 바랍니다.[惟希徂歲自衛] ○섣달 추위에 관찰사의 안부가 더욱 복 받으시기 바랍니다.[所冀臘寒巡履增福] ○세모에 더욱 몸을 아끼시기 바랍니다.[惟祝歲窮加愛] ○승제乘除⁴⁵¹가 멀지 않은데, 새해를 맞아 더욱 복 받으시기 바랍니다.[乘除不遠 惟希迓新增福] ○섣달 마지막 날

---

447 只冀新元侍奉納福之外……慰此相愛之望:《명재유고明齋遺稿》〈답이견군회答李瑒君晦〉에 "只希新元 侍奉納福之外 學味日新 慰此相愛之望"이라는 구절이 있다.

448 正熱加愛:《명재유고明齋遺稿》〈여민언휘與閔彦暉〉에 "正熱加愛"라는 구절이 있다.

449 凉生不遠 惟冀對時加愛:《명재유고明齋遺稿》〈답정만양규양答鄭萬陽葵陽〉에 "凉生不遠 唯希對時加愛"라는 구절이 있다.

450 早寒山林蕭索……珍重:《기언별집기언별집記言別集》〈답장생만원答張生萬元〉에 "早寒山林蕭索 悄然無好懷 珍重"이라는 구절이 있다.

451 승제: 곱셈과 나눗셈으로 일반적으로 인사人事의 흥망성쇠를 뜻하는데, 여기서는 한 해가 다하고 새해를 맞이하는 때를 이른다. 송나라 육유陸游의 〈견흥遣興〉에 "봄의 경치 내 꿈에 나타나지 말라 하게, 세상만사에는 흥망성쇠가 있다네.[寄語鶯花休入夢 世間萬事有乘除]"라고 하였다.

도 멀지 않은데, 새해를 맞아 더욱 복 받으시기 바랍니다.[歲除不遠 惟冀餞迎增祉]452 ○묵은해를 보내고 많은 복을 받으십시오.[餞舊多祉] ○묵은해를 보내고 새해를 맞이하여 더욱 복 받으십시오.[餞迓增祉]453 ○다만 새해를 맞아 더욱 복 받으시기를 빕니다.[只希迓新增祿] ○부모님 모시며 새해 복 받으십시오.[侍歡茂迓新祉] ○아름다운 복 받으십시오.[茂納休慶] ○오늘이 한 해의 마지막 저녁이니 새해를 맞아 복 받아 더욱 아름다우시기 바랍니다.[除夕在今 迓福益休] ○묵은해를 보내고 새해를 맞아 순수한 복을 받으십시오.[惟冀餞迓茂膺純嘏] ○묵은해와 새해가 교차하는 때 위황爲況454이 더욱 복 받으십시오.[只希新舊之交 爲況增福]

▶그대의 행차455가 편안히 잘 도착하고 더욱 복 받으시기 바랍니다.[只祝行斾珍護美赴增福] ○무사히 잘 도착하시기를 빕니다.[萬希利涉美赴] ○나머지는 행차456에 더욱 보중하시기를 빕니다.[餘祈跋履保重] ○잘 드시고 더욱 몸을 아끼시기 바랍니다.[珍飯加愛]457 ○모든 일들에 삼가시어 저의 그리움에 위안되게 하십시오.[惟祝凡百愼悉 以慰瞻嚮] ○서둘

---

452 歲除不遠 惟冀餞迎增祉 : 《저촌선생유고樗村先生遺稿》〈답구판윤答具判尹〉에 "歲除不遠 只冀餞迎增祉"라는 구절이 있다.

453 餞迓增祉 : 《면우선생문집俛宇先生文集》〈답이여재答李汝材〉에 "餘祝餞迓增祉"라는 구절이 있다.

454 위황 : '글을 배우고 있는 형편'이라는 뜻으로, 편지에서 선비의 안부를 물을 때 주로 쓰는 말이다.

455 행차 : 원문은 '行斾'. 깃발을 세우고 나아가는 관원의 행차를 이른다.

456 행차 : 원문은 '跋履'. '발리산천跋履山川'의 줄임말로, 여행길이 힘들고 어려움을 이른다. 《춘추좌씨전春秋左氏傳》 성공成公 13년에, "문공은 몸에 갑주를 두르고 산을 넘고 물을 건너 어렵고 험한 곳을 지나 동방의 제후를 정벌하였다.[文公躬擐甲冑 跋履山川 踰越險阻 征東之諸侯]"라는 구절에서 유래하였다.

457 珍飯加愛 : 《기언별집記言別集》〈여송진사석호與宋進士錫祜〉에 "珍飯加愛"라는 구절이 있다.

러 안부 듣기를 기다립니다.[惟俟遄聞平信]

▶어버이의 병환[458]이 곧바로 회복되시기를 빕니다.[惟冀色憂旋復吉慶] ○병을 잘 조섭하시기 바랍니다.[惟望善攝][459] ○하고 싶은 말은 많지만 줄이고, 다만 몸을 더욱 보중하여 빨리 천화天和[460]를 회복하시기 바랍니다.[多小 只冀益加保重 速復天和][461] ○더욱 잘 조섭하여 빨리 회복하시기 바랍니다.[益加善攝遄復] ○더욱 잘 조섭하여 건강을 지키시기 바랍니다.[益加調衛]

▶슬픔을 절제하여 자신을 보호하시기 바랍니다.[惟冀節哀自保][462]

불비류不備類[463]

▶갖추지 않습니다.[不備] ○이만 줄입니다.[不宣] ○갖추지 않습니다.[不具] ○다하지 않습니다.[不究] ○다하지 않습니다.[不悉] ○격식을 다 갖추지 않습니다.[不式] ○일일이 다 쓰지 않습니다.[不一] ○다하지 않습니다.[不旣] ○다 언급하지 않습니다.[不多及]

---

458 어버이의 병환 : 원문은 '色憂'. 어버이의 병환을 이르는 말이다. 《예기禮記》〈문왕세자文王世子〉에 "왕계王季가 편치 않은 때가 있어 내시가 문왕에게 알리면 문왕은 얼굴에 근심하는 기색을 띠고 걸음을 똑바로 걷지 못하였다.[其有不安節 則內豎以告文王 文王色憂 行不能正履]"라고 하였다.

459 惟望善攝 : 《일사집략日槎集略》〈문답록問答錄 방외무성경정상형문답訪外務省卿井上馨問答〉에 "惟望善攝康復焉"이라는 구절이 있다.

460 천화 : 몸의 원기元氣를 이른다.

461 多小……速復天和 : 《약천집藥泉集》〈여서계與西溪〉에 "多少 只冀益加保重 速復天和"라는 구절이 있다.

462 惟冀節哀自保 : 《약천집藥泉集》〈답이여원答李汝元〉에 "只冀節哀自保"라는 구절이 있다.

▶예禮를 갖추지 못합니다.[姑不備] ○나머지는 예를 갖추지 못합니다.[餘姑不備] ○우선은 다음으로 남겨두고 갖추지 못합니다.[姑留不備] ○모두 다음으로 남겨두고 갖추지 못합니다.[都留不備]⁴⁶⁴ ○간략하게 이렇게 말하고 이만 줄입니다.[略此不備] ○간신히 대필하고 이만 줄입니다.[艱倩不備] ○대필하고 이만 줄입니다.[倩姑不備] ○다만 이렇게 말씀드리고⁴⁶⁵ 이만 줄입니다.[只此不備] ○병으로 정신이 어지러워 이만 줄입니다.[病撓不備] ○병이 들어 대충 씁니다.[病草] ○눈이 흐립니다.[眼眵] ○병이 들어 대필합니다.[病倩] ○간신히 대필합니다.[艱倩] ○입으로 불러 대필합니다.[呼倩] ○간략히 대필합니다.[略倩] ○우선 대필합니다.[姑倩] ○대필하여 대충 씁니다.[倩草] ○번요하여 대필합니다.[撓倩] ○번요합니다.[撓撓] ○매우 번요합니다.[極撓] ○매우 번요합니다.[擾甚] 〖'이만 줄입니다.[不宣]' 이하는 같다.[不宣以下同]〗

▶천만 다 말씀드리지 못합니다.[千萬不盡說] ○병으로 어지러워 다 말씀드리지 못합니다.[病昏不能宣悉] ○일일이 다 쓰지 못합니다.[不能一一] ○빠짐없이 다 말씀드리지 못합니다.[不能周悉]

▶다만 이렇게 말씀드리고 편지를 드립니다.[只此謹狀]⁴⁶⁶ ○간단하게 이

---

463 불비류 : '불비'는 편지의 끝에, 글을 제대로 갖추어 쓰지 못하였다거나, '예禮를 갖추지 못하였다'는 뜻으로 쓰는 투식이다. 주로 아랫사람이 윗사람에 대해 사용하는 말이다. 이밖에도 비슷한 쓰임으로 '불구不具'·'불기不旣'·'불선不宣'·'불일不一'·'불일일不一一'·'불을不乙'·'부전不戩'·'부진不盡' 등이 있는데, '不具'는 윗사람이 아랫사람에게 쓰며, '불선不宣'과 '부전不戩'은 동년배 사이에 쓰고, '부진不盡'·'불기不旣'·'불일不一'·'불일일不一一'은 일반적으로 쓰인다.

464 都留不備 :《노사집蘆沙集》〈답김내양答金乃良〉에 "都留不備"라는 구절이 있다.

465 다만……말씀드리고 : 원문은 '只此'. '근차僅此'·'취차就此'라고도 한다.

466 只此謹狀 :《한수재선생문집寒水齋先生文集》〈여이여구與李汝九〉에 "只此謹狀上"이라는 구절이 있다.

렇게만 말씀드리고 편지를 드립니다.[略此拜狀] ○간신히 이렇게만 말씀드리고 편지를 드립니다.[艱此拜上] ○거칠게 이렇게만 씁니다.[草草只此]⁴⁶⁷ ○우선 이렇게만 씁니다.[姑此] ○간략히 이렇게만 씁니다.[略此]

▶편지의 예禮를 갖추지 않습니다.[不備狀禮]⁴⁶⁸ ○편지의 투식을 갖추지 않습니다.[不備狀式]⁴⁶⁹ ○편지의 예를 갖추지 않습니다.[不備狀例] ○편지의 예를 갖추지 않습니다.[不備狀儀]⁴⁷⁰ ○예식을 갖추지 않습니다.[不備式] ○편지의 서식은 갖추지 않습니다.[不備書儀]⁴⁷¹ ○서식을 갖추지 않고 편지를 드립니다.[不備謹狀] ○서식을 갖추지 않고 편지를 드립니다.[不備拜狀] ○편지의 예를 갖추지 않습니다.[不備書禮] ○편지의 예를 갖추지 않습니다.[不備書例] 〖'이만 줄입니다.[不宣]' 이하는 같다.[不宣以下同]〗

▶두서가 없습니다.[不次] ○정신이 어지러워 두서가 없습니다.[荒迷不次] ○정신이 어지러워 차서가 없습니다.[迷錯不次]

복유류伏惟類⁴⁷²

▶바랍니다.[伏惟] ○우러러 바랍니다.[仰惟] ○모두 바랍니다.[統惟] ○우선 바랍니다.[姑惟] ○멀리서 바랍니다.[遠惟] ○모두 바랍니다.[統希] ○우러러 바랍니다.[仰希] ○우선 바랍니다.[姑希] ○모두 바랍니다.[都希]

---

467 草草只此 : 《명재선생유고明齋先生遺稿》〈답이수옹答李壽翁〉에 "草草只此"라는 구절이 있다.
468 不備狀禮 : 《완당선생전집阮堂先生全集》〈상외구上外舅〉에 "不備狀禮"라는 구절이 있다.
469 不備狀式 : 《완당선생전집阮堂先生全集》〈여장병사與張兵使〉에 "不備狀式"이라는 구절이 있다.
470 不備狀儀 : 《완당선생전집阮堂先生全集》〈여장병사與張兵使〉에 "姑不備狀儀"라는 구절이 있다.
471 不備書儀 : 《의암선생문집毅菴先生文集》〈답최면암答崔勉庵〉에 "不備書儀"라는 구절이 있다.

감찰류鑑察類[473]

▶굽어 살펴주십시오.[下鑑] ○굽어 보아주십시오.[下覽] ○굽어 살펴주십시오.[下鑑察] ○굽어 살펴주십시오.[下察] ○살펴주십시오.[鑑察] ○살펴주십시오.[照察] ○살펴주십시오.[崇照] ○굽어 살펴주십시오.[下照] ○잘 살펴주십시오.[雅照] ○잘 살펴주십시오.[雅炤] ○살펴주십시오.[鑑臨] ○굽어 살펴주십시오.[下亮] ○헤아려 주십시오.[下在] ○살펴주십시오.[照在] ○정으로 살펴주십시오.[情在] ○살펴주십시오.[炤亮] ○정으로 살펴주십시오.[情照] ○정으로 살펴주십시오.[情察] ○정으로 헤아려주십시오.[情亮] ○마음으로 헤아려주십시오.[心亮] ○헤아려주십시오.[崇亮]

▶태감께서 살펴주십시오.[台鑑] ○태감께서 살펴주십시오.[台察] ○태감께서 굽어 살펴주십시오.[台下察] ○태감께서 굽어 살펴주십시오.[台下照] ○태감께서 살펴주십시오.[台照]〖'영令'자나 '존尊'자를 더하기도 한다.[或加令字·尊字]〗

상후류上候類

〖위쪽 배후류拜候類에서 이미 살펴보았다.[已見上拜候類]〗

---

472 복유류 : '복유'는 보통 편지의 서두에 쓰일 경우 '······생각합니다'라는 뜻이고, 결미에 쓰일 때는 '······바랍니다'라는 뜻으로 쓰인다.
473 감찰류 : '감찰'은 편지의 결미에 사용되며, '······살펴주십시오'라는 뜻이다.

연월류年月類[474]

▶연월일年月日 ○갑甲[475] 1월 모일某日[甲之元月某日] ○갑甲 1월 모일某日[甲元之某日]〖나머지는 모두 이와 같다.[餘皆倣此]〗

▶모년 원월 초하루[某年元朝] ○원일[元日]〖원조元朝와 함께 모두 정월 초하루이다.[竝正朝]〗 ○인일人日〖1월 초7일이다.[正月初七]〗 ○상원上元〖1월 15일이다.[正月十五]〗 ○청명일淸明日[476] ○냉절冷節[477] ○한식일寒食日〖냉절冷節과 함께 모두 한식이다.[竝寒食]〗 ○상사일上巳日〖3월 3일이다.[三月三日]〗 ○등석燈夕〖4월 8일이다.[四月八日]〗 ○단양端陽 ○단오端午 ○천중일天中日〖단양端陽·단오端午와 함께 모두 5월 5일이다.[竝五月五日]〗 ○유두일流頭日〖6월 15일[六月十五]〗 ○칠석七夕〖7월 7일[七月七日]〗 ○추석秋夕〖8월 15일[八月十五]〗 ○중양重陽〖9월 9일[九月九日]〗 ○장지長至 ○남지일南至日〖장지長至와 남지일南至日은 모두 동지이다.[竝冬至]〗 ○가평일嘉平日 ○납일臘日〖가평일嘉平日과 납일臘日은 모두 납평臘平[478]이다.[竝臘平]〗 ○제일除日 ○제석除夕〖제일除日과 제석除夕은 모두 12월 그믐날이다.[竝臘月晦日]〗

▶원월元月〖1월[正月]〗 ○사월巳月〖4월[四月]〗 ○오월午月〖5월[五月]〗 ○유

---

474 연월류 : '연월'에 따라 달리 쓰인다.

475 갑 : 60갑자甲子를 이른다.

476 청명일 : 음력 3월에 드는 24절기의 다섯 번째 절기를 이른다. '청명'은 '하늘이 차츰 맑아지다'라는 뜻이다.

477 냉절 : '한식寒食'을 달리 이르는 말이다.

478 납평 : 한 해가 끝날 무렵에 그해의 농사와 그 밖의 일들을 여러 신에게 고하는 제사인 납향臘享을 달리 부르는 말이다. '납'은 음력 12월인 섣달을 뜻하며, '평'은 그동안 잘 다스려진 것에 대해 감사의 제사를 지낸다는 뜻이다.

월월流月〖6월[六月]〗 ○국월菊月〖9월[九月]〗 ○양월陽月〖10월[十月]〗 ○지월至月〖11월[十一月]〗 ○납월臘月〖12월[十二月]〗 ○윤월閏月

▶모월某月 삭일朔日〖초1일[初一日]〗 ○소망少望〖14일[十四日]〗 ○망일望日〖15일[十五日]〗 ○기망旣望〖16일[十六日]〗 ○염일念日〖20일[二十日]〗 ○소회少晦〖29일[二十九日]〗 ○회일晦日〖30일[三十日]〗

▶당일卽日 ○당일 아침[卽朝] ○당일 저녁[卽夕] ○즉시[卽] ○즉시 회답[479][卽回] ○즉시 회답[卽旋] ○회답[旋]

▶고갑자古甲子 ○갑甲〖알봉閼逢〗 ○을乙〖전몽旃蒙〗 ○병丙〖유조柔兆〗 ○정丁〖강어强圉〗 ○술戊〖저옹著雍〗 ○기己〖도유屠維〗 ○경庚〖상장上章〗 ○신辛〖중광重光〗 ○임壬〖현익玄黓〗 ○계癸〖소양昭陽〗 ○자子〖곤돈困敦〗 ○축丑〖적분약赤奮若〗 ○인寅〖섭제격攝提格〗 ○묘卯〖단알單閼〗 ○진辰〖집서執徐〗 ○사巳〖대황락大荒落〗 ○오午〖돈장敦牂〗 ○미未〖협흡協洽〗 ○신申〖군탄涒灘〗 ○유酉〖작악作噩〗 ○술戌〖엄무閹茂〗 ○해亥〖대연헌大淵獻〗

성명류姓名類[480]

▶성명姓名 ○이름[名]〖간혹 이름에서 한 글자를 쓰기도 한다.[或書名一字]〗 ○자字 ○별호別號 ○모동某洞 ○모영某營 ○모아某衙 ○모진某鎭 ○모

---

479 즉시 회답 : 원문은 '卽回'. 편지를 가져온 사람이 돌아가는 길에 바로 답장을 보낸다는 말로, '즉선卽旋'도 같은 뜻이다.

480 성명류 : '성명'은 발신인의 이름 가운데 한 글자를 쓰거나, 자字나 호號를 쓰기도 한다.

막某幕

▶번흠煩欠⁴⁸¹ ○번불명煩不名 ○번포煩逋 ○번불감명煩不敢名 ○흠명欠名 ○포逋 ○흠欠

재배류再拜類⁴⁸²

▶두 번 절합니다.[再拜] ○두 손 모아 절합니다.[拜手] ○절합니다.[拜] ○머리를 조아립니다.[頓] ○머리를 조아리고 절합니다.[頓拜] ○단정하고 엄숙히⁴⁸³[端肅] ○아룁니다.[白]

▶번거로워 이름을 생략하고 두 번 절합니다.[煩欠再拜] ○번거로워 이름을 생각하고 두 손 모아 절합니다.[煩欠拜手] ○번거로워 이름을 생략하고 절합니다.[煩欠拜] ○번거로워 이름을 생략하고 머리를 조아립니다.[煩欠頓] ○번거로워 이름을 생략하고 절합니다.[煩不名拜] ○번거로워 이름을 생략하고 머리를 조아립니다.[煩不名頓] ○번거로워 이름을 생략하고 절합니다.[煩逋拜] ○이름을 생략하고 절합니다.[逋拜] ○번

---

481 번흠 : '용무가 많아 번거로워 이름을 생략하다'라는 뜻으로, 아래도 같은 뜻이다.

482 재배류 : '재배'는 편지의 끝에 자신의 이름 아래에 쓰이며, '두 번 절하다'라는 뜻이다.

483 단정하고 엄숙히 : 원문은 '端肅'. 편지 끝에 쓰는 공경을 표하는 말이다. 《성호사설星湖僿說》〈경사문經史門 단배端拜〉에 "홍무洪武 3년 조서詔書에, 요즘 서차書箚에 흔하게 돈수頓首·재배再拜·백배百拜라고 칭하는데, 모두 실제로 하는 것이 아니니, 의식을 정하여 사람들에게 준수하도록 하라고 하였다. 이에 예부禮部에서 의논하여, 무릇 윗사람에게 편지를 쓸 때는 '단숙봉서端肅奉書'라 하고, 답서에는 '단숙봉복端肅奉復'이라 칭한다고 정하였다.[洪武三年詔 今人於書箚 多稱頓首再拜百拜 皆非實 其定爲儀式 令人遵守 於是禮部定議 凡致書於尊者 稱端肅奉書 答箚稱端肅奉復云云]"라고 하였다.

거로워 이름을 생략하고 머리를 조아립니다.[煩逋頓] ○이름을 생략하고 머리를 조아립니다.[逋頓] ○번거로워 이름을 생략하고 답장을 드립니다.[煩欠謝] ○이름을 생략하고 절합니다.[欠拜] ○이름을 생략하고 머리를 조아립니다.[欠頓] ○이름을 생략하고 답장을 드립니다.[欠謝] ○편지의 서식을 생략합니다.[欠式] ○머리를 조아리고 답장을 드립니다.[頓謝] ○이름은 생략하고 급히 씁니다.[484][欠草] ○답장을 드립니다.[謝] ○이름을 생략하여 죄송합니다.[欠悚] ○이름을 생략하여 죄송합니다.[逋悚] ○번거로워 이름을 생략하여 죄송합니다.[煩欠悚悚] ○번거로워 이름을 생략하여 죄송합니다.[煩欠悚]

▶편지를 드립니다.[485][上白是] ○아룁니다.[白是] ○편지를 올립니다.[上書] ○번거로워 감히 이름을 쓰지 않고 편지를 올립니다.[煩不敢名上書] ○번거로워 감히 이름을 쓰지 않고 두 번 절합니다.[煩不敢名再拜] ○번거로워 감히 이름을 쓰지 않고 두 손 모아 절합니다.[煩不敢名拜手]

---

484 이름은……씁니다 : 원문은 '欠草'. '이름을 쓰는 예를 갖추지 아니하고 황급히 쓰다'는 뜻으로, 편지 사연을 다 쓰고 이름을 생략하면서 쓰는 말이다.

485 편지를 드립니다 : 원문은 '上白是'. '상사리'라고 읽으며, 윗사람에게 드리는 편지의 말미에 쓰는 말이다.

권2

답장식答狀式

기두류起頭類 10 / 비의류匪意類 / 치중류褋中類 / 복승류伏承類 / 하서류下書類 / 근심류謹審類 / 시령류時令類 / 기후류氣候類 / 만안류萬安類 / 복위류伏慰類 / 제류第類 / 시의류示意類 / 감하류感荷類 / 사사류辭謝類

답장식答狀式

기두류起頭類 1

〘앞편의 기두류起頭類와 통용한다. 조활류阻闊類로 말하자면, 예컨대 '요사이 매우 소식이 막혀 늘 간절히 그립습니다.[近甚阻闊 常切溯鬱]' 등과 같은 구절로 곧바로 쓸 수 있고, '오랫동안 소식이 막혀 그리움을 말할 수 있겠습니까?[許久阻候 瞻詠可言]'와 같은 구절에서 다만 '가언可言'이라는 두 글자를 '한참 간절합니다.[政切]'라고 하거나 '한창 깊습니다.[方深]'이라고 고치면 답장식答狀式 기두류가 된다. 앞편의 기두류는 10편의 매 단락에 간단히 약간의 글자만 고치면 모두 답장식으로 사용할 수 있다.[與上篇起頭類通用 以阻闊類言之 如近甚阻闊 常切溯鬱等句段 可以直用 如許久阻候 瞻詠可言等句段 只改可言二字 或云政切 或云方深 則便爲答狀起頭 上篇起頭類凡(九)[十]¹ 每段 略改若干字 皆可以用之]〙

{그립던 중에[瞻戀]}

▶그립던〖우러러던〗중에[瞻〖仰言〗中] ○그립던〖우러러 그립던〗중에[懸〖仰溯〗中] ○소식이 막혀 그리움이 지극했는데[阻仰方至] ○한창 그립더니[政爾瞻注] ○그리움이 한창〖간절·간절〗이었는데[馳仰政〖勞·勤〗] ○그리움이 한창〖간절·간절〗했었는데[瞻泳正〖切·苦〗] ○아득

---

1 (九)[十] : 저본에는 '九'라고 되어 있으나, 문맥을 살펴 '十'으로 바로잡았다.

히 그립던 중에[渺然溯注中] ○한창 소식이 막혀 서운했는데[方以貽阻爲恨] ○요사이 한동안 소식이 막혀 그리움이 한창 깊었는데[近久阻候 慕仰方深] ○아직도 소식이 막혀 그립기만 했는데[尙阻一候 祇有耿耿] ○오랫동안 소식을 받지 못해 간절히 그리웠는데[久未承候 方積勞仰] ○오랫동안 소식이 막혀 그리움이 간절했는데[久闕書候 瞻想政勤] ○편지가 막힌 것이 이때보다 심한 적이 없었는데[書信之阻隔 未有甚於此時] ○안부 편지가 막힌 것이 마치 아득히 세대가 떨어진 것 같았습니다. 한결같은 그리움이 잠시도 느슨해진 적이 없었습니다.[書問之阻 邈若隔世 一念耿耿 未嘗少弛] ○오랫동안 편지가 막혀 그리움으로 다만 절로 보고 싶습니다.[阻音久矣 瞻嚮之懷 祇自耿耿] ○지난번 당신께 가는 인편이 있었지만 근심이 깊어 편지를 보내지 못해 서운함만 남았는데[頃有去便 而憂劇闕候 留作歉恨] ○동남쪽이 아무리 이웃이지만 소식은 하늘 끝이나 다름이 없으니, 세모에 간절히 그리워하는 마음[2]을 이길 길 없습니다.[東南 雖是鄰境 聲光無異涯角 歲暮懷仰 不禁憧憧] ○겹겹의 고개와 산으로 마침내 소식이 막혀 간절히 보고픈 마음이 구름과 함께 거슬러 올라갑니다.[複嶺重江 遂成遼闊 憧憧瞻言 與雲俱溯] ○이 해도 다해가니 그리움이 간절합니다.[此歲將盡 瞻想方勤] ○잊히지 않는 그리움이 느슨해지는 날이 없습니다.[耿耿瞻懸 靡日或懈] ○오랫동안 소식이 막혀 한결같은 그리움이 배나 간절히 그립습니다.[問聞積致阻絶 一念倍切瞻菀] ○고갯길이 멀어 절로 소식이 막혀 다만 그립기만 합니다.[嶺路迢迢 自貽阻闊 只有悵仰] ○밤낮으로 그리움이 간절합니다.[日夕瞻耿政爾]

---

2 간절히……마음 : 원문은 '憧憧'. 《주역周易》 함괘咸卦(䷞) 구사九四에 "자주 왕래하면 벗들이 네 생각을 따르리라.[憧憧往來 朋從爾思]"라는 구절에서 유래하였다.

○한 해가 저물어 가는데 그리움이 배나 깊습니다.[歲將除矣 馳思倍深]
○서울에서 돌아와 한 번도 안부를 드리지 못해 그리운 마음 간절합니다.[自西而還 一未承候 方切向仰之忱] ○이 해가 저물어가니 그리움이 깊습니다.[此歲將窮 戀思方深] ○바람 불고 눈 내리는 대관령 고개는 꿈에도 아득합니다. 매번 그리울 때마다 더욱 보고픈 사사로운 마음을 금할 길 없습니다.[風雪關嶺 夢亦渺然 每一企慕 益不禁悵結之私]

기두류起頭類 2

{소식이 막힌 나머지[阻餘]}

▶어제 조지朝紙[3]에서 이름을 보고 비로소 당신[4]께서 도성으로 들어가신 줄 알았습니다. 그간에 소식이 막혔던 끝에 한결같이 위안되었습니다.[昨於朝紙 覩名字 始審御者入都 間闊之餘 亦一慰也] ○그립던 중에 당신의 편지가 멀리서 도착하여 채 반도 열기 전에 기쁨에 눈썹이 먼저 치솟습니다. 편지[5]의 위안이 어찌 만남만 못하겠습니까?[懸仰中 惠書遠枉 開緘未半 喜眉先聳 次面之慰 何減良覿] ○편지가 갑자기 도착하니 마치 맑은 당신의 모습을 뵙고 고론高論을 듣는 것 같으니 헤아릴 수 없

---

3 조지 : 조선시대 관보官報이다. 조정의 소식 또는 조정에서 내는 신문이라는 뜻이다. 일반 백성들에게는 기별 또는 기별지로 통하였는데, 기별은 곧 '소식'이라는 뜻으로 조보가 소식을 전해 주었기 때문이다. '기별奇別'・'기별지奇別紙'・'조보朝報'・'저보邸報'・'저장邸狀'・'저지邸紙'・'난보爛報'・'한경보漢京報'라고도 한다.

4 당신 : 원문은 '御者'. 원래는 '말몰이꾼'이란 뜻이지만, 상대를 곧바로 지칭할 수 없어 시종하는 말몰이꾼을 일러 상대를 이르는 표현법이다.

5 편지 : 원문은 '次面'. '만남에 버금가다'라는 뜻으로, 편지를 이른다.

이 위안됩니다.[手敎忽枉 怳若奉淸儀 而聆高論 慰荷難量] ○소식이 막혔던 중에 편지를 받으니 기쁨이 저를 찾아와주시는 발자국소리를 듣는 것 같을 뿐만이 아닙니다.[阻仰中 承審不啻喜跫音萬萬] ○오랫동안 소식이 막혀 간절히 그리웠는데 보내신 편지[6]를 받았습니다.[阻久戀深 此承耑札] ○오랫동안 소식이 막혀 그립던 중에 한 통의 편지는 백금과 같습니다.[久阻積戀 一書百金][7] ○여름에 보내신 편지를 늦가을에 받았으니, 마치 격세의 소식을 얻은 것 같다는 말이 다 빈말이 아니었습니다.[夏間下書 伏承於秋末 如得隔世消息者 儘覺非虛語也] ○남북으로 멀리 떨어져 있는데 멀리까지 편지를 보내시니, 산천은 막혔어도 사람의 마음은 막힘이 없다는 말이 정말이었습니다.[地邈南北 惠書遠墜 信乎山川有阻 而人心無隔也][8] ○매우 그립던 중에 한 통의 편지는 천금과 같아 사람으로 하여금 기쁨과 감사한 마음이 교차하게 합니다.[戀繆之極 一書千金 令人喜感交至][9] ○두 통의 편지가 한꺼번에 우체를 통해 도착하니, 소식이 막혔던 나머지에 헤아릴 수 없이 위안되었습니다.[兩書 一時遞到 阻闊之餘 披慰沒量][10] ○뜻밖에[11] 편지를 받으니 당신의 모습을 뵙는

---

6 편지 : 원문은 '耑札'. 일부러 사람을 시켜 보낸 편지로, '耑'은 '專'과 통용되며, '전교專敎'라고도 한다.

7 久阻積戀 一書百金 : 《명재유고明齋遺稿》〈여송자문與宋子文〉에 "久阻積戀 一書百金況諸益手札"이라는 구절이 있다.

8 地邈南北……而人心無隔也 : 《명재유고明齋遺稿》〈답강계경현원유答江界景賢院儒〉에 "地邈南北 而惠書遠墜 信乎山川有阻而人心無隔也"라는 구절이 있다.

9 戀繆之極……令人喜感交至 : 《기언별집記言別集》〈답조응교위봉答趙應敎威鳳〉에 "戀繆之極 一書千金 令人喜感俱至"라는 구절이 있다.

10 兩書……披慰沒量 : 《명재유고明齋遺稿》〈답권여유答權汝柔〉에 "兩書 一時遞到 阻闊之餘"라는 구절이 있다.

11 뜻밖에 : 원문은 '意外'. '여외慮外'·'불의不意'·'불우不虞'·'요표料表'·'의표意表'라고도 한다.

것 같았습니다.[意外手書 如接英眄]¹² ○그제 하인편에 보내신 편지는 소식이 막혔던 끝에 위안되었습니다.[再昨隸便下書 阻餘伏慰] ○일전에 보내신 편지는 오랫동안 소식이 막히던 중에 받아 쓰러질 듯 기뻐, 편지지가 헤지는 것도 깨닫지 못하였습니다.[日者惠書 得於積阻之餘 披寫欣倒 不覺紙弊] ○천 리에서 편지를 보내와 만남을 대신하기에 충분하였습니다.[千里書來 可替顔面]¹³ ○소식이 막혔던 끝에 편지를 받으니, 마치 마주하고 이야기를 나누는 것 같았습니다.[阻隔得手翰 如對晤語]¹⁴ ○오랫동안 소식이 막혀 시름¹⁵이 간절하였는데, 갑자기 정다운 편지를 받으니 위로되는 마음을 말로 하겠습니까?[久阻徽音 窈糾方切 忽承情緘 蘇慰可言]¹⁶ ○소식이 막혔던 끝에 편지를 받아서 마치 얼굴을 마주한 듯하여 기쁘고 위안되는 마음을 말로 하겠습니까?[阻餘惠札 恰如更對顔範 欣慰可言] ○소식이 막혔던 끝에 편지를 받고 재삼 펼쳐 읽어 보고 손에서 놓지 못하였습니다.[阻餘承書 再三披玩 不敢釋手] ○편지¹⁷

---

12 意外手書 如接英眄 : 《명재유고明齋遺稿》〈답박교백答朴喬伯〉에 "意外手書 如接英眄"이라는 구절이 있다.

13 千里書來 可替顔面 : 《명재유고明齋遺稿》〈답김천여성백答金天與性伯〉에 "千里書來 可替顔面"이라는 구절이 있다.

14 阻隔得手翰 如對晤語 : 《기언별집記言別集》〈여이생택與李生澤〉에 "阻隔得手翰 如相對晤語"라는 구절이 있다.

15 시름 : 원문은 '窈糾'. 아득히 멀어 시름에 잠겨 있는 것이다. 《시경詩經》〈진풍陳風 월출月出〉에 "달이 떠서 환하거늘, 아름다운 사람 예쁘기도 하도다. 어이하면 그윽한 시름을 펼꼬, 마음에 애태우기를 심히 하노라.[月出皎兮 佼人僚兮 舒窈糾兮 勞心悄兮]"라는 구절에서 유래하였다.

16 久阻徽音……蘇慰可言 : 《율곡선생전서栗谷先生全書》〈답송운장答宋雲長〉에 "久阻徽音 窈糾方切 忽承情緘 蘇慰可言"이라는 구절이 있다.

17 편지 : 원문은 '寵翰'. '상대방의 편지'를 이르는 말로, '총'은 '상대방이 자신에게 특별한 은총을 베풀었다'는 의미로 쓰는 겸사이다.

가 멀리서 도착하니 마음 써 주신 것이 정중하여 받아서 읽으니 마치 당신을 뵙는 것 같았습니다.[寵翰遠降 屬意鄭重 拜而讀之 怳瞻光塵] ○매우 그립던 중에 갑자기 보내신 편지를 받았습니다.[戀想之極 忽承下書] ○한동안 만나지 못했는데 답장을 받으니 기쁨이 마치 여러 해 동안 막혔던 소식을 받은 것 같았습니다.[阻拜惠復喜甚 如得隔年消息] ○갑자기 문안 편지가 뜻밖에 도착하여 받으니 위안되는 마음은 한 번 만나는 것과 진배없었습니다.[忽此問翰 落來望外 承拜慰釋 可敵一面] ○오늘 뜻밖에 형의 편지가 갑자기 도착하여 손을 바쁘게 놀려 열어보니, 마치 자리를 함께하고 다정히 이야기를 나누는 것 같았습니다.[卽於匪意 兄札忽至 忙手披來 如得合席娓娓] ○멀리서 당신의 편지를 받으니 참으로 감사합니다.[遠承辱書 良荷感意] ○소식이 막혀 그리움이 깊었는데 편지가 도착하여 매우 위안되었습니다.[阻戀方深 書辱極慰] ○소식이 막혔던 나머지에 편지를 받으니 매우 위안되었습니다.[阻餘書辱 慰則多矣] ○소식이 막혔는데, 편지를 받으니 위안되는 마음을 말로 하겠습니까?[阻承書問 披慰可狀] ○뜻밖에 정다운 편지를 받고, 적막한 바닷가에서 손을 바쁘게 놀려 편지를 펴서 읽으니, 마치 당신을 뵙는 듯하였습니다.[不自意情翰落來 寂寞之濱 忙手披讀 怳接淸儀] ○여러 폭의 편지는 뜻이 정중하여 마치 훌륭한 가르침을 얻은 것 같아 감사와 위안을 말로 하지 못하겠습니다.[累幅手敎 意貺鄭重 若獲鐫誨 感慰不可狀] ○편지의 말이 찬연하여 매번 받을 때마다 눈을 비비고 읽지 않은 적이 없었습니다.[手札辭筆燦然 每得之 未嘗不刮眼也] ○매번 편지[18]를 받을 때마

---

18 편지 : 원문은 '心畫'. 양웅揚雄의 《법언法言》〈문신問神〉에 "말은 마음의 소리요, 글은 마음의 그림이다.[言心聲也 書心畫也]"라고 하였다.

다 한 달이 넘도록 아끼며 완미하였습니다.[每得心畫 彌月愛玩] ○ 편지에 가득한 수묵手墨이 모두 그대의 얼굴이나 다름이 없습니다. 오랫동안 소식이 막힌 가운데 반갑게 만난 것 같으니, 이 마음 이 회포를 어떻게 다 말로 표현하겠습니까?[滿紙手墨 皆是顔面 如得良晤於積阻之中 此心此懷 何可盡言][19] ○ 뜻밖에 멀리서 보내신 편지는 보배롭고 귀중하며 티 없이 맑고 모두 거짓 없는 말씀이라 받아 읽었으니, 어찌 감사한 마음을 이기겠습니까?[匪意 左墨珍重 灑灑 皆肝肺語 奉讀以還 曷勝感幸] ○ 90리[20] 거리에 심부름꾼을 통해 보내신 편지를 받고 위안되는 마음은 다만 찾아오시는 당신의 발자국 소리를 듣는 것 같을 뿐만이 아닙니다.[累舍之地 專人惠書 慰荷不啻聞跫] ○ 전해주신 뜻을 받고 깊이 돌보아주신 마음에 감사합니다.[承此專書致意 感佩深眷] ○ 편지가 멀리서 도착하여 손을 바삐하여 열고 읽어보니, 마치 백붕百朋[21]을 얻은 듯합니다.[手敎遠墜 忙手披讀 如獲百朋] ○ 소식이 막혀 그립던 중에 모인某人이 갑자기 형의 편지를 전해주어 서둘러 열어보니 마치 친구의 모습을 뵙는 것 같았습니다. 누가 글이 사람만 못하다고 하였습니까?[阻想之極 某人 忽傳兄手札 忙手開緘 怳對故人眉宇 誰謂書不如人乎] ○ 뜻밖에 편지를 받고 곤궁한 상황에 매우 위안되었습니다.[匪意專翰 殊慰窮陋] ○ 조

---

19 滿紙手墨……何可盡言 : 《기언별집記言別集》〈여권감사수與權監司脩〉에 "滿紙手墨 皆是顔面 如得良晤於積阻之中 此心此懷 何可盡言"이라는 구절이 있다.

20 90리 : 원문은 '累舍'. '舍'는 30리를 이르는데, 옛날 하룻거리인 30리 마다 숙소[舍]를 둔 데서 이른다.

21 백붕 : 많은 재물을 뜻한다. 《시경詩經》〈소아小雅 청청자아菁菁者莪〉에 "이미 군자를 만나보니, 나에게 백붕을 주신 듯하네.[旣見君子 錫我百朋]"라는 구절에서 유래하였다. 옛날 조개 껍데기를 돈으로 사용할 때에 5패貝를 '1관串'이라 하고, 2관을 '1붕朋'이라 하였다고 한다.

금 소식이 막혀 보고팠는데[22] 갑자기 보내신 편지를 받았습니다.[少阻 亦覺忽如 忽被專告之辱]

기두류起頭類 3

{이별 후에[別後]}

▶이별 후에 세 통의 편지를 차례대로 받으니 마치 뵙고 말씀을 듣는 것 같아 매우 위안되었습니다.[別後三書 長弟承拜 若獲面奉謦咳 慰幸深矣] ○이별 후에 편지를 일전에 비로소 받았습니다. 전해진 것이 비록 늦었지만 얼마나 위안되던지요.[別後 惠書日前 始承見 傳之雖晚 何等慰濯] ○만나서는 사랑스럽고 이별하고 나서는 그리웠는데, 편지가 와서 이를 완미하였습니다.[見之戀戀 別後懸懸 書來爲之把玩][23] ○수십 일 동안 소식이 막힌 적이 없었는데, 한 번의 이별 후에 겨울이 지났으니 그리움이 깊습니다.[曾無數旬之阻 而一別經冬 恨仰政深] ○그립던 중에 편지를 받았습니다. 이번 편지는 헤어지고 나서 처음 받는 편지라 배나 기쁩니다.[瞻仰中 伏承寵翰 此是拜別后初信 欣豁一倍] ○헤어지고 나서 소식이 막혀 매우 그립습니다.[別後阻音 政切瞻耿] ○이별 후에 소식이 없어 매우 서운하고 그립습니다.[別后無聞 方切悵戀] ○이별 후에 가을이 저물어 가는데 소식

---

22 보고팠는데 : 원문은 '怒如'. 《시경詩經》〈주남周南 여분汝墳〉에 "군자를 보지 못한지라, 아침을 굶은 듯 허전하도다.[未見君子 怒如調飢]"라는 구절에서 유래하였다.

23 見之戀戀……書來爲之把玩 : 《명재유고明齋遺稿》〈답유경기答兪敬基〉에 "見之戀戀 別後懸懸 書來爲之把玩"이라는 구절이 있다.

이 막혀 그리움이 더욱 간절하여 보고픔을 이기지 못하겠습니다.[別後秋晩 來音稍阻 懷仰益[切]²⁴ 不覺憧憧] ○ 성남의 외로운 등불 아래에서 이별의 회포가 간절한데, 울적한 회포는 한 해가 하루처럼 흘러갑니다.[城南孤燈 別懷恩恩 黯然之懷 歷歲如一日] ○ 동쪽으로 갔던 행차가 막 돌아왔는데, 남쪽으로 가는 절도사의 행차는 벌써 떠나버렸습니다. 마침내 한 해를 넘기는 이별을 하게 되었으니, 늘 그리는 사사로운 마음이 간절합니다.[東行纔返 南節已啓 遂成隔歲之別 恒切瞻仰之私]

기두류起頭類 4

{병을 앓는 가운데[病中]}

▶정신이 나가 이리저리 뒹굴며 지내느라 문밖 일을 듣지 못한 지가 오래되었습니다. 즉일 편지를 받고 세상이 군평君平²⁵을 잊지 않았다는 것을 알았으니, 기쁨을 어떻게 말하겠습니까?[渾脫宛轉 不聞戶外事久矣 卽承手札 始知世不忘君平 欣倒何言] ○ 병으로 인사를 무시하고 아직도 편지를 보내지 못하였는데, 뜻밖에 영감의 편지가 먼저 도착하였습니다.[病無人事 尙稽書候 不自意令札先辱] ○ 지난번 편지를 받고 헤아릴 수 없이 위안되지만 병으로 정신이 없어 답장을 보내지도 못하였는데, 또

---

24 [切] : 저본에는 없으나, 문맥을 살펴 '切'을 보충하였다.

25 군평 : 한漢나라 엄준嚴遵(?~?)의 자字로, 세상과 등진 자신을 비유한 말이다. 엄준은 성도成都의 시장에서 점을 치던 사람인데, 매일 점을 쳐서 하루 먹을 만큼만 벌면 즉시 문을 닫고 들어앉아서 《노자老子》를 읽거나 저술하였으며, 관원들과는 교제하지 않았고 종신토록 벼슬길에 나아가지 않았다. 이백李白의 〈고풍古風〉에 "군평이 이미 세상 버리고 나자, 세상 역시 군평을 버리었다네.[君平旣棄世 世亦棄君平]"라고 하였다.

편지를 보내오니 부끄럽고 죄송한 마음을 어떻게 말씀드리겠습니까?[頃承惠書 披慰沒量 病昏稽謝 又至於此 媿悚何喩] ○생각지도 못한 이때 갑자기 편지를 받아, 펴서 읽어보니 일반적인 안부 말씀이 아니었습니다.[不虞此際 尙緘忽辱 拆而讀之 又非尋常寒暄語也][26] ○천 리 멀리서 회답이 오니, 완연히 친구의 모습을 마주한 것 같아 병중의 그리움이 문득 사라졌습니다.[千里書回 宛對故人淸範 病中戀渴 於焉頓釋] ○궁벽한 뒷골목에서 병들어 칩거하니 온갖 생각들이 재처럼 사그라듭니다. 오직 그리워하는 한결같은 마음이 때때로 당신께 오가는데, 사람의 정이란 참으로 이렇습니까?[病伏窮巷 百念都灰 惟有耿耿一心 以時往來於座下 人情 固如是耶] ○누추한 방에 바람이 많고 날씨도 차가워 이불을 감싸 안고 병으로 신음하고 있는데, 홀연히 아이가 등에 지고서 한 말의 숯과 편지[27]를 전해주니, 이는 이른바 '범숙范叔의 가난함'[28]을 가련히 여긴 것입니다.[陋室多風 日氣又陰冷 方擁衾吟病 忽見童丁 背負烏柴斗 獻(赤)[赫][29]蹄 眞所謂 戀范叔一寒] ○병들어 바닷가에 지체하고 있어 소식이 막혀 머리를 들

---

26 不虞此際……又非尋常寒暄語也 : 《농암집農巖集》〈답조성경答趙成卿〉에 "不虞此際 尙緘忽辱 拆而讀之 又非尋常寒暄語也"라는 구절이 있다.

27 편지 : 원문은 '赫蹄'. 옛날에 글씨를 쓰는 데 썼던 폭이 좁은 비단을 말하는데, 종이를 칭하는 말로 전용되어 쓰인다. 《한서漢書》〈외척전外戚傳 효성조황후孝成趙皇后〉에 "적무籍武가 상자를 여니 그 속에 약 두 매와 혁제에 쓴 글이 있었다.[武 發篋 中有裹藥二枚 赫蹄書]"라고 하였다.

28 범숙이 가난함 : 원문은 '范叔一寒'. 옛정을 생각해서 빈한한 처지를 동정해 주는 세태를 개탄한 말이다. 《사기史記》〈범수열전范睢列傳〉에 전국 시대 범수范睢가 온갖 고생 끝에 장록張祿으로 이름을 바꾸고 진秦 나라 승상이 된 뒤, 빈궁한 사람의 모습으로 변장을 하고는 옛날 함께 노닐었던 수가須賈의 앞에 나타나자, 수가가 애처롭게 여긴 나머지 술과 음식을 대접하고는 "범숙이 여전히 이렇게까지 가난하게 산단 말인가.[范叔一寒如此哉]"라고 탄식하면서 명주로 만든 솜옷을 입혀 주었던 고사가 전한다.

29 (赤)[赫] : 저본에는 '赤'으로 되어 있으나, 문맥을 살펴 '赫'으로 바로잡았다.

어 고개 너머 구름을 바라보니 그리움이 배나 간절합니다.[病淹海曲 問聞頓阻 矯首嶺雲 瞻仰倍切] ○ 병든 근심에 골몰하느라 오랫동안 안부의 예를 빠뜨렸습니다.[洇汨病憂 久闕起居之禮]

기두류起頭類 5

{즉일 편지를 받고[卽承]}

▶즉일 당신의 편지를 받았습니다.[卽拜惠狀] ○ 즉일 뜻밖에 먼저 보내신 문안 편지를 받았습니다.[卽於匪意 承拜先施之問] ○ 그립던 중에 편지를 보내와 배나 위안되었습니다.[念中書枉 披慰倍劇][30] ○ 지극히 그립던 중에 갑자기 보내신 편지를 받았습니다.[戀想之極 忽承下書] ○ 매번 그리웠는데 갑자기 편지를 받았습니다.[每有懷仰 忽承寵帖] ○ 아침에 파발편에 여러분의 편지를 받았습니다.[朝於撥上 得奉僉書] ○ 편지를 받으니 직접 만나는 것을 대신하기에 충분합니다. 시원하게 소생하는 마음이 어떻겠습니까?[訊札 足當面譚 蘇快如何][31] ○ 즉일 정다운 편지를 받고 위안되는 마음을 말로 하겠습니까?[卽承情翰 披慰可言] ○ 즉일 문안 편지를 받으니, 옛 자리를 이어가는 것 같았습니다.[卽承問札 如續舊筵] ○즉일 먼저 보내신 편지를 받았습니다.[卽拜下狀先辱] ○ 오늘 당신의

---

30 念中書枉 披慰倍劇 : 《농암집農巖集》〈답도이答道以〉에 "念中枉書 披慰倍劇"이라는 구절이 있다.

31 訊札……蘇快如何 : 《낙전당집樂全堂集》〈여고여고與固汝固〉에 "忽報使至投訊札 足當面譚 蘇快如何"라는 구절이 있다.

편지와 함께 세궤歲饋³²를 받으니, 매우 감사하고도 죄송하여 말씀드릴 것이 없습니다.[拜玆盛札 兼以歲饋 感悚之極 無以仰喩] ○ 돌아오는 하인 편에 두 통의 편지를 받았습니다.[奴歸 輒被兩書] ○ 위문편지를 받으니 감사함이 깊습니다.[拜此委問 感荷良甚] ○ 한 번에 두 통의 편지를 받았습니다.[一承兩書] ○ 편지가 올 때 쯤 꿈속에서 먼저 감응을 하니, 소식이 매우 반가운 것은 아마도 이를 두고 하는 말일 것입니다.[書札欲來 夢寐先感 信息甚大 其謂是歟]³³ ○ 즉일에 편지를 받으니 감사하고 부끄러운 마음이 함께 이릅니다.[卽承惠訊 感與媿幷] ○ 즉일 편지를 받으니 마치 얼굴을 뵙는 것 같아 더욱 기쁩니다.[卽承手滋 如見面 尤可喜感] ○ 편지를 받으니 헤아릴 수 없이 기쁘고 위안됩니다.[拜書之辱 欣慰沒量] ○ 적막하던 중에 편지를 받으니, 놀라움과 기쁨을 어떻게 헤아리겠습니까?[下惠書寂中 驚喜何量]³⁴ ○ 당신의 편지는 마치 좋은 만남을 가진 것 같습니다.[惠書 如得良晤]³⁵ ○ 즉일 편지는 합석한 듯 위안됩니다.[卽此手翰 披慰如合席] ○ 즉일 편지를 받았습니다.[卽拜委存]³⁶ ○ 편지로 안부해 주시니, 당신의 두터운 마음을 알았는데, 어찌 찾아와주시기를 바라겠습니까?[耑書委問 亦認盛念 豈望臨顧] ○ 보내온 편지는 그리운 마음에

---

32 세궤 : 연말에 높은 사람에게 인사로 음식이나 물품을 올리는 일을 이른다.

33 書札欲來……其謂是歟 : 《명재유고明齋遺稿》〈여박계긍與朴季肯〉에 "書札欲來 夢寐先感 信息甚大者 其謂是歟"라는 구절이 있다.

34 下惠書寂中 驚喜何量 : 《기언별집記言別集》〈답이좌랑봉징答李佐郞鳳徵〉에 "荷惠書 寂中 驚喜何量"이라는 구절이 있다.

35 惠書 如得良晤 : 《기언별집記言別集》〈여권감사수與權監司脩〉에 "惠書 如得良晤"라는 구절이 있다.

36 卽拜委存 : 《계당선생문집溪堂先生文集》〈답허순필答許舜弼〉에 "卽拜委存"이라는 구절이 있다.

위안되기 충분합니다.[手札之來 足慰戀繆]³⁷ ○한창 그리웠는데 편지를 받고 감사하고 위안되었습니다.[政爾瞻注 承書感慰] ○즉일 정다운 편지를 받고 여러 번 읽고는 감사하고 위안되었습니다.[卽承情翰 三復感慰]³⁸ ○병영에 있을 때 서울에서 보내온 편지를 받았습니다.[在營時 伏承自京傳來惠札] ○존문하시는 편지를 받고 공경히 여러 차례 읽어보니, 마치 책상에서 다정히 이야기를 듣는 것 같았습니다.[伏奉下存書 擎讀再四 如更承牀下之款] ○삼가 제육祭肉을 가져온 인편을 통해 보내신 서찰을 받고 향례享禮를 의식에 따라 거행한 줄 알았습니다.[伏承致膰便中所惠書 伏審享禮如儀]³⁹

▶그저께 편지를 받고 위안되었습니다.[再昨惠書 承領慰荷]⁴⁰ ○어제 편지를 받고 많이 위안되었습니다.[昨奉手翰 披慰爲多]⁴¹ ○지난번 편지를 받고 그대를 향한 그리움에 위안되었습니다.[向承書問 慰玆嚮往] ○달포 전 답장편지는 아직도 위안됩니다.[月前復敎 尙此感荷] ○지난해 모某 조카가 돌아오는 편에 한 통의 편지를 받아 참으로 멀리 있는 저의 마음에 위안되었습니다.[客歲 某姪還 獲披一書 良慰遠懷] ○지난겨울 보내신 편

---

37 手札之來 足慰戀繆 : 《기언별집記言別集》〈여이생택與李生澤〉에 "手札之來 足慰戀繆"라는 구절이 있다.

38 卽承情翰 三復感慰 : 《율곡선생전서栗谷先生全書》〈답송운장答宋雲長〉에 "今承情翰 三復感慰"라는 구절이 있다.

39 伏承致膰便中所惠書 伏審享禮如儀 : 《명재유고明齋遺稿》〈답봉산원유答蓬山院儒〉에 "伏承致膰便中所惠書 伏審享禮如儀"라는 구절이 있다.

40 再昨惠書 承領慰荷 : 《농암집農巖集》〈여어유봉與魚有鳳〉에 "再昨惠書 承領慰荷"라는 구절이 있다.

41 昨奉手翰 披慰爲多 : 《농암집農巖集》〈답어유봉答魚有鳳〉에 "昨奉手翰 披慰爲多"라는 구절이 있다.

지는 지금까지 위안됩니다.[客冬下札 迨今慰瀉] ○ 지난 12월 편지는 지금까지 위안됩니다.[客臘惠狀 迄今披慰] ○ 지난번 편지를 받고 손에서 놓지 못하고 반복하여 읽으니, 감격스럽고 다행스러운 마음이 어떠하겠습니까?[前書玩讀不置 感幸何如]⁴² ○ 지난번 편지와 모某 물건을 함께 보내주시어 받고서 위안되었습니다. 그리고 아직도 책상 위에 두고 있습니다.[向來下札 伴以某物 拜受慰荷 尙在案上] ○ 늦가을 편지는 아직까지 위안됩니다.[抄秋手敎 迄今仰慰] ○ 수일 전에 형의 편지를 받고 비록 때 늦은 편지였지만 많은 위안되었습니다.[數昨得承兄札 雖是後時 披慰實多] ○ 어제의 편지는 위안되었습니다.[昨書拜慰] ○ 어제 편지를 받고 위안되었습니다.[昨札承慰]

▶즉일에 편지를 받고 위안되었습니다.[卽承伏仰慰] ○ 편지를 받고 위안되었습니다.[承審仰慰] ○ 편지를 받고 매우 위안되었습니다.[拜審多慰] ○ 편지를 받고 참으로 위안되었습니다.[承書良慰] ○ 일찍 편지를 받고 매우 위안되었습니다.[早承深慰] ○ 편지를 받고 매우 위안되었습니다.[承審慰滿] ○ 즉일 편지를 받았습니다.[卽拜下狀]⁴³ ○ 편지를 받았습니다.[拜書之辱] ○ 편지가 일찍 도착하였습니다.[手札早枉] ○ 즉일 정다운 편지를 받았습니다.[卽承情翰] ○ 즉일에 또 편지를 받았습니다.[卽又拜書] ○ 일찍 편지를 받았습니다.[早承惠翰] ○ 편지를 받고 매우 위안되었습니다.[拜書慰甚]⁴⁴ ○ 즉일에 편지를 받았습니다.[卽拜下

---

42 前書玩讀不置 感幸何如 : 《기언별집記言別集》〈답랑선군우答朗善君俁〉에 "前書玩讀不置 感幸何如"라는 구절이 있다.

43 卽拜下狀 : 《입재집立齋集》〈답최중빈答崔仲賓〉에 "卽拜下狀"이라는 구절이 있다.

44 拜書慰甚 : 《송자대전宋子大全》〈답민지숙答閔持叔〉에 "拜書慰甚"이라는 구절이 있다.

書]⁴⁵ ○ 편지를 받았습니다.[承拜手敎] ○ 일찍 편지를 받았습니다.[早被崇牘] ○ 그리워하던 즈음에 편지를 받았습니다.[戀際得書]⁴⁶ ○ 연이어 편지를 받아 감사하였습니다.[續承感荷] ○ 연이어 편지를 받고 감사하고 위안되었습니다.[連承感慰] ○ 거듭 편지를 받고 위안되었습니다.[洊承仰慰] ○ 편지를 받고 위안되었습니다.[承審慰慰]⁴⁷ ○ 즉일 편지는 매우 감사합니다.[卽札尤荷] ○ 연이어 편지를 받고 더욱 위안되었습니다.[續拜尤慰]

기두류起頭類 6

{객지에서 편지를 받고[游承]}

▶멀리서 당신의 편지를 받았지만 인편이 없어 답장을 드리지 못하였었는데, 또 다시 그믐날 보내신 편지를 받으니 더욱 마음이 후련합니다.[遠承惠札. 無便未謝 卽又得晦日書 尤用披豁] ○ 지난번 편지에 답장도 하지 못했는데, 또 이렇게 편지를 보내시니 감사하고 위안되는 마음을 말로 할 수 없습니다.[前書未復 又此委問 感慰不可言] ○ 어제 편지에 채 답장도 드리지 못하였는데, 오늘 또 섣달 초하루에 보내신 편지를 받았습니다.[昨書未及謝 而卽又拜臘吉惠札] ○ 도중에 당신의 답장을 받았는데, 오늘 또 당신의 편지를 받았습니다.[路中伏承崇復 卽又委辱下札] ○ 차례로 파

---

45 卽拜下書 : 《송자대전宋子大全》〈답박화숙答朴和叔〉에 "卽拜下書"라는 구절이 있다.
46 戀際得書 : 《면우선생문집俛宇先生文集》〈답심응장答沈應章〉에 "戀際得書"라는 구절이 있다.
47 承審慰慰 : 《사서선생문집沙西先生文集》〈답최계승答崔季昇〉에 "承審慰慰"라는 구절이 있다.

발편에 보내신 여러 번의 편지를 받고 그리워하시는 정이 사람을 매우 감사하게 합니다.[前後撥便 屢承問札 戀戀之情 令人多感] ○ 첫 번째 편지도 답장을 드리지 못하고 두 번째 편지에도 답장을 보내지 못하였는데, 세 번째 편지가 이르니 참으로 부끄럽습니다.[一書未報 而有再書 又未報 而三書至 良可媿戢][48] ○ 보내온 편지에 답장을 하지 못했는데도 문안을 게을리하지 않으니, 그대의 의리에 감격하고 저의 게으름이 부끄럽습니다.[有書不能答 而問存不怠 感君之義 而媿我之慵也][49] ○ 모인某人이 갈 때 답장을 쓰지 못했는데, 그가 돌아올 때에 보내신 편지를 받았습니다. 그전에 우편을 통해 보내신 두 통의 편지를 차례로 받았으니, 위안되고 감격스러운 마음 이루 말할 수 없습니다.[某人之行 未及修謝 而其回承書 其前遞中二書 次第承領 慰感不勝言][50] ○ 지난번 두 통의 편지는 모두 도착을 했는데 충청도 행차는 아직 돌아오지 않아 서운합니다.[向來兩書俱到 於湖行未返 方用伏悵] ○ 겨우 답장을 써 놓고 우편을 기다리고 있었는데, 당신의 편지가 또 우체편에 도착하였습니다. 수백 리 먼 곳에서 편지가 연이어 오고 편지 내용이 친절하니, 우리의 정의가 서로 두텁지 않았다면 어찌 이렇게 할 수 있겠습니까. 감탄스럽습니다.[纔修謝幅 以待郵便矣 惠書又因遞至 數百里之遠 而音信相屬 書辭親切 若微吾人相厚之深 何能至此 感

---

48 一書未報……良可媿戢 : 《명재유고明齋遺稿》〈답장흡答張洽〉에 "一書未報而有再書 又未報而三書至 致意於不報之地 乃至此勤 良可愧戢"이라는 구절이 있다.

49 有書不能答……而媿我之慵也 : 《명재유고明齋遺稿》〈답이백소答李伯邵〉에 "有書不能答 而問存不怠 感君之義 而愧我之慵也"라는 구절이 있다.

50 某人之行……慰感不勝言 : 《명재유고明齋遺稿》〈여민언휘與閔彦暉〉에 "國賓之行 未及修謝其回承書 其前遞中二書 次第奉領 慰感不勝言"이라는 구절이 있다.

歎]⁵¹ ○밤낮으로 연이어 편지를 받고 잘 지내신다는 것을 알았으니 위안될 뿐만이 아니었습니다. 염려와 간절한 정성에 매우 감사드립니다.[晝及夜連拜書 不惟審吉之爲慰 仰念及勤摯 深謝深謝] ○편지가 끊이지 않으니 가까운 곳에서 오가는 것과 다름이 없는데, 산 넘고 물 건너 먼 거리라는 것도 깨닫지 못하겠습니다.[伻札之絡續 無異於莽蒼往復 不覺關河之爲遠也] ○새해 전후로 거듭 보내신 편지를 받았습니다.[歲前後 洊承下狀] ○차례로 보내신 편지에 위안되는 마음을 어찌 이기겠습니까?[前後織書 豈勝開慰] ○편지를 줄곧 받기는 했지만 한결같은 그리움은 그칠 때가 없습니다.[得書非不源源 而一味馳係 無時可已]⁵²

▶지난 편지에 겨우 답장을 드렸는데, 이렇게 또 보내신 편지를 받았습니다.[前書纔復 玆又承翰] ○답장을 겨우 보냈는데, 연이어 심부름꾼을 통해 보내신 문안 편지를 받으니 기쁨이 이어집니다.[覆札纔去 續承專問 嘉貺聯翩] ○겨우 지난 편지에 답장을 드렸는데, 연이어 안부 편지를 받으니 감사하고 위안되는 마음을 말로 할 수 없습니다.[纔復前書 續承訊札 且感且慰 無以爲喩] ○겨우 답장을 올렸는데, 또 보내신 편지를 받았습니다.[才上覆帖 又承下札] ○연이어 편지를 받으니 한 번 만나는 것에 필적합니다. 진실로 감사하고 다행입니다.[續承惠札 可敵一拜 良感且幸]⁵³ ○겨우 편지를 드렸는데, 보내신 편지가 먼저 도착하였으니, 이를 두고 도

---

51 纔修謝幅……感歎 : 《명재유고明齋遺稿》〈답정만양규양答鄭萬陽葵陽〉에 "纔修謝幅 以待郵便矣 此月六日惠書 又因遞至 數百里之遠 而音信相續 書辭親切 有同久要 若微吾人相信之深 何能至此 感歎之私"라는 구절이 있다.

52 得書非不源源……無時可已 : 《농암집農巖集》〈답자익答子益〉에 "得書非不源源 而一味馳係 無時可已也"라는 구절이 있다.

53 續承惠札……良感且幸 : 《명재유고明齋遺稿》〈답박대용答朴大容〉에 "續承惠札 又敵一拜 良感且幸"이라는 구절이 있다.

모하지 않고도 일치하였다고 하는 것입니다.[纔上一札 惠幅先墜 可謂不謀而同] ○겨우 편지 한 통을 보냈는데, 그곳에 도착하기도 전에 당신의 편지를 받았습니다.[纔有一書未達 間承委問]⁵⁴ ○전후로 편지를 많이 보냈는데 답장할 만하면 답장을 보내오고 종래 별다른 말이 없으니, 진실로 부서簿書⁵⁵의 일로 여가가 없는 줄은 알지만, 어찌 병중에 답답한 저의 마음을 염려하지 않으십니까?[前後書多 可復而復 來無別語 固知簿書無暇 而何不念病裏紆鬱耶]

▶지난번 방문하시고 어제 또 편지를 보내왔습니다.[曩辱寵訪 昨又枉書] ○어제 찾아주신 것을 칭송하던 중에 더욱이 오늘 편지에 감사합니다.[方頌昨枉 尤荷今書] ○어제 편지를 받고 이미 위안되었는데, 오늘 편지를 받으니 더욱 감사합니다.[昨奉旣慰 今札尤荷] ○지난번 찾아주신 것이 아직도 감사한데, 오늘 편지는 더욱 위안되었습니다.[頃枉尙感 卽書尤慰] ○앞서 찾아주시고 오늘 편지를 보내시니, 위안과 감사하는 마음이 번갈아 간절합니다.[前枉今書 慰感交切] ○아침에 심부름꾼을 통해 안부를 받고 또 이렇게 연이어 편지를 받았습니다.[朝承伻存 又此續承崇書]⁵⁶ ○지난번 찾아주신 것도 이미 매우 감사하고 위안되었는데, 지금 또 편지를 보내시니 더욱 두터이 돌보아주심을 알겠습니다.[日者歷枉 已極感慰 而今又惠書 尤認眷厚] ○편지를 받고 잘 지내신다는 것을 알았습니다. 어제 잠깐의 만남으로 남은 회포에 조금이나마 위안되었습니

---

54 纔有一書未達 間承委問 : 《농암집農巖集》〈답어유봉答魚有鳳〉에 "纔有一書未達 間承委問"이라는 구절이 있다.

55 부서 : 관아의 장부와 문서를 아울러 이른다.

56 朝承伻存 又此續承崇書 : 《약천집藥泉集》〈답최여화答崔汝和〉에 "朝承伻存 又此續承崇書遠問"이라는 구절이 있다.

다.[拜承起居安重 稍慰昨日霎奉餘懷] ○일찍 편지를 받고 어제 만남이 남은 회포에 위안되었음을 알았습니다.[早拜下札 審慰昨奉餘懷]

▶대감의 편지를 받고 비로소 지난번에 헛걸음하셨다는 것을 알았으니, 놀랍고 서운한 마음을 어찌 이기겠습니까?[伏承台札 始知有向者 虛枉之擧 曷勝驚悵] ○깊은 밤 심부름꾼을 통해 편지를 보내셨는데, 마침 곤히 자느라 답장 없이 빈손으로 돌려보내어 서운하였습니다.[深夜專伻 値困睡 虛還 方以爲恨]

기두류起頭類 7

{편지로 대신 위로하다[替慰]}

▶당신의 아드님이 멀리서 방문하여 소매에 넣고 온 정겨운 서찰을 전해주니, 매우 감사하고 위안되었습니다.[令胤遠訪 袖傳情札 感慰萬萬]⁵⁷ ○오늘 둘째 아드님이 찾아왔는데 얼굴 모습과 몸가짐이 꼭 닮은데다 또 소매에서 형의 편지를 꺼내 주니 그 내용이 진실하고 상세하였습니다. 어찌 한 탁자에 마주 앉아 훌륭한 가르침을 직접 받는 것만 못하겠습니까. 참으로 다행스러웠습니다.[卽玆二哥來訪 顔範克肖 又出袖中惠書 辭旨諄悉 此何減親奉良誨於一榻間 幸甚]⁵⁸ ○아드님이 방문하여 이미 쓰러질 듯 기뻤는데 소매에 넣고 온 편지를 전해주니, 어찌 만나서 고론을

---

57 令胤遠訪……感慰萬萬:《기언별집記言別集》〈여송진사석호與宋進士錫祜〉에 "令胤遠訪 袖傳情札 感慰萬萬"이라는 구절이 있다.

58 卽玆二哥來訪……幸甚:《농암집農巖集》〈답김현보答金顯甫〉에 "卽玆二哥來訪 顔範克肖 已 又出袖中惠書 辭旨諄悉 此何減親奉良誨於一榻間 幸甚幸甚"이라는 구절이 있다.

듣는 것만 못하겠습니까? 감사하고 위안되는 마음을 헤아리기 어렵습니다.[賢胤來訪 欣倒已深 袖致惠書 何減獲奉高論 感慰難量] ○아드님이 와서 당신의 조섭하시는 안부를 알게 되었습니다. 비록 편지를 받지는 못하였지만 어찌 당신을 뵙는 것만 못하겠습니까?[賢郎來 細審調侯 雖未承惠翰 何減見老爺] ○지난번 당신의 아드님과 손자가 연이어 와서 안부를 물어주고 또 당신께서 안부하신 말씀을 전해주니, 위안되고 고마움이 어찌 끝이 있겠습니까?[頃者 令郞令孫 相繼來訊 且傳俯問之語 慰荷何極] ○아드님인 모관某官이 찾아왔는데 얼굴을 거의 알아보지 못할 지경이었습니다. 손을 꼽아 세어 보니 헤어진 지 벌써 10여 년이 지났습니다. 놀랍고 기쁜 마음 어찌 한량이 있겠습니까? 그간에 인사가 변하였으니, 유수처럼 흐르는 세월에 또 한 번 서글퍼집니다.[令胤某官之來訪 面目幾不可識 屈指相別 已十餘年矣 驚喜何量 其間人事之變 逝水之感 亦堪一愴]59 ○아드님이 오는 편에 편지를 받았습니다.[令孫委來 仍承手札]60 ○당신의 손자가 찾아왔는데, 누구인지 묻고서야 그대의 손자라는 것을 알았습니다. 그의 고아하고 단정한 모습이 사랑스러웠으니, 한편 위안되고 한편 슬펐습니다.[令孫來見 問而後知之 愛其雅端 一慰一愴]61 ○아융阿戎62이

---

59 令胤某官之來訪……亦堪一愴 : 《명재유고明齋遺稿》〈답침명중答沈明仲〉에 "令胤直長之來訪 面目幾不可識 屈指相別 已十餘年矣 驚喜何量 其間人事之變 逝水之感 亦堪一愴"이라는 구절이 있다.

60 令孫委來 仍承手札 : 《약천집藥泉集》〈약천집藥泉集〉에 "令孫委來 仍承手札"이라는 구절이 있다.

61 令孫來見……一慰一愴 : 《명재유고明齋遺稿》〈답침명중答沈明仲〉에 "意外令孫來見 問而後知之 愛其雅端 一慰一愴"이라는 구절이 있다.

62 아융 : 남의 자제, 혹은 사내아이에 대한 미칭이다. 죽림칠현竹林七賢의 가운데 한 사람 왕융王戎의 아명兒名이 아융阿戎인데, 완적阮籍이 동료인 왕혼王渾의 집을 찾아갈 때마다 "그대와 이야기하는 것보다는 아융과 지내는 것이 훨씬 낫다.[共卿言 不如共阿戎談]"라고 하고

와서 다정하게 이야기를 나누니, 어찌 이른바 '그대와 이야기를 나누는 것보다 낫다'는 말이 아니겠습니까? 우습습니다.[阿戎來過 晤語頗款 豈所謂勝與卿談者耶 笑笑] ○뜻밖에 아드님을 통해 편지가 도착하였습니다.[意外令允 以惠書至] ○엊그제 아드님이 어르신의 명을 받들고 찾아와 안부를 물어 주었습니다.[昨蒙令允以命來訪 俯致存訊]⁶³ ○숙모님의 행차가 방문하시니, 여러 해 동안 만나 뵙지 못했던 회포에 기쁘고 위안되는 마음을 말로 할 수 없습니다. 모습을 보니 예나 마찬가지여서 더욱이 축하할 만합니다.[叔母主行次臨過 積年阻拜之餘 欣慰不可言 仰見顔貌猶昔 尤可賀也] ○당신의 형님이 멀리 찾아와서 따뜻한 날 초가집에서 며칠간 얼굴을 맞대고 이야기를 나누었으니, 이는 적막한 나에게 한없이 좋은 일이었습니다. 부족한 점은 우리 벗이 이 자리에 함께하지 못한 것이었습니다.[伯氏遠來 暖日茅簷 連得晤語 此寂中無限好事 所欠 吾友不同此耳]⁶⁴ ○아드님의 모습은 아름답고 수려하고 풍채는 헌걸차서 사람으로 하여금 사랑하게 합니다.[胤君毛骨淸秀 風儀頎然 令人可愛]

▶일전에 모인某人이 소매에 당신의 편지를 넣고 와서 전해주니, 마치 한 번 뵙는 것 같아 매우 위안되었습니다. 다만 멀지 않은 곳에서 끝내 서로 만나지 못하는 것이 매우 서운합니다.[日前某人 袖來惠復 如得一奉 慰豁良多 但不遠之地 竟失相面 甚恨] ○모인某人이 소매에 넣고 온 당신의 편지를 전해주어 펼쳐보고 다시 위안되었으니, 이는 마치 당신의 고론을

는, 해가 질 때까지 왕융과 노닐다가 가곤 하였다는 고사가 있다.

63 昨蒙令允以命來訪 俯致存訊 : 《명재유고明齋遺稿》〈여최집의與崔執義〉에 "昨蒙令胤以命來訪 俯致存訊"이라는 구절이 있다.

64 伯氏遠來……吾友不同此耳 : 《기언별집記言別集》〈여이생택與李生澤〉에 "伯氏遠來 暖日茅簷 連日晤語 此寂中無限好事 所欠 吾友不同此耳"라는 구절이 있다.

받드는 것 같았습니다.[某人 袖傳書敎 披復慰瀉 如奉高論] ○ 모인某人이 뜻밖에 객지에서 우연히 만났으니 기쁨을 아실 것입니다. 하지만 만남과 헤어짐이 너무 바빠 만나지 않은 것만 못합니다.[某人 意外來訪 客地萍逢 其喜可知 但恨逢別悤悤 不如不見也] ○ 사위[坦郞]는 다만 처음 만났는데, 다음에 만날 기약이 또 머니 매우 서운합니다.[坦郞 只得一面 後期又遠 甚以爲恨] ○ 비로소 서울로 들어오는 모某 승상편에 관찰영觀察營의 여러 안부를 자세히 들었습니다. 위안되는 마음이 어찌 만남과 다르겠습니까? 이때 당신의 편지가 저에게 전달되니, 기쁨이 평상시에 비하여 배나 더합니다.[纔因某丞入城 細聞觀察營諸節 慰滿 何異盍簪 此際 惠翰落手 欣倒倍常 ○ 일전에 서숙께서 부르는 격문檄文이 오는 편에, 또 편지를 연이어 받았으니 기쁨이 배나 지극합니다.[日前 庶叔召檄之來 且承寵翰書尺連仍欣仰倍至]

▶즉일 모인某人의 편지를 받았습니다.[卽伏承抵某人書] ○ 지난번 집으로 보내신 편지를 보고 아울러 편지 끝에 저에 대해 걱정하는 말씀을 읽고 보니, 위안과 감격을 이루 다 헤아릴 수 없습니다.[頃伏見所抵家庭書 兼荷紙尾之問 慰感交至 無以爲量]⁶⁵ ○ 어제 당신 아버님의 편지를 받고 그대가 내려왔다는 것을 알고는 위안되었습니다.[昨承尊府惠書 知君下來 方以爲慰]⁶⁶

▶때때로 아드님을 통해 대략이나마 안부를 듣고는 있지만 늘 간절히

---

65 頃伏見所抵家庭書……無以爲量 : 《명재유고明齋遺稿》〈상시남上市南〉에 "昨伏見所抵家庭書 兼荷紙尾之存 慰感交至 無以爲量"이라는 구절이 있다.

66 昨承尊府惠書……方以爲慰 : 《명재유고明齋遺稿》〈답송익보答宋翼輔〉에 "昨承尊兄惠書 知君下來 方以爲慰"라는 구절이 있다.

그립습니다.[時從令胤 槪承起居 恒切瞻誦] ○ 지난번 춘부장님을 만나 다소 이야기 나누기는 했지만 편지가 서로 막혀 매우 서운합니다.[向拜春府丈 多少穩誨 而惟以書尺之相阻 深以爲恨] ○ 지난번에 저의 자식 놈들이 책상 아래에 찾아가 뵙고 돌아오는 편에 덕음德音을 전해주어 매우 감격스러웠습니다.[頃者 豚兒獲拜牀下 歸傳德音 方切感戢][67] ○ 이윽고 공무에서 물러나 본영의 아전인 모인某人을 만나 형의 안부를 상세히 물었더니, 제 몸이 형의 곁에 있는 것이나 다름이 없었습니다. 그러나 영리營吏[68]는 관찰사에 대해서는 마치 하늘처럼 오르기 어려운 대상이라 자세한 소식을 들을 수 없었으니 매우 한탄스럽습니다.[俄纔公退 逢本營吏某人 細扣令兄起居節 無異身在兄傍 而但營吏之於按使 如天之難階 不得詳知 極歎] ○ 언제나 친척 어른을 모실 때마다 형의 소식을 들으니, 어느 때나 잊을 수 있겠습니까?[常陪戚丈 每聞兄邊消息 何時可忘]

기두류起頭類 8

{안부를 하려다가[擬候]}

▶심부름꾼을 통해 안부를 여쭙고 싶었지만 그러지 못하였습니다.[方擬伻探 而未之果] ○ 편지를 보내려고 하였는데, 당신의 편지가 마침 도착하였습니다.[方擬遣書 下札適至] ○ 심부름꾼을 보내려고 하였으나 안타깝게도

67　頃者……方切感戢 : 《명재유고明齋遺稿》〈여박화숙與朴和叔〉에 "頃者 豚兒輩獲拜床下 歸傳德音 方切感戢"이라는 구절이 있다.

68　영리 : 조선시대 감영監營이나 군영軍營 등의 본영本營에 딸린 아전을 이른다.

갈 만한 하인이 없었는데, 이때 편지를 보내시니 배나 기뻤습니다.[方擬遣伻 而苦乏僅指 此際書枉 一倍欣仰][69] ○집으로 돌아온 지 얼마 되지 않아 미처 심부름꾼을 보내 안부도 여쭙지 못했는데, 정다운 편지가 먼저 도착하니 감사하였습니다.[還棲屬耳 未及伻候 情訊先及 仰荷] ○해가 바뀐 지 한 달이 다해 가는데 아직도 안부를 드리지 못했습니다. 매번 안부 편지를 드리고 싶었지만 이럭저럭 미루다가 그러지를 못했는데, 즉일 심부름꾼을 통해 보내신 편지를 받고 마주 대하는 듯 위안되었습니다.[歲換月將盡 而尙阻奉敍 每欲伻探 而因循未果 卽拜專人惠書 披慰如對] ○지난번 영감께서 부스럼을 앓고 있다는 소식에 매우 걱정스러워 편지로 안부하고 싶었지만, 또 편지에 답장을 하기 어려울 것이란 생각에 마침내 그만두었습니다. 다만 백대伯台[70]을 통해 안부를 듣고는 있었습니다. 그런데 즉일 편지를 받고 이미 병이 나았다는 소식을 들었으니, 마땅히 사람의 편지에 부응하는 것이라 기쁨이 일반적으로 받는 편지와는 비교할 것이 아닙니다.[向聞令之患癤 甚慮之 欲書探 而又恐難於酬應 遂止之 只憑伯台知靜動 卽此委翰承已快瘳 能應副人之文字爲喜 非尋常得書之比也]

▶편지를 다 써 두었는데, 모인某人이 와서 당신의 편지를 전해주었습니다.[書成後 某人來傳惠札] ○붓을 쥐고 안부 편지를 쓰려고 할 때에 마침 먼저 보내신 편지를 받았습니다. 계획하지도 않고 저절로 마음이 같아졌으니, 위안됨이 마땅히 어떠하겠습니까?[方把筆擬候 此際 獲承先施惠札 可謂不謀而同 慰仰當如何]

---

69 方擬遣伻……一倍欣仰:《농암집農巖集》〈답어유봉答魚有鳳〉에 "方擬遣伻 而苦乏僅指 此際書枉 一倍欣幸"이라는 구절이 있다.

70 백대 : 상대의 맏형님이시면서 대감 벼슬인 사람을 이른다.

{서로 사귀는 정분도 없이[無雅]}

▶한 번 만난 적이 없는데 갑자기 편지를 받았으니, 여기에서 그대의 마음을 알 수 있습니다. 그 마음을 알 수 있으니 얼굴을 본 것이나 무엇이 다르겠습니까?[未曾識面 而忽承惠札 卽此而可以見足下之心矣 其心可見 則何異見其面也]⁷¹ ○제가 집사에 대해 하루의 교분도 없었는데 모인某人이 전해준 말을 통해 집사의 말씀이 저에게 도착하였으니, 저를 멀리 버려두지 않으셨습니다. 비록 전후로 공교롭게 어긋나 한 번도 만나지 못하였지만, 제 마음이 향하는 것의 깊음은 오랜 벗이나 다름이 없습니다.[不佞之於執事 無一日之雅 而曾因友人某聞 執事語到不佞 不置遐外 雖前後巧違 不獲一面 此心嚮往 則無異宿契矣]⁷²

기두류起頭類 9

{때에 따라[隨時]}

▶한 해가 바뀌니 배나 그리웠는데, 갑자기 보내신 편지를 받았습니다. 간곡한 말씀이 평소보다 더하였습니다.[歲改相思一倍 忽拜專札之賜 辭旨繾綣 有踰尋常] ○밤 꿈에 당신의 아름다운 모습을 만났는데 낮에 당신의 편지를 받았으니, 새해의 이날을 참으로 아까워할 만합니다.[夜夢丰範

---

71 未曾識面……則何異見其面也 : 《명재유고明齋遺稿》〈답강재항答姜再恒〉 "未曾識面 而忽承惠札 卽此而可以見足下之心矣 其心可見 則奚翅見其面也"라는 구절이 있다.
72 不佞之於執事……則無異宿契矣 : 《석북선생문집石北先生文集》〈여영백與嶺伯〉에 "不佞之於執事 無一日之雅 而曾因丁友法正聞 執事語到不佞 娓娓不置 雖前後巧違 不獲識面 此心嚮往 則無異宿矣"라는 구절이 있다.

畫接芳訊 新年此日 良足可惜] ○봄에 만물이 자라는 때 편지가 도착하니, 매우 위안됨을 알 것입니다.[春生書至 慰甚可知] ○인편을 통해 편지를 받았으니, 이것은 신년의 첫 번째 소식입니다.[便至惠書 此是新年 第一音信] ○오랫동안 그대의 소식이 끊어졌는데, 문득 해가 가니 그리운 마음이 쌓였습니다.[久絶金玉之音 倏焉歲阻 向戀方積][73] ○이별하고 해가 바뀌었지만, 아득히 그리워 날마다 소식이 이어지기를 기다립니다.[別來歲換 思之渺然 日佇嗣音][74] ○새해에 보내온 한 글자 편지가 어찌 백붕百朋[75]의 가치일 뿐이겠습니까?[新歲一字 奚啻百朋][76] ○이른 아침에 비로소 새해 선물을 보냅니다.[凌早 纔修新歲儀] ○여러 날 더위에 갑자기 꽃놀이를 가니 문득 새로 옷깃을 풀어헤치고 편안히 앉아서 뜻이 맞는 사람과 함께 흥취를 펼칠 것을 생각하던 차에 당신의 편지가 갑자기 도착하였습니다. 이는 참으로 정신적으로 말없이 통하는 기쁨이 있는 것입니다.[數日炎令 驟行花事 頓新披襟宴坐 思與可意人 暢敍興會 耑札忽屆 實有精神默通之喜] ○연초에 보내신 편지를 지금도 책상에 두고 때때로 펴 보면서 얼굴을 맞대고 이야기하는 것을 대신합니다.[歲初惠書 至今留在案上 時一披玩 以代面晤][77] ○한 해가 새로 시작되니, 그리움이 더욱 간절합

---

73 久絶金玉之音……向戀方積:《율곡선생전서栗谷先生全書》〈답이발答李潑〉에 "久絶金玉之音 倏焉歲阻 向戀方積"이라는 구절이 있다.

74 別來歲換……日佇嗣音:《율곡선생전서栗谷先生全書》〈답정계함答鄭季涵〉에 "別來歲換 思之杳然 日佇嗣音"이라는 구절이 있다.

75 백붕: '매우 많은 재물'을 이르는 말이다. 자세한 내용은 212쪽 역주 21을 참조하기 바란다.

76 新歲一字 奚啻百朋:《명재유고明齋遺稿》〈여라중보與羅仲輔〉에 "新歲一字 奚啻百朋"이라는 구절이 있다.

77 歲初惠書……以代面晤:《명재유고明齋遺稿》〈여정장원與鄭長源〉에 "歲初惠書 至今留在

니다.[歲色已新 嚮往尤切] ○한 길 쌓인 눈과 짙은 안개는 모두 괴상한 날씨입니다. 이때 당신의 편지를 받으니, 배나 기쁩니다.[丈雪重霧 俱係乖候 此際書枉 倍切欣仰] ○한 해가 시작된 지 자못 수십 일이 되었는데, 미적대느라 아직 한 통의 편지도 보내지 못하였지만 간절히 그립습니다.[獻發 殆數旬 而荏苒尙闕一書 政切瞻耿]

▶멈춘 구름은 뭉게뭉게 일고 때맞추어 내리는 비는 자욱한[78] 이때, 한 통의 편지는 어찌 천금의 값어치일 뿐이겠습니까?[停雲(靄靄)[靉靉][79] 時雨濛濛 此時一札 奚翅千金][80] ○빗속에 쓸쓸히 종일토록 찾아오는 사람이 없었습니다. 이때 편지를 받으니 참으로 만나는 것에 버금간다[81]고 할 만합니다.[雨中愁寂 終日無人 此際得書 眞所謂次面] ○무더운 날씨에 흙먼지가 내리니, 사람의 기운이 편치 않은데 당신을 그리워하는 마음은 깊습니다.[溽暑挾霾 人氣不寧 向戀方深][82] ○큰비로 들판이 잠겨 행인이 완전히 끊겼는데 심부름꾼이 갑자기 형의 편지를 전해주니, 빈집에서 외롭게 지내던 차에 위안되고 속이 트이는 것이 평소보다 배는 더합니

案上 時一披玩 以代面晤"라는 구절이 있다.

78 멈춘……자욱한 : 원문은 '停雲靄靄 時雨濛濛'. 도잠陶潛이 벗을 그리며 지은 시 〈정운停雲〉에 "멈춘 구름은 뭉게뭉게 일고, 때맞춰 내리는 비는 자욱하여라. 팔방이 다 같이 어둑하고, 육지가 강이 되었네.[停雲靄靄 時雨濛濛 八表同昏 平陸成江]"라는 구절에서 유래하였다.

79 (靄靄)[靉靉] : 저본에는 '靄靄'로 되어 있으나, 문맥을 살펴 '靉靉'로 바로잡았다.

80 停雲靄靄……奚翅千金 : 《명재유고明齋遺稿》〈여백문옥與白文玉〉에 "停雲靄靄 時雨濛濛 此時一札 奚翅千金"이라는 구절이 있다.

81 만나는……버금간다 : 원문은 '次面'. 반가운 편지를 이르는 말로, '대면하는 것에 버금간다'는 뜻이다.

82 溽暑挾霾……向戀方深 : 《귀봉선생집龜峯先生集》〈답숙헌별지答叔獻別紙〉에 "溽暑挾霾 人氣不寧 向戀方深"이라는 구절이 있다.

다.[大雨沒郊 行人一斷 而健脚以兄書至 空齋幽獨 慰豁倍常]⁸³ ○심부름하는 사람이 비를 맞으며 찾아와서 당신의 편지를 전해주어, 급히 펴서 읽으니 저도 모르게 가슴이 탁 트였습니다.[來使冒雨而至 投以手札 忙披疾讀 不覺感豁]⁸⁴ ○계절이 벌써 늦여름이 되니, 그리움이 배나 더합니다.[天時已屬深夏 瞻仰倍自耿耿]

▶서리 내리고 바람 불어 나뭇잎이 떨어지는 때에 문을 닫고 홀로 신음하고 있습니다. 벗들과 떨어져 혼자 지내며 근심하고 있으니, 온갖 감회가 다 일어납니다. 이때 편지 한 통을 보내 천 리 밖에서 심회를 이야기하게 될 줄 어찌 생각이나 했겠습니까. 편지를 뜯어보니 한바탕 이야기를 나눈 것이나 다름없습니다.[霜風搖落 閉戶獨吟 離索爲憂 有懷盈襟 何料一札惠然 千里論心 披玩以還 不減一場盍簪]⁸⁵ ○매번 가을바람이 불 때면 편지를 받았는데, 이번에도 기약이나 한 것처럼 편지가 왔습니다.[每於秋風 得承惠札 今又如期而至]⁸⁶ ○가을이 쓸쓸하니 그리움으로 배나 괴로웠습니다. 이때 편지가 도착하니 위안되는 마음을 이길 길 없습니다.[秋事慘慄 懷仰政苦 此際書至 慰沃難勝] ○가을이 와서 그리움이 더욱 심한 이때 편지를 받았습니다.[秋來 瞻仰尤苦 玆拜惠札]

---

83 大雨沒郊……慰豁倍常 : 《명재유고明齋遺稿》〈여송자문與宋子文〉에 "大雨沒郊 行人一斷 而健脚以兄書忽至 空齋幽獨 慰豁倍常"이라는 구절이 있다.

84 來使冒雨而至……不覺感豁 : 《명재유고明齋遺稿》〈상초려上草廬〉에 "悄然茅齋 正爾懸鬱 來使冒雨而至 投以手札 忙披疾讀 不覺感豁"이라는 구절이 있다.

85 霜風搖落……不減一場盍簪 : 《명재유고明齋遺稿》〈답윤주익원량答尹周翊元亮〉에 "霜風搖落 閉戶獨吟 離索爲憂 有懷盈襟 何料一札惠然 千里論心 披玩以還 不減一場盍簪也"라는 구절이 있다.

86 每於秋風……今又如期而至 : 《명재유고明齋遺稿》〈답이한유한영答李漢游漢泳〉에 "每於歲暮 得承惠札 今又如期而至"라는 구절이 있다.

▶눈 내리는 가운데 문을 닫고 홀로 누워 있었는데, 뜻밖에 심부름꾼이 와서 당신의 편지를 전하니 위안되는 마음이 한결 더하였습니다.[雨雪中 閉戶獨臥 忽被專書 傾慰倍劇]⁸⁷ ○눈 내리는 가운데 우두커니 앉아 있다가 편지를 받았습니다.[雪中塊坐 忽被手字]⁸⁸ ○빈집에서 병으로 신음하며 벗을 그리던 차에 정겨운 편지를 받으니, 기쁨에 쓰러질 듯합니다.[空齋吟病 歲暮懷人 此時情札 使人如倒]⁸⁹ ○눈 속에 칩거하여 홀로 지내느라 괴롭습니다.[雪中藏蟄 離索爲苦]⁹⁰ ○종일토록 문을 닫고 들어앉아 있는데, 눈보라가 몰아쳐 마음이 심란합니다.[終日閉門 風雪惱人]⁹¹ ○추위가 두려워 거북이처럼 몸을 움츠리고 있는데, 그리움이 간절합니다.[畏寒龜縮 瞻想政勞] ○큰 눈이 길을 막아 사람의 종적도 거의 끊어졌는데, 편지가 갑자기 도착하였습니다.[大雪塞路 人蹤幾絶 而惠書忽至]⁹² ○하나의 양기陽氣⁹³가 비로소 생기는 이때, 편지가 다시 갑자기 이르

---

87 雨雪中……傾慰倍劇 : 《농암집農巖集》〈답어유봉答魚有鳳〉에 "雨雪中 閉戶獨臥 忽被專告 傾慰倍劇"이라는 구절이 있다.

88 雪中塊坐 忽被手字 : 《농암집農巖集》〈답도이答道以〉에 "雪中塊坐 忽被惠字"라는 구절이 있다.

89 空齋吟病……使人如倒 : 《명재유고明齋遺稿》〈여송자문與宋子文〉에 "空齋吟病 歲暮懷人 此時情札 使人如倒"라는 구절이 있다.

90 雪中藏蟄 離索正苦 : 《명재유고明齋遺稿》〈여송자문與宋子文〉에 "雪中藏蟄 離索正苦"라는 구절이 있다.

91 終日閉門 風雪惱人 : 《기언별집記言別集》〈답이생진무答李生晉茂〉에 "終日閉門 風雪惱人"이라는 구절이 있다.

92 大雪塞路……而惠書忽至 : 《약천집藥泉集》〈답이여원答李汝元〉에 "大雪塞路 人蹤幾於斷絶 而惠書及於此際"라는 구절이 있다.

93 하나의 양기 : 동짓달인 11월을 이른다. 《주역周易》 박괘剝卦(䷖) 상구上九 효사爻辭에 '10월은 곤괘坤卦(䷁)에 해당하니, 순음純陰의 상이다. 11월은 복괘復卦(䷗)에 해당되어 일양一陽이 맨 밑에서 생기고 12월은 임괘臨卦(䷒)에 해당되어 이양二陽이 밑에서 생기고 정월은 태괘泰卦(䷊)에 해당되어 삼양三陽이 밑에서 생긴다.'라고 하였다.

니 위안되고 기쁜 마음을 말로 하기 어려울 정도입니다.[一陽纔生 惠復 忽至 拜慰傾倒 殆難名狀] ○어느덧 격조하여 한 해가 저물어 가는데, 편지가 도착하니 그립던 마음에 조금이나마 위안되었습니다.[居然阻隔 至於歲晏 書至 稍慰此懷]⁹⁴ ○친구의 정다운 편지가 멀리 궁벽한 시골 눈 속에 누워 있는 가운데 도착하였습니다.[故人情札 遠及於窮巷臥雪之中] ○그리움이 간절하지 않은 적이 없었지만, 세모가 되니 더욱 다시 울적합니다.[嚮仰 何嘗不切 而歲暮益復悒悒] ○세모에 쓸쓸한 회포는 날과 더불어 깊어만 갑니다. 우체를 통해 모월某月 모일某日 보내신 편지를 받았는데, 제가 병영에 도착하고 나서 처음으로 받은 소식이었습니다. 다만 편지로 대면한 것이었지만, 이미 충분히 마음이 후련하였습니다.[歲暮離索之懷 與日俱深 褫中拜前月某日所惠書 到營後初信也 只見簡面 已足開寫] ○세모가 이미 다해가는데 뜻밖에 편지와 선물을 보내주셨습니다.[殘歲之儀已了矣 不謂又辱之以書 貺之以物] ○종이 가득 자세한 말씀은 마치 얼굴을 대하고 심중의 일을 말씀하신 것 같아, 산천이 멀리 막혀 있는 것도 깨닫지 못하였습니다.[滿紙縷縷 如對面說心裏事 不覺山川之脩阻也]⁹⁵

▶인편이 있을 때마다 편지를 보내시고, 편지를 보내실 때마다 많은 회포를 다 말씀하시고 한만한 이야기까지 해 주시어 저의 어리석음을 일깨워 주셨습니다. 모某의 정력은 저 같은 아우들이 따라갈 수 없으니 탄복해 마지않습니다.[每便有書 每書討盡多少情懷 且及閑漫說話 破此聾寂

---

94 居然阻隔……稍慰此懷:《명재유고明齋遺稿》〈답김시제答金時濟〉에 "居然阻隔 至於歲晏 可勝戀傃 書至稍慰此懷"라는 구절이 있다.

95 滿紙縷縷……不覺山川之脩阻也:《명재유고明齋遺稿》〈답강재항答姜再恒〉에 "滿紙縷縷 如對面說心裏事 不覺山川之脩阻也"라는 구절이 있다.

권 2   235

某精力 非弟輩所及 歎服無已]⁹⁶ ○공무가 바쁘신 와중에도 사람을 보내 저의 안부를 물으시니, 감사하고도 부끄러워 어떻게 사례해야 할지 모르겠습니다.[公務鞅掌之中 委書存問 且感且媿 不知攸謝]⁹⁷ ○이러한 때 편지⁹⁸는 마치 서로 만난 것만 같아서 참으로 큰 위안되었습니다.[此時手札 如相對慰懷滿滿]⁹⁹ ○손수 쓰신 여러 장 편지에는 작은 글씨가 폭에 가득하였습니다. 번번이 시로써 위문하시는 간절함에 부응을 하시고 서호西湖의 그윽한 기약은 편지지 위에서 보는 듯하니, 참으로 저의 그리움으로 형의 그리움을 알 만합니다.[手教疊書 細字盈幅 輒以詩副慰問勤摯 西湖幽期 怳見於尺紙之上 眞所謂以吾懸懸 知兄戀戀也] ○여러 폭의 주신 편지는 그 뜻이 매우 중하니, 마치 깨우쳐주신 말씀을 얻은 것 같았습니다.[累幅手教 意貺甚重 若獲鐫誨] ○산속 집에서 쓸쓸히 지내는데 갑자기 편지를 받았습니다.[山家索居 忽被手翰] ○당신의 가르침을 받지 못한지 벌써 2년이 지나니 저의 회포에 절로 그립지 않은 적이 없고, 묵은해를 보내고 새해를 맞는 때마다 마음에 맺히지 않은 적이 없었습니다.[貽阻淸誨 忽過二箕 鄙吝之懷 無自不耿耿 而餞舊迎新之際 每不任結轖也] ○이때 보내신 편지는 마치 당신의 가르침을 받는 것 같습니다.[此際 下札辱臨 如承警咳]

---

96 每便有書……歎服無已:《명재유고明齋遺稿》〈상재종형찰방공上再從兄察訪公〉에 "每便有書 每書討盡多少情懷 且及閑漫說話 破此聾寂 其精力 非弟輩所能及 歎服無已"라는 구절이 있다.

97 公務鞅掌之中……不知攸謝:《명재유고明齋遺稿》〈답이공주答李公州〉에 "公務鞅掌之中 委伻存問 且感且愧 不知攸謝也"라는 구절이 있다.

98 편지: 원문은 '手書'. '손수 쓴 편지'라는 뜻으로, 손아랫사람의 편지를 이르는 말이다. '수자수字'·'수자手滋'·'수유手諭'·'화자華滋'라고도 한다.

99 此時手札……慰懷滿滿:《기언별집기언별集記言別集》〈여허정중옥與許政仲玉〉에 "此時手札 如相對慰懷滿滿"이라는 구절이 있다.

기두류起頭類 10

{답장을 부치다[付答]}

▶달포 전에 보낸 편지는 받아보셨는지요?[月前答上書 果下覽否] ○ 지난번 편지를 받고 돌아가는 관청 노비편에 답장을 보냈는데 전달되었는지 모르겠습니다.[頃承問札 修復付之官隸之回 未知果傳致否] ○ 지난번 보낸 답장은 이미 받아보셨으리라 생각합니다.[頃復想已照至矣] ○ 지난번 답장을 받아보셨는지요?[頃覆照末] ○ 지난번 편지를 받고 답장을 써서 저리邸吏편에 부쳤는데 전달되지 않았으리라 생각합니다.[前書脩謝 付之邸便 想有浮沈也] ○ 지난번 모처某處에서 두 번이나 편지를 받고서 한 번은 답장을 쓰고 한 번은 쓰지 못하였는데, 받아보셨는지요?[曩在某處 再承手札 一答一否 未知照下否]¹⁰⁰ ○ 어제 날도 흐린 데다 병으로 정신이 흐릿한데 붓을 놀려 답장을 썼으니, 당신께서는 잠꼬대를 한다고 여기셨을 것입니다.[再昨日黑 病昏走筆作報書 想以爲夢囈語也]¹⁰¹ ○ 어제 돌아가는 인편을 통해 답장을 부쳤습니다.[昨因便回 敬修復書]¹⁰² ○ 지난번 돌아가는 인편에 마음이 번요하여 자세히 말씀드리지 못하고 대강 답장을 부쳤습니다.[頃於回便 撓不能悉 草草付答矣]

---

100 曩在某處……未知照下否 : 《율곡선생전서栗谷先生全書》〈답성호원答成浩原〉에 "曩在城中 再承手札 一答一否 未知照下否"라는 구절이 있다.

101 再昨日黑……想以爲夢囈語也 : 《농암집農巖集》〈여조성경與趙成卿〉에 "再昨日黑 病昏走筆作報書 不省其爲何等語 伏想高明讀之 必以爲夢囈語矣"라는 구절이 있다.

102 昨因便回 敬修復書 : 《송자대전宋子大全》〈여박화숙與朴和叔〉에 "曾因京裏便 敬修復書"라는 구절이 있다.

비의류匪意類[103]

▶뜻밖에[匪意] ○스스로 생각지도 않았는데[不自意] ○의외에[意外] ○뜻밖에[意裱] ○생각 밖에[料外] ○생각 밖에[料表] ○뜻밖에[禳外] ○뜻밖에[謂外] ○생각하고 있던 가운데[念中] ○생각 밖에[念外] ○그립던 즈음에[戀際] ○그립던 끝에[戀頭] ○바라지도 않았는데[匪望]

치중류褫中類[104]

▶우편 중에[褫中] ○우편을 통해[褫便] ○즉일 우편에[卽褫] ○즉일 우편 중에[卽於褫中] ○인편 중에[便中] ○인편이 도착하여[便至] ○인편이 돌아가는 편에[便回] ○전개專价[105]가 와서[專价來] ○심부름꾼이 와서[伻至] ○종이 와서[奴至] ○종이 돌아가는 편에[奴歸] ○종이 돌아가는 편에[奴還] ○전팽專伻이 와서[專伻來] ○전사傳使가 와서[專使至] ○심부름꾼이 돌아가는 편에[伻還] ○보좌 편에[幫便] ○관청의 종이 돌아가는 편에[官隷回]

---

103 비의류 : '비의'는 '뜻밖에'라는 뜻으로, 그리워하던 중에 생각지도 못하게 상대의 편지를 받은 상태에서 쓰는 말이다. 의외意外·염외念外·불자의不自意·염중念中 등의 표현이 있다.

104 치중류 : '체중'은 '우체 편을 통하여'라는 뜻으로, 편지를 받게 되는 경위에 대한 표현이다. 편중便中·즉체卽遞 등의 표현이 있다.

105 전개 : '편지만을 전달하기 위해 보내는 심부름꾼'을 이르는 말로, '전사專使'·'전족專足'·'전팽專伻'이라고도 한다.

복승류伏承類[106]

▶즉일 삼가 받았습니다.[卽伏承] ○삼가 받았습니다.[謹伏承] ○삼가 받았습니다.[伏承] ○삼가 받았습니다.[敬承] ○공손히 받았습니다.[恭承] ○삼가 받았습니다.[謹承] ○기쁘게 받았습니다.[欣承] ○즐겁게 받았습니다.[喜承] ○이번에 받았습니다.[玆承] ○나아가 받았습니다.[就承] ○절하고 받았습니다.[拜承] ○즉일 받았습니다.[卽承] ○받았습니다.[獲承] ○다만 받았습니다.[第承] ○받았습니다.[得承] ○갑자기 받았습니다.[忽承] ○받고 펼쳐보았습니다.[披承] ○일찍 받았습니다.[早承] ○또 받았습니다.[又承] ○거듭 받았습니다.[洊承] ○연이어 받았습니다.[連承] ○이어서 받았습니다.[續承] ○우러러 받았습니다.[仰承] ○소식이 막혔던 끝에 받았습니다.[阻承]

▶이번에 받았습니다.[玆蒙] ○엎드려 받았습니다.[伏蒙] ○엎드려 편지를 받들었습니다.[伏奉] ○갑자기 편지를 받들었습니다.[忽奉] ○얻어서 편지를 받들었습니다.[獲奉] ○얻어서 편지를 받들었습니다.[得奉] ○갑자기 받았습니다.[忽被] ○연이어 받았습니다.[連被] ○일찍 받았습니다.[早被] ○여러 번 받았습니다.[屢被]

▶받았습니다.[得接] ○연이어 받았습니다.[連接] ○또 받았습니다.[又接] ○즉일 받았습니다.[卽接]

▶엎드려 절하고 받았습니다.[伏拜] ○삼가 절하고 받았습니다.[謹拜] ○즉일 절하고 받았습니다.[卽拜] ○절하고 받았습니다.[獲拜] ○절하

---

106 복승류 : '복승'은 상대에 대하여 자신이 낮추어 이르는 말이다.

고 받았습니다.[得拜] ○갑자기 절하고 받았습니다.[忽拜] ○이번에 절하고 받았습니다.[玆拜] ○다만 받았습니다.[第拜] ○절하고 받았습니다.[承拜] ○거듭 절하고 받았습니다.[洊拜] ○연이어 절하고 받았습니다.[續拜] ○또 절하고 받았습니다.[又拜] ○이날 절하고 받았습니다.[此拜]

▶이를 받았습니다.[承此] ○이를 절하고 받았습니다.[拜玆] ○이를 절하고 받았습니다.[拜此] ○이를 받았습니다.[獲此] ○이를 얻다.[得此] ○이를 받았습니다.[荷此]

하서류下書類[107]

▶내리신 편지[下書] ○내리신 문안편지[下問書] ○욕되게도 내리신 편지[下辱書] ○내리신 존문의 편지[下存書] ○내리신 답장 편지[下答書] ○내리신 답장편지[下覆書] ○내리신 편지[108][下狀] ○내리신 문안 편지[下問狀] ○은혜로운 편지[惠狀]

▶굽어 보내신 편지[俯札] ○전팽耑伻을 통해 보내신 편지[耑札] ○높으신 편지[崇札] ○손수 쓰신 편지[手札] ○정다운 편지[情札] ○은혜로운 편지[惠札] ○당신의 편지[委札] ○문안편지[問札] ○문안편지[訊札] ○보내신 편지[枉札] ○욕되게 보내신 편지[辱札] ○답장 편지[覆札] ○영감의 편지

---

107 하서류 : '하서'는 상대가 보낸 편지를 이른다.

108 내리신 편지 : 원문은 '下狀'. '장狀'은 상중에 있는 사람에게 '서書'자 대신 쓰는 글자이다. 대상大祥 이전에는 '근후소謹候疏'·'근소謹疏' 등의 경우처럼 '소疏'자를 쓰고 대상大祥 이후에는 '근장상謹狀上'·'근장근장謹狀' 등의 경우처럼 '장狀'자를 쓴다.

[슈札] ○형의 편지[兄札] ○당신의 편지[尊札]

▶아름다운 편지[華翰] ○총애하는 편지[寵翰] ○전팽耑伻을 통해 보내신 편지[耑翰] ○손수 쓰신 편지[手翰] ○정다운 편지[情翰] ○맑은 편지[淸翰] ○전팽專伻을 통해 보내신 편지[專翰] ○문안 편지[問翰] ○보내신 편지[枉翰] ○높으신 편지[崇翰] ○은혜로운 편지[惠翰] ○높으신 편지[嵬翰] ○형의 편지[兄翰] ○당신의 편지[尊翰] ○보내신 편지[墜翰] ○당신의 편지[委翰]

▶높으신 편지[崇牘] ○높으신 편지[嵬牘] ○은혜로운 편지[惠牘] ○보내신 편지[捐牘] ○높으신 편지[崇帖] ○높으신 편지[嵬帖] ○욕되게 보내신 편지[辱帖] ○전팽專伻을 통해 보내신 편지[專帖]

▶답장편지[復敎] ○답장편지[覆敎] ○손수 쓰신 편지[手敎] ○편지[書敎] ○편지[翰敎] ○전팽耑伻을 통해 보내신 편지[耑敎] ○내리신 편지[下覆] ○내리신 답장편지[下復] ○은혜롭게 보내신 답장편지[惠覆]

▶전팽專伻을 통해 보내신 편지[專書] ○은혜로운 편지[惠書] ○욕되게 보내신 편지[辱書] ○전팽耑伻을 통해 보내신 편지[耑書] ○은혜로운 편지[惠字] ○욕되게 보내신 편지[辱字]

▶화려한 편지[華緘] ○정다운 편지[情緘] ○전팽耑伻을 통해 보내신 편지[耑告]

▶손수 쓰신 편지[手告] ○손수 쓰신 편지[手滋] ○손수 쓰신 편지[手畢] ○손수 쓰신 편지[手簡] ○손수 쓰신 편지[手誨] ○손수 쓰신 편지[手字] ○굽어 보내신 문안편지[俯問] ○안부를 물으시는 편지[記問]

▶심부름꾼을 통해 보내신 존문 편지[伻存] ○전팽耑伻을 통해 보내신 편지[耑伻] ○말로 전하신 말씀[舌諭] ○입으로 전하신 말씀[口語] ○안부를

물으신 말씀[訊語] ○물으신 말씀[口訊] ○직접 쓰신 편지[肉札]

▶멀리서 문안해주신 편지가 보배롭습니다.[遠問書珍重] ○당신께서 편지로 멀리서 안부를 물어주셨습니다.[盛札遠存] ○은혜로운 편지가 멀리서 도착하였습니다.[惠書遠枉] ○당신께서 편지로 안부를 물어주셨습니다.[辱書委存] ○전팽崙伻을 통해 보내신 편지로 안부해 주셨습니다.[崙札俯存]

▶편지를 내리셨지만 헛걸음하였습니다.[下狀虛辱] ○은혜로운 편지가 헛걸음하였습니다.[惠書虛枉]

▶일찍 전팽崙伻을 통해 보내신 편지를 받았습니다.[早被崙諭] ○갑자기 구전으로 물으시는 안부를 들었습니다.[忽拜口語之訊] ○말로 안부를 전하셨는데 헛걸음하였습니다.[舌諭虛辱]

근심류謹審類[109]

▶삼가 엎드려 알았습니다.[謹伏審] ○엎드려 알았습니다.[伏審] ○삼가 알았습니다.[敬審] ○삼가 알았습니다.[恭審] ○삼가 알았습니다.[謹審] ○보내신 편지로 인하여 엎드려 알았습니다.[仍伏審] ○편지를 받고 엎드려 알았습니다.[憑伏審] ○즉일 편지를 받고 알았습니다.[卽承審] ○편지를 받고 알았습니다.[承拜審] ○편지를 받고 알았습니다.[仍審] ○편지를 받고 알았습니다.[憑審] ○대개 알았습니다.[槪審] ○편지를 펼쳐 보고 알았습니다.[披審] ○편지를 받고 알았습니다.[承審] ○편지를 받

---

109 근심류 : '근심'은 상대의 편지를 받고 '보낸 사연을 잘 알았다'라는 뜻이다.

고 알았습니다.[拜審] ○기쁘게 알았습니다.[欣審] ○기쁘게 알았습니다.[喜審] ○우러러 알았습니다.[仰審] ○편지를 받고 알았습니다.[110][就審] ○따라서 알았습니다.[從審] ○갖추어 알았습니다.[備審] ○상세히 알았습니다.[細審] ○받들어 알았습니다.[奉審] ○또 알았습니다.[且審] ○통해서 알았습니다.[以審] ○얻어서 알았습니다.[獲審] ○다만 알았습니다.[第審] ○더구나 알았습니다.[況審] ○더구나 알았습니다.[矧審] ○얻어서 알았습니다.[得審] ○통해서 알았습니다.[用審]

▶삼가 엎드려 알았습니다.[謹伏諗] ○삼가 알았습니다.[謹諗] ○엎드려 알았습니다.[伏諗] ○삼가 알았습니다.[敬諗] ○우러러 알았습니다.[仰諗] ○받들어 알았습니다.[奉諗] ○인하여 알았습니다.[就諗] ○갖추어 알았습니다.[備諗] ○인하여 알았습니다.[仍諗] ○대개 알았습니다.[概諗] ○더구나 알았습니다.[況諗] ○더구나 알았습니다.[矧諗] ○또 알았습니다.[且諗] ○통하여 알았습니다.[憑諗]

▶인하여 엎드려 알았습니다.[仍伏諦] ○삼가 알았습니다.[謹諦] ○삼가 알았습니다.[敬諦] ○우러러 알았습니다.[仰諦] ○통하여 알았습니다.[憑諦] ○받들어 알았습니다.[奉諦] ○또한 알았습니다.[且諦] ○다시 알았습니다.[更諦] ○살펴 알았습니다.[審諦] ○갖추어 알았습니다.[備諦] ○통해서 알았습니다.[以諦]

▶갖추어 알았습니다.[備諳] ○인하여 알았습니다.[就諳] ○또 알았습니다.[且諳] ○자세히 알았습니다.[細諳]

▶인하여 알았습니다.[就認] ○따라서 알았습니다.[從認] ○또 알았습니

---

110 편지를……알았습니다 : 원문은 '就審'. '취就'자는 '인因'자와 같은 의미로, '상대방의 편지를 통해[因] 안부를 알다'라는 의미이다.

권 2　　243

다.[且認] ○더구나 알았습니다.[況認] ○다만 알았습니다.[第認] ○대개 알았습니다.[槪認] ○통하여 알았습니다.[以認] ○갖추어 알았습니다.[備認]

▶인하여 받았습니다.[就承] ○대개 받았습니다.[槪承] ○다만 받았습니다.[第承] ○더구나 받았습니다.[況承] ○더구나 받았습니다.[矧承] ○또 받았습니다.[且承]

▶갖추어 알았습니다.[備知] ○인하여 알았습니다.[以知] ○갖추어 알았습니다.[備悉] ○또 알았습니다.[且悉] ○인하여 알았습니다.[以悉] ○인하여 알았습니다.[就悉]

시령류時令類

〖이미 상편에 보인다.[已見上篇]〗

기후류氣候類

〖이미 상편에 보인다.[已見上篇]〗

만안류萬安類

〖이미 상편에 보인다.[已見上篇]〗

복위류伏慰類[111]

▶엎드려 간절한 저의 〖정성·회포〗를 이길 수 없습니다.[伏慰區區無任下〖誠·懷〗] ○엎드려 위안되고 축하드리는 지극한 저의 〖정성·정성〗을 이길 수 없습니다.[伏慰且賀不任下〖悰·忱〗] ○엎드려 위안되고 축하드리는 지극한 마음을 이길 수 없습니다.[伏不任且慰且賀之至] ○간절히 두 손 모아 축하드리는 마음을 또 형언할 수 없습니다.[區區攢賀 又不勝名喩][112] ○엎드려 위안되고 축하드리는 지극한 마음을 이길 수 없습니다.[伏不任慰賀之至] ○위안되고 축하드리는 간절한 마음을 이길 수 없습니다.[伏慰且荷 無任區區] ○엎드려 저의 기쁘고 위안되는 지극한 마음을 이길 수 없습니다.[伏不任下誠欣慰之至] ○간절히 위안되고 연이어 감사하였습니다.[區區伏慰 繼以感荷] ○간절히 감사하고 위안되는 마음을 말로 형언할 수 없습니다.[區區感慰 不容名喩] ○간절히 기쁘고 위안되는 저의 마음을 이길 수 없습니다.[區區欣慰 不任卑情] ○신의 도움으로 깊이 조정의 바람에 부응하였으니, 다행스러움을 어찌 이기겠습니까?[神明所佑 深副公朝之望 豈勝伏幸] ○소식이 막혀 그립던 마음에 매우 위안되었습니다.[極慰阻信馳慕之忱] ○간절히 위안되는 마음이 마치 맑은 가르침을 받는 것 같습니다.[區區伏慰 如承淸誨] ○우러러 매우 다행이니 어찌나 기뻤던지요.[仰用萬幸 何等欣釋] ○간절히 축하드리는 마음은 다시 평상

---

111 복위류 : '복위'는 상대의 편지를 받고 '삼가 위안되다'라는 뜻이다.
112 區區攢賀 又不勝名喩 : 《농암집農巖集》〈여남영상與南領相〉에 "區區攢賀 又不勝名喩"라는 구절이 있다.

시에 비할 바가 아닙니다.[區區瞻賀 非復常時之比]¹¹³ ○ 위안되는 마음을 어찌 이기겠습니까?[曷勝忭慰之忱]¹¹⁴ ○ 대개 위안되고 축하드리는 간절한 마음을 어찌 이기겠습니까?[旣慰且賀 曷任區區] ○ 우러러 경하드리는 저의 정성을 이길 수 없습니다.[瞻言慶慰 不任賤誠]¹¹⁵ ○ 공사의 기쁘고 다행스러움을 말로 다 할 수 없습니다.[公私欣幸 不可悉言] ○ 간절히 위안되는 마음이 마치 높은 가르침을 받는 것 같습니다.[區區擎慰 如奉崇誨] ○ 간절히 그리운 나머지 위안되는 마음 끝이 없습니다.[區區瞻嚮之餘 慰荷不可極]

▶ 간절히 위로되는 마음을 이길 수 없습니다.[區區不任仰慰] ○ 우러러 위안되는 지극한 마음을 형용할 수 없습니다.[仰慰之極 殆不可狀]¹¹⁶ ○ 간절히 위안되는 마음을 말로 하겠습니까?[區區慰濯可言] ○ 위안되고 감사한 마음을 이길 수 없습니다.[不勝且慰且荷] ○ 위안되고 감사한 간절한 마음을 표현하기 어렵습니다.[慰荷區區 殆難名狀] ○ 위안되고 감사한 마음이 어찌 만나는 것만 못하겠습니까?[旣慰且賀 何減良覿] ○ 간절히 위안되는 마음은 만나는 것에 못지않습니다.[區區慰浣 無減對晤] ○ 매우 기쁘고 위안되는 마음을 말로 형용할 수 없습니다.[欣慰之甚 不容云

---

113 區區瞻賀 非復常時之比 : 《농암집農巖集》〈여권치도與權致道〉에 "區區瞻賀 非復常時之比"라는 구절이 있다.

114 曷勝忭慰之忱 : 《탄촌선생유고灘村先生遺稿》〈상우재조선생서上迂齋趙先生書〉에 "曷勝忭慰之忱"이라는 구절이 있다.

115 瞻言慶慰 不任賤誠 : 《명재유고明齋遺稿》〈여만암與晩庵〉에 "瞻言慶慰 不任賤誠"이라는 구절이 있다.

116 仰慰之極 殆不可狀 : 《농암집農巖集》〈상친정上親庭〉에 "仰慰之極 殆不可狀"이라는 구절이 있다.

喩]¹¹⁷ ○저의 위안되고 감사한 마음이 번갈아 지극합니다.[區區者 慰荷 交摯] ○소식이 막혀 그리운 마음에 매우 위안되었습니다.[深慰阻懷耿耿] ○간절히 위안되는 마음이 평소에 배나 됩니다.[區區慰釋倍常] ○만난 것처럼 위안되는 마음을 말로 할 수 없습니다.[如對之慰 不可勝言] ○간절히 위안되는 마음이 마치 만나서 재미있게 이야기를 나누는 듯하였습니다.[區區慰荷 怳如奉良歡娓娓] ○위안되고 감사한 마음 외에 고마움과 부끄러움이 뒤따릅니다.[慰荷之外 感媿隨之] ○만남을 대신할 만하니 위안되는 마음을 말로 하겠습니까?[足替良晤 其慰可言] ○편지를 펼치고 여러 번 읽어보니 그지없이 기쁘고 마음이 놓였습니다.[披復欣釋 殊不自已]¹¹⁸ ○위안되고 축하하는 마음이 마땅히 다시 어떠하겠습니까?[其爲慰賀 當復何如] ○간절히 위안되는 마음이 만나 가르침을 받는 것 같습니다.[區區慰仰 如得拜誨] ○편지를 펼쳐보고 쓰러질 듯 위안되는 마음이 마치 자리를 함께 한 듯합니다.[披慰傾倒 如得合席] ○바삐 손을 놀려 편지를 펼쳐보고 위안되는 마음을 헤아릴 수 없었습니다.[忙手披展 傾慰難量]¹¹⁹ ○감사하고 위안되는 지극한 마음을 말로 다 할 수 없습니다.[感慰之極 言不可盡] ○편지를 받고 여러 번 읽었으니 황공하고 감사한 마음을 어찌 이기겠습니까?[奉讀三四 豈勝惶感] ○편지를 펼쳐보고 위안되는 지극한 마음은 마치 한 번 만난 것 같았습니다.[披慰之極 如獲一晤] ○간

---

117 欣慰之甚 不容云喩:《농암집農巖集》〈답도이答道以〉에 "傾慰之深 不容云喩"라는 구절이 있다.

118 披復欣釋 殊不自已:《농암집農巖集》〈답이동보答李同甫〉에 "披復欣釋 殊不自已"라는 구절이 있다.

119 忙手披展 傾慰難量:《농암집農巖集》〈답신무일答慎無逸〉에 "忙手披展 傾慰難量"이라는 구절이 있다.

절히 위안되는 마음은 만나서 가르침을 받는 것 같았습니다.[區區慰仰 如得拜誨] ○기쁘고 마음이 놓이며 가슴이 활짝 펴지는 것이 마치 직접 마주 대한 것 같았습니다.[欣慰披豁 無異一款]¹²⁰ ○간절히 위안되는 마음이 마치 몸에서 깊은 병이 떨어져 나가는 것 같았습니다.[區區慰沃 殆若沈痾袪體] ○편지를 받고 위안되는 마음이 만나 뵙는 것과 다름이 없었습니다.[翻倒喜慰 無異獲承良晤] ○감사하고 기쁜 마음은 말로 표현하기 어렵습니다.[感慰欣豁 有難名論] ○은혜를 알고 덕에 감사하는 마음을 어찌 형용할 수 있겠습니까?[知感之懷 曷可云諭]¹²¹ ○간절한 기쁨과 감사함은 옛날의 자리를 잇는 것이나 다름이 없었습니다.[區區欣荷 無異更續舊筵] ○편지를 열어보고 기쁘고 감사한 마음은 마치 고아한 모습을 대하는 듯합니다.[披閱欣感 如對雅儀]¹²² ○마치 다시 만난듯하여 기쁘고 위안되고 또 감사합니다.[如得重奉 欣慰且感]¹²³ ○참으로 만나는 듯 위안되었습니다.[實有如拜之慰]¹²⁴ ○마치 덕스러운 글자를 받드는 듯 천만 위안되었습니다.[悅奉德字 披慰千萬] ○위안되는 지극한 마음은 다시 당신[光塵]¹²⁵을 뵙는 것에 못지않습니다.[披慰之極 不減復挹光塵] ○간절한 그

---

120 欣慰披豁 無異一款 :《농암집農巖集》〈답자익答子益〉에 "欣慰披豁 無異面款"이라는 구절이 있다.

121 知感之懷 曷可云諭 :《낙전당집樂全堂集》〈채생원몽연蔡生員夢硯〉에 "知感之懷 曷形稱喩"라는 구절이 있다.

122 披閱欣感 如對雅儀 :《귀봉선생집龜峯先生集》〈기우계율곡서후記牛溪栗谷書後〉에 "披閱欣感 如對雅儀"라는 구절이 있다.

123 如得重奉 欣慰且感 :《약천집藥泉集》〈답이가평答李加平〉에 "如得重奉 欣慰且感"이라는 구절이 있다.

124 實有如拜之慰 :《동춘당선생문집同春堂先生文集》〈답이사심答李士深〉에 "如拜之慰"라는 구절이 있다.

125 당신 : 원문은 '光塵'. 상대의 광채를 받으며 모시는 것을 이른다.

리움은 의례적인 하례를 드리는 것에 비할 것이 아닙니다.[區區馳仰 不翅例賀][126] ○소식이 막혀 그립고 쓸쓸한 끝에 저도 모르게 당신을 그리워하며[127] 위안되었습니다.[阻戀悲索之餘 不覺向風而傾慰也][128] ○손을 씻고 편지를 펴서 읽어보고는 저도 모르게 숙연히 공경하는 마음이 절로 일어났습니다.[盥手展讀 不覺悚然起敬] ○편지 가득 자세한 말씀은 마치 만나서 이야기를 나누는 듯하였습니다.[縷縷滿紙 如得面談][129] ○편지를 받고 위안되고 감사하는 마음에 편지가 닳고 먹빛이 바래는 것도 몰랐습니다.[奉讀慰荷 不覺紙弊而墨渝] ○이미 기쁘게 편지로 만남을 대신하니 또한 저의 간절하던 마음이 풀렸습니다.[既喜替面 又可以釋此憧憧] ○정신없이 편지를 뜯어보니 마치 딴 세상의 소식을 듣는 듯하였습니다.[怊悅開緘 如得隔世消息][130] ○편지를 받고 한 해를 넘기도록 소식이 막혀서 그리운 마음에 위안이 되었습니다.[恰慰隔歲阻戀之思] ○편지를 펼쳐보고 마치 다시 얼굴을 뵙는 것 같아 위안이 되었습니다.[披慰 如得更拜顏範][131] ○편지를 열어보고 위안되고 기쁜 마음이 맑으신 당신의 말씀에 못지않았습니다.[披玩慰聳 不減清言] ○사람으로 하여금 마음이 열

---

126 區區馳仰 不翅例賀:《명재유고明齋遺稿》〈답심명중答沈明仲〉에 "區區馳仰 不翅例賀也"라는 구절이 있다.

127 당신을 그리워하며 : 원문은 '向風'. 상대의 덕이나 학문을 그리워함을 이른다.

128 阻戀悲索之餘 不覺向風而傾慰也:《명재유고明齋遺稿》〈여민언휘與閔彥暉〉에 "阻戀悲索之餘 不覺向風而傾慰也"라는 구절이 있다.

129 縷縷滿紙 如得面談:《명재유고明齋遺稿》〈답윤주익원량答尹周翊元亮〉에 "縷縷滿紙 如得面談"이라는 구절이 있다.

130 怊悅開緘 如得隔世消息:《한포재집寒圃齋集》〈답이우당조상국答二憂堂趙相國〉에 "怊悅開緘 如得隔世消息也"라는 구절이 있다.

131 披慰 如得更拜顏範:《약천집藥泉集》〈답서계答西溪〉에 "披慰如得更拜顏範也"라는 구절이 있다.

리고 눈이 밝아져 갑자기 병든 것도 잊게 하였습니다.[令人心開眼明 頓失病之所在]¹³² ○기쁘고 위안되는 마음이 평소보다 배나 더하니, 마치 안개를 헤치는 듯할 뿐만이 아닙니다.[欣慰倍品 不啻披霧] ○우러러 위안되는 지극한 마음은 마치 한자리에서 가르침을 받는 것 같았습니다.[仰慰之極 如得合席而承誨也] ○편지를 전해주어 다소간의 소식을 알았으니, 마치 뜨거운 물건을 잡았다가 찬물에 손을 담그는 듯 시원하였습니다.[披審多少 如熱斯濯]¹³³ ○조금이나마 저물녘에 바삐 이별했던 회포에 위안되었습니다.[稍慰薄暮忙別之懷] ○한 해 너머 소식이 막혀 그리워하던 저의 마음에 위안되었습니다.[足慰隔歲阻戀之私] ○위안되는 마음이 만나서 이야기를 나누는 것에 못지않았습니다.[慰不減面討] ○간절한 마음에 어찌나 위안되던지요.[區區 何等仰慰] ○감사하고 위안되는 마음을 헤아릴 수 없습니다.[感慰不可量]¹³⁴ ○지난번 만나고 남은 회포에 매우 위안되었습니다.[極慰向奉餘懷] ○위안되는 마음은 만나서 다소 이야기를 나누는 것에 해당됩니다.[慰當奉晤多少] ○간절히 기쁘고 위안되는 마음이 어찌 끝이 있겠습니까?[區區欣慰 曷旣] ○쓰러질 듯 위안되는 마음을 말로 할 수 없습니다.[慰倒不可言]¹³⁵ ○간절히 위안되는 마음이 실로 적지 않습니다.[區區伏慰 實不淺鮮] ○마치 만나서 쌓인 회포를 푸는

---

132 令人心開眼明 頓失病之所在 : 《농암집農巖集》〈답조성경答趙成卿〉에 "令人心開眼明 頓失病之所在"라는 구절이 있다.

133 披審多少 如熱斯濯 : 《명재유고明齋遺稿》〈여민언휘與閔彦暉〉에 "披審多少 如熱斯濯也"라는 구절이 있다.

134 感慰不可量 : 《한수재선생문집寒水齋先生文集》〈답이중경答李仲庚〉에 "感慰不可量"이라는 구절이 있다.

135 慰倒不可言 : 《학봉선생문집鶴峯先生文集》〈답조월천答趙月川〉에 "慰倒不可言"이라는 구절이 있다.

것 같았습니다.[如獲拜紓積嬰] ○더욱이 보살피고 돌보아주시어 감사합니다.[尤以省記戀眷爲感]

▶간절히 우러러 위안되었습니다.[區區仰慰] ○간절히 위안되고 감사하였습니다.[區區慰荷] ○어찌나 우러러 위안되던지요.[何等仰慰] ○우러러 위안되는 마음 그지없습니다.[仰慰無已] ○기쁘고 위안되는 마음을 어찌 이기겠습니까?[豈勝欣慰] ○우러러 위안되고 감사하였습니다.[仰慰且荷] ○위안되는 그리운 마음이 배나 지극합니다.[慰仰倍至] ○매우 마음이 후련하고 위안되었습니다.[披慰十分] ○위안되고 다행스러움을 비할 길이 없습니다.[慰幸無比] ○목마르듯 그리운 마음에 매우 위안되었습니다.[甚慰渴仰] ○위안되고 감사한 마음이 지극하였습니다.[慰荷之至] ○쓰러질 듯 위안되는 마음이 어찌나 지극하던지요.[慰倒何極] ○깊이 위안되고 마음이 풀렸습니다.[深用慰釋] ○위안되고 시원한 마음이 매우 많습니다.[慰豁良多] ○마치 만나는 듯 위안되고 감사하였습니다.[慰荷如對] ○위안되고 그리운 마음이 배나 지극합니다.[慰仰倍至] ○기쁨을 감당할 수 없었습니다.[不任欣倒] ○위안되는 마음이 마주한 듯하였습니다.[慰甚當晤] ○만난 듯할 뿐만이 아니었습니다.[不啻如對] ○감사한 마음을 어찌 이기겠습니까?[感佩何勝] ○마치 만난 듯 위안되었습니다.[慰若穩晤] ○한 번 만난 듯 위안되었습니다.[慰當一晤] ○진실로 기쁘고 마음이 풀렸습니다.[良用欣釋] ○조금 위안되고 마음이 풀립니다.[稍用慰瀉] ○위안되고 시원함이 배나 더합니다.[慰濯倍之] ○마치 거듭 만난 듯합니다.[如獲重晤] ○조금 맺혔던 그리움이 풀렸습니다.[稍紓勞結] ○마음과 눈이 모두 열렸습니다.[心眼俱開] ○갖가지가 삼가 위안되었습니다.[種種伏慰] ○위안되는 마음을 말로 할 수 없습니다.[慰

不可言] ○ 위안과 감사한 마음이 아울러 지극합니다.[慰荷兼至] ○ 위안되는 마음을 아실 것입니다.[慰可知矣] ○ 크게 위안되었습니다.[大可慰也] ○ 더욱 기쁜 소식이었습니다.[尤所欣聞] ○ 더욱 매우 위안되었습니다.[尤用傾慰] ○ 간절히 위안되었습니다.[區區慰仰] ○ 어찌나 위안되고 감사하던지요.[何等慰荷] ○ 얼마나 기뻤던지요.[何等欣聳] ○ 위안되고 감사한 마음이 어찌 끝이 있겠습니까?[慰荷曷已] ○ 위안과 시원함을 움켜줄 만합니다.[慰浣可掬] ○ 마음이 열리고 위안되는 마음이 진실로 지극합니다.[開慰良至]136 ○ 위안되는 마음이 어떻겠습니까?[何慰如之] ○ 손뼉 치며 축하드리는 마음 헤아릴 길 없습니다.[抃賀沒量] ○ 기쁨을 말로 할 수 없습니다.[喜不可言] ○ 매우 감사드리고 다행으로 생각합니다.[感幸萬萬] ○ 위안되는 마음을 아실 것입니다.[其慰可知]137 ○ 매우 위안되고 마음이 풀렸습니다.[極用慰釋]138 ○ 더욱이 우러러 축하드립니다.[尤用仰賀] ○ 조금이나마 소식이 막혔던 회포에 위안되었습니다.[稍慰阻懷]139 ○ 마치 진실로 만나 뵙는 듯하였습니다.[如承良晤]140 ○ 진실로 기쁘게 소식을 들었습니다.[誠喜聞也]141 ○ 위안되는 마음이 평소보다 배

---

136 開慰良至 : 《농암집農巖集》〈답도이答道以〉에 "開慰良至"라는 구절이 있다.

137 其慰可知 : 《노사집蘆沙集》〈답이능백答李能白〉에 "其慰可知"라는 구절이 있다.

138 極用慰釋 : 《저촌선생유고樗村先生遺稿》〈여유경원與柳景愿〉에 "極用慰釋"이라는 구절이 있다.

139 稍慰阻懷 : 《탄옹선생집炭翁先生集》〈여송영보與宋英甫〉에 "稍慰阻懷"라는 구절이 있다.

140 如承良晤 : 《기언별집記言別集》〈여윤좌랑휴희중與尹佐郎鑴希仲〉에 "寂中如承良晤"라는 구절이 있다.

141 誠喜聞也 : 《의암선생문집毅菴先生文集》〈답백현복答白賢復〉에 "誠喜聞也"라는 구절이 있다.

나 더합니다.[蘇慰倍常]¹⁴² ○ 위안되고 감사한 마음이 아울러 지극합니다.[慰感兼至] ○ 놀랍고 감사한 마음을 이길 길 없습니다.[不任驚感] ○ 매우 기쁘고 위안되었습니다.[欣慰千萬] ○ 마치 다정한 만남을 잇는 듯합니다.[如續款晤] ○ 멀리서 간절히 두 손 모아 기뻐합니다.[遙切攢聳]

▶우러러 위안되었습니다.[仰慰仰慰] ○ 편지를 받고 위안되었습니다.[承慰承慰] ○ 매우 위안되었습니다.[多慰] ○ 깊이 위안되었습니다.[深慰] ○ 매우 위안되었습니다.[甚慰] ○ 받들어 위안되었습니다.[奉慰] ○ 위안되었습니다.[慰慰] ○ 진실로 위안되었습니다.[良慰] ○ 위안되고 기뻤습니다.[慰喜] ○ 위안되고 마음이 시원하였습니다.[慰濯] ○ 위안되고 씻은 듯 시원하였습니다.[慰浣] ○ 위안되고 답답하던 마음이 풀렸습니다.[慰沃慰瀉] ○ 위안되고 마음이 풀렸습니다.[慰釋] ○ 위안되고 감사하였습니다.[慰荷] ○ 삼가 기뻤습니다.[恭喜] ○ 더욱 기뻤습니다.[尤喜] ○ 기쁘고 위안되었습니다.[聳慰] ○ 감사하고 위안되었습니다.[感慰]

제류第類

〖또한 상편과 통용된다.[亦當與上篇通用]〗

{상대가 병이 들어 근심할 때[病憂]}
▶다만 천화天和¹⁴³가 조금 건강치 못하다고 하니, 걱정되는 마음 간절

---

142 蘇慰倍常:《존재선생문집存齋先生文集》〈답익승答翼昇〉에 "蘇慰倍常"이라는 구절이 있다.
143 천화: 인체의 원기를 이르는 말이다.

합니다.[第審天和少愆 奉慮區區] ○환후患候[144]가 매우 걱정입니다.[愼節伏慮多少] ○조금 건강치 못하다는 소식에 우러러 걱정입니다.[伏承有微恙 爲之仰念] ○여러 폭을 이어서 보내신 병증에 대한 기록은 위태로운 조짐과 몹쓸 병증이 아닌 것이 없는데, 환후가 어찌 갑자기 이렇게 심한 지경에 이르렀는지 모르겠습니다. 그렇지만 하단에 '남을 통해 대필한다[倩草]'는 말이 없는 것으로 보아 과장된 헛소문인 듯하여 놀랍고 염려되는 마음에 조금이나마 위안되었습니다.[聯幅病錄 無非危兆敗證 未知患候猝何至此㦲也 第見下段無倩人語 似是浮誇 差自慰無限驚慮之心] ○조금 건강에 손상이 있다는 것을 알았습니다.[知有少愆] ○다만 몸에 건강을 잃은 것은 천 리 먼 길을 고생한 끝이니, 어찌 그렇지 않겠습니까?[第審體內欠和 千里撼頓之餘 安得不然] ○다만 정양하시는 가운데 때때로 건강치 못하다[145]고 하니, 우러러 염려가 됩니다.[第承靜養之中 時有愆度 仰念仰念] ○쇠약한 지경에서 중병을 앓은 끝에 기혈 등의 모든 것들이 몇 층이나 떨어지는 것을 느끼겠습니다. 당신의 안부와 형제들의 먹고 마시는 여러 안부는 전에 비해서 어떠하신지 몰라 간절히 염려스러운 마음을 감히 잠시도 내려놓지 못하겠습니다.[衰境重病之後 氣血凡百 便覺落下數層 未知起居 肌膚飮啖諸節 比前若何 區區馳念 不敢少弛] ○다만 낙상하신 환후가 가볍지 않은데, 지금은 비록 나아가고는 있다지만 염려스러운 마음을 어찌 이기겠습니까?[第審落傷 所患不輕 雖今向 安憂念何勝] ○다만 눈병으

---

144 환후 : 원문은 '愼節'. '愼'은 남의 병을 높여 이르는 말이다. 《논어論語》〈술이述而〉에 "공자가 삼가신 것은 재계와 전쟁과 질병이었다.[子之所愼 齊戰疾]"라는 구절에서 유래하였다.

145 건강치 못하다 : 원문은 '愆度'. '남의 병'을 높여 이르는 말로, '건절愆節'·'건후愆候'라고도 한다.

로 고생하고 있어 책을 보는 데 방해가 된다는 소식을 들었으니 걱정입니다.[第眼患方苦 實妨看書 用是奉慮] ○눈병이 심해졌다는 말을 들었는데, 이 병은 학업에 상당히 지장을 줄 것이기에 매우 염려됩니다.[承眼眚加苦 此患 殊妨藝業 深以爲慮]¹⁴⁶ ○그사이 급체[關格]를 겪었다고 하니 얼마나 걱정이 되던지요. 지금은 조섭하시는 여러 범절이 원기를 회복하셨는지요.[間經關格 何等奉慮 今則調將諸節 嵩臻天和] ○다만 때 아닌 설사가 난다니 걱정입니다.[第非時痢疾可念] ○손가락의 병으로 매우 고생을 하신다는 말을 듣고는 걱정되었습니다.[聞有手指所患 頗以爲苦 耿耿馳慮] ○다만 풍토가 병의 빌미가 되었음을 알았으니, 걱정되는 마음을 어찌 그치겠습니까?[第審風土爲祟 仰慮何已] ○언뜻 영감께서 병증을 얻었다는 말을 듣고 장독瘴毒 습기에 몸이 상하여 그런 것인 듯하니, 배로 걱정이 되었습니다.[似聞令得類中之証 恐爲瘴濕所傷而然 憂慮倍切] ○다만 또 중환을 앓았다고 하셨는데, 무슨 병인지 모르겠습니다. 젊은 사람이 자주 병치레를 하는 것은 대부분 몸 관리를 신중히 하지 않거나 음식에 절도가 없는 두 가지 이유이니, 천만 자신의 몸을 아끼십시오.[第承又經重証 未知何証耶 年少善疾 多由於不能愼起居節飮食二款 千萬自愛]¹⁴⁷ ○오랫동안 추위를 견디는 것을 보고 병이 생길까 염려되었는데, 도착한 편지를 보고 염려한 대로 병이 생겼다는 것을 알았으니 걱정입니다. 다만 절서대로 화평해졌으리라 생각합니다.[久耐寒苦 固慮生病 書至果爾 爲

---

146 承眼眚加苦……深以爲慮:《농암집農巖集》〈답신정하答申靖夏〉에 "承眼眚加苦 此患 殊妨藝業 深以爲念"이라는 구절이 있다.

147 第承又經重証……千萬自愛:《명재유고明齋遺稿》〈답이체건答李體乾〉에 "第承又經重証 未知何証耶 年少善疾 多由於不能愼起居節飮食二款 千萬自愛"라는 구절이 있다.

之奉念 但此春生 想對時和泰也]¹⁴⁸ ○조섭하시는 안부가 아직도 회복되지 않았다고 하니, 걱정되는 마음 그치지 않습니다.[調候 尙未快復 仰念無已] ○다만 병¹⁴⁹이 아직도 몸에 남아 있다니 매우 걱정입니다.[第審愼節 彌留 貢念萬萬] ○조섭하시는 안부가 아직도 건강을 회복하지 못하셨다니, 그리움이 어찌나 끝이 있겠습니까?[調況 尙未康復 戀仰何極]¹⁵⁰ ○병이 아직도 그대로라니 걱정입니다.[愼節 尙爾獻念] ○조섭하시는 안부가 아직도 건강을 회복하지 못하셨다니 걱정입니다.[調候 尙未和泰 爲之憂歎]¹⁵¹ ○또한 병에서 아직도 쾌차하지 않고 계시다니, 걱정되는 마음을 어찌 이기겠습니까?[且審所愼 尙未快可 曷勝奉念] ○큰 병환을 앓은 뒤라 작은 병이 보태지는 것도 두려운데 염려되는 마음 금할 수 없습니다.[重患之餘 少添亦可畏 仰慮不能已]¹⁵² ○다만 밤새 다행스럽게도 대단히 병이 심해지지 않았다고 하니, 제 마음에 얼마나 위안되던지요.[第審經宿 幸無大段所添 區區何等慰滿] ○오랫동안 병을 앓고 계시다는 소식을 들었습니다. 비록 노년에 편안함을 얻기는 했지만, 단번에 완전히 회복하지 못하니 걱정입니다.[聞體中久愆 雖已獲安老境 一敗完復 實難爲之仰念]

---

148 久耐寒苦……想對時和泰也:《명재유고明齋遺稿》〈답이백소答李伯邵〉에 "久耐寒苦 固慮生病 書至果爾 爲之奉厪 但此春生 想對時和泰也"라는 구절이 있다.

149 병: 원문은 '愼節'. '남의 병'을 높여 이르는 말이다. '미구美疚'·'미진美疹'·'미질美疾'이라고도 한다. 자세한 내용은 254쪽 역주 144를 참조하기 바란다.

150 調況尙未康復 戀仰何極:《율곡선생전서栗谷先生全書》〈답송운장答宋雲長〉에 "第審調況尙未康復 戀慮亦極"이라는 구절이 있다.

151 調候尙未和泰 爲之憂歎:《명재유고明齋遺稿》〈여송자문與宋子文〉에 "第審調候尙未和泰 爲之憂歎"이라는 구절이 있다.

152 重患之餘……仰慮不能已:《명재유고明齋遺稿》〈여박필기與朴弼基〉에 "重患之餘 小添亦可畏 仰慮不能已"라는 구절이 있다.

○지난번 앓던 종기는 곧바로 조금 나았다니 기쁘고 위안되는 간절한 마음을 어찌 이기겠습니까?[向來腫患 旋卽差完 欣慰曷任區區] ○게다가 앓고 있는 병이 점차 나아지고 있다는 소식을 들었습니다.[況承所苦 漸就佳安][153] ○조섭하시는 안부가 마땅한 듯하니, 기쁘고 위안되는 마음을 말로 할 수 없습니다.[攝養起居 如宜欣慰 不容喩] ○묵은 병은 가을이면 나아져 조용히 수양할 수 있을 것입니다. 그대를 도와줄 수는 없지만 그대를 애모하는 마음은 금할 수 없습니다.[宿病秋蘇 靜業可理 雖莫助之 豈勝愛慕][154] ○지난번 설사 증세는 비록 다행스럽게 끝내 낫기는 했다지만, 저의 놀랍고 걱정스러운 마음은 한참이 되었는데도 오히려 느슨해지지 않습니다.[向來泄候 雖幸終臻脫然 下懷驚慮 久猶未弛] ○지난번 앓았던 병이 지금 이미 회복되었다니, 놀랐던 마음이 기쁨으로 변하였습니다.[向來愼節 今已快復 始驚旋喜] ○다만 지난번에 건강이 오랫동안 좋지 않다는 소식이 있다가 이후에 나았다는 소식을 들었으니, 동병상련同病相憐의 마음을 어찌 이기겠습니까?[第審向來 天和久愆 雖是後瘳之報 豈勝同病之憐] ○다만 그간에 종기로 고통을 겪었다는 소식을 들었는데, 비록 지난 일이기는 하지만 이미 놀랐던 마음이 축하하는 마음으로 바뀌었습니다.[第聞間經腫苦 雖係過境爲之 旣驚旋賀] ○다만 여러 달 고생하시던 병이 지금에야 비로소 나았다는 소식을 들었으니, 놀라움과 기쁨이 번갈아 간절합니다.[第審所愼屢朔沈苦 今始快安云 驚喜交切] ○병[155]을 막

---

153 況承所苦 漸就佳安 : 《농암집農巖集》〈답이동보答李同甫〉에 "況承所苦 漸就佳境 尤可喜也"라는 구절이 있다.

154 宿病秋蘇……豈勝愛慕 : 《명재유고明齋遺稿》〈여라석좌중보與羅碩佐仲輔〉에 "宿痾秋穌 靜業可理 雖莫助之 豈勝愛慕"라는 구절이 있다.

155 병 : 원문은 '美疾'. '남의 병'을 높여 이르는 말이다. '미구美疚'·'미진美疹'이라고도

겪고 안부가 좋으시다니 비로소 놀랍고 염려되던 마음이 연이어 위안되고 기뻤습니다. 이러한 마음을 가늠 줄 모르겠습니다.[新經美疾 體中淸迪 始焉驚慮 繼以慰喜 殊不知所以爲懷] ○그간 병을 겪고 곧바로 나았다니 염려되고 축하드립니다.[間經愼節 旋卽勿藥 旣慮且賀] ○병이 들었다는 소문에 걱정했는데, 지금은 크게 나았다는 소식을 듣고 매우 기뻤습니다.[聞有所愼奉念 方切旋承大勢差減 深喜深喜] ○비록 병으로 고생하신다는 소식을 들었지만 책에 파묻혀 한가롭게 유유자적하신다니, 왜황倭皇[156]과 같은 복이 무엇이 이보다 더하겠습니까?[雖承美疹爲苦 而涵泳書籍 優閑自適 倭皇之福 何以加此][157] ○병이 아직도 몸을 떠나지 않고 있다는 소식에 걱정이 매우 깊었는데, 요사이 이미 회복되었다는 소식을 들었으니, 축하드리는 마음을 어찌 이기겠습니까?[湯患彌留 仰慮方深 近承已復常節 豈勝獻賀] ○존장의 환후는 날마다 심부름꾼을 통해 안부를 여쭈었지만, 병에 차도가 없더니 어제부터 나아지고 있다는 안부가 있었습니다. 매우 축하드립니다.[尊丈患候 逐日仰伻 加減靡常 日昨快有動靜 伏賀萬萬] ○돌아오는 심부름꾼편에 환후가 비로소 조금 나아졌다는 소식을 들었으니 축하드립니다. 객지 생활을 끝내고 집으로 돌아올 날이 언제인지요?[伻回 始承憂患少霽 仰賀仰賀 罷寓還第 當在何間]

한다.

156 왜황 : 나랏일에는 관심을 두지 않고 별로 하는 일도 없이 호의호식好衣好食하면서 안락을 누리는 사람을 뜻하는 말로도 쓰이는데, 세속에서는 '예황'으로도 읽는다.

157 雖承美疢爲苦……何以加此 : 《동계집東谿集》〈답시회형서答時晦兄書〉에 "雖承美疢爲苦 而涵泳書籍 優閑自適 倭皇之福 何以加此"라는 구절이 있다.

{향리에 우거하는 사람에게 [鄕寓]}

▶사관舍館을 아직까지 정하지 못하였다니 매우 걱정입니다.[伏聞舍館 尙未定 區區伏慮] ○집을 옮겨야 하는 계획은 진실로 즐겁지 않으리란 것을 아실 것입니다. 사는 곳을 옮겨 지내야 하는 상황을 상상하면 친구의 마음속 서운함이 어떠하겠습니까?[搬移之計 固知非樂 爲遷土棲遲 形勢可想 其爲知舊者 心悵悵何如] ○먼 지방에서 벼슬살이할 때에는 실로 괴로움이 많고 즐거움이 적다는 사실을 잘 압니다. 더구나 아이의 질병이 더 심해졌다고 하였는데, 그곳의 풍토는 서북쪽과 비교할 수 없으니 조리하는 데에 갑절이나 더 신경이 쓰일 것입니다. 염려하는 내 마음이 어찌 한량이 있겠습니까?[遠地客況 固知多苦少樂 況聞令兒所患加劇 風土又不比西北 調護之際 想倍費神 奉慮何已]¹⁵⁸ ○오랫동안 먼 곳에서 체류하고 있다고 하니, 객지에 있는 사람의 서글프고 답답한 마음이 어찌 그렇지 않겠습니까? 한편으로 위안되고 또 한편으로 염려가 됩니다.[許久滯遠 羈思之愁鬱 安得不然 一慰一慮] ○향리에 사는 것이 분잡한 도성 안에 사는 것보다는 낫겠지만 농가의 잡다한 일이 있을 것인데, 그런 일에서는 벗어나셨는지 모르겠습니다. 몹시 그립습니다.[鄕居 雖勝於城裏膠擾 却有田家雜冗 未知能免此否 爲之戀仰]¹⁵⁹ ○돌아가서는 옛집을 수리하고 돌아와서는 새집도 손보아야 하니, 그리운 마음 간절함에 몸과 마음이 모두 수고로우시리라 생각됩니다.[還治舊庄 歸重新寓 泝流憧憧 想心力俱

---

158 遠地官況……奉慮何已:《농암집農巖集》〈답사경답士敬〉에 "遠地官況 固知多苦少樂 況聞令兒證患加劇 風土又不比已北 調護之際 想倍費心 奉慮何已"라는 구절이 있다.

159 鄕居……爲之懸仰:《명재유고明齋遺稿》〈답이언위무숙答李彦緯武叔〉에 "鄕居 雖勝於城裏膠擾 却有田家雜冗 未知能免此否 爲之懸仰"이라는 구절이 있다.

勞]¹⁶⁰ ○장차 아득히 큰길¹⁶¹에서 돌아가려고 하신다니, 여러 해 동안의 수고로움은 과거의 모습이 될 것입니다. 오늘의 일이 부럽기만 합니다.[承將浩歸孔路 屢年之勞攘 便屬過去光景 卽事堪羨]

시의류示意類¹⁶²

▶말씀하신〔뜻·일〕은 다 알았습니다.[教〔意·事〕伏悉] ○보내신 말씀은 다 알았습니다.[來敎拜悉] ○말씀하신 것은 자세히 다 알았습니다.[所敎詳悉] ○말씀하신 뜻은 삼가 다 알았습니다.[示意謹悉] ○말씀하신 일은 자세히 다 알았습니다.[示事備悉] ○편지에 보내신 뜻은 삼가 받았습니다.[書意謹領] ○소지에서 하신 말씀을 자세히 보았습니다.[小紙詳覽] ○보내신 편지는 삼가 보았습니다.[來紙敬覽] ○별폭에 보내신 편지를 자세히 보았습니다.[別幅所示備閱]

▶보내신 일은 제가 어찌 잊겠습니까?[示事 弟豈忘之] ○말씀하신 일은 잊지 않겠습니다. 기다리는 것이 있으니 우선은 기다리는 것이 어떠하십니까?[示事 非忘之也 方有所待者 姑俟之如何] ○소지와 보내신 편지는 모두 자세히 알았습니다. 삼가 말씀하신대로 하겠습니다.[小紙及來示 幷細

---

160 還治舊莊……想心力俱勞 : 《명재유고明齋遺稿》〈답라현도答羅顯道〉에 "還治舊莊 歸重新寓 泝流憧憧 想心力俱勞"라는 구절이 있다.
161 큰길 : 원문은 '孔道'. 사람의 통행이 많은 길로, 중국의 사신이 왕래하는 서울과 의주의 길을 이른다. '공도孔途'·'공로公路'라고도 한다.
162 시의류 : '시의'는 '남에게 보여주신 뜻'·'남에게 알려주신 뜻'이란 뜻으로, 편지를 보낸 상대가 제시한 의견이나 부탁, 충고 등을 가리킨다. '교의敎意'·'래교來敎'·'래유來諭'·'소교所敎'·'시사示事'·'시유示諭'라고도 한다.

悉 謹當如戒爲之] ○말씀하신 후의를 어떻게 감히 잊겠습니까?[所敎甚厚 安敢忘也] ○알리신 일은 모두 말씀대로 하겠습니다. 비록 이보다 큰 것이 있다고 하더라도 이렇게 형께서 부탁을 하시니, 제가 감히 받들어 시행하지 않겠습니까?[示事 當一一如戒 雖是大於此者 兄托至此 弟敢不奉施乎] ○말씀하신 일은 실로 긴절히 수응해야 할 것이 많은데 차례로 이렇게 간절히 부탁을 하시니, 이에 어지러움이 안정이 될 것입니다.[下敎事 實多有切緊酬應者 而前後勤托至此 玆以撥亂成上耳] ○날마다 더욱 어지러운 요청은 모두 허락하지 못할 것 같습니다. 그렇지만 형님 말씀의 경우 불가불 부응하여야 하니, 마땅히 경계를 깨고 도모할 것입니다. 조금 시간이 늦다고 하여 싫어하지 마십시오.[此請日益紛 如一幷不許矣 至於兄敎 有不可不副 當破戒圖之 勿以少遲爲嫌也] ○보내신 편지를 받아보았습니다. 말씀이 이렇게 간절하니 삼가 마땅히 기억하겠습니다.[來紙領留 申敎此勤 謹當入思] ○봄 이후로 요청하신 것이 무슨 일인지는 모르겠지만, 제가 형에게 과연 베풀 수 있는 것이라면 감히 받들어 부응하지 않겠습니까?[春後所請 未知何事 弟於兄 果若可施者 敢不奉副] ○말씀하신 일은 마땅히 상황을 보아 도모하고, 힘이 미친다면 감히 세밀히 하지 않겠습니까?[示事 當觀勢圖之 力所及處 敢不曲爲之地耶] ○편지 끝에 하신 말씀이 비록 간곡한 부탁은 아니지만, 어찌 소홀히 하겠습니까?[尾敎事 雖非勤托 豈或歇後] ○편안히 말씀을 받기를 원합니다.[願安承敎] ○당신의 막냇동생이 편지에서 말한 것을 어찌 감히 잊겠습니까? 병이 끊이지 않고 이어져 지금에까지 이르렀으니, 불민한 저의 죄는 참으로 달아날 곳조차 없습니다.[令季氏文字 豈敢忘之 而病冗相仍 遷就至此 不敏之罪 誠無所逃也] ○영남 소식은 대략이나마 이미 들었습니다. 일찍이 이럴 줄 알았다

면 감히 주선하지 않았겠습니까?[嶺信 略已聞矣 早知如此 敢不周旋耶] ○ 말씀하신 뜻은 다 좋기는 하지만, 제 손에서 나오기를 어떻게 기필하겠습니까?[敎意儘好 而出自此手 何可必也]

▶지난번 쪽지에 적어 보낸 일은 이미 특별히 시행하셨으니, 저의 감탄스러움을 마지못하게 합니다.[向來 小紙事 承已另施 令人欽歎 不能已也] ○ 일마다 두려웠는데, 이렇게 도탑게 마음 써주시니 매우 감사합니다. 이러한 괴로운 직함을 돌아보면 집사께서도 겪으신 것인데, 저를 가련히 여기지 않으시고 도리어 칭념稱念163하시는지요.[隨事周章 若是勤摯 感荷誠萬萬 顧此苦銜 執事之所飽經 不知憐我 而返爲稱念耶] ○ 모읍某邑의 일은 염려해주시는 간절함에 깊이 감사드립니다. 그도 깊이 덕스럽게 여길 뿐입니다.[某邑事 深荷相念之勤 感謝千萬 渠亦深德之耳] ○ 서제庶弟는 아껴주심을 입었으니, 감사한 마음을 무어라 말로 할 수 없습니다.[庶弟 持荷愛恤 感戢之私 不可名喩] ○ 지난번 모某의 편지를 보고 돌보아주심을 입었다고 하던데, 지극히 감사한 마음을 무어라 사례해야 할지 모르겠습니다.[頃見某也書 過蒙下恤云 感荷之極 不知所謝] ○ 당숙의 일에 간절히 마음 써주시니 매우 감사합니다. 모쪼록 더 마음을 써주시어 은혜를 마치도록 하시는 것이 어떻습니까?[堂叔事 有此勤念 良感良感 望須加意 俾卒其惠 如何] ○ 특별한 정성이 여기에까지 미쳤으니, 감히 마음속 생각을 조만간 말씀드리지 않겠습니까?[特款及此 敢不中心藏之圖 所以早晚相報耶]

---

163 칭념 : 관원이 외방에 나아갈 적에 고관들이 사적으로 은근히 부탁하는 것을 이른다. 《성종실록成宗實錄》 9년 4월 8일에 "수령이 부임할 적에 그 지방 출신의 공경대부들이 그를 알든 모르든 간에 모두 술과 고기를 가지고 와서 전별하며 자기 노비들을 잘 봐 달라고 청하는 것이 상하 간에 풍속을 이루었는데, 이를 일러 칭념이라고 하였다.[凡守令之赴任也 公卿大夫 知與不知 皆持酒肉而餞 請其奴婢完護 上下成俗 名之曰稱念]"라고 하였다.

▶뇌물[164]의 금지에 관하여 조정에서 거듭 밝혀, 곧이어 모든 청탁의 편지는 일절 거절할 것이니 법을 어길까 참으로 마음이 편치 않습니다. 이에 말씀에 부응하지 못하니, 한탄스러움을 어찌하겠습니까?[關節之禁 朝家申明 屬耳 凡諸請簡 一幷揮罷 而犯戒 實爲未安 玆不得副敎 雖歎奈何] ○저촉되는 듯한데 어떻습니까? 이렇게 하지 못한다면 이 뜻으로 다시 편지를 주고받는 것이 어떻습니까?[似涉如何 不得如是 幸以此意 更爲往復 如何] ○보내신 말씀을 삼가 잘 받았습니다. 지난번의 일은 이미 낭패를 면치 못하여 앞으로 걱정이 없을 수 없으니, 어찌하겠습니까?[來敎謹領 向來事 已未免狼狽 而前頭 亦不能無慮奈何] ○말씀하신 일은 베풀고 싶지 않은 것은 아니지만 제 스스로 오일경조五日京兆[165]임을 압니다. 그래서 한갓 사람을 낭패스럽게 하기에 지금까지 주저하고 있습니다. 지금은 돌아갈 기약이 멀지 않아 더욱 받들어 시행할 방법이 없고 일의 형편도 그러하니 노여워하지 마시는 것이 어떻습니까?[俯敎事 非不欲仰施 自知五日京兆 徒令人狼貝 故趑趄至今矣 今則歸期不遠 尤無奉施之道 事勢其然 幸勿嗔如何] ○전후로 친구들의 부탁을 한결같이 모두 사양해 왔습니다. 예컨대 지난번 모장某丈의 부탁에도 그의 요청을 들어주지 못하였습니다.

---

164 뇌물 : 원문은 '關節'. 주요한 자리에 있는 사람에게 뇌물을 주어 잘 부탁하는 것을 말하거나 매우 중요한 것을 이르는 말이다. 《자치통감資治通鑑》〈당기唐紀〉헌종소문장무대성지신효황제憲宗昭文章武大聖至神孝皇帝 하下〉호삼성胡三省의 음주音注에 "당나라 사람들이 서로 부탁하는 것을 '관절關節'이라고 하였는데, 이 말은 지금까지도 오히려 그러하다.[人謂相屬請爲關節 此語至今猶然]"라고 하였다. '인정人情'이라고도 한다.

165 오일경조 : 닷새 동안 경조윤京兆尹을 지낸다는 말로, 관원의 유임 기간이 매우 짧음을 뜻한다. 《통감절요通鑑節要》〈한기漢紀 중종효선황제中宗孝宣皇帝 하下〉에 "장창張敞이 아전인 여순絮舜에게 일을 조사하게 한 것이 있었는데, 여순이 사사로이 그의 집에 돌아가며 '겨우 닷새 갈 경조윤京兆尹인데, 어찌 다시 일을 조사하겠는가.'라고 하였다. [敞 使掾絮舜 有所案驗 舜 私歸其家 曰五日京兆耳 安能復按事]"라고 한 데서 유래하였다.

그런데 지금 대감의 뜻이 중하다 하여 계율을 깨뜨리게 된다면 실로 어떤 것은 취하고 어떤 것은 버린다는 혐의를 사게 될 것입니다. 그래서 반복하여 생각해 보았지만 끝내 명을 받들 수 없었습니다. 삼가 너그럽게 이해해 주시기 바랍니다.[前後親舊所屬 一皆辭謝 如向來某丈之托 亦未副其請矣 今以台旨之重 而不免破戒 則實有彼此取舍之嫌 故反覆思量 終不得承命 伏乞有以恕諒也]¹⁶⁶ ○ 비록 말씀이 간절하기는 하지만 부응할 수 없으니, 죄송한 마음 어찌 끝이 있겠습니까?[雖以委敎之勤 無以仰副 歎歎何已] ○ 감히 말씀을 받들지 못해 죄송합니다.[不敢承敎 悚汗悚汗] ○ 일이 중요한 것에 관계된다 하더라도 감히 계율을 깨뜨릴 수는 없습니다.[事係關節 不敢破戒]¹⁶⁷ ○ 모某 일의 경우 결코 거론할 수 없었습니다. 비로소 이미 폐단을 극도로 진계陳啓하여 같은 말로 금지할 것을 청하였는데, 얼마 지나지 않아 또 금지를 깨뜨렸습니다. 일이 아이들 장난과 같으니 어찌 이러할 리가 있습니까?[至於某事 決不可擧論 才已盛陳其弊 同辭請禁 曾未幾何 又破其禁 事同兒戲 寧有是理] ○ 일이 마음대로 되지 않아 계율대로 할 수 없으니, 매우 탄식스럽습니다.[事不從心 無以如戒 極可歎也] ○ 헤아려 용서하시고 나무라지 마시는 것이 어떠하십니까?[幸加諒恕 勿以爲咎如何] ○ 용서하시기 바랍니다.[幸有以恕之] ○ 하신 말씀에 저도 모르게 먹던 밥을 뿜었습니다.[下敎不覺噴飯] ○ 보내신 말씀은 사람을 매우 부끄럽게

---

166 前後親舊所屬……伏乞有以恕諒也:《농암집農巖集》〈답신우상答申右相〉에 "前後親舊所屬 一皆辭謝 如向來李尙書台丈之喪 尤不容無一語 而亦未副其請矣 今以台旨之重 而不免破戒 則實有彼此取舍之嫌 不但於心不安 亦將重得罪于人 此殊難處 故反復思量 終不得承命 謹以空幅還納于下執事 惶悚戰汗 無以爲喩 伏乞台監有以恕諒也"라는 구절이 있다.

167 事係關節 不敢破戒:《명재유고明齋遺稿》〈여박회숙與朴晦叔〉에 "事係關節 曾不敢破戒"라는 구절이 있다.

하였습니다.[來教使人大憼]¹⁶⁸ ○들어주든 들어주지 않든 간에 마땅히 편지로 부탁을 하여야 합니다. 그렇지만 이 벗이 느슨하여 떨치지 못하니, 힘을 얻게 될런지는 모르겠습니다.[聽不聽間 當貽書托之 而但此友緩而不振 未知其能得力也] ○다만 편지로 알리기는 하겠지만 때늦은 탄식이 없지 않을 것이니, 이것이 걱정입니다.[第當書報 而不無晩時之歎 是可慮也] ○간절하신 말씀이 이와 같으니, 다만 마땅히 특별히 부탁을 하기는 하겠지만 반드시 뜻과 같이 될런지는 보증하기 어려우니 어찌하겠습니까?[勤教如此 第當另托而難保其必諧奈何] ○세전洗腆¹⁶⁹의 필요에 관한 말씀을 감히 힘껏 돕지 않겠습니까마는 뜻밖에 관청의 쓰임이 크게 부족하여 뜻과 같이 할 수 없습니다. 배의 경우 토산물이라고 잘못 일컬어졌으니, 옛날에는 있었지만 지금은 없는 것이 아닌지요?[誠洗腆之需 敢不極力奉助 而意外官用大絀 不能稱情 至於生梨 誤稱土宜 無乃昔有而今無耶] ○쇠잔한 병영에서 박봉이라 또한 마음처럼 두터이 예물을 드리지 못하여 매우 죄송하고 부끄럽습니다.[殘營薄況 亦無以如意厚贐 歎媿萬萬] ○저의 집에서 꿩을 구하는 것은 바로 연목구어緣木求魚입니다. 이 일로 크게 웃음이 나서 적막함을 깨뜨렸습니다. 이는 형께서 방문하신 것보다 나으니 다행입니다.[求雉於吾家 政是緣木求魚 而發一大笑 其爲破寂 勝於兄來訪 可幸]

▶자세히 말씀하시니 염려해주신 뜻에 매우 감사합니다.[示諭縷縷 極荷見

---

168 來教使人大憼 : 《기언별집記言別集》〈여권감사수與權監司脩〉에 "來教使人大憼"이라는 구절이 있다.

169 세전 : 음식을 정갈하고 풍성하게 장만하여 공경히 부모를 봉양함을 이른다. 《서경書經》〈주고酒誥〉에 "효도로 그 부모를 봉양해서 부모가 기뻐하시거든 스스로 음식을 정갈하고 풍성하게 장만하여 술을 올리도록 하라.[用孝養厥父母 厥父母慶 自洗腆 致用酒]"라고 하였다.

念之意] ○ 보내신 편지를 열어보니, 이렇게까지 자세히 말씀하시어 도리어 죄송합니다.[辱賜開示 縷縷至此 還用悚惕] ○ 병으로 나아가 의논드리지 못해 답답하였는데, 이렇게 말씀하시니 매우 감사합니다.[病未就議 殊以爲鬱 有此委敎 深感深感] ○ 이렇게 알려주시니 정으로 염려해주시어 감사합니다.[荷此委報 情念可感] ○ 여러 가지 말씀하신 뜻은 한 차례 만나서 이야기를 나눈 듯합니다.[多少敎意 如獲一場面晤]170 ○ 감히 절하고 받지 않았으니, 지극히 훈계로 삼아야 할 것입니다.[敢不拜而受之 以爲至戒耶] ○ 사람으로서 해야 할 일에 대해 주밀하고 세심하지 않다는 말은 더욱 따끔한 지적이었습니다.[人事欠周詳之喩 尤是頂門一鍼]171 ○ 별지에서 말씀을 하시니, 당신의 뜻에 더욱 감사합니다.[別紙垂諭 尤荷感意]172 ○ 진실로 영광스러우니 어찌 감히 사양하겠습니까?[固爲榮矣 何敢辭乎] ○ 갑작스럽게 써서 보낸 편지라 말이 분명하지 않아 형께서 이렇게 말씀하시니, 이는 저의 치밀치 않은 탓입니다.[俄書所報 果欠分曉 兄之如是爲敎 由弟之疎也] ○ 지난번의 말을 흘려보내지 않고 편지로 급히 언급하시니 비록 회답을 보내지는 않았지만, 어찌 체인하지 않겠습니까?[前言不過 因書忙及 雖非回敎 豈不體認乎] ○ 갑작스럽게 보냈던 편지의 내용을 제가 자세히 다 알았다고 생각했었는데, 과연 어느 부분을 잘못 보았는지 다시 상세히 알려주십시오.[俄書 弟自謂十分纖悉 果何

---

170 多少敎意 如獲一場面晤 : 《명재유고明齋遺稿》〈답이태수사형答李泰壽士亨〉에 "多少敎意 如獲一場面晤"라는 구절이 있다.

171 人事欠周詳之喩 尤是頂門一鍼 : 《농암집農巖集》〈답이동보답李同甫〉에 "人事欠周詳之喩 尤是頂門一鍼"이라는 구절이 있다.

172 別紙垂諭 尤荷盛意 : 《농암집農巖集》〈답임덕함答林德涵〉에 "別紙垂諭 尤荷盛意"라는 구절이 있다.

處錯看 而更有此詳示之敎耶] ○보내신 말씀을 다 알았습니다.[來敎儘得之矣] ○보내신 말씀은 매우 지당하십시다.[來敎甚得當] ○진실로 보내신 말씀과 같습니다.[誠如來敎矣] ○물으신 것은 간략하나마 다시 속편지에 있습니다.[所詢 略復在裏紙] ○부유함으로 가난함을 구제하는 것은 이치의 떳떳함이지만, 어찌 지난 것을 보답하는 예로 책망하겠습니까?[富以濟貧 理之常也 豈可以報往之禮 責之耶] ○말씀하신 일은 지난 일이어서 실천할 수 없는 말입니다.[示事 無非過境 更無可覆之語矣] ○모某의 일은 모두 전제筌蹄[173]에 속하니, 굳이 다시 제론할 필요없습니다.[某事 俱屬筌蹄 不必更提] ○말씀하신 것은 아마도 당신께서 길에서 들으신 말입니다.[垂喩云云 恐左右者 過聽於塗說也] ○영감께서 어찌 저에게 관여하시는지요? 욕되게도 답장을 보내시니 도리어 우습습니다. 앞으로 모든 일들은 저의 귀와 눈이 미치는 데 맡겨두시면 되니, 어찌 간절히 경계할 필요가 있겠습니까? 다만 요사이의 일은 뇌물이 아니면 성사가 되지 않습니다. 가령 종이를 보내는 일과 같은 것은 다만 힘과 근력을 다하여 경주인京主人에게 시켜야 하는데, 영감의 뜻이 어떠한지 모르겠습니다.[自是令之能 何干於弟耶 虛辱謝語 還可笑也 向後凡事之托弟之耳目所及 豈待勤戒 而但近來事 非賂不成 令若多送紙地 第當殫竭筋力 爲令京主人之役 未知令意 如何] ○제가 비록 번요하지만 때때로 그리움이 있을 때면 어찌 종종 편지로나마 안부를 대신 드리고 싶지 않았겠습니까마는, 먼저 외증조께

---

173 전제 : '전'은 물고기를 잡는 통발이고 '제'는 토끼를 잡는 올가미이다. 《장자莊子》〈외물外物〉에 "통발은 고기를 잡는 것인데 고기를 잡고 나면 통발은 잊어버리고, 올가미는 토끼를 잡는 것인데 토끼를 잡고 나면 올가미는 잊어버리는 것이다.[筌者所以在魚 得魚而忘筌 蹄者所以在兔 得兔而忘蹄]"라는 구절에 나오는 말이다. 올가미나 통발은 곧 어떤 목적을 달성하기 위한 도구나 방편의 뜻으로, 목적을 달성한 다음에 버려야 할 것을 의미한다.

물었더니 충고하심이 있었고 또 별달리 드릴 말씀이 없어서 소식이 막혔습니다. 탄식스럽다는 말씀은 서로 마음을 터놓지 않아서 그러한 듯합니다. 이후로 만약 영감께 긴요하게 말씀드릴 것이 있으면 감히 충고하신 대로 하지 않겠습니까?[弟 雖撓汨 有時馳想 豈不欲種種書替 而先問於外曾有戒 且別無他可報者 未免阻候 慨然之敎 恐未相照而然矣 此後如有緊聞於令者 敢不如戒耶] ○ 편지를 보내서 장부를 정리하시는 수고에 거듭 번거롭게 하고 싶지 않았습니다. 장차 서로 알아주는 정에 어찌 굳이 편지를 주고받을 필요가 있겠습니까? 헤아려주십시오.[不欲以書尺 重煩簿牒之勞 且兩照之情 何必待寸牘之往復耶 可俯諒也] ○ 이러한 정성은 처음에는 미처 생각지 못했던 것입니다.[此誠 始慮之所不及] ○ 한바탕의 이야기는 서로 헤아리지 못하였던 것이라 할 만하니, 어찌하겠습니까?[一場唇舌 可謂不相諒奈何]

감하류感荷類[174]

{여러 가지 물건[諸種]}

▶보내신 몇 가지 물건은 저를 버리지 않으신 극진한 사랑에서 나온 것임을 알기에 한편으로 황공하고 한편으로 감사하여 무어라 말씀을 드려야 할지 모르겠습니다.[下送幾種 仰認不遺之盛眷 且惶且感 不知攸達] ○ 보내신 몇 가지 물건은 보내신 대로 받았으니, 감사한 마음이 어찌 물건에만 있겠습니까? 저를 돌보아주시는 뜻이 여기에까지 이르니, 기쁜

---

174 감하류 : '감하'는 상대가 보내준 선물에 감사함을 이른다.

마음을 어떻게 감사드려야 할지 모르겠습니다.[惠來幾種 依領珍戢 奚但在物 眷意至此 祇用僕僕 不知爲謝] ○보내신 여러 가지 물건을 받고 마음 쓰신 것이 도탑고 지극하다는 것을 알았으니, 매우 감사드립니다.[見惠諸種謹領 仰認勤摯 鳴謝萬萬] ○보내신 몇 가지 물건을 받고 돌보아주신 뜻을 알았으니 감사드립니다.[惠送幾種 領謝眷意] ○보내신 대로 받았으니 감사드립니다.[依受感荷]¹⁷⁵ ○보내신 대로 받았으니 감사드립니다.[依領多謝]¹⁷⁶ ○보내신 여러 가지 물건은 특별히 돌보아주신 것이 아니라면 어찌 이러한 데까지 이를 수 있겠습니까? 보내신 대로 잘 받았으니 무슨 말씀을 드려야 할지 모르겠습니다.[惠饋諸種 倘非眷意之出常 何以及此 依領多謝 無以爲喩] ○보내신 몇 가지 물건은 감사히 잘 받았으니, 어떻게 감사를 드려야 할지 모르겠습니다.[惠貺幾種 謹領珍戢 無以爲謝] ○여러 가지 물건을 받고서 기쁘기 그지없었습니다.[寄惠諸種 拜嘉無已]¹⁷⁷ ○몇 종류의 물건을 주시니, 저를 버리지 않으신 것을 알고는 감사하고 잊지 못하는 마음 매우 간절합니다.[幾種盛貺 仰認不遺 感佩殊切] ○후한 예물은 우러러 정의에 감사드립니다.[腆貺 仰荷款誼] ○천 리에서 보내신 물건은 백붕百朋¹⁷⁸이나 다름이 없습니다. 두터운 은혜를 받고 감사드릴 뿐입니다.[千里有饋 百朋無異 受惠也厚 爲謝而已] ○물건은 간소하지만 정의가 깊으니, 잊지 못하는 마음 어찌 끝이 있겠습니까?[物簡情摯

---

175 依受感荷 : 《송자대전宋子大全》〈답민공서答閔公瑞〉에 "三件冊子 依受感荷"라는 구절이 있다.

176 依領多謝 : 《서파집西坡集》〈여나현도與羅顯道〉에 "惠鳳苞依領多謝"라는 구절이 있다.

177 寄惠諸種 拜嘉無已 : 《송자대전宋子大全》〈답민지숙答閔持叔〉에 "二種珍味 拜嘉無已"라는 구절이 있다.

178 백붕 : 많은 재물을 뜻한다. 자세한 내용은 212쪽 역주 21을 참조하기 바란다.

銘感曷已] ○물건과 뜻 모두 소중하니, 이미 깊이 감사드립니다.[物意兩重 已深珍感] ○모두 일상에서 매우 긴요히 필요한 것이었는데, 정으로 보내신 것을 알았으니 참으로 감사드립니다.[俱係日用緊需 認出情貺 珍謝萬萬] ○정으로 염려해 보내신 선물을 받고 감사한 마음 그지없었습니다.[拜領情念 珍感無已] ○우러러 후의임을 알았으니, 감사드리는 마음을 무슨 말로 표현하겠습니까?[仰認厚誼 感謝不容諭] ○보내신 성의를 받고 참으로 잊지 않으신 정의에 감사하였습니다.[拜領盛意 實感不相忘之情也] ○돌보아주신 뜻이 저에게 미쳐 사람으로 하여금 참으로 감사한 마음 그치지 않게 합니다.[有以見眷意攸及 令人珍謝不已] ○특별히 헤아려 보내신 선물을 받고 참으로 감사한 마음 뭐라고 해야 할지 모르겠습니다.[亮出情念 奉領珍感 不知攸謝] ○보내신 몇 가지 물건은 보내신 대로 받았습니다. 기읍畿邑의 쇠잔한 상황에서 어떻게 이를 마련하셨습니까? 깊은 은혜에 감사한 마음 이길 길 없습니다.[下惠幾種 昭數伏領 畿邑殘況 何能辦此 仰認厚眷 不任感謝] ○가난하게 벼슬하는 형편에 이것을 마련하기는 쉽지가 않았을 것이라 마음이 편치않습니다.[殘薄官況 亦非容易辦此 還用不安] ○부임하신 초기라서 모든 일이 산적해 있을 것인데 정중하게 안부를 물어주시고 많은 선물도 보내시니, 이는 다만 물건에만 있지 않음을 알겠습니다.[下車之初 百事塡委 而惠問鄭重 厚貺兼之 有以仰認不但在物而已] ○여러 가지 선물을 보내시니 깊이 감사드립니다. 정이 담긴 물건이 막 도착하였는데, 어떻게 이를 마련하셨는지 도리어 마음이 편치않습니다.[諸種之惠 深謝 情念新到 何能辦此 還用不安] ○객지에서 어떻게 생각이 저에게까지 미쳤는지 더욱 감사드립니다.[客中 何以念及 感荷尤至] ○피차 마찬가지인 가난한 선비로 마땅히 편지를 주고받아야 하는

데, 어찌 이렇게 선물까지 보내 예를 차리시는지요?[彼此共一寒措大 宜以文字相與 焉用此饋餉禮爲]¹⁷⁹ ○편지를 보내 안부를 물어주시는 것은 정이니, 선물 없이 편지만 보낸들 무슨 방해가 되겠습니까?[寄書問訊 卽是情也 空簡 亦何妨也] ○보내신 여러 가지 좋은 음식은 하나하나 지극한 마음에서 나온 것이고, 더군다나 바쁜 와중에 이렇게까지 저를 염려해 주셨습니다. 먼 길로 특별히 사람을 보내자면 비용과 노고가 참으로 많았을 것이니, 감사한 나머지 매우 송구합니다.[惠送諸種 一一出於至意 況於鞅掌之中 勤念至此 遠路委伻 勞費良多 感仰之餘 還極悚仄]¹⁸⁰ ○보내신 물건은 모두 매우 긴요한 것이었으니, 정에 매우 감사드립니다. 먼 곳에까지 보내시니 참으로 마음을 써주신 것이라 받고 감사함이 물건에 있지 않습니다.[惠物 俱係切緊 深荷盛情 而遠地投寄 良亦費神 拜領珍感 不暨物也] ○보내신 여러 가지 물건은 후의가 아니었다면 어떻게 멀리 있는 저에게까지 이를 수 있겠습니까? 감사한 끝에 마음이 편치않습니다.[俯惠諸種 如非厚意 何能遠存至此 仰感之餘 繼以不安] ○지극한 돌보심에 매우 감사드립니다. 멀리서 이렇게 마음을 보내시니, 죄송하고 마음이 편치 않습니다.[深感至眷 而遠路致意若此 還用悚仄 不能安也]¹⁸¹ ○몇 가지 물건을 보내셨는데 가난한 형편에 인편이 있을 때마다 나누어 주시니, 지극한 정의가 아니었다면 어떻게 이럴 수 있겠습니까? 보내신 물건은 잘

---

179 彼此共一寒措大……焉用此饋餉禮爲 : 《동계집東谿集》〈여김생성수서與金生聖守書〉에 "但彼此共一寒措大 唯宜以文字相與 焉用此世俗餽餉禮爲"라는 구절이 있다.

180 惠送諸種……還極悚仄 : 《명재유고明齋遺稿》〈답이무무백答李楙茂伯〉에 "惠送諸種珍味 一一出於至意 況於鞅掌之中 勤念至此 遠路委伻 勞費良多 感仰之餘 還極悚仄"이라는 구절이 있다.

181 深感至眷……不能安也 : 《명재유고明齋遺稿》〈답정하진익창答鄭夏晉益彰〉에 "深感至眷 而遠路致意過厚至此 還用悚仄 不能安也"라는 구절이 있다.

받았으니 깊이 감사드립니다.[送惠幾種 以殘況 有便輒分 倘非至意 何能如是 謹領多謝] ○선물을 연이어 보내시니 인간 세상에 양주학楊州鶴[182]인들 이렇게 사치스럽겠습니까?[盛貺連續 人世 果有楊州鶴 如是之奢也] ○여러 가지 음식을 해마다 빠지지 않고 보내시니, 염려하시는 마음에 깊이 감사드립니다.[諸種之餉 連年不闕 甚荷勤念] ○언제나 정성껏 안부를 물어주시고 더욱이 후의를 받았으니, 깊이 감사드립니다.[每蒙勤存 尤見厚義 深謝深謝] ○수시로 존문하시니 잊지 않으심을 알겠습니다.[不時記存 可見情眷] ○선물을 풍성하게 주시니, 지금부터는 부유한 늙은이 신세가 될 수 있습니다.[盛貺周厚 自此可作富家翁身世也] ○이렇게까지 많이 보내시니 선물하는 절도에 너무 지나치지 않겠습니까?[腆厚至此 饋遺之節 無乃太過耶][183] ○한 바리 물건을 보내시니, 제가 원하던 것보다 훨씬 많아 마음이 편치않았습니다. 가을 곡식이 눈에 가득하지만 먹을 것이 없을까 걱정입니다. 지금부터 몇 달은 고생을 면할 수 있어서 매우 다행입니다.[充駄之惠 太過所望 還用不安 秋穀滿眼 方患無食 從此可免數月之苦矣 甚甚幸幸] ○다섯 말의 녹봉[184]을 한창 급하던 중에 보내시니, 더욱 감사

---

182 양주학 : 옛날에 네 사람이 각자 자기의 소원을 말하는 중에, 한 사람은 양주자사楊州刺史가 되고 싶다고 하고, 한 사람은 많은 재물을 얻기를 원하고, 한 사람은 학을 타고서 하늘로 오르고 싶다고 하였는데, 이 말을 들은 한 사람이 "나는 허리에 십만 관貫의 돈을 두르고, 학을 타고서 양주로 날아가고 싶다.[腰纏十萬貫 騎鶴上楊州]"라고 한 고사가 있다.

183 腆厚至此……無乃太過耶 : 《명재유고明齋遺稿》〈답이상보答李尙輔〉에 "第腆厚至此 饋遺之節 無乃太過耶"라는 구절이 있다.

184 다섯 말의 녹봉 : 원문은 '五斗祿米'. 적은 녹봉을 이른다. 《진서晉書》〈도잠열전陶潛列傳〉에 진晉나라의 은사인 도잠陶潛이 팽택현령彭澤縣令으로 있을 때에 군郡에서 파견한 독우督郵의 시찰을 받게 되었다. 아전이 도잠에게 의관을 갖추고 독우에게 인사를 해야 한다고 하자, 도잠이 탄식하며 "내가 오두미의 녹봉 때문에 허리를 꺾어 시골의 어린아이에게 굽실거릴 수는 없다.[我不能爲五斗米 折腰向鄕里小兒]"라고 하고는, 즉시 수령의 인끈을 풀어 놓고 고향으로 돌아간 고사가 전한다.

합니다.[五斗祿米 正在渴急中 尤切伏感之至] ○침석에 대해 이렇게 부응하시니 감사합니다. 혼인을 치를 때 사용하는 물건 가운데 장물長物[185]은 지극한 뜻에 감사드립니다. 초해草醢[186]를 함께 보내시니 더욱이 정의에 감사드리는 마음 그지없습니다.[寢席 荷此盛副 儘是婚具中長物 仰感至意 而草醢之伴貺 尤感情味 僕僕不已] ○등매登每[187]를 보내주시니 감사합니다. 즉일에 맞추어 은혜를 베풀어 주신 것도 이미 감사한데, 또 아름다운 장식이 매우 화려하였습니다. 우리 형께서 간절히 염려하시지 않으셨다면 어찌 이러할 수 있겠습니까? 더욱 기쁩니다.[登每荷此 趁卽造惠 旣多感幸 而從又餙縝 極其華侈 儻非吾兄勤念之篤 何以及此 尤可喜也] ○보내신 여러 가지 물건은 간절한 염려가 아닌 것이 없어 잊지 못하는 마음 그지없습니다. 그중 휘항揮項[188]은 추운 계절 귀를 덮는 데 매우 요긴하니, 매우 감사합니다.[惠送諸種 無非勤念處 銘感無已 而其中揮項次 當此寒節 緊於掩耳 尤幸尤幸] ○보내신 《당음唐音》 한 질은 손자들을 위해 오랫동안 얻고 싶었던 것이었습니다. 그런데 지금 갑자기 제 손에 들어왔으니, 더욱 정의에 감사하여 어떻게 사례를 드려야 할지 모르겠습니다. 손자들이 뛸 듯이 기뻐하며 서로 차지하려고 다투니 더욱 기쁩니다.[惠寄 唐音一

---

185 장물 : 《진서晉書》 〈왕공열전王恭列傳〉에 진晉나라 왕공王恭(?~398)이 아버지를 따라 회계會稽에서 서울로 왔을 때 친한 벗 왕침王忱이 그를 찾아갔다가 그가 깔고 앉은 6자 너비의 대자리를 보고는 달라고 하였다. 왕공은 그가 떠난 뒤에 즉시 대자리를 거두어 보내주고 자신은 언치를 깔고 앉았다. 뒤에 왕침이 이를 알고 매우 놀라자 왕공이 "나는 평소에 남는 물건이 없네.[吾平生無長物]"라고 하였다. 여기서 '장長'은 '남다[餘]'라는 뜻으로, 대자리가 여유분이 없어서 왕침에게 주고 나자 언치를 깔고 앉을 수밖에 없었다는 말이다.

186 초해 : 식혜의 일종으로 추정된다.

187 등매 : 헝겊으로 가선을 꾸미고 뒤에 부들자리를 대서 만든 돗자리를 이른다.

188 휘항 : 머리에 쓰는 방한구防寒具의 일종으로, 남바위같이 생겼으나 뒤가 훨씬 길고 볼끼가 있어서 목덜미와 뺨까지 싸게 되어 있다.

帙 爲孫兒 欲得久矣 今忽落手 益感情眷 無以爲謝 孫兒輩 雀躍爭相占 尤作喜感] ○새 버선을 보내신 은혜로운 뜻에 매우 감사드립니다.[新襪惠意 至厚深謝]¹⁸⁹ ○지난번 인편에 보내신 채상彩箱¹⁹⁰과 빗접은 모두 긴요하게 쓰이는 것이니 매우 감사드립니다. 또 이번에 모인某人이 가는 편에 말씀드리는 것을 베풀어 주시기 바랍니다.[向便下送 彩箱梳貼 俱係緊用 伏感伏感 又此 某人之去 因有所告 幸下施伏望] ○향기로운 음식을 받았습니다. 받은 것이 자못 많지만 만약 오가는 인편이 있으면 계속 은혜를 베풀어 주시기 바랍니다.[得此香味 受賜殊多矣 如有往來之便 續惠至望] ○후의는 감사하였습니다만 물건은 오지 않았습니다.[厚意仰感 而物種不來耳]

{약재료[藥料]}

▶보내신 여러 가지 물건은 모두 병중에 필요한 것이었는데, 감사한 마음을 어찌 이기겠습니까? 연밥의 경우 약재료에 매우 긴요하였는데 깊이 감사드립니다.[下送諸種 俱係病中所需 曷任珍感 至於蓮實 尤切藥用 謹領深幸] ○보내신 녹각교鹿角膠¹⁹¹는 매우 감사합니다. 10근이 필요하다고 지난번 말씀드렸던 것은 농담일 뿐이었고, 1근을 2근으로 여기실 것이라고 벌써부터 생각하고 있었습니다.[送惠鹿角膠 多感多感 十斤前言戲耳 以斤爲兩 果已料度矣] ○보내신 죽력竹瀝¹⁹²은 즉시 어린아이 오줌

---

189 新襪惠意 至厚深謝 : 《기언별집기언별집記言別集》〈남계정안楠溪靜案〉에 "新襪惠意至厚 深謝深謝"라는 구절이 있다.

190 채상 : 대를 가늘고 길게 잘라 청홍색으로 염색하여 무늬를 내어 엮어 짠 상자이다.

191 녹각교 : 녹각을 절단하고 물로 끓여서 농축하여 만든 아교질 덩어리이다.

192 죽력 : 푸른 대쪽을 불에 구워서 받은 기름으로 성질이 차고 중풍, 노복증勞復症, 소갈消渴, 입 안이 헌 것, 침침한 눈 등을 치료하는 데에 사용한다.

에 타서 복용하였습니다. 매우 감사합니다.[惠來竹瀝 卽和童便服之 感幸感幸]¹⁹³ ○ 양식과 구기자를 보내주시니 염려해주신 마음에 참으로 감사드립니다. 수명을 연장하는 것은 먼일이지만 당장 눈앞의 끼니를 해결할 수 있어 매우 다행스럽습니다.[惠餉枸杞 良感勤念 延年是遠 目下可佐盤飧 甚幸]¹⁹⁴ ○ 보내신 제호醍醐, 익원益元, 청밀淸蜜¹⁹⁵은 모두 여름에 몸을 보양하는 약제들입니다. 이렇게까지 지극한 마음으로 한결같이 저를 염려해 주셨습니다.[下惠淸蜜 醍醐 益元 無非夏月調養之具 至意見念 一至於此]¹⁹⁶ ○ 납제臘劑¹⁹⁷를 보내시어 거듭 베푸신 은덕을 입었으니, 어떻게 감사의 말씀을 드려야 할지 모르겠습니다.[臘劑之貺 重拜德意 不知所喩]¹⁹⁸ ○ 보내주신 새삼씨¹⁹⁹는 오랫동안 잊지 않으시고 찾아서 구제한 것이라 깊이 감사드립니다. 또 물고기알은 마침 피접하여 칼 등을 두드리고²⁰⁰ 있던 중에 미친 것이었는데, 곧바로 병든 사람의 주방으로 보냈

---

193 惠來竹瀝……感幸感幸:《농암집農巖集》〈답도이答道以〉에 "惠來竹瀝 卽和童便服之 感幸感幸"이라는 구절이 있다.

194 惠餉枸杞……甚幸:《농암집農巖集》〈답이명화答李命華〉에 "惠餉枸杞 良荷勤念 延年是遠事 目前可佐盤飧 甚幸甚幸"이라는 구절이 있다.

195 제호……청밀: '제호'는 오매육烏梅肉·백단향白檀香·사인砂仁·초과草果 등의 가루를 꿀에 넣어서 끓인 청량음료이다. '익원'은 갈증을 멈추게 하는데 효과가 있다. '청밀'은 꿀을 이른다.

196 下惠淸蜜醍……一至於此:《명재유고明齋遺稿》〈답김감사答金監司〉에 "下惠醍醐 益元 淸蜜 無非夏月調養之具 至意見念 一至於此"라는 구절이 있다.

197 납제: 해마다 연말에 임금이 가까운 신하들에게 나누어 주는 청심원淸心元·안신원安神元·소합원蘇合元 등의 환약이다. 내의원內醫院에서 납일臘日에 조제調劑한 것이다.

198 臘劑之貺……不知所喩:《명재유고明齋遺稿》〈여윤숙린與尹叔麟〉에 "臘劑之貺 重拜德意 不知所喩"라는 구절이 있다.

199 새삼씨: 원문은 '兎絲子'. 몽설夢泄이나 유정遺精을 치료하는 데 쓰인다.

200 칼 등을 두드리고: 원문은 '彈鋏'. 신세타령을 하며 보다 나은 생활을 위해 떠나가야겠다는 뜻을 피력하는 것이다.《사기史記》〈맹상군열전孟嘗君列傳〉에, 제齊나라 풍환馮驩이 손

권2   275

으니 더욱 감사드립니다.[惠送兔絲子 久而不忘 至於求索以濟 深感眷意 且此魚卵 適及於避寓彈鋏中 卽歸病廚 尤謝萬萬] ○약초를 이렇게 뭍으로 옮겨 은혜롭게 보내실 즈음에 도리어 형께 폐를 끼쳤습니다. 기쁜 나머지 도리어 마음이 편치않습니다.[藥草 如是陸運 以惠輪送之際 反貽弊於兄 喜幸之餘 還切不安] ○각종 약재를 보내시니 돌보아주신 뜻에 깊이 감사드리며 잊지 않겠습니다.[惠各種藥料 深謝眷意 感銘感銘] ○약재에 관해서는 이미 승낙하셨기 때문에 지난번 약방문을 보내 말씀드리기는 했지만 이렇게 베풀어 주실 줄 생각도 못하였습니다. 녹용값을 넉넉히 도와주시니 매우 의외였습니다. 지극한 정의가 아니었다면 어떻게 이렇게 할 수 있었겠습니까? 잊지 않겠습니다.[藥材 旣有盛諾 故頃送方文奉提 而不料若是準施 茸價之優助 大是望外 儻非至意 何以及此 銘感銘感] ○하루에 10번이나 빚진 약값을 갚으라는 독촉을 당하고 있고, 또 마침 약재를 살 때가 된 상황에 보내신 약재를 받으니 매우 감사합니다. 약을 구하는 편지와 매전媒錢²⁰¹을 되돌려 주시니 송구합니다.[十索藥債 適及於貿材之際 謹受多感 而求藥之書 媒錢而來還 用悚恧]

{물고기 반찬[魚饌]}

▶몇 가지 맛있는 음식을 보내시어 손을 바삐 펼쳐보고는 진미임을 알았습니다. 병든 사람의 입에 새로 입맛을 돌게 하니 감사한 마음이

잡이를 노끈으로 감은 칼을 두드리며, 맹상군孟嘗君에게 처우 개선을 요구했던 고사가 있다. 그 노래에 "장협이여, 돌아가야 할까보다. 밥에 고기반찬이 없구나.[長鋏歸來乎 食無魚]"라는 구절에서 유래하였다.

201 매전 : 중매인에게 지급하는 사례금을 이른다.

어찌 그치겠습니까?[幾種佳味 蒙此下惠 忙手知味 病口生新 仰感何已] ○갖가지 보내신 맛있는 음식으로 저도 모르게 입맛이 도니, 매우 감사합니다.[種種珍味 不覺病胃頓醒 殊極感荷] ○음식은 보내신 대로 받았습니다. 매우 병든 사람의 입맛에 맞았으니, 정의情誼에 감사드리는 마음을 어떻게 헤아리겠습니까?[照數依領 殊適病口 仰認情味 篆謝何量] ○모두 서쪽에서 생산되는 진귀한 음식이라 입맛을 돌게 하니, 감사함을 어떻게 말씀드리겠습니까?[俱是西產珍品 庸醒病胃 感謝不容諭] ○보내신 여러 가지 음식은 매우 감사합니다. 두 가지 젓갈은 모두 입맛을 돌게 하니 더욱 감사합니다.[俯惠諸種多感 而兩醢 俱醒胃 尤荷] ○먹지 않던 것은 아니지만 보내신 음식 덕에 밥을 더 먹을 수 있었습니다. 감사함이 물건에 있지 않습니다.[無非可食 賴以加匙 珍感僕僕 不在物] ○보내신 몇 가지 음식을 통해 정의情誼를 받았으니 매우 감사합니다.[嘉貺幾種 謹領情味 多謝多謝] ○두 가지 보내신 음식을 받고 풍미에 감사드리는 마음이 어찌 끝이 있겠습니까?[蒙惠兩種 感認風味 珍荷曷已] ○어제 이미 각종 맛있는 음식을 받았는데, 오늘 아침에 연이어 반찬과 숯을 보내시니 부끄럽습니다.[昨日 旣蒙各種珍味之惠 今朝續承惠寄饌炭 媿仄媿仄] ○생선을 보내주셨으니 매우 감사합니다. 객지에 계시면서 매번 음식을 보내시니, 집에 있는 사람이 부끄럽습니다.[鮮魚珍謝 而每分旅味 居者之媿也][202] ○몇 가지 보내신 해물을 받았으니, 돌보아주시는 뜻에 깊이 감사합니다. 비로소 인정이 야박하다는 말에 부응하시니, 그 말이 맞다고 생각지 않으십니까?[幾種海味 深謝眷意 而求之然後 始見副情薄之說 不其然乎] ○보내주신 두

---

202 鮮魚珍謝……居者之媿也 : 《명재유고明齋遺稿》〈여정군계與鄭君啓〉에 "鮮魚珍謝 而每分旅味 居者之愧也"라는 구절이 있다.

권2 277

마리 물고기는 편지[203]를 대신하기에 충분하였습니다.[惠送兩魚 足替雙鯉之信] ○위장에 병이 들어 짜고 신 것이 그리웠는데, 오직 이 마른 생선이 위장을 일깨워 소생하게 하였습니다.[病胃 政思鹹醋 惟此乾鱗 可以醒蘇] ○실로 이번 겨울에 처음 만나 칼을 튕기는 탄식[204]을 면할 수 있었으니, 잊지 않고 감사드립니다.[實是今冬初見 可免彈鋏之歎 銘謝僕僕] ○조기의 신선한 맛을 시골 사람이 일찍이 나누어 주시는 것을 맛보게 되었으니, 매우 감사드립니다.[石魚新味 野人得早 嘗分甘之惠 多謝多謝] ○마른 청어도 장조림하면 오랫동안 먹을 수 있습니다.[乾鯖 亦可煮醬 久喫也] ○은어 등 세 가지 음식은 병든 사람의 입맛에 매우 맞아 더욱 다행입니다.[銀脣等三味 甚宜病口 尤可幸也] ○물고기와 조개를 또 밥상에 올리게 되었는데, 반찬이 부족하던 즈음에 모두 받아 감사하기는 하지만 도리어 매우 마음이 불편합니다.[魚蛤之饋 又及盤供 方乏之餘 一一領謝 還深不安] ○지금 밥상 위의 반찬도 다 떨어지고 촛불도 잇기가 어려웠는데, 이렇게 받아 감사하기 그지없습니다.[政及盤饌垂乏 焚膏難繼之時 感領無已] ○게장은 이곳에는 나지 않는 것이라 먹고는 싶었지만 방법이 없었습니다. 보자기를 풀어보니 훤히 눈에 들어와 이는 친구가 정으로 보내신 것임을 알았습니다.[蟹醢 此土所無 方欲得喫 而亦末由也 開包眼明 認是故人

---

203 편지 : 원문은 '雙鯉'. 악부樂府 상화가사相和歌辭 〈음마장성굴행飮馬長城窟行〉에 "손이 먼 곳으로부터 와서, 나에게 잉어 두 마리를 주기에, 아이 불러 잉어를 삶게 했더니, 배 속에서 짤막한 서신이 나오네.[客從遠方來 遺我雙鯉魚 呼兒烹鯉魚 中有尺素書]"라고 하였다.

204 칼을……탄식 : 원문은 '彈鋏之歎'. 생선이 없는 것을 탄식함을 이른다. 《사기史記》〈맹상군열전孟嘗君列傳〉에 전국시대 제나라 풍환馮驩이 일찍이 제나라 맹상군孟嘗君의 문객門客이 되었는데, 맹상군이 후하게 대우하지 않고 좌우로부터 천시를 받자, 풍환이 불만을 품고 손으로 칼을 두드리며[彈鋏] 노래하기를, "긴 칼아, 돌아가야겠다. 밥에는 생선이 없구나. 긴 칼아, 돌아가야겠다. 밖에 나가려 해도 수레가 없구나.[長鋏歸來乎 食無魚 長鋏歸來乎 出無車]"라고 한 구절이 있다.

情貺也] ○몇 가지 먹을거리는 모두 이곳에는 없는 것인데, 정으로 염려하신 것을 알고는 감사한 마음 그지없었습니다.[惠餉幾味 俱是此中所無 奉認情念 珍感無已] ○보내신 음식은 가난한 시골에는 없는 것으로 저의 입과 눈을 모두 놀라게 하였습니다.[惠饋 窮峽所無 口眼皆驚] ○심부름꾼을 통해 편지와 물고기 300마리를 보내시니, 그 정의에 매우 부끄럽습니다.[委伻以書 惠魚三十 深媿有情也]²⁰⁵ ○보내신 전복을 받고 마음으로 생각해주신 것을 알고는 매우 감사하였습니다.[惠鰒領 認情念 珍感良深] ○보내신 전복은 역중域中에 맛있는 것이라고 세상 사람들이 말하였는데, 이렇게 후의에 힘입어 시골 늙은이에게 맛보게 하니, 어찌 감사하지 않겠습니까?[惠鰒 世所稱域中珍味 賴荷厚意 使野老口吻 得嘗之 安得不爲感也] ○전에 조갯살 꼬치를 보내주셨는데, 저를 생각해주신 성의를 지금까지 감사드립니다. 그렇지만 빈한한 선비가 교제하는데, 다만 이런 것으로 예를 차리지 않으시는 것이 어떻습니까?[前惠蛤串 迨戢至眷 而寒士交際 不但以此等爲禮 如何]²⁰⁶ ○생선국과 담박한 전복으로 음식이 갑자기 사치스러워졌습니다.[羹魚啖鰒 飯羞頓侈] ○이가 점점 빠져 조금이라도 딱딱한 음식은 먹지를 못하였는데, 지금 보내신 말린 전복도 정으로 받을 뿐입니다.[牙齒漸脫 喫不得稍硬者 今其所寄乾鰒 亦領意而已] ○새우알을 열흘이나 나물만 먹던 끝에 보내주시니 세속에서 벗어난 신선의 맛이었습니다. 저희 고을은 물고기잡이를 금지하고 있어서 한 달

---

205 委伻以書……深愧有情也 : 《명재유고明齋遺稿》〈답유경기答兪敬基〉에 "委伻以書 惠蟹六十 深愧有情也"라는 구절이 있다.

206 前惠蛤串……如何 : 《명재유고明齋遺稿》〈답윤주익원량答尹周翊元亮〉에 "前惠蛤串 迨戢至眷 而寒士交際 不當以此等爲禮 如何"라는 구절이 있다.

에 수 삼일을 나물만 먹고 지내니, 참으로 괴롭습니다. 인편이 있으면 자주 반찬거리를 보내시는 것이 어떻습니까?[蝦卵 政及於十日菜食之餘 頓是仙味 此邑停屠江魚 一月數三 逢疏食 良苦 有便 幸頻惠饌資 如何] ○광주리에 가득한 신선한 채소를 보니, 전원의 즐거움을 상상할 수 있습니다.[滿筐佳菜 足想田園之樂]²⁰⁷ ○양이 채소밭을 망가뜨리는 것도 옛날에는 특이한 일이라 일컬었는데, 하물며 소가 망가뜨리는 것은 어떠하겠습니까?²⁰⁸ 다만 정의에 감사하는 마음 그치지 않습니다.[羊踏蔬園 古稱異事 況牛踏耶 第戢情珍 不能已已]²⁰⁹ ○보내신 오이와 파가 광주리에 가득하니, 한적한 전원생활의 재미를 느끼기에 충분하였습니다.[靑苽白蔥 足知靜中滋味]²¹⁰ ○더구나 이렇게 보내신 봄나물과 생 꿩을 받아 부모님의 음식을 마련해 드렸으니, 어떻게 감사드려야 할지 모르겠습니다.[矧此新菜膏雉 仰領嘉貺 庸供親廚 感佩厚眷 不知攸謝] ○보내신 몇 가지 물건은 모두 연로하신 부모님께 드리기에 필요한 물건이어서 잊지 못할 두터운 정의를 말로 표현할 수 없습니다.[下送幾種 俱宜供老之需 感佩盛意 不容名諭] ○꿩²¹¹은 병든 딸에게 오직 필요한 것이었는데, 끊이지 않고 맛있는

---

207 滿筐佳菜 足想田園之樂 :《기언별집記言別集》〈여송진사석호與宋進士錫祜〉에 "滿筐佳菜 足想田園之樂"이라는 구절이 있다.

208 양이……어떠하겠습니까 : 원문은 '羊踏蔬園 古稱異事 況牛踏耶'. 자신이 고기를 먹지 못한 지 오래되었다는 뜻이다.《계안록啓顏錄》에, 어떤 이가 채소만 먹고 살다가 우연히 양고기를 실컷 먹게 되었는데, 그날 밤 꿈에 오장五臟의 신령이 나타나서 "양이 찾아와서 채소밭을 짓밟았다.[羊踏破菜園]"라고 하였다고 한다. 이 고사를 인용하여, 지금처럼 계속하여 나물만 먹다가는 언젠가 갑자기 고기를 먹으면 배 속의 창자를 놀라게 할 것이라는 의미이다.

209 羊踏蔬園……不能已已 :《명재유고明齋遺稿》〈여이군보與李君輔〉에 "羊踏蔬園 古稱異事 況牛踏耶 第戢情軫 不能已已"라는 구절이 있다.

210 靑苽白蔥 足知靜中滋味 :《기언별집記言別集》〈여이생진진무무경與李生晉茂茂卿〉에 "靑苽白蔥滿筐 足知靜中滋味"라는 구절이 있다.

211 꿩 : 원문은 '山梁'.《논어論語》〈향당鄕黨〉에 "공자가 '산량의 암꿩이 제때로구나, 제때로

음식을 보내시니 기쁨을 표현할 길이 없습니다.[山梁病女 專以此爲須 而續惠珍味 其爲喜 不可狀諭] ○두 마리 꿩으로 인해 친구의 정을 볼 수 있어서 저도 모르게 자주 일어나 절을 하였습니다.[二首山梁 可見故人情味 不覺僕僕起拜也] ○꿩을 구워서 포식하게 하고 생강을 졸여 내려주시니, 대감께서는 저를 아끼는 분이라 할 만합니다.[灸雉而飽 煎薑而下 台可謂愛我者矣] ○꿩 몇 마리를 보내시어 가난한 부엌을 빛나게 하시니, 후의가 아니면 어찌 이렇게까지 하시겠습니까?[幾雉之惠 冷廚生色 倘非厚意 何以至此] ○보내주신 물건이 시골 부엌을 사치스럽게 하였으니, 매우 감사드립니다.[賴侈村廚 感領珍謝] ○갖가지 음식은 산골 집 부엌을 갑자기 부유하게 하였습니다. 받고는 송구하고 죄송할 뿐입니다.[各種貺味 山廚暴富 拜嘉之餘 竦謝而已] ○부임하자마자 문안편지를 보내신 것도 이미 정으로 염려해주신 것이라 감사했는데, 보내신 물건도 긴요하게 필요했던 것으로 문득 부엌을 빛나게 하시니 얼마나 감사한지 모르겠습니다.[下車卽問 已感情念 物亦緊需 頓令寒廚生色 尤何等鳴謝] ○각종 음식을 보내 산중의 맛있는 것들을 받았으니 배나 감사드립니다.[寄餉各種 領得峽中珍味 感荷倍至] ○보내신 당귀와 쇠기름[212]은 입맛을 돋우고 구운 꿩고기를 안주로 삼았으니, 벗의 인정을 알았습니다. 그런데 연이어 편지를 보내

구나.'라고 하였다. 자로가 꿩을 잡아다가 올리니, 세 번 냄새를 맡고 일어났다.[曰 山梁雌雉 時哉時哉 子路共之 三嗅而作]"라는 구절에서 온 말이다.

212 쇠기름 : 원문은 '膏香'. 《주례周禮》〈천관天官 포인庖人〉에 "짐승의 고기를 왕에게 올릴 때 봄에는 작은 양과 작은 돼지의 고기를 쓰는데 향기 나는 쇠기름으로 요리하고, 여름에는 말린 꿩고기와 건어물을 쓰는데 누린내 나는 개 기름으로 요리하고, 가을에는 송아지와 사슴 새끼의 고기를 쓰는데 비린내 나는 닭기름으로 요리하고, 겨울에는 싱싱한 생선과 기러기 고기를 쓰는데 누린내 나는 양 기름으로 요리한다.[凡用禽獻 春行羔豚 膳膏香 夏行腒鱐 膳膏臊 秋行犢麛 膳膏腥 冬行鱻羽 膳膏羶]"라는 구절에 대한 정현鄭玄의 주석에 "'고향'은 쇠기름이다.[膏香 牛脂也]"라고 하였다.

시니 마음에 담아 잊지 않겠습니다.[送惠當歸膏香烈開胃 灸雉爲肴 知故人情味 連荷垂問 銘感在心] ○고추장은 먹는 것을 업으로 삼는 친구를 잊지 않고 객지에서 이렇게 보내시니 입에 맞을 뿐만 아니라 위장을 일깨워 주니 다행입니다. 단지를 열어 한 번 맛보니, 홀연히 지난겨울 오늘 천안 객점에서 마주 앉아 밥 먹던 추억이 떠올랐습니다.[苦草醬 能不忘故人業嗜 有此客中寄餉 非直適口 醒胃之爲幸 開缸一嘗 忽憶客冬今日對食於天安店舍耳] ○추로秋露[213]와 거구巨口[214]를 적막한 물가로 보내시니, 봄날 산속 창가에서 한바탕 마음껏 취하는 것이 어찌 쉬운 일이겠습니까? 친구의 정에 매우 감사드립니다.[秋露巨口 遠及於寂寞之濱 春日山窓 頹然一醉 豈是易事 多荷故人之情眷]

{과일[果實]}

▶정으로 보내신 귤은 매우 감사합니다. 병든 사람의 입에 갈증이 많아 적실 방법이 없어 매번 차가운 우물물을 마시고 있었습니다. 이는 스스로 몸조리에 적당하지 않다는 것을 알고 있었습니다. 지금 이렇게 위급한 상황에서 벗어나게 해주시니 적잖이 다행입니다.[柑子 深荷情饋 病口多渴 無以沃之 每引冰井 自知非調養之宜 今得此可以救急 非少幸也] ○보내신 감귤은 어찌 신선의 맛과 다르겠습니까? 인정으로 알고 감사히 받고 마음속으로 감사하였습니다.[柑榴之惠 何異仙味 拜領情眷 中心頌之] ○이제 보내신 포도 40송이를 받으니, 산과 들의 흥취를 상상하게 하여 감동과 부러움이 끝이 없습니다. 꼬막[江瑤柱] 열 꼬치와 찐 다시마[昆布] 두

---

213 추로 : '추로백秋露白'의 줄임말로, 가을철에 내리는 이슬을 받아 빚은 청주淸酒를 이른다.
214 거구 : 입이 큰 특징을 가진 '농어'를 달리 이르는 말이다. '거구세린巨口細鱗'이라고도 한다.

주지注之[215]를 약소하나마 이번 회답편에 올립니다.[今承四十朶葡萄之惠 猶可想山野興味 感羨無已 江瑤柱十串 蒸昆布二注之 略此回表][216] ○정으로 보내신 곶감은 명절이나 차례에 사용하겠습니다. 감사한 마음을 잊지 않겠습니다.[乾柿 荷此情貺 用供節日茶禮 感篆無已] ○보내신 100개의 감은 잘 받았습니다. 감사함을 어떻게 말씀드려야 할지 모르겠습니다.[百柿 領謝嘉貺 無以爲喩] ○잣은 높은 산꼭대기에 있는 것인데 어떻게 옮기셨는지요?[栢子 在高峯頂上之物 何以運致耶] ○동아[217]는 자로紫露[218]의 안주로 삼기에 충분하니, 보내신 정에 매우 감사드립니다.[冬苽 足矣佐以紫露 多謝情餉] ○아래 기록한 음식은 하나하나가 가난한 오두막집에서는 귀한 것이니, 보살펴 주신 염려에서 나온 것임을 깊이 알았으니, 참으로 감사합니다.[左錄盛餉 箇箇是窮廬罕見 深認相念 珍荷珍荷]

{종이와 먹[紙墨]}

▶보내신 편지에 쓰는 종이는 마침 멀리 다 떨어진 가운데 받았는데 숫자도 많았습니다. 우러러 염려하고 기억하여 돌보아주시니 감사하는 마음 간절하였습니다.[下惠簡幅 適及於懸乏之中 數又夥然 仰念記有之眷 深切在心之感] ○편지지를 정으로 보내시니 감사한 마음을 이길 길 없습니

---

215 주지 : 미역이나 다시마 따위를 조그마하고 둥글넓적하게 만든 덩이를 세는 말이다. '주지走之'라고도 한다.

216 今承四十朶葡萄之惠……略此回表 :《약천집藥泉集》〈답서계答西溪〉에 "今承四十朶葡萄之惠 猶可想山野興味 感羨無已 江瑤柱十串蒸昆布二注之 略此回表"라는 구절이 있다.

217 동아 : 원문은 '冬苽'. 박과에 속하는 한해살이 덩굴풀로, 여름에 꽃이 피어 가을에 박 모양의 타원형 과일이 열린다. '동과冬瓜'·'백과白瓜'·'지지地芝'라고도 한다.

218 자로 : 술 이름이다. 범성대範成大의 〈차운시서부악선생신거次韻時敍賦樂先生新居〉에 "자로紫露 두 병으로 가을밤 취하고[紫露雙甁秋夜醉]"라고 하였다.

다.[惠送簡幅 仰感情貺 無任僕僕] ○ 100장이나 되는 편지지는 백붕百朋[219]이나 다름없으니, 감사한 마음을 어찌 이기겠습니까?[百簡 可敵百朋 豈勝珍謝] ○ 편지지를 받았으니 거듭 감사한 마음 간절합니다.[惠簡伏受 申庸僕僕] ○ 공책을 보내셨는데 종이는 일상생활에서 긴요하게 사용하는 것이라 다른 물건과 비교할 수 없습니다. 진실로 곡진하고 지극한 염려가 아니라면 어찌 이러한 일이 있을 수 있겠습니까?[煩惠空冊 紙地 俱係日用緊要 非如他物之比 苟非曲至之念 何能有此] ○ 편지지는 보내신 대로 받았습니다. 죄를 지어 엎드려 있는 사람에게 부채도 이미 과분한데 편지도 보내시니 더욱 감사합니다.[簡紙亦依領 而如罪蟄之人 扇子已過 而又及簡封 尤爲深荷] ○ 종이는 긴요하게 쓸 곳이 있어서 부탁을 드렸는데, 이렇게 두 묶음을 보내시어 삼가 공경히 받았으니 감사드립니다.[藁紙 用處甚緊 有所奉索矣 蒙此兩束下惠 謹以敬領 僕僕拜謝] ○ 편면便面[220]은 매우 긴요한 것이었는데 저의 요구에 응답해주시니 더욱 감사드립니다.[便面甚緊 酬應 尤荷尤荷] ○ 보내신 세 가지 물건을 잘 받아 매우 감사드립니다. 종이는 제 아이가 글씨를 익히는 공부에 매우 긴요했는데 이렇게 염려하시니 더욱 감사합니다.[惠來三種 拜領多荷 而紙地 尤切於迷兒習字之工 荷此摯念 尤用鳴感] ○ 보내신 새로 만든 먹은 잘 받았습니다. 과거를 보려는 유생의 요구에 부응하시니, 감사한 마음 끝이 없습니다.[下惠新墨拜領 用副科儒之需 感荷無已] ○ 보내신 먹이 거듭 궁벽한 시골까지 미치니, 성대한 은혜가 아니라면 어떻게 이렇게까지 하실 수 있겠습니까? 홍영泓穎[221]과

---

219 백붕 : 많은 재물을 뜻한다. 자세한 내용은 212쪽 역주 21을 참조하기 바란다.
220 편면 : '얼굴을 가리는 물건'이라는 뜻으로, 부채의 다른 이름이다.
221 홍영 : '붓과 벼루'를 아울러 이르는 말로, 한유韓愈가 〈모영전毛穎傳〉에서 벼루를 의인화

더불어 여러 개가 되니, 감사한 마음 끝이 없습니다.[惠貺眞玄 荐及僻陋 倘非盛眷 何以及此 與泓穎數子 攢謝無已] ○진현陳玄²²²의 경우 마침 다 떨어졌을 때 딱 알맞게 보내시니 더욱 감사합니다.[至於陳玄 及於絶乏中 尤用珍謝] ○보내신 종이와 먹은 지금 이 물건이 시골 살림에 가장 필요한 것이었습니다. 어떻게 감사를 드려야 할지 모르겠습니다.[寄惠簡墨 此時此物 最要於鄕居 感幸無以謝] ○종이와 빗, 붓과 먹은 더욱이 나그네살이에 긴요하게 필요한 것이었습니다. 진실로 평생의 벗이 아니라면 어떻게 곤경에 처한 저 같은 사람에게까지 생각이 미칠 수 있겠습니까. 하나하나 감사히 받았습니다. 이는 다만 마음으로 보내신 선물²²³[心貺]일 뿐만이 아닙니다.[簡梳筆墨 尤是客中緊需 苟非平生故人 何能遠念 及此窮途 一一感領 不但爲心貺也] ○종이와 먹을 저에게까지 보내주시니 감사합니다.[紙墨 得蒙波及 感拜感拜] ○말린 육포와 종이와 먹 등의 선물은 지극한 정성에서 나온 것임을 알지만 거리가 가깝지 않아 가벼운 물건도 보내기 어려운데, 이렇게 많이 보내시니 또한 힘이 많이 들었을 것이란 생각에 매우 미안합니다.[脯脩簡墨之貺 雖知出於至意 程途不邇 鵝毛難致 腆封至此 恐亦費力 深用未安]²²⁴

한 도홍陶泓과 붓을 의인화한 모영毛穎에서 유래한다.

222 진현 : '먹'을 이르는 말로, 색깔이 검고 오래 묵을수록 좋다고 하여 붙여진 이름이다. 한 유韓愈의 〈모영전毛穎傳〉에 "모영은 강 땅 사람 진현, 홍농의 도홍 및 회계의 저 선생과 서로 친하게 지내면서 서로 밀어주고 끌어주며 어디건 함께 한다.[穎與絳人陳玄 弘農陶泓及會稽楮先生友善 相推致 其出處必偕]"라는 구절에서 유래하였다.

223 마음으로⋯⋯선물 : 원문은 '心貺'. 《시경詩經》 〈소아小雅 동궁彤弓〉에 "내게 좋은 손님이 있으면 마음으로 선물을 주도다.[我有嘉賓 中心貺之]"라고 하였다.

224 脯脩簡墨之貺⋯⋯深用未安 : 《명재유고明齋遺稿》 〈여박회숙與朴晦叔〉에 "脯脩簡墨之貺 雖知出於至意 程途不邇 鵝毛難致 腆封至此 恐亦費力 深用未安"이라는 구절이 있다.

{달력[曆]}

▶ 보내신 새해 달력을 받았습니다. 이렇게 염려하시니 황송하고 감사하기 그지없습니다.[下送新曆 伏受而下念至此 惶感無已] ○ 이렇게 기억해 새해 달력을 보내시니 감사한 마음을 말로하기 어렵습니다.[新曆 荷此記存 深感眷厚 謝難容喙] ○ 달력[225] 몇 개를 잊지 않으시고 보내시니, 감사하기 그지없습니다.[幾莫 仰荷省錄 珍幸不已] ○ 달력이 요구에 부응하기 어렵던 차에 보내시니, 다행스러움이 마땅히 어떠하였겠습니까?[曆書 及於酬應難堪之際 其爲感幸當 如何] ○ 몇 개의 달력을 받았으니 감사하기 그지없습니다.[幾莫之惠 領謝無已] ○ 새해 달력을 편지와 함께 보내와 비로소 호숫가의 소춘小春을 얻었으니, 더욱 감사합니다.[新莫伴來 始得湖上小春 尤感尤感] ○ 보내신 달력으로 한가한 가운데 세월을 기억할 수 있게 되었으니 감사합니다.[惠曆 可記閑中日月 感荷] ○ 새해 달력을 매년 잊지 않고 보내주시니 감사합니다.[新曆 每荷年年記存] ○ 지난해 보내드린 편지에 대한 답장과 달력을 받았습니다. 감사합니다.[客歲覆狀 與曆書 承領慰荷] ○ 멀리서 보내신 편지도 보배스러운데 거듭 새해 달력까지 보내시니, 위안되고 감사한 마음에 조금이나 나그네의 회포가 풀렸습니다.[遠書珍重 重以新曆 披慰領謝 稍紓羈懷]

---

225 달력 : 원문은 '莫'. '명협莫莢'의 줄임말로, 《죽서기년竹書記年》〈제요도당씨帝堯陶唐氏〉에 "계단을 끼고 자라는 풀이 있는데, 매월 초하루부터 잎이 하루에 하나씩 돋아 보름이면 열다섯 잎이 되고, 보름 이후에는 잎이 하루에 하나씩 떨어져서 그믐이 되면 다 떨어진다. 만약 그달이 작으면 잎 하나가 말라붙어 떨어지지 않으니, 이것의 이름이 '명협莫莢'이다. 일명 '역협歷莢'이라고도 한다.[有草夾階而生 月朔始生一莢 月半而生十五莢 十六日以後 日落一莢 及晦而盡 月小 則一莢焦而不落 名曰莫莢 一曰歷莢]"라는 구절에서 유래하였다.

{부채[篁]}

▶ 부채²²⁶를 매년 잊지 않으시고 보내시니 매우 감사합니다.[節篁 深荷每年記存] ○ 보내신 부채는 지극한 정의精意에서 나온 것이니, 받고서 감사하는 마음을 어떻게 표현해야 할지 모르겠습니다.[俯惠節篁 出自至意 謹領仰感 不知攸謝] ○ 보내신 부채는 뜻밖에 나온 것이니, 잊지 못할 지극한 마음을 어떻게 감사드려야 할지 모르겠습니다.[惠貺扇簡 出於望外 銘感之極 不知攸謝] ○ 보내주신 부채에 대한 감사함도 이미 말로 할 수 없는데, 부채의 모양도 모두 기묘하니 솜씨²²⁷의 일단을 미루어 알 수 있습니다. 친구가 보내준 부채를 손에 쥐고 집 식구들과 함께 사용하고 있습니다.[寄惠扇封 其爲喜幸已不可言 而制樣 又皆奇妙 可推遊刃之一端 手把故人淸風 與家人共之耳] ○ 보내신 부채는 북창의 맑은 바람을 갖추었으니, 감사한 마음 이길 길 없습니다.[節篁之惠 可備北窓淸風 不勝感佩] ○ 부채는, 올해는 얻을 방법이 예전과 달라 매우 걱정이었는데 이렇게 넉넉히 보내주시어 근심을 잊게 하니, 더욱 감사합니다.[扇子 今年 則所得之道 異於前 深以爲悶 有此優送 可忘一憂 尤可感也] ○ 부채의 경우 부탁에 수응하시니, 어렵고 곤궁하던 차에 더욱 감사합니다.[至於扇柄 政及於酬應 艱乏

---

226 부채 : 원문은 '節篁'. 단오절에 선사하는 부채를 이른다. 《해동죽지海東竹枝》〈증절삽贈節篁〉에 "옛 풍습에 단오절이면 양도兩道에서 궁궐로 부채를 공납하고 또 백관들에게 주어 민간에까지 흩어졌으니, 이를 '단오절삽'이라고 한다.[舊俗端午節 兩道貢節篁于大內 且贈遺百官 散于閭巷, 名之曰 端午節篁]"라고 하였다.

227 솜씨 : 원문은 '遊刃'. 《장자莊子》〈양생주養生主〉에 "지금 내가 칼을 잡은 지 19년이나 되고 잡은 소도 수천 마리를 헤아리는데, 칼날이 지금 숫돌에서 금방 꺼낸 것처럼 시퍼렇다. 소의 뼈마디 사이에는 틈이 있는 공간이 있고 나의 칼날에는 두께가 없으니, 두께가 없는 것을 그 틈 사이에 밀어 넣으면 그 공간이 널찍해서 칼을 놀릴 적에 반드시 여유가 있게 마련이다.[今臣之刀十九年矣 所解數千牛矣 而刀刃若新發於硎 彼節者有間 而刀刃者無厚 以無厚入有間 恢恢乎其於遊刃 必有餘地矣]"라고 하였다.

之際 尤切銘佩] ○영남의 부채가 비로소 도착하였습니다. 잡을 만한 부채가 없어 남쪽의 부채가 도착하기만을 기다리고 있던 차에 지금 보내신 것을 받았습니다. 수도 많고 만들어진 방식과 모양도 더욱 뛰어났습니다. 또 미선尾扇[228]과 별삽別篓은 모두 긴요하니, 감사하기 그지없습니다.[嶺篓才到 無一可把 方俟南扇之至矣 今承俯惠 而數旣夥然 製樣尤妙 且幸尾扇別篓 俱係緊要 僕僕無已] ○부채를 특별히 넉넉히 보내주시니 참으로 감사합니다.[扇簡之拔例優惠 謹受珍謝] ○절선과 문안편지를 멀리 바닷가에까지 보내시니, 간절한 감사함이 한갓 물건에만 있을 뿐이 아닙니다.[節扇下問 遠及海曲 感荷之切 不徒在物] ○보내신 부채는 한 자루만으로도 충분한데 감사합니다.[下送扇子 一把足矣 伏感伏感] ○절삽을 보내신 시기가 빠른지 늦은지, 좋은지 나쁜지 어찌 따질 필요가 있겠습니까? 오직 손수 쓰신 몇 줄 문안편지만으로도 그대의 정을 알기에 충분하여 조금이나마 그립던 마음에 위안되었습니다.[節篓之早晩精麤 何須暇論 惟是問安之下得有數行手筆 足見情也 稍慰極戀之懷]

{차와 담배[茶草]}

▶보내신 차와 담뱃대를 잘 받았으니 감사합니다.[下惠茶竹 拜領珍謝] ○편지와 함께 담뱃대를 보내 피우게 하시니, 담배도 피우지 않으시면서 이렇게 보내신 것은 정으로 염려하여 보내신 것임을 알겠습니다. 사용하기에 어렵지 않으니 정치를 하는 하나의 단서가 됨을 알 수 있었

---

228 미선 : 단선團扇의 하나로, 두 개의 대쪽을 잘게 쪼개어 살을 만들고 어긋나게 대어 자루 목에 얇은 대쪽을 끼어 살 끝을 벌리고, 자루 목을 중심으로 가는 대를 휘어 실로 둥글게 엮어서 종이를 바른 다음 가를 둥글게 오려 내어 만든다. 《탁지준절도支準折》〈잡종무역雜種貿易〉에 "미선 1자루의 가격은 2전 5푼이다.[尾扇一柄 價錢二戈五分]"라고 하였다.

습니다.[伴貺烟竹以令之 不解吸草 能有此 可認情念而送之 不難用之 則緊可見爲政之一端耶] ○매일 한 닢으로 담배를 샀지만 참을 수 없을 만큼 맛이 나빴는데, 이렇게 한 달 남짓 버틸 양식을 얻었습니다. 다행스러운 것은 진실로 요초瑤草와 경묘瓊苗[229]에 못지않다는 것이 참으로 지나친 말이 아닙니다.[日日 一葉市草 味惡難堪 得此可支月餘之粮 其幸固不下於瑤草瓊苗 實非過語也] ○연이어 보내신 담배를 잘 받았습니다. 계속 보내주시기 바랍니다.[南草 謹領繼此 續惠爲望] ○보내신 두 근의 담배를 잘 받았습니다. 이를 통해 형께서 정사하시는 것을 알 수가 있지만 기맹箕氓[230]들이 고할 데가 없을까 걱정입니다. 한 번 웃습니다.[見惠二斤草 謹領之 而卽此兄之爲政可知 吾恐箕氓之無告也 一呵] ○보내신 담배는 감사하지 않은 것은 아니지만, 다만 양이 너무 적은 것이 한스럽습니다. 인편을 통해 계속 보내시는 것이 어떻습니까? 답장편지로 또 요구하니, 탐욕을 경계해야 하는 것에[231] 매우 부끄럽습니다.[惠草 非不仰感 第恨手段太少 憑便續惠如何 答簡又有求 甚媿在得之戒也]

---

229 요초와 경묘 : '요초'는 전설상의 향초를 이르고, '경묘'는 지초芝草의 싹을 이른다.

230 기맹 : '기성箕城의 백성'을 이르는 말로, '기성'은 평양平壤의 다른 이름이다.

231 탐욕을……것에 : 원문은 '在得'. 탐욕을 부리며 얻는 것을 경계하는 말이다. 《논어論語》 〈계씨季氏〉에 "공자가 '군자에게 세 가지 경계할 것이 있으니, 젊을 때는 혈기가 안정되지 않았으므로 여색을 경계해야 하고, 장성해서는 혈기가 한창 강하므로 싸움을 경계해야 하고, 늙어서는 혈기가 쇠하므로 욕심을 경계해야 한다.'라고 하였다.[孔子曰 君子有三戒 少之時 血氣未定 戒之在色 及其壯也 血氣方剛 戒之在鬪 及其老也 血氣旣衰 戒之在得]"라는 구절에 대한 하안何晏의 집해集解에 "공안국이 '득得은 탐내다'이다.'라고 하였다.[孔安國曰 得 貪得]"라고 하였다.

{기름과 꿀[油淸]}

▶보내신 백청白淸[232]은 병에 매우 절실한 것으로 새로 뜬 것과 오래전에 뜬 것을 따질 필요가 없습니다. 넉넉하게 보내시니 오래 버틸 수 있겠습니다. 은혜를 베푸신 것이 크니 감사함을 어떻게 하겠습니까?[惠貺白淸 甚切病 須新舊何論 優餉 亦足支久 爲賜大矣 何感如之] ○보내신 백청白淸은 약용으로 쓰기에 긴요하니 참으로 감사한 마음을 말로 할 수 없습니다.[惠送白淸 緊於藥用 珍謝不容喩] ○석청石淸[233]은 병든 사람에게 필요한 것이었는데 매우 감사합니다.[石淸 病所須也 感拜僕僕] ○지금 이렇게 다식과 기름과 꿀을 보내시니 긴요하지 않은 것이 없습니다. 지금부터 모든 구차함과 가난함을 면할 수 있게 되었으니, 어떻게 이렇게까지 할 수 있으신지요. 받고 어떻게 감사를 드려야 할지 모르겠습니다.[今玆茶食油淸 無非緊要 從此可免凡百苟艱 如非至意 何以及此 感領不知爲謝] ○정으로 잊지 않으신 것을 받고서 감사하기 그지없습니다.[拜領情記 感戢無量]

{연말 먹거리 선물[歲儀]}

▶세찬歲饌[234] 몇 가지를 정으로 보내 잘 받았으니, 매우 감사드립니

---

232 백청 : 품질이 썩 좋고 빛깔이 흰 꿀을 이른다. 《고금석림古今釋林》 〈동한역어東韓譯語 석식釋食〉에 "세속에서는 밀밀을 '청淸'이라고 하여, 황밀黃蜜을 '황청黃淸', 백밀白蜜을 '백청白淸'이라고 한다.[俗稱蜜曰淸 黃蜜曰黃淸 白蜜曰白淸]"라고 하였다.

233 석청 : 바위틈에 집을 짓고 사는 벌이 친 꿀을 이른다. 《광재물보廣才物譜》 〈음식부飮食部 밀밀〉에 "석밀石蜜은 바위에서 난다.[石蜜 生岩石者]"라고 하였다. '석밀石蜜'·'석이石飴'·'암밀岩蜜'이라고도 한다.

234 세찬 : 《동국세시기東國歲時記》 〈정월正月 원일元日〉에 "대접하는 제때의 음식을 '세찬歲饌', 술을 '세주歲酒'라고 한다.[饋以時食曰歲饌 酒曰歲酒]"라고 하였다. '세의歲儀'·'세궤歲饋'·'세향歲餉'이라고도 한다.

다.[歲饌幾種 荷此情餉 謹領多謝] ○ 보내신 몇 가지 종류의 연말 선물은 후한 뜻에 감사히 받았지만, 사례할 바를 모르겠습니다.[幾種歲儀之惠 感領厚意 無以爲謝] ○ 보내신 세찬을 받았으니 참으로 감사합니다.[蒙惠歲饌 拜嘉珍感] ○ 연말 선물로 보내신 여러 가지 것들은 모두 정에서 나온 것으로 보내신 대로 잘 받았으니, 어떻게 감사를 드려야 할지 모르겠습니다.[惠餉歲儀諸種 儘出情念 依領仰感 無以爲謝] ○ 정으로 연말 선물을 보내신 훌륭하신 뜻에 감사하는 마음을 깊이 잊지 않겠습니다.[情貺歲儀 仰領盛意 感佩良深] ○ 보내신 여러 가지 물건은 거문고로 떡방아 찧는 소리를 내며 세밑을 보내는 것235을 면할 수 있게 되었으니, 감사합니다.[下惠諸種 可免琴杵之作歲 仰感仰感] ○ 추가로 얼린 물고기를 보내시니, 또한 세밑거리로 삼을 수 있으니 감사합니다.[追惠凍魚 亦可作歲 拜謝拜謝] ○ 벗이 친구를 염려해주시는 두터운 성의가 아니었다면, 어찌 새그물236을 치는 가난한 집을 사치스럽게 할 수 있었겠습니까?[非故人念舊之厚 何以侈雀羅之門 謹受銘感之至]

---

235 거문고로……것 : 원문은 '琴杵作歲'. 신라 때 백결선생百結先生이 몹시 가난하여 세밑에 떡을 할 곡식이 없어서 거문고를 타서 떡방아 찧는 소리를 내었다는 고사에서 유래하였다. 《삼국사기三國史記》〈백결선생전百結先生傳〉에 "세모歲暮가 다 되어 이웃 마을에서 곡식을 찧자, 아내가 절구질하는 소리를 듣고서, '사람들은 모두 곡식이 있어 절구를 찧는데, 우리만 없으니 어떻게 묵은해를 보내지요?'라고 하자, 선생은 하늘을 우러러 탄식하며, '사생은 명命에 달렸고 부귀는 하늘에 매였으니, 오는 것은 막을 수 없고, 가는 것은 좇을 수 없거늘, 당신은 어찌해서 상심하시오? 내가 그대를 위하여 절구 찧는 소리를 내어 위로하리다.'라고 하고, 거문고를 타서 절구 찧는 소리를 내었다.[歲將暮 鄰里舂粟 其妻聞杵聲曰 人皆有粟舂之 我獨無焉 何以卒歲 先生仰天嘆曰 夫死生有命 富貴在天 其來也不可拒 其往也不可追 汝何傷乎 吾爲汝作杵聲以慰之 乃鼓琴作杵聲]"라고 하였다.

236 새그물 : 원문은 '雀羅'. 《사기史記》〈급정열전汲鄭列傳〉에 "처음에 적공이 정위가 되었을 때는 빈객들이 문에 가득 찾아왔는데, 그가 파면되어서는 빈객이 한 사람도 오지 않아서, 문밖에 새그물을 칠 정도였다.[始翟公爲廷尉 賓客闐門 及廢 門外可設雀羅]"라는 구절에서 유래하였다.

{봉여封餘[237]}

▶봉여로 보낸 전복 몇 마리는 잘 받았습니다. 매우 감사합니다.[惠餉封餘 幾鰒依領 多謝] ○그대가 봉여로 보내신 생전복은 후의에 매우 감사합니다.[君餘生鰒 多謝厚意] ○봉여로 보내신 청어는 참으로 감사하니 무슨 말로도 표현할 길이 없습니다.[封餘靑魚之惠 珍謝不容論] ○봉여로 보내신 음식을 저에게까지 보내시니, 감사함을 어떻게 말로 하겠습니까?[封餘珍味 蒙此波及 拜嘉曷喩] ○전에 연한 전복도 이미 감사한데 봉여로 대구를 연이어 보내시어, 잘 받고 감사한 마음을 표현할 길이 없습니다.[前惠軟鰒 已極珍荷 而封餘夻魚 又此續至 照領僕僕 無以爲謝]

{노자[贐行][238]}

▶몇 가지 물건과 이별의 노자는 모두 정으로 염려하신 데서 나온 것이니, 감사하기 그지없습니다.[惠送幾種 及別贐路資 儘出情念 拜謝曷已] ○몇 가지 물건을 보내 나그네의 주방을 사치스럽게 하니, 매우 감사합니다.[惠來幾種 用侈行廚 鳴謝僕僕] ○길을 떠나는 사람을 위한 노자는 진실로 정에서 나온 것이니, 받고서 감사함을 표현할 길이 없습니다.[行者之贐 寔出情曲 受言感戢 無以爲謝] ○참으로 길 떠나는 사람을 돕기 위한 생각에서 나온 것이니, 잘 받았습니다. 감사한 마음을 어떻게 표현해야 할지 모르겠습니다.[實出贐助之下念 依領仰感 不知攸諭] ○가난한 고을에서 이렇게 넉넉히 노자를 주시니 도움이 큽니다. 정중한 예물과 정의를 잘 받아 감사하기 그지없습니다.[殘邑厚贐 爲助大矣 拜領物意之重 珍謝曷

---

237 봉여 : 임금에게 바치고 남은 물건으로, 대체로 신하들이 나누어 가진다.
238 노자 : 길을 나서는 사람에게 주는 돈이나 물품을 이르다.

已] ○ 보내신 노자와 예별例別은 보내신 대로 잘 받았습니다. 바쁜 중에도 후의가 아니라면 어떻게 이렇게 할 수 있겠습니까? 감탄스럽습니다.[下惠行資例別 俱照數依領 多事中非厚意 何能爾也 感歎感歎] ○ 보내신 종이 묶음은 지금까지 후의에 감사합니다. 길을 나서는 사람이 도리어 노자를 주시니, 집에 머물고 있는 사람이 부끄럽습니다.[紙束之貺 迨感厚意 而行者反有贐 居者之媿也]

{제수祭需}

▶ 보내신 제수는 단자單子[239] 대로 받았으니, 감사하기 그지없습니다.[下惠祭需 照單祇領 感謝何已] ○ 보내신 제수는 이렇게까지 마음을 두시니 매우 감사합니다.[下惠祭需 委意至此 感拜僕僕] ○ 보내신 제수와 각종 물건은 감사히 잘 받았습니다. 이러한 일까지 마음을 쓰시니 백성들을 위로하고 무마하는 정사에 어찌 방해가 되지 않겠습니까?[(奇)[寄][240]送祭需及各種 依領爲荷 而費心於此等事 不瑕有妨於勞來撫摩之政耶][241] ○ 특별히 보내신 제수를 받고 너무도 감사한 마음을 이길 길 없었습니다. 산간의 고을이라 몹시 궁핍하여 비록 정성을 다하여도 물력物力이 필시 부족할 것인데, 이렇게 후하게 갖추어 보내시니 감사한 나머지 한편으로는 너무도 송구합니다.[特惠祭需 不勝摧感 峽邑甚薄 雖誠之至 物必不逮 而如是腆備 感

---

239 단자 : 다른 사람에게 보낼 물품의 종류와 개수를 조목조목 적어 보내는 문서를 이른다.

240 (奇)[寄] : 저본에는 '奇'로 되어 있으나, 문맥을 살펴 '寄'로 바로잡았다.

241 (奇)[寄]送祭需及各種……不瑕有妨於勞來撫摩之政耶 : 《약천집藥泉集》〈답강형숙答姜亨叔〉에 "寄送祭需及各種 依領爲荷 而費心於此等事 不瑕有妨於勞來撫摩之政耶"라는 구절이 있다.

拜之餘 又切悚仄]²⁴² ○제물은 잘 받았습니다. 올해는 조기와 곶감 등을 하나도 도움받을 곳이 없었는데, 이렇게 거저 얻어 모양새를 갖출 수 있으니 다행입니다.[祭物依受 而今年則石魚乾柿之屬 無一得見藉 此可以貿取成樣 可幸] ○집안의 재력 형편에 맞추어 예를 행하면 자연히 분수에 따를 수 있는데, 지나치게 염려해주시어 이렇게 후하게 부조를 해 주시니 부끄럽고 송구하기 그지없습니다.[稱家行禮 自可隨分 而過荷勤念 有此腆助 媿悚無已]²⁴³ ○기름과 꿀을 보내시니 제사에 매우 도움이 되었습니다. 가엾게 여겨 주심에 감사한 마음이 지극하지만 사례할 방법이 없습니다.[油淸之惠 深認助祭 哀感之極 無以爲謝] ○보내신 여러 가지 물건은 제수祭需에 긴요한 것이었는데 잘 받았으니 애감哀感합니다.[送惠諸種 緊於奠需 依領哀感]

사사류辭謝類²⁴⁴

▶보내신 백미白米와 어찬魚饌은 봉록을 쪼개 곤궁한 저를 도와주신 것으로서, 포숙아鮑叔牙가 관중管仲을 알아준 의리처럼 지극한 사랑에서 나온 것임을 잘 알아 깊이 부끄러운 심정을 더욱 금할 수 없습니다. 영

---

242 特惠祭需……又切悚仄:《명재유고明齋遺稿》〈여조사위與趙士威〉에 "蒙兄特惠墓祭之需 不勝摧感 前年四月 實蒙委伻 今又留念至此 厚意盛義 至於此勤 區區銘篆 不知所以仰報也 且峽邑甚薄 雖誠之至 物必不逮 而如是腆備 感拜之餘 又切悚仄"이라는 구절이 있다.

243 稱家行禮……媿悚無已:《명재유고明齋遺稿》〈답이견군회答李燂君晦〉에 "稱家行禮 自可隨分 而過荷勤念 有此腆助 愧悚無已"라는 구절이 있다.

244 사사류 : '사사'는 사양하고 거절함을 이른다.

형令兄께서 보내신 물품은 정말 사양할 이유가 없지만, 구구한 저의 옹졸한 소신은 이전부터 수령이 보내신 1섬 넘는 음식은 받지 않는 것입니다. 이것은 불공不恭한 뜻이 있어서가 아니라 단지 의리를 거스르고 분수를 넘칠까 두렵기 때문입니다. 그래서 제가 비록 다급한 사정에[245] 처해 있지만 되돌려 드리고자 하는 것입니다.[所惠白粲與魚饌 割俸周急 極知仲之義出於至眷 益不勝愧戢之深也 令兄之賜 誠無可辭之義 而區區拙法 從前不敢受州縣盈石之饋 非有不恭之意 只懼犯義而踰分耳 以此雖在涸轍 不能破戒 還以奉納矣][246] ○ 제삿날에 술과 고기를 받는 것은 옛사람도 꺼린 일이라 끝내 받을 수 없습니다. 이것도 융통성 없는 저의 옹졸한 소신이니, 마음으로 이해해 주시리라 생각합니다.[忌日酒肉之受 古人亦以爲嫌 終不能奉留此 亦拘曲拙法 想有以心諒也][247] ○ 성의가 깃든 선물을 헛되게 하였으니, 참으로 매우 송구하여 어떻게 사례해야 할지 모르겠습니다.[虛辱盛貺 實深悚懼 不知所以爲謝也][248] ○ 벗이 주는 선물은 감히 사양하지 않는다는 말이 있지만, 이미 대략은 마련하여 이렇게 2냥은 돌려드립니다. 이는 다른 뜻이 있어서가 아니라 원래 부족하지 않았기 때문입니다.[朋

---

245 다급한 사정에 : 원문은 '涸轍'.《장자莊子》〈대종사大宗師〉에 "샘물이 말라 물고기들이 뭍에 있으면서, 입 안의 습기로써 서로 불어 주고 거품으로써 서로 적셔 주는 것이 강호에서 서로 잊고 사는 것만 못하다.[泉涸魚相與處於陸 相煦以濕 相濡以沫 不如相忘於江湖]"라는 구절에서 유래하였다.

246 所惠白粲與魚饌……還以奉納矣 :《명재유고明齋遺稿》〈답권계상答權季常〉에 "所惠白粲與魚饌 割俸周急 極知仲之義出於至眷 益不勝愧戢之深也 令兄之賜 誠無可辭之義 而區區拙法 從前不敢受州縣盈石之饋 非有不恭之意 只懼犯義而踰分耳 以此雖在涸轍 不能破戒 意欲仰布此忱 而還以奉納矣"라는 구절이 있다.

247 忌日酒肉之受……想有以心諒也 :《명재유고明齋遺稿》〈답이옥구答李沃溝〉에 "忌日酒肉之受 古人亦以爲嫌 終不能奉留 此亦拘曲拙法 想高明有以心諒也"라는 구절이 있다.

248 虛辱盛貺……不知所以爲謝也 :《명재유고明齋遺稿》〈답유감사答兪監司〉에 "虛辱盛貺 實深悚懼 不知所以爲謝也"라는 구절이 있다.

友之饋 有不敢辭 而旣已略備 全受不安 玆將二兩錢文還呈 非有他意 自無不足故也]²⁴⁹

○몇 가지 물건을 보내셨는데 새로 부임한 초기임에도 이렇게 염려하시니, 감사하기 그지없습니다. 다만 쌀은 이전에도 으레 감히 받지 못하였기 때문에 돌려보냅니다. 종이와 먹과 생선 또한 지나치게 많아 부끄럽고 송구하여 마음이 편치않습니다.[幾種惠貺 新到之初 有此勤念 感荷無已 第米則前此 例不敢受 玆奉還 紙墨及魚 亦且過腆 令人媿悚不安也]²⁵⁰ ○보내신 여러 가지 물건으로 염려해 주시어 매우 감사합니다. 다만 모某 물건 중에 감히 받을 수 없는 것이 있어서 이렇게 돌려드리니, 나무라지 않으시는 것이 어떻습니까?[惠寄諸種 深荷盛念 只某物 有不敢冒受者 謹此璧還 勿以爲罪 如何] ○세 가지 귀한 선물을 보내주시니, 실로 매우 부끄럽고 송구합니다. 그중 밀과蜜果 한 종류는 저의 집 제사 때 친구들이 보내주는 것을 받을 때마다 마음이 편치 않았습니다. 그래서 이렇게 부득이 다시 봉하여 돌려드립니다. 그밖에 받은 것도 이미 충분하니, 양해하여 주시고 의아하게 여기지 마시기 바랍니다.[三種珍饋 實深媿悚 其中蜜果一種 鄙家祭祀 每以冒受親舊之饋問 爲未安 玆不得已付還 其他承惠 亦已足矣 望垂恕諒 勿以爲訝 如何]²⁵¹ ○보내신 모某 물건은 감사하기 그지없습니다. 다만

---

249 朋友之饋……自無不足故也:《명재유고明齋遺稿》〈답이견군회答李欼君晦〉에 "朋友之饋 有不敢辭 而旣已略備 且有韓山 邑力全受 不安於心 玆將二兩錢文還呈 匪有他意 自無不足故也"라는 구절이 있다.

250 幾種惠貺……令人愧悚不安也:《명재유고明齋遺稿》〈답한배주문경答韓配周文卿〉에 "六種惠貺 新到之初 有此勤念 感荷無已 第米則前此 例不敢受 玆以奉還 紙墨及魚 亦且過腆 令人愧悚不安也"라는 구절이 있다.

251 三種珍饋……如何:《명재유고明齋遺稿》〈답한배주문경答韓配周文卿〉에 "三種珍饋 實深愧悚 致念至厚 不敢辭還 而其中蜜果一物 鄙家祭祀不用 每以冒受親舊之饋遺 爲不安 昨纔說及此意矣 且爲昨日持來而備之 則旣已辭之 何以必送耶 玆不得已還封付還 其他承惠 亦已足矣 望垂諒 勿以爲訝 如何"라는 구절이 있다.

이런 사적인 일은 천천히 해도 무방합니다. 백성들이 모두 굶어 죽을 상황에 어찌 한가한 인사까지 생각한단 말입니까. 부디 유념하기 바랍니다.[所惠某物 無任感謝 第此等私事 雖(除)[徐]²⁵²之無妨 民將子遺 何可念及於閒人事哉 千萬惕念也]²⁵³

▶태수의 공간空簡²⁵⁴을 주고받는 것도 어려운데 요사이 으레 보내는 투식적인 물건이 영감과 저에게 이르렀으니, 어찌 이러한 것을 꺼리지 않겠습니까?[太守空簡 往復之爲難 近來例套 至於令與弟間 豈用此等嫌耶] ○ 특별하게 보내신 정겨운 음식은 매우 감사합니다. 다만 까닭이 있어서 자주 편지를 보내지 못한 것이 한스럽습니다. 형께서 만약 속투俗套²⁵⁵를 없애신다면 저는 인편이 있다는 소식을 들을 때마다 안부 편지를 보내려고 합니다.[別是情味 多感多謝 但爲此故 不能頻有書 亦可恨 兄若去此俗套 則弟欲聞便輒候矣]

---

252 (除)[徐] : 저본에는 '除'로 되어 있으나, 문맥을 살펴 '徐'로 바로잡았다.

253 所惠某物……千萬惕念也 : 《명재유고明齋遺稿》〈여재종제천종與再從弟天縱〉에 "所惠民魚 蟹醢 松茸等物 無任感荷 第此等私事 雖徐之無妨矣 民將靡子 何可念及於閑人事哉 千萬惕念也"라는 구절이 있다.

254 공간 : 선물이 딸리지 않은 편지를 이르고, 선물이 딸린 편지는 '반간伴簡'이라고 한다.

255 속투 : 세속에서 습관이 된 격식을 이른다.

권3

조위식弔慰式

국애류國哀類 / 부모상류父母喪類 / 조부모상류祖父母喪類 / 숙부모상류叔父母喪類 / 형제상류兄弟喪類 / 처상류妻喪類 / 자상류子喪類 / 자부상류子婦喪類 / 여상류女喪類 / 요척류夭慽類 / 일가상류一家喪類 / 친지상류親知喪類 / 면례류緬禮類

조위식弔慰式

국애류國哀類[1]

▶하늘이 무너지는 애통함[2]은 같은 마음으로 망극합니다.[天崩之慟 同情罔極] ○국상으로 온 나라의 애통함이 어찌 끝이 있겠습니까?[國哀普痛 曷已] ○국상을 애통하게[3] 여기는 것은 온 나라 사람들이 마찬가지일 것입니다.[國哀攀號之痛 率普惟均] ○신민들이 복이 없어 갑자기 국상을 당하여 원근 사람들 모두 한마음으로 슬퍼하니 망극합니다.[臣民弗祿 遽罹國哀 遐邇同悲 罔極罔極] ○인산因山[4]이 어느덧 임박하니 신민의 애통하고 원통함은 갈수록 끝이 없습니다.[因山奄迫 臣民痛寃 去益罔涯] ○인산이 어느덧 지났지만 애통함이 새롭습니다.[因山奄過 痛隕如新] ○세월이 빨라

---

1 국애류 : '국애'는 왕실에 초상이 났음을 이른다.
2 하늘이……애통함 : 원문은 '天崩之慟'. 왕이 돌아가셨을 때의 슬픔을 이르는 말이다.
3 국상을 애통하게 : 원문은 '攀號'. 《사기史記》〈봉선서封禪書〉에 "황제黃帝가 수산首山에 있는 구리를 채취하여 형산荊山 밑에서 솥을 만들었는데, 솥이 완성되자 용 한 마리가 수염을 길게 늘어뜨리고 땅으로 내려와 황제를 맞이하였다. 황제가 용에 올라타자, 여러 신하들과 후궁 70여 명이 따라 올라탔다. 용이 하늘로 올라가자, 나머지 신하들이 용에 타지 못하고 모두 용의 수염을 붙잡으니, 용의 수염과 황제가 지니고 있던 활이 지상으로 떨어졌다. 백성들은 황제가 이미 하늘로 올라간 것을 바라보면서 그 활과 수염을 안고 통곡하였다. 이 때문에 후세 사람들이 그곳을 '정호鼎湖'라고 이름하고, 그 활을 '오호胡弓'라고 이름하였다.[黃帝采首山銅 鑄鼎於荊山下 鼎旣成 有龍垂胡髥下迎黃帝 黃帝上騎 羣臣後宮從上者七十餘人 龍乃上去 餘小臣不得上 乃悉持龍髥 龍髥拔墮 墮黃帝之弓 百姓仰望 黃帝旣上天 乃抱其弓與胡髥號]"라는 구절에서 유래하였다. '반염攀髥'이라고도 한다.
4 인산 : '임금의 장례'를 이르는 말로, '인산위릉因山爲陵'이란 말에서 나왔다. 《경국대전주해經國大典註解》〈후집後集 하下 예조禮典 봉심조奉審條 산릉山陵〉에 "옛날 제왕의 장례는 산이 생긴 그대로 능을 삼기 때문에 '산릉山陵'이라고 하니, 황제黃帝가 교산橋山에 장례를 치른 것이 바로 이것이다.[古者 帝王之葬 因山爲陵 故謂之山陵 黃帝葬橋山 是也]"라는 구절에서 유래하였다.

국련國練[5]이 어느덧 지났으니 부여잡고 울부짖어도 미칠 수 없는 애통함이 어찌 끝이 있겠습니까?[日月迅逝 國練奄過 攀號靡逮 痛隕曷極] ○세월[6]이 달리는 말처럼 빨라 국상이 어느덧 지났으니, 창오蒼梧의 애통함[7]은 오랠수록 더욱 깊습니다.[居諸如駟 國祥奄過 叫梧之痛 愈久愈深]

부모상류 父母喪類

{부고편지 [訃書]}

부고 告訃

▶ 모관某官 좌전座前[8]

성姓 모관某官[9], 모某의 어버이께서 숙환으로 이번 달 모일某日 모시某時에 돌아가셔서 사람을 보내 부고합니다.

모년某年 모월某月 모일某日 호상護喪[10]의 이름[姓名] 올림.

[姓某官名 某親以宿患 今月某日某時別世 專人訃告

某年 某月 某日 護喪姓名上]

---

5 국련 : 국상이 지난 지 1년 만에 지내는 소상小祥을 이른다.
6 세월 : 원문은 '居諸'. '일거월저日居月諸'의 줄임말이다. 《시경詩經》〈패풍邶風 일월日月〉에 "해와 달이 하토를 굽어본다.[日居月諸 照臨下土]"라는 구절에서 유래하였다. 여기서 '거'와 '저'는 어조사이다.
7 창오의 애통함 : '임금의 죽음'을 이른다. 《사기史記》〈오제본기五帝本紀〉에 "순 임금이 제위에 오른 지 39년 되던 해에 천하를 순수하다가 창오蒼梧의 들판에서 붕어하니, 강남의 구의산에 장례 지냈다.[踐帝位三十九年 南巡狩 崩於蒼梧之野 葬於江南九疑]"라는 구절에서 유래하였다.
8 좌전 : '좌하座下'와 같은 말로, 편지에서 존장을 높여 이르는 말이다. 이광예李匡乂의 《자가집資暇集》에 "신분이 낮은 사람이 일가붙이나 가까운 친척들에게 편지를 보낼 때 반드시 '좌전座前'이라고 한다.[身卑致書於宗屬近戚 必曰座前]"라고 하였다.
9 성 모관 : 성姓과 벼슬의 이름을 적는다.
10 호상 : 상주를 도와 장례를 주선하는 사람으로, '배상陪喪'이라고도 한다.

▶모관某官 좌전座前

【아버지가 돌아가셨을 때는 '부친父親'이나 '대인大人'이라고 하고, 어머니가 돌아가셨을 때는 '모친母親 모씨某氏'나 '대부인大夫人 모씨某氏'라고 한다.[父喪曰父親或大人 母喪曰母親某氏或大夫人某氏] ○숙환이 아니면 '모질某疾'이라고 한다.[非宿患則曰某疾] ○극존처에는 별세別世를 '불기不起'로, 부고訃告를 '고달告達'로, 좌전座前을 '댁宅'으로 바꾸어 쓴다.[極尊處 改別世曰不起 訃告曰告達 座前曰宅] ○호상護喪이 없으면 복인服人[11]의 이름으로 부고한다.[12][無護喪 則以服人名 亦告之] ○먼 곳에 보내는 것은 중봉重封[13]으로 한다. 부고편지에는 '모색某色 대아大雅 입납入納'이라고 쓰고, 영진營鎭[14]에는 여기에 제시한 말과 같이 쓴다.[遠地所送 有重封 告訃書 某色大衙入納 營鎭 (放)[倣][15]此措語]】

모석사某碩士 모某는 모월某月 모일某日에 모질某疾에 걸려서 금월今月 모일某日 모시某時에 세상을 떠났으니 애통합니다.[某碩士某 某月 某日 得某疾 今月 某日 某時 棄世 痛哭痛哭]【다른 판본에도 이와 같으며, 이름 아래에 '씨氏'자를 더하기도 한다.[一本又如此 而名下 或加氏字]】

---

11 복인 : 1년 이하의 복을 입은 사람을 이른다.
12 호상이……부고한다 : 《주자가례朱子家禮》〈상례喪禮 초종初終〉에 "친척과 요우僚友에게 부고한다.[訃告于親戚僚友]'는 조목에 "호상護喪과 사서司書가 글을 써서 보낸다. 만약 소상과 사서가 없으면 주인이 직접 친척에게 부고하고, 요우에게는 부고하지 않는다.[護喪司書 爲之發書 若無則主人自訃親戚 不訃僚友]"라고 한 데서 보인다.
13 중봉 : '두 겹 피봉[皮封]'을 이르는 말로, 《한훤차록寒暄箚錄》 권1에 "중봉식重封式【먼 곳으로 주고받거나 존경하는 곳으로 보낼 때는 모두 중복重封으로 한다.[遠地往復及尊敬處 皆重封]】"라고 하였다.
14 영진 : 조선 초기의 지방 군사 조직 체제인 영營과 진鎭을 아울러 이르는 말이다.
15 (放)[倣] : 저본에는 '放'으로 되어 있으나, 문맥을 살펴 '倣'으로 바로잡았다.

{조문편지[弔狀]}

소상疏上[16]

모관某官 대효大孝 점전苫前[17]　　　　　　　　　이름[姓名] 근봉謹封

[모某][18]는 머리를 조아려 재배하고 말씀드립니다.

뜻밖의 변고로 선부군先父君께서 갑자기 영양榮養[19]을 버리셨다는 부고를 받고 놀라움과 슬픔이 마지않습니다. 삼가 생각하건대 효심이 지극히 순수하여 애절하게 부르짖을 것이니, 어떻게 견디십니까? 세월이 흘러 어느덧 성복成服[20]을 마쳤으니 애통함을 어찌하고 망극함을 어찌하겠습니까? 부모님께서 돌아가시고 나서[21] 기력은 어떠하신지요? 억지로라도 죽을 더 드시고 상례喪禮를 따르시기 바랍니다.

---

16 소상 : 상주가 보내는 편지나 상주에게 보내는 편지를 이르는 말이다. 편지 끝에 쓰이는 '소상疏上'과는 쓰임이 다르다.

17 대효 점전 : '대효'는 부모의 상중에 있는 사람을 이르고, '점전'은 부모의 상중에 있는 사람에게 장사 지내기 전에 편지를 낼 때에 그의 이름 아래에 쓰는 말이다. 《증보사례편람增補四禮便覽》 〈상례喪禮 조위인부모망소식弔慰人父母亡疏式〉에 "모관某官 대효大孝의 경우 [어머니가 돌아가셨을 경우 '지효至孝'라고 한다.] 점전苫前의 경우 [평교간 이하에는 '차次'자로 쓰고 장례를 치르고 나서는 '점苫'자를 '애哀'자로 바꾸어 쓴다.][某官大孝[母云至孝] 苫前[平交以下云次 旣葬 改苫爲哀]]"라고 하였다.

18 [모] : 다른 글자에 비해 조금 작게 쓴다. 자신을 지칭하는 글자를 작게 씀으로써 낮추는 의미를 지니며 이렇게 표현하는 글자를 '측소자側小字'라고 하는데, 이러한 방식을 '차소법差小法'·'자소법字小法'이라고 한다. (백두현, 〈조선시대 왕실언간의 문화중층론적 연구〉, 《한국학논집》 제59집(2015), 349~403. 주석 67번 참조.)

19 영양 : 좋은 옷과 음식으로 부모를 잘 봉양함을 이른다.

20 성복 : 상례 때 대렴大殮 후 처음 상복을 입는 일을 이른다.

21 부모님께서……나서 : 원문은 '荼毒'. 부모님이 돌아가신 슬픔을 이른다. 《서경書經》 〈탕고湯誥〉에 "흉하고 해로운 데 걸리어 도독荼毒을 견디지 못한다.[罹其凶害 不忍荼毒]"라는 구절에서 유래하였다.

모某는 일에 매여 달려가 위로하지 못해 걱정되는 마음을 이길 길 없습니다. 위문장을 올리니 살펴주시기 바랍니다. 예를 갖추지 않고 올립니다.
모년某年 모월某月 모일某日. 이름[姓名] 소상疏上[22]

[〖某〗]頓首再拜言[23] 不意凶變[24]

先府君 奄

棄榮養[25] 承

訃驚怛 不能已已 伏惟[26]

孝心純至 思慕號絶 何可堪居 日月流邁 遽經

成服 哀痛奈何 罔極奈何 不審

自罹荼毒[27]

氣力何似[28] 伏乞[29]

---

22 소상 : '글을 올리다'라는 뜻으로, 상을 당한 사람이 편지를 다 쓰고 나서 자신의 이름 뒤에 쓰는 말이다.

23 頓首再拜言 : 등급이 낮은 사람에게는 '돈수頓首'라고만 하고, 평교간에는 '돈수언頓首言'이라고만 한다.

24 凶變 : 돌아가신 분의 관직이 높을 경우 '방국불행邦國不幸'이라고 한다.

25 奄棄榮養 : 돌아가신 분의 관직이 높으면 '엄연관사奄捐館舍(문득 관사를 버리셨다.)'라고 하거나 '엄홀훙서奄忽薨逝(문득 훙서하셨다.)'라고 한다. 어머니의 봉호가 부인夫人에 이른 사람도 '훙서薨逝'라고 한다. 만약 살아있는 사람에게 관직이 없을 때는 '엄위색양奄違色養(문득 안색을 맞추어 봉양하는 정성을 버리셨다.)'라고 한다.

26 伏惟 : 평교간에는 '공유恭惟(공손히 생각건대)'라고 하고, 등급이 낮은 사람에게는 '면유緬惟(멀리 생각건대)'라고 한다.

27 自罹荼毒 : 평교간에는 '공유恭惟(공손히 생각건대)'라고 하고, 등급이 낮은 사람에게는 '면유緬惟(멀리 생각건대)'라고 한다.

28 氣力何似 : 손윗사람에게는 '하여何如'라고 한다.

29 伏乞 : 평교간에는 '복원伏願(원하옵건대)'이라고 하고, 등급이 낮은 사람에게는 '유기惟冀(오직 바라는 것은)'이라고 한다.

强加飦粥[30] 俯從禮制 〖某〗役事所縻[31] 末由趨

慰 其於憂戀 無任下誠[32] 謹奉疏[33] 伏惟

鑑察[34] 不備謹疏[35]

某年 某月 某日 姓名 疏上〗[36] [37]

▶모관某官 대효大孝 점전笘前

〖아울러 여러 형제들을 위문할 때는 연이어서 '모관某官 모관某官'이라고 쓰고 벼슬이 없을 때는 '생원生員'이라고 한다.[竝問諸兄弟 則連書某官某官 而無官 則曰生員] ○아버지가 돌아가셨을 때는 '대효大孝'라고 하고, 어머니가 돌아가셨을 때는 '지효至孝'라고 한다.[外艱 曰大孝 內艱 曰至孝] ○승중承重[38]일 경우 '대효大孝' 위에 '승중承重'이라는 두 글자를 더하고 양자로 간 사람의 본가 부모가 돌아가셨을 경우 '본생本生'이라는 두 글자를 더한다.[承重 則大孝上加承重二字 出系人遭本生喪 則加本生二字] ○장례를 치르고 나서는 '애전哀前'이라고 한다.[葬後則 曰

---

30 强加飦粥 : 이미 장사 지내고 난 뒤 뒤에는 '소사疏食'라고 한다.

31 役事所縻 : 관직에 있으면 '직업유수職業有守(직업에 종사하느라.)'라고 한다.

32 無任下誠 : 평교간 이하일 경우에는 다만 '말유봉위末由奉慰 비계증심悲係增深(받들어 위로할 길 없기에 슬픔이 더욱 심합니다.)'라고 한다.

33 謹奉疏 : 평교간에는 '장狀'이라고 한다.

34 伏惟鑑察 : 평교간 이하에는 이 네 글자를 쓰지 않는다.

35 不備謹疏 : 평교간에는 '불선근장不宣謹狀(갖추지 못하고 삼가 올립니다.)'이라고 한다.

36 疏上 : 평교간에는 '장狀'이라고 한다.

37 某頓首再拜言……疏上 : 《상변통고常變通攷》〈상례喪禮 서소식서疏式 위인조부모망계장慰人祖父母亡啓狀〉에 내용과 동일하다.

38 승중 : 종통宗統을 이어 제사를 받드는 것으로, 적자가 없을 경우 서자庶子나 첩자妾子가 잇기도 하고, 대종大宗에 후계자가 없을 경우 소종小宗의 지자支子가 대종을 잇기도 하고, 아버지가 사망하면 손자가 조부를 잇기도 하는 등, 여러 경우가 있었다.

哀前] ○돌아가신 분의 벼슬이 높을 경우 '나라가 불행하게도 선부군이 갑자기 돌아가셨습니다.[邦國不幸 先府君 奄捐館舍]'라고 한다.[亡者 官尊 則曰邦國不幸 先府君 奄捐館舍] ○어머니가 돌아가셨을 경우 '선부인先夫人'이라고 하고, 자신을 낳아주신 부모가 돌아가셨을 경우 '본생선부군 선부인本生先父君 先夫人'이라고 한다. 승중承重일 경우 '선조고부군 선왕대부인先祖考府君 先王大夫人'이라고 한다.[內艱 曰先夫人 生父母喪 曰本生先府君 先夫人 承重 曰先祖考府君 先王大夫人] ○자신을 낳아주신 부모가 벼슬이 없을 경우 '갑자기 돌아가셨다.[39][奄違色養]'라고 한다.[生者 無官 則曰奄違色養] ○이미 장례를 치르고 나서는 '벌써 장례를 치렀습니다.[遽經襄奉]'라고 한다. 졸곡·소상·대상·담제는 각각 그때에 따라서 쓴다.[已葬 曰遽經襄奉 卒哭·小祥·大祥·禫祭[各隨其時][40]] ○아버지가 계시고 어머니가 돌아가셨을 경우 '우고憂苦[41]에 걸리고 나서'라고 한다.[父在母喪 曰自罹憂苦] ○이미 장례를 치르고 나서는 '억지로라도 소식疏食을 더 드십시오.[强加疏食]'라고 한다.[已葬 曰强加疏食] ○관직에 있을 경우 '관직에 종사하느라.[職業有守]'라고 하고, 서로 거리가 멀 경우 '서울과 시골이 거리가 멀어서.[京鄉路左]'라고 하고, 근심과 병이 있을 경우 '근심과 병이 서로 이어서[憂病相仍]'라고 하는 등 상황에 따라서 말을 만든다.[在官 曰職業有守 相居稍遠 曰京鄉路左 有憂病 曰憂病相仍 隨宜措語]》

---

39 갑자기 돌아가셨다 : 원문은 '奄違色養'. '색양'은 공순恭順한 안색으로 부모를 섬기는 것을 이른다. 《논어論語》〈위정爲政〉에 자하子夏가 효孝에 대해 묻자, 공자가 "얼굴빛을 온화하게 하는 것이 어려우니, 부형父兄에게 일이 있으면 자제가 그 수고로움을 대신하고, 술과 밥이 있으면 부형에게 잡숫게 하는 것, 이것을 효라고 할 수 있겠는가?[色難 有事 弟子服其勞 有酒食 先生饌 曾是以爲孝乎]"라는 구절에서 유래하였다.

40 [各隨其時] : 저본에는 없으나, 《상변통고常變通攷》〈상례喪禮 서소식서書疏式 위인부모망소慰人父母亡疏〉에 의거하여 '各隨其時'를 보충하였다.

41 우고 : 걱정스럽고 고통스러움을 이른다.

{자기보다 낮은 등급의 사람에게 보낼 경우 [降等] 1}

〖모某〗는 머리를 조아리고 말씀드립니다.

뜻밖에 흉변으로 선부군께서 갑자기 돌아가시니, 부고를 받고 놀라움과 슬픔이 마지않습니다. 멀리서 효심이 순수하고 지극하여 사모하며 애절하게 부르짖을 것으로 생각하니, 어떻게 견디시는지요. 세월이 흘러 어느덧 성복成服을 마쳤으니 애통함을 어찌하고 망극함을 어찌하겠습니까? 부모님께서 돌아가시고 나서 기력은 어떠하신지요? 억지로라도 죽을 더 드시고 상례喪禮를 따르시기 바랍니다.

〖모某〗는 일에 매여 달려가 위로하지 못해 슬픔이 더욱 깊습니다. 삼가 위문장을 올립니다. 이만 줄이고 위문장을 드립니다.

모년某年 모월某月 모일某日. 이름[姓名] 위문장을 올립니다.

[〖某〗]某頓首言 不意凶變

先府君 奄

棄色養 承

訃驚怛 不能已已 緬惟

孝心純至 思慕號絶 何可堪居 日月流邁 遽經

成服 哀痛奈何 罔極奈何 不審

自罹荼毒

氣力何如 惟冀

强加飱粥 俯從禮制 某職業有守 末由奉

慰 悲係增深 謹奉狀 不宣謹狀

某年 某月 某日 姓名 奉疏]⁴²

▶모관某官 대효大孝 점차苫次

{답장[答疏]⁴³}
　답소상答疏上

모관某官 좌전座前
〖고자孤子〗이름[姓名] 계상근봉稽顙謹封

〖모某〗는 머리를 조아리고 두 번 절하고 말씀드립니다.

〖모某〗는 죄가 깊고 무거워 스스로 죽지도 못하고 재앙을 선고先考에게 미쳐 반호벽용攀號擗踊⁴⁴하니 오장육부가 찢어질 듯하고 땅을 치고 하늘에 부르짖어도 미칠 수 없는데, 세월은 멈추지 않고 어느덧 순삭旬朔⁴⁵이 지났습니다. 혹독한 벌에 대한 죄가 괴로워 온전히 살 가망도 없었는데,

---

42　某 頓首言……奉疏 : 《상변통고常變通攷》〈상례喪禮 서소식書疏式 위인조부모망계장慰人祖父母亡啓狀〉에 내용과 동일하다.

43　답소 : 위문하는 내용의 편지를 받고 상주喪主가 회답하는 편지를 이른다.

44　반호벽용 : '반호'는 용의 수염을 잡고 통곡함을 이르는 말로, 제왕의 죽음을 슬퍼함을 이른다. 구양수歐陽脩의〈영종황제영가발인제문英宗皇帝靈駕發引祭文〉에 "신은 관직을 지키고 있어서 길가에서 반호하지도 못하여 삼가 순천문順天門 밖을 골라 삼가 보잘 것 없는 제물을 차려 멀리서나마 상여를 바라보았습니다.[臣以官守有職 不得攀號於道左 謹擇順天門外 恭陳薄奠 瞻望靈輿]"라고 하였다. '벽용'은 가슴을 치며 발을 구름을 이르는 말로, 몹시 애통함을 이른다. 《효경孝經》〈상친喪親〉에 "가슴을 치고 발을 구르며 통곡하고 슬퍼하며 보낸다.[擗踊哭泣 哀以送之]"라고 하였다.

45　순삭: 열흘이나 한 달쯤의 시간을 이른다.

즉일 은혜를 입어 다만 영좌靈座를 모시고 구차스럽게 몸을 보존하고 있습니다.

존장께서 몸소 위문하시니, 슬픈 감정 지극한 중에 저의 정성을 감당할 수 없고 소리치며 하소연할 길도 없어 숨이 끊어질 듯함을 이기지 못하고, 삼가 말씀을 받들어 올립니다. 정신이 흐릿하여 두서가 없습니다. 삼가 글을 올립니다.

모년某年 모월某月 모일某日.〖고자孤子〗이름[姓名] 소상疏上

[〖某〗]稽顙再拜言〖某〗罪逆深重 不自死滅 禍延先考[46]

攀號擗踊 五內分崩 叩地叫天 無所逮及 日月不

居 奄踰旬朔 酷罰罪苦[47] 無望生全 卽日蒙

恩 祗奉几筵 苟存視息 伏蒙

尊慈 俯賜

慰問 哀感之至 無任下誠[48] 末由號訴 不勝隕絶 謹奉

疏 荒迷不次 謹疏

某年 某月 某日〖孤子〗姓名 疏上

---

46 禍延先考: 어머니인 경우에는 '선비先妣'라고 한다. 승중承重이면 조부는 '선조고先祖考', 조모는 '선조비先祖妣'라고 한다.

47 酷罰罪苦: 아버지가 살아계시고 어머니가 사망하였으면, '편벌죄심偏罰罪深(치우친 벌과 죄가 심합니다.)'이라고 한다. 아버지가 먼저 사망하였으면, 어머니는 아버지의 경우와 같다.

48 無任下誠: 평교간에는 "'우러러 인자한 은혜를 받아 몸을 굽혀 위문하시니 그 슬픈 감회가 간절할 따름입니다'라고 한다. 등급이 낮은 사람에게는 '특별히 위문을 받으니 슬픈 마음 진실로 깊습니다.'라고 한다.[仰承仁恩 俯垂慰問 其爲哀感 但切下懷 降等云 特承慰問 哀感良深]"라고 한다.

▶ 모관某官 좌전座前

〖어머니가 돌아가셨을 경우 '애자哀子'라고 하고, 승중손承重孫[49]일 경우 '고손孤孫'·'애손哀孫'·'고애손孤哀孫'이라고 한다.[母喪稱哀子 亡稱孤哀子 承重孫則稱孤孫 哀孫 孤哀孫] ○ 어머니인 경우 '선비先妣', 승중承重인 경우 '선조고先祖考'·'선조비先祖妣'라고 한다.[母 云先妣 承重 云先祖考· 先祖妣] ○ 장례를 치르고 나서는 '어느덧 졸곡卒哭·소상小祥·대상大祥·담제禫祭'를 지냈다고 한다.[葬後 云奄經卒哭· 小祥· 大祥· 禫祭] ○ 아버지가 살아계시고 어머니가 돌아가셨으면, '치우친 벌과 죄가 심합니다.'라고 하고, 아버지가 먼저 돌아가셨으면, 어머니는 아버지의 경우와 같이 한다.[父在母亡 云偏罰罪深 父先亡 母與父同] ○ 심상心喪[50]과 대상大祥 이후에는 '심제인心制人'이라고 하고, 담제禫祭를 지내고 나서는 '담복인禫服人'이라고 하며 '소疏'자를 '장狀'자로 바꾸어 쓴다.[51][心喪及大祥後 稱心制人 禫後 稱禫服人 改疏爲狀]〗

{자기보다 낮은 등급의 사람에게 보낼 경우[降等] 2}

〖〖모某〗는 머리를 조아립니다.「〖모某〗는 죄가 깊고 중하여 스스로 죽지

---

49 승중손 : 승중承重한 손자이다. '승중'은 죽은 사람의 장손長孫으로서 할아버지, 아버지를 이어서 복服을 입고 조상의 제사를 지내는 일이나, 또는 그 지위를 뜻한다. 장자長子가 먼저 죽어서 장손이 조부를 계승하여 조상의 제사를 받드는 경우, 먼저 죽은 장자에게 후사後嗣가 없으므로 지자支子가 계승하는 경우, 적자손嫡子孫이 없으므로 서자손庶子孫이 계승하는 경우 등이 있다.

50 심상 : 마음속으로 복服을 입는 것을 이른다. 상복은 입지 않지만 상제와 같은 마음으로 근신하는 일로, 주로 스승의 상喪을 이른다. 《예기禮記》〈단궁檀弓 상上〉에 "스승을 섬기되 면전에서 간함도 없고 은미하게 간함도 없으며, 좌우로 나아가 봉양하되 일정한 방소가 없으며, 부지런히 일하여 죽음에 이르며, 3년 동안 심상心喪을 한다.[事師無犯無隱 左右就養無方 服勤至死 心喪三年]"라고 하였다.

51 '소疏자를……쓴다 : 상중에 보내는 편지의 사용하는 '소상疏上'이라는 말을 '장상狀上'이라고 바꾸어 쓰는 것을 이른다.

도 못하고 화가 선고先考에게 미쳐 가슴을 부여잡고 치고 발을 구르며 오장이 찢어 지지만 땅을 치며 하늘에 호소에 보아도 어찌할 수 없습니다. 세월은 멈추지 않아 문득 순삭旬朔이 지났으니 참혹한 벌에 고통스런 죄를 받아 온전히 살 가망이 없습니다.」다만 단지 영좌靈座를 모시고 구차스레 몸을 보존하고 있습니다. 우러러 인자한 은혜를 받아 몸을 굽혀 위문하시니 저의 슬픈 감회가 간절할 따름입니다. 그러나 소리치며 호소할 길도 없어 숨이 끊어질 듯함을 이기지 못하고, 삼가 말씀을 받들어 올립니다. 두서없이 삼가 편지를 드립니다.[某叩首 某罪逆深重 不自死滅 禍延先考 攀號擗踊 五內分崩 叩地叫天 無所逮及 日月不居 奄踰旬朔 酷罰罪苦 無望生全 祇奉几筵 苟存視息 仰承仁恩 俯垂慰問 其爲哀感 但切下懷 末由號訴 不勝隕絶 謹奉狀 不次 謹狀]【또 등급이 낮은 사람에게는 '앙승인은仰承仁恩' 아래로 16글자를 '특승위문애감량심特承慰問哀感良深'으로 바꾸어 쓴다.[又降等 仰承仁恩以下十六字 改以特承慰問 哀感良深]】[52]

{별고別告}

▶예서禮書 외에 다시 무엇을 말씀드리겠습니까? 병환이 비록 깊다고는 하셨지만 평상시 근력이 왕성하시어 신명이 도와 병이 나을 것이라[53] 생각했는데, 어떻게 갑자기 이러한 지경에 이를 줄 생각이나 했겠습니까? 갑작스런 일이라 초종初終[54]은 어떻게 모양을 갖추셨는지,

---

52 某叩首……哀感良深：《상변통고常變通攷》〈상례喪禮 서소식書疏式 위인조부모망계장위인祖父母亡啓狀〉에 내용과 동일하다.

53 병이……것이라: 원문은 '勿藥'. 병이 완치되었음을 이르는 말로, 《주역周易》무망괘无妄卦(䷘) 구오九五의 "잘못이 없는 병이니, 약을 쓰지 않아도 나을 것이다.[无妄之疾 勿藥有喜]"라는 구절에서 유래하였다.

54 초종 : 사람이 죽어서부터 염습殮襲할 때까지의 일을 이른다.

산소를 쓸 만한 남은 산은 있는지요? 슬픔은 본래 몸이 여위고 약하게 하는 것이니 필시 몸이 상하는 것은 이치에 마땅한 것이지만, 자신의 목숨을 잃을[55] 정도로 지나치게 슬퍼해서는 안되는 경계를 생각하시어 효를 위해 효를 상하게 하는 데 이르지 않게 하는 것이 어떻습니까?[禮書之外 夫復何言 病患 雖曰沈痼 而常時 筋力康旺 意謂神明所佑 自可勿藥 豈料遽至斯境 倉卒初終 何以成樣 山地 曾有餘麓否 哀本淸弱 理宜必毀 第軫滅性之戒 無至以孝傷孝 如何] ○ 이 무슨 일이며 이 무슨 일입니까? 비록 병환이 심하다는 말을 듣기는 했지만 평소 근력이 좋으시고 첨애僉哀의 효성에 감응하여 병이 나았을 것이라 생각했는데, 갑자기 이 지경에 이를 것을 어떻게 생각이나 했겠습니까? 초종初終의 여러 절차에 필요한 물품을 미리 안배하고 객지에서 관을 어떻게 갑자기 마련할 것인지를 생각해 두어야 효사(장사지내는 일)에 유감이 없을 것입니다. [此何事此何事 雖伏聞患候添㞃之報 而平日 筋力康旺 且以僉哀誠孝之感 佇企勿藥有慶 豈料遽至於斯 初終凡百 想有預備之需 而客地板材 何以猝辦 能無餘憾於孝思否] ○ 연세가 칠순도 되지 않고 근력도 노쇠하지 않아 비록 평소 숙환이 있었다지만 갑자기 부음을 들을 것이라 생각이나 했겠습니까? 통곡하는 마음을 어떻게 말로 할지 모르겠습니다.[春秋 旣未滿七旬 筋力 猶不至衰邁 雖有平日宿患 豈意遽承訃音 痛哭痛哭 不知所喩] ○ 연세가 비록 높기는 했지만 기력이 아직은 왕성하였는데, 오늘 갑자기 흉음凶音을 들을 것이라 어찌 생각이나 했겠습니까?[年齡雖卲 氣力尙旺 豈意今日突承凶音] ○ 병환에 대한 소식을 들

---

55 목숨을 잃을 : 원문은 '滅性'. 《예기禮記》〈상복사제喪服四制〉에 "상중喪中에 슬픔으로 몸을 손상할지라도 목숨을 잃는 데 이르지 않도록 하니, 이는 죽은 사람 때문에 산 사람을 해치지는 않기 위해서이다.[毁不滅性 不以死傷生也]"라고 하였다.

지도 못했는데 갑자기 흉음을 들었습니다.[未聞病患之報 遽承凶音] ○수명의 길고 짧음은 진실로 정해진 것은 아니지만, 흉음이 이렇게 이를 줄 어찌 생각이나 했겠습니까? 평소에 기약한 바가 여기에 그치지 않았는데, 지금 여기에 그쳤다면 이 역시 운명일 것입니다. 지극한 놀라움과 슬픔은 시간이 오래되어도 그치지 않으니, 노인의 정경은 더욱 끝이 없으리라 생각합니다. 가난한 집안의 형편으로 초종初終의 모든 절차에 어떻게 효심을 다하고 또 장례를 잘 치렀는지요? 깊이 목숨을 잃을 정도로 슬퍼하지는 말아야 한다는 경계를 유념하시어 충분히 잘 대응하시기를 더욱 바랍니다.[人生脩短 固無常 而豈料凶音此至 平日所期 不止此 而止於此 則亦命耶 驚怛之極 歷久不能已 老下情境 尤想罔涯 以窮家形勢 初終凡百 其何以能盡孝子之心 而亦已完襄否 深存滅性之戒 十分支持 尤所望也] ○병환이 있다는 소식을 받자마자 부고가 연이어 도착하니, 무슨 특별한 증세로 갑자기 이 지경이 되었는지 모르겠습니다. 통곡합니다.[纔承病患之報 而訃書踵至 未知因何別証 遽至斯境 痛哭痛哭] ○환후가 비록 오랫동안 낫지 않았다고는 하지만 효성에 감응하여 신인의 도움을 받을 것이라 생각했는데, 끝내 이 지경에 이를 줄 생각이나 했겠습니까?[患候 雖云沈綿 竊謂誠孝所感 宜獲神人之佑 豈料竟至斯境] ○초종初終의 범절에 필요한 여러 가지 물건과 마땅히 시월時月의 준비[56]에 있어 효심에 서운함은 없으신지요?[初終諸需 宜有時月之備 而於孝心無憾否] ○초종의 여러 가지 범절에 필요한 것들은 효자의 마음에 만족스럽고 장례일은 이미 정하셨는지요?[初終凡需 其能恔然於孝心 而襄期已定否] ○초종의 여러 가지 범절에

---

56 시월의 준비 : 수의壽衣와 염습斂襲 준비를 이른다.

유감은 없었고 합장의 예는 연운과 잘 화합이 되었는지요?[初終凡節 想應無憾 而合祔之禮 吉叶年運否] ○순수하고 지극한 효성으로 애타게 울부짖는 애통함을 어떻게 견디시는지요?[伏惟純至之孝 何堪號絶之慟] ○효심이 순수하고 돈독하였는데 이런 거창巨創한 일[57]에 당하셨으니, 난극欒棘[58]의 고통을 어찌 견디시는지요?[孝心純篤 罹此巨創 欒棘之痛 何可堪居] ○쇠약한 나이에 병을 안고서 감정이 가는 대로 통곡하고 가슴을 친다면 반드시 건강에 손상이 많을 것이니, 더욱 슬프고 염려됩니다.[衰齡抱痾 任情號擗 必多損節 尤爲之悲念] ○쇠약한 연세에 부모님께서 돌아가시어 반드시 건강을 해칠 것이니,[59] 구구하게 슬프고 염려되는 마음을 어찌 이기겠습니까?[衰年巨創 必致毁損 區區 豈勝悲念] ○백씨께서 연로하신데 상중에 여막에서 지내시면 몸이 여위기[60] 쉬우니 더욱 걱정입니다.[伯氏哀暮境 居廬 易致柴毁 尤切仰慮] ○집사께서는 하늘이 낸 효자로 가슴을 부여잡고 치며 슬프게 곡을 하시면서 어떻게 견디시는지요? 그 모습을 상상하면 그대의 정황은 다를바 없는 고자孤子의 모습이겠지만, 지난겨울의 정의情誼에 흐르는 눈물을 주체할 수 없습니다.[以執事出天之孝 攀擗號霣 何以堪處 想來景像 一般是孤子 客冬情事 爲之不禁潛涕也] ○점괴苫塊[61]를 하며 남은 목숨을 연명하고 있던 중에 상을 당하였다는 소

---

57 거창한 일 : '마음이 몹시 아프다'는 뜻으로, 부모의 상喪을 당한 슬픔을 비유하여 이르는 말이다.
58 난극 : 상주喪主가 슬픔에 몸이 야위어 몹시 수척해지는 것을 뜻한다. 《시경詩經》〈회풍檜風 소관素冠〉에 "행여 흰 관을 쓴 상인喪人의 수척함을 볼 수 있을까, 내 마음에 애태우며 근심하노라.[庶見素冠兮 棘人欒欒兮 勞心慱慱]"라는 구절에서 유래하였다.
59 건강을……것이니 : 원문은 '毁損'. 상중에 지나치게 슬퍼하여 건강을 해치는 것을 이른다.
60 몸이 여위기 : 원문은 '柴毁'. 부모님께서 돌아가시어 몹시 슬퍼하여 몸이 여위는 것을 이른다.
61 점괴 : '침점침괴寢苫枕塊'의 줄임말이다. '거적으로 자리를 삼고 흙덩이로 베개를 삼다'는 뜻

식을 사람들을 통해 들었는데, 아직도 측은하고 더구나 슬픔은 골육이나 마찬가지입니다.[苫塊殘喘 聞人有喪 尙爲之惻然 況哀情同骨肉] ○슬픔을 절제하고 몸을 보중하시어 구구한 저의 비통한 기도에 부응하시기 바랍니다.[惟願節哀支保 以副區區悲禱] ○슬픔을 절제하시고 예를 따라 몸을 훼손하는 지경에는 이르지 않도록 하시기를 간절히 빕니다.[萬乞節哀從禮 無至毁傷] ○십분 슬픔을 억제하고 자중하시어 효도를 마치시기 바랍니다.[惟祝十分節哀 以爲終孝之地] ○목숨을 잃을 정도로 슬퍼하지 말아야 한다는 옛사람의 경계를 생각하여, 십분 건강을 보호하여 구구한 저의 바람에 위안되게 하십시오.[幸念古人滅性之戒 十分勉護 以慰區區之望] ○변화에 따라 슬픔을 억제하고 깊이 목숨을 잃을 정도로 슬퍼하지 말라는 경계를 간직하시기를 간절히 소망합니다.[惟願順變節哀 深存滅性之戒 區區所望也] ○찾아가 위로를 드려야 하지만 병과 근심이 끊이지 않아 뜻을 이루지 못해 평소의 친분을 저버렸으니, 슬프고 서운한 마음 끊이지 않습니다.[宜卽進唁 而病憂相仍 未得遂意 孤負平昔 悲觖無已] ○달려가 위로 드리지도 못하고 또 발인하기 전에 곡하고 영결하지도 못하였으니, 이 어찌 평소의 정이라 하겠습니까?[未卽趨慰 亦不克哭訣於輤行之前 此豈平昔之情哉] ○소장疏狀[62]으로 위로를 대신하는 것도 남보다 늦었으니, 슬프고 부끄러운 마음을 이기지 못하겠습니다.[以疏替唁 亦後於人 不勝悲媿] ○끝내 손잡고 위로도 못하고 소장疏狀으로 대신하였으니, 이

으로, 상중의 예禮를 이른다. 《예기禮記》〈삼년三年〉에 "참최에 저장을 짚으며 여막에 살며 미음을 먹고 거적자리에서 자고 흙덩이를 베는 것은 지극한 애통함을 나타냄이다.[斬衰苴杖 居倚廬 食粥 寢苫枕塊 所以爲至痛飾也]"라는 구절에서 유래하였다.

62 소장 : 위로하는 편지를 이른다.

어찌 평소의 정의이겠습니까? 부끄럽고 한스러운 마음이 더욱 간절합니다.[竟失握慰 以疏替唁 此豈平日情誼 愧恨尤切] ○제가 죄를 지어 귀양와 있어서 달려가 위로 드리지도 못하고 소장疏狀으로 위문을 대신하였습니다. 그러나 이조차도 때가 늦었으니, 가슴을 어루만지며 옛날을 생각하면 슬프고 서운한 마음을 어떻게 이기겠습니까?[身在罪謫 未卽奔慰 一疏替唁 亦且後時 拊念疇昔 曷勝悲觖] ○상환喪患이 의심스럽다는 소식을 듣고 감히 위문도 드리지 못하였습니다. 이후 인편이 없어 줄곧 머뭇거리다 슬프게도 유명幽明의 은혜를 저버린 것이 많습니다.[聞喪患涉疑 不敢卽通慰問 其後無便 一味因循 悲負幽明多矣] ○비로소 모某 인편을 통해 위문장을 보냈습니다. 뜻밖에 부모님께서 돌아가시어 상주들이 가슴을 부여잡고 애통해하며 슬픔에 잠겼을 것인데, 어떻게 지내시는지요? 발인하는 날이 이미 임박했는데 또 선숙주先叔主의 무덤을 이장한다는 말을 들으니, 슬픔이 어제처럼 새롭습니다. 멀리서 그리움이 간절합니다. 더구나 상주들의 지극한 애통함이야 또 어떠하겠습니까?[才因某便 修上慰書 而巨創 出於不意 伏惟僉哀 攀號隕絶 何以堪居 伏想靷日已迫 且伏聞先叔主宅兆 亦有遷奉之擧云 悲感如新 遠切瞻望之思 況僉哀至痛 盍復如何] ○영營에 모든 물건이 바닥나 부의도 인정이나 예법에 맞지 않아 마음 아프고 한스러움이 더욱 지극합니다. 만사輓詞는 병중에 엉성하게 엮어 쓰임에 합당하지 않을까 걱정되니, 더욱 부끄럽고 죄송합니다.[營中 百物蕩然 賻儀不能稱情禮 傷恨益至 輓語 病中拙構 恐不合用 尤極愧悚之至] ○힘을 다해 서둘러 나아가서 구해야 하는[63] 의리에 도울 만한 물건이 없어 보

---

63 힘을……하는 : 원문은 '匍匐'. 있는 힘을 다하여 서두르는 모양을 이른다. 《시경詩經》〈패풍邶風 곡풍谷風〉에 "무릇 사람이 상사가 있을 때는 포복하여 달려가 구원하였노라.[凡民有

잘것없지만 종이와 초를 함께 보내니 슬프고 부끄럽습니다.[匍匐之義 無物相助 略以紙燭 伴呈悲媿] ○산소를 아직 정하지 못하였다는 말을 들은 듯합니다. 상중에 경황 없이 분주한 가운데 어찌 지탱하시는지요? 매번 생각할 때마다 슬퍼 마음을 가눌 수 없습니다.[仄聞山所 尙未有定 哀遑奔走 何以支持耶 每念之 (測)[惻]⁶⁴悶 不能爲懷也] ○여러 곳을 다 둘러보고 산소로 점지한 곳 가운데 혹시라도 마음에 차는 곳이 있었습니까? 답답함을 이기지 못하겠습니다.[看盡諸處占之山 或已有可意者否 不勝鬱鬱] ○장례도 잘 지냈다고 하니 매우 위로됩니다.[襄事有定 爲之慰幸]⁶⁵ ○장례날이 점점 다가오는데, 울부짖고 사모하는 지극한 마음을 어떻게 견디시는지요?[襄奉之期 漸迫 號慕罔極 何以堪處] ○발인은 오래지 않아 있을 것이라는 말을 들었습니다. 수행하는 기력이 더욱 손상이 심할 것이라 생각을 하니, 걱정되는 마음을 늦추지 못하겠습니다.[靷行 聞在匪久 隨行氣力 想益有損重 用仰慮不弛] ○큰일을 마치시고 기력을 아끼시어 멀리서 기원하는 저의 정성에 부응하여 주십시오.[惟祝克完大事 氣力支嗇 以副遠誠] ○전에 보내드린 위문편지는 이미 받아보셨으리라 생각됩니다. 잠깐 사이에⁶⁶ 어느덧 장례를 치르고 나니 추모하는 애통한 마음이 망극합니다. 본래 몸이 연약하여 병에 잘 걸린다는 것을 알고 있으니, 부모

喪 匍匐救之"라는 구절에 대한 정현鄭玄 전箋에 "포복은 진력함을 말한다.[匍匐 言盡力也]"라고 한 것에서 유래한다.

64 (測)[惻] : 저본에는 '測'으로 되어 있으나, 문맥을 살펴 '惻'으로 바로잡았다.

65 襄事有定 爲之慰幸 : 《명재유고明齋遺稿》〈여박계긍與朴季肯〉 "襄事有定 爲之慰幸"이라는 구절이 있다.

66 잠깐 사이에 : 원문은 '俯仰之際'. 왕안석王安石의 〈송이둔전수계양시送李屯田守桂陽詩〉에 "어릴 때를 회상해보면 하룻저녁처럼 잠깐이네.[追思少時事 俯仰如一夕]"라고 하였다.

권3　317

님께서 돌아가신 와중에 한결같이 몸을 지탱하시며 몸에 손상을 당하지 않으셨는지요.[前上慰書 計已照察 俯仰之際 奄過襄禮 緬惟追慕之慟 益復罔極 素知羸弱善病 巨創中 得一向支持 而不至傷損否] ○세월이 멈추지 않고 흘러 선부인先夫人[67]의 장례가 어느덧 지났습니다. 삼가 상중에 부모님을 그리워하면서도[68] 멀리 절해絶海에 칩거하고 있어 어머니의 손을 잡고 이별하지 못하셨으니, 하늘 끝까지 원통한 심정을 어떻게 감내하고 계십니까?[日月不居 先夫人襄奉奄過 伏惟孝思 遠蟄絶海 不得攀訣 窮天冤酷 何以堪處][69]

▶그동안 병세가 비록 깊다고 말하였지만 갑자기 이 지경에 이를 것이라고 어찌 생각이나 했겠습니까? 여러 상주께서 애통한 마음 끝이 없을 것인데, 버티시는 근황에 건강에 손상은 없으신지요? 아득히 위문장이 이렇게나 늦을 줄 몰랐으니 한탄스러울 뿐입니다.[向來病情 雖曰沈綿 豈意遽至斯境耶 竊想僉哀 哀痛罔極 而卽日支況 得無傷損否 茫然未知書慰此遲 歎歎而已] ○문득 부모님의 상[70]을 만나 놀라고 슬픈 심정을 이기지 못하겠습니다. 효성이 지극하고 정성이 깊으신데 슬픔을 어떻게 견디시는지요? 지난 세월이 어제 일과 같고 소상小祥이 벌써 지났으니, 끝없는 애통함은 더욱 어떠하십니까?[奄遭大故 不勝驚怛 緬惟孝至誠深 號慕何堪 日月

---

67 선부인 : 돌아가신 상대의 어머니를 이르는 말이다.

68 부모님을 그리워하면서도 : 원문은 '孝思'. '효'는 상중에 있는 사람을 이른다.

69 日月不居……何以堪處 : 《명재유고明齋遺稿》〈여김중숙만중與金重叔萬重〉에 "日月不居 先大夫人襄奉奄過 伏惟孝思 遠蟄絶海 不得攀訣 窮天冤酷 何以堪處"라는 구절이 있다.

70 부모님의 상 : 원문은 '大故'. 《맹자孟子》〈등문공滕文公 상上〉에 "이제 불행하게도 부모의 상을 당하였으니, 나는 자네를 보내 맹자께 여쭈어 본 뒤에 장례를 치르려 합니다."[今也不幸 至於大故 吾欲使子問於孟子 然後行事]"라는 구절에 대한 조기趙岐의 주석에 "대상을 이른다.[謂大喪也]"라고 하였다.

如昨 小祥已過 哀痛罔極 尤當如何] ○부모님께서 돌아가셨다는 소식을 듣고 놀라고 염려되는 마음을 견딜 수 없습니다.[聞遭巨創 不勝驚念]

{답장[答]}

▶삼가 위문하시는 편지를 받고 소리 내어 울었지만 저의 마음을 어떻게 전해야 할지 모르겠습니다. 처음에는 병환이 심하지 않아 모일某日까지도 평소처럼 세수하고 머리를 빗으셨는데, 이틀 사이에 갑자기 위중하여 손쓸 방도가 없었습니다. 평소 의약에 대해 어두워 병세의 정도를 전혀 알지 못하다가 이러한 위급한 지경이 되었는데도 아무런 손도 쓰지 못하고 허둥대다 끝내 돌아가시게 되었으니, 천하에 어찌 이같이 불효한 죄인이 있을 수 있단 말입니까? 가슴을 치며 하늘을 우러러 부르짖을 뿐입니다.[伏蒙慰問 執書呼泣 不知所達 病患初不至重 至某日 猶盥櫛如平日 兩日之間 猝然危劇 至於不救 素昧醫藥 病情輕重 全未得知 及至危急 束手遑遑 竟至於此 天下安有如此罪逆不孝 只自叩心呼天而已][71] ○편지를 받고 보니 잊지 않고 생각해주시는 마음이 매우 지극하였습니다. 그리고 초상에 부의를 보내 상주들을 위로하고 지난 일을 말씀하시니, 베풀어 주신 호의가 융숭하고 말씀 속에 슬픔이 가득하여 저승에서 감읍한 마음을 무어라 말씀드리겠습니까?[伏蒙手書 存念備至 至於賻喪問孤 諭及往事 德意隆厚 辭旨惻怛 幽明感泣 不知所喩][72] ○선친의 편지를 다 읽기도 전에 저도 모

---

71 伏蒙慰問……只自叩心呼天而已 : 《명재유고明齋遺稿》〈상탄옹上炭翁〉에 "伏蒙慰問 執書號泣 不知所達 病患初不至重 至十六日 猶盥櫛如平日 而兩日之間 猝然危劇 至於不救 素昧醫藥 證情輕重 全未得知 及至危急 束手皇皇 竟至於此 天下安有如此罪逆不孝 只自叩心號天而已"라는 구절이 있다.

72 伏蒙手書……不知所喩 : 《명재유고明齋遺稿》〈답최여화答崔汝和〉에 "伏承再惠手書 存念

르게 통곡과 눈물이 함께 나왔습니다.[先人手簡 讀之未竟 不覺聲淚之俱發
也]73 ○하늘이 돌보지 않아 갑자기 선친의 상을 당하게 되었습니다.
장례가 이미 끝났으니 이제 어찌할 길이 없습니다.[不吊于天 奄遭愍凶 大
事旣襄 無所逮及]74 ○장례 때 필요한 모든 것들을 특별히 염려해 주시어
장례를 잘 치르기는 했지만, 저의 애통한 심정을 어찌 다 표현하겠습
니까?[葬時凡百 特蒙俯念曲至 賴以完襄 私心哀感 何可盡狀]

{장례를 치르고 나서[葬後]}

▶매번 그대의 심사를 생각할 때마다 서글픈 마음 금할 수 없었습니다.
매번 편지를 보내 위로드리고 싶었지만, 차마 붓을 들어 그 일을 제기
할 수 없어서 오늘에 이르고 말았습니다. 한결같은 마음으로 잊지 못
하고 있으니, 어느 때나 느슨해질 수 있겠습니까.[每想左右情事 不堪蠱然
于心 每欲奉一書相慰 而把筆不忍提 以至于今 一念懸結 何時可已]75 ○편지 끝에
말씀하신 슬프고 괴로운 일은 더욱 마음이 아픕니다. 앓고 계신 혈증
血証은 실로 가벼운 증세가 아니니, 위안과 염려되는 마음이 번갈아
간절합니다.[書末哀苦之辭 尤爲之愴悅 而所患血証 實非輕淺 慰念交切]76 ○상주

備至 至於賻喪問孤 論及往事 德誼隆厚 辭旨惻怛 幽明感泣 不知所喩"라는 구절이 있다.

73 先人手簡……不覺聲淚之俱發也 : 《낙전당집樂全堂集》〈채생원몽연蔡生員夢硯〉에 "今承啇
翰 副以三卷書及先人手簡三幅 讀之未竟 不覺聲淚之俱發也"라는 구절이 있다.

74 不吊于天……無所逮及 : 《낙전당집樂全堂集》〈채생원몽연蔡生員夢硯〉에 "不吊于天 奄遭愍
凶 大事旣襄 無所逮及"이라는 구절이 있다.

75 每想左右情事……何時可已 : 《명재유고明齋遺稿》〈여박술가與朴述可〉에 "每想左右情事
不堪蠱然于心 自初每欲奉一書相慰 而把筆不忍提起 以至於今 一念懸結 何時可弛"라는
구절이 있다.

76 書末哀苦之辭……慰念交切 : 《명재유고明齋遺稿》〈답김악부答金樂夫〉에 "書末哀苦之辭

의 안부가 평소 건강하지 않았는데 어떻게 견디십니까? 독서하는 과정 또한 너무 애쓰지 말고 자신의 역량을 헤아려서 하는 것이 어떻겠습니까?[哀候素不健 何以支過 讀書之課 亦望勿太劬勞 量力而爲之 如何]⁷⁷ ○ 백씨伯氏는 노쇠한 연세이고 숙씨叔氏는 중병을 앓은 뒤로 여러 해를 병으로 고생하고 있는데, 어떻게 구호하고 계신지요?[伯氏衰年 仲氏重病之後 在疚積月 何以支護]⁷⁸ ○ 시절을 마주하니 부모님을 그리워하는 상주의 그리움이 더욱 슬프실 텐데 어떻게 견디시는지요?[竊惟孝思 對時增哀]⁷⁹ ○ 변화에 순응하여 예를 따르고 기력을 보중하여 저의 그리움에 위안되게 하십시오.[惟希順變從禮 氣力保重 以慰馳誠]⁸⁰ ○ 철에 따라 체력을 조섭하시고 때에 맞게 지탱하며 보호하십시오.[體力節宣 以時支護] ○ 다만 봄 추위에 슬픔을 절제하여 더욱 몸을 아끼시기 바랍니다.[只希春寒 節哀加護]⁸¹ ○ 장맛비가 한 달이나 계속되고 있는데, 낮고 습한 여차廬次에서 극도로 쇠약해진 몸으로 어떻게 지내시는지요?[淫雨竟月 竊念廬次 卑濕 羸毀無餘 何以自持]⁸² ○ 여름 빗속에 배를 타고 오가는데, 상중의 안

尤爲之愴悒 而所患血證 實非輕 區區奉慮 不任遠情"이라는 구절이 있다.

77 哀候素不健……如何 : 《명재유고明齋遺稿》〈답이공달答李公達〉에 "哀候素不健 何以支過 讀書之課 亦望勿太劬苦 量力而爲之 如何"라는 구절이 있다.

78 伯氏衰年……何以支護 : 《명재유고明齋遺稿》〈여임덕함與林德涵〉에 "伯氏衰年 叔氏重病之後 在疚積年 何以持護"라는 구절이 있다.

79 竊惟孝思 對時增哀 : 《명재유고明齋遺稿》〈답이상보答李尙輔〉에 "竊惟孝思 對時增哀"라는 구절이 있다.

80 惟希順變……以慰馳誠 : 《명재유고明齋遺稿》〈답이상보答李尙輔〉에 "惟希順變從禮 氣力保重 以慰馳誠"이라는 구절이 있다.

81 只希春寒 節哀加護 : 《명재유고明齋遺稿》〈답이광좌상보答李光佐尙輔〉에 "只希春寒 節哀加護"라는 구절이 있다.

82 淫雨竟月……何以自持 : 《기언별집기記言別集》〈여윤좌랑휴희중與尹佐郞鑴希仲〉에 "入秋後

부는 어떠하십니까?[暑雨中船行往返 孝履 何以支保]⁸³ ○ 서리가 이미 내렸으니 시절을 마주하는 상주의 애통하고 사모하는 마음은 저와 마찬가지일 것입니다. 슬픈 가운데 그리운 마음이 간절합니다.[霜露已降 想惟哀懷 對時號慕 與此一般 哀疚之中 悲戀憧憧]⁸⁴ ○ 찬 바람이 점점 높아지는데 계절의 변화에 따라⁸⁵ 애통하고 사모하는 마음이 더욱 미치지 못하리라 생각합니다.[凉風漸高 伏想撫辰痛慕 益復靡逮] ○ 어느덧 다시 초겨울이 되었으니, 상주께서 시절의 변화를 느끼며 부모님을 그리워하는 사무치는 심정이 어찌 끝이 있겠는가?[忽復初冬 伏惟孝思感時 攀慕何窮]⁸⁶ ○ 비통하고 병든 끝에 상주들께서는 어떻게 버티며 지내시는지요? 겨울이 반이나 지났는데, 세월의 변화에 상주의 그리움이 끝이 없으리라 생각합니다.[悲疚 疾病之餘 歛氣力 何以支持 冬序過半 想撫時孝思 靡所止屆] ○ 어느덧 해가 저물어 가는데, 상주가 세월의 변화에 감정이 끝이 없으리라 생각합니다.[居然歲暮 想孝思撫時靡極] ○ 시골에 사느라 사람을 만나지도 못했는데, 말은 벌써 여차廬次⁸⁷로 돌아가 까마득히 소식을

淫雨竟月 竊念廬次卑濕 以羸毁無餘 何以自持"라는 구절이 있다.

83 暑雨中船行往返……何以支保 : 《기언별집記言別集》〈여윤좌랑휴희중與尹佐郎鑴希仲〉에 "暑雨中舟行往返 孝履支保何如"라는 구절이 있다.

84 霜露已降……悲戀憧憧 : 《명재유고明齋遺稿》〈여유기보與兪起甫〉에 "霜露已降 想惟哀懷 對時號慕 與此一般 哀疚之中 悲戀憧憧"이라는 구절이 있다.

85 계절의……따라 : 원문은 '撫辰'. '무우오진撫于五辰'의 줄임말로, 계절 따라 모든 일이 원만하게 성취됨을 이른다. 《서경書經》〈고요모皐陶謨〉에 "사계절에 따라 할 일을 모두 제대로 함으로써 모든 일이 바람직하게 이루어질 것이다.[撫于五辰 庶績其凝]"라고 하였다.

86 忽復初冬……攀慕何窮 : 《농암집農巖集》〈답신정하答申靖夏〉에 "忽復初冬 伏惟孝思感時 攀慕何窮"이라는 구절이 있다.

87 여차 : 상중喪中에 있는 사람에게 하는 편지에서, '상주가 거처하는 집'을 이르는 말로, '여소廬所'·'여하廬下'·'효려孝廬'라고도 한다.

몰라 아직도 위문장을 보내지 못하고 있었습니다. 그런데 당신의 아드님이 찾아와 비로소 소식을 알게 되어 헤아릴 수 없이 부끄럽고 죄송하였습니다.[鄕居 未逢人(樸)[僕]⁸⁸ 馬已返廬 漠然不知 尙稽造慰 賢允惠然 始得聞知 媿悚無量] ○그립던 차에 또 상주의 편지를 받고 상중에 제사지내는 나머지에 기력을 잘 보존하신다니, 매우 위안됩니다.[戀中得哀札 審饋奠之餘 氣力支保 慰幸慰幸]⁸⁹ ○상주의 편지를 받고 새해에 추모하는 애통함이 더욱 망극하다는 것을 알았습니다. 아직도 여전히 기력을 잘 지탱하고 계시다니, 그립고 염려되던 마음에 조금이나마 위안되었습니다.[伏承哀札 仰審新歲追慕之痛 益復罔極 猶以氣力支保 稍慰馳慮之懷]⁹⁰ ○모 某를 통해 애증哀證⁹¹이 위중하다는 것을 알았습니다. 아직도 상일祥日⁹²로 기약을 삼아 권도權道를 따를 생각이 없다고 하시니, 애시哀侍⁹³께서 이렇게까지 지나치게 고집을 부리실 줄 생각지도 못했습니다.[因某 謹審哀証危重 尙以祥日爲期 無意從權云 不意哀侍太執如此]⁹⁴ ○비로소 한 통의 편지를 써서 모某편에 보냈는데, 애소哀疏⁹⁵가 먼저 도착하였습니

---

88 (樸)[僕] : 저본에는 '樸'으로 되어 있으나, 문맥을 살펴 '僕'으로 바로잡았다.
89 戀中得哀札……慰幸慰幸 : 《명재유고明齋遺稿》〈여유상기與兪相基〉에 "戀中又得哀札 審饋奠之餘 氣力支保 慰幸慰幸"이라는 구절이 있다.
90 伏承哀札……稍慰馳慮之懷 : 《약천집藥泉集》〈답이여원答李汝元〉에 "伏承哀札 仰審新歲追慕之痛 益復罔極 猶以氣力支保 稍慰馳慮之懷"라는 구절이 있다.
91 애증 : 부모의 상중喪中에 있는 사람의 병증을 이른다.
92 상일 : 사람이 죽은 지 두돌 만에 지내는 제사를 이른다.
93 애시 : 상중에 홀아버지와 홀어머니를 모시는 사람을 이른다.
94 因某……不意哀侍太執如此 : 《율곡선생전서栗谷先生全書》〈여정계함與鄭季涵〉에 "因浩原謹悉哀證危重 尙以祥日爲期 無意從權云 不意哀侍太執至此也"라는 구절이 있다.
95 애소 : 부모의 상중喪中에 있는 사람이 보낸 편지를 이르는 말로, '애찰哀札'이라고도 한다.

다. 비록 이렇게 편지가 늦어 한스럽기는 하지만 깜짝 놀라 쓰러질 정도로 기쁘고 위안되었으니, 어찌 피차 선후의 차이가 있겠습니까? 다만 숙환이 아직 완전히 낫지 않고 있다는 소식을 들었는데, 슬픈 가운데 이렇게나 스스로 소홀하시니 매우 걱정입니다.[才修一書 付之某便 而哀疏先至 雖此遲滯可恨 而若其驚倒欣慰 豈有彼此先後也 第承宿患 尙未蘇完 悲哀中氣力 自易如此 奉慮實深] ○ 방묘防墓[96]에 변고가 있다는 말을 듣고 매우 놀라고 걱정하였습니다.[聞防墓有變 極可驚慮]

{답장[答]}

▶구차하게 모진 목숨을 연명하고 있으니, 오히려 무엇을 말하겠습니까?[苟延頑喘 尙何可言] ○ 아직까지 구차히 목숨을 이어 가고 있으니, 사리에 어둡고 완고함이 심합니다.[尙此苟延 冥頑甚矣] ○ 병든 몸을 겨우 버티고 있고, 울부짖고 애통해하는 정은 시간이 갈수록 더욱 깊어만 가니 어찌하겠습니까?[病喘菫支 而號霣之情 以時益深 奈何] ○ 새달을 맞이하고도 은전殷奠[97]에 참여하지 못하고 있으니, 그지없이 가슴이 아픕

---

96 방묘 : 부모의 묘를 이르는 말이다. 《예기禮記》〈단궁檀弓 상上〉에 "공자가 이미 방防 땅에 합장하고 '나는 옛날에 묘는 하지만 봉분은 쌓지 않는다고 들었다. 지금 나는 동서남북으로 떠돌아다니는 사람이라 표식을 하지 않을 수 없다.'라고 하였다. 이에 봉분을 쌓아 높이 4척을 만들었다. 공자께서 먼저 돌아오고 문인이 뒤에 올 때 심하게 내리는 비를 만났다가 도착하니, 공자가 '너희가 어찌 늦었느냐?'라고 묻자, '방 땅의 묘가 무너졌습니다.'라고 하니, 공자가 대답하지 않았다. 공자가 눈물을 주루룩 흘리며 '나는 옛날에 묘를 보수하지 않는다는 말을 들었다.'라고 하였다.[孔子旣得合葬於防 曰吾聞之 古也墓而不墳 今丘也 東西南北之人也 不可以弗識也 於是封之 崇四尺 孔子先反 門人後 雨甚至 孔子問焉曰爾來何遲也 曰防墓崩 孔子不應 孔子泫然流涕 曰吾聞之 古不修墓]"라는 구절에서 유래하였다.
97 은전 : '큰 제사'를 이르는 말로, 상례喪禮에서 평소에 올리는 조석전朝夕奠과는 달리 매달 초하루와 보름에 성대하게 전을 올리는 것을 이른다.

니다.[又見新月 未參殷奠 痛隕何極]⁹⁸ ○성묘를 마치고 돌아오니 더욱 상로지감霜露之感⁹⁹을 이기지 못하겠습니다. 계절이 바뀌어 부모님의 모습과 목소리도 날로 아득해지고, 다만 천지가 무너지는 듯한 슬픔이 지극할 뿐입니다.[省墓歸來 益不勝霜露之感 而節序流易 音容日遠 只自崩隕罔極而已] ○어버이를 잃은 애통함이 날이 갈수록 깊어만 갑니다. 가만히 평소를 생각하면 죄스럽고 후회되지 않는 것이 없어서 종일토록 처소에 엎드려 주룩주룩 눈물을 흘려도 돌이킬 수 없어 애통함이 지극할 때면 스스로 가슴만 칠 뿐입니다.[孤苦之痛 愈往愈毒 靜念平日 莫非罪悔 終日伏次 血涕無及 哀至之時 只自叩心而已]¹⁰⁰ ○모질고 질긴 목숨을 겨우 연명하며 지내고 있는데, 어린 양陽의 기운이 점점 자라나 만물이 소생합니다. 종천終天¹⁰¹의 비통함에도 다시 사람의 도리를 갖추고 있지 않은데, 절서가 바뀌어 가는 것을 보니 찢어지는 마음을 다시 어떻게 말로 하겠습니까?[頑忍苟延 穉陽漸長 羣品向蘇 終天荼毒 無復人理 撫序痛裂 更何言哉] ○모질고 질긴 목숨을 아직도 보존하고 있는데 봄은 깊어만 가니, 계절의 변화에 애통한 마음 더더욱 끝이 없습니다.[頑忍尙全 春序向深 感時

---

98 又見新月……痛隕何極 : 《농암집農巖集》〈답도이答道以〉에 "此間又見新月 未參殷奠 痛隕罔極"이라는 구절이 있다.

99 상로지감 : 돌아가신 부모를 그리워하는 마음을 의미한다. 《예기禮記》〈제의祭義〉에 "서리와 이슬이 내리거든 군자는 이것을 밟고 반드시 서글픈 마음이 있기 마련이니, 그 추움을 말함이 아니다. 봄에 비와 이슬이 적셔 주거든 군자는 이것을 밟고 반드시 놀라는 마음이 있어 장차 부모를 뵐 듯이 여긴다.[霜露旣降 君子履之 必有悽愴之心 非其寒之謂也 春雨露旣濡 君子履之 必有怵惕之心 如將見之]"라는 구절에서 유래하였다.

100 孤苦之痛……只自叩心而已 : 《명재유고明齋遺稿》〈여송자문與宋子文〉에 "孤苦之痛 愈往愈毒 靜念平日 莫非罪悔 終日伏次 血涕無及 哀至之時 只自扣心而已"라는 구절이 있다.

101 종천 : '종천지통終天之痛'의 줄임말로, 하늘이 끝날 때까지 영원히 사라지지 않는 비통한 마음을 이른다. 부모의 초상에 참최복斬衰服과 자최복齊衰服으로 3년이라는 기한은 있지만, 자식된 자의 비통한 심정은 이 세상이 다하도록 끝이 없다는 뜻이다.

攀隕 盆復罔極] ○선영이 있는 고향으로 돌아온 지 벌써 봄이 반이나 지났는데, 다만 저의 미련함이 한스러울 뿐입니다.[歸依松楸 居然春已半 只恨冥頑] ○목숨이 모질고 질겨 죽지도 않았는데 또 여름이 되니, 천지가 무너지는 애통함이 더욱 끝이 없습니다.[頑忍不滅 又當夏序 崩隕痛迫 盆復摩極] ○모질고 질긴 목숨을 겨우 부지하고 여름이 다해가는데, 애통하여 통곡해 보아도 미칠 수 없는 마음만 절로 끝이 없을 뿐입니다.[頑喘菫支 而夏序將窮 攀號靡逮 只自罔極] ○죽지도 않고 가을을 맞으니, 온갖 감회로 괴로운데 어찌하겠습니까?[不死逢秋 百感哀苦 奈何] ○지금까지 죽지도 않고 있는데 가을이 이미 저물어 갑니다. 계절의 변화에 원통한 마음만 더욱 절로 끝이 없습니다.[不死到今 秋序已闌 撫時冤號 盆自靡極] ○겨우 모질고 질긴 목숨을 부지하고 있는데, 가을이 이미 다하고 겨울이 시작되니 시절의 변화에 애통한 마음을 오히려 어찌 말씀드리겠습니까?[僅支頑喘 而秋序旣盡 冬令又生 感時號隕 尙何言喩] ○죽어야 하지만 죽지도 않고 아직 모진 목숨을 부지하고 있는데, 문득 시절이 변하여 겨울이 깊어가는 것을 보며 밤낮으로 애통해 하는 마음 끝이 없습니다. 오랫동안 습한 곳에서 지내는 바람에 산증疝症[102]이 병을 이루어 점점 쇠약해져 가니, 애통하고 가련한 마음을 어떻게 말씀드리겠습니까?[當滅不滅 尙支頑喘 奄見時物累遷 冬序且深 日夕叫隕靡極 久處濕地 疝結成痰 漸成癃庢 哀憐何達] ○모진 목숨 차마 죽지 못하고, 또 하나의 양陽이 생기는[103] 동지冬至가 되니 때의 변화를 보고 애통하고 사모하는 마

---

102 산증 : 고환이나 음낭이 커지면서 아프거나 아랫배가 켕기며 아픈 병으로, 차갑고 습한 기운이 침입하거나 내상內傷으로 기혈이 제대로 순환하지 못하여 생기는 병이다. '산疝'·'산기疝氣'라고도 한다.

음을 어떻게 말로 하겠습니까.[頑忍不死 又見一陽之生 感時號慕 如何可言] ○모질게 삶을 부지하고 있는데 겨울이 깊어가니, 부딪치는 상황마다 애통하지만 어찌할 수 없습니다. 그렇지만 다만 식구들이 별 탈 없이 편안하게 지내는 것이 다행스러울 뿐입니다.[頑然支活 冬序向深 觸境痛隕 益無逮及 只幸眷寓之粗安耳] ○모진 목숨을 부지하며 겨우 살고 있는데 한 해가 다해 갑니다. 하늘과 땅에 울부짖어도 절로 가슴만 찢어질 뿐입니다.[冥頑苟息 歲且欲盡 叫號穹壤 只自隕裂而已] ○모진 목숨을 겨우 보존하며 아세亞歲[104]를 맞이하니, 천지에 애통한 마음만 더욱 끝이 없습니다. 병이 침범하여 침괴寢塊[105]에서 기운이 다해가니, 어떻게 하겠습니까?[頑喘苟存 忍見亞歲 俯仰號隕 益復罔極 疾病侵尋 寢塊殊殊 奈何] ○구차하고 모진 목숨을 보존하고 지내는데 어느덧 해가 바뀌니, 하늘이 무너지는 정리를 오히려 차마 말씀을 드리겠습니까?[苟保頑喘 奄見歲律之更 崩隕情理 尙忍言諭] ○하는 일과 맞닥뜨리는 상황마다 찢어지는 고통을 더할 뿐입니다. 이러한 고통을 품고서도 오히려 목숨을 부지하고 있으니, 다시 무슨 말씀을 드리겠습니까.[觸事觸境 只增隕割 抱玆苦毒 尙延視息 復何所言][106] ○병세가 그런대로 더 이상 악화되지 않고 있지만 성

---

103 하나의……생기는 : 원문은 '一陽之生'.《주역周易》박괘剝卦(䷖) 상구上九의 효사爻辭에 순음純陰인 곤괘坤卦에서 양효陽爻 하나가 음효陰爻 다섯의 아래에 새로 생기면 복괘復卦(䷗)가 되는데, 이를 만물이 태동하기 시작하는 것으로 보며 절기로는 동지에 해당한다. 그래서 동짓달인 11월을 '일양지월一陽之月'이라고 한다.

104 아세 : '동지冬至'를 이른다. 조식曹植의 〈동지헌말리송표冬至獻襪履頌表〉에 "사방이 교태하여 만물이 소생하니 아세에 상서를 맞이해 이장의 경사를 받도다.[四方交泰 萬物昭蘇 亞歲迎祥 履長納慶]"라고 하였다.

105 침괴 : '침점침괴寢苫枕塊'의 줄임말이다. '거적으로 자리를 삼고 흙덩이로 베개를 삼다'는 뜻으로, 상중에 하는 예를 이른다. 자세한 내용은 314쪽 역주 61을 참조하기 바란다.

106 觸事觸境……復何所言 : 《명재유고明齋遺稿》〈여송자與宋子〉에 "觸事觸境 只增隕割 抱

은聖恩이 자주 내려와 슬픈 감회를 감당하기 어려우니 어찌하겠습니까?[病狀粗免 添加而雨露 頻繁哀感 益難勝 奈何奈何]¹⁰⁷ ○병들어 궁벽한 시골에 숨어 있어 문안하는 사람도 없었는데, 갑자기 편지를 보내시어 정중하게 염려하시는 마음이 참으로 깊으니 슬픈 감회가 큽니다.[病伏窮鄕 無人相問 忽辱耑疏鄭重之念良深 哀感萬萬] ○상중에 있는 처지라서 스스로 어르신이 계신 곳에 나아갈 수도 없고, 또 인편도 없어 정성을 펼 수도 없었습니다. 흙덩이처럼 움츠리고 지내면서 그리워하는 마음만 간절할 뿐입니다.[凶疚人事 旣無由自近門屛 又無便 未能替申 此誠塊伏之中 但積懸仰]¹⁰⁸ ○오직 부득이한 일이라야¹⁰⁹ 이렇게 마음을 보는데, 어찌 감히 세상에 살아있는 사람의 반열에 있다고 자처하면서 경대부卿大夫의 사이에서 번거롭게 하는지요?[除非不得已之事 以此蹤情 何敢自處以生人之列 有煩於卿大夫間哉] ○황량한 바닷가로 유배 와서 궁핍하게 칩거하던 중에 편지를 받으니, 친애하는 사랑이 배나 절실하였습니다. 보내신 편지를 받아 지극히 경도傾倒¹¹⁰되니 참으로 텅 빈 골짜기에 들려오는 발자국 소리¹¹¹ 같았습니다.[窮蟄荒濱 倍切親愛之戀 伏承耑下疏 傾倒之極 眞是空谷

茲苦毒 尙延視息 復何所言"이라는 구절이 있다.

107 病狀粗免……奈何奈何 : 《농암집農巖集》〈여이하곤與李夏坤〉에 "協病狀粗免添加 而雨露頻繁 哀感益難勝 奈何奈何"라는 구절이 있다.

108 凶疚人事……但積懸仰 : 《명재유고明齋遺稿》〈여최집의與崔執義〉에 "凶疚人事 旣無由自近門屛 又乏僅指 未能替申 此誠塊伏之中 但切懸仰"이라는 구절이 있다.

109 오직……일이라야 : 저본의 '제비除非'는 '오직……하여야만'이라는 뜻으로, 조건을 표시한다. '제시除是'와 같은 의미이다.

110 경도 : 어떤 인물이나 사상에 감화되어 심취함을 이른다.

111 텅……소리 : 원문은 '空谷之跫'. 《장자莊子》〈서무귀徐无鬼〉에 "텅 빈 골짜기에 숨어 사는 사람은 명아주와 콩잎이 족제비의 길마저 막혀 빈 골짜기에서 홀로 걷다가 쉬면 다른 사람이 걸어오는 발자국 소리만 들어도 기뻐하는 것이다.[逃空虛者 藜藋柱乎鼪鼬之逕 踉位其空 聞

之躄] ○상을 당해 칩거하면서 분주히 지내느라 곁에서 모시지 못한지 어느덧 3년이 지나 그리운 나머지 만감이 교차합니다.[罪蟄棲屑 不得侍几席 居然三載 瞻慕之餘 百感交中] ○근근이 모진 목숨을 보존하고 있으면서 새로운 정의情誼를 만나니, 더더욱 마치 처음 슬펐던 감정과 같았습니다. 이러한 슬픔을 당신도 저와 같게 여기시리라 생각합니다.[菫保頑喘 而逢新情私 益復如初 竊想哀懷 與此一般矣] ○저의 병이 심해져 다섯 달[112]이나 괴롭게 지내고 있고, 더욱 모진 목숨 죽지도 않으니 어찌하겠습니까?[賤疾沈淹 五朔作苦 尤見其頑然不死也 奈何] ○아득히 소식을 전하지 못하였습니다. 아무리 상중에 칩거하는 중이라지만 때때로 반성하면서 일념으로 염려하고 있습니다.[逖矣貽阻 雖此哀蟄 時或省覺 秪有一念之耿耿]

{소상小祥·대상大祥과 담제禫祭 [祥禫]}

▶연사練事[113]가 이미 지나고 상기祥期[114]가 가까워졌다고 하였는데, 어버이를 그리는 애달픈 마음을 어떻게 견디십니까? 간절히 염려되는 마음 그치지않습니다.[練事旣過 祥期且近 伏惟孝思號慕 何以堪處 區區懸念 不能自已][115] ○세월이 멈추지 않아 어느새 대상大祥이 가까우니, 효심이

人足音跫然而喜"라는 구절에서 유래하였다.

112 다섯 달 : 원문은 '五朔'. '오삭거려五朔居廬'의 줄임말로, 상주가 다섯 달 동안 여막廬幕에서 지내는 것을 이른다.

113 연사 : 죽은 지 한 돌 만에 지내는 제사이다. 연練은 삼베를 마전하는 것으로 소상부터는 마전한 삼베로 만든 상복을 입기 때문에 붙여진 이름이다. '소상小祥'·'연제練祭'라고도 한다.

114 상기 : 상제祥祭까지의 기간을 이른다. 상제는 상喪을 벗는 제사인데 소상小祥과 대상大祥이 있으나 대개 대상을 이르는 말로 쓰이며 여기서도 대상을 이른다.

115 練事旣過……不能自已 :《농암집農巖集》〈답신무일答愼無逸〉에 "第承練事旣過 祥期且近 伏惟孝思號慕 何以堪處 區區懸念 不能自已"라는 구절이 있다.

끝이 없을 것입니다. 다만 절제하고 순응하며 예를 따르고 형제들의 기력은 좋으신지 간절한 저의 바람에 부응하여 주십시오.[日月不居 祥期奄迫 想惟孝心罔極 只願節順就禮 昆弟氣力支勝 以慰區區之望也]¹¹⁶ ○상기祥期가 점차 다가오니, 애통하고 사모하는 마음이 끝이 없어 감당하기 어려운 점이 있으리라 생각됩니다. 더욱 절제함으로써 슬퍼하고 그리는 저의 마음에 위안되게 하십시오.[祥期漸迫 號慕無極 想難堪處 願加節抑 以慰此戀]¹¹⁷ ○상기祥期가 멀지 않은데 추모하는 마음을 어떻게 견디시는지 비통하기 그지없습니다.[祥期不遠 追慕尙何堪勝 悲係無已] ○세월이 번개처럼 지나 상기祥期가 닥쳐오는데, 상주의 그리움이 더욱 끝이 없을 것입니다.[日月電邁 祥期奄迫 仰惟孝思 益復靡極] ○세월이 얼마나 흘렀는지 재기再期¹¹⁸가 어느덧 지나니 그리워해 본들 따라가지 못하는 애통함이 배나 쓸쓸합니다.[日月幾何 再期倏過 仰惟攀慕靡逮之痛 一倍廓然] ○세월이 흘러 대상大祥이 이미 지났으니, 상주의 그리움은 더욱 끝이 없을 것입니다.[居諸易邁 祥事已過 伏想孝思攀慕 益復無極] ○일전에 답장으로 종상終喪¹¹⁹이 지난 줄 알았습니다. 상가喪家의 세월이 더욱 빠른 것 같으니, 북받치는 애통함을 어떻게 견디시는지요?[日前復疏 仰審終祥奄過 喪家歲月 尤覺迅駛 愴廓之痛 何可堪處]

---

116 日月不居……以慰區區之望也 : 《명재유고明齋遺稿》〈답민윤창答閔允昌〉에 "日月不居 祥期奄迫 想惟孝心罔極"이라는 구절과 같은 편지의 끝부분에 "只增悲悼而已 餘只願節順就禮 昆弟氣力支勝 以慰區區之望也"라는 구절이 있다.

117 祥期漸迫……以慰悲戀 : 《명재유고明齋遺稿》〈답조광보答趙光甫〉에 "歲且窮 祥期漸迫 號慕無極 想難堪處 願加節抑 以慰悲戀"이라는 구절이 있다.

118 재기 : 상기喪期로 만 2년이 되는 때를 이른다. 《예기禮記》〈상복소기喪服小記〉에 "재기의 상은 3년이다.[再期之喪 三年也]"라고 하였다.

119 종상 : 부모의 3년 상을 마침을 이른다. '해상解喪'이라고도 한다.

▶세월이 빨라 담사禫祀[120]도 어느덧 지났으니, 미치지 못하는 애통함을 더욱 억누르기 어려울 것입니다.[日月迅駛 禫事奄過 想惟靡逮之痛 益復難抑] ○제가 재앙에 걸려 복규服闋[121]한 뒤에도 찾아뵙고 위문을 드리지 못하였으니, 용서하실런지요?[身在禍厄 不得就慰於服闋之後 可蒙恕諒耶] ○추위를 무릅쓰고 왕림해 주신 것은 지금까지 어찌 감히 잊을 수 있겠습니까? 한 번 편지를 올려 감사의 뜻을 전하고, 또 상기喪期를 마친 것을 위로해 드리려고 하였습니다. 그런데 병으로 정신이 혼미하여 인사가 뜻대로 하지 못해 지금까지 편지를 올리지 못하였으니, 그리운 마음이 목에 가시가 걸린 듯합니다.[冒寒遠枉 至今何敢忘 擬一奉書以謝 且慰闋制 而病昏人事 不能如誠 汔致闕然 懸懸如鯁][122]

{답장[答]}

▶모진 목숨을 겨우 연명하고 있는데 수월讎月[123]이 멀지 않으니, 애통한 심정은 더욱 끝이 없습니다.[頑喘苟延 讎月不遠 痛隕情私 益復罔極] ○연사練事가 문득 지나 조석으로 곡을 하던 것도 폐하니, 원통하고 절박한 심정을 어떻게 다 말씀드리겠습니까?[練事奄過 朝晡哭撤 冤號崩迫 何可勝言] ○병든 목숨을 가까스로 연명하며 또 이달을 맞고 보니 어버이를

---

120 담사 : 대상大祥을 치른 그 다음 다음 달에 지내는 제사를 이른다. '담제禫祭'라고도 한다.
121 복규 : 거상居喪 기간이 끝나 상복을 벗는 것을 이른다.
122 冒寒遠枉……懸懸如鯁 :《명재유고明齋遺稿》〈답신황주답答申黃州〉에 "前冬於禫服之中 冒寒遠枉 至今何敢忘 其後擬一奉書以謝 且慰闋制 而病昏人事 不能如誠 汔致闕然 一心懸懸如鯁"이라는 구절이 있다.
123 수월 : '원수와 같은 달'이라는 뜻으로, 어버이가 돌아가신 해를 이른다. 해는 '수년讎年', 날은 '수일讎日'이라고 한다.

그리는 마음이 갑절이나 망극합니다.[病喘 董得支綴 而又逢此月 號慕一倍 罔極]¹²⁴ ○수월讎月이 가까워지니 정사가 더욱 망극합니다.[讎月此迫 情事益罔極] ○세월이 한 바퀴 돌아 다시 오늘이 되니, 스스로 사람의 삶이 매우 모진 것을 홀로 슬퍼할 뿐입니다.[日月環周 復見今日 自痛人生之至頑耳]¹²⁵ ○잠깐 사이에 어느덧 상일祥日이 지났으니, 사모하고 애통한 마음을 어떻게 말로 다 하겠습니까?[俯仰之頃 奄過祥日 號慕痛毒 何可盡諭] ○잠깐 눈을 돌리는 사이에 종상終祥이 임박하니, 하늘과 땅에 부르짖고 애통함이 지극한데, 저는 다만 질긴 목숨만 겨우 연명하고 있어 한스러울 뿐입니다.[轉眄之間 終祥已迫 俯仰號隕之極 只恨頑命之苟延而已] ○모진 목숨을 연명하며 고통을 참고 지내다 보니 어느새 재기再朞가 임박하였습니다. 가슴을 치며 소리쳐 불러보아도 다시는 미칠 수 없어 밤낮으로 망극해 할 뿐입니다.[冥頑忍痛 再朞奄迫 叩心號隕 更無逮及 日夜罔極而已]¹²⁶ ○모진 목숨 차마 죽지도 못하고 구차히 살고 있는데, 세월은 흘러 상기祥期가 수십 일 앞으로 다가와 하늘이 무너져 미칠 수 없는 슬픔이 천지간에 망극합니다.[頑忍苟活 日月荏苒 祥期只隔數旬 崩隕莫逮 穹壤罔極] ○병세가 한층 심해져서 기력이 소진되어 가까스로 목숨을 이어가고 있습니다. 그 때문에 궤전饋奠¹²⁷에 참석하지 못한 지도 벌써 두 달

---

124 病喘董得支綴……號慕一倍罔極 : 《농암집農巖集》〈답사경答士敬〉에 "病喘董得支綴 而又逢此月 號慕一倍罔極"이라는 구절이 있다.

125 日月環周……自痛人生之至頑耳 : 《명재유고明齋遺稿》〈여박계긍與朴季肯〉에 "日月環周 復見丁丑之春 自痛人生之至頑而已"라는 구절이 있다.

126 冥頑忍痛……日夜罔極而已 : 《명재유고明齋遺稿》〈여최집의與崔執義〉에 "拯頑冥忍痛 再朞奄迫 叩心號隕 更無逮及 日夜罔極而已"라는 구절이 있다.

127 궤전 : 상중에 제사의 형식을 갖추지 않고 아침저녁으로 음식을 올리는 예를 이른다.

이 되었습니다. 대상이 임박했는데 애통한 마음에 걸맞은 예를 펼 수 없으니, 차라리 죽느니만 못하다고 생각한지 오래되어 통탄스럽기 그지없습니다. 어찌하면 좋단 말입니까?[病狀 又加一層 委頓澌綴 不得參饋奠 已兩月矣 再期此迫 而情事無以自伸 眞所謂不如死之久矣 痛泣奈何]128 ○상기祥期가 임박하여 벌써 매우 하늘이 무너지는 듯 애통한데, 변제變除129의 의절이 또 대책이 없으니 당황스러움을 어떻게 말씀드리겠습니까?[祥期此迫 已極崩隕 而變除之節 又沒其策 罔措何言] ○실낱같은 목숨을 겨우 부지하며 살고 있는데 어느덧 종상終祥이 지났으니 하늘과 땅에 울부짖어 보아도 사람의 도리는 더욱 곤궁합니다.[一縷苟活 奄過終祥 俯仰叫號 人理益窮矣] ○고개를 잠깐 돌리는 사이에 어느덧 대기大期가 지나고 또 담삭禫朔130을 만났습니다. 허전하고 미치지 못하는 고통으로 다만 질긴 목숨이 끊어지지 않는 것이 한스러울 뿐입니다.[轉頭之頃 奄經大期 又當禫朔 廓然靡逮之痛 只恨冥頑不滅而已] ○시간이 흘러 대상大祥과 담제禫祭가 차례로 어느덧 지나 하늘과 땅을 우러러 보고 굽어보아도 미칠 수 없어 다만 모질고 질긴 목숨을 아직도 구차히 보존하고 있는 것이 한스러울 뿐입니다.[居諸易得 祥禫 次第奄過 俯仰穹壤 無所逮及 只恨 頑喘之 尙苟活爾] ○모진 목숨 차마 죽지도 못하고 어느덧 소상小祥·대상大祥과 담제禫祭를 지냈습니다. 연궤筵几131를 영원히 철거하고 의관을 상례에 따라

---

128 病狀……痛泣奈何:《농암집農巖集》〈답신무일答愼無逸〉에 "昌協病狀 視前墓廬相見 時又加一層 委頓澌綴 不得參饋奠 已兩月矣 再期此迫 而情事無以自伸 眞所謂不如死之久矣 痛泣奈何奈何"라는 구절이 있다.

129 변제 : 상기喪期에 따라 거친 삼베로 만든 상복을 고운 삼베로 만든 상복으로 바꾸어 입거나 상복을 벗는 것을 이른다.

130 담삭 : 담제禫祭가 있는 달을 이른다.

131 연궤 : 죽은 사람의 혼령을 위하여 차려 놓는 영궤靈几와 영궤에 딸린 제상祭床을 이른다.

바꾸어 입어야 하니, 허전한 애통함은 자못 사람의 도리로 견딜 수 없어 매우 원통할 뿐입니다.[頑忍不滅 奄經祥禫 筵几永撤 冠裳隨變 怵廓之痛 殊非人理 所可堪遣 祇切冤號而已] ○모질고 질긴 목숨으로 어느덧 상제喪制를 지내 천지에 애통한 마음을 어떻게 말씀드리겠습니까?[頑忍之極 奄關喪制 顙仰痛實 尙何言喩] ○어느덧 부모님의 상례를 마치고 모질게 하루하루를 지내다가 세월이 얼마 지나지 않아 다시 일상으로 돌아왔지만, 외롭고 쓸쓸하여 마치 의지할 데가 없는 듯합니다.[奄畢親喪 頑然苟遣 日月無幾 復作恒人 孤懷寥廓 若無所止]¹³² ○3년¹³³이 다 지나 의관을 바꾸어 입어야 하니, 쓸쓸한 애통함을 오히려 어떻게 말씀드리겠습니까?[三燧奄畢 冠裳盡變 廓然之慟 尙何言哉]

{기제忌祭¹³⁴}

▶내일이면 제삿날인데 추모의 마음 새로울 듯합니다.[祀事隔日 想追慕如新] ○제사를 마쳤으니¹³⁵ 사모하는 마음 어떠하십니까?[祀事利成 感慕何如] ○제사를 잘 마쳤으리라 생각합니다. 해마다 참석하지 못하니 애

'궤연几筵'·'궤연匱筵'이라고도 한다.

132　奄畢親喪……若無所止 : 《명재유고明齋遺稿》〈상탄옹上炭翁〉에 "拯奄畢親喪 頑然苟遣 日月無幾 復作恒人 孤懷寥廓 若無所止"라는 구절이 있다.

133　3년 : 원문은 '三燧'. '찬수개화鑽燧改火'의 줄임말로, 《논어論語》〈양화陽貨〉에 "1년이 지나면 묵은 곡식이 없어지고 새 곡식이 올라오며, 불씨 만드는 나무도 새로 바뀐다.[舊穀旣沒 新穀旣升 鑽燧改火]"라는 구절에서 유래한다.

134　기제 : 3년 상을 마친 뒤 해마다 기일에 지내는 제사를 이른다.

135　마쳤으니 : 원문은 '利成'. 신위神位 앞에 음식을 차려 제사 지내는 양례養禮가 끝나는 일을 이른다. 《의례儀禮》〈사우례士虞禮〉에 "서쪽을 향해 리성利成을 고하다.[西面告利成]"에 대한 정현鄭玄 주석에 "'리'는 '기르다'이고, '성'은 '마치다'이니, 양례養禮를 마친 것을 이른다.[利 猶養也 成 畢也 言養禮畢也]"라고 하였다.

통하고 서운한 마음을 어떻게 말하겠습니까?[祀事 想亦利成 而年年不得 參行 痛缺何言] ○ 절사節祀[136] 행사는 빠뜨림이 없는지요?[節祀行事 無闕耶] ○ 어제 상여喪餘[137]를 지냈으니 애통하고 사모하는 마음이 새로울 듯합니다.[昨過喪餘 伏想痛慕如新]

{답장[答]}

▶상여喪餘를 지내고 원통함이 더욱 새롭습니다.[纔過喪餘 痛寃彌新] ○ 상여喪餘가 하룻밤 남았는데 유모孺慕[138]의 마음 끝이 없습니다.[喪餘隔宵 孺慕罔涯] ○ 제사를 무사히 잘 지냈는데, 이렇게 눈병이 나서 제사에 참석하지 못하니 더욱 비통합니다.[祀事 無事安過 而眼疾如此 不得參祭 尤增悲慕爾] ○ 상여喪餘가 내일인데 병으로 제사를 주관할 수 없어 매우 애통합니다. 다만 제사를 지내지 않은[139] 것같은 탄식이 절실합니다.[喪餘隔日 病無以將事 痛慕之極 只切如不祭之歎也] ○ 10일은 돌아가신 어머니의 제삿날이라 이렇게 머물러 있습니다. 제사를 지내고 마땅히 서둘러 찾

---

136 절사 : 명절 또는 절기를 따라서 지내는 제사를 이른다. '절제節祭'·'절향節享'이라고도 한다.

137 상여 : '거상居喪을 마치고 난 나머지'라는 뜻으로, 3년 상을 넘기고 지내는 기제사를 이른다. 이재李縡의 《사례편람四禮便覽》〈기일忌日〉에 "한 분의 신위만 설치하는 것이 올바른 예이다. 대개 기일은 상喪의 나머지이다.[只設一位 禮之正也 蓋忌日乃喪之餘]"라고 하였다.

138 유모 : 아이가 부모를 그리워하듯이 어버이를 애도하며 추모함을 이른다. 《예기禮記》〈단궁檀弓 하下〉에 "유자가 자유와 함께 서서 어린아이처럼 사모하는 자를 보고 유자가 자유에게 "나는 항상 상례에 발을 구르는 이유를 알지 못하여 내가 없애고자 한 지 오래되었는데, 정이 이 발을 구르는 데에 있는 까닭이 이러하였구나."라고 하였다.[有子與子游立 見孺子慕者 有子謂子游曰 予壹不知夫喪之踊也 予欲去之久矣 情在於斯 其是也夫]"에 대한 정현鄭玄 주석에 "초상에서 발을 구르는 것이 마치 어린아이가 울며 그리워하는 것과 같다.[喪之踊 猶孺子之號慕]"라고 하였다.

139 제사를……않은 : 원문은 '如不祭'. 《논어論語》〈팔일八佾〉에, 공자가 "내가 제사에 참여하지 않으면 마치 제사하지 않은 것과 같다.[吾不與祭 如不祭]"라는 구절에서 유래하였다.

아뢥겠습니다.[初十日 乃亡母諱日 爲此遲留 過此當馳拜] ○어제 상여喪餘를 지내고 성묘를 가려고 했는데, 타고 갈 말이 없어서 가지 못하였습니다. 돌아가신 조상님들에[140] 대한 감정을 또 스스로 이길 길 없으니 어찌하겠습니까?[昨過喪餘 擬作省墓之行 而乏騎未果 霜露私感 又無以自勝 奈何][141] ○상여喪餘를 지내려고 어제 성으로 들어갔습니다.[爲過喪餘 昨入城裏]

조부모상류 祖父母喪類

{위로 편지 [慰狀]}

	장상狀上	
모관某官 기복좌전朞服座前[142]		이름[姓名] 근봉謹封

〖모某〗는 말씀드립니다. 뜻밖의 흉변으로 당신의 조고祖考 모某께서 갑자기 세상을 떠나셨다는 부고를 듣고 놀라운 마음을 금할 길이 없었습니다. 효심이 지극히 순수한데 가슴이 찢어지는 애통함을 어떻게 견디시는지요?

초봄인데도 오히려 날씨가 차가운데 존체尊體는 어떠하신지요? 깊이 스

---

140 돌아가신 조상님들에 : 원문은 '霜露'. '상로지감霜露之感'의 줄임말이다. 자세한 내용은 325쪽 역주 99를 참조하기 바란다.

141 昨過喪餘……奈何 : 《명재유고明齋遺稿》〈여성여중與成汝中〉에 "昨過喪餘 擬作省墓之行 而乏騎未果 霜露私感 又無以自勝 奈何"라는 구절이 있다.

142 기복좌전 : '기복'은 1년 복을 이르며, '좌전'은 편지글에서 존장尊丈을 높여 이르는 말이다. '좌하座下'라고도 한다.

스로 슬픔을 절제하시어 어머니의 염려에 위안되게 하십시오. 〖모某〗는 일에 매여 달려가 위로할 길이 없어 걱정스러운 저의 정성을 감당할 수 없습니다.

삼가 편지를 드립니다.

살펴봐주시기 바라며 이만 줄이고 편지를 드립니다.

모년某年 모월某月 모일某日. 이름[姓名] 장상狀上

▶모관某官 기복좌전朞服座前

[〖某〗白 不意凶變

尊祖考某位 奄忽

違世 承

訃驚怛 不能已已 伏惟

孝心純至 哀痛摧裂 何可勝任 孟春猶寒 不審

尊體何似 伏乞

深自寬抑 以慰

慈念〖某〗事役所縻 末由趨

慰 其於憂想 無任下誠 謹奉狀 伏惟

鑑察 不備謹狀

某年 某月 某日　姓名狀上

〖혹은 '복좌전服座前'·'복전服前'이라고 한다.[或稱服座前·服前] ○ 혹은 이름을 쓰지 않고 다만 '생례근봉省禮謹封'이나 '생식근봉省式謹封'이라고 쓴다.[或不書姓名 只云省禮 謹封 省式謹封] ○ 조모상祖母喪은 '존조비尊祖妣'라고 한다.[祖母喪曰 尊祖妣] ○ '1월인데도 오히려 날씨가 차가운데[孟春猶寒]'는 절기에 따라 바꾸어

쓴다.[孟春 猶寒隨時令 改之] ○혹은 '복체服體'·'복중동지服中動止'라고 한다.[或云 服體 服中動止] ○그 사람이 부모가 없다면 '멀리 있는 저의 정성에 위안되게 하십시오[以慰遠誠]'라고 한다.[其人無父母 則以慰遠誠] ○'일에 매여[事役所縻]'라는 한마디는 적당한 대로 다른 말로 바꾸어 쓴다.[事役所縻四字 隨宜改以他語]》[143]

자기보다 낮은 등급의 사람에게 보낼 경우[降等]

알지 못하겠는데《이상은 같다.》복리服履[144]가 어떠하신지요? 깊이 스스로 슬픔을 절제하시어 어머니의 염려에 위안되게 하십시오.《모某》는 일에 매여 달려가 위로할 길이 없어 슬픔이 더욱 더합니다. 삼가 편지를 드립니다. 이만 줄이고 삼가 편지를 드립니다.

[不審《以上同》]

服履何似 惟冀

深自寬抑 仰慰

慈念《某》事役所縻 末由奉

慰 悲係增深 謹奉狀 不備謹狀

{위로 편지에 대한 답장[答慰狀]}

답장상答狀上 《최복인衰服人》[145] 이름[姓名] 근봉謹封	
모관某官 좌전座前	

---

143 或稱服座前……隨宜改以他語 : 《상변통고常變通攷》〈상례喪禮 서소식서疏式 위인조부모망계장慰人祖父母亡啓狀〉의 내용과 동일하다.

144 복리 : 편지에서, 평교간에 상중인 사람의 안부를 물을 때 쓰는 말이다.

〖모某〗는 말씀드립니다. 가문에 흉악한 재앙으로 선조고先祖考께서 갑자기 돌아가셨으니 애통하고 가슴이 찢어지는 마음을 절로 감당할 길이 없습니다. 어르신께서 굽어 위문하시니, 지극히 애통한 마음을 감당할 길이 없습니다.

초봄인데도 날씨가 오히려 차가운데 어르신의 안부는 만복을 누리시리라 생각합니다. 〖모某〗는 즉일 다행히 부모님 모시고 다른 괴로운 일은 면하였지만, 뵙고 억울함을 호소할 방법이 없어 한갓 목만 메일 뿐입니다.

삼가 편지를 드립니다. 답장의 예를 갖추지 않고 삼가 올립니다.

모년某年 모일某月 모일某日. 〖최복인衰服人〗 이름[姓名] 장상狀上

모관某官 좌전座前

[〖某〗]白 家門凶禍 先祖考 奄忽棄背[146] 痛苦摧裂 不自

勝堪[147] 伏蒙

尊慈俯賜

慰問 哀感之至 不任下誠 孟春猶寒 伏惟[148]

尊體 起居萬重[149] 某卽日 侍奉幸免他苦 末由

---

145 최복인 : 오복五服 중 가장 무거운 복복으로, 거친 삼베로 짓고 아랫단을 꿰매지 않은 상복을 3년 동안 입는 복제服制인 '참최斬衰'나, 굵은 삼베로 아래 가를 좁게 접어 꿰맨 상복으로, 입는 대상에 따라 3년, 1년, 5개월, 3개월 동안 복을 입는 '자최齊衰'의 상복을 입은 사람을 이른다. 여기서는 상중에 있는 사람을 이른다.

146 奄忽棄背 : 형제 이하의 경우 '喪逝(세상을 떠나서)'라고 쓴다.

147 痛苦摧裂 不自勝堪 : 백숙부모와 고모, 형제자매의 경우 '摧痛酸苦 不自堪忍(가슴이 무너지는 아픔과 쓰라림을 참을 수 없습니다.)'라고 쓴다.

148 伏惟 : '……라고 생각하다'는 뜻으로, '공유恭惟'·'면유緬惟'라고도 한다.

149 起居萬福 : 평교간에는 '기거起居'라는 말을 쓰지 않고, 등급이 낮은 경우에는 '동지만복動止萬福'이라고 한다.

面訴 徒增哽塞 謹奉狀上¹⁵⁰ 謝不備 謹狀

某年 某月 某日　　　　〖衰服人〗姓名狀上〗¹⁵¹

▶ 모관某官 좌전座前
〖혹은 이름을 쓰지 않고 또 '생례근봉省禮謹封'·'생식근봉省式謹封'이라고 쓴다.[或不書姓名 而亦稱省禮謹封 省式謹封] ○조모일 경우 '선조비先祖妣'라고 쓴다.[祖母云 先祖妣] ○부모가 없을 경우 '시봉侍奉' 두 글자를 쓰지 않고 다른 글자로 바꾸어 쓴다.[無父母 則不用侍奉二字 改以他語] ○차손 이하는 '기복인朞服人'이라고 칭한다.[次孫以下 稱朞服人]〗

{자기보다 낮은 등급의 사람에게 보낼 경우[降等]}
스스로 감당할 수 없습니다.〖이상은 같다.〗인자한 은혜로 굽어 위문해 주시어 비통한 마음이 다만 간절할 뿐입니다. 초봄인데도 오히려 날씨가 차가운데, 당신의 안부는 좋으시리라 생각합니다.
모某는 즉일 부모님 모시고 다행히 다른 괴로운 일은 면하였지만 뵙고 억울함을 호소할 방법이 없어 한갓 목만 메일 뿐입니다.
삼가 답장을 드립니다 이만 줄이고 편지를 올립니다.

[不自勝堪〖以上同〗仰承 仁恩俯垂

慰問 其爲悲感 但切下懷 孟春猶寒 恭惟

尊體萬重〖某〗卽日侍奉 幸免他苦 末由

---

150 謹奉狀上 : 평교간에는 '진사陳謝'라고 한다.

151 某白……姓名狀上 : 《상변통고常變通攷》〈상례喪禮 서소식書疏式 조모부망답인계장祖父母亡答人啓狀〉의 내용과 같다.

面訴 徒增哽塞 謹奉狀陳謝 不宣謹狀]

{파격破格}

▶당신의 조고祖考이신 대감大監께서 종양 증세가 있어서 매우 걱정하였습니다. 그렇지만 평일 정력이 본래 강해서 벗들은 적잖이 기대하며 응당 쾌유할 기쁨이 있으리라 생각했는데, 하늘이 착한 사람을 돌보지 않아 끝내 돌아가시어 부고를 받으니 놀라고 슬픈 마음을 이기지 못하겠습니다. 당신께서 순수하신 나머지 이러한 중제重制[152]를 당하니, 애통하고 찢어지는 마음을 어떻게 감당하시며 이겨 나가시는지요?[尊祖考台監 有腫瘍之証 殊切貢慮 而平日精力素强 儕友 期許不淺 謂應終有逌損之喜 天不佑善 竟損館舍 承訃 不任驚怛 伏惟左右純素之餘 遭此重制 哀痛摧裂 何可勝任] ○춘부장春府丈[153]께서 쇠약한 연세에 부모님의 상중에 계시어 필시 건강에 손상이 많으실 것이니, 더욱 비통한 마음 간절합니다.[春府丈 衰齡居憂 必多損節 尤切悲念之至] ○당신 어버지의 기력은 대단히 손상됨은 없으신지요?[尊府氣力 得無大段損節否]

{답장[答]}

▶남은 재앙이 다 사라지기도 전에 조고祖考께서 갑자기 돌아가시니, 애통하고 찢어지는 마음을 이미 감당할 수 없습니다. 그런데 중부仲父와

---

152 중제 : 상례복제喪禮服制에서 사촌이나 고모 또는 고종사촌 등 대공친大功親 이상의 상사 때 입던 상복이다. '중복重服'이라고도 한다.
153 춘부장 : 남의 아버지를 높여 이르는 말이다. '영존令尊'·'춘당椿堂'·'춘부椿府'·'춘부대인椿府大人'·'춘장椿丈'이라고도 한다.

사백舍伯이 모두 목숨이 위태로워 지탱하기 어려운 지경입니다. 또 약값과 상례를 치른 빚이 산처럼 쌓여 있으니, 저의 비통한 슬픔을 어찌해야 하겠습니까?[餘禍未艾 祖考奄忽棄背 痛苦摧裂 已難勝堪 而仲父舍伯 俱在凜綴 難支之境 且以藥價喪需 負債如山 此間悲悶如何] ○지난번 보내신 위문장을 받고 답장을 보냈을 것이라 생각했는데, 이렇게 말씀하시니 아직 답장을 보내지 않았는지요? 매우 부끄럽고 탄식스럽습니다.[前賜慰狀 承拜其時 想應奉答 而所教如此 或未之謝耶 媿歎殊深] ○조모祖母의 소상小祥이 어느덧 임박하고 아버지의 기력이 날로 쇠해져만 가니, 슬프고 애타는 마음을 어떻게 말씀드리겠습니까?[祖母初朞忽迫 家嚴氣力日敗 悲慕煎悶 何可勝諭]

숙부모상류叔父母喪類

〖모某〗는 말씀드립니다. 뜻밖의 흉변으로 당신의 백숙부伯叔父 모위某位께서 갑자기 세상을 떠나셨다는 부고를 받아 놀라고 걱정되는 마음을 이길 길 없었습니다.
삼가 친애함이 더욱 융숭하셨으리라 생각하면 애통하고 침통함을 어떻게 견디시는지요?〖이하는 조부모상祖父母喪의 위장慰狀과 같다.〗

[〖某〗白 不意凶變

尊伯叔父某位 奄忽

違世 承

訃驚怛 不能已已 伏惟

親愛加隆 哀慟沈痛 何可堪勝〖以下同祖父母喪慰狀〗〛

{답장[答]}

〚〖모某〗는 말씀드립니다. 저희 가문이 불행하여 백숙부伯叔父께서 갑자기 돌아가시니, 애통하고 쓰라린 고통을 감당할 수 없습니다.〖이하는 조부모상祖父母喪 답위장答慰狀과 같다.〗

[〖某〗白 家門不幸 伯叔父 奄忽棄背 摧痛酸苦 不自堪忍][〖以下同祖父母喪答慰狀〗]〛

{파격[破格]}

▶당시의 백부 대감께서 갑자기 돌아가셨으니, 이 어찌 꿈에서인들 생각이나 했겠습니까? 지극히 놀라운 마음에 왕왕 가슴이 아프고 눈물이 납니다. 수십 년을 종유했던 일을 회상하면 이미 지난 자취가 되어 어느덧 단정丹旌[154]이 장차 길을 나서니 만사가 끝이 났습니다. 땅을 굽어보고 하늘을 우러러보아도 비통한 마음이 다시 어떠하겠습니까?[尊伯父大監 奄捐館舍 此豈夢想所到 驚隕之極 往往傷涕 回想數十年從游 已屬前塵 居然丹旌將啓 萬事已矣 俯仰悲怛 當復何懷] ○선백부先伯父 영감께서 돌아가시니 통곡하는 마음을 다시 어떻게 말씀드리겠습니까?[先伯父令監喪事 痛哭痛哭 夫復何言] ○병환이 비록 위중하다지만 하늘은 반드시 착한 사람을 돕는 법이라 혹시라도 병이 나을 것으로 기대를 했는데, 어찌 귀신은 인자하지 않아 마침내 이 지경에 이를 줄 생각이나 했겠습니까?[病患 雖云沈篤 天必佑善 或冀勿藥 豈意鬼神不仁 竟至於斯] ○멀리서 부

---

154 단정 : 붉은 바탕에 쓰는 '명정銘旌'을 달리 이르는 말이다.

고를 받으니 친애함이 더욱 융성하였는데 애통하고 찢어지는 심정을 어떻게 견디시는지요?[伏惟遠外承凶 親愛加隆 哀痛摧隕 何以堪處] ○멀리서 부고를 받고 정리가 매우 비통하리라 생각합니다.[可想遠外承訃 情理絶悲] ○삼가 억지로라도 더 슬픔을 억제하시어 어머니의 염려에 위안되게 하십시오.[伏乞强加寬 抑遠慰慈念] ○서로 멀리 떨어져 만날 방법이 없어 다만 천지를 우러러보고 굽어보며 슬퍼할 뿐입니다.[相望落落 末由握慰 只有俯仰悲涕而已] ○작년 가을 당신의 백부伯父 대감께서 돌아가신 일은 참으로 나라의 불행이고 우리 당의 액운이니, 오랠수록 더욱 놀랍고 애통한 마음을 어떻게 말씀드리겠습니까?[昨年秋 尊伯父大監喪事 實是邦國之不幸 吾黨之厄運 久益驚慟 尙何言喩] ○삼가 대감의 편지를 받고 당신의 계부季父이신 정승대감부인政丞大監夫人께서 세상을 떠나셨다는 것을 알고는 놀랍고 걱정되는 마음 그지없었습니다.[伏承台下札 仰審尊季父政丞大監夫人捐世 驚怛 不能已已 伏惟大監 親懿隆摯 摧痛何堪 棘人氣力 如何 且想襄事已過 而病落窮鄕 末由趨慰 只增慨念哽咽而已] ○다만 당신의 고모가 돌아가셨다는 말을 듣고 놀라고 걱정스러운 마음을 이길 수 없습니다.[第聞尊姑喪報 不勝驚怛] ○멀리서 흉한 소식을 들었으니 가슴 찢어지는 아픔을 어찌 이기십니까?[遠外承凶 曷堪摧痛][155] ○뜻밖의 흉변으로 당신의 계부부군季父府君께서 갑자기 돌아가시고 당신 조카의 상례도 같은 날이라고 하니, 놀랍고 걱정스러운 마음을 천만 어떻게 말씀드려야 할지 모르겠습니다.[不意凶變 尊季父府君 奄忽捐世 令姪之喪 又與同日驚怛 千萬不知所喩] ○당신 아드님께서 돌아가신 참혹함은 이미 지난번 보낸 답장에서 위

---

155 第聞尊姑喪報……曷堪摧痛 : 저본에는 두 문장이 한 문장으로 되어 있으나, 문맥을 살펴 두 문장으로 분리하였다.

로의 정성을 폈는데, 훌륭하신 집안에 재앙의 위세가 이렇게 거듭 덮쳐오니 매우 사람을 비통하게 합니다. 더구나 변방 먼 곳에서 관을 어루만지신다는 부음을 들으니, 보고 듣는 것이 모두 참혹합니다.[令允喪慘 已於先往謝簡中 附申慰忱 而盛門禍威 若是荐疊 極令人盍傷 況在塞徼遐邈之地 撫柩承訃 聞見俱慘]¹⁵⁶

{답장[答]}

▶저의 집이 불행하여 숙모의 상을 당하였으니, 고로孤露¹⁵⁷한 감정의 애통하고 절박함을 어떻게 말씀드리겠습니까?[私門不幸 纔遭叔母喪 孤露情事 痛迫何言] ○집안의 재앙이 거듭된 데다 또 백부伯父의 상까지 당하여 고로孤露의 여생이 더욱 의지하고 우러를 곳이 없어지고 말았으니, 억장이 무너지는 통한과 괴로움을 어떻게 감내할 수 있겠습니까?[家禍洊疊 又遭伯父喪 孤露餘生 益無依仰之所 摧痛酸苦 尙何堪忍]¹⁵⁸ ○집안의 재앙이 끝나기도 전에 또 계모季母와 종매從妹의 상을 당하여 통곡하고 찢어지는 처참한 회포를 진정시킬 수 없습니다.[家禍未艾 又哭季母從妹之喪 摧苦慘裂 懷不能定] ○가문의 운수가 불행하여 큰고모께서 갑자기 세상을 떠나시니, 가슴이 찢어지는 듯한 아픔을 어떻게 감당할 수 있겠습니까?[門運不幸 伯姑奄忽棄背 摧裂何堪]¹⁵⁹ ○삼촌이신 고모의 초상이 모아某

---

156 不意凶變……聞見俱慘 : 저본에는 두 문장이 한 문장으로 되어 있으나, 문맥을 살펴 두 문장으로 분리하였다.

157 고로 : 부모님께서 모두 돌아가신 사람을 이른다.

158 家禍洊疊……尙何堪忍 : 《농암집農巖集》〈답김숙하경答金叔廈卿〉에 "姪家禍洊疊 又遭伯父喪 孤露餘生 益無依仰之所 摧痛酸苦 尙何堪忍"이라는 구절이 있다.

159 門運不幸……摧裂何堪 : 《농암집農巖集》〈답조정이答趙定而〉에 "門運不幸 伯姑奄忽棄背

衙 안에서 발생하였는데, 여러 해 동안 부모님을 떠나 있던 끝에 갑자기 슬픈 소식을 들으니 배나 가슴이 찢어지고 애통한 마음을 절로 감당하며 견디지 못하겠습니다.[三寸姑喪 出於某衙內 積年離違之餘 奄聞哀音 一倍摧痛 不自堪忍] ○작년 가을에 계부季父가 돌아가셨는데도 미처 돌아가 영결永訣하지 못하였으니, 가슴이 찢어지는 마음을 감당할 수 없습니다.[去秋季父捐世 未及歸訣 摧裂不自勝] ○집안의 운수가 불행하여 갑자기 숙부叔父께서 돌아가시어 천 리 밖에서 부음을 들었으니, 제 마음을 상상하실 수 있을 것입니다.[家運不幸 奄遭叔父喪 千里外聞訃 情事可想]

형제상류兄弟喪類

{위로편지[慰狀]}

〖모某〗는 말씀드립니다. 뜻밖의 흉변으로 영백씨令伯氏 모위某位께서 갑자기 돌아가시어 부음을 듣고 놀라고 걱정되는 마음을 마지 못하겠습니다. 우애가 더욱 융성한데 애통하고 침통한 마음을 어떻게 감당하십니까?〖이하는 조부상祖父喪의 위장慰狀과 같다.〗

[〖某〗白 不意凶變

令伯氏某位 奄忽

違世 承

訃驚怛 不能已已 伏惟

友愛加隆 哀慟沈痛 何可堪勝

摧裂何堪"이라는 구절이 있다.

【以下同祖父喪慰狀】

{답장[答]}

〖모某〗는 말씀드립니다. 가문이 불행하여 몇 번째 형이 갑자기 돌아가셨으니 찢어지는 애통함과 쓰라린 고통을 절로 감당할 수 없습니다.〖이하는 조부상祖父喪의 위장慰狀과 같다.〗

[〖某〗白 家門不幸 幾兄 奄忽喪逝 摧痛酸苦 不自堪忍〖以下同祖父喪答慰狀〗]

{파격破格}

▶모위某位가 돌아가시어 시간이 오랠수록 놀라고 애통함을 어떻게 말씀드리겠습니까? 그의 평생을 생각하면 실로 사궁四窮[160] 가운데 가장 심한 사람이었고, 하늘도 그의 나이를 재촉하니 만분의 일이라도 공회孔懷[161]의 정회에 위로할 말이 없습니다. 삼가 슬프고 애통한 마음을 어떻게 견디시는지 미루어 상상하면 목이 메어[162] 저도 모르게 눈

---

160 사궁 : 홀아비[鰥]·홀어미[寡]·고아[孤]·독신[獨]인 네 종류의 사람을 이른다. 《맹자孟子》〈양혜왕梁惠王 하下〉에 "늙어서 처가 없는 것을 '환'이라고 하고, 늙어서 남편이 없는 것을 '과'라고 하고, 늙어서 자식이 없는 것을 '독'이라고 하고, 어려서 부모가 없는 것을 '고'라고 한다. 이 네 종류의 사람은 천하의 곤궁한 자들로서 어디에도 고통을 하소연할 곳이 없다.[老而無妻曰鰥 老而無夫曰寡 老而無子曰獨 幼而無父曰孤 此四者 天下之窮民而無告者]"라고 하였다.

161 공회 : 서로를 몹시 걱정하는 형제의 정을 이른다. 《시경詩經》〈소아小雅 상체常棣〉에 "죽음을 당할까 하는 두려움에 형제간에 몹시 걱정해 준다.[死喪之威 兄弟孔懷]"라는 구절에서 유래하였다.

162 목이 메어 : 원문은 '於邑'. 《초사楚辭》〈구장九章 비회풍悲回風〉에 "애끊은 한숨 소리, 그지없는 슬픔이 일어, 답답한 가슴 속의 울분을 금할 길이 없다.[傷太息之愍憐兮 氣於邑而不可止]"라는 구절에 대한 왕일王逸의 주석에 "울분이 가득 차올라 맺힌 것을 풀 수 없는 것이다.[氣逆憤懣 結不下也]"라고 하였다. '어읍於悒'이라고도 한다.

물이 흐릅니다.[某位喪事 久猶驚痛 尙復何喩 念其平生 實爲四窮之最 而天又促其 年壽 無一可以慰孔懷之情 伏惟悲割痛毒 何以堪處 追想於邑 不覺涕下] ○ 백씨伯氏께 서 세상을 떠나셨다는 소식은 무슨 일입니까? 보내오신 편지를 보니 마치 눈앞에 있는 듯하고 평소 정신이 마땅히 불안하지도 않았는데, 이 무슨 말씀이란 말입니까?[伯氏違世之報 此何事也 來時書問 怳爾在眼 平日精 神 宜不草草 是何言耶] ○ 갑자기 백씨伯氏 모관某官 애시哀侍[163]의 부음을 받 고 경악하고 참담하여 마음을 가눌 수 없었습니다.[忽承伯氏某官 哀侍訃 書 驚愕慘痛 不能自定][164] ○ 지난번 모인某人의 편지를 보고 백씨伯氏께서 피를 토하는 증세로 위독한 지경에 이르렀다가 겨우 소생했다고 하기 에 놀라움을 금하지 못했는데, 결국 이 지경에 이르리라고는 생각지 도 못했습니다. 이 분이 갑자기 이 지경에 이를 줄을 누가 생각했겠습 니까?[頃見某人書 謂伯氏以吐血之証 幾危菫甦 不勝驚念 實不料其竟至於此 孰謂斯 人竟止於斯][165] ○ 백씨께서 평소 숙병宿病이 있었는데 부친상에 예를 행 하면서 슬픔을 다하느라 몸이 감당할 수 없다는 것을 생각지도 못하였 으니 더욱 슬픕니다.[伯氏素抱宿疾 當是執禮致哀 不自覺其不能勝也][166] ○ 산속 에서 바깥 사람을 거의 만나지 못하다가 최근에야 비로소 백씨伯氏께 서 돌아가셨다는 소식을 들었는데 그 사이에 이미 장사를 지냈을 줄

---

163 애시 : 상중에 홀아버지나 홀어머니를 모시는 사람을 이른다.

164 忽承伯氏某官……不能自定 : 《명재유고明齋遺稿》〈여박항한도상與朴恒漢道常〉에 "忽承伯 氏正字哀侍訃書 驚愕慘痛 不能自定"이라는 구절이 있다.

165 頃見某人書……孰謂斯人竟止於斯 : 《명재유고明齋遺稿》〈여박항한도상與朴恒漢道常〉에 "頃得李持平壽翁書 謂伯氏以吐血之證 幾危僅甦 不勝驚念 而實不料其竟至於此 孰謂斯 人而遽止於此耶"라는 구절이 있다.

166 伯氏素抱宿病……不自覺其不能勝也 : 《명재유고明齋遺稿》〈여박항한도상與朴恒漢道常〉 에 "伯氏素抱宿病 當是執禮致哀 不自覺其不能勝也"라는 구절이 있다.

압니다. 삼가 두터우신 우애의 정으로 비통한 심정을 어떻게 감당하시는지요?[山裏罕接外人 最晚始聞伯氏捐世 計於其間 已經襄葬 伏惟友愛之隆 悲痛何勝]167 ○ 뜻밖에 영계씨令季氏168가 갑자기 돌아가시니 사실이 아닌 듯하여 놀라고 참통한 마음을 다시 어떻게 말씀드리겠습니까? 상주들께서 상을 당하여 비록 슬픈 감정은 끝이 없으리라 생각하지만 아침저녁으로 시전侍奠169에 슬픔을 절제하시는 데 더욱 힘쓰십시오.[不意令季遽夭 疑若非眞 驚慘痛惜 夫復何言 仍想斂哀 才罹荼毒 雖情界罔極 惟是朝夕侍奠 節哀加勉] ○ 현계賢季170 모관某官이 갑자기 이런 나이에 세상을 떠났으니, 놀라고 참통하며 애석한 마음을 다시 어떻게 말씀드리겠습니까? 그는 빼어난 자질과 원대한 기국으로 후진의 영수領袖와 미래의 기둥이 될 것이라 기대했는데 지금 크게 어긋나고 말았습니다. 이는 비단 그대 집안의 불행일 뿐만이 아니라 참으로 이 시대의 불행이니, 생각하고 또 생각해 보아도 마치 사실이 아닌 듯합니다.[賢季某官 奄捐夙齡 驚慘痛惜 夫復何言 其瓊傑之資 遠大之器 期之以後進之領袖 來頭之棟樑 今乃大謬 此非但德門之不幸 誠斯世之不幸 思之又思 疑若非眞] ○ 형제간에 친함이 마치 수족과 같았는데 죽음과 삶으로 이별하게 되니, 더욱 사람의 도리로 견디지 못하겠습니다. 위로 대부인大夫人을 모시는 정리의 애통하고 참독함은 다른 사람과 비교할 수 없을 정도여서 여러 가지 슬픔이 마지않

---

167 山裏罕接外人……悲痛何勝 : 《농암집農巖集》〈답임덕함答林德涵〉에 "山裏罕接外人 最晚始聞尊伯氏掌令丈捐世 計於其間 已經襄葬 伏惟友愛之隆 悲痛何勝"이라는 구절이 있다.
168 영계씨 : 상대의 막냇동생을 이른다.
169 시전 : 부모님 중에 한 분은 살아 계시고 한 분은 돌아가셨다는 뜻이다. '시侍'는 살아 계신 부모님을 모신다는 뜻이고, '전奠'은 돌아가신 부모님에게 상주로 제사 드린다는 뜻이다.
170 현계 : 상대의 동생을 높여 이르는 말이다.

습니다.[兄弟之親 如手如足 至於死生之別 尤人理之所不忍 而仰惟上侍大夫人情理之痛隕慘毒 有非他人之比 種種悲念 不能已己] ○더구나 형제간의 우애[171]가 돈독하고 부모님을 모시는 상황에서 어떻게 마음을 추스르시는지요?[況以友于之篤 侍奉之下 當作何懷] ○부모님을 모시는 상황에서 슬픔을 풀어드리는[172] 도는 진실로 응당 제가 우러러 권면할 필요가 없을 것입니다. 간절한 슬픔에 잠시도 마음이 놓이지 않습니다.[侍下寬譬之道 固應不待仰勉 而區區悲係 不能少弛] ○상주들께서는 부모님의 슬픔을 풀어드리고 더욱 보호하시며, 위로 어머니의 염려를 위로하여 벗의 간절한 바람에 부응하시기를 천만 바랍니다.[惟冀斂哀 寬譬加護 上慰慈念 兼副朋友區區之冀 千萬幸甚] ○삼가 형제간에 평소 우애가 깊으셨을 것인데, 그 비통하고 침통한 정을 어떻게 견디시겠습니까?[恭惟友弟素篤 手足至情 悲慟沈痛 何可堪勝][173] ○더구나 홀어머니를 모시는 중이니, 어떻게 만분의 일이라도 어머니의 슬픔을 풀어드릴 수 있겠습니까.[況在侍奉煢疚之中 何以

---

171 형제간의 우애 : 원문은 '友于'. 《서경書經》〈군진君陳〉에 "왕이 이렇게 이르기를, 군진이여! 그대의 아름다운 덕은 효이며 공손함이니, 효도하며 형제에게 우애하여 능히 정사에 베풀 수 있기에 그대에게 명하여 이 동교를 다스리게 하노니 공경하라![王若曰 君陳 惟爾令德 孝恭 惟孝 友于兄弟 克施有政 命汝 尹玆東郊 敬哉]"라는 구절에서 유래하였다.

172 슬픔을……풀어드리는 : 원문은 '寬譬'. '관'은 '풀리다[釋]'이고, '비'는 '이해시켜 드리다[曉]'라는 뜻으로, '슬픈 마음을 풀도록 일깨워 드리다'라는 의미이다. 주희朱熹의 〈발유잡단주의跋劉雜端奏議〉에 "뜻을 같이한 사대부가 이를 매우 우려하여 이를 두고 답답하게 세상에 오래 머무를 수 없었을 것이다. 그렇다면 우선 이런 말을 하여 풀어서 이해시켜 드리는 곧 군주에게 충성하고 나라를 사랑하는 허물인데 오히려 훗날에 깊은 소망이 있는 것이다.[同志之士憂之過甚 恐其以是而不能鬱鬱以久也 則姑爲是說以寬譬之 是乃忠君愛國之尤者 而猶深有望於他時也]"라고 하였다.

173 恭惟友弟素篤……何可堪勝 : 《명재유고明齋遺稿》〈여박항한도상與朴恒漢道常〉에 "恭惟 友弟 素篤手足至情 悲慟沈痛 何可堪勝"이라는 구절이 있다.

寬譬萬一]¹⁷⁴ ○곡위哭位를 설치하고 한 번 통곡한들, 어찌 이 슬픔을 다할 수 있겠습니까? 신에게 따질 수 없고 이치는 알 수 없으니, 애통하고 애석해하는 것이 어찌 평소에 사적으로 친하게 지낸 교분 때문만이겠습니까.[設位一慟 豈足以洩此悲也 神不可詰 理不可諶 其爲慟惜 豈但平日游好之私而已]¹⁷⁵ ○슬픔을 풀고 자신을 아껴 아무런 도움도 되지 않은 슬픔으로 값 매길 수 없는 몸에 손상을 입혀 효도와 우애를 온전히 하시니, 저의 그리움에¹⁷⁶ 위안되게 하십시오.[伏乞寬譬自愛 無以無益之悲 損不貲之軀以全孝友 慰此瞻係] ○현계賢季의 영궤靈几에 영수令嫂¹⁷⁷와 함께 길을 나섰으니, 형제를 그리워하는 애통함이 더욱 새로울 것이라 생각합니다.[賢季靈几 偕令嫂之行 仰惟孔懷之慟 益復如新] ○모某 형수의 근심에서 형제간의 정을 상상할 수 있습니다.[某嫂之慽 可想孔懷之情]¹⁷⁸ ○할반割半¹⁷⁹의 애통함이 있다는 것을 알고는 경악한 마음을 이길 길 없었습니다.[審有半割之痛 不勝驚愕] ○천만 바라는 바는 슬픔을 억누르시는 가운데 억지로라도 밥을 드시어 저의 바람에 부응하십시오.[千萬所祈 寬中强食 副此願

---

174 況在侍奉禜疚之中 何以寬譬萬一 : 《명재유고명재유고明齋遺稿》〈여박항한도상與朴恒漢道常〉에 "況在侍奉禜疚之中 何以寬譬萬一"이라는 구절이 있다.

175 設位一慟……豈但平日遊好之私而已 : 《명재유고명재유고明齋遺稿》〈여박항한도상與朴恒漢道常〉에 "設位一慟 豈足以洩此悲也 神不可詰 理不可諶 其爲痛惜 豈但平日遊好之私而已"라는 구절이 있다.

176 그리움에 : 원문은 '瞻係'. '상대를 그리워하여 마음이 쏠리다'라는 뜻으로, '치심치심馳心'이라고도 한다.

177 영수 : 다른 사람의 형수를 이르는 말이다. 다른 사람의 형이나 형수에 대해서는 '영형令兄'·'영곤令昆'이라고 하고, 답장을 쓸때 자신의 형이나 형수에 대해서는 '가형家兄'·'가수家嫂'·'수씨嫂氏'라고도 한다.

178 某嫂之慽 可想孔懷之情 : 《명재유고명재유고明齋遺稿》〈여박회숙與朴晦叔〉에 "嫂之慼 可想孔懷之情"이라는 구절이 있다.

179 할반 : '몸의 반쪽을 베어 내는 고통'이라는 뜻으로, 형제의 죽음을 이르는 말이다.

言] ○ 대감께서 중제重制[180]를 당하셨다는 소식을 들었습니다. 평소 태감의 우애가 남보다 더 하다는 것을 아니, 몸을 베는 듯한 고통을 어떻게 견디시는지요?[聞台遭重制 素知台友愛加於人 如剡之痛 其何以堪居] ○ 멀리서 노형의 마음을 생각하며 한창 슬퍼할 때에 서신이 이르러 저도 모르는 사이에 탄식이 터져 나옵니다.[遠想老兄情緖 方切愴然 書至此際 不覺呑聲][181] ○ 중형仲兄님과 여러 해 동안 소식이 막혔는데 갑자기 영결永訣을 하게 되니, 옛일을 생각하면 슬픔이 시간이 갈수록 더합니다. 형님과 같은 우애의 정으로 어떻게 견디시는지요?[仲兄主 積年貽阻 奄成永訣 撫古痛悼 愈久愈深 伏惟兄主友于之情 當復如何] ○ 위문장을 써 둔 지 오래되었는데 인편이 없어 아직도 전하지 못해 지극히 친한 정의가 없다고 할 것이니, 더욱 부끄럽습니다. 지금 비로소 부쳐드리니 시자侍者에게 전달해 달라고 하십시오.[唁狀成置 已久無便 尙未致 殆無至親情誼 尤可歎愧 今始付呈 幸令侍者 傳之]

{답장[答]}

▶가문이 불행하여 사형舍兄이 갑자기 돌아가셨으니, 애통하고 쓰라린 고통을 이길 수 없습니다. 저는 홀로 되신 어머니를 모시고 멀리 고개 너머에 있어서 병이 있을 때도 이미 와서 살피지 못하였고 생사의 갈림길에서도 뵙고 영결永訣하지 못하였으니, 정경의 참혹함은 실로 사

---

180 중제: 상례복제喪禮服制에서 사촌이나 고모 또는 고종사촌 등 대공친大功親 이상의 상사 때 입던 상복이다. '중복重服'이라고도 한다.

181 遠想老兄情緖……不覺呑聲:《명재유고明齋遺稿》〈여박계긍與朴季肯〉에 "遠想老兄情緖 方切愴然 書至此際 不覺呑聲"이라는 구절이 있다.

람의 도리로는 견딜 수 없습니다. 이러한 상황을 어떻게 말로 다 하겠습니까?[家門不幸 舍兄奄忽喪逝 摧痛酸苦 不自勝堪 獨奉偏親 遠在嶺外 疾病之時 旣不能來省 死生之際 又不得面訣 情境之憯毒 實非人理所可忍 尙何言諭] ○ 저는 집안이 가혹한 화를 당하여 막냇동생이 갑자기 요절하였으니, 억장이 무너지고 쓰라린 마음을 어찌 감당할 수 있겠습니까?[私門酷禍 舍弟奄然夭逝 摧痛酸苦 尙何堪忍]¹⁸² ○ 형제를 잃은 슬픔은 인정상 견디기 어려운 것인데 수년 사이에 이런 고통을 거듭 당한 데다 어버이를 모시는 여러 가지 정황이 매우 참담하니, 어버이의 마음을 풀어드리고 싶어도 할 말이 없어 심장과 간장이 썩는 듯한 심정이 날이 갈수록 더욱 심해집니다.[同氣之慽 人所難堪 而數年之間 洊罹此毒 重以奉親下情境 種種慘切 雖欲寬譬 亦無其說 心肝腐蝕 久而益甚矣]¹⁸³ ○ 지금 조물주의 시기를 받아 하루아침에 돌아가셨으니, 이 아픔을 또 어떻게 말씀드리겠습니까?[今爲造物所忌 一朝奪去 此痛 又可言耶] ○ 병으로 제가 직접 가지도 못하고 뵙고 영결永訣하지도 못하였으니, 이승과 저승의 한 맺힌 이러한 아픔이 어찌 끝이 있겠습니까?[病未躬視 沒未面訣 恨結幽明 此痛曷旣] ○ 부음을 듣고 통곡하니 망극하고 망극합니다. 처음 병환에 대해 소식을 듣고 이미 회춘할 가망이 없을 것을 알았지만, 시령時令의 증세는 으레 너무 급하면 쉽게 물러가기 때문에 만에 하나 요행이 없지 않을 것이기에 밤낮으로 묵묵히 빌고 있었을 뿐입니다. 그런데 어찌 끝내 이 지경에 이를

---

182 私門酷禍……尙何堪忍 : 《농암집農巖集》〈답김현보答金顯甫〉에 "私門酷禍 舍季奄然夭逝 摧痛酸苦 尙何堪忍"이라는 구절이 있다.

183 同氣之慽……久而益甚矣 : 《농암집農巖集》〈답김현보答金顯甫〉에 "同氣之戚 人情所難堪 而數年之間 洊罹此毒 重以奉親下情境 種種慘絶 雖欲寬譬 亦無其說 心肝腐蝕 久而益甚矣"라는 구절이 있다.

줄 생각했겠습니까? 하늘이여, 하늘이여. 부르짖고 애통해한들 어찌하겠습니까?[承訃痛哭 罔極罔極 初聞病患之報 已料萬無回春之望 而時令之証 例太急則易退 故不無萬一之幸 惟日夜默禱 而豈料竟至於此耶 天乎天乎 號痛奈何][184] ○병들었을 때 달려가 살피지도 못하였고, 돌아가셨을 때도 바로 달려가지 못한 채 아득히 떨어져 있었으니 길 가는 사람과 무엇이 다르겠습니까. 세상이 끝나도록 후회하고 애통해한들 미칠 수 없어 다만 땅을 치고 부르짖을 뿐입니다.[病未及馳省 喪未得卽奔 漠然遠坐 何異路人 終天悔痛 無所逮及 只自號扣而已][185] ○죽은 동생의 장사를 지낸 뒤로 외로운 마음이 더욱 괴로워 말할 만한 일이 없으니, 천지간에 하나의 궁한 사람이고 한 마리 좀벌레일 뿐입니다. 늙어서도 죽지 않고 있으니 다시 무엇을 하겠습니까?[自經亡弟葬事 孤懷愈苦 無可言者 天地間一窮人耳 一蠹虫耳 老而不死 復何爲乎][186] ○삼가 당신께서 굽어 위문장을 보내시니 글의 뜻이 간절하여 위문장을 읽고는 슬퍼 눈물만 흘릴 뿐입니다.[伏蒙尊慈俯賜慰問 辭旨懇惻 奉讀以來 只有悲涕] ○이때 먼 곳에서 편지를 보내 정성스럽게 위로하고 안부를 물으시니 너무나 감격하여 오열을 금할 수 없습니다.[玆蒙枉書 慰存款至 哀感之至 不任哽咽][187] ○위문해 준 편지를 받았지

---

184 承訃痛哭……號痛奈何:《명재유고明齋遺稿》〈여서제졸與庶弟拙〉에 "承訃痛哭 罔極罔極 初聞病患之報 已了萬無回春之望 而時令之證 例太急則易退 故不無萬一之幸 惟日夜默禱 而已 豈料竟至於此耶 數年不得往省 而奄至永訣終天 悔痛何所逮及 秋間迎歸 爲數年侍奉之計者 計日耿耿 而迫頭之禍 不覺至此 天乎天乎 號痛奈何"라는 구절이 있다.

185 病未及馳省……只自號扣而已:《명재유고明齋遺稿》〈여박계긍與朴季肯〉에 "病未及馳省 喪未得卽奔 漠然遠坐 何異路人 終天悔痛 無所逮及 只自號叩而已"라는 구절이 있다.

186 自經亡弟葬事……復何爲乎:《명재유고明齋遺稿》〈여정사앙與鄭士仰〉에 "自經亡弟葬事 孤懷愈苦 無可言者 天地間一窮人耳 一蠹蟲耳 老而不死 復何爲乎"라는 구절이 있다.

187 玆蒙枉書……不任哽咽:《농암집農巖集》〈답김현보答金顯甫〉에 "玆蒙千里枉書 慰存款至 哀感之至 不任哽咽"이라는 구절이 있다.

만 슬프고 바빠서 한 글자 슬픈 감회를 전하지 못하였기에 지금까지도 마음에 잊히지 않습니다. 방금 돌아온 조카편에 또 문안해 준 편지를 받아보니 염려해주시는 뜻이 더욱 지극하였으니, 그 정의에 감사하여 무어라 말할 수 없습니다.[蒙荷委問 而悲慘忙撓 未能以一字奉申哀感之懷 至今以爲耿耿 某人之回 又承惠問 所以念存者 尤至感戢情義 不容名喩][188] ○홀로 이러한 슬픔과 고통을 당하시니 마음 속에 온갖 감회가 들어 애통한 마음 더욱 금할 수 없으실 것입니다.[獨當悲苦 百感在中 爲之愴悗 尤不能已][189] ○모제某弟의 초상이 뜻밖에 발생하여 연로하신 부모님을 모시고 있는 상황에서 측은하고 애처로운 마음이 더욱 심합니다.[某弟之喪 出於不意 老親之下 惻慘尤極][190] ○질부姪婦가 상례로 인해 가계加髻[191]를 하니 더욱 슬픕니다.[姪婦 因喪加髻 尤爲悲念] ○겨우 상례를 치렀으니 찢어지는 아픔이 더욱 간절합니다.[才過襄事 痛割益切] ○모某 누이가 죽었으니 통곡하는 아픔을 어떻게 말씀드리겠습니까? 저희 집안의 혹독한 재앙이 이 지경에 이르렀으니 더욱 괴이합니다.[某妹之喪 痛哭何諭 家禍之洊酷 至此 尤極可怪] ○고로孤露[192]의 남은 목숨을 오직 늙은 누이에게 의지하고 있었습니다. 그래서 가을이 지난 후에 맞이해 수년 동안 모시려고

---

188 蒙荷委問……不容名喩 : 《명재유고明齋遺稿》〈답박교백答朴喬伯〉에 "當初蒙荷慰問 而悲慘忙撓 未能以一字奉申哀感之懷 至今以爲耿耿 卽因族子之歸 又承惠問 所以念存者尤至拜戢情義 不容言喩"라는 구절이 있다.

189 獨當悲苦……尤不能已 : 《명재유고明齋遺稿》〈여박계긍與朴季肯〉에 "竊想獨當悲苦 百感在中 爲之愴悗 尤不能已"라는 구절이 있다.

190 某弟之喪……惻慘尤極 : 《명재유고明齋遺稿》〈여자행교與子行敎〉에 "維鳩抚弟之喪 出於意外 老親之下 惻慘尤極"이라는 구절이 있다.

191 가계 : 여자들이 쪽 찐 머리를 꾸밀 때에 다리를 곁들여서 땋은 것을 이른다. '가체加髢'라고도 한다.

192 고로 : 부모님께서 모두 돌아가신 사람을 이른다.

계획하고는 날짜를 계산하며 그리워했는데, 이렇듯 화가 닥칠 줄 생각이나 했겠습니까? 부고를 받으니 망극함을 어떻게 말씀드려야 할지 모르겠습니다. "빨리 죽어 끝없는 번뇌를 잊고 싶다."고 하시더니 그 소원을 이루신 것입니다.[孤露餘喘 惟老姊是恃 秋後迎歸 爲數年侍奉之計者 方計日耿耿 孰謂禍迫如此 而莫之省覺耶 承訃罔極 不知所言 惟願速死 以忘無限悲惱 而庶以遂此願矣]¹⁹³ ○고로孤露의 여생에 갑자기 연로한 누이의 상을 당하였습니다. 모년某年 이후에 문안도 가지 못했는데, 이런 끝없는 회한과 아픔을 당하셨으니 어떻게 견디겠습니까? 상차喪次에 가서 곡을 해본들 만사가 이미 늦었습니다. 모인某人의 묘에 난 묵은 풀이 더욱 허전하니, 어찌 이런 정경이 있단 말입니까?[孤露餘喘 奄哭老姊 某歲以後 更未往省 而遭此終天悔痛 何以堪忍 往哭喪次 萬事無及 某人宿草 尤成冥漠 安有如許情界乎]¹⁹⁴ ○평소 돈독하게 돌보아 주신 일을 생각하면 이런 화변禍變을 당해서 일면식 없는 남처럼 멀리서 앉아만 있으니, 이것이 어찌 사람의 이치이겠습니까? 오장이 칼로 찌르는 듯하여 견딜 수 없습니다.[念平日眷念之篤 而當此禍變 遠坐如路人 此何人理 五內如裂 何可堪忍也]¹⁹⁵ ○가문이 불행하여 갑자기 큰누이가 돌아가셨으니, 정의情誼의 비통함을 어떻게 말로 하겠습니까?[家門不幸 奄遭伯姊喪 情私悲痛 如何可言] ○지난번

---

193 孤露餘喘……而庶以遂此願矣:《명재유고明齋遺稿》〈여박계긍與朴季肯〉에 "孤露餘喘 唯老姊是恃 秋後迎歸 爲數年侍奉之計者 方計日耿耿 孰謂禍迫如此 而莫之省覺耶 承訃罔極 不知所言 每於書中 唯願速化 以忘無限悲惱 今庶以遂此願矣"라는 구절이 있다.

194 孤露餘喘……安有如許情界乎:《명재유고明齋遺稿》〈답박교백答朴喬伯〉에 "孤露餘喘 奄哭老姊 坡衙以後 更未往省 而遭此終天悔痛 何以堪忍 往哭喪次萬事無及 士元宿草 尤成冥漠 世間 安有如許情境"이라는 구절이 있다.

195 念平日眷念之篤……何可堪忍也:《명재유고明齋遺稿》〈여서제졸與庶弟拙〉에 "念平日眷念之篤 而當此禍變 遠坐如路人 此何人理 五內如剜 不可堪忍也"라는 구절이 있다.

중매仲妹 내외가 돌아가시어 가슴이 찢어지는 아픔을 감당하기 어려우니 어찌하겠습니까?[向遭仲妹內外喪變 私情摧痛 實難自堪奈何] ○ 가문이 불행하여 연이어 큰딸과 큰형수가 돌아가셨는데도, 저는 천 리에서 벼슬에 몸이 매여 지금까지 달려가 위문하지도 못하고 있으니, 정리의 슬프고 찢어지는 아픔을 어떻게 말로 하겠습니까?[家門不幸 連哭長女 及伯嫂喪 係官千里 汔未奔慰 情理悲毒摧痛 豈忍言喩] ○ 상여를 부여잡고 하소연할 날이 멀지 않으니, 정신이 어지럽고 혼미하여 일일이 갖추지 못하였습니다.[攀訴不遠 心神昏撓 不能一一]¹⁹⁶

처상류妻喪類

{위문편지[慰狀]}

〖모某〗는 말씀드립니다. 뜻밖의 흉변으로 현합賢閤¹⁹⁷이 갑자기 돌아가셨다는 부고에 놀라움을 금치 못하겠습니다. 부부의 의리는 중한데, 슬프고 애통한 마음을 어떻게 견디시는지요?〖이하는 조부모상祖父母喪의 위장慰狀과 같다.〗

[〖某〗白 不意凶變

賢閤 奄忽

違世 承

---

196 攀訴不遠……不能一一 : 《명재유고明齋遺稿》〈여박계긍與朴季肯〉에 "攀訴不遠 心神昏撓 不能一一"이라는 구절이 있다.
197 현합 : 남의 아내를 높여 이르는 말이다.

訃驚愕 不能已已 伏惟

伉儷義重 悲悼沈痛 何可堪勝〖以下同祖父母喪慰狀〗

{답장[答]}

〖모某〗는 말씀드립니다. 저의 집이 불행하여 아내가 세상을 떠났으니, 비통하고 쓰라린 마음을 어떻게 견디겠습니까?〖이하는 조부모상祖父母喪의 위장慰狀과 같다.〗

[〖某〗白 私家不幸 室人違背 悲悼酸苦 不自堪忍〖以下同祖父母喪慰狀〗

{파격破格}

▶현합賢閤이 돌아가시니 지극한 경악스러움을 어떻게 말씀드리겠습니까? 중년에 아내를 잃었으니 사람의 도리로 견디기가 어려울 것입니다. 부모님을 모시고 있는 처지에 비통함을 어떻게 견디시는지요?[賢閤喪事 驚愕之極 尙何言諭 中年喪耦 人理所難 伏惟侍下情境 悲悼何堪] ○즉일 현합賢閤이 돌아가셨다는 소식을 듣고 경악스러움을 이기지 못하겠습니다. 시간이 한참이나 지났는데도 마음이 안정되지 않습니다. 무슨 병으로 갑자기 이 지경이 되었는지 모르겠습니다. 천 리 고개 너머에서 초상을 어떻게 모양새를 갖추는지요? 발인은 어디로 하시는지요? 상주인 영윤令胤[198]은 본래 몸이 약한데 한여름에 어떻게 몸을 부지하는지요?[卽聞賢閤捐背 不勝驚愕 久而靡定 未知緣何祟 奄然至此耶 千里嶺外 初喪 何以成樣 發靷 將向何處耶 令胤棘人 素所羸弱 當此盛炎 何以扶持耶] ○상대裳

---

198 영윤 : 상대의 아들을 높여 이르는 말이다. '영식令息'·'영랑令郎'·'윤랑胤郎'·'현랑賢郎'이라고도 한다.

帶의 근심[199]에 경악스러움을 이기지 못하겠습니다.[裳帶之憂 不勝驚愕] ○부부의 의리가 중한데 죽음과 삶으로 서로 헤어졌으니, 슬프고 비통한 마음을 더욱 어떻게 이기겠습니까?[伉儷義重 存沒分暌 悲悼沈慟 尤何堪勝] ○상주가 어린 나이인데 거창巨創한 일[200]을 또 어떻게 견디는지요? 장례를 치르는 날은 잡으셨는지요?[201][棘人弱齡 巨創 亦何以支保 窀穸之事 果已涓吉否] ○상례를 겨우 마쳤는데 또 중제重制를 당하셨으니, 덕문德門[202]의 재앙이 어찌 거듭되는지 사람으로 하여금 목이 메게 합니다.[喪紀甫畢 又遭重制 德門禍變 何其洊疊 令人哽塞] ○생각지도 못한 상척喪慽이 연이어 생기니, 비통한 나머지에 상중에 몸은 잘 보존하시며 대부인의 안부는 어떠하신지요? 상주이신 두 아드님은 잘 버티시는지요? 간절히 슬픈 마음을 이길 길 없습니다.[不意喪慽比疊 悲疚之餘 服履保嗇 大夫人體氣若何 兩胤哀能得支安耶 不任區區悲念之忱] ○장사를 치르고 고아가 된 조카를 돌보시느라 하는 일마다 상심이 크실 텐데, 어떻게 견디십니까?[營葬撫孤 想當觸事傷割 何以忍遣耶][203] ○삼가 바라건대 슬픈 마음을 너그럽게 가지고 우환 중에도 평소처럼 행하여 멀고 가까운 사람들의 기대에 위안되게 해 주십시오.[伏乞深自寬抑 素行憂患 以慰遠邇之望][204]

---

199 상대의 근심 : 상대 아내가 죽은 것을 이르는 말이다.
200 거창한 일 : '마음이 몹시 아프다'라는 뜻으로, 부모의 상喪을 당한 슬픔을 비유하여 이르는 말이다.
201 날은 잡으셨는지요 : 원문은 '涓吉'. '연'은 '골라 정하다'라는 뜻이고, '길'은 '길일吉日'을 이른다.
202 덕문 : 상대 집안을 높여 이르는 말이다.
203 營葬撫孤……何以忍遣耶 : 《명재유고明齋遺稿》〈여정사앙與鄭士仰〉에 "營葬撫孤 想當觸事傷割 何以忍遣耶"라는 구절이 있다.
204 伏乞深自寬抑……以慰遠邇之望 : 《명재유고明齋遺稿》〈여만암與晩庵〉에 "伏乞深自寬抑

○가아佳兒와 가부佳婦[205]가 아침저녁으로 문안하고 국[206]을 봉양하는 것도 늘그막의 지극한 즐거움이라 할 만한데, 다시 통곡하는 슬픔으로 심란하니 이러한 이치를 모르겠습니다. 좋은 복을 누리는 것이 세상의 쟁탈보다 심해서 그러한 것입니까? 아니면 조물주가 세상의 질투에 따라 그러한 것입니까?[佳兒佳婦 問晨昏而奉羹湯 亦可謂晩景至樂 而復有啼哭悲愁而擾之 是亦理之不可知淸福之難焉 甚於世之爭奪歟 將造化者 亦隨世之憎媚而然歟] ○고을의 형편이 예스럽지 않아 손을 빌릴 곳도 없어 몇 가지 별도로 적어 보내드리는 것은 의례적인 부의에 불과합니다. 지난날을 돌이켜보면 은혜를 저버린 것이 참으로 많아 매우 부끄럽고 탄식스러운 마음을 어떻게 말씀드려야 할지 모르겠습니다.[邑樣不古 措手無地 數種別錄 不過例賻 撫念平昔 辜負實多 慙歎之至 不知爲喩] ○상복을 입고 있어서 만나 위로하지도 못하였습니다. 깊이 스스로 슬픔을 풀어 저의 간절한 바람에 위안되게 하십시오.[衰麻在身 末由面慰 惟祝深自寬譬 以慰區區] ○미처 위문장을 보내지도 못하였는데, 먼저 문안편지를 보내시니 더 부끄러웠는데 용서해주시니 매우 감사합니다.[未及脩慰 先承辱問 適增慙恧 多荷善恕] ○가친家親의 병환과 저의 병으로 아드님의 애시哀侍에 미처 위문장을 보내지 못하였으니, 저의 태만함을 자책하고 있었습니다. 그런데 영감께서 문득 편지로 안부를 물으시니 부끄러움이 더하

素行憂患 以慰遠邇之望"이라는 구절이 있다.

205 가아와 가부 : 상대방의 아들과 며느리를 높여 이르는 말이다.

206 국 : 원문은 '羹湯'. 당나라 왕건王建의 〈신가랑新嫁娘〉에 "시집온 지 사흘이 지나 부엌에 가서, 손을 씻고 국을 끓였네. 시어머니 식성을 아직 모르니, 먼저 시누이에게 맛보게 했네.[三日入廚下 洗手作羹湯 未諳姑食性 先見小姑嘗]"라고 하였다. 여기서는 자식들의 봉양을 받는 것을 이른다.

여 몸 둘 바를 모르겠습니다.[顧以親癠身恙 未及伸慰 於令允哀侍 方此自訟其疎慢 而慈蒙令監 輒有存訊 媿仄彌增 不知所處]

▶백부伯父 대감께서 아내의 상을 당하셨군요. 부부의 의리는 중한데 침통한 슬픔을 어떻게 견디시는지요?[伯台遭閤內之喪 伉儷義重 伏惟沈痛 何堪] ○얼핏 들으니 중씨仲氏 대감께서는 사람의 도리에 돈독하여 스스로 슬픔을 절제하지 않고 시도 때도 없이 곡을 한다니 쉽사리 건강을 해치게 될 것입니다. 정리로 보자면 어찌 그렇게 하지 않겠습니까마는, 지난해 동생이 아내를 잃었을[207] 때의 슬픔과 비교하면 차이가 있을 뿐만이 아닙니다. 부모님을 모시고 있는 처지에 슬픔을 절제하여야 하는데, 그렇지 못하고 있으니 평소의 공부를 통해 자신의 감정대로 하는 데 이르지 말아야 할 것입니다.[似聞仲氏台 以篤於人理之故 哀不自制 哭泣無時 易致傷損 其於情理 安得不然 而視向年弟之擲琴之慟 不啻有間 侍下 尤宜節哀盡 平日工夫 不至任情也] ○모인某人이 마침내 아내를 잃었다고 들었습니다. 중시重侍[208]인 상황을 생각하면 사람으로 하여금 목이 메게 합니다.[聞某人 竟遭室內喪 念其重侍情境 令人於悒] ○모우某友가 어제 소실을 잃었으니 매우 슬픕니다.[某友 昨日喪小室 深可憐悼][209]

{답장[答]}

▶저의 집안이 불행하여 아내가 세상을 떠났으니, 정리의 비통함을 차

---

207 아내를 잃었을 : 원문은 '擲琴'. '금슬지락琴瑟之樂이 없어진 슬픔'이란 뜻으로, 아내를 잃은 슬픔을 이른다.

208 중시 : '중시하重侍下'의 줄임말로, 부모와 조부모가 다 살아 계심을 이르는 말이다.

209 某友……深可憐悼 : 《율곡선생전서栗谷先生全書》〈답정계함答鄭季涵〉에 "汝式昨昨喪小室 深可憐悼"라는 구절이 있다.

마 말로 하겠습니까?[私家不幸 室人喪逝 情理悲悼 尙忍言論] ○중년에 아내를 잃은 것[210]은 집안의 가장 큰 불행인데, 부모님을 모시고 있는 상황과 어린아이들이 있는 정황에 갖가지 비통함으로 절로 마음이 안정되지 않습니다.[中年叩盆 最是人家不幸 而侍下情界 兒穉光景 種種悲絶 殆無以自定] ○쇠약한 나이에 아내를 잃었으니 이는 마치 장님이 자신을 도와주는 사람을 잃은 것이나 마찬가지라, 부딪히는 일마다 슬픈 마음이 들어 남은 인생이 고달플 것이라 생각합니다.[衰境喪耦 如瞽失相 觸事疚懷 益覺餘生之可苦也] ○슬프고 고달픈 정리는 고사하고 상을 당한 아이들이 몸이 약해 병들어 몸을 보존하기 어려울까 염려됩니다.[悼苦情理 姑舍之 棘兒羸敗生疾 又有難保之慮] ○저의 순탄치 못한 운명으로 인하여 더욱 쓰라리고 애통합니다.[緣我窮命 尤覺酸痛] ○어린아이들이 울어 대니 마치 표주박에 밤을 담아 놓은 것 같아[211] 부모의 마음에 매우 슬퍼 위로[212]할 방법조차 없습니다.[幼穉呱呱 如瓢盛栗 親心切悲 無以仰譬] ○이후로 중당中堂에 음식을 올릴[213] 사람이 없으니 허다한 세월 동안 장차 어떻게 마음을 가누어야 할런지요?[從今以往 中堂之饋 又無其人 許多歲月 將何以爲懷耶] ○어제 장례를 치르고 집으로 돌아오니 만사가 끝나버려 슬픔이 더

---

210 아내를……것 : 원문은 '叩盆'. 《장자莊子》〈지락至樂〉에 "장자莊子의 아내가 죽었을 때 혜자惠子가 조문을 가서 보니, 장자가 바야흐로 두 다리를 뻗치고 동이를 두드리며 노래를 부르고 있었다.[莊子妻死 惠子弔之 莊子方箕踞叩盆而歌]"라는 구절에서 유래하였다.

211 표주박에……같아 : 원문은 '如瓢盛栗'. '표주박에 밤을 담아 놓은 것 같다'는 뜻으로, 고만고만한 어린 자식들이 많음을 비유하여 이르는 말이다.

212 위로 : 원문은 '仰譬'. '위로하다'는 뜻으로, '비'는 '관비寬譬'의 줄임말이다.

213 음식을 올릴 : 원문은 '饋'. 《주례周禮》〈천관총재天官冢宰 상上〉에 "무릇 왕에게 올리는 음식으로 여섯 가지 곡식을 사용하고, 희생인 선膳은 여섯 종류의 희생을 사용한다.[凡王之饋 食用六穀 膳用六牲]"라는 구절에 대한 정현鄭玄의 주석에 "존귀한 사람에게 올리는 음식을 '궤饋'라고 한다.[進物於尊者曰 饋]"라고 하였다.

욱 간절합니다.[昨日 過葬而歸 萬事都休 愴痛哭切] ○ 집안에 액운이 다하지 않아 첩이 병으로 죽어 어제 땅에 묻었습니다. 외딴 고을에서 문을 닫고 앉아 있으니 흡사 유발승有髮僧[214]과 같습니다.[家厄未盡 畜妾病死 昨日 埋土 而坐閉門窮村 殆同有髮僧][215] ○ 매우 외로워 의지할 데가 없는 데다 또 첩까지 죽어 비로소 성복成服[216]을 하였습니다. 이 사람은 함께 환란을 겪고 어머니의 상도 함께 치렀던 사람인데 처참함을 아실 듯하니 어찌하겠습니까?[窮獨之甚 又哭賤畜 纔成服 此是共患難 同母喪者 慘愴可知 奈何]

▶ 잠깐 눈을 돌리는 사이에 죽은 아내의 대상大祥이 다가와 비통한 마음을 억누르기 어려우니, 어찌하겠습니까?[轉眄之間 亡室祥期奄迫 悲苦情緒 有難堪抑 奈何] ○ 죽은 아내의 면례緬禮[217]와 상사祥事[218]를 차례로 지냈으니 비통한 마음을 억누를 길 없습니다.[亡室緬禮祥事 次第過行 悲悼之懷 無以堪抑] ○ 어제 죽은 아내의 제사를 지내고 슬픔을 감당할 수 없습니다.[昨過亡室祥祭 愴痛不自勝]

---

214 유발승 : 머리를 깎지 않은 승려라는 말로, 속인俗人이지만 승려와 다름없는 생활을 하는 사람을 의미한다.

215 家厄未盡……殆同有髮僧 : 《낙전당집樂全堂集》〈도원道源〉에 "家厄未盡 畜妾病死 昨日 埋土 而坐閉門窮村 恰作有髮僧"이라는 구절이 있다.

216 성복 : 상례 때 대렴大殮을 지내고 나서 처음으로 상복을 입는 일을 이른다.

217 면례 : 산소를 옮겨 장사를 다시 지내는 것을 이른다.

218 상사 : 대상大祥을 이른다. 《의례儀禮》〈사우례士虞禮〉에 "1년이 되면 소상을 지내는데, 축문에 '이 당연한 제사를 올립니다.'라고 한다. 다시 1년이 되면 대상을 지내는데, 축문에 '이 상서로운 제사를 올립니다.'라고 한다.[期而小祥 曰薦此常事 又期而大祥 曰薦此祥事]"라고 하였다.

자상류子喪類

{위문 편지[慰狀]}

〖모某〗는 말씀드립니다.

아드님 모위某位가 갑자기 세상을 떠났다는 부음을 듣고 놀라고 걱정되는 마음을 이길 길 없습니다. 사랑이 깊고 두터운데 비통하고 침통합니다. 〖이하 조부모상祖父母喪의 위장慰狀과 같다.〗

〖자식과 조카와 손자에 통용한다. ○자기보다 낮은 등급의 사람일 경우 '영令' 자를 '현賢'자로 바꾸어 쓴다.〗

[〖某〗白

令子某位 奄忽

違世 承

訃 不勝驚怛 伏惟

慈愛隆深 [悲慟沈痛]²¹⁹〖以下同祖父母喪慰狀〗

〖子侄孫通用 降等改令爲賢〗

{답장[答]}

〖모某〗는 말씀드립니다. 저의 가문이 불행하여 소자小子 모某가 갑자기 요절하니, 비통하고 고통스러움을 감당할 수 없습니다.〖이하 조부모상祖父母喪의 위장慰狀과 같다.〗

[〖某〗白 私門不幸 小子某 遽爾夭折 悲悼酸苦 不自堪忍〖以上同祖父母喪慰狀〗]

---

219 [悲慟沈痛] : 저본에는 이 네 글자가 없으나, 문맥을 살펴 추가하였다.

{파격破格}

▶천만 뜻밖에 아드님이 갑자기 세상을 떠났다는 부고를 받고 놀라고 걱정되는 마음 그지없었습니다. 풍채와 태도가 출중하고 자질과 성품이 남달라 크게 발전이 있을 것이라 기대하는 바람이 가볍지 않았는데, 나이도 젊고 기운도 강건하던 날에 무슨 병으로 갑자기 이 지경에 이르렀는지 모르겠습니다. 자식에 대한 사랑이 높고 깊었는데 비통하고 침통한 마음을 어떻게 이겨내시는지요? 저도 이러한 일을 겪은 처지라 슬픔과 괴로움을 상상할 수 있습니다.[千萬意外 令子 奄忽違世 承訃驚怛 不能已已 儀度出羣 姿稟異凡 方期其大進 屬望不輕 政當年壯氣完之日 未知緣何疾恙 遽至於斯 而伏惟慈愛隆深 悲痛沈慟 何可堪勝 以弟經歷 可以想悲苦之懷也] ○우리 당黨이 불행하여 어진 벗인 아드님이 끝내 젊은 나이에 세상을 떠났으니, 부고를 받고 오래도록 통곡을 멈출 수 없었습니다.[吾黨不幸 令允賢友 竟夭其生 承訃長痛 不能已已][220] ○상사上舍인 아드님이 갑자기 이 지경에 이를 것이라 어떻게 생각이나 했겠습니까? 저도 지난날 상호傷虎[221]한 적이 있어서 놀라고 애통한 마음 배나 간절한데, 자식을 사랑하셨던 마음으로 어떻게 견디시는지요?[豈料令允上舍 奄忽至於此耶 平生傷虎 驚慟倍切 緬想慈愛 何以堪忍] ○슬하의 참상에 대해 놀라고 걱정되는 마

---

220 吾黨不幸……不能已已 : 《명재유고明齋遺稿》〈상정포옹양上鄭抱翁瀁〉에 "吾黨不幸 令胤賢友 竟夭其生 承訃長慟 不能已已"라는 구절이 있다.

221 상호 : 자신이 실제로 어떤 일을 겪은 적이 있어서 그 일을 잘 안다는 것을 비유하는 말이다. 《근사록近思錄》〈출처出處〉에 "옛날에 일찍이 범에게 해를 입은 자가 있었는데, 다른 사람들은 범을 말할 때 비록 삼척동자라도 모두 범이 두려운 줄은 알았으나, 끝내 일찍이 범에게 해를 입은 경험이 있는 자가 벌벌 떠는 낯빛으로 지성으로 두려워하는 것과는 같지 않았으니, 이것은 실제로 보았기 때문이다.[昔曾經傷於虎者 他人語虎 則雖三尺童子皆知虎之可畏 終不似曾經傷者 神色懾懾 至誠畏之 是實見得也]"라는 구절에서 유래하였다.

음을 어떻게 말씀드리겠습니까? 제가 천 리 밖에 있고 부고도 늦게 받았습니다. 인편도 매우 드물어 위문장도 아직 보내지 못하고 있으니, 죄송한 마음 더욱 지극합니다.[膝下慘傷 驚怛何言 身在千里 承訃亦晚 便風甚稀 修慰尙闕 罪悚尤極] ○슬하에 자식을 잃는 아픔을 겪었다는 소식을 들었는데, 노년에 당한 억장이 무너지는 고통은 더욱 참기 어려운 점이 있을 것입니다. 모某도 이런 슬픔을 겪었으니, 옛사람이 "사람이 이런 일을 당해 보지 않고서는 그 고통을 알지 못한다."라고 한 말이 참으로 옳습니다.[聞有膝下之痛 暮境摧悼 尤有所不忍 某亦嘗有此哀 古人曰 人不履此境 不知此苦者 誠深到語]²²² ○그 소식을 듣고는 놀랍고 참담한 심정이 오래도록 진정되지 못합니다. 화와 복을 믿을 수 없는 것이 이렇단 말입니까? 부디 위로는 어머니의 염려를 위로하시고 관대하게 마음먹고 슬픔을 억눌러 건강을 잃지 마시기를 간절히 기원할 뿐입니다.[聞來驚慘 久而未定 禍福之不可恃有如是耶 第乞上慰慈念 倍加寬抑 毋致傷損 千萬至禱]²²³ ○그대 집안은 돈후한데 종전에 여러 번 역리逆理의 슬픔²²⁴을 당하였습니다. 지금 또 이런 일을 당하였으니 귀신은 어질지 못하군요.[夫以德門敦厚 從前屢見逆理之慽 今又如此 鬼誠不仁哉] ○아드님이 병이 심하였을 때 제가 애를 태우면서도 가 보지 못했는데, 급기야 어찌할 수 없는 상황이

---

222 聞有膝下之痛……誠深到語 : 《기언별집記言別集》〈여여판서與呂判書〉에 "頃者 得聞大監 有膝下之痛 暮境摧悼 尤有所不忍 某亦嘗有此哀 古人曰 人不履此境 不能知此苦者 誠深到語"라는 구절이 있다.

223 聞來驚慘……千萬至禱 : 《농암집農巖集》〈여송옥여與宋玉汝〉에 "聞來驚慘 久而未定 自覺肝肺間 如有湯火芒刺 蓋傷虎之情然耳 聞其委禽之期 只隔一月 此事尤絶悲 神理憯酷 一至於此 奈何奈何 第乞上爲慈念 倍加寬抑 毋致傷損 千萬至禱"라는 구절이 있다.

224 역리의 슬픔 : 원문은 '逆理之慽'. '이치를 거스르다'는 뜻으로, 자식이 부모보다 먼저 죽은 것을 이른다. '역리지통逆理之痛'이라고도 한다.

되고 말았습니다. 수명의 길고 짧은 것은 모두 운명이니, 귀한 몸으로 무익하게 슬퍼하여 죽은 자가 거듭 눈을 감지 못하게 해서는 안 될 것입니다. 너그럽게 슬픔을 풀고 몸을 더 보중하여 저의 바람에 부응하여 주십시오.[當其病劇 自不能不焦熬捄視 及其無可奈何之地 脩短莫非命 不可以不貴之軀 爲無益之悲 重貽逝者之不瞑 幸寬譬加護 副此瞻冀] ○이미 이렇게 되어 어찌할 수 없는 지경에 이르렀으니, 한갓 아무런 보탬도 되지 않게 슬퍼해서는 안됩니다. 이는 죽은 사람에게 거듭 슬픔을 더하는 것이니, 충분히 너그럽게 슬픔을 풀고 몸을 보호하여 저의 간절한 바람에 부응하여 주십시오.[旣到此 無可奈何之境 不可徒爲無益之悲 重貽逝者之哀 十分寬譬護愛 以副此區區之望] ○이미 지난 일은 어찌해 볼 도리가 없는 상황이니, 이치를 살피고 잘 조섭하여 하늘이 주신 무거운 책임을 저버리지 않으실 것이라 생각합니다.[逝者已矣 想觀理善攝 不負所界之重也] ○인편을 통해 아드님이 뜻밖에 갑자기 죽었다는 소식을 들으니, 지극히 놀랍고 참혹한 마음을 어떻게 말로 하겠습니까? 사랑이 깊었는데 비통하고 침통한 마음을 어떻게 견디시는지요? 저는 교외에 칩복하고 있어 달려가 위문할 길도 없고, 한 통의 위문편지도 남보다 늦었으니 부끄럽고 한스러움이 더욱 간절합니다. 이치에 따라 너그러이 슬픔을 푸시어 저의 간절한 마음에 부응하십시오.[因便聞令胤 不意奄忽 驚慘之極 不知所諭 仍惟慈愛隆深 悲悼沈痛 何以堪遣 蟄伏郊坰 無路趨慰 一書奉問 亦後於人 慙恨尤切 惟望理遣寬抑 以副區區] ○시일이 벌써 열흘이 지났으니 이미 시신을 관 속에 수습하고 장사 지낼 일을 계획하고 있겠군요.[日月已經旬日 想已蓋

棺行 謀窆穸之事矣]²²⁵ ○삼가 생각건대 노쇠한 연세에 이런 혹독한 참화를 당하였으니, 자애로운 부모의 지극한 정으로 또 어떻게 스스로 견디고 계시는지요?[伏惟衰白之境 遭此慘毒 慈天至情 何以自忍]²²⁶ ○만약 뒤를 이을 자손이 하나라도 있다면 하늘에 사무치는 애통함에 조금이나마 위안될 것인데, 이제는 다 끝났으니 어찌하겠습니까?[若有一塊嗣續 則豈不少慰窮天之痛耶 已矣已矣 奈何奈何]²²⁷ ○늘 생각하기를 이 사람은 반드시 이 정도로 끝나지는 않을 것이라고 여겼기 때문에 비록 병세가 심하다는 말을 들었어도 염려하지는 않았습니다. 아! 이것이 운명인데 이제 무슨 말을 더 하겠습니까. 빛나던 신묘한 식견을 가지고도 뜻을 제대로 펴 보지 못한 채 관속에 들어간 것을 생각하면 애통하고 안타까운 마음에 눈물이 줄줄 흘러내립니다.[常謂此人 必不止 此雖聞病甚危 猶不以此爲慮 命矣命矣 夫復何喩 想其神識 齎志就木 令人不堪慟惜涕下也]²²⁸ ○죽은 사람 때문에 산 사람이 상하는 것²²⁹은 옛날 사람도 경계했는데 춘부장께서 그대를 걱정하는 것도 얕지가 않으니, 변화에 순응하고 슬픔을 억제

---

225 日月已經旬日……謀窆穸之事矣:《명재유고明齋遺稿》〈상정포옹上鄭抱翁〉에 "日月已經旬日 想已蓋棺視殯 行謀窆穸之事矣"라는 구절이 있다.

226 伏惟衰白之境……何以自忍:《명재유고明齋遺稿》〈상정포옹上鄭抱翁〉에 "伏惟衰白之境 遭此慘毒 慈天至情 何以自忍"이라는 구절이 있다.

227 若有一塊嗣續……奈何奈何:《명재유고明齋遺稿》〈여박계긍與朴季肯〉에 "若有一塊嗣續 則豈不少慰窮天之痛耶 已矣已矣 奈何"라는 구절이 있다.

228 常謂此人……令人不堪痛惜涕下也:《명재유고明齋遺稿》〈상정포옹上鄭抱翁〉에 "常謂此人 必不止此 雖聞病甚危 猶不以此爲慮 命矣命矣 夫復何喩 想其炯然神識 齎志就木 令人不堪痛惜涕下也"라는 구절이 있다.

229 죽은……것: 원문은 '以死傷生'.《예기禮記》〈상복사제喪服四制〉에 "상중喪中에 슬픔으로 몸을 손상할지라도 목숨을 잃는 데 이르지 않도록 하니, 이는 죽은 사람 때문에 산 사람을 해치지는 않기 위해서이다.[毁不滅性 不以死傷生也]"라고 하였다.

하여 후회를 남기지 마시기를 매우 바랍니다.[以死傷生 古人所戒 而春府之憂左右 亦不淺 切冀順變抑哀 勿之有悔 幸甚] ○이미 지난 것은 어찌해 볼 도리가 없으니, 마음을 너그럽게 가지고 사리로 판단하여 억지로라도 음식을 드셔서 더욱 자애하십시오.[逝者已矣 惟乞寬抑理遣 强餐加愛][230] ○우리가 무슨 재앙을 이리도 많이 쌓았기에 죄 없는 사람에게 갑자기 이렇게도 혹독한 고통을 준단 말입니까? 견딜 수 없는 이 마음을 어찌한단 말입니까?[吾輩有何積殃 使無辜橫罹痛酷之極 若不可堪 奈何][231] ○수산囚山[232]에 있는 죄의 자취로 달려 나아가 관을 어루만지며 한 번 곡도 하지 못하였습니다. 이곳으로 올 때 한 번 만났던 얼굴이 아직도 눈에 아른거려 백 리를 바라보며[233] 눈물만 흘릴 뿐입니다.[囚山累蹤 末由撫棺一哭 來時一面 尙在眼中 只爲瞻言 汪然而已] ○영嬴·박博의 일[234]은 이미 장례를 치렀습니까?[嬴博之事 其已完襄否][235] ○장례를 잘 치르시기를 빕니다.[惟冀襄事順成] ○장례는 이미 치렀는지요? 형의 비통함을 생각하면

---

230 逝者已矣……强餐加愛:《명재유고明齋遺稿》〈상정포옹上鄭抱翁〉에 "逝者已矣 唯乞寬抑理遣 强餐加愛"라는 구절이 있다.

231 吾輩有何積殃……奈何:《명재유고明齋遺稿》〈답라현도答羅顯道〉에 "吾輩有何積殃 使無辜橫罹痛酷之極 若不可堪 奈何"라는 구절이 있다.

232 수산 : '산에 꼼짝 못하게 갇혔다'는 뜻으로, 당나라 유종원柳宗元이 영주永州에 귀양 가서 〈수산부囚山賦〉를 지은 뒤, 고달픈 유배 생활을 뜻하는 말로 쓰이게 되었다.

233 백 리를 바라보며 : 원문은 '瞻言'.《시경詩經》〈대아大雅 상유桑柔〉에 "이 성스러운 사람은 멀리 백 리 밖을 내다보고 말을 한다.[維此聖人 瞻言百里]"라는 구절에서 유래한다.

234 영·박의 일 : '타향에서 죽어 장사 지냄'을 이르는 말로,《예기禮記》〈단궁檀弓 하下〉에 "연릉계자가 제나라에 갔다가 돌아오는 길에 그의 장자가 죽자, 영 땅과 박 땅 사이에 장사 지냈다.[延陵季子適齊 於其反也 其長子死 葬於嬴博之間]"라고 하였다. 영과 박은 춘추 시대 제나라의 고을 이름이고, 연릉계자는 오나라의 계찰季札로, 연릉은 그의 봉지封地이다.

235 嬴博之事 其已完襄否:《약천집藥泉集》〈여조이판與趙吏判〉에 "嬴博之事 其已完襄否"라는 구절이 있다.

목이 메는 슬픔을 금치 못하겠습니다.[襄事已過否 想兄悲疚 不禁哽塞] ○ 영贏· 박博의 일이 끝났으니 정회가 더욱 비통하리라 생각합니다. 다시 무엇을 말씀드리겠습니까?[贏博事訖 可想情緒益悲廓 尙復何言] ○ 안장安葬은 새 산소 곁에다 합니까? 심력을 많이 쓰실 텐데 어떻게 견디고 계십니까?[營窆 當於新壟側耶 心力勞費 亦何以堪之][236] ○ 마음을 너그럽게 가지고 슬픔을 풀어 더 몸을 보호하여 위로 어머니의 염려에 위안되게 하십시오. 저는 위안의 말씀을 펼 겨를이 없습니다.[想寬譬加護 上慰慈念 非暇此申慰之言也] ○ 마땅히 곧바로 편지로 위문을 대신해야 하지만 전하는 말이 거짓말인 듯하여 시간을 끌며 위문장을 보내지 못하다가 지금에야 인편을 빌려 아울러 안부를 전합니다.[宜卽以書替唁 而傳聞 有若非眞 遲遲未果 今始借便 兼修起居] ○ 동문으로 향하다가 비로소 상을 당했다는 말을 듣고도 바빠서 심부름꾼을 통해 한 통의 위문편지도 드리지 못하였습니다.[向出東門 始聞遭制 忙不得伻慰擬一書言] ○ 오직 쇠약하고 병든 이 몸은 널을 어루만지며 통곡하거나 손을 잡고 위로 드릴 수도 없어서 다만 서쪽을 바라보며 울부짖을 뿐입니다.[惟是衰病人事 末由撫柩一慟一握而慰 只自西望號咷而已][237] ○ 저는 죽은 벗에 대하여 서로 아껴주는 마음이 가장 깊은 사이였음에도 불구하고 죽은 벗이 병이 들었을 때 손을 잡으며 영결하지도 못하였고, 죽은 뒤에도 관을 어루만지며 통곡하지도 하지 못하였으니 이승과 저승 간의 정리를 저버린 부끄러움

---

236 營窆……亦何以堪之 : 《명재유고明齋遺稿》〈여박화숙與朴和叔〉에 "營窆 當於新壟側耶 心力勞費 亦何以堪之"라는 구절이 있다.

237 惟是衰病人事……只自西望號咷而已 : 《명재유고明齋遺稿》〈여박계긍與朴季肯〉에 "唯是衰病人事 末由撫柩一慟 而一握以慰 只自西望號咷而已"라는 구절이 있다.

에 단지 슬픔만 더할 뿐입니다. 통곡하고 통곡하지만 어찌하겠습니까. 노형이여! 얼마 남지 않은 여생을 헛된 슬픔으로 그릇되이 보내지 마십시오.[弟人事跢蟄 末由趨慰於服次 且於亡友 最荷相愛之深 而病未能執手以訣 歿未能撫棺以慟 慙負幽明 只增悲係 痛哭痛哭 奈何奈何 老兄老兄 願勿以無幾之餘日 枉作無益之悲也]²³⁸ ○ 거듭 당한 슬픈 일도 이미 견딜 수 없이 가슴이 찢어질 텐데 부모님을 모시는 처지라 더욱 염려가 됩니다. 산소는 이미 정하고 장례날도 멀지 않아 슬픔이 더욱 간절합니다.[第想重慽摧痛 已難勝堪 侍下情理 尤所仰念 山地已卜 葬日不遠 悲悼尤切] ○ 집사의 비통하고 목이 메는 심정을 다시 어떻게 말씀드리겠습니까?[執書悲哽 更何言哉] ○ 말씀하신 내용이 비통하여 사람을 더욱 슬프게 합니다. 마음의 아픔은 치료할 길이 없으니, 속담에 "세월이 약이다."라는 말이 이런 이치를 먼저 터득한 것이라 하겠습니다.[示諭悲苦 令人增怛 在心之痛 無法可醫 諺所謂日久爲藥 爲先獲矣]²³⁹

▶당신의 큰손자가 상을 당한 것은 천만 꿈에도 생각지 못한 일이라 놀라고 걱정되는 나머지에 다시 뭐라고 말씀드리겠습니까? 형께서 연로한 나이에 이런 역리ⁿᵒᵗᵉ 逆理의 참혹한 일을 당해 또 상심이 클 것이라 생각하니, 갑절이나 슬픈 마음 가눌 길 없습니다.[令長孫之喪 萬萬夢寐之外 驚怛之餘 夫復何論 仍想兄篤老之年 遭此逆理之慘 又多損傷 一倍悲念不已]

---

238 弟人事跢蟄……枉作無益之悲也:《명재유고明齋遺稿》〈상정포옹上鄭抱翁〉에 "拯等人事 跢蟄 末由趨慰於服次 且拯於亡友 最荷相愛之深 而病未能執手以訣 歿未能撫棺以慟 慙負幽明 只增悲係"라는 구절과,《명재유고明齋遺稿》〈여박계긍與朴季肯〉에 "奈何奈何 老兄老兄 願勿以無幾之餘日 枉作無益之悲也"라는 구절이 합쳐졌다.

239 示諭悲苦……爲先獲矣:《명재유고明齋遺稿》〈여박화숙與朴和叔〉에 "示諭悲苦 令人增怛 在心之痛 無法可醫 諺所謂日久爲藥 爲先獲矣"라는 구절이 있다.

{답장[答]}

▶제 몸에 재앙이 있어 갑자기 큰아들이 죽었습니다. 3년이나 부모를 떠나 있던 끝에 돌아올 날을 손꼽아 기다렸는데, 끝내 관에 담겨 도착하니 참혹한 정리를 차마 말로 하지 못하겠습니다.[殃咎在身 遽哭長男 於三年遠離之餘 屈指歸日 卒以柩至 情理慘毒 有不忍言] ○늙은 제가 죽지 않아 큰아들에게 재앙이 미쳤습니다. 실로 쌓인 죄로 인한 결과일 것이니, 스스로 슬퍼할 따름입니다.[衰人不死 禍及長子 實由罪釁之積 自悼不已]²⁴⁰ ○의지할 데 없이 외로움이 심한 데다 또 막내아들도 잃어 참혹하고 고통스러움을 말로 할 수 없습니다.[窮獨之甚 又哭季子 殘毒慘痛 無以言喩] ○2년 안에 네 번이나 초상을 당해 곡을 하였습니다. 이 삶이 참으로 고통스러워 오히려 지루하게 느껴지니 어찌하겠습니까? 막 참혹한 소식을 듣고 마음이 복잡하여 회포를 다 말씀드릴 수 없습니다.[兩年之內 哭四喪 此生誠甚苦 尙支離何耶 纔聞慘報 心緖錯惡 不能悉懷] ○제 한 몸이 곤궁하고 외로운 것이야 우선 논할 것이 없습니다만, 제 자식은 자질과 뜻이 실로 보통이 아니었는데 아비가 쌓은 재앙으로 인해 성취하지도 못하고 죽었으니, 이것이 슬픕니다. 어찌 오로지 지독舐犢²⁴¹의 사사로움 때문이겠습니까?[一身窮獨 姑置不論 念其才質志尙 實不碌碌 特坐其父

---

240 衰人不死……自悼不已 : 《낙전당집樂全堂集》〈여고여고與告汝固〉에 "衰人不死 禍及壯子 實由罪釁之積 自悼而已"라는 구절이 있다.

241 지독 : '송아지를 핥아 준다'는 뜻으로, 자식을 끔찍이 사랑하는 어버이를 뜻하는 말이다. 《후한서後漢書》〈양진열전楊震列傳 양표楊彪〉에 "양표楊彪의 아들 양수楊修가 조조曹操에게 죽음을 당하였는데, 그 뒤에 조조가 양표에게 왜 그토록 야위었느냐고 묻자, 양표가 "늙은 소가 송아지를 핥아 주는 애정을 아직도 지니고 있어서 그렇다.[猶懷老牛舐犢之愛]"라는 구절에서 유래하였다.

積殃 不得成就 以死此其可哀 豈獨爲舐犢之私耶]²⁴² ○ 저의 심정은 말하지 않아도 상상할 수 있을 것입니다. 처음엔 너무 갑작스러워 그저 꿈속의 일인 양 느껴질 뿐이었는데 시일이 점차 오래될수록 고통이 더욱 절실합니다.[此間心事 不言可想 當初倉卒只如夢中事 時日漸久 痛苦盆切]²⁴³ ○ 매번 이 일이 떠오르면 애통한 심정을 가누기 어렵습니다. 아무리 잠깐이라도 잊으려고 해도 잊을 수 없으니 장차 어찌하겠습니까?[每念及之 痛惜難勝 雖欲暫忘而不可得 其將奈何] ○ 고독하고 곤궁한 늙은 목숨이라 골육에 의지하여 여생을 마치려고 했는데, 만사가 모두 무너져 살고 싶은 마음이 조금도 없습니다. 정신이 혼미하여 견딜 수 없을 듯합니다.[孤窮餘命 骨肉相依 庶以畢此頹齡 而萬事一敗 生意都盡 心緖忽忽 若不可堪]²⁴⁴ ○ 아이가 영거靈車를 인솔하고 도착하였습니다. 영혼이 아무리 가지 못하는 곳이 없다지만, 어찌 일찍이 이런 궁벽한 곳을 알겠습니까?[兒子以靈車至 魂氣 雖無所不之 何曾識此窮谷耶]²⁴⁵ ○ 늙어 죽을 날도 얼마 남지 않는데 골육의 슬픔을 당하니, 더욱 외롭고 만사가 슬퍼 빨리 죽지 못하는 것이 한스러워 그저 눈물만 흘릴 뿐입니다.[老死無日 又遭骨肉之慽 盆覺孤獨之感 萬事悲凉 恨不速化 流涕而已] ○ 장사를 마치고나서 애통한 마음이 진정되

---

242 一身窮獨……豈獨爲舐犢之私耶 : 《농암집農巖集》〈답박대숙答朴大叔〉에 "一身窮獨 固置不論 念其才質志尙 實不碌碌 特坐其父積殃 不得成就以死 此其可哀 豈獨爲舐犢之私耶"라는 구절이 있다.

243 此間心事……痛苦盆切 : 《농암집農巖集》〈답도이答道以〉에 "此間心事 不言可想 當初倉卒只如夢中事 時日漸久 痛苦盆切"이라는 구절이 있다.

244 孤窮餘命……若不可堪 : 《명재유고明齋遺稿》〈여박사원與朴士元〉에 "孤窮餘命 骨肉相依 庶以畢此頹齡 而萬事一敗 生意都盡 心緖忽忽 若不可堪"이라는 구절이 있다.

245 兒子以靈車至……何曾識此窮谷耶 : 《명재유고明齋遺稿》〈여박사원與朴士元〉에 "兒子以靈車至 魂氣雖無所不之 何曾識此窮谷耶"라는 구절이 있다.

면 그 사람을 잊을 수야 있겠지만, 문득 그의 한평생을 생각하니 슬픔을 절로 금할 수 없습니다.[葬畢痛定 可以忘矣 而忽念平生 悲懷不自禁]246 ○ 슬픈 심정은 갈수록 더 억누르기 어렵고 또 이렇게 노둔한 말에 채찍질하니 실로 쓰러지는 근심이 있는데, 어찌하겠습니까?[悲苦情理 去益難抑 又此强策 實有顚仆之慮 奈何] ○ 존자尊慈247께서 멀리서 보내신 편지의 담긴 말뜻이 정중하니 한편으로 감사하고 한편으로 눈물이 납니다.[尊慈遠訊 辭意鄭重 一感一涕] ○ 균자勻慈248께서 멀리서 손수 보내신 말씀을 받으니 위문해 주시는 말씀이 간절하여 비통하고 감사한 마음 한꺼번에 몰려듭니다.[乃蒙勻慈遠賜手敎 慰問勤至 悲感交集] ○ 위문장을 받고 슬프고 감사한 마음 더욱 배나 더하였습니다.[專承哀慰 悲感益倍] ○ 세월이 지나면 잊혀지기야 하겠지만 홀연 애통한 일을 생각하면 뼈를 찌르는 듯합니다.[日月漸積 可以忘矣 而忽然思痛 有如砭骨]249 ○ 몇 년 전 자식을 잃었을 때 아드님을 보내 조문해 주시고, 그 뒤에 또 위문하는 편지를 보내 간곡히 권면하고 경계하셨으니, 그 큰 은혜에 감사하는 마음을 어찌 감히 잊을 수 있겠습니까? 그런데도 신병이 위독하여 온갖 일을 밀쳐둔 처지라 오랫동안 답장을 올리지 못해 부끄럽고 한스러운 마음을 금할 길이 없었습니다.[年前哭子之日 蒙遣令胤臨吊 其後又辱手字慰存 勉戒切

---

246 葬畢痛定……悲懷不自禁 : 《명재유고明齋遺稿》〈여박태보사원與朴泰輔士元〉에 "葬畢痛定 可以忘矣 而忽念平生 悲不自禁"이라는 구절이 있다.

247 존자 : 편지에서 상대방을 높여 이르는 말이다.

248 균자 : '장관'을 높여 이르는 말로, '인후하고 자애롭다'는 뜻이며 '균'은 경칭이다. '균자鈞慈'·'균시鈞侍'라고도 한다.

249 日月漸積……有如砭骨 : 《명재유고明齋遺稿》〈여박계긍與朴季肯〉에 "日月漸積 可以忘矣 而忽然思痛"이라는 구절이 있다.

至 荷意之厚 何敢忘哉 顧以賤疾沈頓 百事廢闕 久未報謝 媿恨耿耿]²⁵⁰ ○이 마음을 편지에 쓰고 싶었는데 지금까지 지체하고 있으니, 부끄럽기만 합니다.[以此心緖 不欲書諸紙墨 尙遲于今 歉媿歉媿] ○눈물이 솟아나고 가슴이 답답합니다. 더 이상 무슨 말을 하겠습니까?[淚迸臆塞 千萬只此]²⁵¹

▶죽은 아들의 초기初期²⁵²를 어느덧 지냈으니 애통함이 처음 빈소를 설치할 때와 같습니다.[亡子初期奄過 痛若初殁] ○죽은 아들의 초기初期를 막 지냈으니 미욱한 목숨 죽지 못한 것이 다만 한스러울 뿐입니다.[才過亡子初期 只恨頑不死滅耳] ○어느덧 죽은 아이의 초기初期를 지내고 나니 미욱함이 심합니다. 다시 무엇을 말씀드리겠습니까? 이 회포를 형께서는 마땅히 깊이 아실 것입니다.[奄過亡兒初期 頑忍甚矣 更復何言 此懷惟兄當深知之耳] ○갑자기 이렇게 한 해가 다해가니 애통한 마음 무어라 표현하기 어렵습니다. 이 마음을 오직 영형令兄께서는 아실 것입니다.[忽此歲窮 感痛難狀 此懷惟令兄可相照也]

자부상류子婦喪類

▶지난번에 영감의 며느리가 세상을 떠났다니 경악스러움을 어찌 이기겠

---

250 年前哭子之日……媿恨耿耿：《농암집農巖集》〈답박대숙答朴大叔〉에 "年前哭子之日 蒙遣令胤臨弔 其後又辱手字慰存 勉戒切至 荷意之厚 何敢忘哉 顧以賤疾沈頓 百事廢闕 久未報謝 愧恨耿耿"이라는 구절이 있다.

251 淚迸臆塞 千萬只此：《명재유고明齋遺稿》〈여박계긍與朴季肯〉에 "淚迸胸塞 千萬只此"라는 구절이 있다.

252 초기：죽은 지 1년 만에 지내는 제사인 소상小祥을 이른다.

습니까? 사랑이 깊었는데 슬픔을 어찌 견디시는지요? 상례와 병이 끊이지 않아 편지로 대신 위문을 하는데, 이도 남보다 뒤늦었으니 죄송하기 그지없습니다.[向來 令子婦喪患 豈勝驚愕 仰惟慈愛隆深 悲悼何堪 喪病相仍 尺書替慰 亦此稽後 歉悚無已] ○ 지난번 며느리의 상을 당하셨다는 소식을 들었는데 경악스러움을 어떻게 말로 하겠습니까? 객지에서 부고를 듣고 비통한 마음 배나 더할 것이라 생각합니다.[向遭賢子婦之喪 驚愕何言 客裏聞訃 可想悲疚有倍] ○ 영감의 며느리가 세상을 떠났다고 하니 경악스러움을 어찌 이기겠습니까? 사랑이 깊었는데 찢어지는 아픔을 어찌 견디시는지요?[令子婦喪事 曷任驚愕 伏惟慈愛加隆 摧痛何堪] ○ 칩거하여 소경이나 귀머거리처럼 지내는 제가 뒤늦게 대감께서 맏며느리[253]를 여의었다는 소식을 들어 너무나 놀랍고 슬펐습니다. 그러나 병세가 심한 까닭에 즉시 편지를 올려 위로의 말씀을 드리지 못했습니다.[病蟄聾瞽 晚始得聞台監喪失冢婦 雖極驚怛 病昏之甚 亦不卽奉狀仰慰 乃於數昨 伏蒙俯問 續以挽語 感媿何可勝喩][254] ○ 모某 며느리가 세상을 떠난 것은 갈수록 더욱 슬픕니다. 장례 날짜를 이미 정하셨으리라 생각합니다.[某婦之喪 去益慘悼 葬期想已涓定矣][255]

---

253 맏며느리 : 원문은 '冢婦'. 《소학小學》〈명륜明倫〉에 "시아버지가 돌아가셨을 때는 시어머니도 연로하시니, 맏며느리는 제사 지내고 손님 접대하는 일에 매사를 반드시 시어머니에게 물어서 하며 작은 며느리는 맏며느리에게 물어서 한다.[舅沒則姑老 冢婦所祭祀賓客 每事必請於姑 介婦請於冢婦]"라고 하였다.

254 病蟄聾瞽……感媿何可勝喩 : 《농암집農巖集》〈답신우상答申右相〉에 "屛蟄聾瞽 晚始得聞台監喪失冢婦 殊劇驚怛 病昏之甚 亦不卽奉狀仰慰 乃於數昨 伏蒙先辱俯問 屬以挽語 感愧何可勝喩"라는 구절이 있다.

255 某婦之喪……葬期想已涓定矣 : 《동계집東谿集》〈답시회형答時晦兄〉 "尹婦之喪 去益慘悼 葬期想已涓定矣"라는 구절이 있다.

{답장[答]}

▶집안의 운이 불행하여 큰 며느리의 상을 당하여 장례는 이미 끝이 났지만 슬픔은 억누르기 어려웠습니다. 그런데 이렇게 위문장과 각종 물건을 받아 정으로 염려하시니, 슬픔과 감사함이 한꺼번에 밀려옵니다.[家運不幸 奄遭長子婦喪慽 襄事已過 悲悼難抑 蒙此慰問 兼以各種之惠 知荷情念 悲感交至] ○초봄에 참혹하게 막내며느리가 요절하여 달포 전에 장례를 치렀습니다. 저의 찢어지는 아픔은 시간이 오랠수록 더하는데, 위문편지를 받고 나니 더욱 비통합니다.[春首 慘見季子婦之夭 月前過襄禮 情私痛割 久猶爲甚 辱札垂問 尤增慘傷] ○해를 이어 상을 당하여 남은 재앙이 끝나기도 전에 또 거듭 손자며느리의 부음을 들었습니다. 살아서 근심을 자초하고 있으니 누가 이렇게 한 것입니까? 생각하고 또 생각해 보아도 놀랍고 애통하며 쇠락한 상심을 이견理遣[256]하지 못하고 있으니, 어찌하겠습니까?[連年喪慽 餘禍未艾 又聞倚重孫婦之訃 以生貽慽 此何人哉 思之又思 驚慘痛惜 衰惡之腸 自未理遣勢也 奈何] ○여러 해 전부터 역리逆理의 애통함이 이어졌는데 또 막내며느리가 요절하였습니다. 쇠약한 저의 창자가 뽑히는 듯하여 스스로 이겨낼 수 없으니 어찌하겠습니까?[年來 逆理之痛相續 又哭季婦之夭 衰腸如抽 自不能遣 奈何] ○두 세대가 음식을 공급받지 못하고 있으니[257] 이러한 정경을 말로 하겠습니까?[兩世空饋 情境不可言]

▶고손孤孫[258]을 기르면서 얻은 며느리가 매우 좋아 집안 제사를 맡길 수

---

256 이견 : 이성적으로 사리를 살펴 이해함으로써 슬픈 감정을 해소하는 것을 이른다.
257 음식을……있으니 : 며느리가 죽어 음식을 관장하는 사람이 없음을 이른다.
258 고손 : 아버지가 죽은 상대방의 손자를 이른다.

있기에 볼 때마다 기특하고 사랑스러워 슬픔을 잊을 수 있었습니다. 그런데 지금 갑자기 손자며느리를 잃고 말았으니, 애통함과 슬픔에 절로 마음을 진정할 수 없었습니다.[養得孤孫 娶婦佳甚 宗祀有托 每見奇愛 以此忘悲 今忽失之 慘慟隕獲 殊不能自定] ○3년 사이에 세 차례나 처참한 상황을 당하였는데, 남은 재앙이 또 맏손자 며느리에게 미쳤습니다. 노년에 이 아이에게 정을 쏟았고 여러 대에 제사를 받들 것이라 믿고 있었는데, 갑자기 이렇게 부음을 들으니 마음 아프고 참통함을 어떻게 말로 하겠습니까? 살아서 근심을 자초하는 것이 이러한데도 세상에 오래 살고 싶은 마음이 있으니 어째서입니까? 슬프고 슬픕니다.[兩年之間 三見慘境 餘禍 又及於冢孫婦 老境情鍾在是 屢代主祀靠是 忽聞是訃 心神俱傷 慘痛何言 有生貽慼如此 欲久居此世者 何也 悲夫悲夫] ○빈번蘋蘩[259]의 중요한 일과 노년[260]을 의탁할 사람이라고 믿어 우리 집안으로 오니 매우 기뻤습니다. 자못 역리逆理의 아픔[261]을 억눌러야 하지만 갑자기 손자며느리가 요절하였다는 소식을 들으니, 처참한 심정은 다 늙은 저의 창자를 뽑는 듯합니다.[蘋蘩之重 桑楡之托 有此靠恃 入則欣然 頗寬逆理之痛 遽聞

---

259 빈번 : '개구리밥과 흰 쑥'을 이르는 말로, 변변치 못한 제수祭需를 뜻한다. 《춘추좌씨전》은공隱公 3년에 "진실로 확실한 신의만 있다면……빈번과 온조 같은 변변치 못한 야채와 나물이라도……귀신에게 음식으로 올릴 수가 있고, 왕공에게도 바칠 수가 있는 것이다.[苟有明信……蘋蘩薀藻之菜……可薦於鬼神 可羞於王公]"라고 하였다. 《시경詩經》〈소남召南 채빈采蘋〉에 "개구리밥을 뜯으러 남쪽 시냇가로 가세. 마름 풀을 뜯으러 저 길가 도랑으로 가세.[于以采蘋 南澗之濱 于以采藻 于彼行潦]"라고 하였다.

260 노년 : 원문은 '桑楡'. 《후한서後漢書》〈풍이열전馮異列傳〉에 "동우에서는 잃었으나 상유에서는 수습한다.[失之東隅 收之桑楡]"라고 하였다.

261 역리의 아픔 : 이치를 거스른다는 말로, 자식이 부모보다 먼저 죽는 것을 이른다. 여기서는 자기보다 어린 사람이 죽은 것을 말하였다. 자세한 내용은 366쪽 역주 224를 참조하기 바란다.

夭損 情事慘傷 衰腸如抽] ○할아버지와 손자의 정과 집안 제사를 이 아이에게 맡겼는데 갑자기 허황된 꿈이 되고 말았습니다. 해마다 늙은 창자를 은애의 칼날로 끊으니[262] 이 삶이 참으로 고달프지만 어찌하겠습니까?[祖孫之情 宗祀之托在是 而忽成泡幻 年年衰腸 爲愛刃所割 此生良苦 奈何] ○지극히 효성스럽고 행동과 식견이 두루 총명하며 규방에 거친 기상이 없어 큰 복을 누릴 것임을 금석처럼 믿었습니다.[見其誠孝純至 行識通敏 無閨閤中粗淺氣像 意謂享有遐祉 金石以恃之] ○잔인하게 역리逆理의 애통함을 당하였는데, 이는 다만 근심을 자초하는 것이니 어떻게 하겠습니까?[忍見逆理之痛 秪自貽慽 謂之何哉]

여상류女喪類

▶따님이 요절하였다는 소식을 들었으니 놀라고 참혹한 심정을 어찌 이기겠습니까? 역리逆理의 애통함이 있지만 잊어버리는 데 몰두하시고 아무런 보탬도 없는 슬픔을 막아야 할 것입니다. 때로 은애의 칼날로 늙은 창자를 끊는 것 같겠지만, 곧바로 다시 사리를 살펴 슬픔을 억누르고 스스로 진정하여 몸에 손상이 입는 지경에까지 이르지 않기를 바랍니다.[第承令愛夭逝 曷勝驚慘 逆理之痛 不得不以忘爲主 塞無益之悲 有時愛刃 不徒割衰腸 旋復觀理 寬譬自遣 幸不至於以此損於遺體] ○따님에 대한 흉악한

---

262 은애의……끊으니 : 원문은 '爲愛刃所割'. '창자 끊는 은애恩愛의 칼날'은 친인척과의 사별死別을 뜻하는 말로, 《소동파시집蘇東坡詩集》에서 소동파가 어린 자식의 죽음을 애도하는 시의 "은애恩愛의 칼날을 가지고, 나의 노쇠한 창자를 끊는구나.[仍將恩愛刃 割此衰老腸]"라는 구절에서 유래하였다.

소식은 정을 쏟던 당신께 가혹하리라 생각합니다.[令愛凶報 可想情鍾之
毒] ○ 매옥埋玉²⁶³의 아픔을 다른 사람도 참기 어려운데, 더구나 한집안
골육 간이니 그 아픈 정이 어떠하겠습니까? 생각하면 서글픔을 금할
수 없습니다.[埋玉 他人尙難忍 況一家骨肉之情耶 念之惻愴 不能已已]²⁶⁴ ○ 지난
번 큰따님과 사위가 차례대로 죽었다²⁶⁵는 말을 들었는데, 슬하의 두
딸아이가 또다시 요절했다는 편지를 받았습니다. 지금 이렇게 재앙과
살기殺機²⁶⁶가 치성을 부려 가슴을 놀라게 하는 소식을 손으로 다 꼽
을 수 없을 정도입니다. 당신처럼 비참한 상황을 겪은 사람도 드문데,
이러한 참혹한 심정은 시간이 오래되었는데도 오히려 그치지 않습니
다.[向聞令長女與壻次第不淑 膝前兩嬌 亦復夭札 今玆殄災殺機如熾 驚心之報 指不勝
屈 而若尊之慘境 亦罕聞也 慘然之懷 久猶未已] ○ 자애로운 마음을 가지신 당
신께서는 마땅히 어떠한 심정이겠습니까? 모某의 정리가 더욱 참혹함
을 차마 말로 하겠습니까?[慈愛之心 當作何懷 某之情理 尤慘毒不忍言] ○ 자애
로움을 오로지 이 딸아이에게 전념하신 줄 익히 알았습니다. 밤낮으
로 애태우고 근심하던 끝에 이러한 상황을 만났으니, 눈에 보이는 것

---

263 매옥 : '죽은 사람'을 탄식하여 이르는 말로, 《진서晉書》〈유량열전庾亮列傳〉에 "진晉나라 때의 명상名相 유량庾亮이 죽자, 하충何充이 장례葬禮에 참석하여 "옥수를 지하에 묻으니, 사람의 슬픈 정을 어찌 억제할 수 있으리오.[埋玉樹於土中 使人情何能已已]"라는 구절에서 유래하였다.

264 埋玉……不能已已 : 《명재유고明齋遺稿》〈여박태보사원與朴泰輔士元〉에 "埋玉之痛 他人 尙難忍 況一家骨肉之情耶 念之惻愴 不能已已"라는 구절이 있다.

265 죽었다 : 원문은 '不淑'. 《예기禮記》〈잡기雜記 상上〉에 제후의 죽음에 조문객들이 와서 "과군이 저를 사신으로 보냈으니 어찌 이런 흉한 일이 있습니까?[寡君使某 如何不淑]"라는 구절에서 유래하였다.

266 살기 : 《음부경陰符經》의 "하늘이 살기를 내니 용과 뱀이 뭍에서 일어나고, 사람이 살기를 내니 하늘과 땅이 뒤집힌다.[天發殺機 龍蛇起陸 人發殺機 天地反覆]"라고 한 데서 유래하였다.

마다 애통한 마음을 어떻게 가누십니까? 진실로 자신을 사랑할 수 없 겠지만 영형令兄을 사랑하는 저의 그리운 마음 가눌 길 없습니다.[慣 知慈愛專注於此一女 日夕焦憂之餘 又當此境 觸目傷痛 其何以爲懷 誠有不可自愛 而愛 令兄 不任懸懸者矣] ○모某 딸이 요절하는 바람에 그대의 혈족들이 다 끝 났다는 말을 들었습니다. 온 집안 식구들이 이 아이에게 정을 쏟았는 데 지금 갑자기 잃고 말았으니, 이 무슨 신의 이치란 말입니까? 사람 의 이치로 생각해 보면 처참하고 놀라움을 차마 말로 할 수 없습니다. 어떻게 자신을 위로하시며, 또 위로 연로하신 형수의 슬픔을 어떻게 위로하십니까? 그렇지만 이미 어쩔 수 없는 지경에 이르렀으니, 무익 한 슬픔으로 귀한 몸을 상하게 하는 것은 크게 옳지 않습니다. 스스로 슬픔을 억제하고 삼가 부모님께 슬픈 모습이 드러나지 않도록 하십시 오.[自聞某內之夭 君之血屬盡矣 渾室鍾情 專注於是 今忽失之 是何神理 人事思之 慘 驚 不忍言不忍言 其何自慰 又何以上慰嫂主篤老悲疚之懷也 然已至無可奈何之境 則以 無益之悲 損不訾之身 大不可 以此寬譬 愼不露慽容於侍下也]

▶지난번 사위의 요절로 매번 생각하면 상심할 것이니, 이를 차마 말로 할 수 없었습니다. 더구나 이러한 상황을 직접 목도하시고 어떻게 회 포를 가누시는지요? 소식을 듣고 마땅히 곧바로 편지를 보내 위로의 말씀을 드려야 했습니다. 위로하는 것은 축하하는 일과 달라 몸소 뵈 러 갔어야 했는데, 다릿병이 끊이지 않는 상황에서 집으로 보내온 편 지를 보고 깜짝 놀라 병으로 근심하고 애태우며 지금까지 위문장도 보내지 못하였습니다.[向者 令婿之夭 每念慘傷 不忍言 況躬睹此境界 作何如懷耶 聞卽宜書而唁 與賀殊覽之適 足增疚屬 家信驚心 病憂如灼 至今闕焉] ○따님의 온 순했던 모습은 기구한 운명을 가진 사람이 아니었는데, 결국 이 지경

에 이르렀군요. 훗날 형을 어떻게 차마 볼 수 있겠습니까?[令愛溫惠之容 非薄命之人 而乃至於此 他日兄 將何以忍見耶]²⁶⁷

{답장[答]}

▶부여받은 운명이 흉악하여 갑자기 외동딸이 죽었으니, 정리의 참혹함을 사람의 이치로 견디지 못하겠습니다. 참으로 곧바로 죽고 싶지만 아직도 구차하게 목숨을 부지하고 예나 마찬가지로 완고한 목숨을 부지하고 있으니, 이러한 지극함을 어찌하겠습니까?[賦命凶奇 忽遭獨女之喪 情理慘痛 有非人理可堪 實欲卽地溘然 而尙忍視息 依舊冥頑 極矣奈何] ○저의 집안이 불행하여 딸아이가 죽었습니다. 상복을 입은 지 얼마 되지도 않았는데 또 이러한 일을 당하니, 찢어지는 심정을 어떻게 말로 하겠습니까?[私家不幸 哭女息喪 服成屬耳 情理摧裂 尙何言喩] ○아들이 죽은 지 보름도 되지 않았는데, 또 모某 사위가 죽었습니다. 그의 풍골과 재주가 뛰어나 어찌 꽃과 열매도 맺지 못하고 갑자기 요절할 것을 생각이나 했겠습니까? 이는 모두 저에게 내릴 끝나지 않은 재앙이 그에게 미친 것이니, 애통한 슬픔을 어떻게 말씀드리겠습니까?[哭子未一望 又哭某婿 以渠風骨才華 豈料其不秀不實 奄忽夭折 是皆由我禍殃未殄 以及于渠 慟惜傷悼 忍何可言]

---

267 令愛溫惠之容……將何以忍見耶 : 《명재유고明齋遺稿》〈답라현도答羅顯道〉에 "令愛溫惠之容 非薄命之人 而乃至於此 他日 兄將何以忍見耶"라는 구절이 있다.

요척류 夭慼類²⁶⁸

▶형이 상을 당하셨다는 소식을 듣고 걱정되는 마음에 제대로 밥을 먹을 수도 숨조차 쉴 수도 없었습니다.[自承兄遭慼以後 憂想何能食息已也]²⁶⁹ ○자식²⁷⁰을 잃은 슬픔을 당했다는 소식을 들었는데 정말인지 모르겠습니다. 이 아이는 몇 번째 아들인지요? 놀라움을 말로 하지 못하겠습니다.[聞遭舐犢之悲 未知信然否 是第幾胤耶 驚悼罔喩]²⁷¹ ○편지를 받고 아이가 죽었다는 소식을 알았는데, 얼마나 놀랐습니까?[審遭兒慼 何等驚惜] ○슬하의 세 아들이 모두 세상을 떠났다니 소식을 들은 사람도 차마 듣지 못하겠는데, 하물며 직접 당한 사람이야 오죽하겠습니까. 그래도 다행인 것은 이치에 맞게 세상을 달관하고 계신 것입니다.[膝下三珠 盡化爲黃壤 聞者猶不忍 況乎當之者乎 猶幸理遣達觀]²⁷² ○뜻밖에 당한 요절의 슬픔이 어찌 끝이 있겠습니까? 눈앞의 펼쳐진 처참한 광경에 느끼는 감정은 어른이나 아이나 마찬가지일 텐데 어떻게 견디시는지요?

---

268 요척류 : '요척'은 '요절지척夭折之慼'의 줄임말로, '요절한 슬픔'을 뜻한다.

269 自承兄遭慼以後 憂想何能食息已也 : 《명재유고明齋遺稿》〈여박화숙與朴和叔〉에 "自承兄遭慼以後 憂想何能食息已也"라는 구절이 있다.

270 자식 : 원문은 '舐犢'. '송아지를 핥아 준다'는 뜻으로, 자식을 끔찍이 사랑하는 어버이를 뜻하는 말이다. 자세한 내용은 372쪽 역주 241을 참조하기 바란다.

271 聞遭舐犢之悲……驚悼罔喩 : 《율곡선생전서栗谷先生全書》〈답송운장答宋雲長〉에 "似聞又遭舐犢之悲 未知信然否 是第幾胤耶 驚悼罔喩"라는 구절이 있다.

272 膝下三珠……猶幸理遣達觀 : 《명재유고明齋遺稿》〈답기자량答奇子亮〉에 "膝下三珠 盡化爲黃壤 聞者猶不忍 況身當之者乎 猶幸理遣達觀"이라는 구절이 있다.

[意外夭慽 驚怛何已 目前慘境 長少無間 何以堪忍] ○ 대감께서 자식들이 번성하지 않아 오로지 정을 쏟았는데, 더욱 슬픔을 가누기 어려울 것이니 염려되는 마음 간절합니다. 수명의 길고 짧음은 모두 운명에 달린 것이니, 이는 참으로 어찌할 도리가 없습니다. 평소 마음을 다스리는 공부[273]로 이러한 일에 안정을 찾아야 마땅히 공부에 효과를 얻을 것입니다. 슬픔을 푸시고 더욱 자신을 보호하여 저의 기도에 위안되게 하십시오.[若台遶膝不蕃 鍾情有專 想尤難爲懷 仰念殊切 而脩短皆命 此固無奈 平日操存 定於此等處 宜得力 幸寬譬加護 慰此瞻禱] ○ 어린 아드님이 죽었다[274]는 것을 알았으니 슬픔을 이기지 못하겠습니다.[審遭殤慽 不勝驚悼] ○ 스스로 슬픔을 잘 이겨 내고 계신지 모르겠습니다. 몸이 크게 손상되는 데에 이르지는 않았습니까?[未知能自理遣 不至大傷否][275] ○ 치하治下의 홍진은 비록 세상의 변화에 따른 것이지만 당신의 아들 형제가 요절한 것과 같은 것은 집안에 드물게 있는 재앙과 변고이니, 참혹하고 애석합니다. 우선 자식과 조카를 막론하고 효성이 독실하여 진실로 사람을 감동케 하였습니다. 부모는 순결하고 그의 평생 행동이 어질고 질박하며 말할 때도 남을 상하게 할까 걱정하여서 신명神明에게 죄를 받지 말아야 함에도, 하루아침에 갑자기 사고무친四顧無親이 되었습니다. 비단 그에게 기대하는 것들이 모두 허사

---

273 평소……공부 : 원문은 '操存'. 《맹자孟子》〈고자告子 상上〉에 "잡으면 보존되고 놓으면 잃어서 나가고 들어옴이 정한 때가 없으며, 그 방향을 알 수 없는 것은 오직 마음을 말한 것이다.[操則存 舍則亡 出入無時 莫知其鄕 惟心之謂與]"라는 구절에서 유래하였다.

274 어린……죽었다 : 원문은 '殤慽'. '상'은 요절한 것으로, 장상長殤·중상中殤·하상下殤으로 나눈다. 16세~19세를 '장상'이라 하여 대공복大功服을 입고, 12세~15세를 '중상'이라 하여 소공복小功服을 입고, 8세~12세를 '하상'이라 하여 시마복緦麻服을 입는다.

275 未知能自理遣 不至大傷否 : 《명재유고明齋遺稿》〈여박화숙與朴和叔〉에 "未知能自理遣 不至大傷否"라는 구절이 있다.

로 돌아갔을 뿐만이 아닙니다. 열 명의 소경에게 앞을 인도하는 사람[276]이 사라진 것이나 마찬가지이니, 이제 다시 누구에게 의지해야 하겠습니까? 이를 생각하면 혹독하고 참혹하여 자나깨나 두려우니 이 무슨 일이란 말입니까?[治下紅疹 雖係世變 若賢允兄弟之夭椓 是人家禍變之所罕有 其驚慘痛惜 姑勿論胤甥 誠孝之篤 誠有感人處 若其爺孃純潔 有行平生仁拙 凡言語之間 惟恐傷人 宜不至得罪神明 一朝 奄忽於四顧無親之地 不但渠之所期都歸虛地 十瞽無相 更靠何處 思之至此 酷毒錯愕 寢夢猶悸 此何事此何事] ○자식을 잃은 정회는 피차 마찬가지이니 비통합니다.[喪慽情懷 彼此同之 爲之愴悅][277] ○영형令兄같은 착하고 어지신 분이 동오童烏[278]도 하나 보전하지 못하게 한단 말입니까? 아마 궁박한 문인[279]의 운명을 혼자 당해서 그런 것이 아니겠습니까?[令兄善仁 又不保一童烏 豈非偏遭文人窮命而然耶][280] ○하상下殤[281]의 아이가 죽었다는 것을 알았습니다. 그 아이의 명민함을 생각하면 자못 슬프기만 하지만, 만사가 모두 천명이니 슬픔을 억제하시기 바랍니다.[審哭未殤之兒 念其明悟 殊以爲悼 萬事皆命 寬抑幸甚] ○백씨의 두 아들이 요절했다는 것을 아는데, 그 후에

---

276 열 명의……사람 : 어려움을 겪는 여러 사람들에게 도움을 주는 절실한 존재를 이른다. 《순오지旬五志》와 《동언해東言解》에 '10명 소경에 지팡이 하나[十瞽一杖]'라는 속담이 실려 있다.

277 喪慽情懷……爲之愴悅 : 《명재유고明齋遺稿》〈여민언휘與閔彦暉〉에 "喪慼情懷 彼此同之 爲增愴悅"이라는 구절이 있다.

278 동오 : 한漢나라 양웅揚雄의 아들이다. 양웅이 《태현경太玄經》을 지을 당시 9세의 어린 나이에도 불구하고 함께 내용을 토론할 정도로 자질이 뛰어났으나 요절하였다.

279 궁박한 문인 : 한유韓愈의 〈송궁문送窮文〉에서 지궁智窮, 학궁學窮, 문궁文窮, 명궁命窮, 교궁交窮의 다섯 궁귀窮鬼가 자신을 괴롭히는 것을 서술하였다.

280 令兄善仁……豈非偏遭文人窮命而然耶 :《택당선생별집澤堂先生別集》〈여정기옹與鄭畸翁〉에 "以令兄 神不福祐 又不保一童烏 豈非偏遭文人窮命而然耶"라는 구절이 있다.

281 하상 : 저본에는 '말상末殤'으로 되어 있으나, 8세~12세 사이에 죽은 것을 이르는 '하상'으로 추정된다.

또 아들을 얻었습니까? 선한 사람은 복이 없고 천도天道는 알기가 어려우니, 어찌하면 좋습니까?[伯氏兩兒 曾知夭折 其後又得之否耶 善人無福 天道難知 奈何]²⁸² ○ 일찍이 모某가 죽었다는 것을 알았습니다. 아이는 아름다웠을 뿐만이 아니고 사람됨이 정밀해서 반드시 대성할 것이라 생각했는데 또한 죽었군요. 살기殺機가 이글대니 어른과 아이를 막론하고 믿을 수 없습니다.[曾見某哀 有兒 不但姸好 作人精酋 謂必有成 亦不救云 殺機如熾 勿論長幼 有不可恃]

{답장[答]}

▶운명이 기박하여 머리가 다 센 늙은이가 세상에 혈육 한 점도 보호하지 못하고 죽은 아이를 곡하는 심정 어찌 끝이 있겠습니까? 어찌 저처럼 원통하고 잔인하고 악독한 경우가 있단 말입니까? 참으로 슬퍼한다고 아무런 도움이 되지 않는다는 것을 알지만, 눈앞에 위로로 삼을 한가지 일도 없어 잊고 싶어도 그렇게 하지 못하고 죽을 때까지 고통스러울 것이니 어찌하겠습니까?[命道奇薄 白首垂老之境 不能保有一塊肉世間 哭殤憮者 何限 而豈有如弟之寃酷殘毒者哉 固知悲慟無益 而目前無一事可慰 欲忘不得 未死之前 無非苦境 奈何] ○ 아이의 요절에 대해 어찌 차마 말을 꺼내겠습니까? 게다가 어린아이가 병이 들어 오랫동안 애태우고 마음이 편치 않았는데, 견디지 못할까 걱정입니다.[夭慽 豈忍提說 加以兒少病憂 長時爀撓 恐無以支堪也] ○ 동생이 죽어 채 눈물이 마르기도 전에 또 손자와 손녀, 두 아이를 잃었으니, 정리의 잔혹함을 말로 할 수 없습니다.[哭弟之

---

282 伯氏兩兒……奈何 :《명재유고明齋遺稿》〈여박항한도상與朴恒漢道常〉에 "伯氏兩兒 曾知夭折 其後又得之否耶 善人無福 天道難知 奈何奈何"라는 구절이 있다.

淚未乾 又失孫子女二人 情理之殘毒 已無可言] ○연로하신 부모님을 모시고 별 탈 없이 지냈는데, 달포 전에 애통하게 아이가 죽었으니 가련함을 어찌하겠습니까?[奉老粗依 而月前慘遭兒慽 伏憐奈何] ○모某가 요절한 참담한 일은 운명에 관계된 것이니 어찌하겠습니까?[夭某之慘 關於數命 奈何]²⁸³ ○그를 이미 모월某月 모일某日에 매장을 하였으니, 어디에서 그의 모습을 보겠습니까? 세월이 오래되었는데도 슬픔과 그리움을 견딜 수 없습니다.[渠已以某月某日入地矣 何處得見其形耶 日月漸久 悲戀難遣] ○바람 앞에 등불처럼 허깨비같아 애석할 것도 없습니다.[風燈泡幻 顧不足惜] ○이치에 따라 아름다운 옥²⁸⁴을 땅에 묻고 곧이어 변방에서 벼슬²⁸⁵을 하고 있으니, 누가 이렇게 만들었단 말입니까?[理却美玉於地中 隨着銅符於塞外 此何人哉] ○과부인 누이가 한 명의 양자²⁸⁶를 두고 이 아이를 운명으로 여겼었는데 객지에서 죽었다는 소식을 들었으니, 이는 아직 살아 있는 목숨을 끊는 것이나 마찬가지입니다. 심신이 놀라 한참 시간이 흘렀는데도 마음이 진정되지 않습니다. 천신의 이치를 참으로 예측할 수 없으니 어찌하겠습니까?[寡妹 有一螟兒 以此爲命 而聞客死之報 是勦絶未亡之命也 心神錯愕 久未能定 神天一理 實有推測不得者 奈何]

---

283 夭某之慘……奈何:《명재유고明齋遺稿》〈답심명중答沈明仲〉에 "夭揉之慘 關於數命 無可言"이라는 구절이 있다.

284 아름다운 옥 : 원문은 '美玉'. 일반적으로 순결하고 아름다운 사람이나 사물을 비유하는 말로 쓰이지만 여기서는 사랑하는 자식을 비유한 것이다.

285 벼슬 : 원문은 '銅符'. 지방 수령이 차는 부신符信을 이른다.

286 양자 : 원문은 '螟兒'. 원래는 나방의 애벌레로, 나나니벌이 업고 가서 자기의 애벌레인 줄 알고 기른다고 하여 '양자'를 이르는 말로 쓰인다.《시경詩經》〈소아小雅 소완小宛〉에 "명령이 새끼를 두거늘, 나나니벌이 업어 가도다.[螟蛉有子 蜾蠃負之]"라는 구절에서 유래하였다.

일가상류-家喪類

▶초상을 당하였음을 알았습니다. 귀하의 집안에 상례가 어찌하여 이렇게 거듭되는지 지극히 놀라운 마음을 말로 할 수 없습니다.[審遭服制 德門喪患 何如是洊疊 驚怛之極 無以爲諭] ○다만 지난겨울 이후 거듭 초상[287]의 슬픔을 당하셨다고 하니, 몇 년 전에 당한 초상만 해도 너무나 놀라고 슬퍼하셨는데, 더구나 이처럼 계속된 초상의 슬픔을 어떻게 감당하고 계시는지요?[第承去冬以來 再遭尙右之痛 年前喪禍 已深驚怛 況此洊仍 何以堪之][288] ○모某가 죽었다니 무슨 말입니까? 애통하고 참혹한 마음을 차마 말로 하지 못하겠습니다. 염려되는 것은 누이의 큰 병이 아직 낫지 않고 있는 상황에서 이런 처참한 상황을 당하니, 어떻게 몸을 부지하겠습니까? 눈앞에 벌어진 초상을 어찌할 수도 없고 앞으로의 집안일을 의지할 데가 없습니다. 생각하고 또 생각해 봐도 망연히 슬프기만 하니, 이를 장차 어찌하겠습니까?[某之喪 是何言耶 痛惜慘憐 不忍爲說 念姊氏大病未蘇 遽遭此慘景 何以扶持 目下治喪之罔措 來頭家事之靡依 思之又思 茫然慘然 此將奈何] ○모某가 끝내 죽었다고 하니, 하늘이여, 하늘이여. 이 무슨 연고란 말입니까. 이 소식을 듣고 나서 가슴이 다 타버린 지 이미 오래여서 울려고 해도 나올 소리도 없고 뿌릴 눈물조차 없습니다. 저도 이러한데, 하물며 그 아버지야 더 말할 나위가 있겠습니까?[聞某竟

---

287 초상 : 원문은 '尙右'. 상을 당한 사람이 공수拱手할 때 오른손을 왼손 위에 올려놓는 일을 이른다. 《예기》〈단궁檀弓 상上〉에 "공자가 문인들과 서 있을 때에는 공수拱手를 하였는데, 오른손이 위에 있었다.[孔子與門人立 拱而尙右]"라는 구절이 있다.

288 第承去冬以來……何以堪之 : 《농암집農巖集》〈답박대숙答朴大叔〉에 "第承去冬以來 再遭尙右之慟 年前喪禍 已深驚怛 況此洊仍 何以堪之"라는 구절이 있다.

不淑 天乎天乎 此何故也 自聞此報以來 心腸焦煎已久 無聲可哭無淚可揮 吾猶如此 況其爺耶]²⁸⁹ ○ 집안의 재앙을 가진 사람들이야 많지만 상주분들과 같은 일을 당한 사람이 어찌 있겠으며, 어찌 덕을 쌓은 집안에 보답을 받지 못하는 사람이 있단 말입니까? 오묘한 이치는 심오하여 예측하기가 어려우니, 애통한 심정을 어떻게 말해야 할지 모르겠습니다.[家禍人多有之 而豈有如僉哀之所遭 豈有如積德之門 而不食其報者耶 玄理杳冥 有難徵測 痛哭痛哭 不知所言] ○ 모읍某邑의 초상은 결코 꿈에서도 생각지 못한 일이라 참혹한 상황을 다시 어떻게 말로 하겠습니까? 상주가 지금 연이어 애통해한다는 소식을 들었습니다. 따라가지도 못하니 그의 심정을 생각하면 더욱 슬픕니다.[某邑喪變 萬萬夢寐之外 慘愕慘愕 更何伏喩 聞喪人方在繼痛 未得隨去 想其情境 尤極悲慘] ○ 모某 아내가 죽었다고 하니 슬픔을 어찌 말로 하겠습니까? 하나 있던 조카도 죽었다는 말을 들었습니다. 이제부터 모형某兄에게 남은 혈육이라고는 없으니, 두 분 연로하신 부모님과 그 아버지의 정경에 대해 소문을 들은 사람도 눈물을 흘릴 지경입니다. 누님의 아픈 마음은 영감의 자애로움과 사랑으로 마음을 가누시리라 생각합니다.[某妻之夭 驚悼何言 聞其獨甥亦不救 自此某兄無血屬 想其兩處老親與厥爺情境 聞者亦隕涕 姊主疚傷 想多以令慈愛 懷緖可想] ○ 연이어 기공朞功²⁹⁰의 슬픔을 당하니 멀리서 슬픔을 어떻게 억제하시는지요?[連遭朞功之慽 遠

---

289 聞某竟不淑……況其爺耶:《약천집藥泉集》〈기아기아寄兒〉에 "審知坡州竟不淑 天乎天乎 此何故也 自聞此報以來 心腸焦煎已久 無聲可哭無淚可揮 吾猶如此 況其爺耶"라는 구절이 있다.

290 기공:상제喪制로서 '기'는 1년의 복상服喪을 말한다. 이에는 상장喪杖을 짚는 장기杖朞와 상장을 짚지 않는 부장기不杖朞로 나뉘며, '공'에는 9개월 복상을 '대공大功'이라 하고 3개월 복상을 '소공小功'이라고 한다.

外悲疚 何以堪抑] ○공제功制²⁹¹를 당하셨으니 놀라움과 슬픔을 어찌 이기겠습니까?[功制 豈勝驚怛] ○모某 숙부님이 상을 당한 지 몇 개월도 되지 않아 모某 숙부님께서 또 돌아가시니, 통곡하는 마음을 어떻게 말로 하겠습니까?[某叔主喪未數月 某叔主 又復捐館 痛哭何言] ○영감님의 사촌 누이인 모인某人의 아내가 뜻밖에 세상을 떠났으니, 영감께서는 어떻게 이겨내시는지요?[第審令從姊某人內室 意外喪逝 想令悲怛 何以自勝] ○모인某人이 돌아가신 세월이 비록 오래되었지만, 어찌 차마 글로 하겠습니까?[某人喪事 日月雖久 何忍泚筆耶] ○여러 차례 시공緦功²⁹²의 슬픔을 당하였으니, 놀라고 탄식스런 마음을 이기지 못하겠습니다.[屢遭緦功之慽 區區不任驚歎]

{답장[答]}

▶집안의 화가 끝나지 않아서 조카가 갑자기 요절하였으니 지극히 애통한 마음을 견딜 수 없습니다. 이 아이의 뜻과 행실로 보아 기대를 걸 만하였는데 싹만 틔우고 꽃을 피우지 못했으니, 모두가 운명 아닌 것이 없습니다. 날마다 그 아비와 마주 앉아 눈물을 흘리고 있으니, 어찌하면 좋습니까? 뜻은 있지만 수명이 따라 주지 않으니, 죽은 자만 불행할 뿐만이 아닙니다.[家禍未殄 姪子遽爾夭逝 痛酷之私 不可堪忍 此子志行實所期望 苗而不秀 莫非命也 日與其父相對涕沱 奈何 有志無年 不但逝者之不幸而

---

291 공제 : 대공복大功服과 소공복小功服을 입는 친족 관계의 상을 이른다. 대공복은 9개월간, 소공복은 5개월간 입는다.

292 시공 : 시마緦麻와 소공小功을 아울러 이른다. 오복五服 중에서 가장 가벼운 두 복제로, 촌수가 먼 친족이 입는다

已]²⁹³ ○집안의 재앙이 매우 혹독하여 모월某月 모일某日 갑자기 두 번째 조카가 죽었으니 통곡함을 어떻게 말로 하겠습니까? 의지할 곳 없어 외롭게 사는 남은 인생 이 두 조카를 의지하며 목숨을 보존하려고 했는데, 천만 뜻밖에 갑자기 이렇게 되었으니 이 무슨 하늘의 이치란 말입니까? 더욱 애통합니다.[家禍孔酷 某月某日 奄遭第二舍姪之喪 痛哭痛哭 更何言 孤露餘生 只依此兩姪 欲保餘年矣 千萬意外 遽至於斯 是何天耶 尤用慘痛] ○종제從弟 모某가 갑자기 병에 걸려 죽고 말았습니다. 늘그막에 서로 의지하고 지냈는데 갑자기 먼저 떠나가니, 슬픈 감회로 낙담하여 스스로 마음을 진정할 수 없습니다.[從弟某 遽以一疾不起 老境相依 奄見先逝 悲懷恩恩 不能自定]²⁹⁴ ○종형과는 어린 시절부터 서로 외로움을 의지하며 지냈는데, 한차례 열흘 동안 자리에 눕더니 홀연 세상을 떠나 가슴이 찢어지는 듯한 사사로운 슬픔은 날이 갈수록 오히려 더합니다.[從兄童穉相長 孤露相依 一臥旬日 奄作今古 摧痛之私 久而猶酷]²⁹⁵ ○그 사이 당숙모의 중제重制²⁹⁶를 당하였으니 슬픔을 어떻게 말로 하겠습니까?[間遭堂叔母重制 悲痛何言] ○종숙從叔이 일찍이 이 지경에 이를 줄 생각이나 했겠습니까? 마침 서로 헤어져 있어 끝내 손잡고 영결永訣도 못하였습니다. 의지할 데 없이 외롭던 가운데 찢어지는 아픔을 견딜 수 없습니

---

293 家禍未殄……不但逝者之不幸而已 : 《명재유고明齋遺稿》〈여민언휘與閔彦暉〉에 "拯家禍未殄 姪子遽爾夭逝 痛酷之私 不可堪忍 此子志行實所期望 苗而不秀 莫非命也 日與其父相對涕沱 奈何奈何 遠承慰問 哀感良深 有志無年 不但逝者之不幸而已"라는 구절이 있다.

294 從弟某……不能自定 : 《명재유고明齋遺稿》〈여박계긍與朴季肯〉에 "從弟子敬 遽以一疾不起 老境相依 奄見先逝 悲懷忽忽 不能自定"이라는 구절이 있다.

295 從兄童穉相長……久而猶酷 : 《명재유고明齋遺稿》〈여박계긍與朴季肯〉에 "從兄童稚相長 孤露相依 一臥旬日 奄作今古 摧痛之私 久而愈酷"이라는 구절이 있다.

296 중제 : 상례의 복제의 하나로, 대공大功 이상의 복服을 이른다. '중복重服'이라고도 한다.

다.[從叔 曾謂止於斯耶 適此睽違 遂失握訣 孤露之中 益不堪摧廓] ○ 재종再從이 죽고 또 당숙堂叔이 변고를 당하였으니 비통하고 슬픈 감정에 마음 가눌 길 없으니 어찌하겠습니까?[方哭再從 又遭堂叔變喪 悲疚嬰情 頓無以爲悰 奈何] ○ 백발이 된 나이에 당형堂兄이 돌아가시어 하나의 그림자[297]도 의지할 데가 없으니, 애통함을 어찌 견디겠습니까?[白首之年 奄哭堂兄 一影無依 摧痛何堪] ○ 모동某洞의 초상은 나이 70이 넘은 사람이라 진실로 죽은 사람을 위하여 한스러울 것이야 없지만, 당숙堂叔은 노년에 부모님께서 돌아가시어 기식氣息을 보존하기 어려우니 이것이 매우 걱정입니다.[某洞喪事 年過七十 固不足爲逝者之恨 而最是堂叔主 暮年遭此巨創 難保其氣息 此以爲慮深矣] ○ 지친至親[298]의 상례가 반달 사이에 연이어 생기니 정리의 비통함을 차마 어떻게 말하겠습니까?[至親喪變 相繼於半月之內 情理悲痛 尙忍言哉] ○ 막냇동생이 죽었으니 비통한 마음을 어떻게 말로 하겠습니까? 여러 달 병을 간호하느라 남김없이 초췌하니 통곡하고 가슴을 쳐 보아도 어찌할 수 없어서 참으로 보존하기 어려운 걱정이 있으니, 저의 비통함이 더욱 어떠하겠습니까?[舍季巨創 痛悼何言 見其積月侍湯 柴瘁無餘 號擗莫逮 實有難保之慮 此間悲悶 尤當如何] ○ 모인某人이 병에 걸렸다는 다급한 소식을 듣자마자 밤새 내려와 다행히 상여가 나갈 무렵 도착하여, 초종례初終禮 때 서로 의지하였으니 이것이 위안됩니다.[某人 纔聞

---

297 하나의 그림자 : 원문은 '一影'. 이밀李密의 〈진정표陳情表〉에 "외롭게 홀로 선 채 신의 몸과 그림자만이 서로 위로할 뿐이었는데, 할머니 유씨가 일찍부터 병에 걸려 침상에 누워 계시니 신은 탕약을 만들어 모셔야지 일찍이 버리고 떠난 적이 없었습니다.[煢煢孑立 形影相弔 而劉夙嬰疾病 常在牀褥 臣侍湯藥 未嘗廢離]"라고 하였다.

298 지친 : 가장 가까운 친족을 이르는 말로, '부모 형제'를 이른다.

病患急報 罔夜下來 幸趁於喪出之際 得以相依於初終之時 是可慰也]²⁹⁹ ○또 당숙의 상을 당해 일전에 달려가 곡을 하려고 성에 들어갔는데, 위문편지가 홀연히 도착해 있었습니다. 마치 정신이 일치하는 듯하니 어찌 이토록 슬픈지요.[又遭堂叔之喪 日前奔哭入城 委問忽及 有若神會 何等哀感] ○연거푸 상을 당하여 참혹한 정을 말로 할 수 없습니다.[洊遭喪慽 情界之慘毒 無可言] ○한 집안의 상사로 인한 슬픔이 항상 많으니, 오직 죽을 날만 기다릴 뿐입니다.[一家喪威 悲疚常多 惟待死期而已]³⁰⁰ ○복록에 유감이 없지만 한 집안의 어른들이 차례로 죽으니 슬픔을 말로 할 수 없습니다.[福祿 儘無餘憾 一家長老 次第喪逝 愴痛不可言] ○부모님의 병이 오랫동안 낫지 않고 시공緦功³⁰¹의 슬픔이 서로 이어지니, 슬픔을 어찌 말로 하겠습니까?[親疾 久未差 緦(切)[功]³⁰²之慽相續 悶痛何言] ○죽은 조카를 장사 지내고 침통함이 마음에 남아 시간이 갈수록 더욱 괴로우니, 어찌하면 좋습니까?[纔過亡姪葬事 沈痛(枉)[在]³⁰³中 久念愈苦 奈何奈何]³⁰⁴ ○큰 종형수가 30년을 과부로 지내면서 병으로 자리를 보존하고 있는데 종제從弟 모某가 모시고 아중衙中으로 갔습니다. 그런데 어제 돌아가셨다는 부음을

---

299 某人……是可慰也 : 저본에는 두 문장이 한 문장으로 되어 있으나, 문맥을 살펴 두 문장으로 분리하였다.

300 一家喪威……惟待死期而已 : 《명재유고明齋遺稿》〈여윤숙린與尹叔麟〉에 "一家喪威 悲疚常多 惟待死期而已"라는 구절이 있다.

301 시공 : 상복喪服 제도에서 가장 가벼운 3개월 동안 입는 시마복緦麻服과 5개월 동안 입는 소공복小功服을 이른다.

302 (切)[功] : 저본에는 '切'로 되어 있으나, 문맥을 살펴 '功'으로 바로잡았다.

303 (枉)[在] : 저본에는 '枉'으로 되어 있으나, 문맥을 살펴 '在'로 바로잡았다.

304 纔過亡姪葬事……奈何奈何 : 《명재유고明齋遺稿》〈여박화숙與朴和叔〉에 "過亡姪葬事 沈痛在中 久念愈苦 奈何"라는 구절이 있다.

들었으니 육순의 나이가 대낮 촛불³⁰⁵ 빛과 같습니다. 비록 변고로 인한 상사는 아니지만 어린 양아들이 또 어머니의 상을 당하니³⁰⁶ 가슴 아픈 염려에 마음 가눌 길이 없습니다.[伯從嫂 孀居三十年 病委床第 從弟某 奉往衙中矣 昨聞其喪訃 六旬晝燭之光 雖非變喪 其稚孩螟子 又罹塊堊 念之傷怛 無以爲心耳] ○상을 당하여 슬픈 나머지 기력이 쇠약해져 언제나 피곤해 편안하게 지낼 날이 드무니 걱정스러움을 어찌하겠습니까?[喪慽之餘 氣力頓減 居常憊劣 寧日苦罕 悶憐奈何] ○병의 근심과 초상의 슬픔으로 날마다 비통하고 어지럽다는 것 외에 말할 만한 것이 없습니다.[病憂喪慽 日事悲撓餘外 無足言者] ○요사이 온 집안이 초상의 변고를 당하니, 비통하고 어지러운 마음을 어떻게 말로 하겠습니까?[近遭一家喪變 悲撓何言] ○달포 전에 또 생질의 상을 당하였고 병든 누이가 거듭 혹독한 화를 당하니 정신과 기운이 가물가물합니다.[月前 又哭甥姪之喪 病妹 荐遭酷禍 神氣殊殊] ○지금 생각해보니 놀랍고 찢어지는 마음을 마지 못하겠습니다.[至今思之 錯愕隕(隓)[摧]³⁰⁷ 不能已也] ○심부름꾼을 보내 위문한 뜻이 매우 정중하여 감사합니다.³⁰⁸[荷此專价慰存 意甚鄭重 良用啣戢]

---

305 대낮 촛불 : 원문은 '晝燭'. 빛이 나지 않아 아무런 의미가 없음을 이르는 말로, 장적張籍의 〈정부원征婦怨〉에 "남편이 전쟁터에서 돌아가시고 유복자가 있으니, 나의 몸은 비록 살아 있지만 낮에 켜놓은 촛불과 같네.[夫死戰場子在腹 妾身雖存如晝燭]"라는 구절에서 유래하였다.

306 어머니의……당하니 : 원문은 '罹塊堊'. '괴'는 《예기禮記》〈상대기喪大記〉에 "부모의 상에는 의려에 거처하는데, 의려에는 흙벽이 없으며, 거적자리에 눕고 흙 베개를 베며, 상사 이외에는 말을 하지 않는다.[父母之喪 居倚廬不塗 寢苫枕塊 非喪事不言]"라는 구절에서 유래하였고, '악'은 악실堊室의 줄임말로, 사방 벽에 진흙을 바른 방으로, 상을 치르는 사람이 거처하는 곳이다. 《예기》〈상대기〉에 "이미 연제를 마치면, 악실에 거처하고 다른 사람과 함께 거처하지 않는다.[旣練 居堊室 不與人居]"라는 구절에서 유래하였다.

307 (隓)[摧] : 저본에는 '隓'으로 되어 있으나, 문맥을 살펴 '摧'로 바로잡았다.

308 감사합니다 : 원문은 '啣戢'. 도잠陶潛의 〈걸식乞食〉에 "감사함을 어떻게 보답할까. 죽어

친지상류親知喪類

▶모인某人이 갑자기 세상을 떠났다는 소식에 놀랍고 애통한 마음을 금할 수 없었습니다. 공사간에 애통하고 애석한 마음은 말로 할 수 없습니다. 대대로 덕을 쌓은 집안의 재앙이 아직도 다하지 않았으니, 이것이 무슨 이치란 말입니까.[某人 奄忽長逝 不勝驚慟 公私痛惜之懷 已不可言 而積德之家禍 猶未殄 此何理耶]309 ○모인某人이 갑자기 세상을 떠나니 매우 마음이 아픕니다. 몇 년 동안 종유하여 안목을 넓히고 도움을 받은 것이 정말 많았는데, 지금 갑자기 저렇게 되고 말았으니 더욱 애석합니다.[某人奄忽 殊可傷悼 遊從幾年 開益良多 今遽至此 尤爲可惜]310 ○모某 대감의 부고가 천만 뜻밖에 갑자기 이르니, 참담하고 놀라운 심정을 어찌 다 형언할 수 있겠습니까. 망연자실하여 며칠간을 진정할 수가 없었습니다. 수찰手札이 멀리서 이르렀을 때 그 말투가 자상하였으니, 세상을 떠날 날이 이미 가까워져 그 조짐이 앞서 나타난 것인 듯하였습니다. 뒤에 살아남은 자의 애통한 심정을 금할 수 없습니다.[某台之訃 忽至於千萬夢外 其爲慘境 何可勝言 心神如失 累日靡定 手札遠至 辭意諄諄 似是大期已迫 兆之先見者 後死之痛 不能已已]311 ○모우某友가 뜻밖에 갑자기 죽었으니

서도 잊지 않고 보답하리라.[啣戢知何謝 冥報以相貽]"라고 하였다.

309 某人……此何理耶:《명재유고明齋遺稿》〈여박태보사원與朴泰輔士元〉에 "趙光甫 奄忽長逝 不勝驚慟 公私痛惜之懷 已不可言 而積德之家 禍猶未殄 此何理耶"라는 구절이 있다.

310 某人奄忽……尤爲可惜:《농암집農巖集》〈답이동보答李同甫〉에 "成卿奄忽 殊可傷悼……游從數年 開益良多 今遽至此 尤爲可惜耳"라는 구절이 있다.

311 某台之訃……不能已已:《명재유고明齋遺稿》〈여조사위與趙士威〉에 "台之訃 忽至於千萬夢外 其爲慘驚 何可勝言 心神如失 累日靡定 手札連至 辭意諄諄 似是大期已迫 兆之先見者也 後死之痛 不能已已"라는 구절이 있다.

공사간에 애통함을 어떻게 말로 하겠습니까?[某友 不意奄忽 公私痛惜 何可言] ○모某 어르신의 상사는 놀라움을 이길 길 없습니다. 상주가 대성戴星[312]하는 나머지 어떻게 견디시는지요? 그 정경을 생각하면 더욱 지극히 비통한 마음 이길 길 없습니다.[某丈喪事 不勝驚愕 喪人戴星之餘 何以支保 念其情境 益不勝悲念之至] ○모동某洞의 상사는 제가 멀리 있지만 더욱 놀라고 걱정입니다.[某洞喪事 想在遠 益驚怛] ○모某 영감께서 돌아가신 것은 집안의 운과 연관됩니다. 병 없이 건강하신 분이 갑자기 세상을 떠나니 인간 세상의 장수와 요절은 알 수 없습니다. 어찌하겠습니까?[某令之喪 亦係門運 無病而健者 忽地化去 世間壽夭 儘不可知矣 奈何] ○모인某人 끝내 죽었으니, 견딜 수 없이 참담하고 가슴 아픕니다. 저의 마음도 이처럼 슬픔을 잊기 어려운데, 더군다나 그대는 어떠하겠습니까?[某人 竟不起 慘傷何勝 我猶惻愴難忘 況君當如何耶][313] ○모인某人이 죽었으니 애통한 심정을 어찌 차마 말로 할 수 있겠습니까? 제가 그와 어울린 지 그다지 오래되지는 않았지만, 깊은 우정으로 말하면 실로 다른 사람과 비교할 수 없습니다. 그런데 지금 갑자기 그를 잃고 말았으니 애통한 심정 어떻겠습니까?[某人之死 哀哉 何忍言 雖相從未甚久 而託契之深 實非餘

---

312 대성 : '별을 머리에 이고 있다'는 뜻으로, 공무로 인하여 아침 일찍 집을 나가 저녁 늦게 돌아옴을 비유하여 이른다. 《여씨춘추呂氏春秋》〈찰현察賢〉에 "복자천이 단보를 다스렸는데, 거문고만 연주할 뿐 마루 아래로 내려오는 일이 없었는데도 잘 다스려졌다. 무마기는 별이 뜨면 나가고 별이 지면 들어오는 등 밤낮으로 쉬지 않고 몸소 일을 하였는데 선보가 역시 다스려졌다.[宓子賤治單父 彈鳴琴 身不下堂 而單父治 巫馬期以星出 以星入 日夜不居 以身親之 而單父亦治]"라는 구절에서 유래하였다.

313 某人……況君當如何耶 : 《농암집農巖集》〈여경명與敬明〉에 "義婢竟不起 慘傷何勝……我心猶惻愴難忘 況君當如何耶"라는 구절이 있다.

人比 今遽失之 痛傷如何]³¹⁴ ○모인某人이 죽은 일은 나이로 보면 유감이 없습니다. 다만 딸아이를 그리워하면서도 끝내 영결하지 못한 것이 비통합니다.[某人事 年則無憾 但戀憶女(恩)[息]³¹⁵ 竟不得相訣 是可悲悼]³¹⁶ ○모인某人이 갑자기 고인이 되었다 하니, 슬픈 마음을 금할 수 없습니다. 백운산白雲山에서 거문고 타고 술 마시며 글을 짓던 모임을 생각하면 바로 어제 같은데 인간사의 변화가 이와 같으니, 이 인생살이가 정말 꿈이라는 걸 깨닫게 됩니다.[某人 遽作古人 不勝怛傷 白雲山裏琴酒文字之會 思之如昨日 而人事之變已如此 此生眞覺夢幼也]³¹⁷ ○뜻밖에 모관某官이 병으로 죽었다는 부고를 받으니 애통한 마음 어찌 이기겠습니까?[意外 某官奄不起 疾承訃 曷勝痛悼] ○그저께 모某 영감의 부음을 듣고 놀라서 숨이 끊어질 듯하였습니다. 이 영감은 병증이 진실로 위독하였지만 그를 사랑하고 사모하는 마음이 지극해서 어쩌면 대번에 이 지경에 이르지는 않을 것으로 생각했는데, 인간의 일이 이미 극에 달하면 이치가 당연히 이에 이르는 것이니, 어찌한단 말입니까.[再昨 聞某令之訃 驚隕欲絶 病症則固危篤 而愛慕之極 猶或意其不遽至斯 人事已窮 理宜至此 奈何奈何]³¹⁸ ○모인某人

---

314 某人之死……痛傷如何:《농암집農巖集》〈여어유봉與魚有鳳〉에 "黃生之死 哀哉 何忍言 雖相從未甚久 而託契之深 實非餘人比 今遽失之 痛傷如何"라는 구절이 있다.

315 (恩)[息] : 저본에는 '恩'이라고 되어 있으나, 문맥을 살펴 '息'으로 바로잡았다.

316 某人事年則無憾……是可悲悼:《율곡선생전서栗谷先生全書》〈답송운장答宋雲長〉에 "李僉知事 年則無憾 但戀憶女息 而竟不得相訣 是可悲悼"라는 구절이 있다.

317 某人……此生眞覺夢幼也:《농암집農巖集》〈답김현보答金顯甫〉에 "金晦而聞遽作古人 不勝怛傷 白雲山裏琴酒文字之會 思之如昨日 而人事之變已如此 此生眞覺夢幻也"라는 구절이 있다.

318 再昨……奈何奈何:《약천집藥泉集》〈상숙부上叔父〉에 "再昨聞惠令之訃 驚殞欲絶此令之死 姪固知之已久 而愛慕之極 猶或意其不遽至斯 人事已窮 理宜至此 奈何奈何"라는 구절이 있다.

이 자식의 병을 구하다가, 끝내 이 병으로 자식들이 죽었습니다. 위로는 연로하신 부모님이 계신데, 모인某人은 중병을 막 겪고 노인은 늠연하여 아직 부고도 하지 못하고 있으니 더욱 애통합니다.[某人 救子女之病 終以是疾不起 上有篤老之親 聞某人纔經重疾 老人凜然 尙未通訃 尤爲慘痛] ○ 모인某人의 초상은 애통한 마음을 어찌 말로 다할 수 있겠습니까? 훌륭한 덕행이 있는 사람은 복이 없고, 훌륭한 재능이 있는 사람은 단명하니, 애석한 마음이 오래도록 가시지 않습니다.[某人之喪 痛惜何言 至行無祿 高行短命 哀惜之懷 久猶未已]³¹⁹ ○ 천만 뜻밖에 모某 어르신이 돌아가셨다는 소식을 들었으니, 애통하다는 것 외에 다시 무엇을 말씀드리겠습니까? 병환이 있다는 말을 들은 적이 없는데 갑자기 이런 소식이 이르렀으니, 더욱 놀라고 애통함을 어떻게 말로 해야 할지 모르겠습니다.[千萬意外 伏承某丈凶音 慟哭之外 夫復何言 曾未聞患候 而遽爾至此 尤切驚痛 不知所喩] ○ 모인某人이 독로篤老³²⁰의 홀로되신 부모님이 갑자기 돌아가시니 정리가 진실로 참혹합니다.[某人 捨篤老偏親而奄逝 情理誠慘毒] ○ 모某 어르신이 돌아가시니 이는 운수와 관계된 것으로 슬픈 마음 시간이 가도 그치지 않습니다.[某丈不淑 運氣所關 悼惜久猶未已] ○ 모인某人이 또 고인이 되었습니다. 사림에서 더욱 우러러 볼 곳이 없게 되었으니, 이 무슨 운명인지 애통함을 말로 할 수 없습니다.[某人 又作千古 士林益無所仰 此何運氣 痛悼不可言] ○ 모인某人이 지금 모일某日에 두창으로 세상을 떠났습니다. 한 사람의 뛰어난 재주를 가진 사람을 잃었으니 애통함을 말

---

319 某人之喪……久猶未已:《명재유고明齋遺稿》〈답이정걸수보答李廷傑秀甫〉에 "喬伯之喪 痛悼何可言 至行無祿 高才短命 哀惜之懷 久而未已"라는 구절이 있다.

320 독로 : 일흔이 넘은 노인을 이르는 말이다.

로 할 수 없습니다.[某人 今某日 以痘瘡化去 失一奇才 慟悼罔諭]³²¹ ○모인某人의 부고는 정말입니까? 얼마 전 도성에 들어가 반나절 동안 마주하였는데, 참으로 세상에 오래 있지 못할 것이라 걱정하였습니다. 그렇지만 갑자기 이렇게 될 줄은 생각지 못했습니다.[某人之訃 豈是眞耶 頃者入城 半日相對 固慮其不久於世 亦不謂遽至於斯也]³²² ○모인某人이 세상을 떠났다는 소식을 들었으니, 울부짖으며 애통한 심정을 스스로 진정할 수 없습니다. 이 사람이 끝내 이 지경에 이르렀으니, 어쩌면 하늘이 헛되이 낳아서 도와줄 뜻이 없었던 것인지, 아니면 스스로 몸을 아끼지 않아서 하늘도 어쩔 수 없었던 것인지요? 제가 세상에서 존경하는 사람은 장자長者 중에는 모인某人이 계시고, 동료 중에는 이 사람이 있을 뿐이었는데, 이제 모두 별세하여 끝났으니 다시 무슨 말을 하겠습니까?[聞某人長逝 號隕不能自定 斯人之竟至於斯 豈天虛生而無意於扶相之耶 吾之於世 在長者某人 在儕流此人 而今皆已矣 復何言哉]³²³ ○아름다운 자질과 훌륭한 행실은 어디서 얻을 수 있을까요?[美質懿行 何處得來] ○집에 계신 연로하신 부모님과 방에 가득한 어린 자식들을 생각하면 생각할수록 비통하여 차마 말할 수도 없을 지경입니다.[念其老人在堂 幼孤滿室 思之慘痛 不忍興言]³²⁴

---

321 某人……慟悼罔諭:《율곡선생전서栗谷先生全書》〈답정계함答鄭季涵〉에 "李崒今十八日 以痘瘡化去 失一奇才 慟悼罔喩"라는 구절이 있다.

322 某人之訃……亦不謂遽至於斯也:《낙전당집樂全堂集》〈박중연朴仲淵〉에 "新豐之訃 豈其眞耶 頃者入城 半日相對 聲氣已變 固慮其不久於世 而亦不謂遽至於斯也"라는 구절이 있다.

323 聞某人長逝……復何言哉:《약천집藥泉集》〈기아寄兒〉에 "卽者 香陪吏來言惠仲長逝 號隕不能自定 斯人之竟至於斯 豈天虛生而無意於扶相之耶 抑不能自愛 非天意之可及 吾之於世 在長者同春 在儕流此令 而今皆已矣 復何言哉"라는 구절이 있다.

324 念其老人在堂……不忍興言:《명재유고明齋遺稿》〈여심주부與沈主簿〉에 "重念其老人在堂 孤幼滿室 思之慘痛 不忍興言"이라는 구절이 있다.

○삼가 여러분께서는 친족으로서 평소 우의가 돈독하고, 죽은 이를 애도하고 살아있는 사람을 불쌍히 여겨야 하는 처지에서 비통한 심정을 어떻게 견디고 계십니까?[伏惟僉尊 素敦姻睦 悼死悶生 何堪悲怛]³²⁵ ○세상을 떠난 자와는 이미 저승과 이승으로 떨어졌고 살아있는 자들과도 만날 길이 없으니, 피차간에 살아남은 사람으로서의 심사心事는 각자 참담할 것입니다.[逝者 已隔幽明 生者 亦無會面之路 彼此後死心事 各自黯愴]³²⁶ ○돌림병의 기운이 더욱 치성을 부려 지금 감염이 되어 모인某人과 모우某友가 모두 이 병으로 세상을 떠났으니, 처참함을 어떻게 말로 하겠습니까? 선한 사람이 불행하게 되었으니 이 또한 슬픕니다.[瘋氣愈熾 方在薰染中 而某人及某友 俱以是疾逝去 驚慘何言 善人不幸 亦可悼也] ○그가 죽었으니 어찌 친구들의 사사로운 슬픔에 그치겠습니까?[其爲死也 豈但朋知私痛而已哉]³²⁷ ○병들어 고향에 누워 있느라 염하는 것도 보지 못하고 곡위哭位를 만들어 통곡하니, 이 슬픔을 풀 수가 없습니다. 조문할 길이 없으니 맺힌 슬픔을 어찌하겠습니까?[病伏邱園 旣不得視其含結 爲位而痛 不足以洩此悲 痛結奈何]³²⁸ ○나보다 먼저 떠나는 것이 반드시 나쁜 일은 아니지만 30년 동안 종유한 의리를 생각하면 어떻게 견딜 수 있겠

---

325 伏惟僉尊……何堪悲怛 : 《명재유고明齋遺稿》〈여심주부與沈主簿〉에 "伏惟僉尊素敦姻睦 悼死愍生 何堪悲怛"이라는 구절이 있다.

326 逝者……各自黯愴 : 《명재유고明齋遺稿》〈여조사위與趙士威〉에 "逝者 已隔幽明 生者 亦無會面之路 彼此後死心事 各自黯愴"이라는 구절이 있다.

327 其爲死也 豈但朋知私痛而已哉 : 《낙전당집樂全堂集》〈박중연朴仲淵〉에 "且其爲死也 豈但朋知私痛而已哉"라는 구절이 있다.

328 病伏邱園……痛結奈何 : 《낙전당집樂全堂集》〈박중연朴仲淵〉에 "病伏丘園 旣不得視其含結 爲位而慟 不足以洩此悲 無因相弔 痛結奈何"라는 구절이 있다.

습니까?[先吾而去 未必爲惡事 而只念三十年 從遊之誼 若何以堪之也]³²⁹ ○이는 운수 사나운 제가 그에게 누를 끼치는 것 같으니 스스로 한탄할 뿐, 감히 하늘을 원망할 수도 없습니다. 붓을 잡아 이 글을 쓰노라니 나도 모르게 눈물이 솟구칩니다. 당신도 슬퍼하실 것입니다.[此似亦窮命累渠 只有自悼 不敢怨天耳 援筆至此 不覺淚迸 想亦爲之愴然也]³³⁰ ○이 벗의 운명이 매우 기구하여 이미 벗을 위해 근심한 지 오래되었습니다.[此友之受氣甚薄 已爲儕流憂久矣]³³¹ ○떠날 때 비록 조금 피곤할 것이라 걱정을 했는데, 지난번 북쪽을 순행하시고 이미 돌아와 차츰 회복되었을 것이라 생각했습니다. 그런데 갑자기 부고가 이르니 벗의 애통함이 어찌 다만 개인적인 관계 때문이겠습니까? 그 사이 여츤旅櫬³³²은 벌써 고개를 넘었는지요?[去時 雖慮其稍憊 頃聞北巡已返 意謂漸蘇 遽以訃至 朋知痛惜 豈但爲私 未知其間旅櫬 已踰嶺否耶] ○요사이 친지들이 연이어 세상을 떠나니 뜬구름같이 덧없는 인생에 앞서고 뒤서는 것은 운수가 아닌 것이 없습니다.[比來 親知又零落相繼 浮生早晚 無非數也]³³³ ○부평초 같은 인생 길든 짧든 누구나 죽기 마련이니, 다만 빠르고 늦은 차이만 있을 뿐입니다. 그런데 죽은 자는 매우 좋고 살아남은 자만 괴로울 뿐이니, 그저

---

329 先吾而去……若何以堪之也 : 《낙전당집樂全堂集》〈박중연朴仲淵〉에 "先吾而去者 未必爲惡事 而只念三十年從游之誼 若何以堪也"라는 구절이 있다.

330 此似亦窮命累渠……想亦爲之愴然也 : 《농암집農巖集》〈여어유봉與魚有鳳〉에 "此似亦窮命累渠 只有自悼 不敢怨天耳 援筆至此 不覺淚迸 想亦爲之愴然也"라는 구절이 있다.

331 此友之受氣甚薄 已爲儕流憂久矣 : 《봉암집鳳巖集》〈답한덕소答韓德昭〉에 "此友之受氣甚薄 已爲儕流憂久矣"라는 구절이 있다.

332 여츤 : 객지에서 죽어 집으로 옮겨지는 관棺을 이른다.

333 比來……無非數也 : 《명재유고明齋遺稿》〈여박계긍與朴季肯〉에 "比來 親知又零落相繼 浮生早晚 莫非數也"라는 구절이 있다.

마냥 부럽습니다.[浮生脩短 同歸於盡 只是早晩間事 逝者甚好 只留生者苦耳 長羨長羨]³³⁴ ○ 모인某人을 어제 이미 발인하여 돌아왔는데 만사가 가슴이 아픕니다.[某人 昨已靷歸 萬事可以傷心] ○ 모인某人을 세월이 오랠수록 더욱 잊지 못하겠습니다. 진실로 차례로 있을 일이라는 것을 알지만 죽기 전에는 시린 아픔을 어찌 참아내겠습니까? 괴로운 일입니다.[某人 日遠愈不忘 固知此只是先後事 而未死之前 何耐辛酸 苦事苦事] ○ 모인某人은 이미 모처某處에서 돌아왔습니까? 상을 당한 뒤로 그의 편지를 받지 못해 그가 어떤 상태인지 알 수 없으니, 염려스러운 마음을 잊을 수 없습니다.[某人 已自某處還否 喪後 尙不得其書 不知作何狀 念之不能忘也]³³⁵ ○ 모인某人의 반츤返櫬은 언제쯤 돌아올까요? 그의 처지를 생각하면 목이 메어 잊을 수 없습니다.[某人 聞作返櫬之行 何間當還 念其情境 哽噎不能忘]³³⁶ ○ 모인某人의 초기初期가 어느새 지나가 버렸습니다. 인생이 물처럼 흘러가서 돌아오지 않으니, 슬프고 비통한 마음을 어찌하겠습니까?[某人 初期忽忽已過 人生如逝水之不可返 愴痛奈何]³³⁷ ○ 지금 모두 끝났으니 더욱 슬픕니다.[今焉已矣 尤可悲也] ○ 세상을 굽어보고 우러러보니 북받치는 감정을 이길 길 없습니다.[俯仰人代 尤不勝感慨矣]

---

334 浮生脩短……長羨長羨 : 《우계선생집牛溪先生集》〈답이대사성서答李大司成書〉에 "浮生脩短 同歸於盡 只是早晩事耳 而逝者甚好 只留生者苦耳 長羨長羨"이라는 구절이 있다.

335 某人……念之不能忘也 : 《농암집農巖集》〈여도이與道以〉에 "同甫已自嶺東還否 喪後尙不得其書 不知作何狀 念之不能忘也"라는 구절이 있다.

336 某人……哽噎不能忘 : 《농암집農巖集》〈여도이與道以〉에 "同甫聞已往通川 何間當還 念其情境 令人哽噎不能忘也"라는 구절이 있다.

337 某人……愴痛奈何 : 《명재유고明齋遺稿》〈여이군보與李君輔〉에 "明村初期 忽忽已過 人生如逝水之不可返 愴痛奈何"라는 구절이 있다.

면례류緬禮類[338]

▶삼가 면례緬禮가 멀지 않은데 상주께서 부모님을 그리워하는 마음이 더욱 고통스러우시리라 생각하니 슬픕니다.[伏以緬禮不遠 仰惟孝思益復窮毒 爲之悲念][339] ○편지를 받고 두 분의 관을 이미 새 산소로 옮겼음을 알았습니다. 상주의 그리움이 끝이 없을 텐데 지난날의 관을 직접 보고 애통하게 사모하는 마음이 새로 상을 당한 것과 같으며, 면례라고 해서 슬픈 마음이 조금도 줄어들지 않으셨으리라고 생각합니다.[伏承祖禰兩輴 已就新兆 竊想孝思罔極 親見舊柩 號慕如新 不以緬禮而情殺也][340] ○새 산소 자리가 정해진 것은 실로 신령의 도움입니다. 다만 70년이나 지난 뒤에 이장하는 일은 실로 중대한 일이기에 비록 편안한 곳으로 모시려는 효심이야 끝이 없겠지만, 혹 낭패라도 있으면 뒤늦게 후회해도 바로잡기 어려울 것입니다. 삼가 바라건대 열 번을 더 생각하고 충분히 의논한 뒤에 결정하는 것이 어떻겠습니까.[新兆有定 實神奉祐 第恐啓遷於年久之後 事實重大 雖安厝之孝心 不可窮已 而亦有狼狽 難以追悔 伏望更加十思 熟講決之 如何][341] ○전화前和[342]가 다시 땅 밖으로 나오니 땅을 치고 울

---

338 면례류 : '면례'는 무덤을 옮겨 다시 장례를 지내는 일로, 곧 이장移葬을 이른다.

339 伏以緬禮不遠……爲之悲念 : 《봉암집鳳巖集》〈답윤서응答尹瑞膺〉에 "仍伏聞緬禮不遠 仰惟孝思益復窮毒 爲之悲念"이라는 구절이 있다.

340 伏承祖禰兩輴……不以緬禮而情殺也 : 《명재유고明齋遺稿》〈상정포옹上鄭抱翁〉에 "伏審祖禰兩輴 已就新兆 竊想孝思罔極 親見舊柩 號慕如新 不以緬禮而情殺也"라는 구절이 있다.

341 新兆有定……如何 : 《명재유고明齋遺稿》〈상정포옹上鄭抱翁〉에 "新兆有定 實神奉佑 第恐啓遷於七十年之後 事實重大 雖安厝之孝心 不可窮已 而或有狼狽 難以追悔 伏望更加十思 熟講而決之 如何"라는 구절이 있다.

342 전화 : 관棺의 앞머리를 이른다. 《여씨춘추呂氏春秋》〈개춘開春〉에 "옛날 주周나라의 왕 계력을 초산의 끝에 장사 지냈는데, 난수가 그 묘를 침식하여 관의 앞부분이 보였다.[昔王

부짖은 애통함이 다시 새로울 것입니다.[前和復出 仰惟攀號之痛 益復如新] ○또 "슬픔의 눈물이 옷깃을 적셨다."는 말씀을 듣고는 저도 모르게 놀랍고 두렵기까지 하였습니다. 70년이나 지난 뒤에 큰일을 잘 치렀으니 흉한 것은 사라지고 길한 것만 다가와서 육체와 넋이 영원히 편안하실 것입니다. 이는 실로 우리 어른의 지극한 정성과 효심이 이승과 저승을 다 감동시킨 것입니다.[且承水氣及衽 不覺驚悚 克定大計於七十載之後 去凶卽吉 永安體魄 此實吾丈誠孝之至 感徹幽明也]³⁴³

{답장[答]}

▶면례緬禮의 기일이 점차 닥쳐오니 모든 일이 손에 잡히지 않습니다. 앞산에 아직 하관도 하지 못하였습니다. 일은 크고 일하는 데 드는 양식과 모든 일의 갖가지 것들을 마련하기 어려워 다만 절로 걱정만 할뿐입니다.[緬禮期日漸迫 而百事不入手 未窆前山 役已浩大 役粮凡事 種種難辦 只自憂悶而已] ○현화玄和³⁴⁴가 드러나니 널을 부여잡고 그리워하던 마음이 새로운데, 끝없는 정의情誼를 오히려 어떻게 다시 말씀드리겠습니까?[玄和復出 攀慕如新 情私罔極 尙復何諭] ○모일某日 면례를 치르고 이전 무덤 자리의 재앙이 매우 참혹하였는데, 새로운 무덤의 땅이 윤택하니 널을 부여잡고 애통한 나머지 조금이나마 망극한 그리움이 위안될 뿐입니다.[某日 過行緬禮 而舊壙之災害孔慘 新山之土性明潤 攀和之餘 稍慰罔極之思耳]

季歷 葬于楚山之尾 欒水齧其基 見棺之前和"라는 구절에 대한 고유高誘의 주석에 "관의 앞머리를 '화'라고 한다.[棺頭曰和]"라고 하였다. '전화前和'라고도 한다.

343 且承水氣及衽……感徹幽明也 : 《명재유고明齋遺稿》〈상정포옹上鄭抱翁〉에 "且承水氣及衽 不覺驚悚 克定大計於七十載之後 去凶卽吉 永安體魄 此實吾丈誠孝之至 感徹幽明也"라는 구절이 있다.

344 현화 : 죽은 사람의 뼈를 이른다.

권4

용례用例 1

방경류邦慶類 / 중시류重試類 / 대과류大科類 / 소과류小科類 / 발해류發解類 /
부거류赴擧類 / 낙방류落榜類 / 생남류生男類 / 과혼류過婚類 / 혼서류婚書類 /
승탁류升擢類 / 번곤류藩閫類 / 읍진류邑鎭類 / 서사류筮仕類 / 복직류復職類 /
부임류赴任類 / 부연류赴燕類 / 보외류補外類 / 견적류譴謫類 / 유환류宥還類 /
파관류罷官類 / 해관류解官類 / 취리류就理類 / 행역류行役類

용례用例 1

방경류邦慶類[1]

▶오경五慶이 모여들고 삼책三冊이 장차 거행되니[2] 신민의 기쁨은 중외中外[3]가 마찬가지일 것입니다.[五慶湊臻 三冊將擧 臣民欣忭 中外惟均] ○신년의 경사를 축하하는 의식을 장차 거행하니 기쁜 마음을 어떻게 표현하겠습니까?[新年吉慶 賀儀將擧 欣忭之忱 何可勝諭] ○새해 아침 축하의식이 거행되니 중외中外의 기쁨은 변방도 마찬가지일 것이고, 대궐을 바라보는 그리움[4]이 더욱 깊으리라 생각합니다.[元朝 賀儀載擧 中外歡忭 惟同邊塞 望宸之戀 想益深也] ○날도 절기도 좋은데 난여鑾輿[5]가 편안하게 돌아오시니, 기쁨을 어떻게 말로 하겠습니까?[日吉辰良 鑾輿穩旋 欣忭何言] ○하늘의 토벌[6]을 속히 시행하여 성대한 의식을 거행하니, 신민의 기쁨이 어찌 끝

---

1 방경류 : '방경'은 나라에 경사가 있음을 이른다.
2 오경이……거행되니 : 을묘년(1795, 정조19)에 다섯 가지 경사와 세 가지 존호를 올린 일을 이른다. '오경'은 1795년이 정조가 즉위한 지 20주년이 된 것, 정순왕후貞純王后가 망륙望六이 된 것을 기념하여 존호를 가상하는 것, 사도세자思悼世子에게 존호를 가상하는 것, 혜경궁惠慶宮이 회갑이 된 것, 혜경궁에게 존호를 가상하는 것을 통칭한 것이다. '삼책'은 이 중에서 정순왕후, 사도세자, 혜경궁 홍씨에게 존호를 가상하는 책冊을 올리게 된 것을 이른다.
3 중외 : 궁궐의 안과 밖이나 중앙과 지방을 이른다.
4 대궐을……그리움 : 원문은 '望宸'. '신'은 원래는 임금 계신 곳을 이르는 말로 쓰이다가, 후에 임금을 이르는 말로 쓰였다.
5 난여 : '왕이 타는 수레'를 이르는 말로, '난'은 왕이 타는 수레를 끄는 말고삐에 다는 방울을 이른다.
6 하늘의 토벌 : 원문은 '天討'. 하늘이 악인惡人을 징계하여 다스리는 일을 이른다. 후에 덕이 있는 사람이 하늘을 대신하여 행하는 정벌征伐이나 왕사王師의 정벌을 이른다. 《서경書經》

이 있겠습니까?[天討亟行 縟儀載擧 臣民慶忭 曷有其極] ○왕후의 건강이 회복되고 단비가 널리 흡족하게 내리니 신과 사람이 서로 기뻐합니다.[玉候康復 甘霈普洽 神人胥悅] ○단비가 흡족하게 내리고 왕의 안부가 곧 쾌차할 것[7]으로 점쳐지니 경사스러운 기쁨이 어찌 끝이 있겠습니까?[甘澍沛然 聖候占翌瘳之喜 慶幸欣忭 曷有其極] ○왕후의 위예違豫[8] 안부가 점점 나아가고 있어 비로소 내의원을 철거하라는 명령이 있었으니, 기쁨을 말로 하겠습니까?[坤聖 違豫之候 漸向差安 纔有藥院撤罷之命 欣幸可言] ○세자의 두증痘症과 성순聖順[9]이 하루도 지나지 않아 회복이 되어 축하의식을 장차 거행하려고 하는데, 종사의 경사가 무엇이 이보다 큰 것이 있겠습니까? 매우 기쁩니다.[東宮痘候 聖順不日康復 賀儀將行 宗社之慶 尙有大乎 忻祝萬萬] ○동궁의 두증痘症이 하루도 되지 않아 회복되었으니 중외의 기쁨을 어떻게 말로 하겠습니까?[東宮痘候 不日平復 中外忭慶 何可勝諭] ○동궁의 병이 평상을 회복하였고 빈궁의 병증이 또 안정되었으니, 경사스러움이 어찌 끝이 있겠습니까?[東宮患候平復 嬪宮証形又順 慶幸曷極] ○동궁의 홍역이 갑자기 사라져서 장차 축하의식을 거행하려고 하니, 경사스러움과 기쁨이 마땅히 어떠하겠습니까?[東宮疹候霍然 將擧賀儀 慶忭喜躍 當如何哉] ○성손이 탄생하고 왕세자가 홍역을 무사히 치렀으니, 나라의 겹경사에 기뻐하는 심정 모두가 마찬가지일 것입니다.[聖孫載誕 春邸 順經疹証

〈고요모皐陶謨〉에 "하늘이 죄 있는 자를 토벌하려 하시거든, 왕께서는 다섯 가지 등급의 형벌을 적용하여 다섯 가지 형벌로 처벌하소서.[天討有罪 五刑五用哉]"라는 구절에서 유래하였다.

7 곧……것 : 원문은 '翌瘳'. '다음 날 병이 낫는다'는 뜻으로, 빠른 시일에 쾌차함을 이른다. 《서경書經》〈금등金縢〉에 "공이 돌아가 축책祝冊을 금등의 궤 안에 넣으시니, 왕이 이튿날 병이 나으셨다.[公歸 乃納冊于金縢之匱中 王翼日乃瘳]"라고 구절에서 유래하였다.

8 위예 : 제왕이나 왕후의 병을 꺼려 이르는 말이다. '위유違裕'라고도 한다.

9 성순 : 인종의 비인 인성왕후仁聖王后와 명종의 비인 인순왕후仁順王后를 가리킨다.

邦慶疊臻 忭躍惟勻] ○신손이 탄생하여 나라의 복이 끝이 없으니, 신민의 기쁨이 어찌 끝이 있겠습니까?[神孫載誕 邦籙無彊 臣民慶忭 曷有其極] ○자궁慈宮과 원자궁元子宮¹⁰의 탄신일이 다음날이니 아랫사람의 기쁨을 어찌 이루 다 말하겠습니까?[慈宮元子宮 誕辰隔日 下情欣忭 何可勝言] ○서울 소식에 기쁘다는 것 외에 달리 말씀드릴 것이 없습니다.[洛奇舞蹈之外 無可報者] ○해를 이어 외지에 살고 있어서 여러 공들의 뒤를 따라 함께 왕께 문안하는 반열에 나아가지 못하여 북쪽을 바라보며 서운한 마음만 가질 뿐입니다.[連年居外 未得隨諸公後 共造起居之列 北望悵缺而已]

중시류重試類¹¹

▶중시重試에 높은 성적으로 합격을 하였으니, 어찌도 그리¹² 장쾌하던지요. 삼장장원三場壯元¹³은 간혹 있기는 하지만, 홍패紅牌와 백패白牌¹⁴

---

10 자궁과 원자궁 : '자궁'은 태후가 거처하는 궁전으로, 후에 태후를 이르는 말로 쓰였다. '원자궁'은 왕의 적장자가 거처하는 궁전으로, 후에 '왕의 적장자'를 이르는 말로 쓰였다.

11 중시류 : '중시'는 과거에 급제한 사람에게 다시 보이는 시험으로, 고려시대에는 동당감시東堂監試에 합격한 당하관에게 임금이 다시 친시親試하는 것을 '염전중시簾前重試'라고 하였고, 조선시대에는 문무 당하관에게 10년에 한 번씩 다시 시험하였는데, 이에 합격한 사람에게는 품계를 올려 주었다

12 어찌도 그리 : 원문은 '一何'. 《전국책戰國策》〈연시燕策〉에 "제왕이 창을 어루만지면서 물러나며 '이 어찌 그리도 경사스러운 일과 불행한 일이 서로 뒤따르는 것이 빠른가?'라고 하였다.[齊王按戈而卻曰 此一何慶弔相隨之速也]"라고 하였다. '일'은 어기를 강조하는 조사로 뜻이 없다.

13 삼장장원 : 초시初試, 복시覆試, 전시殿試에 모두 장원으로 합격한 것을 이른다.

14 홍패와 백패 : '홍패'는 과거에 급제한 사람에게 그의 성적 등급과 성명을 붉은 종이에 적어서 발급하던 합격증이고, '백패'는 소과小科에 급제한 생원生員·진사進士, 또는 잡과雜科에 급제한 사람에게 성적의 등급 및 성명을 기록하여 발급하던 흰 종이의 합격증을 이른다.

네 종이에 이름을 올리는 것은 더욱 보기 드문 일이라 보고 듣는 사람들이 모두 공경하니 기쁨을 어떻게 말씀드리겠습니까?[重試巍擢 一何壯也 三場壯元 世或有之 紅白兩紙 尤所罕覯 瞻聆俱聳 欣忭曷諭] ○ 용두龍頭[15]에 높은 점수로 합격하여 비옥緋玉[16]으로 총애를 받아 승직하니, 벗이 잘되는 것을 기뻐하는[17] 구구한 저의 마음을 말로 할 수 없습니다. 평소의 뜻이 겸손하시니 높은 지위에 올라서도 두려워하시리라 생각합니다.[龍頭巍捷 (裶)[緋][18]玉寵陞 區區栢悅 有不可言 想雅意沖挹 履榮若惕也] ○ 과거시험의 명예에 거듭거듭 이름이 올라 옥잠화玉簪花[19]를 머리에 꽂으니, 부모님께 기쁨을 드린 효성이 비단 금니金泥의 기쁨[20]이 이와 같겠습니까? 복록을 갖춘 집안에서도 드문 경우이니 더욱 축하드립니다.[科名重重 頂玉簪花 仰惟貽悅之孝 不但金泥之喜如此 福慶人家所罕 尤爲之攢賀] ○ 한 번도 오히려 어려운 일인데, 두 번은 어떠하겠습니까? 마치 지푸라기를 줍듯이 어찌 이리도 쉽게 합격하셨는지요.[一之猶難 況再乎 拾之如芥 何其容易也]

---

15 용두 : 과거에서 문과의 장원을 이른다. 오자목吳自牧의 《몽양록夢梁錄》〈사인부전시창명士人赴殿試唱名〉에 "1등을 '장원급제', 2등을 '방안', 3등을 '탐화'라고 한다.[第一名壯元及第 第二名榜眼 第三名探花]"라고 하였다.

16 비옥 : '비단옷과 옥관자玉貫子'를 이르는 말로, 당상관의 관복을 이른다.

17 벗이……기뻐하는 : 원문은 '松柏'. '송무백열松茂栢悅'의 줄임말로, 육기陸機의 〈탄서부歎逝賦〉에 "참으로 소나무가 무성하니 잣나무가 기뻐하고, 슬프다 지초가 불에 타니 혜초가 탄식하네.[信松茂而柏悅 嗟芝焚而蕙歎]"라는 구절에서 유래하였다.

18 (裶)[緋] : 저본에는 '裶'로 되어 있으나, 문맥을 살펴 '緋'로 바로잡았다.

19 옥잠화 : '옥으로 된 잠화簪花'를 이르는 말로, 경사스러운 일이 있을 때 남자들의 머리에 꽂던 조화造花이다. 소식蘇軾의 〈길상사상목단吉祥寺賞牡丹〉에 "사람은 늙어서도 꽃을 꽂기를 부끄러워하지 않지만, 꽃은 응당 노인 머리에 오르는 것을 부끄러워하리라.[人老簪花不自羞 花應羞上老人頭]"라고 하였다.

20 금니의 기쁨 : '금니'는 금가루를 섞은 아교로, 국가의 중요한 문서를 봉封하는 데 사용되었으므로 임금이 내리는 교서 등을 받는 기쁨을 이른다.

{답장[答]}

▶뜻밖의 요행으로 합격을 차지하여 외람되어 승자陞資²¹의 돌보심을 입었으니, 임금의 깊은 보살핌에 감축함을 어떻게 말씀드리겠습니까?[意外倖占 猥膺陞資之眷 到底恩造 感祝何言] ○거듭 과거의 명예를 입었으니 실로 분수 밖의 일이라 두려워 자못 다행스러움도 모르겠습니다.[重忝科名 實有踰分之懼 殊不知爲幸也]

대과류大科類

▶석갈釋褐²²은 진실로 조만간에 일어날 일이었지만 방년芳年²³에 문과에 급제하여 아름다운 명성이 귀에 가득하니, 저의 기쁨을 어떻게 말로 하겠습니까?[釋褐 固早晚事 而芳年大闡 香名滿耳 區區欣喜 豈勝名論] ○단번에 문과에 급제하여 시원스레 부모님의 기대에 부응하였다고 하니, 그 소식을 듣고 너무나 기뻐 잠도 오지 않습니다.[一擧大闡 快副庭闈之望 聞之喜悅 殆不能寐]²⁴ ○재예로 이름을 떨쳐 어버이를 영광스럽게 하였으니 감탄스러운 마음 이루 말할 수 없습니다.[才藝登名 以爲親榮 豈勝嘉歎]²⁵

---

21 승자 : 정3품 이상의 품계에 오르는 것을 이른다. '승질陞秩'이라고도 한다.
22 석갈 : 과거에 합격하면 갈옷을 비단옷으로 갈아입고 벼슬에 나아감을 이른다.
23 방년 : 20살 안팎의 젊은 나이를 이른다.
24 一擧大闡……殆不能寐 : 《농암집農巖集》〈여이의현與李宜顯〉에 "一擧大闡 快副庭闈之望 聞之喜悅 殆不能寐"라는 구절이 있다.
25 才藝登名……豈勝嘉歎 : 《명재유고明齋遺稿》〈답이삼答李森〉에 "才藝登名 以爲親榮 豈勝嘉歎"이라는 구절이 있다.

○과시에 합격하여 이름을 날려서 어머니를 기쁘게 해 드렸으니, 어찌 이루 다 치하하겠는가?[科事 能中選成名 以爲萱堂歡 豈勝馳賀]²⁶ ○과거에 장원으로 합격하는 것은 본디 그대 집안에 흔히 있는 일이니, 다시 축하할 일이 있겠습니까?[科甲 自是尊家事 又何足賀耶]²⁷ ○어제 서울로 들어갔더니, 형께서 사제賜第²⁸의 은혜를 입었다는 소식을 듣고 기쁨이 제가 얻은 것 같을 뿐만이 아닙니다.[昨入都下 聞兄蒙賜第之恩 驚喜之忱 不翅若己得之] ○방안榜眼²⁹을 보고 기뻐서 잠을 이루지 못하였습니다. 잘 배워서 일찍 명성을 이루었으니 어질다고 할 수 있을 것입니다. 더욱더 충실히 하고 궁구해서 스스로 수립하는 데 힘써 함께 선조의 덕을 계승하는 것이 이 노형의 간절한 바람입니다.[見榜眼 喜而不寐 能學早有成名 可謂賢矣 惟願益加充闡務自樹立 以恭承餘慶區區之望也]³⁰ ○모야某也도 과거에 합격하였다고³¹ 하니, 한 집안에 두 사람이 급제한 것은 더욱 기이한 일입니다.[某也 亦得參 一家二人 儘是奇事 尤可喜也]³² ○아드님이 과거에 급제

---

26 科事……豈勝馳賀 : 《명재유고明齋遺稿》〈답오수채答吳遂采〉에 "科事 能中選成名 以爲萱堂歡 豈勝馳賀"라는 구절이 있다.

27 科甲……又何足賀耶 : 《명재유고明齋遺稿》〈답박사수答朴士受〉에 "科甲 自是尊家事 又足賀耶"라는 구절이 있다.

28 사제 : 과거에 급제하지 않은 사람에 대하여, 임금의 명령으로 과거에 급제한 사람과 똑같은 자격을 주는 것을 이른다.

29 방안 : 과거 급제에서 2등으로 합격한 것을 이른다. '안'은 사람의 눈이 둘이라는 뜻에서 나온 2등의 은어隱語로, 북송北宋 초기에는 2등과 3등을 모두 '방안'이라고 부르다가, 후에 3등을 '탐화探花'라고 부르면서 2등만을 이르는 말로 굳어졌다.

30 見榜眼……以恭承餘慶區區之望也 : 《명재유고明齋遺稿》〈여서제졸與庶弟拙〉에 "見榜眼 喜而不寐 能學早有成名 可謂賢矣 惟願益加充闡 務自樹立 以共承餘慶 老兄區區之望也"라는 구절이 있다.

31 과거에 합격하였다고 : 원문은 '參'. '참방參榜'의 줄임말로, 과거에 합격하여 방목榜目에 이름을 올리는 것을 이른다.

32 某也……尤可喜也 : 《명재유고明齋遺稿》〈여재종제천종與再從弟天縱〉에 "東衡亦得參云 一

를 하였다니 기특하고 장해서 저도 모르게 병들어 누워 있다가 몸을 일으켰습니다. 나라를 위해 인재를 얻은 것을 축하드립니다. 기뻐서 잠을 설치고 병세가 거의 죽을 지경이라 몸을 움직일 상황이 못되어 즉시 찾아뵙고 축하를 드리지 못해 몹시 한스러워 마치 한 가지 병이 더 생기는 것 같습니다.[令胤大闡 奇哉壯哉 不覺病枕之蹶起 爲國家賀得人也 喜而失寐 而病狀殊殊 實無蠢動之勢 未卽躬賀 恨歎之甚 如添一病] ○ 큰 아드님이 결과決科[33]에 참여한 것은 그가 봉격捧檄[34]을 원하던 것이었으니, 어찌 지극히 다행스럽지 않겠습니까?[伯允決科 在渠捧檄之願 豈非至幸] ○ 첫째가 등과登科한 경사는 저로 하여금 갑절이나 축하드리게 합니다.[一哥科慶 令人倍賀][35] ○ 둘째 아드님이 회시會試에서 1등을 하고 곧바로 전시殿試에서도 1등을 하니, 참으로 나라를 위해 인재를 얻은 것을 축하드립니다. 이는 유독 합하 집안만의 경사가 아닙니다.[二郞 魁捷會圍 旋魁殿對 誠爲國家賀得人 不獨閤下門庭之

家二人 尤奇事也"라는 구절이 있다.

33 결과 : 문제가 기록된 간책簡策을 책상에 올려 두고 응시자가 골라 답안지를 작성하던 '석책射策'에 참여하여 과제科第를 결정하던 일을 이르는 말이었는데, 후에 과거시험에 참가한 것을 이르는 말로 쓰였다.

34 봉격 : 부모를 위해 뜻을 굽히고 벼슬길에 나아가는 것을 이른다. 《후한서後漢書》〈유평등전서劉平等傳序〉에 "모의毛義 소절少節이 집안은 가난하였지만 효행으로 이름이 났다. 남양 사람 장봉張奉이 그의 명성을 사모하여 그를 찾아가서 자리를 잡고 앉았는데 마침 부府의 격문이 도착하여 모의를 수령으로 임명한다는 내용이었다. 모의가 격문을 받들고 들어가면서 기뻐하는 모습을 보이자, 장봉은 뜻이 고상한 선비로 마음속으로 그를 천하게 여기면서 스스로 그를 찾아온 것을 한스럽게 여기고 인사하고 떠났다. 후에 모의가 어머니가 돌아가시자, 벼슬을 버리고 장례를 치렀다.……장봉이 탄식하며 '어진 사람은 참으로 예측할 수 없구나. 지난날 기뻐했던 것은 바로 어머니를 위해 자신의 뜻을 굽힌 것이었구나.'라고 하였다.[毛義 少節 家貧 以孝行稱 南陽人張奉 慕其名往候之 坐定而府檄適至 以義守令 義奉檄入 喜動顔色 奉者志尙士也 心賤 自恨來 固辭而去 及義母死 去官行服……張奉嘆曰 賢者固不可測 往日之喜 乃爲親屈也]"라는 구절에서 유래하였다. '봉격奉檄'이라고도 한다.

35 一哥科慶 令人倍賀 : 《명재유고明齋遺稿》〈여박화숙與朴和叔〉에 "一哥科慶 令人倍賀"라는 구절이 있다.

慶也]³⁶ ○아드님의 과거 합격은 매우 기뻐 기쁜 일이라 말할 수 없이 축하드립니다.[令胤科慶 奇喜之極 賀不容口] ○큰형님이 과거에 합격한 경사는 공적으로나 사적으로 모두 기쁜 일입니다. 그런데 제가 병으로 곧바로 편지를 보내서 축하드리지 못하고 또 문희연聞喜宴³⁷에 참석하지 못하여 서운하고 한탄스러울 뿐입니다.[伯氏科慶 公私勻喜 病不卽書賀 亦未得往與聞喜之會 恨歎而已] ○막냇동생이 과거에 합격한 것은 참으로 조만간 있을 일임을 알았습니다. 이는 과연 기대한 것과 같으니, 벗이 잘되는 것을 기뻐하는 마음을 어떻게 말씀드리겠습니까?[賢季大闡 固知早晚應爾 果如所期 栢悅何諭] ○당신의 조카가 과거에 합격하였는데 아직도 달려가 축하드리지 못하고 있으니 한탄스럽습니다.[賢咸科慶 尙未趨賀 可歎] ○즉일 모某가 과거에 급제했다는 소식을 들었으니, 경하하는 마음 금할 수 없습니다. 이것이 비록 그의 재능과 선조들이 남기신 덕택이기는 하지만 또한 그대의 굽힌 뜻을 펼 수 있게 되었으니 거듭 경하드립니다.[卽聞某之擢第 不勝奉賀 此雖是渠之才 與祖先之餘慶 亦君之屈有以伸之也 重以爲賀]³⁸ ○윤우胤友³⁹가 영근榮覲⁴⁰하는데, 봄철에 문희연聞喜宴 자리에 기쁜 기운이 문밖으

---

36 二郎魁捷會圍……不獨閣下門庭之慶也 : 《식암선생유고息庵先生遺稿》〈답수보문곡김공서答首輔文谷金公書〉에 "邸報中就審二郎巍捷會圍 旋魁殿對 誠爲國家賀得人 不獨爲閣下門庭之慶也"라는 구절이 있다.

37 문희연 : 당나라 때 진사進士 합격자의 방榜이 붙은 뒤에 돈을 갹출하여 곡강정曲江亭에서 베푼 연회를 일컫던 칭호이다. 일명 '곡강연曲江宴'이라고 한다. 송나라 때는 조정에서 주관하여 경림원瓊林苑에서 열었는데, 명청시대에는 이를 '경림연瓊林宴'이라고 하였다.

38 卽聞某之擢第……重以爲賀 : 《명재유고明齋遺稿》〈여재종제천종與再從弟天縱〉에 "卽聞恕敎之擢第 不勝奉賀 此雖是渠之才 與祖先之餘慶 亦君之屈有以伸之也 重以爲賀"라는 구절이 있다.

39 윤우 : 상대방의 아들을 일컫는 말로, 자기와 교유하는 관계에 있는 사이를 이른다.

40 영근 : 과거에 급제하거나 관직에 임명된 자가 귀향하여 어버이를 뵙고, 그 어버이를 영화스

로 넘쳐나니 사람으로 하여금 기쁘게 합니다.[胤友榮觀 時値方春 仰惟聞喜之席 喜氣溢門 令人健羨] ○영행榮行[41]이 출발하고 저도 산하山下로 따라가서 함께 제사를 지냈으니, 기쁘고 다행스러움을 어떻게 말로 하겠습니까? 도착하는 날을 상상하면 경사스러움을 손으로 잡을 만큼 분명합니다.[榮行發去 弟亦隨往山下 同過祀禮 喜幸曷言 想到日慶歡可掬] ○모某가 도착하고 나서 경사와 기쁨을 상상할 만하지만, 반주인泮主人[42]의 큰 욕심[43]은 만족을 모르니 두통이 생길까 걱정입니다.[某到後 慶喜可想 而泮主壑欲無厭 恐作頭痛耳]

{답장[答]}

▶생각지도 못하게 과거에 합격하였으니 다행스럽습니다. 부모님을 기쁘게 해드린 것이 기쁠 뿐입니다.[意外獲參 倖矣倖矣 侍下供歡 惟是爲喜] ○요행히 과거에 합격하였으니 부모님을 모시는 처지에 매우 다행입니다.[僥倖參榜 侍下多幸] ○뜻밖에 과거에 합격하여 비록 부모님을 기쁘게 해드리는 바탕이 되기는 했지만, 이미 불행의 경계를 범하였으니[44]

럽게 하는 것을 이른다.
41 영행 : 남의 행차를 높여 이르는 말이다.
42 반주인 : 성균관成均館의 입학시험을 보기 위하여 서울에 올라온 시골 선비가 성균관 근처에 유숙하는 집이나 그 집 주인을 이른다. '관주인館主人'이라고도 한다.
43 큰 욕심 : 원문은 '壑欲'. 《국어國語》〈진어晉語〉에 "계곡을 채울 수는 있지만 이 욕심은 채울 수 없다.[谿壑之盈 是不可充]"라고 하였다.
44 불행의……범하였으니 : 원문은 '不幸之戒'. 《소학小學》〈가언嘉言〉에 "정이천程伊川이 '사람에게는 세 가지 불행이 있다. 젊은 나이에 고과高科에 오르는 것이 첫 번째 불행이요, 부형의 권세를 빌려 좋은 벼슬을 하는 것이 두 번째 불행이요, 높은 재주가 있어서 문장을 잘하는 것이 세 번째 불행이다.'라고 하였다.[人有三幸 少年登高科 一不幸 席父兄之勢爲美官 二不幸 有高才能文章 三不幸也]"라는 구절에서 유래하였다.

기뻐만 할 것이 아니라 근심입니다.[意外占科 雖爲悅親之資 旣犯不幸之戒 非喜伊憂也] ○아이가 과거에 급제하여 근심과 두려움이 다시 커졌으니, 어떻게 처신해야 할지 잘 모르겠습니다.[兒子倖科 憂懼尤大 殆不知所以自措也]45 ○아이가 과거에 합격하여 옛사람이 말한 불행의 경계를 범한 것이고, 또 가득 찬46 것을 두려움으로 삼습니다.[迷兒之竊科 犯古人不幸之戒 且以盛滿爲懼也] ○아이의 과거 합격은 저의 집안에 지나치게 성대한 두려움이 있는 것이니, 부모님께서 돌아가신 외로운 끝에 더욱 목이 메일 뿐입니다.[迷兒科事 竊有私家過盛之懼 孤露之餘 亦增感咽矣] ○한미한 집안에 가득 찬 것을 경계하니 부모님 돌아가신 외로운 감정이 더합니다.[寒門盈戒 孤露增感] ○아이가 망령되게 과거에 합격하였으니 기뻐만 할 것이 아니라 근심거리입니다. 전시殿試에는 들여 보내지 말라는 정승의 말씀47은 참으로 아끼시는 지극한 마음에서 나온 것입니다.[兒子妄發參榜 非喜伊懼 殿試不入送勻敎 實出相愛之至心] ○막냇동생이 과거에 합격한 것은 쇠약한 가문의 다행이기는 하지만, 도리어 부모님을 봉양하지 못하는48 감정이 간절할 뿐입니다.[季弟科名 衰門之幸 而還切不洎之感耳]

---

45 兒子倖科……殆不知所以自措也 : 《명재유고明齋遺稿》〈여윤숙린與尹叔麟〉에 "兒子倖科 憂懼又大 殆不知所以自措也"라는 구절이 있다.

46 가득 찬 : 원문은 '盛滿'. '성만지계盛滿之戒'의 줄임말이다. '성만'은 '그릇에 물이 가득 차면 넘친다'는 뜻으로, 부귀함이 크게 성대해짐에 따라 자신도 모르게 교만해져서 하루아침에 패가망신하는 것을 비유하는 말이다.

47 정승의 말씀 : 원문은 '勻敎'. 정승政丞의 명령이나 의견을 이른다. '균지勻旨'·'균지鈞旨'라고도 한다.

48 부모님을……못하는 : 원문은 '不洎'. 《장자莊子》〈우언寓言〉에 "증자가 다시 관직에 나갔는데 마음이 다시 변화되어 '내가 부모가 살아 계실 때 한 벼슬은 삼부의 녹봉을 받았어도 마음이 즐거웠는데, 그 뒤에 한 벼슬은 삼천 종의 녹봉을 받았으나 부모를 봉양할 수 없어 내 마음이 슬펐다.'라고 하였다.[曾子再仕而心再化曰 吾及親仕 三釜而心樂 後仕 三千鍾而不洎親 吾心悲]"라고 하였다.

○막냇동생이 과거에 합격하여 지난날을 떠올리며 느끼는 감정이 마음속에 번갈아 이르니, 자못 다행스러운 일인지 모르겠습니다.[舍弟科事 感舊之懷 交切于中 殊不知爲幸也]

소과류小科類

▶소과에 합격[49]한 것을 오래전에 축하했어야 했는데, 병들고 게을러 그러지 못하였습니다.[蓮榜之喜 久當有問 病嬾闕然][50] ○사마시司馬試에 장원으로 합격하였다는 소식을 듣고 편지 한 통을 보내 기쁜 마음을 전하려 했지만, 병 때문에 그리하지 못했을 뿐만 아니라 또한 그것은 당신께 축하드릴 만한 것이 되지 못한다는 생각에 그리하지 않았습니다.[自聞擢冠上庠 欲遣一書 以申欣悅之意 而非但病未能爲 此在吾人 不足爲賀也][51] ○소과小科에 급제했더라도 제 부모님의 마음에는 큰 위로가 되었을 것인데, 하물며 또 이보다 크고 이보다 훌륭한 것에 있어서야 더 말할 것이 있겠습니까. 더욱 노력하시기 바랍니다.[雖小科 慰我親心則大矣 況

---

49 소과에 합격 : 원문은 '蓮榜'. 원래는 소과小科인 생원시生員試와 진사시進士試에 합격한 사람의 이름을 적은 명부를 이른다. 《매천야록梅泉野錄》〈갑오이전甲午以前〉에 "문과를 '용방', 무과를 '호방', 소과를 '연방', 대과를 '계방'이라고 한다.[文科曰龍榜 武科曰虎榜 小科曰蓮榜 大科曰桂榜]"라고 하였다.

50 蓮榜之喜……病嬾闕然 :《명재유고明齋遺稿》〈답이의화군실答李宜華君實〉에 "蓮榜之喜 久當有問 而病慵闕然"이라는 구절이 있다.

51 自聞擢冠上庠……不足爲賀也 :《농암집農巖集》〈답이현익答李顯益〉에 "自聞擢冠上庠 欲遣一書 以申欣悅之意 而不但病未能爲 亦念此在吾人 不足爲賀也"라는 구절이 있다.

又大於此 (緊)[賢]⁵²於此者乎 願益勉旃]⁵³ ○아드님의 소과 급제를 축하드립니다.[令允小慶 奇賀奇賀] ○아드님이 과거에 급제한 경사는 비록 소과小科이기는 하지만 마땅히 축하를 드렸어야 하는데, 아직도 편지를 보내지 못하였습니다.[令允科慶 雖小宜賀 尙稽奉書以申] ○아드님의 소과 급제는 오히려 늦었습니다. 형의 슬하에 과거 급제의 경사는 이른 나이에 현달하였다고 할 수 있으니 축하드립니다.[胤君小成 猶爲晩矣 而兄之膝下科慶 可謂早達 爲之仰賀] ○아드님의 소과 급제는 지금까지도 벗이 잘되는 것을 기뻐할 만합니다. 소식을 들었을 당시 곧바로 편지를 보냈어야 했는데, 상중에 있는 몸이라 감히 남에게 축하의 말을 쓸 수 없어 끝내 보내지 못해 매우 서운합니다.[令胤小成 至今栢悅 其時宜卽奉書 而哀疚之身 不敢向人作賀語 遂致闕然 第切歉恨] ○아드님이 길을 나섰던 때를 듣지 못하여 답장을 보내지 못해 지금까지 서운합니다. 집안을 영광스럽게 하던 날 이웃 수령 가운데 축하 자리로 달려간 사람은 누구였는지요? 길이 아득히 멀어 그들 사이에 이 몸을 두지 못해 우리 형께서 기뻐하시는 모습을 보지 못한 것이 한스럽고 부러울 뿐입니다.[(合)[令]⁵⁴允 榮行之時 未及聞知 不得修謝 至今爲恨 榮門之日 隣宰之赴席者誰歟 邈焉阻脩 恨未能置此身於其間 不見吾兄嘉悅之狀 爲之馳豔而已]

---

52 (緊)[賢] : 저본에는 '緊'으로 되어 있으나, 문맥을 살펴 '賢'으로 바로잡았다.

53 雖小科……願益勉旃 : 《명재유고明齋遺稿》〈여박사원與朴士元〉에 "雖小科 慰我親顔則大矣 況又大於此賢於此者耶 願益勉旃"이라는 구절이 있다.

54 (合)[令] : 저본에는 '合'으로 되어 있으나, 문맥을 살펴 '令'으로 바로잡았다.

{답장[答]}

▶분수 밖에 과거 합격한 것은 이미 개인적으로 매우 다행한 일입니다. 모야某也와 함께 과거에 급제한 것은 모두 기이한 일입니다.[分外科名 已極私幸 某也同榜 儘是奇事] ○부모님을 모시고 있는 가운데 과거에 급제하였으니 다행스러운 일이지만, 푸른 수염[55]과 난삼欄衫[56]은 자못 노둔하고 잔약한 느낌이 나니 어찌하겠습니까?[侍下科名 非不爲幸 而蒼髥欄衫 殊覺駑孱奈何] ○아이가 소과에 급제를 하였는데 여러 번 낙제한 끝이라 자못 위안됩니다.[迷兒 獲忝科名 屢屈之餘 頗用慰幸] ○큰아이가 소과에 급제하였습니다. 마침 선인이 성균관에 오른[57] 나이가 되었고, 또 제 아비도 하지 못한 일을 이루었으니, 기특한 마음을 어떻게 말로 표현하겠습니까?[大兒小成 適値先人升庠之歲 而又辦乃父未能之事 私心奇幸 如何盡狀] ○둘째 동생과 종제從第[58]가 연이어 과거에 합격하였으니 부모님의 위안이 매우 큽니다.[阿仲與從第 聯參科榜 侍下慰幸爲多] ○그 아이가 벌써 자라 과거에 합격하였으니 너무 기쁘다 못해 슬프기까지 합니다. 마음속 슬픔을 이길 길 없습니다.[渠旣成長 而至於成名 喜極而悲 不勝感愴也] ○모某 생질甥姪이 상서庠序에 들어간 것은 그에게는 자랑할 만한 일이

---

55 푸른 수염 : 원문은 '蒼髥'. '푸른 소나무'를 비유하여 이르는 말로, 여기서는 젊은 사람을 이르는 듯하다. 소식蘇軾의 〈불일산영장로방장佛日山榮長老方丈〉에 "산중에는 단지 푸른 소나무 쓸쓸한 몇 리 길에서 사람을 맞이하고 보낸다.[山中只有蒼髥叟 數里蕭蕭管送迎]"라고 하였다.

56 난삼 : 생원生員이나 진사進士에 합격했을 때 입던 예복으로, 녹색이나 흑색의 단령團領에 각기 같은 빛깔의 선을 둘렀다.

57 성균관에 오른 : 원문은 '升庠'. 생원生員이나 진사시進士試에 합격하여 성균관에 입학하는 것을 이른다.

58 종제 : 종제從弟와 같다.

아니지만, 우리 연로한 누이에게는 큰 기쁨입니다.[某甥庠選 在渠未足爲夥 而其慰悅我老姊則大矣]⁵⁹

발해류發解類⁶⁰

▶해방解榜⁶¹에서 높은 점수로 합격하였으니, 처음 맛보는 것이라 기뻐할 만합니다.[解榜高中 初味可喜] ○초시에 높은 점수로 합격을 하였으니 기쁨을 이기지 못하겠습니다. 공부가 아직 익숙지 않은데 중제重制⁶²를 당하여 우선 묵혀 두었다가 내년 식년式年에 보는 회시會試에 부치는 것이 마땅할 듯한데, 어떻게 생각하시는지 모르겠습니다.[發解高參 不勝奇喜 講工未熟 且遭重制 則姑爲陳置 以付明年式會 似爲得宜 未知如何] ○오랫동안 소식이 막혔는데 이미 과거에 합격하셨는지요?⁶³[久阻音信 無乃

---

59 某甥庠選……而其慰悅我老姊則大矣 : 《명재유고明齋遺稿》〈여박계긍與朴季肯〉에 "輔甥庠選 在渠未足爲夥 而其慰悅我老姊則大矣"라는 구절이 있다.
60 발해류 : '발해'는 정약용丁若鏞의 《아언각비雅言覺非》에 의하면 '발개'라고 발음한다고 하였다. 주현州縣의 고시考試에 급제한 학생을 그 지방 관청에서 중앙 정부에 올려보내 경사京師에서 과거에 응시하게 하는 것을 말한다. 여기서는 초시初試를 이른다.
61 해방 : 과거 초시初試의 합격자를 발표하는 방榜을 이른다.
62 중제 : 상례복제喪禮服制에서 사촌이나 고모 또는 고종사촌 등 대공친大功親 이상의 상사 때 입던 상복이다. '중복重服'이라고도 한다.
63 과거에 합격하셨는지요 : 원문은 '折桂枝'. '계수나무 가지를 꺾다'는 뜻으로, 과거에 급제함을 이른다. 《진서晉書》〈극선전郤詵傳〉에 "극선이 옹주자사로 부임할 때 무제武帝가 동당에서 그를 전별했는데, '자네는 스스로를 어떻게 생각하는가?'라고 묻자 '신이 현량대책에서 뽑히어 천하제일이 되었지만, 여전히 계화 숲의 한 가지요, 곤산의 한 조각 옥에 불과하지요.'라고 대답하였다.[累遷雍州刺史 武帝於東堂會送 問詵曰 卿自以爲何如 詵對曰 臣擧賢良對策 爲天下第一 猶桂林之一枝 崑山之片玉]"라고 하였다.

已折桂枝耶] ○아드님의 초시 합격은 기묘합니다.[今允發解 奇妙] ○윤우允友[64]가 초시에 합격하여 기뻐하실 것이라 생각하니 매우 기쁩니다. 반드시 합격하여 만년의 위안으로 삼기를 바랄 뿐입니다.[允友發解 伏想嘉悅 爲之奇喜 惟企必捷以慰晩景耳] ○아드님들의 초시 급제는 참으로 우리 집 노유老儒[65]가 낙막함에 축하드리는 마음을 어떻게 말로 하겠습니까?[胤輩解額 良賀吾家老儒落莫 何言] ○둘째 아드님이 오히려 향시鄕試에 장원으로 급제하여 기쁜 소식을 기대하게 하니, 진실로 이른바 "이 무슨 마음이었던가."[66]라는 경우입니다. 도리어 우습습니다.[次胤解元 猶使人望其好音 眞亦所謂是誠何心者也 可呵][67] ○지난번에 초시 합격자 방榜에서 그대 아들의 이름을 보고는 그대를 위해 멀리서 기뻐하였습니다.[頃見解榜 令胤果高中 爲兄遙喜][68] ○아드님이 삼여三餘의 공부[69]가 독실하여 높은 점수로 과거에 합격할 것으로 기대합니다.[胤友 三餘之工 想篤實 高捷是企] ○아드님의 재주는 어려서부터 뛰어나 이번 과거에 높은

---

64 윤우 : 웃어른에 대한, 상대의 장성한 아들을 이른다.

65 노유 : 과거에 합격한 상대방의 아버지를 이른다.

66 이 무슨 마음이었던가 : 원문은 '誠何心'. '자신의 마음을 이해하지 못하다'라는 뜻으로,《맹자孟子》〈양혜왕梁惠王 상上〉에 "왕께서 소가 죄없이 사지로 끌려가는 것을 측은히 여기셨다면 어째서 소와 양을 구분하셨습니까?'라고 하자 왕이 웃으며 '이것이 진실로 무슨 마음이던가?'라고 하였다.[王若隱其無罪而就死地 則牛羊 何擇焉 王笑曰 是誠何心哉]"라고 하였다.

67 次胤解元……可呵 :《명재유고明齋遺稿》〈상탄옹上炭翁〉에 "次胤解元 猶使人望其喜音 眞亦所謂是誠何心者耶 還可呵也"라는 구절이 있다.

68 頃見解榜……爲兄遙喜 :《명재유고明齋遺稿》〈여최선여與崔善餘〉에 "頃見解榜 見令胤之名 爲兄遙喜"라는 구절이 있다.

69 삼여의 공부 : 원문은 '三餘之工'. 독서하기에 좋은 세 가지 여가餘暇를 말한다.《삼국지三國志》〈위서魏書 왕숙전王肅傳〉에, 위魏나라 동우董遇가 "겨울은 한 해의 여가이고 밤은 하루의 여가이고 장마철은 한 철의 여가이므로 독서를 하기에 아주 좋다.[冬者歲之餘 夜者日之餘 陰雨者時之餘也]"라고 하였다.

점수로 합격할 것이라 생각합니다.[令允才調夙茂 今科 想高中也] ○아드님이 초시에 합격한 것은 참으로 다행한 일입니다. 오랫동안 낙방한 끝에 끝내 크게 재능을 떨쳤으니, 더욱 축하드리는 마음 이길 길 없습니다.[令允發解 固已奇幸 而久屈之餘 終得大鳴 尤不勝聳賀] ○아드님의 글솜씨는 참으로 과거시험장에서도 출중하게 높은 평가를 받아 오랫동안 불우하게 지낼 사람이 아니어서 저도 모르게 기쁨이 눈썹 사이에서 먼저 드러납니다. 형께서 귀한 보물인 명주明珠[70]를 가진 것이 얼마나 위안되던지요.[賢胤文字 實超高品場屋間 非久屈者 不覺喜眉先之 兄之有明珠 何等慰賀] ○아드님이 초시에 합격하여 사람을 기쁘게 하였는데, 제 아들 역시 과거에 합격하니 더욱 기쁩니다.[令允發解 令人嘉悅 迷兒亦得參 尤喜] ○아드님이 높은 점수로 초시에 합격하였으니 기특합니다. 기뻐하는 마음이 마치 저의 일과 같습니다. 강경講經[71]에도 이미 익숙한데 고을 일이 공부에 심하게 방해는 되지 않는지요?[令胤高中 奇哉奇哉 區區嘉悅之心 若己當之 講經已爛熟 而邑務不至甚妨工夫耶] ○어제 삭서朔書[72]에서 장원을 차지하였는데 그의 흥취는 어떻습니까?[昨日 朔書居魁 其趣如何] ○상시庠試[73]

---

70 명주 : 훌륭한 인재를 비유하여 이르는 말이다.

71 강경 : 경서에 정통한 사람을 뽑는 과거시험을 볼 때 과거를 보는 사람이 시관試官 앞에서 경서 중의 지정된 대목을 암송하는 것을 이른다.

72 삭서 : 승문원承文院에서 마흔 살 이하의 당하 문신을 뽑아 매달 초하룻날에 시험으로 써서 내게 하던 글씨를 이른다. 해서楷書와 전서篆書를 써서 내게 하였는데, 해서는 1백 자를 쓰되 진초眞草를 곁들여야 하고, 전서는 대전大篆과 소전小篆과 상방대전上方大篆을 합하여 40자를 쓰게 하였다.

73 상시 : 사학四學 유생들의 학업 권장을 위하여 실시한 과거시험인 사학합제四學合製를 가리킨다.

에서 이상二上[74]을 얻었으니 노부가 백 번 싸워도 이루지 못한 것인데, 어찌 이리 쉽게 달성하였는지요?[庠試二上 是老夫百戰 而未得者 何其容易也] ○상방庠榜에서 높은 등수를 받은 것은 기특하고 다행스러우니, 이를 어떻게 말로 하겠습니까?[庠榜高等 奇幸不可言]

{답장[答]}

▶요행히 과거 합격자 명부에 이름이 올라 다행입니다. 강역講役이 목전에 닥쳐 겁이 나겠지만 어찌하겠습니까?[僥倖錄名 非不爲幸 而講役當前 不無老㤼 奈何] ○요행히 초시에 합격은 하였지만 추운 집에서 언 벼루를 입김으로 녹이고 있습니다. 회시 공부에도 과정을 착실히 맞추어 나가지 못하고 있으니 절로 가련합니다.[倖占解榜 而冷屋呵硯 會工亦不趁課 只自悶憐] ○회시 날짜가 임박하여 노유老儒도 득실에 관해 마음을 쓰시겠지만 어찌하겠습니까?[會期迫頭 老儒得失 不能不關心 奈何] ○과거 치를 날짜가 닥쳐오는데 병상이 이러하니, 이는 자못 시집갈 날짜가 다가오는데 종기를 앓고 있는 경우와 마찬가지입니다. 골치 아픔을 말로 할 수 없습니다.[科事漸迫 病狀如此 殆同臨嫁患腫 惱撓不可言]

---

74 이상 : 과거에서 시문詩文을 평가하는 12등급 중의 하나로, 둘째 등급의 첫째를 이른다. 상지상上之上·상지중上之中·상지하上之下, 이상二上·이중二中·이하二下, 삼상三上·삼중三中·삼하三下, 차상次上·차중次中·차하次下의 12등급을 4등에 3급級으로 나누었다.

부거류赴擧類[75]

▶과거 날짜가 다가오는데 괴로운 단서는 없으신지요.[科日此迫 得無撓惱之端否] ○과거를 볼 때[76]가 되어 과거를 보는 선비들은 경황이 없으리라 생각합니다.[政當槐黃 可想擧子之忙] ○내일이면 과거를 치르는 날인데 모든 도구들은 아마 다 정돈이 되었을 것이고, 또 좋은 꿈을 꾸셨는지요?[科日隔宵 諸具其皆整頓 而亦得好夢耶] ○경설과慶設科는 모일某日로 날이 잡혔는데 언제 서울로 올라와 공부할 생각인지요?[慶設擇在某日 未知何間上洛 做工計耶] ○극위棘圍[77]가 점점 가까운데도 한 번 행차하였으니, 일만 이천 봉우리의 서리맞은 단풍이 한창일 때를 회고하며 과거를 포기하고 금강산으로 나아간다고 하더라도 마음에 부끄러움이 없을 것입니다. 우습습니다.[棘圍漸近 不免一行 回顧萬二千峯霜葉政酣 捨彼就此 能不媿於心乎 好笑] ○과거를 보는 기간이 다가오는데 오마五馬에 장차 다시 멍에하고 언제 서울로 오시는지요? 형의 입장에는 끝내 흥미가 없고 긴요하지 않은 행차이겠지만, 벗의 입장에는 한 번 조용히 만나 회포를 터놓을 수 있는 기회이니 어찌 다행이 아니겠습니까?[科期迫止

---

75 부거류 : '부거'는 과거에 응시하러 가는 것을 이른다.
76 과거를 볼 때 : 원문은 '槐黃'. '과거를 보는 시기'를 이르는 말로, 당나라 때 수도 장안長安의 회화나무에 노란 꽃이 피는 7월에 예부禮部의 과거가 치러졌다. 《설부說郛》〈진중세시기秦中歲時記〉에 "회화나무에 노란 꽃이 피면 과거 응시생들이 바빠진다.[槐花黃 擧子忙]"라는 구절에서 유래하였다.
77 극위 : 과거科擧 시험장을 이르는데, 여기서는 과거시험을 이른다. 당나라와 오대五代 시대에 과거를 시행할 때 시험장에 가시나무를 둘러쳐 부정행위를 방지한 데서 비롯된 말이다. 《통전通典》〈선거選擧〉에 "당나라 무덕 이후로 예부에서 시험을 치르는 날 모두 병위를 엄히 설치하고 가시 울타리로 그곳을 둘러서 문람한 짓을 막았다.[唐武德以來 禮部閱試之日 皆嚴設兵衛 柟棘圍之 以防假濫]"라고 하였다. '극원棘院'·'극위棘闈'라고도 한다.

권4   425

五馬 將復戒駕 何間當入城耶 在兄則終當爲無味不緊之行 (枉)[在]⁷⁸親友則可以一番會穩 聊抒阻想 豈非幸耶] ○정사를 보던 여가⁷⁹에 공부에 전념할 수 없으니 이것이 걱정입니다. 군첨軍簽과 조적糶糴⁸⁰이 조금 두서가 잡히면 휴가를 청하고 올라와 출접出接⁸¹하여 진력하지 않을 수 없을 듯합니다.[視篆之暇 講工 想未專意 此爲悶念 簽糴 稍定頭緖 則請暇上來出接着力 似不可已也]

{답장[答]}

▶자신의 힘을 헤아리지도 않고 망령되이 관광觀光⁸²할 계획을 세우고는 있지만, 모든 도구를 하나도 갖추고 있지 않으니 걱정됨을 어떻게 말로 하겠습니까?[不自量力 妄生觀光之計 而凡具掃如 悶何可狀] ○과거를 보는 기간이 임박한데 편지로 아직 한 구절 답장도 보내지 못하고 있으니 걱정입니다.[科期此迫 書手 尙未句(搭)[答]⁸³ 可悶] ○과거시험 기간이 임박하여 바쁘고 괴로워서 재미난 흥취라고는 없으니 어찌하겠습니까?[臨科奔忙 苦無佳趣 奈何] ○태지胎紙⁸⁴에서 말씀드린 것은 바로 노유老儒의

---

78 (枉)[在] : 저본에는 '枉'으로 되어 있으나, 문맥을 살펴 '在'로 바로잡았다.
79 정사를……여가 : 원문은 '視篆'. 벼슬아치가 '관인官印을 들고 공무를 보다'라는 뜻으로, 도장은 보통 전서篆書로 새겨져 있기 때문에 '전篆'을 쓴다. 결재권을 지닌 지방관의 정무 수행을 뜻하는 말로 쓰인다.
80 군첨과 조적 : '군첨'은 군역軍役을 정해서 발부하는 통지서를 이르고, '조적'은 환곡還穀을 꾸어 주거나 받아들이거나 하는 일을 이른다.
81 출접 : 자기의 집을 떠나 다른 곳에 가서 임시로 머물러 사는 것을 이른다.
82 관광 : 서울로 과거시험을 보러 가는 것을 이른다.《주역周易》관괘觀卦(䷓) 육사六四에 "나라의 빛을 보는 것이니, 임금께 손님이 되는 것이 이롭다.[觀國之光 利用賓于王]"라는 구절에서 유래하였다.
83 (搭)[答] : 저본에는 '搭'으로 되어 있으나, 문맥을 살펴 '答'으로 바로잡았다.
84 태지 : 편지 속에 따로 접어 넣는 별지別紙를 이른다.

과거科擧에 관한 일인데, 지금의 낭패스러움을 상의할 곳이 없습니다. 이에 전적으로 그대를 믿고서 부탁을 드리니, 만약 약간의 장애라도 있으면 반드시 만사를 제쳐두고 힘써 도모하시는 것이 어떻습니까? 이것이 영문營門의 한 번 호령하는 사이에 있기를 간절히 바랍니다.[胎紙所告 係是老儒科事 見方狼狽 而無處相議 茲以專恃奉托 設有略干掣礙 必爲掃萬力圖之如何 此在營門 一號令間 切望切望] ○ 연이어 과거시험장에서 골몰하느라 쌓인 피로가 아직 회복되지 않으니 이른바 '동병상련同病相憐'이라고 할 수 있는데 어찌하겠습니까?[連汨場屋 積憊未蘇 可謂同病相憐 奈何] ○ 아무리 예백曳白[85]은 면하였지만 인사가 절로 많아 공부를 하지 못하였으니, 어찌 기대할 것이 있겠습니까?[雖免曳白 而人事自多 未修 安能有望耶]

낙방류落榜類

▶ 은시恩試[86]에 또다시 낙방하였으니 매우 낙심이 됩니다.[恩試 又復不遇 殊令人落莫][87] ○ 이번 과거시험이 또 그림의 떡이 되고 말았습니다. 우러러 도파渡灞[88]의 행색을 생각하면 안타까움이 어찌 끝이 있겠습니

---

85 예백 : 과거시험장에서 답안지를 제출하지 못하고 백지를 끌고 나오는 것을 이른다.

86 은시 : 나라에 경사가 있을 때 왕이 특별히 은혜를 베풀어 시행하는 과거시험을 이른다. '은과恩科'라고도 한다.

87 恩試……殊令人落莫 : 《명재유고明齋遺稿》〈여유상기與兪相基〉에 "恩試 又復不遇 殊令人落莫"이라는 구절이 있다.

88 도파 : '과거시험에 낙방한 것'을 이르는 말로, 한유韓愈의 〈현재유회縣齋有懷〉에 "서책을 품고 황도를 떠나, 눈물을 머금고 푸른 파수 건너네.[懷書出皇都 銜淚渡淸灞]"라는 구절에서 유래하였다. 이 시구는 한유가 정원貞元 11년에 박학굉사시博學宏詞試에 급제하였으나 등용

까?[今番科事 又成畫餠 仰念渡灞行色 咄咄何已] ○모든 방榜이 벌써 내걸렸는데, 또 우리 이름은 없으니 과거시험의 운수가 어찌 순조롭지 않단 말입니까?[全榜已出 又無吾人姓名 科數一何蹇也] ○아드님이 낙방을 하였다니 안타까움을 이루 말로 다하겠습니까? 노유老儒의 일이 참으로 걱정입니다.[令胤見屈 可勝咄歎 老儒事 誠可悶然] ○아드님의 과거 행차로 무료할 것이니 한탄스럽습니다. 도로가 험난한데 부모님을 편히 잘 모시고 계신지요?[令胤科行 無聊可歎 道路間關 能卽安侍否] ○아드님 형제가 낙방하여 매우 안타깝습니다. 기쁜 소식을 손꼽아 기다렸는데 끝내 낙막落漠하게 되었으니, 어찌하여 운수가 이르지 않는지요. 어찌 이리도 자주 낙방을 하는지 사람을 안타깝게 합니다.[令胤昆弟之落榜 深用瞻惜 屈指俟喜音 竟歸落莫 豈數之未至耶 何其屢屈也 令人歎咤不已] ○모某 조카가 졸렬함을 무릅쓰고 백두白頭를 면하였는데[89] 끝내 낙막하게 되었습니다. 인사가 비록 끝나지는 않았지만 집안사람들 대부분 합격하였는데, 그만 유독 낙방을 하였으니 아마 운수에 관계되어 그런 것인가요?[某姪 聞强拙免白 竟致落莫 人事 雖未盡 諸宗多儌倖 而渠獨見屈 豈亦關數而然耶]

{답장[答]}

▶과거의 득실에는 운수가 있으니 어떻게 하겠습니까?[科事得失有數 謂之何哉] ○양장兩場[90]에 흥미가 없고 한갓 피로하기만 합니다. 비록 성균

되지 못하고 서울을 떠나 낙양洛陽으로 간 것을 읊은 것이다.

89 백두를 면하였는데 : 원문은 '免白'. '면백두免白頭'의 줄임말이다. '머리에 아무 관도 쓰지 못하는 신세를 면하다'는 뜻으로, 늙어서야 처음으로 변변치 못한 벼슬을 하게 됨을 이른다.

90 양장 : 문과文科의 생원生員·진사과進士科와 초시初試와 복시覆試에서 초장初場·중장中場·종장終場 중의 두 과장科場을 이른다.

관에 오르는 데 뜻을 두고 싶지만 이 또한 어찌 쉽겠습니까?[兩場無味 徒添懺損 雖欲留意於升庠 而亦何可易也] ○초장初場에는 합격했지만 회위會闈[91]에서 낙방하였으니 매우 부끄럽습니다.[初場惠墨 飮於會闈 殊可媿也] ○동생의 낙방한 안타까움을 어떻게 하겠습니까?[家弟落榜 恨歎奈何] ○아이의 과거시험은 흥미가 없습니다. 알에서 깨어난 지 하루된 비둘기가 어떻게 고개를 넘겠습니까?[兒子之科場 無味固也 一日之鳩 豈能踰嶺耶]

생남류生男類

▶아들을 낳은 경사[92]는 하늘의 이치로 보아 진실로 당연합니다.[弄璋之慶 天理固應爾] ○아들이 많은 복은 남이 따라갈 수 없고, 자손이 번창하는 것은 경사 중에서도 큰 것이니, 하례드리는 지극한 마음 금할 수 없습니다.[多男之福 人不及 子姓蕃昌 慶之大者 不勝攢賀][93] ○또 아들을 낳았다는 소식을 듣고 축하드리는 마음 그지없습니다. 늙은 부인이 아이를 낳고 나서 여러 증세는 어떠하십니까?[聞又誕得丈夫子 仰賀曷已 老夫人 産後 諸証亦何如] ○편지를 받고 무사히 해산하고 또 아들을 얻었다는 것

---

91 회위 : 회시會試를 이른다. 과거의 1차 시험인 중앙과 지방의 초시初試에 합격한 사람이 서울에서 다시 보는 복시覆試이다.

92 아들을 낳은 경사 : 원문은 '弄璋之慶'. 《시경詩經》〈소아小雅 사간斯干〉에 "남자를 낳아서 평상에 재우며 치마를 입히며 구슬을 희롱하게 하니, 우는 소리가 우렁차고 붉은 슬갑膝甲이 휘황하여, 실가를 소유하며 군왕이 되리로다.[乃生男子 載寢之牀 載衣之裳 載弄之璋 其泣喤喤 朱芾斯皇 室家君王]"라는 구절에서 유래하였다.

93 多男之福……不勝攢賀 : 《명재유고明齋遺稿》〈상종형수찬공上從兄修撰公〉에 "多男之福 人不可及 子姓蕃昌 慶之大者 不勝攢賀之至也"라는 구절이 있다.

을 알았으니, 매우 안심되고 기뻤습니다.[得書知已無事解娩 又得男子 慰喜慰喜]⁹⁴ ○호랑이를 잡을 기세로 아들을 낳았다고 하니 얼마나 장한지요. 비록 비통한 상황에 있지만 저도 모르게 손뼉을 치고 일어났습니다.[聞搏虎而弄璋 何其壯也 雖在悲疚之中 不覺拊掌而起也] ○이미 순산하였다는 말을 들었으니, 이는 참으로 기뻐할 일입니다. 아들과 딸을 어찌 따지겠습니까?[聞已順産 此誠可喜 男女 何足論耶] ○손자를 보았다는 소식을 들었으니 위로됨을 이루 말할 수 없습니다.[承有抱孫之喜 慰不可言]⁹⁵ ○누이가 이미 분만하였을 텐데 아들을 낳았는지 딸을 낳았는지 모르겠습니다. 음식은 잘 먹습니까? 비록 먹기 싫다고 해도 자주 권하는 것이 어떻습니까? 여러 조리하는 방법은 저의 말을 기다리지 않아도 형이 반드시 자세히 아실 것이니, 누누이 말씀드리지 않겠습니다.[舍妹 想已分娩 未知所得如何 善喫飯羹否 雖或厭進 頻勸如何 諸般調治之道 不待弟言 而兄必周詳 不爲縷縷耳] ○이달 들어 대감을 위해 마음을 졸이며 간절히 좋은 소식을 기다립니다. 편지를 받고 바라던 것을 자세히 알게 되었는데, 아들이 아니고 딸⁹⁶이라서 매우 낙막하실 텐데, 어떻게 말씀드려야 할지 모르겠습니다.[入此月來 爲台憧憧 懸企好音 承審所望 非璋而瓦 落莫之極 不知攸諭] ○늙은 부인의 순산은 이미 축하할 만합니다. 말이 가면 소도 당연히 가는 법이니, 이미 시작한 지 여러 해가 지난 수삼 년 만

---

94 得書知已無事解娩……慰喜慰喜:《명재유고明齋遺稿》〈여자행교與子行敎〉에 "得書知已無事解脫 又得男子 慰喜慰喜"라는 구절이 있다.

95 承有抱孫之喜 慰不可言:《명재유고明齋遺稿》〈여서제졸與庶弟拙〉에 "又有抱孫之喜 慰不可言"이라는 구절이 있다.

96 아들이 아니고 딸 : 원문은 '非璋而瓦'.《시경詩經》〈소아小雅 사간斯干〉에 '아들을 낳으면 구슬을 가지고 놀게 하고[乃生男子 載弄之璋], 딸을 낳으면 오지 실패를 가지고 놀게 한다.[乃生女子 載弄之瓦]'라는 구절에서 유래하였다.

에 훌륭한 아들을 얻었습니다. 이는 순서대로 올 일이라 이를 위안으로 삼으니, 조금도 근심하지 마시는 것이 어떻습니까?[老夫人之順産 已是可賀 而馬往牛當往 旣始之於年久之後 數三年 抱得麒麟 卽是次第事 以此慰滿 少勿愁沮 如何] ○ 심지어 태아가 유산되기까지 하였다니, 매우 놀라고 안타깝습니다.[至於珠胎墮空 爲之驚惜][97]

{답장[答]}

▶첨정添丁[98]의 기쁨은 부모님의 마음에 위안되니 다행입니다.[添丁之喜 足慰親心 私幸私幸] ○ 아이같은 마음은 어제와 마찬가지인데, 갑자기 남의 아비로 불리게 되니 부끄럽습니다.[童心如昨 遽聞人父之稱 媿媿] ○ 또 아들을 얻은 것이 기쁘지 않은 것은 아니지만, 아이를 낳고 나서 여러 가지 증세가 가볍지 않으니 고민입니다.[又得一男 非不爲喜 但産後諸証 頗不輕是悶] ○ 온 집안이 기대했던 끝에 어제 비로소 아이를 낳았으니, 얻은 아이가 또 딸이라 낙막함을 어떻게 말씀드리겠습니까?[擧家顒企之餘 昨纔分娩 而所得又是一瓦 落莫何言] ○ 모某 며느리가 어제 순산하여 아들을 얻었으니 기특하고 다행스러움을 말로 할 수 없습니다. 우리 집안의 큰 경사가 무엇이 이보다 더 하겠습니까?[某婦 昨日順産得男 奇幸不可言 吾家大慶 尙有加於此者乎]

---

97 至於珠胎墮空 爲之驚惜:《명재유고明齋遺稿》〈답이자정答李子貞〉에 "至於珠胎墮空 爲之驚惜"이라는 구절이 있다.

98 첨정:아들을 이른다. 당나라 시인 노동盧仝이 늦게야 아들을 낳았는데, '국가의 부역賦役에 종사할 장정壯丁이 더해졌다'는 뜻으로 자기 아들의 이름을 첨정이라 지은 데서 온 말이다. 한유韓愈의〈기노동寄盧仝〉에 "지난해엔 아들 낳아 첨정이라 이름했으니, 나라 위해 농사짓는 장정에 충당하는 뜻이었네.[去歲生兒名添丁 意令與國充耘耔]"라고 하였다.

과혼류過婚類[99]

▶ 식형識荊[100]의 바람을 이루지 못하다가 갑자기 과갈瓜葛[101]의 친척이 되었습니다.[未遂識荊之願 遽作瓜葛之親] ○ 혼사는 이미 길일을 잡았는데, 진진秦晉의 우호[102]가 진실로 원하는 대로 되시기 바랍니다.[親事 旣已卜吉 秦晉之好 良愜願幸][103] ○ 혼삿날을 정하는 것[104]에 대해 자상하게도 제 뜻에 따라주시니 감사하고 다행스러운 마음을 더욱 표현하기 어렵습니다.[親事涓吉 曲副我願 感幸之私 尤難名諭][105] ○ 막내 아드님의 관례冠禮와 혼례婚禮를 치를 날짜가 멀지 않으니 기쁨이 간절합니다. 지난번 오라는[106] 말씀을 듣고 기쁨이 더욱 간절했는데, 감히 날개를 펴듯 달려 나

---

99 과혼류 : '과혼'은 혼례를 치르는 것을 이른다.

100 식형 : '상대방을 경모하다'라는 뜻으로, 당나라 이태백李太白이 형주자사荊州刺史 한조종韓朝宗에게 보낸 편지에 '태어나서 만호후萬戶侯에 봉함을 원하지 않고 다만 한형주韓荊州 알기를 원한다.[生不用封萬戶侯 但願一識韓荊州]'는 구절에서 유래하였다.

101 과갈 : 덩굴이 뻗어서 서로 얽힌 오이와 칡으로, 집안의 혼인으로 맺어진 관계를 뜻한다. 한나라 채옹蔡邕의 《독단獨斷》에 "무릇 선제先帝 및 선후先后와 과갈의 관계가 있는 이들은……모두 모였다.[凡與先帝先后有瓜葛者……皆會]"라는 구절에서 유래하였다.

102 진진의 우호 : 춘추 시대에 진秦나라와 진晉나라는 대대로 혼인을 맺었으므로, 혼인을 맺은 두 집 사이의 두터운 정의情誼를 이른다.

103 親事……良愜願幸 :《농암집農巖集》〈여해창위與海昌尉〉에 "親事 旣已卜吉 秦晉之好 良愜願幸"이라는 구절이 있다.

104 혼삿날을 정하는 것 : 원문은 '親事涓吉'. '연길'은 '길한 날짜를 받다'라는 뜻으로, 납폐와 사주단자를 받은 신부 측에서 혼례식 날짜를 받아서 신랑 측에 '연길장涓吉狀'이라는 회신을 보낸다.

105 親事涓吉……尤難名喩 :《명재유고明齋遺稿》〈답라현도答羅顯道〉에 "親事涓吉 曲副我願 感幸之私 尤難容喩"라는 구절이 있다.

106 오라는 : 원문은 '來汝'.《서경書經》〈열명說命 하下〉에 "오너라, 그대 부열傳說이여! 나 소자는 옛날에 감반에게 배웠다.[來汝說 台小子舊學于甘盤]"라는 구절에서 유래하였다.

아가 성대한 예를 보지 않겠습니까?[季胤 冠婚之期不遠 仰惟嘉悅益切 向蒙來汝之敎 敢不翼如以瞻盛禮耶] ○혼사 날짜가 다가오는데 모든 것들을 어떻게 마련하시는지요?[昏期已迫 凡百何以措辦]107 ○이틀 동안 치른 성대한 예식은 다행히 날씨가 따뜻하여 잘 치러 경하드리는 마음 더욱 이루 말로 할 수 없습니다.[兩日盛禮 幸値晴暖 穩過慶抃 益不可勝言] ○날씨가 따뜻하여 혼례를 순조롭게 치렀으니, 간절한 기쁨을 어찌 예를 넘어 축하드리지 않겠습니까?[日氣淸和 大禮順成 區區伸喜 安得不越禮而賀也] ○밤새 소식이 막혔는데 편지로 위안되었습니다. 또 혼례일이 다가오는데 비록 준비가 되지는 않았지만, 물이 이르면 도랑이 이루어지는 법108이니 힘이 달리는 것은 빠뜨려두는 것도 괜찮습니다. 저의 집은 보배나 채란茝蘭109 등이 없는데, 이는 신부에게 긴요한 것이지만 구하기 어려운 것이니 내간內間110에 말씀하시어 있는 대로 빌려주십시오.[書慰夜阻 且喜吉迫 雖未準備 水到渠成 力不及者 闕之可也 吾家 固無珠貝茝蘭之屬 而新婦所

---

107 昏期已迫 凡百何以措辦 : 《월간선생문집月澗先生文集》〈여숙평與叔平〉에 "昏期已迫 凡事何以爲辦"이라는 구절이 있다.

108 물이……법 : 원문은 '水到渠成'. 조건이 갖추어지면 자연히 일이 이루어짐을 비유하는 말이다. 《주자대전朱子大全》〈답노덕장答路德章〉에 "말씀하신 '물이 이르면 도랑이 이루어지다'는 설은 뜻이 필경 도랑에 있으니, 물을 터서 동쪽으로 흘러가기 전에 이미 먼저 굴곡을 만들어 준비한 것입니다.[所喩水到渠成之說 意思畢竟在渠上 未放水東流時 已先作屈曲準備了矣]"라고 하였다.

109 보배나 채란 : '채란'은 향초의 이름으로, 둘 다 시부모에게 바치는 혼례물품이다. 《예기보주禮記補註》〈내칙內則〉에 "며느리는 혹자(친정 형제)가 음식과 의복과 베와 비단과 차는 수건과 채란茝蘭을 주거든 받아서 시부모에게 바쳐야 하니, 시부모가 받으시거든 기뻐하여 혹자가 준 것을 새로 받는 것처럼 하고, 만약 도로 주시거든 사양하되 허락의 명령을 얻지 못하거든 주신 것을 다시 받는 것처럼 여겨 보관하여서 시부모의 물건이 다하기를 기다려야 한다.[婦或賜之飮食 衣服 布帛 佩帨 茝蘭 則受而獻諸舅姑 舅姑受之則喜 如新受賜 若反賜之則辭 不得命 如更受賜 藏以待乏]"라고 하였다.

110 내간 : 부녀자가 거처하는 곳으로, 부녀자를 지칭하는 말로도 쓰인다.

緊之難得者 示之內間 隨有覓借云矣] ○관례冠禮를 치렀다는 소식도 듣고, 위금委禽¹¹¹을 치렀다는 소식도 들었는데, 소식을 들을 때마다 기쁘고 감격스러웠습니다.[聞加冠聞委禽 每聞 喜與感幷]¹¹² ○모某가 우뚝이 관을 쓰더니, 어제 또 초례를 치러 두 집안에 가득한 기쁨을 말로 할 수 없습니다.[某也 突而弁 昨又過醮 兩家欣滿 不可言] ○아융阿戎¹¹³의 혼례일이 가까운데 제가 지금 멀리 있어서 나아가 뵙지 못해 서운합니다.[阿戎 婚日在近 (令)[今]¹¹⁴以在遠 不卽見 爲恨也] ○아들의 관례冠禮를 올리고 손자를 품에 안은 정다운 모습이 집안에 가득하여 늘그막에 누리는 복이 적지 않다고 하겠습니다.[冠子抱孫情境津津 晩福可謂不淺]¹¹⁵ ○중뢰연重牢宴¹¹⁶의 성대한 일은 세상에 보기 드문 일입니다. 이와 함께 손자의 관례冠禮로 좋은 일이 집안에 가득하니, 경하드리는 마음을 어찌 말로 다 표

---

111 위금 : 혼례에서 납채納采할 때에 나무로 만든 기러기를 올리던 데에서 유래하여, 장가드는 일을 뜻하는 말로 쓰인다. 《춘추좌씨전》 소공昭公 원년에 "춘추 시대 정나라 서오범의 여동생이 아름다웠다. 공손초가 그녀에게 장가들려 했는데, 공손흑이 또 심부름꾼을 보내 억지로 기러기를 맡겼다.[鄭徐吾犯之妹美 公孫楚聘之矣 公孫黑又使强委禽焉]"라는 구절에서 유래하였다.

112 聞加冠聞委禽……喜與感幷 : 《명재유고明齋遺稿》 〈여정천장원與鄭洊長源〉에 "聞加冠聞委禽 每聞爲之喜與感幷"이라는 구절이 있다.

113 아융 : 남의 아들을 칭찬하여 이르는 말이다. 진晉나라의 왕융王戎이 어려서 매우 영특했던 데서 유래하였다. 자세한 내용은 225쪽 역주 62를 참조하기 바란다.

114 (令)[今] : 저본에는 '令'으로 되어 있으나, 문맥을 살펴 '今'으로 바로잡았다.

115 冠子抱孫情境津津 晩福可謂不淺 : 《명재유고明齋遺稿》 〈여최선여與崔善餘〉에 "冠子抱孫情境津津 晩福可謂不淺"이라는 구절이 있다.

116 중뢰연 : 중근연重졸宴과 마찬가지로 오늘날의 회혼례回婚禮와 같다. 결혼할 때 신랑과 신부가 교배交拜하는 예를 마치고 나서 술잔을 나누는 것을 동뢰同牢라 하는데, 이 때문에 결혼 잔치를 '동뢰연同牢宴'이라고 한다. 결혼한 지 60년이 되면 거듭[重] 동뢰연을 베풀기 때문에 '중뢰연'이라 이른다.

현하겠습니까.[重牢盛事 世所罕有 兼以令孫冠禮 祥和滿庭 爲之瞻慶 豈容言諭][117] ○아이의 혼례는 무사히 마쳤습니다. 이제부터 집안 제사를 맡길 곳이 있게 되었으니, 기쁨을 어찌 이기겠습니까?[兒婚 無事成禮 從此宗祀有托 豈勝仰喜] ○매씨妹氏의 혼례가 이미 지났다고 하니, 감격스럽고 서운한 마음이 많으리라 생각합니다. 그리고 여러 혼수는 어떻게 마련하였는지요? 가난하여 돕지도 못하고, 병이 들어 찾아가 만나지도 못해 정리를 폐하였으니, 참으로 슬프고 한탄스럽습니다.[聞妹氏婚禮已過 想多感愴 且何以措備凡百耶 貧不能助 病未能會 情理廢矣 良可傷歎][118] ○지난번에 종손從孫이 혼례를 잘 치르고 돌아왔는데, 신부가 매우 아름답다는 말을 들었으니, 실로 사가私家의 다행입니다.[頃者 從孫過婚禮而歸 聞新婦甚佳 實是私家之幸也][119]

{답장[答]}

▶줄곧 병중에 혼례일이 멀지 않으니 번민입니다.[一味病劣中 婚日不遠 惱擾可悶] ○딸의 혼례는 모처某處로 정하였는데, 일마다 고민이라 머리가 다 세고 말 것이니 어찌하겠습니까?[女息婚嫁 定於某處 觸事愁惱 至欲髮白乃已 奈何] ○혼례를 돕겠다는 약속을 지난 가을 왕림하셨을 때 이미 매우 간절하게 말씀하셨는데 아직도 실천하지 않으시니 매우 답답

---

117 重牢盛事……豈容言諭 : 《명재유고明齋遺稿》〈여백문옥與白文玉〉에 "重牢盛事 世所罕有 兼以令孫冠禮 祥和滿庭 爲之瞻慶 豈容言喩"라는 구절이 있다.

118 聞妹氏婚禮已過……良可傷歎 : 《명재유고명재유고明齋遺稿》〈여재종제천종與再從弟天縱〉에 "聞妹氏婚禮已過 想多感愴 且何以措備凡具耶 貧不能助 病不能會 情理廢矣 良可傷歎"이라는 구절이 있다.

119 頃者……實是私家之幸也 : 《명재유고명재유고明齋遺稿》〈답이태수사형答李泰壽士亨〉에 "頃者 從孫好過婚禮而歸 聞新婦甚佳 實是私家之幸也"라는 구절이 있다.

합니다. 혼례일이 멀지 않은데 필요한 것들이 시급해서 이렇게 말씀을 드리니, 혹 잊으시고 베풀지 않으시는지요?[助婚之約 昨秋惠臨時 旣甚丁寧 而尙靳信踐 良用慨鬱 婚日不遠 所須甚緊 故玆又仰提 儻不忘置而另施耶] ○혼례일이 임박한데 필요한 모든 것들이 마치 쓸어 놓은 것처럼 아무것도 없어 모양새를 갖추지 못할까 매우 고민입니다.[婚期此迫 凡具掃如 恐無以成樣 極悶] ○아이의 혼례는 무사히 치렀고 며느리도 매우 훌륭하니 다행입니다.[兒婚 無事過行 新人 亦極佳甚幸] ○어제 신부를 맞이하는 예를 행하였는데, 며느리가 매우 훌륭하여 바람 이상이었습니다. 이제부터 집안 제사를 맡길 곳이 있으니 기쁨을 어찌 이기겠습니까?[昨行迎婦之禮 新人甚佳 過於所望 從此宗祀有托 曷勝欣幸] ○아이들이 혼사를 마치고 그럭저럭 잘 지내고 있으니 다행입니다.[兒輩畢婚 聊以呴呴 窮人之幸也]¹²⁰ ○어제 해현례解見禮¹²¹를 치렀으니 슬픔과 기쁨이 번갈아 이릅니다.[昨日 又行解見禮 愴喜交至]

혼서류婚書類

상장上狀	【서署】 근봉謹封
모관某官 집사執事	

맹춘孟春에 어르신의 안부는 많은 복을 받으시리라 생각합니다.
〖저의〗 몇 번째 아들 〖모某〗는 나이가 이미 장성하였는데도 아직 짝이

---

120 兒輩畢婚……窮人之幸也 : 《명재유고明齋遺稿》〈답한여명答韓汝明〉에 "兒輩畢婚 聊以呴呴 窮人之幸也"라는 구절이 있다.

121 해현례 : 새색시가 혼인한 며칠 뒤에 시부모를 뵈러 가는 것을 이른다. '풀보기'라고도 한다.

없습니다. 삼가 바라건대 어르신께서 자애롭게 따님을 제 아들의 아내로 허락하시니, 이에 선인의 예에 따라 삼가 납폐納幣¹²²의 의식을 행하겠습니다.

이만 줄이니 살펴주시기 바라며, 삼가 편지를 올립니다.

모년某年 모월某月 모일某日, 첨친忝親¹²³ 모某 관향貫鄕 이름[姓名]〖돈수頓首〗

[時維孟春

尊候多福〖僕〗之第幾子〖某〗 年旣長成 未有伉儷 伏蒙

尊慈許以

令愛貺室 玆遵先人之禮 謹行納幣之儀 不宣 伏惟

尊照 謹狀

某年 某月 某日 忝親 某貫後人 姓名〖頓首〗]

〖'집사執事'에 해당하는 부분에 '댁宅'이라고도 쓰기도 한다.[執事或以宅書之] ○ '맹춘孟春'에 해당하는 부분은 계절에 따라 쓴다.[孟春隨節條書之] ○ 다른 판본에는 '존자尊慈' 아래에 '저희 집안의 한미함을 낮춰 보지 않으시고 중매의 의논을 곡진히 따르시니[不鄙寒微曲從媒議]'라는 8자가 있다.[一本 尊慈下 有不鄙寒微曲從媒議八字] ○ '존준尊遵'에 해당하는 부분에 '중시하重侍下'라고 쓰기도 하는데, 이때는 조부를 기준으로 하여 '몇 번째 손자[第幾孫]'라고 쓴다. 영감하永感下¹²⁴일

---

122 납폐 : 혼인할 때 사주단자의 교환이 끝난 후 정혼이 이루어진 증거로 신랑집에서 신부집으로 예물을 보내는 것이나 그 예물을 이른다. 보통 밤에 푸른 비단과 붉은 비단을 혼서婚書와 함께 함에 넣어 신부집으로 보낸다.

123 첨친 : '외람된 친속'이란 뜻으로, 혼인을 맺기로 결정이 났을 때 사돈 간에 자신을 낮추어 부르는 칭호이다.

124 영감하 : 아버지와 어머니를 모두 잃은 슬픔을 이른다. 부모가 모두 생존해 계시면 '구경하具慶下', 아버지만 모시고 있을 때에는 '엄시하嚴侍下', 어머니만 모시고 있을 때에는 '자

경우 가장을 기준으로 삼아 '몇 번째 동생[第幾弟]'이라고 쓴다. 조카일 경우 집안의 어른을 기준으로 '종질從姪'이라고 쓴다. '종손從孫'일 경우 이 사례에 의거하여 쓴다.[遵 或作有重侍下 則祖父爲主 書以第幾孫 永感下 則家長爲主 書以第幾弟 或姪若門長爲主 書以從姪 或從孫依此] ○ '영손애令孫愛'와 '영질애令姪愛'도 상황에 맞게 쓴다.[令孫愛 令姪愛 亦隨宜書之]》

삼가 따님을 저의 몇 번째 아들 모某의 아내로 허락하신다는 가명嘉命[125]을 들었습니다. 이에 선인의 예에 따라 삼가 납폐納幣의 의식을 행할 것입니다.
이만 줄이니 어르신께서 살펴주시기 바라며 편지를 올립니다.

[伏承

嘉命許以令愛貺室于〖僕〗之第幾子某 玆有先人之禮 謹行納幣之儀 不宣 伏惟

尊照 上狀]

〖다른 판본에도 이렇게 많이 쓴다. 재취再娶나 삼취三娶의 경우에 '아직 짝을 두지 못하였습니다.[未有伉儷]'라는 4글자는 사용하는 데 구애가 있을 듯하다. 또 '오랫동안 중궤中饋를 하지 못하였다.[久闕中饋]'라는 등의 말을 사용하려고 하지 않는다. 예를 좋아하는 집안에서는 해당 규례에 구애받지 않고 따로 혼서婚書를 엮는데, 사륙문四六文[126]이나 고체古體[127]를 지어서 쓴다.[一本如此多用 於

시하慈侍下', 부모를 모두 잃었을 때에는 '영감하永感下'라고 한다.

125 가명 : 상대의 명령이나 말씀을 높여 이르는 말이다.

126 사륙문 : 한 나라 때부터 당 나라 초기까지 성행하였던 한문 문체文體의 하나로, 네 글자와 여섯 글자를 기본으로 하여 대구법對句法을 쓰며, 압운押韻이 많은 변려문騈儷文이다.

127 고체 : '고체시'를 이르며 근체시近體詩에 상대되는 시체詩體이다. 오언五言과 칠언七言을

再娶三娶 似以未有伉儷四字 有所拘碍 又不欲用久闕中饋等語也 好禮家 不拘當規 另構婚書 或以四六 或倣古體而用之]》

승탁류升擢類[128]

▶멀리서 명철하신 성상의 하명으로 정승의 자리에 오르셨다는 말을 들었습니다. 공적으로나 사적으로나 크게 경사스러운 일이니 기쁜 마음을 무어라 형언할 수 없습니다.[逖聞明命 進位勻軸 公私攢慶 不容名諭][129] ○나아가 정석鼎席[130]을 받았으니 진실로 여론의 바람에 합치되니 나라를 위하여 다행스러움을 어찌 이기겠습니까?[晉膺鼎席 允叶輿望 曷勝爲公之幸] ○원립爰立[131]의 명이 있으니 마땅히 경하드리는 경사를 펼 것입니다.[自有爰立之命 宜申擧笏之慶] ○어제 저녁에 비로소 새로운 명[132]을 듣고 뛸 듯이 기쁜 나머지 거의 잠을 이루지 못하였습니다.[昨夕 始聞新命 悚踊之極 幾乎不寐][133] ○적석赤舃[134]이 되어 조정에 나아가니 진실로 옛사람들이 가액加額했던 바람[135]에 부응을 하는 것입니다. 공사의 기쁨이

　　많이 쓰는데, 대우對偶를 요구하지 않으며 평측平仄 등이 비교적 자유롭다.
128　승탁류 : '승탁'은 발탁하여 승진시키는 것을 이른다.
129　逖聞明命……不容名諭 :《명재유고明齋遺稿》〈여만암與晩庵〉에 "逖聞明命 進位勻軸 公私攢慶 不容名言"이라는 구절이 있다.
130　정석 : 솥[鼎]은 다리가 셋이기 때문에, '삼정승'을 이르는 말로 쓰인다.
131　원립 : 정승으로 삼는 것을 이른다.《서경書經》〈열명說命 상上〉에 은왕殷王 고종高宗이 부열傅說을 얻고는 "이에 세워 정승으로 삼아 그 좌우에 두었다.[爰立作相 王置諸其左右]"라고 하였다.
132　새로운 명 : 원문은 '新命'. 주로 승진할 때 쓰는 말이다.

어찌 끝이 있겠습니까?[赤舃造朝 允副昔人加額之望 公私喜幸 曷有其旣] ○ 앞 길가는 사람들의 수액手額[136]은 말할 것도 없고, 들 매화와 관청의 버들도 모두 서로 맞이하니, 이는 바로 합하閣下께서 조정으로 돌아가실 때의 경물입니다. 간절한 위안이 어찌 남들보다 못하겠습니까? 당에서 내려오는 근심[137]이 있을 뿐만이 아니라 번번이 먼저 마중 나가서 기다렸는데, 구설수를 불러올까 걱정되어 지금까지 주저하고 있으니 답답함이 어찌 끝이 있겠습니까?[休說前途人手額 野梅官柳摠相迎 卽閣下還朝時景物也 區區慰幸 豈後於人 而不但有下堂之憂 輒先迎候 恐致嘵舌 趑趄到今 慕鬱何極]

▶서전西銓[138]에 새로 임명이 되었으니 공사가 기뻐하여 거의 잠을 못 이룰 정도입니다.[西銓新命 公私喜幸 幾乎不寐] ○ 새로 임명하여 훌륭한 선비들을 내보내지 않으니, 함께 조정에 있는 사람들의 기쁨을 말로 하

---

133 昨夕……幾於不寐 : 《농암집農巖集》〈여북계공이공與北溪李公〉에 "昨夕 始聞新命 竦踊之極 幾於不寐"라는 구절이 있다.

134 적석 : 붉은 신발은 재상의 옷차림인 데서, '재상'을 이르는 말로 쓰인다. 《시경詩經》〈빈풍豳風 낭발狼跋〉에 "이리가 앞으로 가다가 제 턱을 밟고, 뒷걸음치다가 제 꼬리 밟아 넘어지네. 공은 큰 아름다움을 사양하시니, 그 붉은 신이 편안도 하시어라.[狼跋其胡 載疐其尾 公孫碩膚 赤舃几几]"라고 하였다

135 가액했던 바람 : 두 손을 이마에 얹고, 무엇을 빌거나 공경을 표한다는 뜻이다. 《송사宋史》〈사마광전司馬光傳〉에 "황제의 상을 당해 대궐로 갈 때 위사衛士들이 멀리서 바라보며 이마에 손을 얹고 '이분이 사마 상공司馬相公이시다.'라고 하였다.[帝崩 赴闕臨 衛士望見 皆以手加額曰 此司馬相公也]"라는 구절에서 유래하였다. '가상加顙'·'수액手額'이라고도 한다.

136 수액 : '이수가액以手加額'의 줄임말로, 손을 이마에 얹어 경사스러움을 표시하는 말이다. 《속자치통감續資治通鑑》 송宋 신종神宗 원풍元豊 8년에 "사마광이 대궐로 들어가자, 위사衛士들이 그를 바라보며 모두 손을 이마에 얹으며 '이분이 바로 사마상공이시다.'"라고 하였다.[司馬光入臨 衛士見光 皆以手加額曰 此司馬相公也]"라고 하였다.

137 당에서……근심 : 원문은 '下堂之憂'. 몸을 잘 간수하여 다치지 말라는 경계를 이른다. 《예기禮記》〈제의祭義〉에 "악정자춘樂正子春이 당堂에서 내려오다 발을 다쳤다.[樂正子春下堂而傷其足]"라고 하였다.

138 서전 : 서반西班 소속 관리에 대한 전서銓敍를 담당한 병조兵曹의 다른 이름이다.

겠습니까?[新命 不出善類 同朝之喜 不可言] ○지난번에 추조秋曹[139]로 승진했다는 말을 듣고 그지없이 기쁘고 위로되었습니다.[頃聞陞遷秋曹 無任欣慰][140] ○또 내의원內醫院에 들어가 보호할 지위에 있게 되었다는 말을 들었는데, 수고로움이 많을 것이라 생각하니 걱정입니다.[聞又入內局保護之地 想多勞撓 爲之獻念] ○내의원에서도 수고[141]를 면치 못하시니 걱정입니다.[內局 又不能免賢勞 可慮] ○다시 재질宰秩[142]로 돌아와 이목耳目을 기쁘게 하니, 이 어찌 한 집안만이 사적으로 축하 받을 일이겠습니까?[復還宰秩 瞻聆喜動 此豈一家之稱賀而已][143] ○일전의 특별한 간능簡能함을 안다는 융숭한 대접에서 나온 것이니, 반드시 감사함과 황공함이 번갈아 간절할 것이라 생각합니다.[日者特除 出於知簡之隆 想必感惶交切] ○새로 제수하는 명령이 있어서 머지 않아 북쪽에서 돌아올 것이니, 더욱 발돋움하고 기다리는 마음 이길 길 없습니다.[新除有命 北還在邇 尤不勝翹企之私耳]

▶자품資品이 오르는 일은 진실로 조만간 있을 일이기는 했지만, 새로 제수하는 명령이 있으니 벗이 잘되는 것을 기뻐하는 마음을 어찌 이기

---

139 추조 : 형조刑曹의 다른 이름이다.

140 頃聞陞遷秋曹 無任欣慰 : 《약천집藥泉集》〈답강형숙答姜亨叔〉에 "頃聞陞遷秋曹 無任欣慰"라는 구절이 있다.

141 수고 : 원문은 '賢勞'. 《시경詩經》〈소아小雅 북산北山〉에 "대부가 공평하지 못한지라, 나만 홀로 어질다고 수고롭구나.[大夫不均 我從事獨賢]"라고 하였는데, 《맹자孟子》〈만장萬章 상上〉에서 "이것이 왕의 일이 아님이 없건만, 나만 홀로 어질다고 수고롭구나.[此莫非王事 我獨賢勞也]"라고 《시경》의 시를 인용하였다.

142 재질 : 판서判書의 반열을 이른다.

143 復還宰秩……此豈但一家之私賀而已 : 《명재유고明齋遺稿》〈여성여중與成汝中〉에 "復還宰秩 瞻聆喜動 旁郡榮養 愛日誠愜 祉福天申 世所希覯 此豈但一家之私賀而已"라는 구절이 있다.

겠습니까?[陞資 固早晚間事 而聞有新命 豈勝栢悅] ○또 자품이 오르는 돌보심을 입었으니 기쁘고 축하드리는 마음 참으로 깊습니다.[又膺陞資之眷 喜賀實深]

▶맏대감께서 벼슬이 올랐으니 기쁨을 어찌 이기겠습니까? 빈 기로소耆老所에 자리 하나를 맡아두고 내년을 기다리겠습니다.[伯台超陞 豈勝喜幸 虛耆司一席 以待來年] ○백미白眉[144]가 벼슬이 올랐으니 기쁨이 참으로 깊습니다.[白眉陞秩 欣喜良深] ○모某 대부께서 벼슬이 올랐으니 기쁩니다. 먼 변방에서 벼슬살이하시어 걱정이었습니다.[某大父 陞秩可喜 遠塞宦遊 殊用貢念]

{답장[答]}

▶제 분수에 맞지 않게 총애를 받아 벼슬에 발탁이 되는 것도 이미 황공하고 부끄러운데, 성상聖上께서 옛 신하들을 추념하시는 왕명이 지극하니 감축드리는 마음 그지없습니다.[非分寵擢 已極惶愧 而聖念追舊 恩敎曠摯 感祝無地] ○뜻밖의 은총으로 발탁되었지만 저의 분수를 헤아려보면 두려워 몸 둘 바를 모르겠습니다.[意外寵擢 揆分惶懍 靡所自容] ○종전의 새로운 명이 또 쇠약한 가문에서 나왔는데, 가득 찬 것을 경계해야 하는 두렵고 황공한 마음을 어떻게 말로 하겠습니까?[日者新命 又出於衰門 滿盈可懼 惶悚何言] ○분수가 밖에 은혜롭게 자급資級되었으니 명승冥

---

144 백미 : 형제 가운데 가장 재주 있는 사람을 이른다. 《삼국지三國志》〈촉서蜀書 마량전馬良傳〉에, 삼국시대 촉한蜀漢의 마량馬良은 자字가 계상季常인데, 형제 다섯 사람이 모두 재명才名이 있었으나 그중에 마량이 가장 뛰어났다. 고을 사람들이 "마씨 집 오상五常 중에 백미가 가장 훌륭하다.[馬氏五常 白眉最良]"라고 한 말에서 유래하였다.

升[145]이 부끄럽습니다.[匪分恩資 冥升可媿] ○생각지도 않은 직책이 매번 하늘에서 떨어졌습니다.[無意之職 每隕自天] ○뜻밖에 총애를 입어 발탁되었으니 두렵기만 합니다.[意外寵擢 只覺兢惶] ○외람되이 나이를 먹고 갑자기 은수恩數[146]를 입어 황공하고 감사하기 그지없어 오직 운결隕結[147]만 생각할 따름입니다.[猥因齒增 忽蒙恩數 惶感無地 惟思隕結而已] ○뜻밖에 은혜로운 명을 받고 오랠수록 더욱 두렵습니다. 옥안獄案을 심리하느라 오랫동안 형조刑曹에 있어서 쇠잔한 몸이 피폐하니 어찌하겠습니까?[意外恩命 久益兢惶 以獄案審理 長在曹中 孱筋殆弊 奈何] ○외람되이 품계를 높여주신 은전을 입었으니 영광스럽고 감격스러운 마음이 참으로 커서 제 스스로 생각해 보아도 분수에 넘칠 정도로 등급을 넘어 제수하셨습니다. 이러한 상황이 되고 보니 두렵고 근심스러운 마음에서 벗어날 바를 모르겠습니다.[猥蒙超資之恩 榮幸感激 固萬萬 而自惟私分踰濫 驟躐至此之極 悸恐憂畏 不知所出] ○정해진 인원 외에 은혜롭게 자급을 받았으니, 꿈에도 어찌 생각이나 했겠습니까? 재상에 임명된 것이 황감하여 어찌할 줄 모르겠습니다.[格外恩資 何曾夢想攸料 拜命惶感 無地自容] ○갑자기 돈장敦匠[148]의 임무를 맡아 외람되이 노고에 보답하는 은혜를 입었으니, 감사하고 다행스러움을 어떻게 말로 하겠습니까?[猝當敦匠之任 猥蒙酬勞之恩 私心感幸 何言] ○지난번 은혜로운 자급을 받은 것은 오히려

---

145 명승 : 능력과 덕이 없으면서 높은 지위를 향하여 나아갈 줄만 알고 멈출 줄 모르는 것을 비유하여 이르는 말이다. 《주역周易》 승괘升卦(䷭) 상육上六에 "상육은 올라감에 어두우니, 쉬지 않는 정도에 이롭다.[上六 冥升 利于不息之貞]"라는 구절에서 유래하였다.

146 은수 : 왕의 특별한 은혜와 광영을 입는 것을 이른다.

147 운결 : '죽어서 은혜를 잊지 않겠다'는 뜻의 '결초보은結草報恩'을 이른다.

148 돈장 : '장인匠人을 감독하다'라는 뜻으로, 공조판서工曹判書를 이른다.

부승負乘[149]의 두려움이 간절합니다.[向來恩資 尙切負乘之懼] ○ 지난번 특별히 내리신 은혜는 고금에 드문 일이었으니, 살아서는 목숨을 바치고 죽어서는 결초보은結草報恩하려는 마음이 장차 어떠하겠습니까?[向來特恩 曠絶今古 幽明隕結 其將如何] ○ 은혜로운 자급에 황공하고 감사하는 마음이 날이 갈수록 더욱 깊습니다. 그러나 서둘러 단기單騎로 달려가 보아도 예나 다름없는 부사직副司直 영감令監[150]일 뿐입니다.[恩資惶感 歷日愈深 而草草單騎 依舊副司直令監而已]

▶ 저희 아이가 영예로운 명예를 얻었는데, 그 아이에게는 분수에 맞지 않는 것이고 저에게는 근심만 더하는 것입니다. 하나의 작은 고을을 얻어서 굶주림이나 면하면 충분한데, 또 무엇을 바라겠습니까?[兒子榮名 在渠爲匪分 在我爲添憂 若得一薄邑救飢則足矣 亦何望也][151] ○ 성상께서 물품을 하사하신 은혜를 입었고 아이가 또 승자陞資되었으니, 부자가 모두 분에 넘치는 은혜를 입었습니다. 너무도 황공하여 마치 죄를 더하는 것 같으니, 밤낮으로 안절부절할 뿐입니다.[特蒙賜賚之恩 家兒又蒙陞資 父子皆踰分 惶恐之極 若添罪戾 日夜跼蹐而已][152] ○ 저희 아이의 비옥緋玉[153] 품계

---

149 부승 : 분수에 맞지 않은 지위에 있어 우환을 초래할 것을 경계하는 것을 이른다. 《주역周易》 해괘解卦(☳☷) 육삼六三의 "짐을 짊어져야 하는데 수레를 타는지라 도적을 오게 한다.[負且乘 致寇至]"라는 구절에서 유래하였다.

150 부사직 영감 : '부사직'은 조선 초기에는 '섭사직攝司直'으로 불렸지만, 1466년(세조 12)에 관직 체계가 정비되면서 '부사직副司直'으로 바꾸었다. 5위 체제를 정립하며 정비된 직제였으나 5위 체제가 유명무실해진 조선 후기에는 현직에 있지 않은 문관文官, 무관武官과 잡직雜職에 있는 자들에게 녹봉을 주기 위한 구실로 전락하였다.

151 兒子榮名……亦何望也 : 《명재유고明齋遺稿》〈여박계긍與朴季肯〉에 "兒子榮名 在渠爲匪分 在我爲添憂 若得一薄邑而救飢則足矣 而亦何可幾也"라는 구절이 있다.

152 特蒙賜賚之恩……日夜跼蹐而已 : 《명재유고明齋遺稿》〈여김재해숙함與金載海叔涵〉에 "蒙賜賚之恩 家兒又蒙陞資 父子皆踰分惶恐之極 若添罪戾 日夜跼蹐而已"라는 구절이 있다.

153 비옥 : '비단옷과 옥관자玉貫子'를 이르는 말로, 당상관의 관복을 이른다.

는 비록 상으로 내리신 은전에는 같겠지만 왕의 특명[154]으로 간택된 영광된 감회의 나머지에 송구함이 더욱 깊어 날이 갈수록 불안할 뿐입니다.[家兒 (裶王)[緋玉][155]之階 雖同賞典 便是特簡榮感之餘 悚懼尤深 歷日不安而已]

번곤류藩閫類[156]

▶남쪽 감사로 새로 임명되어 공사간에 매우 기쁩니다.[南臬薪命 喜極公私] ○비로소 경상감사로 임명이 되어 곧바로 이미 폐사陛辭[157]를 하였다는 소식을 들었습니다. 공적으로는 간택하여 주신 것이 정중하니 개인적으로 매우 영광스럽습니다. 그렇지만 일이 너무 급하게 시행되어 백성들의 근심이 크니 이것이 걱정입니다.[始聞嶺臬命 旋已陛辭矣 以公則簡(界)[畀][158]鄭重 以私則寵光隆摯 然行事太遽 民憂且殷 爲之仰念] ○감사의 임무를 맡아 동쪽 백성들이 복성福星[159]을 얻은 것을 축하드립니다.[藩任 爲東民賀得福星] ○사람들이 우러러보니 모두가 영광스럽습니다.[觀瞻俱榮] ○얻지 못했을 때는 사람들이 모두 갈구하다가 이미 얻고 나서는 매

---

154 왕의 특명 : 원문은 '特簡'. '간발簡拔'이라고도 한다.
155 (裶王)[緋玉] : 저본에는 '裶王'이라고 되어 있으나, 문맥을 살펴 '緋玉'으로 바로잡았다.
156 번곤류 : '번곤'은 감사監司·병사兵使·수사水使를 아울러 이른다. '번곤蕃閫'·'번얼藩闑'이라고도 한다.
157 폐사 : 벼슬아치가 조정을 떠나면서 임금에게 하직인사를 드리는 것을 이른다.
158 (界)[畀] : 저본에는 '界'로 되어 있으나, 문맥을 살펴 '畀'로 바로잡았다.
159 복성 : 행복을 주관하는 별이란 뜻으로, 한 지방을 잘 살게 할 수 있는 지방관이나 어사御史 등을 이른다. 자세한 내용은 100쪽 역주 212를 참조하기 바란다.

번 괴로워하니, 그대는 마음속 생각이 어떠하신지 모르겠습니다.[其未得也 人皆渴求 其已得也 每多惱撓 未知意下以爲如何] ○ 납절納節[160]할 때가 멀지 않은데, 또 함경북도로 벼슬을 옮겨 승진 발탁되었으니 비록 축하할 일이지만 멀리 길을 떠나심에 서운함을 이기지 못하겠습니다.[納節在邇 又移北關陞擢 雖可賀 遠出 亦不勝悵惘也]

▶뜻밖에 감사의 직책을 맡게 되어 개인적으로는 비록 다행이지만, 추운 겨울에 길을 나서야 하니 병이 더할까 걱정입니다.[意外藩任 私計雖幸 當寒作行 不無添病之慮] ○ 뜻밖에 또 이렇게 새로 벼슬을 명하시어 쇠약한 나이에 책임이 막중하니, 장차 어찌하겠습니까?[意外 又有此新命 年衰任重 將如之何] ○ 뜻밖에 새로 벼슬에 제수되어 늙고 병든 사람이 결코 감당할 수 없으니, 송구하고 걱정스러움을 어떻게 말씀드리겠습니까?[意外新除 決非老病所堪 悚悶何言] ○ 뜻밖에 평안감사에 몸이 얽매여 언덕과 진펄을 내달리고[161] 형제가 헤어지는 것[162]은 실로 쇠약한 상황에서 감당할 수 있는 것이 아니니, 걱정을 어찌하겠습니까?[意外 縻此關臬 而原隰之驅馳 鶺鴒之分蜚 實非衰境之所可堪 私悶奈何] ○ 한 해를 보내도록 중

---

160 납절 : 조정에서 내려 준 정절旌節을 반납하거나 벼슬을 사임하는 것을 이른다.

161 언덕과……내달리고 : 원문은 '原隰之驅馳'. 사명使命을 받고 떠난 사신이 말을 타고 이리저리 내달리며 임무를 수행하는 것을 이른다. 《시경詩經》〈소아小雅 황황자화皇皇者華〉에 "반짝반짝 빛나는 꽃이여, 저 언덕과 진펄에 피었네. 달려가는 정부여, 매양 미치지 못할 듯이 생각하도다. 내가 탄 말은 망아지이니 여섯 가닥 고삐가 물에 젖은 듯 윤택하도다. 말을 달리며 채찍질하여 이에 두루 자문하도다.[皇皇者華 于彼原隰 駪駪征夫 每懷靡及 我馬維駒 六轡旣均 載馳載驅 周爰咨詢]"라는 구절에서 유래하였다.

162 형제가……것 : 원문은 '鶺鴒之分蜚'. '척령'은 할미새를 가리키는데, '척령'은 형제의 우애를 이른다. 《시경詩經》〈소아小雅 상체常棣〉에 "척령이 언덕에 있으니 형제가 급난을 구한다. 언제나 좋은 벗 있지만 길이 탄식만 할 뿐이네.[脊令在原 兄弟急難 每有良朋 況也永歎]"라는 구절에서 유래하였다. '分蜚'는 '分飛'와 같은 의미로 '나누어 날다', 즉 '헤어지다'라는 의미이다.

진重鎭에 있으면서 아무 것도 하는 일 없이 녹만 축내는 죄를 짓고 있었습니다. 그런데 뜻밖에 새로 임명이 되어 책임이 더욱 막중해졌으니, 다만 황공하고 두려워 몸 둘 바를 모르겠습니다.[經年重鎭 罪積尸素 而意外新命 責任尤重 只自惶隕靡措]

▶동생이 감사에 제수되어 헤어지는 심정이 참으로 즐겁지 않았습니다. 더구나 패국敗局에는 모든 일에 근심이 많고 즐거움은 적으니, 어찌하겠습니까?[家弟藩除 分離之懷 固已難聊 而況其敗局 凡事多憂少喜 奈何]

읍진류邑鎭類

〖1권의 '제류第類 1'·'조안류粗安類 7'과 함께 보아야 한다.[與一卷第類一 粗安類七通看]〗

▶제금製錦[163]의 시험은 특별히 성왕의 간택에서 나온 것이니, 축하하는 마음을 어찌 이기겠습니까?[製錦之試 特出聖簡 豈勝仰賀] ○경서를 깊이 연구하며 학문하고, 지금 백리百里[164] 고을에 임명되어 소 잡는 칼

---

163 제금 : '비단을 마름질하여 옷을 짓다'라는 뜻으로, 지방의 수령守令이 됨을 비유하여 이르는 말이다. 《춘추좌씨전》 양공襄公 31년에, 정鄭나라 사람 자피子皮가 나이 적은 윤하尹何를 시켜 읍邑을 다스리게 하려고 하자, 자산子産이 "그대에게 아름다운 비단이 있으면 그것으로 초보자에게 옷을 만들도록 하지는 않을 것이다. 큰 벼슬과 큰 고을은 백성의 몸을 감싸 주는 것인데 초보자에게 다스리게 한단 말인가. 이는 비중으로 말하면 아름다운 비단보다 더 중요하지 않겠는가.[子有美錦 不使人學製焉 大官大邑 身之所庇也 而使學者製焉 其爲美錦 不亦多乎]"라고 한 말에서 유래하였다.

164 백리 : 훌륭한 인재를 작은 고을에 제수하는 것을 말한다. 《후한서後漢書》〈순리열전循吏列傳 구람仇覽〉에, 후한後漢의 고성 영考城令 왕환王渙이 "탱자와 가시나무는 난새나 봉황이 깃들 곳이 아니니, 백 리쯤 되는 작은 고을이 어찌 큰 현인이 있을 고을이겠는가.[枳棘非鸞鳳所棲 百里豈大賢之路]"라고 하였다.

로 닭을 잡을 것이니[165] 반드시 여유로울 것이라 생각합니다.[窮經爲學 今得施諸百里 牛刀雞割 想必恢恢也] ○ 멀리서 그대가 지방 수령으로 나가 어머니 봉양을 위하여 벼슬하려던 소원이 이루어졌다는 소식을 듣고도 송별할 계획을 세우지 못하고 다만 멀거니 바라보기만 할 뿐입니다.[遠聞出宰 喜遂捧檄之願 無計送別 祇自瞻望悵然][166] ○ 고을살이가 박봉이기는 하지만 서울 근처 객지에서 벼슬살이하는 고충은 면할 수 있으니, 그것으로 위안을 삼습니다.[邑雖薄 可免京口旅宦之苦 爲之慰幸][167] ○ 모지某地에 도착하여 비로소 형께서 지방 수령으로 나가신다는 소식을 들었습니다. 궁벽한 바닷가 외진 고을에서 애초에 정안政眼[168]을 보지 못하여 아직까지 축하편지도 보내지 못하였으니, 서운하고 한탄스러움을 말로 하겠습니까?[到某地 始聞兄出宰消息 窮海僻邑 初不見政眼 尙闕賀書 悵歎可言] ○ 오늘 이미 사은숙배謝恩肅拜[169]를 하였다는 말을 들었는데, 폐사陛辭도 오늘 있는지요? 비록 서울에 계시더라도 자주 종유하지 못했

---

165 소……것이니 : 원문은 '牛刀雞割'. 예악禮樂으로 고을을 잘 다스림을 이른다. 《논어論語》〈양화陽貨〉에, 자유子游가 무성의 읍재邑宰가 되어 예악을 가르쳐 고을 사람들이 모두 현악弦樂에 맞추어 노래를 불렀는데, 공자가 무성에 가서 그 소리를 듣고는 빙그레 웃으며 "닭 잡는 데에 어찌 소 잡는 칼을 쓰느냐.[割鷄焉用牛刀]"고 한 말에서 유래하였다.

166 遠聞出宰……祇自瞻望悵然 : 《농암집農巖集》〈답이동보答李同甫〉에 "遠聞出宰 喜遂捧檄之願 而身在數千里外 無計送別 只自瞻望悵然"이라는 구절이 있다.

167 邑雖薄……爲之慰幸 : 《명재유고明齋遺稿》〈여재종제천종與再從弟天縱〉에 "邑雖薄 可免京口旅宦之苦 爲之慰幸"이라는 구절이 있다.

168 정안 : 현직 관원의 임명과 해임 등을 기록한 문서로, 해당 건이 있는 날에 조보朝報 형식으로 기록하여 이조와 병조에 비치해 두고 참고하게 하였다. '정목政目'이라고도 한다.

169 사은숙배 : 관료로 처음 임명된 자가 궁중에서 임금에게 국궁사배鞠躬四拜하여 왕의 은혜에 감사함을 표시하는 것을 이른다. 동반東班 9품과 서반西班 4품 이상의 관직에 임명된 자는 그 다음날 대전大典·왕비전王妃殿·세자궁世子宮에 가서 사은숙배하였고, 가계加階나 겸직발령을 받은 경우와 출장이나 휴가를 가거나 돌아왔을 때에는 임금에게만 사은숙배하였다.

는데, 또 이렇게 멀리 고개 너머로 전송하니 늙은이의 회포가 근심스럽고 좋지 않습니다.[今日 聞已肅謝 陛辭 亦當在卽否 雖在京之日 無以頻數從游 又此遠送嶺外 老懷故悒悒不佳] ○봉격捧檄의 행차는 날을 아끼는 정성[170]에 어찌 끝이 있겠습니까?[捧檄之行 其於愛日之誠 烏可已乎] ○폐사陛辭할 날짜는 언제로 정해졌는지요?[陛辭之期 定在何間耶] ○만약 출발하는 날짜를 며칠만 늦추신다면 찾아뵙고 이별하고 싶은데, 만약 서둘러 출발하신다면 이별하기 어려울까 걱정되니 서운함이 어떠하겠습니까? 부디 출발하는 날짜를 알려주십시오.[如可少遲數三日 計欲委造面別 而苟其遄發 則恐難摻別 瞻恨當如何 幸示發行期也] ○고을은 여러 산속에 둘러싸여 있고 평평한 앞 들판은 마치 쟁반과 같으며 맑은 물과 흰 모래는 '떨어진 밥알도 주워 먹을 만큼 깨끗하다.'는 속담과 같아 삼청선계三淸仙界[171]의 묵은 인연이 있는 사람이 아니면 얻을 수 없습니다.[縣在萬山中 前野圓平 如盤 水淸沙白 諺所謂滴飯可拾 非有上淸夙緣者 不可得也] ○지금 이 직임은 그대의 뜻에 흡족하지 않을 것으로 생각됩니다. 그래서 염려되는 마음이 적지 않지만 언제 사은숙배謝恩肅拜하시는지요?[此時此任 想不愜於雅意 用是仰慮不淺 何時當肅謝耶] ○영남은 본래 일이 많은 곳으로 알려져 비록 병을 조리하는 데 방해가 있을 듯하지만 간략함으로 번다함을 제어

---

170 날을……정성 : 원문은 '愛日之誠'. 부모를 봉양하는 데 날과 시간을 아껴 조금도 태만하지 않음을 이른다. 《논어論語》〈이인里仁〉에 '부모의 나이를 몰라서는 안 되니, 한편으로는 기쁘고 한편으로는 두렵다.[父母之年 不可不知也 一則以喜 一則以懼]'라는 구절에 대해 주희朱熹는 "항상 부모의 연세를 기억하면 이미 장수하신 것이 기쁘고, 또 노쇠하신 것이 두려워서 날짜를 아끼는 정성으로 볼 때 저절로 그만둘 수 없을 것이다.[常知父母之年 則旣喜其壽 又懼其衰 而於愛日之誠 自有不能已者]"라고 하였다.

171 삼청선계 : 도가道家에서 말하는 옥청玉淸·상청上淸·태청太淸 삼천三天의 세계를 말하는데, 곧 여기에는 신선이 산다고 한다.

하는 데[172] 달려 있으니 영감의 재주로 근심할 것이 무엇이 있겠습니까?[嶺南 素稱繁劇 雖似有妨於將理 惟在簡以制煩 以令才猷 何憂之有] ○본 고을의 번다한 업무는 팔도에 으뜸으로 공의 솜씨로는 손쉽게 공무를 처리할 것입니다.[173] 그렇지만 끝내는 몸을 보양할 곳이 아니니, 걱정되는 마음 그치질 않습니다.[本州 簿牒之浩繁 甲於八路 以令手段 想必遊刃恢恢 而終非頤養之地 仰念無已] ○산수와 소나무와 계수나무는 모두 한가롭게 지내기에 딱 좋은 곳입니다. 이곳은 바쁜 경기京畿에 비하면 신선과 범부와 같을 뿐만이 아니니 더욱 축하드립니다.[山水松桂 俱叶養閒 比諸畿甸 奔走 不翅仙凡 尤賀] ○서울 근처 땅에서 전성지양專城之養[174]을 하게 되었으니, 개인적인 계획과 일치하리라 생각하여 축하드리는 마음을 어찌 이기겠습니까?[近京之地 專城之養 想叶私計 曷勝奉賀] ○대부大府의 일은 매번 영감을 위하여 걱정되었습니다. 그러나 제가 출퇴근[175]하며 바쁘게

---

172 간략함으로……데 : 원문은 '簡以制煩'.《논어論語》〈위정爲政〉에, 공자孔子가 "정사政事를 덕으로 하는 것은 비유하면 북극성이 제자리에 머물러 있으면 뭇 별들이 그에게로 향하는 것과 같다.[爲政以德 譬如北辰居其所 而衆星共之]"라는 구절에 대해, 범조우范祖禹가 "정사를 덕으로 하면 동하지 않아도 교화되고, 말하지 않아도 믿고, 하는 일이 없어도 이루어지니, 지키는 것이 지극히 간략하면서도 번거로움을 제어할 수 있으며, 처하는 것이 지극히 고요하면서도 움직이는 것을 제어할 수 있으며, 일삼는 것이 지극히 적으면서도 여러 사람을 복종시킬 수 있는 것이다.[爲政以德 則不動而化 不言而信 無爲而成 所守者至簡而能御煩 所處者至靜而能制動 所務者至寡而能服衆]"라고 하였다.

173 손쉽게……것입니다 : 원문은 '遊刃恢恢'. 업무가 많아도 잘 처리하는 것을 이른다.《장자莊子》〈양생주養生主〉에, 포정庖丁이 문혜군文惠君을 위해 소를 잡는데, 소 잡는 솜씨가 매우 뛰어나 문혜군을 감탄하게 하였다. 포정이 소 잡는 도道를 말하면서 "두께가 없는 칼을 두께가 있는 틈새에 넣으니, 넓찍하여 칼날을 움직이는 데 있어 반드시 여유가 있습니다.[以無厚入有間 恢恢乎其於遊刃必有餘地矣]"라고 하였다.

174 전성지양 : 고을 수령이 되어 그 녹봉으로 어버이를 봉양하는 것을 이른다. '전성'은 한 고을 전부라는 뜻이다.

175 출퇴근 : 원문은 '卯酉'. 관원의 출근 시간인 묘시(아침 5시~7시)와 퇴근 시간인 유시(저녁 5시~7시)를 이른다.

지내는 것과 비교하면 어찌 청한한 경계가 아니겠습니까? 다만 남쪽 풍토가 좋지 않고 봄여름에는 더욱 두려워할 만하니, 반드시 유의하여 그리워하는 제 마음에 부응하여 주시는 것이 어떻습니까?[大府事繁 每爲令奉念 而視弟卯酉奔走 豈不是淸閒境界耶 但南中風土 殊不佳 春夏尤可畏 必須加意 副此馳情 如何] ○ 항상 한 번은 남쪽 지방관으로 내려오실 거라고 여겼는데, 아득히 멀리 서쪽으로 가셨으니 서글픈 마음 금할 수 없습니다.[常謂一麾南來 而乃西去邈然 豈勝悵仰]¹⁷⁶ ○ 영감과 관외關外에서 임무를 교대하니,¹⁷⁷ 어찌 좋은 인연이라고 하지 않겠습니까?[與令交承於關外 豈不謂之好緣業耶] ○ 매번 영감을 생각하면 무슨 복과 인연이 있어 걸핏하면 명승지의 주인이 되셨는지요? 선인과 범인은 길이 다르니 사무치게 그립지 않은 적이 없었습니다.[每想令以何福緣 動作名區主人 仙凡路殊 未嘗不向風馳艶] ○ 같은 도道의 수령으로 나가는 것은 참으로 쉽지 않습니다. 더구나 거리도 멀지 않으니 어떠하겠습니까?[出宰同道 實非易得 況相距不蒼莽間耶] ○ 근래 병들지 않은 고을이 없는데, 당신께서 다스리시는 고을은 전과 비하여 과연 어떠하신지 모르겠습니다. 진실로 응당 뛰어난 솜씨를 발휘하시니 걱정할 것이야 없겠지만, 마음을 흔드는 단서가 없지 않을 것이니 걱정입니다.[近來 無邑不受病 未知貴治比前 果如何 固應恢刃無可憂 而想不無撓心之端 奉念奉念] ○ 귀읍을 지나간 적이 있었는데 겉으로는 비록 풍요롭지는 않지만 실지로는 참맛이 있었습니다. 그사

---

176 常謂一麾南來……豈勝悵仰 : 《명재유고明齋遺稿》〈답김천여성백答金天與性伯〉에 "常謂一麾南來 而乃西去邈然 豈勝悵然"이라는 구절이 있다.

177 임무를 교대하니 : 원문은 '交承'. 신구新舊 관리가 교대하여 임무를 주고받는 것을 이른다. 《광재물보廣才物譜》〈신도부臣道部 관官〉에 "교승交承은 신관과 구관이 서로 교대하는 것이다.[交承 新舊相代]"라고 하였다.

이 이미 10여 년이 지났는데 이전에는 어떠했는지 모르겠습니다.[貴邑曾所歷過 外面 雖不豊饒 實地儘有滋味矣 其間 亦已十餘年 果未知此前何如也] ○귀부는 요사이 폐국弊局이 되었으니 새로 부임하여 염려되는 것은 없는지요?[貴府 近成弊局 新莅能無關心者否]

▶겨우 교체되자마자 곧바로 그 자리에 다시 임명되니 공사간에 모두 다행입니다.[旣遞旋仍 公私兩幸] ○교체되자마자 곧바로 그 자리에 다시 임명되니, 집사의 입장에서는 계획대로 되었다고 할 수 없겠지만 남쪽 백성들을 위해서는 깊이 축하할 만합니다.[纔陞旋仍 在執事 未必爲得計 而爲南民深可賀也] ○지난번 갑작스럽게 체직되는 바람에 한바탕 소란을 면치 못하였을 것입니다.[向來乍遞 想未免一場騷擾] ○이미 임기를 다 채웠는데도 도로 임명되어 다시 진휼의 정사를 맡게 되었으니 더욱 고민입니다.[旣瓜還仍 復當賑政 想益悶惱]

▶이름난 고을로 승진하였으니 공사간에 매우 기쁩니다.[名郡陞遷 喜極公私] ○이번에 승진하여 자리를 옮기는 것은 뜻밖인데 관청의 문서와 여러 가지 일들로 어렵고 곤궁한 근심은 면하셨는지요?[今番陞移 亦出意外 簿書凡百 能免艱窘之患否] ○승진하여 자리를 옮기는 것은 기이한 일이 아닙니다. 일만 이천 봉우리를 장대하게 구경하고 해선정海仙亭에 높이 눕는 것은 참로 평지의 신선인데, 형께서는 어떻게 생각하십니까?[陞移非奇事 (將)[壯]¹⁷⁸觀萬二千峯 高臥海仙亭 眞是平地神仙 兄意如何] ○남쪽 지방의 목사로 승진하여 자리를 옮기시어 축하는 드리지만 관외關外에서 바라보고 의지하던 끝에 갑자기 낙막하게 되었으니, 저의 서운

---

178 (將)[壯] : 저본에는 '將'으로 되어 있으나, 문맥을 살펴 '壯'으로 바로잡았다.

한 마음을 어떻게 다 말로 하겠습니까?[移陞南牧 若可以貢賀 而關外瞻依之餘 遽爾落莫 下懷悵怛 何可盡論] ○ 모군某郡으로 승진한 것은 '개천에서 용이 났다.'고 할만하지만, 저의 좋은 이웃을 전송하여 형들께 자주 찾아올[179] 곳이 되도록 하였는데, 이것마저 힘 있는 사람에게 빼앗기게 생겼으니 우습습니다.[某郡陞遷 可謂小川成龍 送我芳隣 俾作兄輩源源之地 亦可謂有力者 所奪去 還用呵呵] ○ 갑자기 업무를 보게 되어 바쁘시리라 생각합니다. 채비를 꾸리시는 여러 가지 형편은 다시 어떠하신지요?[倉卒治薄 忙撓可想 俶裝諸節 亦復何如] ○ 동쪽 고을의 수의首擬[180]에 낙점받지 못하였으니 탄식을 이기지 못하겠습니다. 이는 아마도 호남 고을에서 업무를 보시던 임기[181]가 아직 많이 남았고, 바닷가와의 인연이 없어서 그러한 것인가요?[東郡之首擬 未蒙點 不勝歎咄 無乃湖縣 朱墨瓜日尙淺 海上緣業 稍薄而然耶] ○ 승진하여 벼슬을 옮기는 결과는 어떻게 되었는지요?[移遷得失何居]

▶ 백씨伯氏 영감께서 보개寶蓋[182]를 받아 땅이 서로 멀지 않아 이웃하며 의지할 수 있어 다행이니 자못 축하드립니다.[伯令之領寶蓋 地不相遠 隣依

---

179 자주 찾아올 : 원문은 '源源'. 《맹자孟子》〈만장萬章 상上〉에 "늘 보고 싶어 자주 찾아오게 하였다.[欲常常而見之 故源源而來]"라는 구절에서 유래하였다.

180 수의 : 한 사람의 벼슬아치를 임명하기 위하여 세 사람의 후보자를 추천할 때, 그 첫째 후보자를 이른다. '수망首望'·'수천首薦'이라고도 한다.

181 업무를……임기 : 원문은 '朱墨瓜日'. '주묵'은 업무를 보는 것을 이르는 말로, 관청에서 붉은 먹과 검은 먹으로 문서를 작성한 데에서 유래하였다. '과일'은 관리의 임기를 이르는 말로, 《춘추좌씨전春秋左氏傳》장공莊公 8년에 "제후가 연칭과 관지보로 하여금 규구를 지키게 했는데, 그들이 오이가 나오는 때에 부임하므로, 제후가 '내년 요맘때쯤 오이가 나오는 때에 교체해 주겠다.'라고 하였다.[齊侯使連稱管至父戍葵丘 瓜時而往 曰及瓜而代]"라고 한 데서 유래하였다.

182 보개 : 높은 관리가 사용하는 보배로운 일산으로, 여기서는 높은 지위를 이른다.

爲幸 殊可賀也] ○ 백씨 영감께서 오랫동안 협주峽州에 체직되어 있어 괴로운 상황이 없지 않았을 것이니 자못 걱정입니다.[伯氏令兄 久滯峽州 想不無苦況 殊可奉念] ○ 맏아드님이 수령의 직임을 받아[183] 전성지양專城之養을 하게 되어 이미 기뻤는데, 둘째 아드님이 양장兩場[184]에서 또 기쁨의 영광을 드리니 이 무슨 복인지요? 노년에 기쁨이 되리라 생각하니 두 손 모아 축하드리는 지극한 마음을 이길 길 없습니다.[伯胤一麾 已喜專城之養 仲胤兩場 又供嘉悅之榮 此何等福力 竊想暮境爲歡 不任攢賀之至] ○ 막내 아드님이 새로 제수된 고을은 비록 가난하기는 하지만 편리하고 가까우니 기뻐할 만합니다.[季氏新除邑況 雖薄 便近可喜]

{답장[答]}

▶시하侍下에서의 봉격奉檄을 하게 된 것도 이미 다행이니, 고을의 빈부를 어찌 따지겠습니까? 다만 길이 매우 멀고 풍토가 좋지 않은 것이 걱정입니다.[侍下奉檄 已是萬幸 何論邑之厚薄耶 但程道甚遠 風土不佳 是爲可悶] ○ 뜻밖에 수령의 직임을 받아 숙수菽水의 기쁨[185]을 드릴 수 있어서 개인적으로 매우 다행스럽습니다.[意外一麾 可供菽水之養 私計甚幸] ○ 뜻밖에 외직에 임명

---

183 수령의……받아 : 원문은 '一麾'. 송나라 안연지顔延之의 〈오군영五君詠〉에 "누차 천거해도 관직에 들어오지 않더니, 수레 하나 타고서 지방관으로 나갔네.[屢薦不入官 一麾乃出守]"라는 구절에서 유래하였다.

184 양장 : 문과의 생원·진사과와 초시初試와 복시覆試에서 초장初場·중장中場·종장終場 중의 두 과장科場을 이르는 말이다.

185 숙수의 기쁨 : 가난한 생활 속에서도 어버이를 극진히 봉양하는 자식의 기쁨을 말한다. 《예기禮記》〈단궁檀弓 하下〉에, 공자의 제자 자로子路가 집안이 가난해서 효도를 제대로 못한다고 탄식하자, 공자가 "콩죽을 끓여 먹고 물을 마시더라도 기쁘게 해 드리는 일을 극진히 행한다면 그것이 바로 효이다.[啜菽飮水盡其歡 斯之謂孝]"라고 한 말에서 유래하였다.

되어 개인적으로는 매우 다행이라 생각하면서도 더위에 길을 나서니 미리부터 마음이 쓰이지만 어찌하겠습니까?[意外外除 私計雖幸 當暑作行 預爲關心 奈何] ○ 벼슬이 옮겨 제수되었다는 소식을 듣고 물이 맑고 길이 가까워 편하고 좋았지만, 의지하고 있던 상황에서 갑자기 헤어지니 자못 서운할 뿐입니다.[自聞移除之報 水淸途近 非不便好 而依庇之下 遽有分張 此殊恨惘耳]

서사류筮仕類[186]

▶새로 벼슬이 제수되었다는 말을 들었으니, 벗이 잘되는 것을 기뻐하는 마음 한량이 없습니다. '출처는 기포飢飽와 같다.'는 말이 옛사람의 좋은 비유이니, 염려스러운 마음만 간절합니다.[聞有新除 栢悅何量 出處如飢飽云者 古人善喩也 第用馳念][187] ○ 새로 임명되어 공사간에 매우 기쁩니다.[新命 喜極公私] ○ 늘그막에 일명一命[188]에 임명되었으니, 어찌 축하할 일이겠습니까마는, 벗이 잘된 것을 기뻐하는 마음을 또한 어찌 그치겠습니까?[垂老一命 豈足爲賀而栢悅之情 亦何能已已][189] ○ 그대가 '가학

---

186 서사류 : '서사'는 처음 벼슬하는 것을 이른다. 《춘추좌씨전春秋左氏傳》 민공閔公 원년의 "당초에 필만畢萬이 진晉나라에 벼슬하는 것이 길吉한지 흉凶한지를 놓고 시초점著草占을 칠 때 둔괘屯卦(䷂)를 만났다. 신료辛廖가 이 점괘를 풀이하기를 '길하다.'라고 하였다.[初畢萬筮仕於晉 遇屯之比 辛廖占之曰 吉]"라는 구절에서 유래하였다. '복사卜仕'라고도 한다.

187 聞有新除……第用馳念 : 《명재유고明齋遺稿》〈여라중보與羅仲輔〉에 "聞有新除 栢悅何量 出處如飢飽云者 古人之善喩也 第用馳念"이라는 구절이 있다.

188 일명 : 주나라 때 일명一命에서 구명九命까지의 품계 가운데 가장 낮은 품계를 이른다. 《북사北史》〈주기周紀 상上〉에 "일품을 '구명'이라고 하고, 구품을 '일명'이라고 한다.[以第一品爲九命 第九品爲一命]"라고 하였다.

189 垂老一命……亦何能已已 : 《명재유고明齋遺稿》〈여조운서與趙雲瑞〉에 "垂老一命 豈足爲

을 실추시키지 않았다.'는 명목으로 명경明卿들로부터 천거를 받았다고 하는데, 힘써 공부하고 이름을 드날려서 집안의 연원에 욕되지 않게 하여야 할 것입니다. 이는 친척이나 친구로 있는 사람들에게도 다 함께 광영이 되니, 나로 하여금 기뻐서 잠을 못 이루게 하였습니다.[聞君被薦名卿 而以不墜家學爲目 力學揚名 無忝淵源 凡在交親 亦與有光焉 令人喜而不寐]¹⁹⁰ ○새로 벼슬에 임명되었다는 말을 듣고 축하하는 글을 보내고 싶은 마음이 지극하였지만, 병든 몸이 날로 더욱 고통스러워서 스스로 떨치고 일어날 수 없어 결행하지 못하였습니다.[得聞新除 極欲修賀 而病狀日益困劣 不能自振 未果]¹⁹¹ ○새로 벼슬에 임명된 것은 다만 차례대로 될 일일 뿐이었지만 간절히 손뼉치고 다행스럽게 생각하는 마음을 절로 마지 못하였으니, 사람의 마음이 진실로 이런 것인가도 생각되었습니다.[新除 特次第事 而區區抃幸 亦不能自已 人情固如是耶] ○이런 은혜와 영광까지 있으니 저의 기쁜 마음을 붓이나 말로 다 표현할 수 없습니다.[有此恩榮 區區攢賀 不能以筆舌盡喩]¹⁹²

▶아드님이 직책을 얻었다는 소식은 비록 이미 듣기는 했지만 정안政眼을 보고 매우 기뻤습니다. 곧바로 찾아뵙고 축하드리고 싶었지만 사환이 없어 그러지 못하였습니다.[賢胤得職 雖已聞之 及見政眼 深切喜幸 卽欲

賀而栢悅之情 亦何能已已"라는 구절이 있다.

190 聞君被薦名卿……令人喜而不寐:《명재유고明齋遺稿》〈여성여중與成汝中〉에 "又聞君被薦於名卿 而以不墜家學爲目 力學揚名 無忝淵源 凡在交親 亦與有光焉 令人喜而不寐"라는 구절이 있다.

191 得聞新除……未果:《약천집藥泉集》〈답강형숙答姜亨叔〉에 "得聞新除 極欲修賀 而病狀日益困劣 不能自振 未果矣"라는 구절이 있다.

192 有此恩榮……不能以筆舌盡喩:《명재유고明齋遺稿》〈여김재해숙함與金載海叔涵〉에 "有此恩榮 區區攢喜之忱 不能以筆舌盡喩也"라는 구절이 있다.

進賀 而無使喚 未果矣] ○아드님이 벼슬을 얻었으니 경하드리는 마음 헤아릴 수 없습니다. 부자가 함께 벼슬길에 올랐으니 만년의 복이라 할 만합니다.[令胤得官 慰慶難量 父子俱入仕路 可謂晩景之福]

{답장[答]}

▶뜻밖의 일명一命은 가난 때문에 벼슬하는 경우에는[193] 해로움이 없지만, 평소 스스로 기약한 것을 돌아보면 참으로 부끄럼이 많습니다. 그러나 어찌하겠습니까?[意外一命 不害爲爲貧之仕 而若顧平昔自期 實多靦顔 奈何] ○시하侍下에서 일명一命하여 부모님을 기쁘게 하였으니 나라의 은혜가 아님이 없습니다. 감사하고 다행스러움을 어찌 말로 하겠습니까?[侍下一命 得以悅親 莫非國恩 感幸何言] ○노년에 처음 벼슬을 하니 어찌 축하할만하겠습니까? 이제부터 음로蔭路의 노쇠한 사람이 될 것이니 스스로 탄식스럽습니다.[晩來初仕 何足爲賀 從此將爲蔭路潦倒之人 是可自歎]

복직류復職類

▶지난번 복직되었으니 백열栢悅[194]의 마음을 어찌 이기겠습니까?[向來甄復 豈勝栢悅] ○춘궁春宮[195]의 관원에 차임된 각별한 은혜를 입었다고

---

193 가난……경우에는 : 《맹자孟子》〈만장萬章 하下〉에 "벼슬함은 가난 때문이 아니지만, 때로는 가난 때문에 벼슬하는 경우가 있다.[仕非爲貧也 而有時乎爲貧]"라는 구절에서 유래하였다.

194 백열 : '송무백열松茂栢悅'의 줄임말로, 벗이 잘되는 것을 기뻐함을 이른다. 육기陸機의 〈탄서부歎逝賦〉에 "참으로 소나무가 무성하니 잣나무가 기뻐하고, 슬프다 지초가 불에 타니 혜초가 탄식하네.[信松茂而柏悅 嗟芝焚而蕙歎]"라는 구절에서 유래하였다.

195 춘궁 : 세자궁인 동궁東宮을 이른다.

하니, 이는 실로 보기 드문 대단한 일입니다. 기뻐하고 감격하는 것이 어찌 사적으로 그대와 친해서일 뿐이겠습니까.[春宮異數 此實稀覯之盛事也 其爲欣踊感誦 豈但爲私而已]¹⁹⁶ ○ 영감의 종씨從氏가 계방桂坊¹⁹⁷으로 복직되었으니,¹⁹⁸ 오히려 일시에 속이 트이는 바탕으로 삼을 만합니다.[令從氏 桂坊牽復 猶可爲一時疏暢之資耶]

{답장[答]}

▶뜻밖의 복직은 다행스럽지 않은 것은 아니지만, 오랫동안 한가한 끝에 매일 바쁘게 지내니 가련함을 어찌하겠습니까?[意外甄復 非不爲幸 久閒之餘 逐日奔忙 悶憐奈何] ○ 비록 복직을 하였다지만 자못 방아를 돌리는 당나귀가 옛 자취를 밟는 것¹⁹⁹과 같으니, 이를 어찌 말로 하겠습니까?[雖云復職 只是磨驢之踏舊迹 何足道哉]

---

196 春宮異數……豈但爲私而已 : 《명재유고明齋遺稿》〈여김재해숙함與金載海叔涵〉에 "春宮異數 此實稀覯之盛事也 其爲欣聳感誦 豈但爲私而已"라는 구절이 있다.

197 계방 : '세자익위사世子翊衛司'의 다른 이름이다.

198 복직되었으니 : 원문은 '牽復'. 원래 견인하여 정도正道를 회복시키는 것을 이르는 말로, 《주역周易》 소축괘小畜卦(䷈)의 "구이九二는 연결하여 회복함이니, 길吉하다.[九二 牽復 吉]"라는 구절에서 유래하였다.

199 방아를……것 : '빙글빙글 제자리를 돌면서 맷돌을 끄는 나귀'라는 뜻으로, 발전하지 못하고 답습만 하는 상태를 이른다. 소식蘇軾의 〈송지상인유려산送芝上人游廬山〉에 "나의 생계가 졸렬하기 그지없어서, 맷돌 끄는 나귀처럼 돌기만 하는 것을 비웃겠지.[應笑謀生拙 團團如磨驢]"라고 하였고, 또 "돌고 도는 것이 맷돌 끄는 소와 같아서, 걸음걸음마다 묵은 자국만 밟노라.[團團如磨牛 步步踏陳跡]"라는 구절이 있다.

부임류赴任類

▶부임하는 행차는 언제 출발하는지요?[何日當啓旌節]²⁰⁰ ○ 언제 사폐辭陛²⁰¹를 하는지요? 하룻밤 조용히 이야기를 나누고 싶은데 헤아려 알려주십시오.[何當辭陛 欲做一夜穩 量示之也] ○ 오늘 부임하는 행차가 이미 도성문을 출발하였을 것입니다. 저는 요사이 본래 앓고 있던 병에 또 감기가 더해 몸이 쇠약해져서 답장도 보내지 못하였습니다. 병상에 있을 때 성곽 밖에서 당신이 사람들과 이별하였기 때문에, 더욱 힘을 내어 나가기가 어려워 멀리서 떠나시는 당신²⁰²을 바라보고 강수江樹의 탄식²⁰³만 있습니다.[今日旌節 已出都門矣 弟近來本病又添感氣委頓 旣未回敬 於在(第)[苐]²⁰⁴之時 郭外攀別 尤難自力 瞻翹行塵 只有江樹之歎] ○ 새로운 임명이 내려오자마자 서둘러 길을 나서니 제가 병으로 나아가 이별하지 못해 서운하기만 합니다.[新命纔下 旌棨遄啓 病未造別 冞用悵惘] ○ 높은 아기牙旗²⁰⁵와 큰 둑기纛旗²⁰⁶를 세

---

200 何日當啓旌節 : 《농암집農巖集》〈여이백상與李伯祥〉에 "何日當啓旌節"이라는 구절이 있다.
201 사폐 : 지방으로 수령이 되어 가는 신하, 또는 외국에 사신으로 가는 신하가 임금에게 하직 인사를 드리는 것을 이른다.
202 떠나시는 …… 당신 : 원문은 '行塵'. 길을 갈 때 일어나는 먼지로, 먼 길 가는 사람을 비유하여 이른다.
203 강수의 탄식 : 원문은 '江樹之歎'. 길을 떠나는 상대를 전송하지 못한 탄식을 이른다. 당나라 송지문宋之問의 〈별두심언別杜審言〉에 "병들어 누워 인사도 못하는데, 아 그대 만 리 길 떠나는가. 하수 다리에서 전송도 못하다니, 강가 나무에 멀리 정이 어렸네.[臥病人事絶 嗟君萬里行 河橋不相送 江樹遠含情]"이라고 하였다.
204 (第)[苐] : 저본에는 '第'로 되어 있으나, 문맥을 살펴 '苐'로 바로잡았다.
205 아기 : 상아로 만든 큰 깃발로, 대장군의 의장儀仗에 쓰인다. '아정牙旌'·'아문기牙門旗'라고도 한다.
206 둑기 : 대가大駕나 군대의 행렬 앞에 세우던 대장기大將旗로, 큰 창에 소의 꼬리를 달거나 또는 극戟에 삭모槊毛를 달아서 만든다. 여기서는 관찰사의 깃발을 이른다.

우고 큰 고을에 관찰사로 나가니 영감에게는 절로 만족스러운 행차일 것이지만, 저에게는 참으로 쓸쓸한 탄식이 있으니 어찌하겠습니까?[高牙大纛 出按雄藩 於令自是得意之行 而於弟則實有踽踽之歎 奈何] ○이미 사폐辭陛하고 행차가 가까운 곳에 와서 머물고 계시다는 소식을 들었지만 병으로 나아가 전별도 못하고 멀리서 당신의 행차를 바라보고 있으니 서운할 따름입니다.[聞已辭階 節旄來住近地 而病不得就別 瞻望行塵 只切悵悒而已] ○나머지는 가시는 길 조심하시어 그리워하는 저의 마음에 위안되게 하십시오.[餘祝愼驅 以慰瞻懸] ○다만 영감께서는 여유롭게 띠를 느슨히 하고 더욱 몸을 보호하시기 바랍니다.[只幾令緩帶加護] ○영감께서 임지에 부임하여 신의 도움이 있으시기를 빌겠습니다.[伏惟令到界神相] ○길에서 여러 가지 절차로 손상은 없으신지요?[在塗凡節 不瑕有損] ○다만 너무 급하게 길을 나서는 바람에 반드시 매우 피로하실 것이라 염려됩니다.[第念啓行卒遽 必多勞攘] ○오늘 내일이면 고개를 넘을 듯한데, 감영에 부임하는 날은 언제로 정하셨는지요. 행차 중 안부는 지쳐 손상을 입지는 않으셨는지요?[今明似當踰嶺 上營 定在何日 行中體氣 不以攧頓而有損否] ○감영에 부임하시면 과연 자사刺史의 풍모가 있을 것이니, 우선은 다른 괴로움은 없으신지요?[上營 果有刺史風味 姑無他纏繞否] ○도성을 나가시던 날 마침 제 몸에 병이 있어 길가에 달려나가 전송하지 못했으니, 섭섭한 마음 이루 형언할 수 없었습니다.[出都之日 適有賤疾 未克奔走道周 瞻送行塵 引領悵望 殆不勝下懷也][207] ○좌우께서 두루 순행하시는 곳은 도내의 명승지로 모두 장관을 원하시던 바람대로일 것입

---

207 出都之日……殆不勝下懷也:《농암집農巖集》〈상우재선생上尤齋先生〉에 "出都之日 適有 狗馬之疾 未克奔走道周 瞻送行塵 引領悵惘 殆不勝下懷也"라는 구절이 있다.

니다. 업무를 보시는 여가에 해낭奚囊208은 반드시 넉넉할 것이라 생각합니다.[左右巡路之歷遍 道內形勝 儘愜壯觀之願 朱墨之暇 竊想奚囊必富] ○ 지금 어디에 도착하셨는지요? 원습原隰의 일로 피로하실 것입니다.[方到何地 原隰之役 亦云勞矣] ○ 지금 절개節蓋209가 거의 병영으로 돌아갔을 것으로 생각합니다.[計今節蓋 幾返營矣] ○ 순행은 과연 이미 돌아오셨고 경치를 감상하시던 일로 一路의 아름다운 작품들로 반드시 비단 시 주머니에 가득할 텐데, 만나서 회포를 풀 방법이 없어 다만 마음만으로만 그리워할 뿐입니다.[巡路 果已撤還 而觀風一路佳作 必滿於錦囊中 無由對展 只覺神往] ○ 원습原隰을 내달리는 수고로움210과 업무와 수응하는 번거로움은 봄 순행에 비하여 어떠한지요?[原隰驅馳之勞 朱墨酬應之繁 比春巡如何]

{답장[答]}

▶사폐辭陛하던 날도 하직 인사를 드리지 못하였습니다.[辭陛之日 旣違拜辭] ○ 길을 떠난 이후로 전혀 소식을 듣지 못하였습니다.[行旆離發以後 絶未承信] ○ 즉일 남쪽으로 출발하시는데 겨를을 내어 작별인사도 하지 못하였습니다.[南麾卽發 未暇進別] ○ 임금께 하직하던 날 저는 교외

---

208 해낭 : '시 주머니'를 이르는 말로, 종이 이것을 차고 다니는 데서 이른 말이다. 《신당서新唐書》〈이하전李賀傳〉에 "이하는 새벽마다 해가 뜨면 나귀를 타고 나갔는데 어린 노복이 따랐다. 이 노복은 등에 오래된 비단 자루를 짊어지고 있었는데, 이하는 마음에 드는 경치를 만나면 글로 써서 자루에 던졌다.[每旦日出 出騎弱馬 從小奚奴 背古錦囊 遇所得 書投囊中]"라고 하였다

209 절개 : 부절을 지닌 대장이 사용하던 일산日傘을 이른다.

210 원습을……수고로움 : 원문은 '原隰驅馳'. 사명使命을 받고 떠난 사신使臣이 말을 타고 이리저리 달리며 임무를 수행하는 것을 이른다. 《시경詩經》〈소아小雅 황황자화皇皇者華〉에 "반짝반짝 빛나는 꽃이여, 저 언덕과 진펄에 피었네. 달려가는 정부여, 매양 미치지 못할 듯이 생각하도다.[皇皇者華 于彼原隰 駪駪征夫 每懷靡及]"라는 구절에서 유래하였다.

에 칩거하고 있으면서 전별도 못하여 지금까지 서운합니다.[辭朝之日 屛蟄郊外 有失拚別 汔今耿恨] ○ 떠나시는 날 뵙지 못해 지금까지 서운합니다.[去時失奉 至今茹恨] ○ 지난번 공무로 전별하지 못하고 멀리서 바라보기만 하였으니, 서운한 마음 가눌 길이 없었습니다.[向值公故 不得就別 瞻望依黯 無以爲情] ○ 오마五馬[211]가 서쪽으로 가시던 날 죄인의 신분으로 전별할 방법이 없어 지금까지 서운합니다.[五馬 西爲之日 罪蟄之蹤 無緣摻別 迨用耿然] ○ 서쪽으로 부임하시는 날 찾아뵙고 전별하지 못해 지금까지 서운합니다.[西出之日 未獲更拜敍別 恨仰至今] ○ 강호에 칩거하고 있어서 손을 부여잡고 당신을 전별할 수 없었습니다. '귀한 사람은 잘 잊어버린다.'고 하더니, 한 글자 문안편지도 없어 한갓 개인적으로 매우 서운할 뿐입니다.[迸伏江湖 無以攀送行塵 貴人善忘 亦無一字之問 徒切黯然之私] ○ 멀리 떠나시는 뒷모습을 바라보자니 선계仙界와 속계俗界가 가로막힌 것 같을 뿐만이 아닙니다. 한편으로는 부럽고 한편으로는 부끄러워 뭐라 말씀드려야 할지 모르겠습니다.[企望行塵 不啻仙凡之隔 且羨且慙 不知所云][212] ○ 지금 어디에 도착하였고, 관인官印은 언제 넘겨받는지요?[方抵何境 交印 當在何間] ○ 지난날 조개皁蓋[213]로 찾아뵈었는데, 서쪽으로 내려가신 지 여러 날이 되어 다만 매우 서운합니다.[頃日 委進皁蓋 西下有日 只切瞻恨] ○ 부모님을 모시고[214] 관직에 올라 기쁜 마음으로

---

211 오마 : '태수의 수레'를 이르는 말로, 태수는 다섯 마리가 끄는 말을 탔기 때문이다.

212 企望行塵……不知所云 : 《약천집藥泉集》〈여이상국與李相國〉에 "企望行塵 不啻僊凡之隔 且羨且慙 不知所云"이라는 구절이 있다.

213 조개 : '검은색의 수레 덮개'라는 뜻으로, '지방 장관'을 이른다. 《후한서後漢書》〈여복지興服志 상上〉에 "중 2,000섬과 2,000섬은 모두 수레 덮개를 흑색으로 한다.[中二千石 二千石皆皁蓋]"라고 하였다.

모시며 복이 가득하리라 생각합니다.[想惟潘輿上官 歡侍增福]²¹⁵ ○가벼운 수레로 편안히 모시고 공경히 부임하신 안부는 모두 복 받으시는지요?[穩奉輕輿 莊蒞動履 均福] ○제수되어 임지로 부임하니, 지금은 흐리고 무덥습니다.[除辭赴任 政値霾炎] ○즉일 사람이 와서 부임하시고 나서 편안하다는 소식을 알고 위로되는 마음 말로 다 할 수 없습니다.[卽者 人來 知到任後 平安消息 慰幸不勝言] ○아문衙門으로 돌아와 안부는 좋으시고 정무에 여가가 많으실 것입니다.[還衙穩重 視政多暇]

부연류赴燕類²¹⁶

▶국경을 나가는 것은 한 번 큰 유람에 해가 되지는 않지만, 행매行邁²¹⁷의 직무는 매우 걱정입니다.[出彊 不害爲一番大游 而行邁之役 不能不爲之慮念] ○연운燕雲²¹⁸으로 사신 가는 폐사陛辭가 하루 남았는데 대

---

214 부모님을 모시고 : 원문은 '潘輿'. 진晉나라 반악潘岳이 어머니를 모실 때 쓰던 가마로, 전하여 양친 봉양을 뜻한다. 반악이 지은 〈한거부閑居賦〉에 "태부인께서 인력거를 타시고 가벼운 수레도 타시고, 멀리는 도성 근교까지 유람하시고, 가까이는 우리 집 정원을 둘러보시어, 사지육체를 유람으로 인해 조화시키고, 좋은 약을 복용하여 피로를 떨쳐 버리시며, 일상의 음식은 양을 조금씩 더 드시고, 오래된 질병은 늘 나아가시도다.[太夫人乃御版輿 升輕軒 遠覽王畿 近周家園 體以行和 藥以勞宣 常膳載加 舊痾有痊]"라고 하였다.

215 想惟潘輿上官 歡侍增福 : 《명재유고明齋遺稿》〈답라현도答羅顯道〉에 "想惟潘輿上官 歡侍增福"이라는 구절이 있다.

216 부연류 : '부연'은 중국 연경燕京에 사신 가는 것을 이른다.

217 행매 : 쉬지 않고 멀리 가는 것을 이른다. 《시경詩經》〈왕풍王風 서리黍離〉에 "저 기장은 축 늘어졌거늘, 저 피는 싹이 돋았도다. 힘없이 가는 길 더디기도 해라, 이 마음을 둘 곳이 없도다.[彼黍離離 彼稷之苗 行邁靡靡 中心搖搖]"라고 하였다.

218 연운 : 연주燕州와 운주雲州를 아울러 이르는 말로, 여기서는 명나라 수도 연경燕京 지역을 이른다.

궐²¹⁹을 돌아보면 그리운 마음을 이길 길 없습니다. 다만 봄 경치가 한창인 날 요동遼東 들판으로 나가니 계문연수薊門烟樹²²⁰의 물안개와 거용관居庸關²²¹의 만리장성을 마음껏 구경하는 것도 장유壯遊²²²라 할 것입니다.[奉使燕雲 陛辭隔日 回瞻象魏 想不任戀結之忱 第及此年華方富之日 一出遼野 縱觀薊門烟(水)[樹]²²³ 居庸長城 亦云壯遊也] ○요동遼東의 언 길과 계문薊門의 눈길을 내달리기 어려워 뒤처질까 걱정이니, 미리부터 마음이 조급합니다. 만약 큰 도읍을 보고 중국을 유람한다면 눈이 휘둥그레하고 가슴이 트이고 회포가 열리며 생각이 펼쳐져 아마도 소자유蘇子由²²⁴ 이후로 천하가 크다는 것을 알게 될 것입니다. 고개를 돌려 보면 비록 길은 멀지만 둘러 보면 절로 기이한 광경이 많아 오히려 사신 길의 어렵고 힘든 것도 잊고 쓸쓸한 정에 위로가 될 것입니다. 그러나 다만 임금님을 그리워하는 마음과 부모님을 떠나는 개인적인 마

---

219 대궐 : 원문은 '象魏'. 국가의 교령을 반포하여 게시하던 궁문 밖에 있는 높은 누대를 이르는 말에서 대궐의 뜻으로 쓰였다. 《주례周禮》〈천관天官 태재太宰〉에 "다스리는 법을 상위에 걸어 만민에게 다스리는 법을 보게 하고 열흘 만에 거두어 들인다.[縣治象之法于象魏 使萬民觀治象 挾日而斂之]"라고 하였다.

220 계문연수 : '계문의 연기 어린 나무'라는 뜻으로, 북경성北京城 덕승문德勝門 밖 서북쪽에 있는 지명이며, 연경팔경燕京八景 중 하나이다. '계구薊丘'라고도 한다.

221 거용관 : 하북성河北省 창평현昌平縣의 서북쪽에 있는 관명關名으로, 좌우에는 끊어진 벼랑과 가파른 석벽이 몹시 험한 곳으로, 거용의 첩첩한 푸른 산[居庸疊翠] 또한 황도팔경皇都八景의 하나이다.

222 장유 : 장한 뜻을 품고 먼 곳을 유력遊歷함을 이른다.

223 (水)[樹] : 저본에는 '水'라고 되어 있으나, 문맥을 살펴 '樹'로 바로잡았다.

224 소자유 : '자유'는 송나라 소철蘇轍(1039~1112)의 자이다. 〈상추밀한태위서上樞密韓太尉書〉에 "태사공은 천하를 두루 다니면서 사해四海의 명산대천을 두루 유람하고, 연燕·조趙 사이의 호걸들과 교유했기에 그의 문장이 소탕하여 자못 기발한 기운이 있다.[太史公 行天下 周覽四海名山大川 與燕趙間豪俊交遊 故其文 疏蕩 頗有奇氣]"라고 하였다.

음은 잠시도 떨쳐버리지 못할 것이라 생각합니다. 이미 전별의 자리에 나아가지도 못해 이렇게 짧은 편지로나마 간략하게 서운한 마음을 말씀드리니, 가시는 길 조심하고 사신 길이 경사스러우시기를 빌겠습니다. 구구한 정을 담은 선물도 쉽게 할 수 없어 이렇게 편지를 보내니 매우 그립습니다.[仍惟遼冰薊雪 載驅斯艱 在後殷念 預覺亟亟 乃若宏覽大都 壯遊中州 其所以豁眥盪胸 拓懷暢思 庶幾亦蘇子由而後 知天下之巨麗者也 回首而雖恨遲征 放眼則自多奇觀 玆猶可忘跋涉之勞 慰離索之情焉 但是戀闕之忱 離闈之私 想不得斯須按撥矣 旣無由趨餞 玆憑小函 略誦其惆悵之懷 幸冀在途愼餐 行李吉慶 區區情贐無易 於此發椊 神馳] ○상국의 풍광이 비록 옛날처럼 대지를 멀리 바라볼 정도는 아니지만 그래도 하나의 좋은 일이니 얼마나 위안되겠습니까? 다만 식사 잘 하시고 자애하시어 잘 다녀오시기를 빌겠습니다.[上國觀風 雖云非昔大地騁目 亦一勝事 何足慰惜 只祝加殷自愛 利往穩旋] ○사신 길을 이미 출발하셨다는 소식을 들어 사람을 망연하게 함이 그지 없습니다.[拜承行李 已戒闊別也 令人茫然不能已] ○어느덧 내일이면 수레가 서쪽으로 떠납니다. 먼 만릿길은 한 해를 넘길 만큼 오랜 시간이 필요하니, 서운함과 그리움이 배나 암담하여 정신을 녹아내리게 합니다.[居然隔宿 輶軒將西出矣 萬里之遠 浹歲之久 悵望瞻戀 倍令人黯然神銷] ○아무리 인사를 폐하고 있다지만 예의상 마땅히 찾아뵙고 전별하며 소략하나마 간절한 마음을 펴려고 했는데 참으로 틈이 없었습니다. 지금 또 밤새 숙직[225]을 하고 있는데 당신의 수레는 떠났습니다. 아무리 상황이 그랬다고는 하지만 부끄럽고 송구합니다.[雖廢人事 禮宜就別 以略布區區 而實無

---

225 숙직 : 원문은 '持被'. 한유韓愈의 〈송은원외서送殷員外序〉에 "이불을 가지고 삼성에 숙직만 들어 가도 여종을 돌아보고 시시콜콜 여러 가지 당부를 하여 마지않는다.[持被入直三省 丁寧顧婢子語刺刺不能休]"라는 구절에서 유래하였다.

暇隙 今又持被經此夜 則駕且發矣 勢雖使然 能不媿悚] ○내일이면 나라 밖으로 나가시는데, 병이 나서 인사도 드리지 못해 서운함을 어떻게 말로 하겠습니까?[出彊隔宵 而病未造拜 瞻恨何諭] ○아침에 폐사陛辭를 보는 사람도 망연하게 하였는데, 만 리 사신 길을 가는 사람이 몇 번이고 뒤돌아보지 않겠습니까?[朝見陛辭 令人惘然 有萬里(思)[使]²²⁶行者 能不屢回顧否] ○궁벽한 시골에 칩거하고 있어서 온 조정 사람들이 전별하는 자리에 나아가 이별하지도 못하였습니다.[屛蟄深巷 末由就別於傾朝餞席] ○이미 행장을 꾸렸을 것이라 생각합니다. 이렇게 지체하다가 홀로 전별하지도 못하였으니 저도 모르게 침울하게 그립기만 합니다.[計已儆裝矣 顧此淹滯 獨違拚送 不覺黯然馳神] ○북쪽 추위가 차갑고 얼음물을 마시는 것²²⁷도 이미 고달프실 텐데 천만 몸을 보중하시어 먼 길 잘 다녀오시기를 간절히 바라겠습니다.[朔寒凄栗 飮冰已苦 千萬保重 利涉長途 是區區之望也] ○균좌하勻座下께서 떠날 때가 임박했는데도 한 통의 편지도 보내지 못하고 번거롭게 수응하시도록 하였으니, 마음에 그리움을 언제나 잊겠습니까?[想勻下臨行擾惱 不敢奉一書 致煩酬應 而中心耿耿 何時忘也] ○간절한 이별의 회포를 어떻게 다 터놓고 말씀드리겠습니까? 오직 술을 절제하시고 몸을 더 보호하여 많은 복을 받으시고 높으신 비호가 동행하는 사람들에게까지 미치기를 바라겠습니다. 병든 벗이 바라는 것은 오직 이것

---

226 (思)[使] : 저본에는 '思'로 되어 있으나, 문맥을 살펴 '使'로 바로잡았다.

227 얼음물을……것 : 원문은 '飮冰'. 사신의 임무를 수행하는 어려움을 이른다. 《장자莊子》〈인간세人間世〉에 "저는 음식을 먹을 때는 거친 음식을 먹고 맛있는 것은 먹지 않으며 밥을 지을 때는 시원하기를 바라는 사람이 없을 정도로 불을 사용하지 않았습니다. 그런데 지금 제가 아침에 명령을 받고 저녁에 얼음물을 마셔 대니, 저는 몸속에 열이 있는 것 같습니다.[吾食也 執粗而不臧 爨無欲淸之人 今吾朝受命而夕飮冰 我其內熱與]"라는 구절에서 유래하였다.

뿐입니다.[別懷千萬 何由盡攄 惟冀節飮加護 珍重百福 推其崇庇 以及同行也 病友所祝 惟是而已] ○다만 나라를 위해 몸을 더 보중하시기 바랍니다.[只冀爲國加護] ○사신 길에 안부가 편안하시기를 빌겠습니다.[在道鼎茵萬安]

{답장[答]}

▶쇠약해지는 병이 날로 심한 데다가 또 먼 사신 길을 가게 되니 매우 걱정입니다.[衰病日甚 且當遠役 私計切悶] ○행차가 나라 바깥으로 나가 반 년 동안 나라를 그리워하게 되었으니, 미리부터 침울합니다. 그러나 어찌하겠습니까?[行將出疆 半年家國之戀 預覺黯然奈何] ○길이 삼천 리가 채 되지 않고 돌아오는 기간이 5월을 넘기지는 않겠지만 벗을 그리워하는 마음이 있습니다.[道路不滿三千 歸期不過五月 而猶有戀戀知舊之意] ○먼 사신 길을 가야 해서 마음이 쓰이니 걱정되는 마음을 어찌하겠습니까?[遠役關心 悶如之何] ○지금 용만龍灣²²⁸에 도착하여 오랑캐 산이 지척이고, 빙설이 뒤덮인 험난한 고개를 넘고 한 번 앞에 있는 압록강을 건너면 서울이 아득할 것입니다. 한갓 망진루辰樓樓에 기대니 더욱 마음 가눌 길 없지만 어찌하겠습니까?[方抵龍灣 而咫尺胡山 冰雪(蛟)[峻]²²⁹嶒 一渡前江 京國渺然 (徙)[徒]²³⁰倚望辰樓 益無以爲懷奈何]²³¹

---

228 용만 : 평안도 의주義州의 다른 이름이다.

229 (蛟)[峻] : 저본에는 '蛟'로 되어 있지만, 문맥을 살펴 '峻'으로 바로잡았다.

230 (徙)[徒] : 저본에는 '徙'로 되어 있지만, 문맥을 살펴 '徒'로 바로잡았다.

231 方抵龍灣……益無以爲懷奈何 : 《연석연石》〈여목태천만중서與睦泰川萬中書〉에 "某方抵龍灣 滿目胡山 只隔一帶水 預念過江後意象 已自黯然消魂 奈何"라는 구절과, 《연석》〈여성대준주서與聖大駿柱書〉에 "此前臨鴨水萬里 只隔一葦 徙[徒]倚望辰樓 無以爲懷耳"라는 구절이 있다.

▶강을 건너며 보내신 한 통의 편지가 지금까지 책상에 놓여 있는데, 이따금 꺼내어 읽어보면 꼭 말씀을 직접 듣는 것 같습니다.[渡江時一書 至今置在几案 時時出讀 如聆談誨]²³² ○이별할 때에는 다시 만날 기약이 아득하더니 눈을 한 번 돌리는 사이에 벌써 돌아오실 날이 임박하였습니다. 세월이 이렇게 빨리 흐르니 어찌 늙음을 재촉하지 않겠습니까.[別時 覺前期渺然 轉眄間 已迫回日 日月迅駛如此 安得不催老也]²³³ ○만 리 사신의 명령을 받고 다행히 길에서 쓰러지지는 않았지만 왕의 위엄이 미치지 않은 곳이 없어 절로 감축드립니다. 나머지 온갖 고생은 굳이 말하지 않겠습니다.[萬里銜命 幸免顚仆道路 莫非王靈攸曁 只自感祝 餘外千萬苦狀 不須提說] ○만 리 사신 길에서 돌아와 나라가 평안하니, 경사스러움을 어찌 말로 하겠습니까?[萬里歸來 家國平安 慶忭曷諭] ○먼 길에서 막 돌아와 쇠약하고 피곤함이 더욱 심하니 어찌하겠습니까?[遠役纔返 衰苶更甚奈何]

▶만 리 사신 행차를 떠나시는 계부季父를 전송하니 서운한 마음 말로 할 수 없습니다.[拜送季父萬里之行 私懷悵缺 已不可言] ○어제 아버지께서 책문柵門²³⁴에 도착하여 보내신 편지를 받고 안부가 연이어 편안하시다고 하니 다행스러움을 말로 할 수 없습니다.[昨承家親到柵下書 諸節連爲安穩 私幸不可言]

---

232 渡江時一書……如聆談誨:《농암집農巖集》〈답유녕숙答兪寧叔〉에 "渡江時一書 至今置在几間 時時出讀 如聆談誨"라는 구절이 있다.

233 別時……安得不催老也:《농암집農巖集》〈답유녕숙答兪寧叔〉에 "別時 覺前期渺然 轉眄間 已迫回日 日月迅速如此 安得不催老也"라는 구절이 있다.

234 책문: 요령성遼寧省의 봉천성奉天城에 설치한 임의 변문邊門으로, 청은 조선과의 국경분쟁을 피하기 위한 방편으로 압록강부터 이 책문까지의 사이를 완충 지대로 하여 두 나라의 사람이 다 경작 내지 입주하지 못하게 하였다.

보외류補外類[235]

▶은혜로운 보임은 죄를 받은 것이 아니라 영광된 일입니다. 더구나 땅은 좁고 일은 간소하여 조양調養의 도에 해가 되지 않을 것이니, 축하할 일이지 위로할 것이 없습니다. 이미 전별하지도 못하였는데 오랫동안 소식이 막혀 그리운 마음이 어느 때인들 간절하지 않겠습니까?[恩補 非罪伊榮 況地峽事簡 不害於調養之道 可賀 無足慰也 旣未能拚別 從以貽阻此久 瞻耿之懷 何時不憧憧也] ○뜻밖에 견책하며 보임하신 말씀이 지엄하니, 매우 두려워 몸 둘 바를 모를 것이라 생각합니다. 서둘러 파발을 전하고 노정은 바쁜 데다가 이틀 갈 길을 하루에 가야 하는 상황에 눈과 비가 뒤섞여 내리니, 급히 가시는 것이 걱정되어 잠도 오지 않고 밥도 먹지 못하고 있습니다. 내일쯤이면 임소에 도착하실 텐데 임금님의 엄명이 급하여 행색을 제대로 갖추지 못해 끝내 병은 걸리지 않으셨는지, 몸을 보존하기 어려웠을 텐데 길에서의 여러 가지 안부는 과연 어떠신지 모르겠습니다.[意外譴補 辭敎截嚴 悚凜之極 想必罔知攸措 而傳撥疾馳 行色蒼黃 況復竝日而行 雨雪交作 馳念行駕 殆至夢不成 食不下矣 明間 可到任所 急於嚴命 行具疎闊 其終無疾恙 難可保也 未知在途諸節 果如何]

{답장[答]}

▶죄가 큰데 은혜가 깊어 오히려 부월鈇鉞을 쥔 영광을 입고 좋은 땅에 유유자적하면서 오랫동안 이름난 누각의 명승지를 누리게 되었으니

---

235 보외류 : '보외'는 인사 관행의 하나로, 중앙 관청의 고관을 지방의 수령 등으로 좌천시키는 것을 이른다.

감축드린다는 말 외에 다시 무엇을 말씀드리겠습니까?[罪大恩深 猶糜仗鉞之榮 優遊善地 久享名樓之勝 感祝之外 更有何言] ○승진이 지나쳐 은혜로 보임 받고 용서를 받았는데, 바닷가 마을은 마침 일이 적어 날마다 호산湖山을 마주하고 시나 읊조리고 있습니다. 나 자신을 위한 계획은 조금 편안하며 깊으신 임금의 은혜에 감축드릴 뿐입니다.[陞擢太濫 恩補曲恕 海邑適少事 日對湖山 只自嘯詠 身計 便覺稍安 到底君恩 感祝而已] ○죄는 무거운데 벌은 가벼워 두렵고 감사한 마음 교차합니다.[罪重罰輕 惶感交竝] ○죄를 지은 사람에게 영광스런 일이니 더욱 감사합니다.[以罪爲榮 尤增感祝]

견적류譴謫類[236]

▶뜻밖에 엄한 견책을 당하니 놀라고 두려운 마음을 어떻게 말로 하겠습니까?[意外嚴譴 驚悚何言] ○견책을 시행한다는 명령이 있었다는 말을 들으니 놀라고 탄식스러움을 이기지 못하겠습니다.[聞有行譴之命 不勝驚歎] ○견책을 시행한다는 명령은 날이 갈수록 놀랍고 두려운 저의 마음을 가눌 수 없습니다.[行譴之命 歷日驚悚 不任下誠] ○견책의 명령을 듣고 두려워 마음을 가눌 수 없는데, 익숙히 경험했기에 배나 걱정입니다.[竊想聞命震悚 無以爲情 稔經之故 慮仰倍切] ○귀양길 노정에 더위를 무릅쓰고 가는 것은 건장한 사람도 버티기 힘든 일인데, 어떻게 목적지에 도착하셨는지요?[嚴程觸熱 雖强壯者 亦難堪 其何以得達耶][237] ○귀양길 노정

---

236 견적류 : '견적'은 강등되거나 좌천됨을 이른다.
237 嚴程觸熱……其何以得達耶 : 《명재유고明齋遺稿》〈여박태보사원與朴泰輔士元〉에 "嚴程

에 추위를 무릅쓰고 어떻게 도착하셨는지요?[嚴程冒寒 何以抵達]²³⁸ ○ 모진 더운 날씨에 달려가는 고달픔과 풍토가 몸에 맞지 않아 생기는 근심은 모두 사람을 걱정스럽게 합니다.[炎程趨赴之勞 水土不服之憂 俱令人耿耿關念] ○ 바닷가 근처의 염장炎瘴²³⁹으로 머물기에 불편하실 텐데 건강에 손상은 없으신지요?[近海炎瘴 居停不便 得無撼損節否] ○ 마음을 다잡고 우환을 염려하며 분발하고 성질을 강인하게 하여 평소 하지 못하던 것을 할 수 있게 된다면 이것 또한 그대를 훌륭하게 만들기²⁴⁰ 위한 시련이 될지 어찌 알겠습니까.[操心慮患 動忍增益 亦安知非玉汝于成耶]²⁴¹ ○ 용서²⁴²받고 싶은 마음이 꿈에서도 간절하지만 무덥고 습한 날씨에 병이 생기니, 이 또한 걱정하지 않아서는 안됩니다.[連環之夢雖切 暑濕生疾 亦不可不念]²⁴³ ○ 외지고 궁벽한 곳이라 모든 일에 곤란을 겪고 있습니다. 쌀은 구슬처럼 귀하고 장은 씀바귀처럼 나쁘다는 소식을 들었습니다. 진실로 처지에 맞게 처신할 것을 알지만 구구한 것에 대하여 염

    觸熱 雖强壯者 亦難堪 相公之行 何以得達云耶"라는 구절이 있다.

238 嚴程冒寒 何以得達 : 《명재유고明齋遺稿》〈여박사원與朴士元〉에 "嚴程冒寒 何以抵達"이라는 구절이 있다.

239 염장 : 축축하고 더운 남쪽 지방에서 생기는 장기瘴氣를 이른다.

240 그대를……만들기 : 송나라 장재張載의 〈서명西銘〉에 "부귀와 복택은 나의 삶을 두텁게 해 주고, 빈천과 우척은 너를 도와 성취시켜 주는 것이다.[富貴福澤 將厚吾之生也 貧賤憂戚 庸玉女於成也]"라는 구절에서 유래하였다.

241 操心慮患……亦安知非玉汝于成耶 : 《명재유고明齋遺稿》〈여박사원與朴士元〉에 "操心慮患 動忍增益 亦安知非玉汝于成耶"라는 구절이 있다.

242 용서 : 원문은 '連環'. 옥이 터짐 없이 연결되어 있어 군신 관계가 끊어지지 않아 용서를 의미한다. '환옥環玉'이라고도 한다. 반대로 '패결佩玦'은 '터진 옥을 차다'라는 뜻으로, 군신 관계가 더 이상 이어지지 않는다는 의미로 임금으로부터 버림받은 것을 의미한다.

243 連環之夢雖切……亦不可不念 : 《명재유고明齋遺稿》〈답오수채答吳遂采〉에 "連環之夢雖切 暑濕生疾 以貽親憂 亦不可不念"이라는 구절이 있다.

려됨을 어찌 이기겠습니까?[窮荒之地 百事皆艱 聞米貴如珠 醬惡如茶 固知隨遇自適 區區者 曷任慮仰] ○그대가 결연히 이별하고 떠난 뒤로 그리운 마음에 자나 깨나 잊을 수 없었습니다. 지금 편지를 보건대 파도가 하늘까지 닿는 바닷가를 배회하며 쓸쓸히 지내시는 모습이 눈에 선하니, 편지를 들고 거듭 한탄하는 마음 어찌 끝이 있겠습니까?[自君之去 耿耿一念 寤寐如結 今見書 波濤際天 徘徊洲渚 意想蕭然 如在眼中 把書三歎 何能已已][244] ○일찍이 변방에 있으면서 뒤늦게 형께서 편배編配[245]되었다는 말을 들었습니다. 끝없는 한을 어떻게 말로 하겠습니까?[曾在塞外 晚聞兄編配 無窮之抱 如何可言] ○견책을 받고 남쪽으로 가시던 날에 마침 제가 제사가 있어 길에 나가서 문후하지 못하였지만, 행렬의 먼지를 바라보며 걱정스럽고 슬픈 마음으로 전송하였습니다.[恩譴南行之日 適有祀事 不得出候道周 瞻送行塵 但切冲恨][246] ○더운 날씨에 길을 떠나셔서 비록 걱정스럽지만 불시에 용서하는 때가 오래지 않을 것이니, 이 또한 다시 어찌한단 말입니까?[暑日行役 雖屬可悶 不時恩宥 定在不遠 亦復奈何] ○한때의 칙교飭敎[247]는 오래지 않아 반드시 용서하시는 명령이 있을 것입니다.[伏惟一時飭敎 匪久 必有恩宥之命] ○곤란한 상황에 처하여 아름다움을 누리지 못하지만 처한 상황에 따라 편안하시기를 집사를 위하여 말씀드립니

244　自君之去……何能已已 : 《명재유고明齋遺稿》〈답김시제答金時濟〉에 "今見書 波濤際天 徘徊洲渚 意象蕭然 如在眼中 把書三歎 何能已已"라는 구절이 있다.

245　편배 : 유배죄인流配罪人을 배치하는 것으로, 곧 귀양 갈 사람의 이름을 도류안徒流案에 기입하는 것을 이른다.

246　恩譴南行之日……但切忡悵 : 《명재유고明齋遺稿》〈여신원서與申元瑞〉에 "恩譴南行之日 適有祀事 不得出候道周 瞻送行塵 但切忡悵"이라는 구절이 있다.

247　칙교 : 임금이 단단히 일러서 다잡거나 경계하던 지시를 이른다.

다.[困不失亨 隨處而安 竊爲執事誦之] ○임금님의 위엄이 조금 진정되기까지 마땅히 하루도 걸리지 않을 것입니다.[雷威稍霽 宜不俟竟日] ○제가 원하는 것은 천금 같은 몸을 잘 보존하여 어머니의 염려에 위안되게 하시는 것입니다.[所願善保千金 以慰慈闈之念] ○은택이 서둘러 내려오기를 오직 바랄 뿐입니다.[恩霈遄降 惟是伏祝]

▶백씨伯氏 어른께서 뜻밖에 견책을 당하시니, 놀랍고 탄식스러움을 어떻게 말씀드리겠습니까?[伯氏丈 意外行譴 驚歎何言] ○아드님이 뜻밖의 견책을 당해 자식이 돌아오기를 간절히 바라는 마음[248]에 걱정하시리라 생각합니다.[賢胤 意外嚴譴 想惱倚閭之情][249] ○모인某人이 뜻밖에 엄한 견책을 당하였는데, 병도 아직 낫지 않은 상태로 먼 길을 떠나야 하니 걱정입니다.[某人 不意嚴譴 疾憂未霽 遠役可念]

{답장[答]}

▶노여워 내리신 하교가 아니라는 말씀에 송구하여 몸 둘 바를 모르겠습니다.[匪怒之敎 悚惶罔措] ○제가 당한 일은 제 스스로 지은 허물 때문이니, 누구를 원망하겠습니까?[此中所遭 自作之孼也 復誰咎也][250] ○법을 어긴 죄가 큰데 은혜롭게 좋은 지방으로 보내시니, 송구하고 감사하

---

248 자식이……마음 : 원문은 '倚閭'. 《전국책戰國策》〈제책齊策〉에, 제나라 왕손가王孫賈의 모친이 아들에게 "네가 아침에 나갔다가 저녁에 오면 내가 문에 기대서 바라보고, 네가 저녁에 나가서 돌아오지 않으면 내가 동구 밖에 나가서 기다렸다.[女朝出而晩來 則吾倚門而望 女暮出而不還 則吾倚閭而望]"라는 구절에서 유래하였다.

249 賢胤……想惱倚閭之情 : 《명재유고明齋遺稿》〈여박계긍與朴季肯〉에 "賢胤 意外恩譴 想惱倚閭之情"이라는 구절이 있다.

250 此中所遭……復誰咎也 : 《명재유고明齋遺稿》〈답이백소答李伯邵〉에 "此中所遭 自作之孼也"라는 구절이 있다.

여 몸 둘 바를 모르겠습니다. 먹고 자는 것은 이만저만하며 지내고 있어 벗에게 근심을 끼치는 정도에는 이르지 않을 듯합니다.[罪大逋違 恩界善地 懷悚感篆 罔知攸措 而寢啖粗遣 似不至故人貽念耳] ○제 한 몸 죽고 사는 것은 참으로 돌아볼 가치도 없지만, 멀리 부모님과 떨어져 소식을 듣지 못하고 한 번 섬으로 들어오고 나서는 소식이 아득하니, 이 무슨 정경이란 말입니까?[一身死生 固不足恤 而遠離親側 消息不聞 一入海島 (亢)[亦]²⁵¹ 將杳然矣 此何情境] ○궁벽한 바닷가에서 잘못을 반성하고 있고 먹고 자는 것은 그럭저럭 편안합니다.[窮海訟愆 寢啖粗安] ○유배지에 막 도착하여 생활은 그럭저럭 편안하기는 하지만 적적謫籍²⁵²에 오른 외로운 신세는 모르겠습니다.[始到配所 (褸)[棲]²⁵³息粗安 不知謫籍之羇孤] ○일상생활은 아직 어려운 기미는 없어 멀리서 염려하실 필요까지는 없지만 서로 아득히 그리워만하니, 이것이 답답할 뿐입니다.[居處飲啜 姑無難堪之端 不必貽遠念 而相望杳然 是可恨鬱] ○억지로 밥 먹고 그럭저럭 편안하게 지내고 있으니, 소동파蘇東坡가 귀향 갔던²⁵⁴ 상황보다는 낫습니다.[强飯姑安 猶勝坡翁之謫況] ○수산囚山²⁵⁵의 적막한 물가에서 홀연히 편지를 받아보니 흉금을 다 털어놓으신 지극함은 직접 가르침을 받는 것에 못지않았습니다.[囚山寂寞之濱 忽奉手敎 披瀉之至 不減淸誨] ○홀연히 편지

---

251 (亢)[亦] : 저본에는 '亢'으로 되어 있지만, 문맥을 살펴 '亦'으로 바로잡았다.
252 적적 : 유배지의 명단을 이른다.
253 (褸)[棲] : 저본에는 '褸'로 되어 있지만, 문맥을 살펴 '棲'로 바로잡았다.
254 소동파가……갔던 : '동파'는 소식蘇軾의 호로, 송나라 신종神宗 희령熙寧 9년(1076)에 그가 황주黃州로 귀양 갔다.
255 수산 : '산에 꼼짝 못하게 갇혔다'는 뜻으로, 당나라 유종원柳宗元이 영주永州에 귀양 가서 〈수산부囚山賦〉를 지은 뒤로 고달픈 유배 생활을 뜻하는 말로 쓰이게 되었다.

를 전하여 외로운 회포를 털어놓으니 찾아와서 만나는 것만큼[256] 기쁠 뿐만이 아니었습니다.[忽傳翰敎 披抒孤懷 不啻聞跫之喜] ○ 귀양길 노정이 급하였는데 편지가 도착하여 흉금을 털어놓으니 감사하고 위안되었습니다. 남전藍田까지 나가 전송하는 것[257]과 무엇이 다르겠습니까?[嚴程倉卒 華翰追至 披瀉感慰 何殊送至藍田] ○ 궁벽한 바닷가로 유배[258]와서 받은 벗의 편지는 백붕百朋[259]에 필적할 만합니다.[窮海禦魅 獲見故人一札 可敵百朋] ○ 시골 바닷가 유배지에서 한 통의 편지와 두 장의 편지로 정중하게 위문하시니 시원하게 위안되어, 남전藍田까지 나가 전송했던 것보다 나았습니다.[窮海囚山 一紙兩書 勞問鄭重 披(擢)[濯][260]慰感 有逾藍田之追送

---

256 만나는 것만큼 : 원문은 '聞跫'. 빈 골짜기에서 사람의 발소리를 듣는 것으로, 상대를 만나 지극히 반갑고 기쁘다는 의미이다. 《장자莊子》〈서무귀徐無鬼〉에 "혼자 빈 골짜기에 도망쳐 살 적에 인기척만 들려도 반가울 텐데, 더구나 형제와 친척의 기침 소리가 옆에서 들려온다면 어떻겠는가.[夫逃虛空者 聞人足音跫然而喜 又況乎昆弟親戚之謦欬其側者乎]"라고 하였다.

257 남전까지……것 : 원문은 '送至藍田'. 멀리까지 벗을 전송함을 이른다. 《오륜행실도五倫行實圖》〈서회불부徐晦不負〉에 "한 몸 연루가 된다고 해도 어떻게 다른 계산하랴. 남전藍田으로 배웅을 하니 차마 헤어지지 못해.[一身有累何會計 送至藍田不忍離]"라고 하였다. 《구당서舊唐書》〈서회열전徐晦列傳〉에, 당나라 양빙楊憑이 임하위臨賀尉로 폄척되어 갈 때 그와 평소 친한 이들도 감히 송별한 이가 없었는데, 유독 서회徐晦만이 친구의 의리를 저버리지 않고 남전藍田까지 나가서 양빙과 송별의 말을 나누었다. 그러자 당시 재상이던 권덕여權德輿는 평소 양빙과 교분이 가장 두터웠던 사이라서, 서회가 양빙을 송별한 일을 듣고는 서회에게 "오늘 임하위를 송별한 것은 참으로 후한 일이기는 하지만 혹 누가 되지 않겠는가.[今日送臨賀 誠爲厚矣 無乃累乎]"라고 하자, 서회가 "나는 포의 시절부터 양공이 돌봐 주었는데, 양공이 지금 유리 파천을 당하는 마당에 어찌 차마 송별의 말도 없이 있을 수 있겠습니까.……[晦自布衣 受楊公之眷 方玆流播 爭忍無言而別……]"라고 하였다.

258 유배 : 원문은 '禦魅'. 도깨비를 막는다는 말로, 유배를 의미한다. 《춘추좌씨전》문공文公 18년에 "순이 요 임금의 신하가 된 뒤에, 사방의 문에서 현자들을 빈례로 맞이하고, 혼돈, 궁기, 도올, 도찬 등 흉악한 네 사람을 사방의 먼 변방으로 내쳐, 사람을 해치는 괴물을 막게 하였다.[舜臣堯 賓于四門 流四凶族渾敦窮奇檮杌饕餮 投諸四裔 以禦魑魅]"라는 구절에서 유래하였다.

259 백붕 : 많은 재물을 뜻한다. 자세한 내용은 212쪽 역주 21을 참조하기 바란다.

260 (擢)[濯] : 저본에는 '擢'으로 되어 있지만, 문맥을 살펴 '濯'으로 바로잡았다.

也] ○노쇠하고 병든 몸으로 멀리까지 편지를 보내시니, 오랜 슬픔과 새로운 슬픔이 날과 함께 깊어만 가는데 어찌하겠습니까?[老病遠寄 舊悲新愁 與日俱深 奈何] ○막 도착하니 풍토는 꽤 아름답고, 두서너 번 영현營縣의 의례적인 물음이 있었습니다. 평소 담박한 음식에 익숙하여 가난한 집에 있을 때 보다 나은 듯합니다. 범처럼 먹었다면 중단됨을 면치 못하였을 텐데, 이는 유배지에서의 복이라 할 수가 있습니다.[始到 風土頗佳 數三營縣有例問 平生慣於食淡 似勝於在家之貧 而有同虎餐 不免間斷 謂之謫福可也] ○종일 문을 닫고 책을 보고 있습니다. 비록 책을 덮으면 곧바로 잊어버리기는 하지만, 그래도 볼 때는 재미가 있어서 절로 유배 중의 괴로움을 모르겠습니다.[終日杜門看書 雖捲卷輒忘 看時有味 自不知謫中苦況] ○이곳에 와 밝은 창과 따뜻한 방에서 아침저녁으로 생활하고 있으며, 대부분 유배지 주인집에 있는 것을 따르고 있습니다. 유배된 죄인의 분수와 주객이 도리에 있어서 매우 마음이 편치 않으니, 감사함을 어찌 잊겠습니까?[寓此以來 明窓暖室 朝夕過活 多從主人宮中所有 其於罪謫之分 主客之道 甚不安 而感則有之 何可忘也] ○풍토도 꽤나 좋고 온종일 책을 보니 맛이 있어 유배지[261]에 있다는 것도 잊을 만하다 할 수 있습니다.[風土頗佳 終日閉戶 看書有味 可謂忘卻在長沙者也] ○달력이 얼마 남지 않았는데, 이곳에서 한 해를 보내야 할 듯합니다. 이는 아마 낯짝 두껍게 보고 듣지도 않고 유배지에서 오랫동안 복을 누려서 그러한가 봅니다.[殘曆無多 自分過歲於此 豈緣頰厚不見耳 故謫福久享而然歟] ○편지를 보내 안부를 물으시니, 이미 곤궁한 신세의 감회가 지극한데 편지와 함께 보내신

---

261 유배지 : 원문은 '長沙'. 한나라 가의賈誼가 문제文帝 때 대신들의 질투로 장사왕長沙王 태부太傅로 유배 갔던 곳에서 유래하였다.

여러 가지 물건은 마음으로 보내신 것이라 감사함을 표현할 길이 없습니다.[尙書俯存 已極窮途之感 伴來諸種 又出心貺之惠 以荷以謝 無以方諭] ○ 고개 너머 멀리서 안부를 물어주시고 아울러 다섯 가지 물건도 보내시니, 곤궁한 신세에 감사함은 평소의 감사에 비할 바가 아닙니다.[嶺外遠問 兼以五種 窮途慰感 不比尋常] ○ 조만간 풀려나 돌아갈 것이니, 뒷날의 만남을 기약하겠습니다.[早晩放歸 後會猶期] ○ 뒷날 용서받고 풀려나 때때로 급한 일이 없으면 고헌高軒으로 나아가 사연을 늘어놓고, 그리움에 위안 삼고 싶지만 이 역시 기필할 수가 없습니다.[他日賜環 有時幸無急冗 意欲拖晉高軒 慰此渴仰 而亦何可必也]

▶아버지께서 귀양 가신 일은 시간이 갈수록 더욱 두렵습니다. 평안도는 일찍 추워져 지내시기에 적합하지 않으니, 애타는 마음을 말로 할 수 없습니다.[家親所被恩譴 久益惶懍 西土早寒 居停齟齬 情私煎迫 無可言] ○ 종손從孫은 용서받을 가망이 없습니다. 다만 풍토가 조금 좋아 병 없이 그럭저럭 지내는 것을 다행으로 삼을 뿐입니다.[從孫 宥還無望 但水土稍佳 得以無病粗過可幸]

유환류宥還類[262]

▶뜻밖에 유배 갔다가 곧바로 용서하신다는 명을 받았습니다. 잠깐 사이에 먼저는 울고 후에는 웃으니,[263] 어찌 고통이 안정되었는데 이전

---

262 유환류 : '유환'은 유배형에 처해진 죄인이 용서를 받고 돌아오는 것을 이른다.
263 먼저는……웃으니 : 원문은 '咷笑'. 《주역周易》 동인괘同人卦(☰) 구오九五에 "먼저 울부짖

고통을 회상할 필요가 있겠습니까?[意外行譴 旋有賜環之命 咷笑俄頃 何必痛定思痛也] ○잠깐 유배 갔다가 곧바로 용서를 받았으니 놀랐다가 기뻤습니다.[乍配旋宥 旣驚且喜] ○급히 은혜로운 용서를 받아 편안히 서울 집으로 돌아왔으니, 공사간에 기쁨을 말로 할 수 없습니다.[遄蒙恩宥 穩還京第 公私喜幸 有不容諭] ○지난번에 만났던 것은 재앙이 아님이 없습니다. 이제부터 천방天放²⁶⁴의 즐거움을 누릴 것이니, 축하할 일이지 위로할 일은 아닙니다.[過境所遭 無非厄會 從此天放之樂 可賀而不足慰也] ○저보邸報²⁶⁵를 보고 은혜로운 교지로 특별히 용서하셨다는 것을 알았으니, 감축드리는 마음 이길 길 없습니다.[得見邸報 恩旨特宥 不勝感祝] ○잠깐 유배 갔을 때는 더욱 두렵더니 끝내 견복牽復²⁶⁶되니 참으로 기쁩니다.[一時恩譴 尤增悚惶 畢竟牽復 良可喜也] ○급히 임금의 부름을 받았으니 간절히 감축드립니다.[遄蒙恩召 想切感祝]

▶백씨 대감께서 유배 가셨다니 매우 놀랍고 탄식스러웠습니다. 그런데 곧바로 용서를 받았으니 먼저는 울고 나중에는 웃게 되었습니다.[伯氏台丈行譴 驚歎已極 旋卽蒙宥 先咷後笑] ○백씨 대감께서 용서를 받으셨다니 다행입니다. 그런데 이러한 장맛비에 북쪽으로 돌아가는

고 나중에 웃는다. 큰 군사로 이겨야 서로 만난다.[先號咷而後笑 大師克相遇]"라고 하였다.

264 천방 : 남의 간섭을 받지 않고 자연 속에서 즐겁게 살아가는 것을 이른다. 《장자莊子》〈마제馬蹄〉에 "자연과 혼연일체가 되어, 한쪽에 치우친 삶을 살아가지 않는 것을 일컬어 '천방'이라고 한다.[一而不黨 命曰天放]"라고 하였다.

265 저보 : 관보官報를 이르는 말이다. 지방장관이 설치한 경저京邸에서 조령詔令이나 주장奏章 등을 베껴서 각 지방으로 보낸 데서 유래하였다.

266 견복 : 원래 견인하여 정도正道로 회복함을 이르는데, 여기서는 다시 관직에 복직됨을 이른다. 《주역周易》 소축小畜(䷈) 구이九二에 "연결하여 회복함이니, 길하다.[牽復 吉]"라고 하였다.

도어徒御²⁶⁷는 반드시 지체되는 근심이 있을 것이니, 매우 걱정입니다.[伯氏台 恩宥可幸 而潦雨如此 北歸徒御 必有阻滯之患 是極奉念] ○중씨께서 유배지²⁶⁸에서 영변으로 곧장 향한다고 하는데 뜻밖에 단란하게 모여 기쁨을 누리시리라 생각합니다. 철저하신 임금의 은혜에 더욱 감축드립니다.[似聞仲氏 自鵩舍 直向令邊云 意外團聚 歡翕可想 到底天恩 當益感祝也] ○아드님께서 귀양을 갔다가 곧바로 용서받고 풀려났으니 축하드립니다.[賢胤令行譴 旋蒙恩宥 可賀] ○현도顯道가 성은聖恩을 입고 유배에서 풀려나 집에서 기다리는 부모님의 근심을 덜어 드리게 되었으니 말할 수 없이 다행입니다. 항상 부모님의 곁에서 멀리 떠나 있는 것을 매우 염려하더니, 이제야 강호에서 서로 잊고 지낼만합니다.[某人 蒙恩賜環 得解高堂倚閭之憂 幸何可言 常以其離違親側 爲深慮 今以後可以相忘於江湖矣]²⁶⁹ ○앓던 병도 차츰 회복되어 가고 모인某人도 차도를 보이며 외삼촌도 사면되어 돌아오라는 명을 받은 줄을 알았습니다. 한 통의 편지가 온통 기쁜 소식이니, 그야말로 만 냥의 가치가 있었습니다.[承所患向蘇 某人 亦占差道 舅氏亦蒙宥還之命 一紙所報 皆是喜音 此可以抵萬金也]²⁷⁰

---

267 도어 : 《시경詩經》〈소아小雅 거공車攻〉에 "도어가 놀라지 아니하며, 대포가 차지 않았도다.[徒御不驚 大庖不盈]"라는 구절에 대한 모형毛亨 전전에 "도徒는 '수레를 끄는 사람'이고, 어御는 '말을 모는 사람'이다.[徒 輦也 御 御馬也]"라고 하였다.

268 유배지 : 원문은 '鵩舍'. 《사기史記》〈가의열전賈生列傳〉에, 한나라 가의賈誼가 장사長沙로 귀양 가서 지은 〈복조부鵩鳥賦〉에 "복조가 나의 집에 모이도다.……들새가 집에 들어오니, 주인은 장차 떠나가려 하는구나.[鵩集余舍……野鳥入室 主人將去]"라는 구절에서 유래하였다.

269 某人……今以後可以相忘於江湖矣 : 《명재유고明齋遺稿》〈여이군보與李君輔〉에 "顯道蒙恩賜環 得解高堂倚閭之憂 幸何可言 常以其離遠親側 爲深慮 今而後可以相忘於江湖矣"라는 구절이 있다.

270 承所患向蘇……此可以抵萬金也 : 《농암집農巖集》〈답경명答敬明〉에 "承所患漸向蘇 大有亦占差道 而舅氏又蒙宥還之命 一紙所報 皆是喜音 此眞可以抵萬金也"라는 구절이 있다.

{답장[答]}

▶쇠약한 병을 안고 멀리 유배 갔다가 삶이 온전할 가망이 없었는데, 특별히 은택을 베풀어 주시어 고향으로 뼈를 돌아오게 할 기약이 있었습니다. 목숨을 보존할 은혜를 이루어 주시니, 감읍함을 어떻게 말씀드리겠습니까?[衰病遠謫 無望生全 而特蒙霈澤 歸骨有期 生成之恩 感泣何言] ○지난번 유배는 아직도 두려운데, 곧바로 용서받아 사차私次[271]에 엎드려 있으니, 임금의 은혜가 아닌 것이 없어 매우 두렵고 감사합니다.[向來嚴譴 尙切震慄 旋蒙恩宥歸 伏私次 莫非恩造 惶感萬萬] ○특별히 은혜롭게 유배지에서 풀려나 집으로 돌아와 병든 어머니를 간호하고 있으니, 감사하고 칭송함을 어떻게 다 말씀드리겠습니까?[特蒙恩釋 歸護病慈 感戴攢頌 如何可諭] ○은전恩典을 내려서 용서하시는 말씀이 이미 나왔는데, 뜻밖의 사의辭意와 빠른 엄비嚴批[272]에 대하여 앞으로의 일을 장차 어떻게 하실지 한결같이 민망하여 어느 것 하나 죄스럽지 않은 것이 없으니 어찌하겠습니까?[恩宥旣出 匪意辭意 旋速嚴批 來頭事 將何爲之 一味悶隘 無往非罪 奈何] ○구사일생으로 겨우 돌아왔지만 쇠약함과 병이 모두 지극하니 민망합니다.[九死歸來 衰病俱極 悶悶] ○지난번 입은 은수恩數[273]는 세상에서 듣지 못했던 것인데, 재앙 끝에 얻은 것이라 감읍함이 끝이 없어 죽을 곳조차 모르겠습니다.[向來 所蒙恩數 曠世所未聞 得見於禍釁之餘 感泣罔極 不知死所] ○고향으로 살아서 돌아오니 더욱 마음이 내달리는 것을 금치 못하겠습니다.[生還故土 益不禁馳情] ○섬에서 목숨만 부지

---

271 사차 : 사사로이 머무는 곳을 이른다.
272 엄비 : 임금이 내리는 준엄한 비답批答을 이른다.
273 은수 : 왕의 특별한 은영恩榮을 입는 것을 이른다.

하고 살았는데, 이미 임금의 은혜가 하늘과 같아 고향으로 돌아가 어머니의 얼굴을 마주하였습니다. 어찌 꿈엔들 이곳에 올 줄 생각이나 했겠습니까? 머리를 맞대고 축하하니 감사의 눈물이 옷깃을 적실 뿐입니다.[假息島中 已是聖恩如天 歸對慈顔 夫豈夢想敢到 聚首攢祝 感涕盈襟而已] ○살아서 눈 덮인 언덕으로 돌아오니, 이는 남다른 총애를 입은 것입니다. 궁벽한 시골에서 흙덩이처럼 예나 다름없이 쓸쓸히 지낼 뿐입니다.[生還雪崖 優荷異渥 坏塊窮巷 依舊蕭然而已] ○길에서 겪은 고생으로 병이 침범한 상황의 여러 가지 것들은 생략하니, 멀리까지 번거롭게 말씀드릴 것은 못됩니다.[道塗艱關 疾病侵凌之狀 在所可略 不足煩遠聞也] ○지난번 엄한 교지를 받았다는 소식을 듣고 매우 두려웠는데, 날이 오래되었는데도 감히 스스로 편치가 않습니다. 지금은 교외에 서설棲屑[274]하고 있으니 걱정을 말로 다 할 수 없습니다.[向(問)[聞][275]所被嚴敎 萬萬惶悚 日稍久而不敢自安 見方棲屑於郊坰 悶蹙不可言] ○남쪽으로 갔다가 북쪽으로 돌아와 아직도 실낱같은 목숨을 부지하고 있으면서 침상에서 다 죽어가던 중에 친구의 편지를 받고 옛일을 생각하니 절로 슬픈 마음이 듭니다.[南(徒)[徙][276]北還 尙延殘喘 得見故人書問於牀席奄奄之中 撫念今昔 自爾愴恨]

▶아버지께서 세전에 죄를 용서받고 풀려나셨으니 우러러 성은에 감사드립니다. 묘신卯申[277]의 바쁜 노고에서 이르렀으니, 어느 겨를에 자신

---

274 서설 : 일정한 거처 없이 이곳저곳을 떠돌아다니는 것을 이른다. 두보杜甫 〈영회詠懷〉에 "지친 몸 구차히 계책 생각하지만 그저 분망할 뿐 베풀 곳이 없어라.[疲苶苟懷策 棲屑無所施]"라고 하였다.

275 (問)[聞] : 저본에는 '問'으로 되어 있으나, 문맥을 살펴 '聞'으로 바로잡았다.

276 (徒)[徙] : 저본에는 '徒'로 되어 있으나, 문맥을 살펴 '徙'로 바로잡았다.

277 묘신 : 관아에 일이 많은 근무 시간인 묘시(오전 5시~7시)부터 퇴근 시간인 신시(오후 5시

을 돌보겠습니까?[家親 歲前宥還 仰感恩渥 至於卯(由)[申]²⁷⁸供劇之勞 奚暇自恤] ○모某는 죄를 용서받고 이미 집으로 돌아와 얽매임 없이 매우 즐겁게 지내고는 있지만, 집에서 생활하는 사람의 한탄으로 마음 가누기가 어렵습니다.[某謫蒙釋 已歸自家 浩然甚樂 而居者之恨 殊難爲懷也]

파관류罷官類²⁷⁹

▶일전에 엄한 유지有旨를 받은 놀라움을 어찌 말로 하겠습까?[日前 所被 嚴旨 驚歎何言] ○뜻밖의 엄한 유지에 놀랍고 두려운 마음을 이길 길 없습니다.[意外嚴旨 不任驚悚] ○지난번의 대평臺評²⁸⁰은 진실로 생각지도 못했던 것이라 놀라움을 어찌 그치겠습니까?[向來臺評 誠是意慮不到 驚惋何已]

▶이미 문서를 정리하고 길을 나섰을 것으로 생각하는데, 언제 교귀交龜²⁸¹를 하시고 언제 조정으로 돌아오시는지요?[想已治簿啓程 交龜在何日 還朝又當在何時] ○저의 호연함으로 형께서 즐거워하실 것입니다. 그렇지만 병영의 상황이 넉넉하면 미련이 남을 것이고, 기생이 눈물이 많

~5시)까지의 시간을 이른다.《대동야승大東野乘》〈용천담적기龍泉談寂記〉에 "관청이 맑고 한가로워 아침이나 저녁이나 여가가 많아서 날로 글 짓고 술 마심으로써 서로 즐기게 되었다.[官署淸閑 卯申多暇 日以文酒相娛謔]"라고 하였다.

278 (由)[申] : 저본에는 '由'로 되어 있으나, 문맥을 살펴 '申'으로 바로잡았다.

279 파관류 : '파관'은 벼슬에서 파직됨을 이른다.

280 대평 : 사헌부와 사간원의 평론을 이른다.

281 교귀 : 감사監司·병사兵使·수사水使가 바뀔 때 병부兵符나 인신印信을 넘겨 주고받던 일을 이른다.

으면 정에 끌릴 것입니다.[以弟之浩然 想兄之不得不怡然 然營況之豊 則係戀焉 妓淚之多 則牽情焉] ○문서를 정리하고 짐을 꾸리는 것은 모두 예상했던 일이니, 굳이 근심할 필요가 없을 듯합니다. 과연 일을 잘 마무리하고 신사新使[282]를 기다리고 계신지요? 동원東園의 봄빛이 주인을 기다리고 있으니, 이 동산의 꽃이 시들기 전에 다시 시 짓고 술 마신다면 몇 년 동안의 수고가 한바탕 지난 꿈이 되어 다시 맑은 흥취를 깨달을 것입니다. 이는 영감의 계획대로 되는 것입니다.[修簿俶裝 俱是料理中事也 似必無所爲憂 果得收殺 坐待新使否 東園春色 正待主人 若趁此園花之不衰 復事詩酒 則數年簿書之勞 當作一場過夢 而更覺淸趣 令之計得矣] ○문서를 정리하는 여러 가지 절차에 대하여 이미 유념하고 계시리라 생각합니다. 지난번 문자를 간행하는 서문을 많이 보았는데, 이 일은 이미 마무리되었는지요?[治簿諸節 想已留意 而前見多作刊印文字之序文 此事已了當否]

▶폄적貶謫되어 욕을 당하였으니, 탄식하는 지극함을 이기지 못하겠습니다.[貶辱 不勝驚歎之至] ○뜻밖의 거토居土[283]는 친지들의 반열에 있으면서 누가 안타까워하지 않겠습니까? 점하點下[284]의 경우 더욱 생각지도 못하였는데, 형께서는 마치 자신이 당한 일처럼 어쩔 줄 모르며 매우 두려워하셨습니다. 옛날 사대부들이 재상이 되는 것을 귀하게 여기지 않았던 것은 다 제 마음을 알아주는 말이기는 하지만, 말해본들

---

282 신사 : 새로 부임하는 사使를 이른다. '사'는 자사刺使·안렴사按廉使·순찰사節度使·관찰사觀察使·절도사節度使 등을 이른다.

283 거토 : 관리들의 고과考課 성적에서 중中의 성적을 차지하는 것을 이른다.

284 점하 : 매년 6월과 12월에 이비吏批와 병비兵批가 죄과罪過가 있는 관원들을 추려서 올린 세초歲抄에 왕이 선별하여 붉은 비점을 찍어 내리는데, 이에 따라 그 대상자에게는 직첩職牒의 환급, 서용敍用, 감등減等, 탕척蕩滌 등의 조처가 취해진다.

무엇하겠습니까?[意外居士 凡在親知之列 孰不咄咄 至於點下 尤非意慮之所及 想兄惶懍 若(已)[己]²⁸⁵當之 古之士大夫 所以不貴作宰者 儘有實獲 言之奈何] ○ 이미 오두미五斗米 때문에 허리를 굽신거리게 된 것²⁸⁶은 사람들의 붓끝으로 인해 곤란을 당한 것입니다. 이는 선배들도 벗어나지 못한 일이니 마음을 편안하게 먹고 계시리라 생각합니다.[旣爲五斗折腰 則爲人筆端之困 前輩所不免 想怡然安之矣] ○ 다만 평소의 규모에 비하면 비록 경체徑遞²⁸⁷에 해당하지만 결코 거짓으로 장부를 꾸며 낭패를 당하는 일은 없을 것이니, 그나마 조금 위로를 드립니다.[第平日規模 雖當徑遞 決無虛簿狼狽理 稍以奉慰]

{답장[答]}

▶형편없이 직분을 수행하여 스스로 엄한 견책을 받았으니, 두려워 몸 둘 바를 모르겠습니다.[奉職無狀 自速嚴譴 惶蹙靡措] ○ 처신하는 것이 일정함이 없어 괴로움을 당한 것이 끝이 없으니, 이를 어찌 차마 말로 하겠습니까?[行己無常 所遭罔極 尙何忍言] ○ 견책을 받아 파직되었으니 매우 두렵습니다.[譴罷之下 悚恐殊深] ○ 중임에서 해직된 것은 벌을 내린 것이 아니라 은총을 내린 것이니 몸조리하기에 마땅합니다. 우선 다른 사고는 면하였으니 다행입니다.[重任獲解 非罰伊恩 便宜調養 姑免他

---

285 (已)[己] : 저본에는 '已'로 되어 있으나, 문맥을 살펴 '己'로 바로잡았다.

286 오두미……것 : 원문은 '五斗折腰'. 현재 부임하는 벼슬자리가 보잘것없음을 이른다. 《진서晉書》〈도잠열전陶潛列傳〉에 "군에서 독우를 보내 현에 이르렀는데, 아전이 '마땅히 띠를 두르고 뵈어야 합니다.'라고 아뢰었다. 도잠이 탄식하며 '내가 오두미 때문에 허리를 굽히고 굽실굽실 향리의 소인을 섬길 수는 없지 않겠는가.'라고 하였다.[郡遣督郵至縣 吏白應束帶見之 潛歎曰 吾不能爲五斗米折腰 拳拳事鄕里小人邪]"라는 구절에서 유래하였다.

287 경체 : 임기가 차기 전에 직책이 갈리는 것을 이른다.

故 私幸私幸] ○중임에서 파직되어 해임당하였으니, 송구함이 실로 깊지만 한산해진 것을 다행으로 생각하십시오.[罷解重任 悚恧實深 惟以散閑爲幸] ○직분에서 체직되어, 지금부터는 병을 조리하고 한가함을 기를 수 있게 되었으니 다행스러움을 어찌 말로 하겠습니까?[見職獲遞 從此可以調病養閒 私幸何言] ○교체된 읍의 문서정리는 비록 곤란하고 다급한 탄식이, 있지만 파직되어 집으로 돌아온 것은 실로 무거운 짐을 벗어버리는 다행함이 있습니다.[遞邑治簿 雖有窘急之歎 罷官歸家 實多釋負之幸] ○요사이 파직되어 강가의 집으로 돌아가 조금 유유자적할 수 있으니 더욱 큰 다행입니다.[近因官罷 歸尋江舍 稍能優閑 益頌洪私] ○교외로 나가 분수대로 생활하고 있으니, 어려운 가운데 한가하게 지내는 것 또한 기뻐할 만합니다.[旋出郊外 隨分飮啄 危蹙之中 優閑亦可喜也]

해관류解官類[288]

▶국가를 한 몸으로 여겨 안위를 염려해야 하는 의리는 진실로 자리에 있거나 자리를 떠났거나 차이가 없습니다만, 책임을 덜어 버리고 한가하게 됨으로써 상공의 평소 소원을 이루셨으니, 구구한 저는 우러러 경하드리는 마음을 가눌 길 없습니다.[體國休戚之義 固不以居位去位有間 而釋負就閑 得以遂我素願 區區瞻耿 無任下誠][289] ○이때의 근심은 방에 누워있

---

288 해관류: '해관'은 벼슬아치가 부모의 상을 당하였을 경우 상례 기간 동안 현직에서 물러나 복상服喪하는 것을 이르거나, 벼슬아치를 관직에서 해임解任하거나 해면解免하는 것을 이른다.
289 體國休戚之義……無任下誠:《명재유고明齋遺稿》〈여윤숙린與尹叔麟〉에 "體國休戚之義

다고 해서 달라지는 것이 아닙니다.[此時憂虞 想不以臥閣而有間也]

▶고향으로 돌아가고 싶은 생각이 일어나던 날 해절解節²⁹⁰이 되어 일마다 바람대로 되었으니 기쁩니다. 그러나 큰 번진藩鎭의 문서를 마감하는 일과 돌아오는 짐을 꾸리는 일로 고민입니다.[解節於思歸之日 可謂事事從心可喜 而巨藩勘簿 一行治還 想多撓惱] ○일흔 고을에서 50여 명의 기생들의 교태를 받다가 하루아침에 버리고 떠나니, 어찌 슬픔이 이어지고 자꾸만 뒤돌아보게 하는 생각이 없겠습니까?[七十州 承奉半百妓嬌豔 一朝棄歸 那無悲係而回首之意也] ○번병藩屛²⁹¹의 임무를 벗고 교대할 자가 나왔음을 알게 되니, 반드시 호연浩然한 마음이 들 것이라 생각합니다.[審解藩寄 交代已出 欣快之餘 想必浩然也]²⁹² ○돌아가시는 계획이 어찌 이리도 급하십니까? 호부虎符가 몸 가까이 있으니 읍재邑宰가 소매를 떨치고 곧바로 돌아가 해관을 요구하는 것이 낫겠지만, 해관도 쉽지는 않을 듯합니다.[歸計 何乃遽爾 虎符在肘 非若邑宰之拂袖徑歸求解 而解似未易也]

▶부귀賦歸²⁹³할 날이 가까이 있다는 말씀을 듣고 오직 부럽고 기대될 뿐

固不以居位去位有間 而釋負就閒 得以遂我素願 區區瞻慶 豈任下誠"이라는 구절이 있다.

290 해절 : 부절符節을 풀어 놓는다는 뜻으로, 벼슬을 내놓는 것을 이른다. '해부解符'라고도 한다.

291 번병 : 울타리나 병풍이란 뜻으로 관찰사를 이른다. 《서경書經》〈강왕지고康王之誥〉에 "명하여 후侯를 세워 번병을 세우심은 뜻이 우리 후인後人에게 있으시니.[乃命建侯樹屏 在我後之人]"라는 구절에 대한 공영달孔穎達의 소疏에 "어진 신하를 봉하여 제후로 삼는 것은 그를 세워 번병으로 삼기 위해서이다.[封立賢臣爲諸侯者 樹之以爲藩屛]"라고 하였다.

292 審解藩寄……想必浩然也 :《약천집藥泉集》〈상숙부上叔父〉에 "卽見朝報 仰審已解藩寄 交代已出 欣快之意 如得進拜"라고 하였다.

293 부귀 : 벼슬을 그만두고 고향으로 돌아가는 것을 이른다. 도연명陶淵明의 〈귀거래사歸去來辭〉에 "돌아가야지. 전원이 묵어 가는데 어찌 돌아가지 않으리오. 이미 스스로 내 마음을

입니다.[承諭賦歸在邇 惟是欣企] ○뜻밖에 급히 체직遞職되니 득실은 어떻습니까?[意外徑遞 得失何居] ○다만 요사이 장차 벼슬을 그만두고 고개를 넘을 것이라는 소식을 들었는데, 이제부터 안부를 드리는 것이 더욱 묘연하게 되었으니, 서운한 마음 이기지 못하겠습니다.[第聞比將解紱踰嶺 自此奉候尤杳然 不勝悵缺]

{답장[答]}

▶최근 비로소 해관解官되어 바깥 활동을 하지 않고 집에서만 즐겁게 지내고 있습니다. 비록 매우 위축이 되지만 저 자신만 생각하면 자못 여유로운 듯하여 도리어 다행이라 생각합니다.[近始解官 深居惊地 雖甚危蹙 身計 頗覺優閑 還以爲幸] ○벼슬살이로 바쁘게 지내던 끝에 어제 은혜롭게 체직되어 조금 쉴 수 있으니 다행입니다.[奔走之餘 昨蒙恩遞 可以少歇 私幸私幸] ○체직되어 한산한 곳에 있으니 참으로 공사간에 다행입니다. 그러나 병이 날로 깊어져 시골집으로 돌아가 누워 있지 못해 밤낮으로 걱정입니다.[遞職在散 誠幸公私 而病狀日深 且未能歸臥田廬 以是日夕悶撓] ○해관을 요청할 즈음에 다행히 체직되어 문을 닫고 칩거하고 있으니, 개인적으로 매우 다행입니다.[求解之際 幸蒙恩遞 杜門蟄伏 私計良幸] ○벼슬 없이 유유자적하는 것이 실로 저의 계획에 부합이 되지만 더위를 먹어 골골대며 편안한 날이 적으니, 이것이 고민입니다.[無官自適 實愜私計 而中暍殀殀 苦少寧日] ○최근 체직을 도모한 것은 이미 정해진 계획입니다. 그러나 추위가 이렇게 혹독한데 반드시 봄에 고향으

형체의 사역으로 삼았거니, 어찌 실망하여 홀로 슬퍼하기만 하겠는가.[歸去來兮 田園將蕪胡不歸 旣自以心爲形役 奚惆悵而獨悲]"라는 구절에서 유래하였다.

로 돌아가려고 합니다.[從近圖遞 已有定計 而寒事此酷 必欲伴春還鄕矣] ○ 이미 체직이 되었지만 아직 명쾌하게 해관되지 않고 병[294]으로 고생하며 공무를 내팽개치고 있으니, 고민스러움을 말로 하기 어렵습니다.[便同已遞 尙未快解 薪憂苦㞃 公務曠廢 悶惱難狀] ○ 임기가 끝났다고 보고하던 날 급히 문서를 정리하고 후임자를 기다리는 괴로움이 하루가 한 해처럼 느껴졌으니, 폐사陛辭는 어찌 이렇게 더딘지요? 답답[295]함이 없지 않습니다.[報瓜之日 卽卽修簿 須代之苦 度日如年 陛辭 何如是遲遲耶 不能無泄泄] ○ 지금 떠나게 되었는데 예의상 마땅히 직접 나아가 작별해야 하지만 장부를 정리하느라 너무 바쁘고 겨를이 없어, 마침내 이렇게 한 통의 편지로 저의 보잘것없는 정성을 드러냅니다. 엉성하고 어리석은 자질로 행정 처리하는 일에는 능숙하지 못해 제가 떠난 이후의 상흔들로 낭자함을 이기지 못하겠습니다. 모든 곳을 잘 돌보고 보호하며 오로지 묵묵히 운행하시리라 믿겠습니다.[今當離去 禮宜進身辭別 治簿多撓未暇 遂誠玆修一札 庸暴賤悰 疎闇之質 全不嫺史事 去後瘡瘢 想不勝其狼藉 隨處調護 專恃默運] ○ 막냇동생이 중임에서 순조롭게 해직되었으니 천지 부모의 은혜가 아닌 것이 없습니다. 감사하고 고맙습니다.[季弟之順解重握 莫非天地父母之恩 感祝感祝]

---

294 병 : 원문은 '薪憂'. '채신지우採薪之憂'의 줄임말로, 자신의 병을 낮추어 이르는 말이다. 《맹자孟子》〈공손추公孫丑 하下〉에 "어제는 왕명이 있었지만 병으로 땔나무를 하지 못하는 근심이 있어 조회에 나가지 못하였는데, 오늘은 병이 조금 나아 조정에 달려 나갔습니다.[昔者有王命 有采薪之憂 不能造朝 今病小愈 趨造於朝]"라는 구절에서 유래하였다.

295 답답 : 원문은 '泄泄'. 《시경詩經》〈대아大雅 판板〉에 "하늘이 바야흐로 주周나라 왕실을 쓰러뜨리려고 하니 그렇게 게으르고 안일하지 말라.[天之方蹶 無然泄泄]"라는 구절을, 《맹자孟子》〈이루離婁 상上〉에서 인용하고 "예예泄泄는 답답沓沓과 같은 것으로, 임금을 섬기는 데에 의리가 없으며, 나가고 물러가는 데에 예가 없고, 말만 하면 선왕의 도를 비방하는 자가 바로 답답한 자와 같으니라.[泄泄猶沓沓也 事君無義 進退無禮 言則非先王之道者 猶沓沓也]"라고 하였다.

취리류就理類[296]

▶누추한 시골에 거처하면서 걱정을 하고 있으니, 일이 끝나는 것은 언제인지요?[處陋慮仰 出場 當在何時] ○그동안 형리刑吏를 대하고 있으니 송구함을 이기지 못하겠습니다.[向來對吏 不勝悚然] ○취리에 관해서는 이미 마무리를 걱정할 것이 없으리라 생각하였는데, 과연 무사히 끝났으니 지극한 기쁨을 이기지 못하겠습니다.[就理 已料其末梢無慮 而果卽無事出場 伏不勝喜幸之至] ○뜻밖의 횡액으로 복당福堂[297]에서 여름을 보내는 지경에 이르러 더위와 습기에 몸을 상한 것이 필시 적지 않을 것이니 염려됩니다.[意外之厄 至於經夏於福堂 暑濕所傷必不貲 爲之憂念][298] ○모읍某邑의 일은 매우 걱정입니다. 만약 대질하게 된다면 어찌 액운이 아니겠습니까?[某邑事 極可慮 若至置對 則豈非厄哉] ○형께서 감옥에 갇힌 재액에서 벗어나 새로운 복을 받아 매우 편안하시리라 생각합니다. 만약 조사하고 처리하는데 지체한다면 어떻게 잠깐이라도 잊을 수 있겠습니까?[遠想兄得脫囚厄 新福萬重 如其查處未免遲滯 何可一刻忘乎] ○그동안 낭패의 한탄스러움을 어떻게 말로 하겠습니까?[向來狼狽 咄歎何言] ○춘부장께서 형리刑吏에게 나아갔으니 놀라운 마음을 어찌 그치겠습니까?

---

296 취리류 : '취리'는 죄를 지은 벼슬아치가 의금부義禁府에 나아가 심리를 받는 것을 이른다.

297 복당 : '감옥'을 이르는 말로, 명나라 호시胡侍의 《진주선眞珠船》에 "내가 전에 감옥에 갇혔을 때 벽에 쓰여 있는 '복당福堂'이란 글자가 매우 위대해 보였는데, 최근에 《오월춘추吳越春秋》를 보다가 대부大夫 문종文種의 축사祝詞에 '화禍는 덕德의 근간이 되고, 걱정은 복의 집[堂]이 된다.'라는 글을 보고 그 말의 출처를 알았다.[余向繫錦衣獄 睹壁上有大書福堂字甚偉 近閱吳越春秋 大夫文種祝詞有云禍爲德根憂爲福堂 因知出處]"고 한 말에서 유래하였다.

298 意外之厄……爲之憂念 : 《명재유고明齋遺稿》〈여정장원與鄭長源〉에 "意外之厄 至於經夏於福堂 暑濕所傷必不貲 爲之憂慮"라는 구절이 있다.

이는 실로 한때의 재액에 걸린 것이니 어찌하겠습니까?[春府就吏 驚歎曷已 此實一時戹會所關 奈何]

{답장[答]}

▶모某 일로 4~5일 동안 획지畫地[299]의 곤욕을 당하였지만 어찌하겠습니까?[才以某事 喫了四五日畫地之困 奈何] ○오랫동안 차가운 감옥에 있다가 지금 막 풀려나 적잖이 몸을 다쳐 자리에 누워 날을 보내고 있으니, 가련함을 어찌하겠습니까?[久繫冷狴 今纔脫出 而所傷非細 委頓度日 悶憐奈何] ○오랫동안 차가운 감옥에서 병에 걸려 자리에 누워지내고 있습니다.[久滯冷獄 受病委頓] ○뜻밖에 감옥에 갇히는 재액을 당하는 바람에 병이 더해 신음하며 고통스러워하고 있습니다.[才經意外畫地之戹 添病叫痛]

행역류行役類[300]

〚제1권 '조안류粗安類 8'과 함께 보아야 한다.[與第一卷粗安類八通看]〛

▶언뜻 서행西行이 열흘에서 보름 사이에 있을 것이라는 소식은 들었지만, 마침 저도 황송하고 두려워하고 있는 처지라서 감히 길가에 나아

---

299 획지 : 땅에 선을 그어서 만든 '감옥'을 이른다. 사마천司馬遷의 〈보임소경서報任少卿書〉에 "그러므로 땅에 선을 그어 감옥을 만들어도 들어갈 수 없고 나무를 깎아서 옥관을 만들어도 변명할 수 없는 것은 죄를 받기 전에 죽음으로써 해명할 작정을 하였기 때문이다.[故有畫地爲牢 勢不可入 削木爲吏 議不可對 定計於鮮也]"라고 한 말에서 유래하였다.

300 행역류 : '행역'은 병역이나 부역, 또는 공무로 인하여 먼 곳에 가는 것을 이른다.

가 기다렸다가 만나서 반형班荊³⁰¹하며 망진望塵³⁰²할 생각도 하지 못하고 있으니, 간절한 그리움을 참으로 금할 수 없습니다.[仄聞西行 似不出旬望之間 而適此惶蹙 不敢爲出候道左班荊望塵之計 區區瞻結 誠不自勝]³⁰³ ○ 행차가 만약 열흘 사이에 떠난다면 전별하지 못할 듯하니 더욱 사람을 서운하게 합니다.[行旆 若於旬間離發 則恐不得拜別 益令人觖恨也] ○ 병석에 누워 있던 중에 남쪽으로 이미 떠나셨다는 말을 듣고 멀리서 바라보며 서운해할 뿐입니다.[病伏中 伏聞南行已屆 瞻望悵缺而已]³⁰⁴ ○ 멀리 떠나시는 날이 며칠 남지 않았다고 하니, 또 다시 서글퍼집니다.[承遠行有日 令人悵然]³⁰⁵ ○ 내일 길을 떠나시니 참으로 마음에 걸립니다.[明日行役 實有關心矣] ○ 병으로 오랫동안 고생하고 있어서 인사라고는 도무지 몰라 같은 성城에 살면서 한 번도 찾아뵙지 못하였습니다. 멀리 떠나시는 날이 목전에 있는데도 손을 잡고 작별하지 못하니, 한탄스러움이 어찌 끝이 있겠습니까?[病意 長時作苦 人事都廢 同城而一未參尋 遠離當前 而亦不得握

---

301 반형: 친구 사이에 길에서 이야기를 나누는 것을 이른다. 《춘추좌씨전春秋左氏傳》양공襄公 26년에 "오거가 정나라로 달아났다가 마침내 진나라로 달아났는데, 성자가 진나라로 가던 길에 정나라 교외에서 둘이 만나 자형나무를 깔고 앉아서 함께 밥을 먹으면서 복귀에 대한 이야기를 나누었다.[伍擧奔鄭 將遂奔晉 聲子將如晉 遇之於鄭郊 班荊相與食 而言復故]"라는 구절에서 유래하였다.

302 망진: '망진이배望塵而拜'의 줄임말로, 원래는 '멀리서 수레 먼지가 일어나는 것을 바라고 절하다'라는 뜻이었으나 여기서는 떠나는 사람과 이별함을 이른다. 《진서晉書》〈반악전潘岳傳〉에, '권세가인 가밀賈謐에게 잘 보이려고, 그가 외출할 때를 기다리고 있다가, 수레 먼지가 일어나는 것을 보면 그때부터 허리를 굽히고 절을 하였다.[望塵而拜]'는 고사가 전한다.

303 仄聞西行……誠不自勝:《명재유고明齋遺稿》〈여신숙필與申叔弼〉에 "仄聞西行 似不出旬望之間 而適此惶蹙 不敢爲出候道左班荊望塵之計 區區瞻結 誠不自勝"이라는 구절이 있다.

304 病伏中……瞻望悵缺而已:《약천집藥泉集》〈여이상국與李相國〉에 "病伏中 伏聞大監已啓南行 瞻望悵缺"이라는 구절이 있다.

305 承遠行有日 令人悵然:《농암집農巖集》〈답황규하答黃奎河〉에 "承遠行有日 又令人悵然也"라는 구절이 있다.

別 歎歎何已] ○병이 아직 회복되지 않았는데, 또 먼 길을 가게 되니 우려를 금할 수 없습니다.[病未平而又作遠役 不勝瞻慮]³⁰⁶ ○마땅히 오래지 않아 길을 나설 것이라는 소식을 들었습니다. 삼가 마음이 어지럽고 괴로우시리라 생각합니다.[聞當非久作行 伏想深以撓惱也] ○모레가 떠나는 날짜인데, 일정이 앞당겨지거나 늦추어지지는 않았습니까?[再明行期 其無前卻否]³⁰⁷ ○소사蕭寺³⁰⁸로 가는 행차는 벌써 출발하셨으니 매우 그립습니다.[聞蕭寺之行 已啓 爲之馳仰] ○모레로 정해졌던 날짜가 연기되는 변동은 없으신지요? 한 척의 조각 배를 호연이 막기 어려우니 서운한 마음 그지없습니다.[再明行期 無退轉否 片帆一掛 浩然難遏 爲之悵惘不已]³⁰⁹ ○생각지도 않게 길에서 만났으니 기이하다고 느꼈습니다. 다만 저물녘이라 이별하는 얼굴이 흐릿하여 구분하기 어려우니, 관하關河³¹⁰의 운수雲樹³¹¹가 갑절이나 암담합니다.[意外 路上邂逅 猶覺奇幸 而第暮色別顔 依依難分 關河雲樹 倍切黯然] ○내일이 출발하는 날인데 날짜에 변동은 없

---

306 病未平而又作遠役 不勝瞻慮 : 《명재유고明齋遺稿》〈여박태보사원與朴泰輔士元〉에 "病未平而又作遠役 不勝憂厲也"라는 구절이 있다.

307 再明行期 其無前卻否 : 《명재유고明齋遺稿》〈여조사위與趙士威〉에 "再明行期 其無前却否"라는 구절이 있다.

308 소사 : '사찰'을 이르는 말로, 불교를 독실하게 믿던 남조南朝 양梁의 무제武帝가 사찰을 짓고 나서 자신의 성姓인 '소蕭'자를 쓰게 한 일에서 유래하였다.

309 再明行期……爲之悵惘不已 : 《동계집東谿集》〈여원화백서與元華伯書〉에 "再明行期 無退轉否 片帆一挂 浩然難遏 爲之悵惘不已"라는 구절이 있다.

310 관하 : 함곡관函谷關과 황하黃河를 아울러 이르는 말로, 고향이나 도성에서 멀리 떨어진 변방을 이른다. 진사도陳師道의 〈송내송내送內〉에 "머나먼 관하 만 리 길을, 그대 떠나가니 언제나 돌아올까.[關河萬里道 子去何當歸]"라고 하였다.

311 운수 : 멀리 헤어진 벗을 그리워함을 이르는 말이다. 두보杜甫의 〈춘일회이백春日懷李白〉에 "위수 북쪽은 봄날의 나무, 장강 동쪽은 해지는 구름이로다.[渭北春天樹 江東日暮雲]"라는 구절에서 유래하였다.

으리라 생각합니다. 빗물로 길이 막혀 걱정이고, 또 손은 맞잡고 전송하지 못하여 매우 사람을 암담하게 합니다.[明發 想無進退 而雨水梗路可慮 且失更拚以送 極令人黯黯] ○ 거센 비가 지금은 비록 개었지만, 아직도 완전히 다하지는 않았습니다. 오늘의 길은 가장 멀고 진흙 길이 매우 미끄러워 걱정이 끝이 없습니다.[狂雨雖晴 尙有餘意 今日路程最遠 泥路多滑 以此伏慮無窮] ○ 아직 남은 더위가 기승을 부리고 있는데 행로에 시봉하는 사람이 없으니, 말고삐를 잡는 수고로움과 곁에서 수발을 드는 일이 몹시 염려됩니다.[殘炎尙熾 侍行無人 鞍馬之勞 杖屨之奉 但切貢慮][312] ○ 도보로 가는 행색이 사람으로 하여금 마음에서 잊히지 않게 합니다.[徒步行色 耿耿不能忘][313] ○ 모산某山으로 가신다는 소식을 듣고 몹시 염려됩니다. 추위를 무릅쓴 행역과 오랫동안 객지에서 지내는 괴로움이 모두 염려됩니다. 부디 자애하십시오.[某山之行 聞來深慮 冒寒之役 久客之苦 俱可念也 千萬自愛][314] ○ 길을 떠난 후 연일 추위가 매서운데, 쇠잔한 말과 종 하나를 데리고 어떻게 도착할는지 매우 걱정입니다.[發行後 連日極寒 馬孱僕單 何以抵達 憂念萬萬] ○ 길을 나선 후 비가 연일 개지 않고 내리는데 먼 길 행역의 고생[315]으로 몸을 상하지는 않았는지, 걱정스런 마음

---

312 殘炎尙熾……但切貢慮 : 《명재유고明齋遺稿》〈상중부동사부군上仲父童士府君〉에 "此殘炎尙熾 侍行無人 鞍馬之勞 杖屨之奉 但切貢慮"라는 구절이 있다.

313 徒步行色 耿耿不能忘 : 《명재유고明齋遺稿》〈여유화중與柳和仲〉에 "徒步行色 令人耿耿不能忘"이라는 구절이 있다.

314 某山之行……千萬自愛 : 《명재유고明齋遺稿》〈상종형수찬공上從兄修撰公〉에 "萊山之行 聞來深慮 冒寒之役 久客之苦 俱可念也 千萬自愛"라는 구절이 있다.

315 행역의 고생 : 원문은 '跋履'. 산을 넘고 물을 건너는 행역의 고생을 이른다. 《춘추좌씨전》성공成公 13년에, 진晉 여공厲公이 진秦 환공桓公에게 절교를 고하면서, 진晉 문공文公이 진秦 목공穆公을 도우러 간 일을 말했는데, "문공은 몸에 갑주를 두르고 산을 넘고 물을 건너 어렵고 험한 곳을 지나 동방의 제후를 정벌하였다.[文公躬擐甲冑 跋履山川 踰越險阻 征東

을 다 말할 수 없을 정도입니다.[發程後 雨勢連日不開 長路跋履 恐致傷損 耿耿伏慮 亦不可勝言] ○날씨가 흐려 비가 올듯한데 먼 길 가시니 걱정입니다.[陰雲欲雨 遠途行邁 尤貢奉念] ○편지가 와서 벌써 길을 나섰다는 것을 알았으니, 더욱 그립고 위안되었습니다.[書來 知已啓程 爲增瞻慰] ○이날 모인某人과 함께 교외로 서둘러 갔지만 행차는 벌써 고개를 넘어가 서운한 마음으로 바라만 보고 돌아와서 마음을 진정시키기 어려웠습니다.[伊日與某人 馳往郊外 行駕已逾嶺 悵望而歸 殆難定心] ○근행覲行[316]이 이미 출발하였을 것이라 생각하는데 돌아오시는 기약은 언제인지요?[覲行想已啓之 而歸期 亦在何間] ○폭염을 무릅쓰고 서둘러 가셨으니 당연히 몸에 손상이 있을 것입니다. 간절히 염려되는 마음 밤낮으로 잊을 수 없었습니다. 편지를 보내 안부를 여쭐 생각만 가진 채 아직도 이렇게 지체하고 있으니, 이것이 다만 절로 애가 탈 뿐입니다.[冒極炎驅馳 當有悠傷 區區慮仰 日夕未弛 奉書申候之計 姑此遷就 只自耿耿] ○행차가 점점 멀어지니 다만 바라만 보고 있을 뿐입니다.[行塵漸遠 第有瞻言] ○이별의 회포로 여러 날 마음이 좋지 않으니 나이를 먹고 쇠약하여 그런 것인가요?[別懷 屢日作惡 年衰而然歟] ○대감께서 길을 떠나시고 나서 연일 바람이 불고 추운데 수레는 이미 도착[317]하셨는지, 행역하신 끝에 몸은 건강하신지요?[台旆戒路後 連日風寒 不審行軒今已稅止 而跋涉餘 體履萬勝] ○다음에

之諸侯"라는 구절에서 유래하였다.

316 근행 : 시집간 딸이나 객지에 사는 자식들이 본가에 어버이를 뵈러 가는 것을 이른다.

317 도착 : 원문은 '稅止'. '탈가稅駕'는 '탈가稅駕'의 줄임말로, 멍에를 풀어 휴식하거나 머무르는 것을 이른다. 《사기史記》〈이사전李斯傳〉에 "사물이 극에 달하면 쇠하니 내 어디에서 멍에를 내려두어야 할지 모르겠다.[物極則衰 吾未知所稅駕也]"라는 구절에 대한 사마정司馬貞의 색은索隱에 "탈가는 '멍에를 풀다'는 뜻으로 휴식함을 말한다.[稅駕 猶解駕 言休息也]"라고 하였다.

만날 기약이 아무리 멀지 않다지만 한 해를 넘기는 이별을 하니 배나 서운합니다.[後期 雖不遠 將作隔歲之別 倍覺恨惘] ○그날 사람을 보냈는데 형께서는 이미 길을 나섰더군요. 멀리서 가시는 행차를 바라보니 사람의 마음을 아프게 하였습니다.[其日送人 則兄已發程矣 瞻望行塵 令人傷神] ○도중의 행리는 어떠하시며, 종과 말의 제반 비용은 부족하지는 않으신지 모르겠습니다.[不審在途行李如何 僕馬盤費 亦不瑕無闕耶][318] ○다만 행역에 몸 건강하시기를 빌겠습니다.[只祝行李珍衛] ○다만 잘 다녀오시기 바랍니다.[只冀行旆利旋] ○선향扇香을 구해 보내드리니 편지로 만남을 대신할 바탕으로 삼을 수 있을지요? 모쪼록 진기한 먹으로 제 뜻에 보답하시는 것이 어떻습니까?[扇香覓上 可作替面之資否 須多惠妙墨 以酬此意如何] ○이름난 정자에서 돌아오자마자 또 약산藥山[319]의 모임에 가시니, 매우 피곤한 단서가 되실 듯하여 염려됩니다.[才返名亭之駕 又赴藥山之會 想多困憊之端 爲之仰念] ○길을 떠나신다는 말을 언뜻 듣고는 다만 절로 마음만 치달립니다.[仄聞輿御密邁 只自馳爽] ○즉일 행역에서 돌아와 모친은 크게 안심하시고 정리靜履는 변함이 없으실 것이라 생각하니, 매우 기쁘고 다행스럽습니다.[想惟卽日行李已返 (宣)[萱][320]闈慰滿 靜履依舊 欣幸萬萬][321] ○행역의 고생 끝에 안부는 좋으신지요?[勞攘之餘 起處珍嗇否] ○모인某人이 이미 도착하였습니까? 길을 나선 후 연이어 매서운 추위

---

318 不審在途行李如何……亦不瑕無闕耶:《약천집藥泉集》〈여이상국與李相國〉에 "不審此際 道間行李若何 僕馬盤費 亦不瑕無闕耶"라는 구절이 있다.

319 약산: 평안도 영변군寧邊郡에 있는 산이다.

320 (宣)[萱]: 저본에는 '宣'으로 되어 있으나, 문맥을 살펴 '萱'으로 바로잡았다.

321 想惟卽日行李已返萱……欣幸萬萬:《명재유고明齋遺稿》〈답라현도答羅顯道〉에 "想惟卽日行李已返 萱闈慰滿 靜履依舊 瞻言忻幸"이라는 구절이 있다.

를 만나 늘 염려스러워 먹거나 쉴 때는 긴장을 늦출 수 없었습니다.[某人已得達否 發行後 連値甚寒 憧憧一念 食息不弛]

{답장[答]}

▶여러 날 급히 말을 몰았지만 다행스럽게도 쓰러지는 것은 면하였습니다.[多日驅馳 幸免顚仆矣] ○이리저리 돌아다니며 고생스럽게 산을 넘고 물을 건넜는데, 다행히 병이 더하는 것은 면하였습니다.[間關跋涉 幸免添病] ○원습原隰³²²의 노고는 겨울과 여름이라고 다를 것이 없지만 지금 지난 일을 말하자면 추위가 더위만 못한 듯합니다.[原濕之勞 冬夏宜無異 而以今所歷言之 竊恐寒不如暑也] ○장마를 무릅쓰고 산을 건너고 물을 건너 오늘에야 겨우 집으로 돌아왔습니다. 이번 행역에서 무사히 돌아온 것은 오로지 형께서 보살펴 주신 덕분 때문이니, 감사함이 마땅히 어떠하겠습니까? 다만 전후로 폐를 끼친 것이 너무 많아 이것이 마음이 편치않습니다.[冒潦跋涉 僅於今日還家 此行之無事歸來 專賴兄調護之力 其爲感幸當復如何 但前後貽弊甚多 是用不安也] ○집으로 돌아오고 나서 남은 피로가 병을 이루었을 뿐만 아니라 혹독한 더위에 고생하여 거의 반은 죽을 지경이었습니다. 지난번 산과 바다의 장관을 회상하면 한바탕 꿈과 같아, 다만 절로 가련하고 탄식스러울 뿐입니다.[歸稅之後 不但餘憊成病 又爲毒暑所惱 半死半生 回思向來嶺海壯游 便一夢境 只自憐歎而已]

---

322 원습 : 언덕과 습지로, 먼 길을 가는 것을 이른다. 《시경詩經》〈소아小雅 황황자화皇皇者華〉에 "밝고 고운 꽃은 저 언덕과 저습한 곳에 피어 있고, 부지런히 가는 사신 일행은 매양 미치지 못할세라 염려하도다.[皇皇者華 于彼原隰 駪駪征夫 每懷靡及]"라는 구절에서 유래하였다.

권5

용례用例 2

문병류問病類 / 과주류課做類 / 시십류詩什類 / 권면류勸勉類 / 청취류淸趣類 /
유상류游賞類 / 청요류請邀類 / 차여류借與類 / 수한류水旱類 / 검황류歉荒類 /
촉탁류囑托類

용례用例 2

문병류問病類

〚제1권의 '제류第類 2'와 '조안류粗安類 3, 4, 5'와 함께 보아야 한다.[與第一卷第類二粗安類三四五通看]〛

▶건강이 좋지 않으시다니 놀라고 걱정되는 지극한 마음을 이기지 못하겠습니다.[體中欠適 不勝驚慮之至] ○ 최근 병환이 꽤나 깊다는 소식을 듣고는 얼마나 걱정되던지요.[近聞愼節頗深 何等貢慮] ○ 최근 병환이 꽤나 심하다는 말을 듣고는 매우 걱정되어 편지를 보내 안부를 묻고 싶었지만 번요하여 그러지 못하였습니다.[近聞宿患頗㞃 仰慮之極 欲以書仰探 而惱撓未果] ○ 삼가 한 달이 넘도록 편찮으시다는 소식을 듣고는 놀라고 염려되는 마음을 이길 수 없어 막 사람을 보내어 안부를 여쭈려고 했었는데 그럴 겨를이 없었습니다.[伏聞愆度閱月 不勝驚慮 方欲走伻仰候 而有未遑者][1] ○ 언뜻 병환이 심해져만 가고 낫지 않아 피병避病을 가야 하는 상황에 이르렀다는 말을 듣고는 놀라고 걱정되는 마음을 어찌 이기겠습니까? 밥맛이 없고 이로부터 오랫동안 설사 증세가 있었는데, 온조溫燥[2]에 대한 약제를 함부로 쓰는 것은 마땅치 않습니다. 지금 보중익

---

[1] 伏聞愆度閱月……而有未遑者 : 《약천집藥泉集》〈답서계答西溪〉에 "伏聞愆度閱月 不勝驚慮 方欲走伻仰候 而有未遑者矣"라는 구절이 있다.

[2] 온조 : 가을에 열이 성한 건조한 기운의 영향으로 발생하는 병증으로, 양조와 상대되는 말이다.

기補中益氣3하는 약방문을 보니, 병이 더하는 근심이 있을 듯합니다. 병은 멀리서 알기도 어려워 말릴 수도 없으니 부디 스스로 헤아려 약을 복용하시기 바랍니다.[似聞所愼有加無減 至於出避云 豈勝驚慮 厭食 自是久痢本証 而溫燥之劑 不宜妄用 今見補中益氣方 似有添病之慮 而病難遙度 不能挽之 幸須自諒服之也] ○이때 식구들 병의 정도는 어떠한지요? 하루에 설사는 몇 번이나 하는지 입맛이 없는지 등의 여러 가지 증상은 또 어떻습니까?[此時諸節加減 若何 一日泄痢度數幾何 而厭食諸証 亦何如耶] ○병은 회복되셨는지요?[愼度快復否] ○감기는 이미 나았는지요?[感氣已解耶] ○오랫동안 조섭하시는 안부를 듣지 못했는데, 이미 병은 나았는지요?[久未聞調攝氣體 已就平復否] ○조섭하시는 중에 안부는 어떠하신지요? 병으로 초췌한 모습을 보고나서 간절히 염려되는 마음이 다른날에 비해 배나 더합니다.[調中體候若何 自瞻病瘁之狀 區區憂念 倍於他日] ○병환4은 이미 쾌차하셨는지요?[美疚 已快差否] ○조리하시는 안부에 기쁨이 있으시기를5 빌겠습니다.[卽惟調體有喜] ○어제 모某가 와서 형께서 머리가 백발이 되어 지금의 모습이 아니라고 말하였습니다. 예순의 나이에 이상할 것이야 없지만, 오랫동안 다급한6 상황을 겪은 데다가 여러 해 동

---

3 보중익기 : 비장을 보양하고 아래로 처진 비기脾氣를 일으키거나 기허증을 치료하는 처방을 이른다.

4 병환 : 원문은 '美疚'. 남의 병을 높여 이르는 말로, '미진美疹'·'미질美疾'이라고도 한다.

5 기쁨이 있으시기를 : 원문은 '有喜'. 병이 낫는 기쁨을 이른다. 《주역周易》 무망괘无妄卦(䷘) 구오九五에 "잘못이 없는 병이니 약을 쓰지 않아도 기쁜 일이 있으리라.[无妄之疾 勿藥有喜]"라는 구절에서 유래하였다.

6 다급한 : 원문은 '涸轍'. 다급하고 곤란한 상황을 이른다. 《장자莊子》 〈대종사大宗師〉에 "샘물이 말라 물고기들이 뭍에 있으면서, 입 안의 습기로써 서로 불어 주고 거품으로써 서로 적셔 주는 것이 강호에서 서로 잊고 사는 것만 못하다.[泉涸魚相與處於陸 相煦以濕 相濡以沫 不如相忘於江湖]"라는 구절에서 유래하였다.

안 병으로 고생하여 또한 손상이 있을 것이니 가련합니다.[昨某來言兄白髮 非復在此時容顔云 六十之年 亦足無怪 而長困涸轍 重以積年沈痾 亦當有以催之 爲之相憐] ○편지를 받고 대감께서 작은 병을 앓고 있으시다니 한편으로 위안되고 한편으로 걱정됩니다.[承審台候少愆 一慰一慮] ○조리하시는 안부가 점점 회복되어 가시는지요?[調候漸臻康復否] ○온천 목욕은 효과를 보셨는지요?[浴泉 能見效否] ○궁궐에서 밤을 지새며 앓던 병에 차도는 없으신지요?[禁苑 經夜所愼 得無添損節否] ○기후가 매우 청량하다는 소문을 들었는데, 무슨 연유로 다섯 달동안 학질에 걸렸는지요?[水土 聞甚淸涼 緣何以遘五朔之瘧耶] ○늘그막에는 잠깐의 병도 오히려 이겨내는 효과를 보기 어려운데, 오히려 여러 달 동안 변환을 앓으시니 필시 배나 노쇠하여 머리가 희어졌을 것입니다. 이는 죽을 조짐[7]이 아닌 것이 없으니 어찌하겠습니까?[老境 一時之愼 猶難勝效 況屢月愆候 必倍衰白 無非維霰之兆 奈何] ○조리하시는 안부에 다시 후유증은 없으신지요? 봄이 와서 민간의 사무가 차츰 간소해지니 부모님 봉양하시기에 합당한지요?[調候更無餘証 而春來民事漸簡 愜於榮養否]

▶일간 부모님의 병환을 돌보시는 여러분의 안부는 다시 어떠하신지요?[日間 侍湯諸節 更若何] ○이어 시봉하시는 부친이 늘 편찮으시다는 것을 알았습니다. 노년에 곤궁하게 살면서 조섭하는 것이 참으로 어려우실 텐데 매우 염려됩니다.[仍審侍奉下 常有色憂 衰年窮居 調護誠難 豈勝奉慮][8] ○삼가 보내신 편지를 받고서 상약嘗藥[9]하느라 근심스럽고 경황

---

7 죽을 조짐 : 원문은 '維霰之兆'. 사람이 죽음에 앞서 노쇠하고 병이 드는 것을 한탄하는 말이다. 《시경詩經》〈소아小雅 기변頍弁〉에 "저 함박눈이 내리려 할 때 먼저 싸락눈이 모이는 것과 같은지라, 죽을 날이 얼마 남지 않았으니 우리 서로 볼 날도 얼마 남지 않았네.[如彼雨雪 先集維霰 死喪無日 無幾相見]"라는 구절에서 유래하였다.

이 없는 가운데에 탕후湯候10가 가볍지 않으시니, 놀라고 걱정되는 마음 그지없습니다.[伏承下書 仰審嘗藥憂遑之中 湯候不輕 驚慮無已]11 ○ 편지를 받고 탕우湯憂가 끝나지 않아서 임소로 돌아가지 못하셨다는 것을 알고 염려되었습니다. 그러나 이미 체직되어 안심하고 병환을 간호할 수 있게 되었다는 소식에 다소 위안되었습니다.[仰審湯憂未已 不克還官 方用奉慮 又聞已得遞職 可以安意可病 爲之稍慰]12 ○ 밤에도 오히려 띠를 풀지 못하고 있으니 도어徒御13의 출발이 쉽지 않으리라 생각됩니다.[夜帶 猶未快解 則徒御之發 想不容易] ○ 다만 부모님의 건강이 아직 좋아지지 않고 있다니, 적잖이 염려가 됩니다.[第湯患未解 殊令人仰念]14 ○ 어머니께서 건강을 잃으시어 줄곧 낫지 않고 있다는 소식을 듣고 염려스러운 마음 그지없습니다.[第承慈闈愆度 一向沈綿 爲之仰慮無已]15 ○ 다만 밤에 띠

---

8 仍審侍奉下……豈勝奉慮 : 《명재유고明齋遺稿》〈답박교백答朴喬伯〉에 "仍審侍奉之下 常有色憂 衰年窮居 調護誠難 豈勝奉慮"라는 구절이 있다.

9 상약 : 윗사람에게 약을 올리기 전에 먼저 맛보는 것을 말한다. 《예기禮記》〈곡례曲禮 하下〉에 "임금이 병에 걸려 약을 먹을 때는 신하가 먼저 맛보고, 어버이가 병에 걸려 약을 먹을 때는 자식이 먼저 맛본다.[君有疾 飮藥 臣先嘗之 親有疾 飮藥 子先嘗之]"라는 구절에서 유래하였다.

10 탕후 : 부모의 병환을 달리 이르는 말이다. '탕우湯憂'라고도 한다.

11 伏承下書……驚慮無已 : 《약천집藥泉集》〈답서상국答徐相國〉에 "伏承下札 仰審嘗藥憂遑之中 體候神相 感慰且荷"라는 구절이 있다.

12 仰審湯憂未已……爲之稍慰 : 《약천집藥泉集》〈답최여화答崔汝和〉에 "仰審色憂未已 不克還官 方用奉慮 又聞已得遞職 可得安意侍病 爲之稍慰"라는 구절이 있다.

13 도어 : 《시경詩經》〈소아小雅 거공車攻〉에 "도어가 놀라지 아니하며, 대포가 차지 않았도다.[徒御不驚 大庖不盈]"라는 구절에 대한 모형毛亨 전傳에 "도徒는 '수레를 끄는 사람'이고, 어御는 '말을 모는 사람'이다.[徒 輦也 御 御馬也]"라고 하였다.

14 第湯患未解 殊令人仰念 : 《농암집農巖集》〈답조정이答趙定而〉에 "但色憂未解 殊令人仰念也"라는 구절이 있다.

15 第承慈闈愆度……爲之仰慮無已 : 《농암집農巖集》〈답이중심答李仲深〉에 "第承慈闈愆度 一向沈綿 爲之仰慮無已也"라는 구절이 있다.

도 아직 풀지 못하고 있는데 병에서 아직 벗어나지 못하고 있다는 소식을 듣고 지극히 걱정되는 마음 그지없었습니다.[第伏承夜帶未解 悠候未脫然 不任慮仰之至] ○아버지의 안부[16]는 요사이 어떻습니까? 사무가 도무지 마음에 걸리지 않으니, 어찌 걱정하지 않겠습니까?[庭候 近復如何 事務之 都不掛心 安得不然奉念]

▶다만 병에 걸렸다는 소식을 들었는데 걱정이 그지없습니다.[第聞有病 憂 貢慮不已] ○다만 자식이 병에 걸렸다[17]는 소식을 들었는데 걱정입니다.[第聞惟憂 仰慮仰慮] ○아이의 병은 과연 이미 나았는지요?[兒患 果已快 愈否] ○따님이 점점 더 고통스러워한다니 놀라고 걱정되었습니다.[第 聞令愛所苦漸篤 爲之驚慮] ○아들의 병에 대한 근심이 조금은 누그러졌다고 하니 매우 위안됩니다.[承審惟疾之憂 少降爲慰多矣] ○아이의 병이 나았다고 하니 더욱 기쁩니다.[得審兒患良已 尤可喜也][18] ○아이의 병이 위중하여 한 달이 지나도록 심해져 간다는 소식을 들었는데, 그간에 과연 이미 나았는지 모르겠습니다. 걱정이 더욱 적지 않습니다.[聞兒憂沈 重 閱月添頓 未知其間果已快瘳否 仰慮尤不淺] ○상중에 또 아이가 병에 걸렸다니 매우 걱정입니다.[得審遭服 且患兒疾 深用慮念][19]

---

16 아버지의 안부 : 원문은 '庭候'. 《논어論語》〈계씨季氏〉에 "공자가 혼자 서 있는데 아들 이 鯉가 뜰을 지나자 공자가 '시를 읽었느냐?'라고 하니 이가 '아직 읽지 못했습니다.'라고 하자, 공자는 '시를 배우지 않으면 말을 할 수 없는 것이다.'라고 하였다.[子嘗獨立 鯉趨而過庭 曰學 詩乎 對曰未也 不學詩 無以言]"라는 구절에서 유래하였다. 아들 이鯉가 뜰을 지날 때 아버지인 공자가 아들에게 가르쳤다는 말에서, '정庭'자를 '아버지'라는 뜻으로 썼다.

17 자식이……걸렸다 : 원문은 '惟憂'. '자식의 병에 대한 근심'을 이르는 말로, 《논어論語》〈위정 爲政〉에 "부모는 오직 자식이 병들까 근심하신다.[父母惟其疾之憂]"라는 구절에서 유래하였다.

18 得審兒患良已 尤可喜也 : 《농암집農巖集》〈답도이答道以〉에 "且聞兒患良已 尤可喜也"라는 구절이 있다.

19 得審遭服……深用憂念 : 《율곡선생전서栗谷先生全書》〈여송운장與宋雲長〉에 "得審遭服

{답장[答]}

▶요사이 모병某病으로 며칠을 몹시 앓아 오랫동안 달려 나아가 뵙지 못해 송구합니다. 삼가 하문을 받고 황송하고 감사한 마음 그지없습니다.[近以某疾 委痛幾日 久未趨拜 方用悚歎 伏蒙下問 惶感無已] ○ 요사이 병에 걸려[20] 심하게 앓아 고통을 겪으며 자리에 엎드려 신음하고 있던 중에 심부름꾼을 통해 편지를 받으니 매우 감사하였습니다.[近得(無)[无][21] 妄之疾 沈淹作苦 伏枕涔涔 承此伻問 深用感荷] ○ 저의 병[22]을 염려하시어 여러 차례 편지를 보내시니, 돌보아주시는 감사한 마음에 갑자기 묵은 병이 몸에서 떨어져 나가는 것 같았습니다.[憂念賤疾 屢辱伻訊 仰感盛眷 頓覺宿痾之祛體也] ○ 저의 병[23]을 염려하여 편지를 보내 문안하시니 병중에 기쁘고 감사한 마음이, 어찌 구슬을 안고 있는 것과 같은 심정[24]일 뿐이겠습니까?[俯念採薪之憂 至有折簡之問 病中欣感 何啻拱(壁)[璧][25]]

▶부모님의 깊은 병이 아직도 날로 좋아질 상황이 보이지 않으니, 애타

且患兒疾 深用憂念"이라는 구절이 있다.

20 병에 걸려 : 원문은 '无妄之疾'. 《주역周易》 무망괘无妄卦(䷘) 구오九五에 "잘못이 없는 병이니 약을 쓰지 않아도 나을 것이다.[无妄之疾 勿藥有喜]"라고 하였다.

21 (無)[无] : 저본에는 '無'로 되어 있으나, 문맥을 살펴 '无'로 바로잡았다.

22 저의 병 : 자신의 병을 낮추어 이르는 말이다. '천아賤痾'·'천양賤恙'이라고도 한다.

23 저의 병 : 원문은 '採薪之憂'. 《맹자孟子》〈공손추公孫丑 하下〉에 "어제는 왕명이 있었지만 병으로 땔나무를 하지 못하는 근심이 있어 조회에 나가지 못하였는데, 오늘은 병이 조금 나아 조정에 달려 나갔습니다.[昔者有王命 有采薪之憂 不能造朝 今病小愈 趨造於朝]"라는 구절에서 유래하였다.

24 구슬을……심정 : 원문은 '拱璧'. 두 손으로 감싸야 안을 정도로 크고 진귀한 큰 구슬을 이른다. 《춘추좌씨전春秋左氏傳》 양공襄公 28년에 "나에게 공벽을 준다면 나는 그 널을 바치겠소.[與我其拱璧 吾獻其柩]"라는 구절에 대한 공영달孔穎達 소疏에 "공拱은 양손을 합한 것을 말한다. 이 옥구슬은 두 손으로 감싸 안아야 하니, 큰 구슬이라고 한다.[拱 謂合兩手也 此璧兩手拱抱之 故爲大璧]"라고 하였다.

25 (壁)[璧] : 저본에는 '壁'으로 되어 있으나, 문맥을 살펴 '璧'으로 바로잡았다.

는 마음을 어떻게 말씀드리겠습니까? 그런데 이렇게 위문을 받으니 참으로 감사합니다.[親病沈重 尙無日勝之勢 煎灼何言 荷此委問 良用感謝] ○ 부모님의 병이 며칠 심하다가 다행히 조금 나아졌지만 후유증이 고만고만합니다. 노인의 원기가 날로 빠져나가니 애타는 마음을 어떻게 표현하겠습니까?[親患 幾日苦劇 幸得少減 而餘証進退 老人元氣 日就大脫 焦悶何狀] ○ 부모님의 병환이 요사이 차도를 보이니 매우 다행입니다.[兩親病患 近得差安 私幸萬萬]

▶ 아이의 병이 심하여 지금 허둥대고 있으니 걱정과 번요함을 어떻게 표현하겠습니까?[兒病苦劇 見方遑遑 悶擾何狀] ○ 아이가 병으로 더욱 괴로워하는데 병이 나을 기미가 아득하니 매우 걱정입니다.[迷兒之病 尙此彌苦 蘇甦杳然 憂慮萬萬] ○ 아이가 병으로 고통스러워하며 한결같이 나을 기세가 없으니 걱정입니다.[迷豚所苦 一味無勝 可悶] ○ 어린아이가 모某 증세로 몇 번이고 위급한 고비를 넘겼지만 조금 나을 기세를 보이니 다행입니다.[幼子以某証 屢經危域 少得差勢可幸] ○ 딸의 병세가 일정함이 없어 고민입니다.[女息之病 劇歇無常 殊可惱悶]

과주류課做類[26]

▶ 짧은 등잔에 책상을 맞대고 공부하는 재미가 더욱 크시리라 생각됩니다.[做工 想聯牀短檠 趣味滋長][27] ○ 긴 여름 동안 또 무슨 책을 공부하고 있

---

26 과주류: '과주'는 일과日課로 하는 공부[做工]를 이른다.
27 做工……趣味滋長: 《명재유고明齋遺稿》〈여희번희경與李燔希敬〉에 "想聯床短檠 趣味滋

습니까?[長夏工夫 又在何書]²⁸ ○요즈음 무슨 공부를 하며, 때로 모인某人과 모이십니까?[近何工夫 時與某人相聚否]²⁹ ○무슨 책을 보시며 무슨 일을 하시는지 모두 듣고 싶습니다.[所看何書 所幹何事 幷願聞之] ○사찰로 가는 행차가 이미 출발하였다고 들었습니다. 고요하고 적막한 산사에서 더욱 추구하고 음미하는 맛이 있을 것이라 생각하니 그리움이 더욱 깊습니다.[且聞簫寺之行已啓 竊想山社靜寂之中 益有尋玩之味 爲之馳仰增深]³⁰ ○지난번 여름에 사찰에서 독서를 하신다는 소식을 듣고 축지술이 없는 것이 한스러웠습니다.[頃聞夏間讀書簫寺 尤恨無由有縮地術也] ○서책을 멀리하면 마음이 황폐해지는 것은 참으로 개탄스러운 일입니다.[書冊之疎 蹊茅之長 其爲慨歎固也]³¹ ○매번 병 때문에 학업을 부지런히 하지 못한다는 탄식이 있는데, 지금 방년에 앓는 것은 무슨 병인지 모르겠습니다.[每以病字 爲不能勤業之歎 未知芳年所祟何証耶]³² ○글공부³³에도 전념

28　長夏工夫 又在何書 : 《명재유고明齋遺稿》〈답권여유答權汝柔〉에 "長夏工夫 又在何書"라는 구절이 있다.

29　近何工夫 時與某人相聚否 : 《명재유고明齋遺稿》〈답이백소答李伯邵〉에 "近何工夫 時與大叔叔姪相聚否"라는 구절이 있다.

30　且聞簫寺之行已啓……爲之馳仰增深 : 《봉암집鳳巖集》〈답정명좌答鄭明佐〉에 "且聞簫寺之行已啓 竊想山社靜寂之中 益有尋玩之味 爲之馳仰增深"이라는 구절이 있다.

31　書冊之疎……其爲慨歎固也 : 《명재유고明齋遺稿》〈여재종제천종與再從弟天縱〉에 "書冊之疏 蹊茅之長 其爲慨歎固也"라는 구절이 있다.

32　每以病字……未知芳年所祟何証耶 : 《명재유고明齋遺稿》〈답이백소答李伯邵〉에 "第每以病字 爲不能勤業之歎 未知芳年所祟何證耶"라는 구절이 있다.

33　글공부 : 원문은 '佔畢'. 본래 스승이 경의經義를 풀어 가르치지 않고 단지 책만을 읊는 것을 가리켰는데, 뒤에는 '독서' 또는 '공부'를 이르는 말로 널리 쓰였다. 《예기禮記》〈학기學記〉에 "지금 가르치는 자들은 그 보는 간독簡牘만을 읊을 뿐이다.[今之敎者 呻其佔畢]"라는 구절에 대해 진호陳澔는 《예기집설禮記集說》에서 "신呻은 읊는 소리이고, 점佔은 봄이고, 필畢은 간독이다.[呻 吟諷之聲也 佔 視也 畢 簡也]"라고 하였다.

하지 못하는 듯하니 몹시 염려됩니다.[佔畢工夫 似當不專 爲之深慮]³⁴ ○아이들은 과거 공부가 아니면 쓸데없는 일을 하거나 놀기만 좋아하고 게으름만 피울 뿐 전혀 지취志趣가 없으니, 만날 때 엄히 꾸짖어 주시는 것이 어떻겠습니까?[兒輩非科工 則雜冗耳 遊戲耳 一無志趣 相見時 須痛加警飭 如何]³⁵ ○과거를 볼³⁶ 시기도 지금 여러 달 남지 않았는데 북쪽 창문 시원한 대자리에서 무슨 공부를 하시고 공부에 몰두하고 계신지요?[槐黃之期 今無多月 北窓凉(簞)[簟]³⁷ 做得何工 而一意專著否] ○서늘한 기운이 들녘에 들어와 등불을 가까이할만하니³⁸ 부디 덧없이 세월을 보내 노년에 후회한다는 가르침을 범하지 마시는 것이 어떻습니까?[新凉入郊 燈火可親 幸勿漫浪 以犯老悔之戒 如何]

답장[答]

▶공부한 지가 비록 오래되었지만 자질구레한 일이 많아 공부에 전념하지 못하고 있는 것이 괴로우니 어찌하겠습니까?[開硏雖久 而冗故多端 苦

---

34 佔畢工夫……爲之深慮:《명재유고明齋遺稿》〈답라현도答羅顯道〉에 "佔畢工夫 亦當不專 爲兄深慮"라는 구절이 있다.

35 兒輩非科工……如何:《명재유고明齋遺稿》〈여민언휘與閔彦暉〉에 "兒輩非科工 則雜冗耳 遊惰耳 一無志趣 相見時 須痛加警飭 如何"라는 구절이 있다.

36 과거를 볼 : 원문은 '槐黃'. '과거를 보는 시기'를 이르는 말로, 당나라 때 수도 장안長安의 회화나무에 노란 꽃이 피는 7월에 예부禮部의 과거가 치러졌다.《설부說郛》〈진중세시기秦中歲時記〉에 "회화나무에 노란 꽃이 피면 과거 응시생들이 바빠진다.[槐花黃 擧子忙]"라는 구절에서 유래하였다.

37 (簞)[簟] : 저본에는 '簞'으로 되어 있으나, 문맥을 살펴 '簟'으로 바로잡았다.

38 서늘한……가까이할만하니 : 원문은 '新凉入郊 燈火可親'. 한유韓愈의 〈부독서성남符讀書城南〉에 "시절은 가을이라 장맛비가 개고, 서늘한 기운이 들녘에 들어오니, 등불을 점차 가까이할 만하고, 서책을 펴서 읽을 만도 하리라.[時秋積雨霽 新凉入郊墟 燈火稍可親 簡編可卷舒]"라는 구절이 있다.

未專意 奈何奈何] ○연참鉛槧[39]의 공부는 사람으로 하여금 '늙어 백발이 되도록 얻고 싶게 하는 것'[40]이란 말은 참으로 좋은 말입니다.[鉛槧之工 令人欲老白頭賺得之語 眞善喩也] ○최근 모모某某와 함께 공부를 시작하였는데 우선은 일과를 하면서 학문을 통해 벗을 모으는 것[41]도 기쁩니다.[近與某某 始爲開做 姑得日課 以文會友 亦可喜幸] ○땀 흘리며 공부하는 것은 진실로 즐거운 일이 아닙니다. 비단 사람이 과거시험에 구속될 뿐만 아니라 과거시험도 사람에 구속될 수 있습니다.[42][揮汗佔畢 誠非樂事 非但人累科擧 科擧亦能累人也] ○삼여三餘의 공부[43]는 비록 덧없이 시간을 보내는 것을 면하였지만, 1년 동안 학문을 하여도 괄목한 성과를 보지 못하고 있으니 매우 부끄럽습니다.[三餘之工 雖免漫浪 而一年之學 未見刮目 還多歉然] ○지속적이지 못한 공부로 인하여 책을 묶어 시렁에 올려둔지 오래되었습니다. 벗에게 말씀드릴 만한 것이 없으니 어찌하겠습니까?[斷續看字之工 因以束閣久矣 媿無以擧似於故人之耳 奈何] ○아이가 봄여름에는 작문하고 가을과 겨울에는 글을 배우면서 책 사이에 노닐어 자

---

39 연참 : '연鉛'은 연분필鉛粉筆을 말한 것이고, '참槧'은 나무로 깎은 판데기이니, 글씨 쓰는 붓과 종이 또는 문필의 공부를 이른다. 《서경잡기西京雜記》에 "양자운이 항상 연필을 품고 목판을 들고 다녔다.[揚子雲 好事常懷鉛提槧]"라고 하였다.

40 늙어……것 : 원문은 '老白頭賺得'. 조하趙嘏의 시에 "당나라 태종황제 장구한 계책을 세웠으나, 얻은 영웅은 모두 흰머리 늙은이였네.[太宗皇帝眞長策 賺得英雄盡白頭]"라는 구절을 전용轉用하였다.

41 학문을……것 : 원문은 '以文會友'. 《논어論語》〈안연顏淵〉에 "군자는 학문을 통해 벗을 모으고 벗으로 인을 돕는다.[君子以文會友 以友輔仁]"라는 구절이 있다.

42 비단……있습니다 : 원문은 '非但人累科擧 科擧亦能累人也'. 《주자어류朱子語類》에 "과거가 사람을 구속함이 아니라 절로 사람이 과거에 구속된다.[非是科擧累人 自是人累科擧]"라는 구절을 전용轉用하였다.

43 삼여의 공부 : 독서하기 좋은 세 가지 여가餘暇를 말한다. 자세한 내용은 422쪽 역주 69를 참조하기 바란다.

못 보탬이 있는 것을 느끼겠으니, 이것이 다행입니다.[兒子春夏作文 秋冬學書 優遊於方冊之間 頗覺有益 是可幸也]

시십류詩什類[44]

▶이미 총한寵翰[45]을 보내시고 아울러 시[46]도 보내시니, 마치 소나무 그늘 학이 걷는 사이에서 가르침을 받는 것 같습니다.[旣賜寵翰 兼以瓊韻 若奉淸誨於松陰鶴步之間也] ○앞서 보내주신 시에 비록 화답시를 보내지는 못하였지만, 읊조리며 음미하기를 어찌 그만둘 수 있겠습니까?[前惠佳什 雖未拚和 其於吟玩 何能已已][47] ○생신에 기쁨을 표현한 시가 계속 울려 퍼지니, 연로하신 부모님[48]을 모시고 계신 것을 축하드립니다.[壽辰志喜之作 諷詠百回 仰賀喜懼][49] ○편지 속에 매번 시를 보내주셨지만 제대로 화답도 못하였으니, 흉금의 쓸쓸함이 부끄럽기만 합니다.[書中每

---

44 시십류 : '시십'은 원래 《시경詩經》의 아雅·송頌 부분의 10편을 1조組로 묶은 것을 이르는 뜻이었으나, 뒤에는 '시편詩篇'이나 '시작詩作'을 두루 이르는 말로 쓰였다.

45 총한 : '총'은 상대방이 자신에게 특별한 은총을 베풀었다는 의미로 쓰는 겸사로, 상대방의 편지를 높여 이르는 말이다.

46 시 : 원문은 '瓊韻'. 상대방의 시를 높여 이르는 말이다. '경장瓊章'이라고도 한다.

47 前惠佳什……何能已已 : 《농암집農巖集》〈답정참봉答鄭參奉〉에 "前惠佳什 雖未拚和爲愧 其於吟玩 何能已已"라는 구절이 있다.

48 연로하신 부모님 : 원문은 '喜懼'. 부모의 연세가 많음을 나타내는 말이다. 《논어論語》〈이인里仁〉에 "부모의 연세를 알지 않아서는 안 되니, 한편으로는 기쁘고 한편으로는 두려우니라.[父母之年 不可不知也 一則以喜 一則以懼]"라는 구절에서 유래하였다.

49 壽辰志喜之作……仰賀喜懼 : 《명재유고明齋遺稿》〈답라현도答羅顯道〉에 "壽辰志喜之作 諷詠百回 仰賀喜懼湛樂"이라는 구절이 있다.

有韻語 不能奉和諷詠之餘 自媿塵襟之索然也]⁵⁰ ○야대野臺⁵¹에서 지은 시를 삼가 두서너 번 읽었더니, 이와 뺨에서 시원한 기운이 생겨나 홀연히 마치 다시 아둑牙纛을 모시고⁵² 시야가 트인 드넓은 곳을 오른 것만 같아서 감사하고 위안되는 마음 적지 않았습니다.[野臺盛詩 伏讀再三 牙頰生凉 忽若復陪牙纛 登臨溥泱之間 感慰不淺] ○벽에 걸린 시를 되풀이하여 읊조리고 주위를 맴돌며 생각에 잠기니, 마치 당신을 곁에서 모시고 있는 것만 같았습니다.[三復壁間題詩 俳徊悵想 怳如躬侍杖屨]⁵³ ○두 수의 절구시에 비록 화답할 수는 없지만, 부디 작품이 나오는 대로 기록하여 보여 주시고 화답하지 않는다고 탓하지 않으시는 것이 어떻겠습니까?[兩絶 雖未抨和 幸隨得錄示 勿以有唱無和爲嫌 如何]⁵⁴ ○풍악산楓嶽山⁵⁵에서 얻은 것을 어찌 한 번 보여주시지 않으십니까?[楓嶽所得 何靳一示耶]⁵⁶

---

50 書中每有韻語……自媿塵襟之索然也 : 《명재유고明齋遺稿》〈여백문옥與白文玉〉에 "書中每有韻語 不能奉和諷詠之餘 自愧意思之索然也"라는 구절이 있다.

51 야대 : 들에 높이 지은 누대를 이른다.

52 아둑을 모시고 : '아둑'은 깃대 끝을 상아로 장식한 큰 깃발로, 주장主將이나 주수主帥가 있는 곳에 세우는 깃발이다. '아기牙旗'라고도 한다. 여기서는 이러한 깃발을 가지는 관찰사를 이른다.

53 三復壁間題詩……怳如躬侍杖屨 : 《농암집農巖集》〈상백부上伯父〉에 "旣又三復壁間題詩 徘徊悵想 怳如躬侍杖屨也"라는 구절이 있다.

54 兩絶……如何 : 《농암집農巖集》〈답김현보答金顯甫〉에 "兩絶 雖未攀和 尙且慰幸 繼此書來 幸隨得錄示 勿以有唱無和爲嫌 如何"라는 구절이 있다.

55 풍악산 : 가을 금강산을 이른다. 이유원李裕元의 《가오고략嘉梧藁略》〈금강풍엽기金剛楓葉記〉에 "금강산은 봄에는 기달산이라 하고, 여름에는 봉래산이라 하고, 가을에는 풍악산이라 하고, 겨울에는 개골산이라 하는데, 그중에서 풍악산이란 이름이 가장 뛰어나니, 그것은 그 화려함을 취했기 때문이다.[金剛 春日怾怛 夏日蓬萊 秋日楓岳 冬日皆骨 楓岳爲最 取其麗也]"라고 하였다.

56 楓嶽所得 何靳一示耶 : 《명재유고明齋遺稿》〈답이태수사형答李泰壽士亨〉에 "楓嶽所得 何靳一示破耶"라는 구절이 있다.

○전후로 세 편의 시를 차례대로 돌려드렸는데, 과연 일일이 보셨는지요? 다음 편에 반드시 보여 주십시오.[前後三篇 次第還之 果一一視至否 後便必示之也] ○서문은 번다하여 크게 손상을 입기 때문에, 산삭하여 보냅니다. 지금은 간결한 것이 좋은 문장입니다. 한 글자의 가치도 오히려 천금같은데, 더구나 한 글자에 그치지 않는 것이겠습니까? 반드시 구리거울로 살피듯 자세히 보아주신다면 매우 감사하겠습니다.[序文 太傷於繁 故刪改以呈 今則乃是簡靜好文字也 一字之價 尙爲千金 況不止於一字也耶 必以靑銅 多多謝之也] ○두 수의 아름다운 시는 수정한 부분이 다 좋았습니다. 촉석루矗石樓와 흐르는 강 사이에 얻은 것이 날마다 풍부하리라 생각하니, 제가 얻어 완미할 수 있을런지요?[二首華什 點化處 儘好儘好 矗樓江流之間 所得想日富 可以獲翫否] ○혹시라도 요사이 지은 시가 있으면 아끼지 마시고 보여주십시오.[倘有近日所著 亦無靳袖示] ○보내신 시는 오랫동안 바라던 중에 이미 경도됨을 느끼며 시에 뛰어난 재주가 깨끗하고 맑아서 땅에 던지면 맑은소리가 울리고[57] 물을 담으면 스며들지 않을 정도[58]이니, 진귀하고 감사한 마음 헤아릴 길 없습니다.[送來華什 積企之中 已覺傾倒 而藻思淸切 擲地當有聲 盛水當不滲 珍荷無量] ○글 속에서 괴로움을 읊조리신 뜻을 손으로 잡을 수 있겠습니다.[書中吟苦之意 可掬] ○두루 열람하고 살펴보고 삼가 이렇게 돌려드립니다.[探閱略遍 謹此奉完][59] ○지금

---

57 땅에……울리고 : 원문은 '擲地當有聲'. 문사가 매우 아름다움을 이르는 말이다. 《진서晉書》〈손작전孫綽傳〉에 "일찍이 손작이 천태산을 노래하는 부를 지은 적이 있었는데 그 말솜씨가 매우 좋았다. 막 다 지어서 범영기范榮期에게 보였더니 '그대 시험 삼아 땅에 던져보라. 당연히 쇠를 던지는 듯한 소리가 날 것이다.'라고 하였다.[嘗作天台賦 辭致甚工 初成 以示范榮期曰 卿試擲地 當作金石聲也]"라는 구절에서 유래하였다.

58 물을……정도 : 원문은 '盛水當不滲'. 문장의 짜임이 치밀하여 빈 틈이 없음을 비유하여 이른 말이다. '성수불루盛水不漏'라고도 한다.

저를 비루하게 여기지 않으시고 몇 축의 주공같은 글을 보내시니, 마치 페르시아의 창고[60]에 들어온 듯하여 눈이 휘둥그레져 감히 한마디 말로도 도울 수 없었습니다. 그러나 간절하신 뜻을 저버릴 수 없어서 삼가 이렇게 참람됨을 잊고 각 폭에 비평을 합니다. 부처 머리를 더럽히는 잘못[61]임을 알지만 스스로 달아날 수 없으니 매우 송구합니다.[今蒙不鄙 授以數軸珠璣 怳惚如入波斯之府 瞠然不敢贊一辭矣 然勤意不可孤 謹此忘僭批隲於各幅 極知汚佛之罪 無以自逃 悚甚悚甚] ○ 귀하의 원고는 마땅히 살펴보고 나서 간략하게나마 저의 견해를 말씀드리겠습니다.[貴稿 當奉玩後 略貢鄙見矣]

▶입으로 한 절구를 읊어 편지 끝에 써서 올리니, 한 번 보고 웃으시기 바랍니다.[口占一絶 書諸紙末 幸一莞爾也][62] ○ 지난달에 지은 시 몇 수를 이렇게 베껴 올리니, 한때의 만남을 대신할 자료가 될 수 있겠습니까?[前月 有所作幾首詩 玆以謄上 可爲一時代拜之資耶][63] ○ 시편이 아직 엮이지 않았으니 후일을 기다릴 뿐입니다.[詩篇 姑未構完 容俟後日耳] ○ 근년에

---

59 探閱略遍 謹此奉完:《식암선생유고息庵先生遺稿》〈사이택지차시동학사빈비원전집謝李擇之借示董學士份泌園全集〉에 "探閱略遍 謹此奉完"이라는 구절이 있다.

60 페르시아의 창고: 원문은 '波斯之府'. '파사'는 페르시아의 음역으로, 고대 중국인들에게 세상에서 가장 값진 보물이 많이 나는 나라로 알려져 보물을 가리키는 대명사로 쓰였다.

61 부처……잘못: 원문은 '汚佛之罪'. 부처의 머리에 똥칠한다는 뜻으로, 좋은 사물이나 남을 모독하는 것을 비유하여 이르는 말이다.《전등록傳燈錄》〈여회선사如會禪師〉에 "최상공崔相公이 절에 들어가서 참새가 부처머리 위에 똥을 갈기는 것을 보고 사師에게 '참새도 불성佛性이 있습니까?'라고 하자, 사師는 있다고 하였다. 최는 '왜 부처머리에다 똥을 갈기지요?'라고 하니, 사는 '그러기에 새매 머리 위에는 갈기지 않소.'라고 대답하였다.[崔相公入寺 見鳥雀於佛頭上放糞 乃問師曰 鳥雀還有佛性也無 師云 有 崔云 爲什麼向佛頭上放糞 師云 是伊爲什麼不向鷂子頭上放]"라고 하였다. '불두착분佛頭着糞'이라고도 한다.

62 口占一絶……幸一莞爾也:《약천집藥泉集》〈답서계答西溪〉에 "口占一絶 書諸紙末 幸一莞爾也"라는 구절이 있다.

63 前月有所作幾首詩……可爲一時代拜之資耶:《약천집藥泉集》〈상숙부上叔父〉에 "前月有所作二十首 頗詳此間物態 謄上一本 亦可爲一時代拜之資耶"라는 구절이 있다.

부탁만 받고 짓지 못한 글이 산처럼 쌓여 있습니다.[年來文逋 不翅如山]⁶⁴ ○ 모某 글은 형의 눈을 거치지 않으면 안되기에 보내드리니 부디 평가하시고 돌려주십시오.[某文 不可不一經兄眼 故呈去 幸評還] ○ 모든 시편에 대하여 비평하시고 생각대로 수정하여, 저로 하여금 흠을 볼 수 있게 하시는 것도 좋겠습니다.[試爲評來諸篇 隨意點抹 使見瑕瑜 亦可]⁶⁵ ○ 화운和韻하라는 말씀이 있었으니, 어찌 감히 재주가 없다는 이유로 사양하겠습니까?[續和之敎 安敢辭拙]⁶⁶ ○ 제가 지은 글은 쪽지에 있는데, 글자가 중첩되는 것이 많아 온당치 않으니 평가하여 되돌려 주시기 바랍니다.[鄙作書在小紙 字語多疊未妥 乞回敎] ○ 보잘것없는 글솜씨로 겨우 흉내만 내고 있어 거듭 간절한 부탁을 어겼습니다. 지난번 매화를 마주하고 방옹放翁⁶⁷의 운자에 화답한 시가 있었는데, 섣달그믐에도 이렇게 게을러서 한꺼번에 이렇게 보내드리고서 가르침을 기다립니다.[拙語效嚬 重違勤索 向對梅籠 有和放翁韻 除夕 亦嘗倦應竝此伏呈 以俟斤敎] ○ 보잘것없는 시를 삼가 이렇게 보내드리니 부디 웃어주십시오.[拙構 謹此呈上 幸博粲焉] ○ 입으로 읊은 율시 한 수를 태지胎紙⁶⁸에 써서 올립니다. 말은 비

---

64 年來文逋 不翅如山 : 《농암집農巖集》〈답김현보答金顯甫〉에 "年來文逋 不翅如山"이라는 구절이 있다.

65 試爲評來諸篇……使見瑕瑜亦可 : 《농암집農巖集》〈여자익與子益〉에 "試爲評來諸篇 隨意點抹 使見瑕瑜亦可"이라는 구절이 있다.

66 續和之敎 安敢辭拙 : 《명재유고明齋遺稿》〈답라현도答羅顯道〉에 "續和之敎 安敢辭拙"이라는 구절이 있다.

67 방옹 : 송나라 시인 육유陸游(1125~1209)의 호이고, 자는 무관務觀이다. 그의 시 〈설후출유희작雪後出遊戱作〉에 "큰 도량의 천지는 낙백한 자를 포용하지만, 정이 많은 풍월은 노쇠한 이를 비웃는구나. 내 인생 또한 매화처럼 담담하기만 해라, 제비는 아직 아니 오고 나비도 알지 못하네.[大度乾坤容落魄 多情風月笑衰遲 吾生也似梅花淡 燕未歸來蝶未知]"라고 하였다.

68 태지 : 편지 속에 따로 적어 넣는 종이를 이른다. '별지別紙'·'소지小紙'·'협지夾紙라고도 한다.

록 보잘것없지만 그래도 정이 여기에 담겨 있습니다.[口占一律 胎紙寫呈 語雖拙 而情在是矣] ○ 춘양백설春陽白雪[69]의 화답에 감히 목과木瓜나 경거瓊琚의 보답[70]을 따질 것도 없고 빠르고 늦고가 무슨 상관이 있겠습니까? 다만 글씨를 쓰시는 여가에 한 번 붓을 움직여 대대로 전하며 감상할 꺼리로 삼게 하시는 것이 어떻습니까?[陽春白雪之和 非敢擬議木瓜瓊琚之報 早晚何關 第於朱墨之暇 一賜揮灑 以爲傳玩之資 如何] ○ 한가롭게 지내면서 시를 읊조리는 것이 마치 계절의 벌레나 철새처럼 절로 천기를 울리고 싶은 마음이 간절하지 않은 것은 아니지만, 종이가 귀해 편지를 쓰기가 어려워 다만 몇 편의 시를 적어 올립니다. 바로잡아 주시어, 부디 저의 미혹함을 깨우치도록 가르침을 주십시오.[閒居吟弄 如候虫時鳥之自鳴天機者 不爲不多 而紙貴書艱 只以如干首繕寫呈上 倘賜斤敎 庶幾覺迷而請益矣] ○ 졸고에 대하여 애써 바로잡아 주신 말씀을 거듭 어겨 소략하나마 이렇게 보내드립니다. 울림이 없는 베로 만든 북이나 밝지 않은 반딧불이 어찌 감히 뇌문고雷門鼓[71]와 태양의 아래에서 빛을 비교하겠습니

---

69 춘양백설 : 상대방의 고아한 노래를 이른다. 송옥宋玉의 〈대초왕문對楚王問〉에 "영중에서 노래하는 나그네가 있어 맨 처음 〈하리곡〉과 〈파인곡〉을 노래하자, 국중에서 그것을 이어 따라 부르는 자가 수천 명이었고, 〈양아곡〉과 〈해로곡〉을 노래하자, 국중에서 그것을 이어 따라 부르는 자는 수백 명이었는데, 〈양춘곡〉과 〈백설곡〉을 노래하자, 국중에서 그것을 이어 노래하는 자는 수십 명에 불과했으니, …… 이는 곧 곡조가 고상할수록 창화하는 자가 더욱 적기 때문이다.[客有歌於郢中者 其始曰下里巴人 國中屬而和者數千人 其爲陽阿薤露 國中屬而和者數百人 其爲陽春白雪 國中屬而和者不過數十人……是其曲彌高 其和彌寡]"라는 구절에서 유래하였다.

70 목과나……보답 : '목과'는 자신의 보잘것없는 시문을 이르고, '경과'는 상대의 훌륭한 화답을 이른다. 《시경詩經》〈위풍衛風 목과木瓜〉에 "나에게 목과를 던져 주기에, 아름다운 옥으로써 갚는다.[投我以木瓜 報之以瓊琚]"라는 구절에서 유래하였다.

71 뇌문고 : 《한서漢書》〈왕존전王尊傳〉에 "포고를 지고 뇌문을 지나가지 마라.[毋持布鼓過雷門]"라는 구절에 대한 안사고顏師古의 주석에 "뇌문雷門은 월나라 회계성의 문에 큰 북이 걸려 있었는데, 월나라에서 이 북을 치면 그 소리가 낙양에까지 들렸다. 포고布鼓는 천으로 만

까?[拙稿 重違勤敎 略此仰浼 而布鼓螢爝 安敢較聲光於雷門太陽之下哉] ○저의 화답시는 시상이 굼뜨고 느려 아직도 퇴고하지 않았지만 이렇게 두 번 연이어 보내드리니, 장독 뚜껑[72]으로나 쓰기에 적당할 것입니다. 만약 남은 빚이 있다고 생각하시고 화답을 해 주신다면 얼마나 다행이겠습니까?[拙和 思苦鈍遲 尙有未及敲椎 茲送兩疊 覆瓿宜矣 若謂有餘債 而蒙瓊報 則何幸如之] ○지난번 별지를 요구하셨는데 병중에 간신히 생각해 내어 이전에 빚진 것과 함께 모두 세 통을 써서 보내드리니, 보시고 한 번 웃으시며 친구의 정을 헤아려 주십시오.[向索別紙 病枕艱辛思得 幷與前者 逋債 而書送三紙 幸覽之一笑 諒故人之情也] ○연행燕行에서 얻은 것이 없다고 말할 수 없을 것인데, 이미 남들에게 말하기에는 충분하지 않습니다. 또 지금 근심스럽고 바빠서 너절하게 문자를 친구에게 주고받기가 어렵습니다. 비록 집사의 가르침에 감히 말씀하신 대로 하지 않겠습니까마는, 혹시라도 굽어 헤아려 용서해 주시리라 생각합니다.[燕行所得 非曰無之 旣無足向人說道者 且此時憂遑 難以汗漫文字 往復於知舊之間 雖於執事之敎 未敢如戒 想或俯諒而垂恕否] ○기행 때 지은 시 수십 편은 모두 즉흥적으로 지은 것이라 전해드릴 수 없었는데, 편지를 받고 매우 부끄러웠습니다. 만약 탈고를 하였다면 어찌 감히 형께 숨기겠습니까?[紀行詩爲數十篇 都是漫興 不堪傳筒 承問媿甚 苟能脫藁 亦何敢終秘於令兄耶] ○여러 시편을 찾

든 북이기 때문에 소리가 나지 않는다.[雷門 會稽城門也 有大鼓 越擊此鼓 聲聞洛陽……布鼓 謂以布爲鼓 故無聲]"라고 하였다.

72 장독 뚜껑 : 원문은 '覆瓿'. 자신의 저술을 낮추어 이르는 말이다.《한서漢書》〈양웅전揚雄傳〉에 유흠劉歆이 양웅에게 "공연히 스스로 고심만 했을 뿐이다. 지금의 학자들은 녹은 있으나《주역周易》에도 밝지 못한데, 게다가 또《태현경太玄經》을 어찌하겠는가. 내 생각에는 후인들이 이 책을 장독 덮개로나 사용하지 않을까 싶네.[空自苦 今學者有祿利 然尙不能明易 又如玄何 吾恐後人用覆醬瓿也]"라고 한 말에서 유래하였다.

으셨는데 비록 한두 수 억지로 졸렬하게 엮은 것이 없지는 않지만 감히 큰 무당 앞에 당돌할 수도 없고, 또 옆에 서수書手[73]도 없어서 베낄 수 있는 상황이 아니니 뒷날 합석할 때 가르침을 구하겠습니다.[俯索諸篇 雖不無一二强拙之語 不敢唐突於大巫之前 且傍無書手 無以謄寫 惟當於他日合席時 可以求教也] ○선친의 원고를 얻어서 보게 되니, 삼가 평소 사모했던 마음에 위안되었습니다.[先稿 獲與寓目 謹慰平昔慕用之忱]

권면류勸勉類

▶잇달아 편지를 받아 보니 위안되었습니다. 그런데 편지 내용이나 글자가 이렇게 정신이 없으니, 비록 바쁜 와중에 쓴 것이라고 하더라도 마음이 안정된 사람이라면 이렇게 하지 않을 것입니다.[連見書爲慰 而書辭字畫 恩卒如許 雖多事之中 心定之人 不如此矣][74] ○몇 줄의 편지에 잘못된 글자가 이와 같으니, 이는 마음이 안정되지 않은 까닭입니다. 몸이 수고로운 것이 염려될 뿐만이 아닙니다. 마음을 잡는 공부에 더욱 뜻을 두기 바랍니다.[數行之書 誤錯如此 心下不能安靜之致也 不但身勞之可憂也 須加意操心工夫可也][75] ○유람하고 장난하는 것 또한 매번 병통이 생기기 쉬우니, 부디 스스로 단속하여 외부의 요건에 마음이 어지러워지는 일

---

73 서수 : 글을 쓰거나 베끼는 일을 맡아보는 사람을 이른다.
74 連見書爲慰……不如此矣 : 《명재유고明齋遺稿》〈여자행교與子行教〉에 "連見書爲慰 而書辭字畫 恩卒如許 雖多事之中 心定之人 則不如此矣"라는 구절이 있다.
75 數行之書……須加意操心工夫可也 : 《명재유고明齋遺稿》〈여자행교與子行教〉에 "數行之書 誤錯如此 此心下不能安靜之致也 不但身勞之可憂也 須加意操心工夫可也"라는 구절이 있다.

이 없도록 하십시오.[遊傲戲劇 每易生病 須自斂飭 勿被外累侵亂]⁷⁶ ○ 조소하고 농락하는 것이 너무 지나치니, 이는 덕이 있는 사람이 할 짓이 아닙니다. 이러한 병통은 하지 말아야 할 것입니다.[嘲戲太過 恐非德人事 此病痛 恐亦不可也]⁷⁷ ○ 여관에서 쓸쓸하게 지낼 때는 오직 책을 보는 것으로 괴로움에서 벗어날 수 있는데, 노력하고 계신지 모르겠습니다.[旅館孤寂 惟看書 可以免其苦 未知能勉之否]⁷⁸ ○ 편할 대로 함부로 행동하여 잡객이나 하류들과 어울려 놀면서 여색이나 평론하는 것은, 그 얼마나 심한 구렁텅이이며 그 얼마나 심한 치욕인데 자신을 그런 곳에 버린단 말입니까? 이렇게 하고서 스스로 깨끗하여 더럽지 않다고 한다면 누가 믿어 주겠습니까?[便爾放倒 與雜客下流 狎昵戲謔 評論女色 是何等坑塹 何等羞辱 而忍自棄身於其間耶 如此而自謂清潔不汚 人誰信之]⁷⁹ ○ 얻고 잃는 것에는 운수가 있으니, 친척이라고 하더라고 권세가 있는 집에는 드나들어서는 안 됩니다. 멀리 종적을 감추고 분수를 지키며 살아야 합니다.[得失有命 雖親戚熱門 不可曳裾也 須斂遠守分可也]⁸⁰ ○ 교유하는 것이 청정함을 유지하는 것만 못하고 맑게 이야기를 나누는 것이 독서하는 것만 못합

---

76 遊傲戲劇……勿被外累侵亂 :《명재유고明齋遺稿》〈답오수채答吳遂采〉에 "遊傲戲劇 亦易生病 須自斂飭 勿被外累侵亂爲佳"라는 구절이 있다.

77 嘲戲太過……恐亦不可也 :《농암집農巖集》〈답도이答道以〉에 "嘲戲太過 恐非德人之事 此病痛 恐亦不小也 如何如何"라는 구절이 있다.

78 旅館孤寂……未知能勉之否 :《명재유고明齋遺稿》〈여서제졸與庶弟拙〉에 "旅館孤寂 唯看書 可以免其苦 未知能勉之否"라는 구절이 있다.

79 便爾放倒……人誰信之 :《명재유고明齋遺稿》〈여자행교與子行敎〉에 "況便爾放倒 與雜客下流 狎昵戲謔 評論女色 此是何等坑塹 何等羞辱 而忍自棄身於其間耶 如此而自謂清潔而不汚 人誰信之"라는 구절이 있다.

80 得失有命……須斂遠守分可也 :《명재유고明齋遺稿》〈여서제졸與庶弟拙〉에 "得失有命 雖親戚熱門 不可曳裾也 須斂遠守分可也"라는 구절이 있다.

니다.[交遊不如守靜 淸談不如讀書]⁸¹ ○영감께서 사물을 대할 때 지나치게 고집하여 대처함이 없지 않을 것이니, 일에 따라 반우反隅⁸²하여 약간의 변통을 더한다면 실로 흠이 없을 것입니다.[令於應物之際 不無過執之處 隨事反隅 略加通變 則實爲無欠矣] ○소문이 반드시 확실한 것도 아닌데 이렇게 단정해서 말하신 것은 무슨 까닭입니까? 근후謹厚한 도리가 전혀 아니니 반성하는 것이 어떻습니까?[所聞未必的 而質言如此何耶 殊非謹厚之道 反省如何]⁸³ ○길흉이나 금기를 다 믿기 어렵고, 또 그 말이 길흉화복을 선악에 귀결시키지도 못하니, 매우 두려워할 만합니다.[吉凶拘忌 不可盡信 又其言使禍福殃慶 不歸於善惡 甚可懼也]⁸⁴ ○비난과 욕을 듣는다는 것은 명성을 한층 더 증가시킬 일인지도 모르지 않겠습니까?[詬辱之來 亦安知令聞之增一倍也]⁸⁵ ○이런 일 또한 모두 그대 뜻대로 경솔히 행동하고 전후를 돌아보지 않은 것이니 흠이 됩니다.[此等事 亦皆任情輕着 不顧前後可欠]⁸⁶ ○마음을 다해 우둔한 저의 의혹을 상세히 풀어 주시기를 간절

---

81 交遊不如守靜 淸談不如讀書 : 《기언별집기언별집》〈답이생구答李生絿〉에 "交遊不如守靜 淸談不如讀書"라는 구절이 있다.

82 반우 : 모퉁이를 반증하다는 뜻으로, 하나의 사실을 바탕으로 나머지를 유추하여 아는 것을 이른다. 《논어論語》〈술이述而〉에 "한 모퉁이를 들어 일러 주었는데 세 모퉁이를 반증하여 알지 못하면 더 이상 말해 주지 않는다.[擧一隅 不以三隅反 則不復也]"라는 구절에서 유래하였다.

83 所聞未必的……反省如何 : 《명재유고明齋遺稿》〈답삼종자대교答三從子大敎〉에 "所聞未必的 而質言如此何耶 殊非謹厚之道 反省如何"라는 구절이 있다.

84 吉凶拘忌……甚可懼也 : 《기언별집기언별집》〈여윤좌랑휴희중與尹佐郞鑴希仲〉에 "吉凶拘忌 難可盡信 又其言使禍福殃慶 不歸於善惡 甚可懼也"라는 구절이 있다.

85 詬辱之來 亦安知令聞之增一倍也 : 《기언별집기언별집》〈답조응교위봉答趙應敎威鳳〉에 "詬辱之來 亦安知令聞之增一倍也"라는 구절이 있다.

86 此等事……不顧前後可欠 : 《명재유고明齋遺稿》〈여자행교與子行敎〉에 "汝之此等事 亦皆任情輕着 不顧前後可欠"이라는 구절이 있다.

히 바랍니다.[極意消詳 以解鈍澁之惑 千萬至祝][87] ○바삐 마감할 필요가 없으니 차분히 처리하도록 하십시오.[不須乘忙了當 從容爲之可也][88] ○모쪼록 마무리를 잘 짓기 바랍니다.[須善終是望][89] ○이 또한 잘 헤아리도록 하십시오.[亦善思之可也][90] ○아드님이 편지를 보내 위로가 되었는데, 병이 들어 답장을 보내지 못해 부끄러웠습니다. 글씨는 뛰어난데 문장이 발전하지 않으니 모쪼록 부지런히 공부하도록 하는 것이 어떻습니까? 어린 동학자들이 벗이 되어 함께 생활하는 것이 가장 이익이 됩니다.[令胤有書慰荷 而病未作答爲媿 筆則勝 而文不進 須令勤讀如何 有年少同學者 得友同處 最爲益矣]

▶익히 강론해 왔는데 외람되이 동료들의 끝에 있지만 감히 스스로 모르는척할 수 없어 소략하나마 저의 얕은 견해를 말씀드리니, 참람됨을 용서하시고 채택하여 주실 수 있는지요.[竊想講度之已熟 而忝在僚末 不敢自外 略貢賤見 倘荷恕僭而俯採否] ○이미 소회가 있어 또다시 함부로 여쭈니 더욱 송구합니다.[旣有所懷 又復妄稟 架增惶悚] ○구구한 저의 정성은 자못 스스로 편안하지가 않아 부득이 간략하게나마 진심을 드러내었습니다.[區區賤悃 殊不自安 不得不略暴情實] ○편지를 통해 함부로 말씀드렸으니, 제 마음을 헤아려 주실 수 있는지요.[臨書漫貢 可諒此心否]

---

87 極意消詳……千萬至祝:《율곡선생전서栗谷先生全書》〈답성호원答成浩原〉에 "極意消詳 以解鈍澁之惑 千萬至祝"이라는 구절이 있다.

88 不須乘忙了當 從容爲之可也:《명재유고明齋遺稿》〈여자행교與子行教〉에 "不須乘忙了當 從容爲之可也"라는 구절이 있다.

89 須善終是望:《기언별집記言別集》〈여윤판서희중與尹判書希仲〉에 "須善終是望"이라는 구절이 있다.

90 亦善思之可也:《기언별집記言別集》〈여이생택與李生澤〉에 "亦善思之可也"라는 구절이 있다.

{답장[答]}

▶편지를 보내 반복하면서 절실하게 알리시니, 비루하게 여기지 않으신 은혜에 진실로 감사합니다.[竊承來示反覆丁寧 良感不鄙之惠] ○경계하고 권면하시는 말씀을 어찌 감히 허심탄회하게 받아들이지 않겠습니까?[戒勗之辭 敢不虛受]91 ○별지에서 하신 말씀은 지당하십니다.[別紙所教 至當至當] ○책유責諭92를 보내왔지만 감히 불민하다는 핑계로 사양하였습니다.[責諭之來 敢辭不敏] ○마침 가르쳐 주신 말씀을 듣고 마음에 감사하였습니다.[適承誨諭 有感於心] ○모某 학설은 서로의 견해가 맞아 인정해 주시는 뜻이 있으니 매우 다행입니다.[某說 庶有契許之意 良幸]93 ○글 쓴 사람의 뜻을 헤아려 잘 이끌어 주시기를 천만 바랍니다.[加以逆志之恕 千萬開示]94 ○쇠약하고 병들어 쓸쓸히 지내고 있으니 더욱 후회가 날로 쌓여갑니다. 당신의 말씀은 자못 실제와 걸맞지 않으니 부끄러워 땀이 납니다.[衰病索居 尤悔日積 盛諭 殊不副實 媿汗媿汗] ○칭송이 너무 과해서 이 늙은이가 감당할 수 있는 것이 아닙니다. 사람을 너무 과도하게 평가한 것이 아니십니까? 이는 우리 벗에게 바라던 바가 아닙니다.[稱道太過 非此老所可堪往者 無乃知人過誤耶 非所望於吾友]95 ○물어주

---

91 戒勗之辭 敢不虛受 : 《율곡선생전서栗谷先生全書》〈답송운장答宋雲長〉에 "戒勗之辭 敢不虛受"라는 구절이 있다.

92 책유 : 임금이 신하의 잘못을 문책하여 내리는 글을 말하지만, 여기서는 임금이 신하에게 내리는 글을 이른다.

93 某說……良幸 : 《명재유고明齋遺稿》〈여김재해숙함與金載海叔涵〉에 "前書所諭氣質之性之說 庶有契許之意 良幸良幸"이라는 구절이 있다.

94 加以逆志之恕 千萬開示 : 《율곡선생전서栗谷先生全書》〈답성호원答成浩原〉에 "伏惟加以逆志之恕 千萬開示"라는 구절이 있다.

95 稱道太過……非所望於吾友 : 《기언별집記言別集》〈여조생감與趙生瑊〉에 "但稱道太過 非

권5   521

신 두 조항은 경솔히 답변하여 보내드리니 아울러 가르쳐 주기 바랍니다.[所詢二條 率爾報去 竝希斥教][96] ○ 모某 같은 사람은 방법이 없어 남에게 가르침을 받을 겨를도 없는데, 어찌 남을 가르칠 수 있겠습니까?[如某無方 且受教於人之不暇 豈有可以教人者乎]

청취류淸趣類[97]

▶날씨가 매우 좋은데 어떻게 소일하시는지요?[日氣甚好 何以消遣耶] ○ 사립문이 대낮에도 닫혔는데, 다만 재잘대는 새들만 벗을 찾고 있습니다.[板扉晝掩 只有鳴禽求友] ○ 산중에 일이 없어 한가하게 세월을 보내고 있으니, 이는 모두 성상의 교화가 아닌 것이 없습니다.[山居無事 日月閒暇 無非聖化][98] ○ 시냇가엔 꽃이 만발하고 푸른 물은 긴 모래톱에 흐르며 수양버들이 강기슭을 덮고 보리 싹이 들판에 가득하다고 하니, 무엇보다 듣기에 즐거웠습니다.[溪花盛開 綠水長沙 柳晴登岸 麥苗滿野 此最樂聞][99] ○ 비 온 뒤의 강원江園 소식은 사람으로 하여금 기쁘게 하였습니다.[雨後 江園消息 令人發喜][100] ○ 금수정金水亭에서 하는 《주역周易》 공부

此老所堪任者 無乃知人過誤耶 非所望於吾友"라는 구절이 있다.

96 所詢二條……竝希斥教: 《농암집農巖集》〈답이현익答李顯益〉에 "所詢二條 率爾報去 並希斥教"라는 구절이 있다.

97 청취류: '청취'는 맑고 깨끗한 흥취를 이른다.

98 山居無事……無非聖化: 《기언별집記言別集》〈답한장령은중징答韓掌令㒪仲澄〉에 "山居無事 日月閑暇 無非聖化"라는 구절이 있다.

99 溪花盛開……此最樂聞: 《기언별집記言別集》〈남계사복楠溪謝復〉에 "溪花盛開 綠水長沙 柳暗登岸 麥苗滿野 此最樂聞"이라는 구절이 있다.

가 즐겁다는 소식은 또 어찌나 제 마음을 흐뭇하게 했는지 모르겠습니다.[水亭翫易之樂 又何發人好意思耶]101 ○ 시냇가의 돌 하나 나무 한 그루도 모두 즐기고 감상할 만하니, 땅에서 얻을 수 있는 즐거움을 온통 다 누리고 있기에 부러운 마음이 더욱 큽니다. 도대체 얼마나 많은 복을 닦았기에 이렇게 좋은 곳을 얻었단 말입니까? 산사람이 이곳을 지나가다가 또 새 서찰을 전해 주었는데, 편지 내용을 보니 더욱 신선 세상의 일과 같습니다.[溪上一石一木 皆可娛玩 都是得地中所樂 令人慕羨益多 修幾多厚福而得此耶 山人過此 又傳新札 尤如仙境事]102 ○ 며칠 동안 틀어박혀 지내느라 더욱 인사를 살피지도 못하고 있습니다. 백운산의 가을 경치도 모두 꿈에서나 상상할 뿐입니다.[閉門累日 益無人事 白雲秋景 都付夢想]103 ○ 강가에서 학을 기르며 지내는 한가로운 생활은 삼공三公이 부러워하면서도 바꿀 수 없는 것입니다.[江上養鶴閒居 三公之所羨慕不得換]104 ○ 원림園林에 이미 가을 기운이 돌고 밤낮으로 날씨가 청명하여 병을 잊게 합니다.[秋氣已入園林 日夕淸氣 足以忘疾]105 ○ 무성한 숲에 매미 소리

---

100 雨後……令人發喜:《기언별집기記言別集》〈여이생진무무경與李生晉茂茂卿〉에 "雨後 江園消息 令人發喜"라는 구절이 있다.

101 水亭翫易之樂 又何發人好意思耶:《농암집農巖集》〈여자익경명與子益敬明〉에 "水亭玩易之樂 又何發人好意思耶"라는 구절이 있다.

102 溪上一石一木……尤如仙境事:《기언별집기記言別集》〈여이생진무무경與李生晉茂茂卿〉에 "溪上一石一木 皆可娛玩 都是得地中所樂 令人慕羨益多 修幾多厚福而得此耶 山人過此 又傳新札 尤如仙境事"라는 구절이 있다.

103 閉門累日……都付夢想:《기언별집기記言別集》〈여송진사석호與宋進士錫祜〉에 "閉門累月 益無人事 白雲秋景 徒付夢想"이라는 구절이 있다.

104 江上養鶴閒居 三公之所羨慕不得換:《기언별집기記言別集》〈여이생진무무경與李生晉茂茂卿〉에 "江上養鶴閒居 三公之所羨慕不得換"이라는 구절이 있다.

105 秋氣已入園林……足以忘疾:《기언별집기記言別集》〈여허정중옥與許珽仲玉〉에 "秋氣已入園林 日夕淸氣 足以忘病"이라는 구절이 있다.

와 골짜기 물소리가 어우러지니 선화당宣化堂에서 이보다 더 아름다운 것이 있는지 모르겠습니다.[林木翳如 蟬聲與澗響相雜 未知宣化堂中 亦有此勝否] ○잔설 덮인 성근 울타리에 날마다 흥취가 있음을 느끼니 매우 다행입니다.[殘雪疎籬 日覺有趣味 殊幸]

▶강가에 얼음이 녹아 여울머리에서 배를 출발한다고 하니, 이것은 새봄의 좋은 소식이지만 축지술로 서로 만나 음풍농월吟風弄月의 흥취를 함께할 길 없으니 한스럽습니다.[江上冰消 灘頭出舟 此新春好消息 恨無由縮地相會 以共吟風弄月之趣也]¹⁰⁶ ○호숫가 정자의 아름다운 경치는 상상만 하여도 어느새 정신이 달려가는데, 더구나 날마다 굽어보고 배를 타는 즐거움이야 어떻겠습니까? 그 어찌 그림처럼 아름다운 경치 속의 신선과 다르겠습니까?[湖亭之勝 想來輒覺神往 況日有臨泛之樂 此何異活畫中仙人耶]¹⁰⁷ ○계곡의 꽃이 아름다움을 다투고 재잘대는 새가 벗을 찾으니, 이때 한결같이 당신을 그리워하는 마음이 오가지 않은 적이 없었습니다.[溪花爭姸 鳴禽求友 此時一念 未嘗不憧憧往來於左右也] ○계곡 가에서 일없이 지내고 있지만, 나날이 따뜻해지는 양지쪽 언덕, 흐르는 냇물, 시내의 이끼가 모두 흥취를 일으킬 만하니, 이런 때 더욱 친구가 그리워집니다.[溪居無事 陽阿日暖 澗波溪茗 皆可以發興 此尤故人思想處也]¹⁰⁸ ○맡은 직무도 없이 가까이 와서 즐기는 강가 정자의 한적한 정취는 절로 예

---

106 江上冰消……以共吟風弄月之趣也 : 《기언별집記言別集》〈답이생진무答李生晉茂〉에 "江上氷消 灘頭出舟 此新春好消息"이라는 구절과, 《명재유고明齋遺稿》〈답라현도答羅顯道〉에 "恨無由縮地相從 以共吟風弄月之趣也"라는 구절이 있다.

107 湖亭之勝……此何異活畫中仙人耶 : 《농암집農巖集》〈답이동보答李同甫〉에 "湖亭之勝 想來輒覺神往 況日有臨汎之樂 此何異活畫中仙人耶"라는 구절이 있다.

108 溪居無事……此尤故人思想處也 : 《기언별집記言別集》〈답권생성중答權生聖中〉에 "深居無事 陽阿日暖 澗波溪苔 皆可以發興 此尤故人思想處也"라는 구절이 있다.

나 다름없는지요? 강 빛이 배나 광채가 날 것이라 생각하니 그리운 마음 그지없습니다.[無職事之來逼 而江榭閑趣 依舊自有否 江光可想一倍生色 爲之馳情不已] ○비가 충분히 내렸으니 전원에서 기뻐하는 마음을 상상할 수 있습니다. 게다가 비가 갠 뒤 강가 정자의 경치는 그림같을 것이기에 더더욱 그리운 마음 지극합니다.[雨足 田園之喜可想 而況江亭霽景如畫圖 益用傾溯之至]¹⁰⁹ ○비가 오고 나서 샘의 물줄기는 필시 장쾌한 소리를 내며 흐르니 집도 배나 맑고 상쾌하리라 생각합니다. 그렇지만 가서 모실 방법이 없으니, 이것이 한스럽습니다. 그러나 어찌하겠습니까?[雨過泉脈 必壯聽流 軒想亦一倍淸爽 而無緣往陪杖屨 此恨如何] ○앉아서 보면 못물은 호수 같고 호숫물은 바다와 같을 것이라 생각합니다. 이때 당신을 모시고 크게 읊조리며 물결을 찾는 시구절을 얻지 못하는 것이 한스러울 뿐입니다.[塘水坐看如湖 湖水可想如海 此時恨不得陪杖屨高吟尋瀾之句耳] ○중양절을 기다리지도 않고 황금빛 국화가 벌써 활짝 피어 매번 범영배泛英盃¹¹⁰를 들 때마다 어찌 일찍이 고고한 풍모를 그리워하지 않겠습니까?[不待重陽 黃花已滿開 每擧泛英之盃 何嘗不懷仰高風也] ○오늘은 중양절인데 동쪽 울타리¹¹¹ 국화의 빛깔은 과연 어떠합니까?[今日是重陽 東籬物色果更如何] ○눈이 쌓여 날씨가 춥고 북두성은 기울어가는데, 이런 기이한 광경을 마음 맞는 사람과 함께 하지 못하는 것이 한스럽습니다.[積雪崢嶸 星斗闌干 自是奇境 而恨不與會心人共之] ○고요한 가운데 즐거운 취미

---

109 雨足……益用傾溯之至:《기언별집기언별집記言別集》〈여이생진무무경與李生晉茂茂卿〉에 "雨足 田園之喜可想 而況江亭霽景如畫圖 益用傾遡之至"라는 구절이 있다.

110 범영배: 술에 국화를 띄워 중양절에 마시는 술잔을 이른다.

111 동쪽 울타리: 원문은 '東籬'. 도잠陶潛의 〈음주飮酒〉에 "동쪽 울 밑에서 국화를 따고, 유연히 남산을 바라보네.[採菊東籬下 悠然見南山]"라는 구절이 있다.

가 있음을 알게 되어, 마치 가까이서 모시는 듯 기쁘고 위안되는 마음 이루 형언할 수 없습니다.[備諳靜中樂趣 有如親侍几席 其爲欣慰 不容名喩]112 ○호수와 산을 가까이할 생각이 점점 어긋나니, 이 또한 조물주의 장난입니까?[湖山接隣之計 漸至差池 是亦造物兒之戲耶] ○호숫가의 경물을 말씀하시니 참으로 사람의 심사를 울적하게 합니다. 저는 언제 마땅히 좋은 풍광을 얻어 옛 마을에서 밭 두 이랑을 차지하고 다시 골짜기 시냇물과 소나무 소리가 들리는 곳에서 형들과 소요하겠습니까? 세상의 일이 많은 것이 생각대로 되지 않으니 길게 탄식합니다.[湖上景物之示 實令人懷事作惡 何日當得好風 謀占二頃於舊里 復與兄輩逍遙於澗水松聲之間耶 世上事多不如意 是可長歎]

유상류遊賞類113

▶산과 바다를 유람할 계획으로 몸이 한적하여 매인 것이 없으리라 생각하니, 사람을 감탄하고 부럽게 합니다.[海山遊賞之計 可想身事閑適 無有惹絆 令人歎羨]114 ○변방의 산천과 백성들이 풍습을 한 번 보고 나면 젊은 시절에 천하를 유람해 보지 못한 한스러움에 위로가 될 것입니다.[邊塞山川 人民謠俗 一遭歷覽 尙可以慰少年壯心耶]115 ○향악香岳으로 가시

---

112 備諳靜中樂趣……不容名喩:《농암집農巖集》〈상백부上伯父〉에 "備諳靜中樂趣 有如親侍几席 其爲欣慰 不容言喩"라는 구절이 있다.

113 유상류: '유상'은 유람하며 감상함을 이르다.

114 海山遊賞之計……令人歎羨:《명재유고明齋遺稿》〈답라현도答羅顯道〉에 "海山遊賞之計 可想身事閑適 無有惹絆 令人歎羨"이라는 구절이 있다.

는 유람은 날짜에 변동은 없으신지요? 저는 가을 농사로 몸을 빼서 갈 수 없으니, 세상일과 신선의 인연이 참으로 멀군요.[香岳之游 果無進退否 顧以秋務 不克抽出 塵事與僊緣 信乎其遠絶耶] ○ 봄에 산과 바다를 구경하면서 드디어 한 번 풍악산楓嶽山에 올라서 동쪽으로 큰 바다에 임하고 북쪽으로 총석정叢石亭에서부터 남쪽으로 죽서루竹西樓까지 갔습니다. 그러다가 홍수에 길이 막혀 여름을 영월寧越에서 보낸 다음, 얼마 전에는 또 배를 타고 강을 따라 내려오면서 북벽北壁과 구담龜潭, 도담島潭을 하나하나 구경하고 곧바로 한벽루寒碧樓 아래에 이르러 배를 놔두고 서쪽으로 돌아왔습니다. 무릇 구경한 곳들은 모두 지난번에 집사執事께서 두루 다녔던 곳들입니다. 아름다운 곳에 이를 때마다 고상한 풍모를 생각하며, 좀 더 머물러 저의 주인 노릇을 하지 못하신 것이 한스러웠습니다.[春間 作山海之遊 得以一登楓嶽 東臨大海 北自叢石 南至竹西 仍爲暑雨所阻 過夏於越中 昨又乘船順流 歷探北壁龜島 直至寒碧樓下 捨舟西歸 凡所游歷 皆從者之周旋處也 每到佳處 未嘗不奉懷高風 而追恨其不少留 以作我主人也]116 ○ 어제는 백운산白雲山에 들어가 종일토록 있다가 돌아왔는데, 답답함을 상당히 해소할 수 있었습니다.[昨入白雲 盡日而歸 頗得舒暢幽鬱 某友同游 必能道其詳也]117 ○ 그제 산으로 들어가 여러 아름다운 단풍을 구경하였는

---

115 邊塞山川……尙可以慰少年壯心耶 : 《농암집農巖集》〈여조성경與趙成卿〉에 "邊塞山川 人民謠俗 一遭歷覽 尙可以慰少年壯心耳"라는 구절이 있다.

116 春間……以作我主人也 : 《명재유고明齋遺稿》〈여박참지與朴參知〉에 "拯春間 被仲父委招 使從山海之遊 遂得以一登楓嶽 東臨大海 北自叢石 南至竹西 仍爲暑雨所阻 過夏於越中 昨又乘舡順流 歷探北壁龜島 直至寒碧樓下 捨舟西歸 凡所遊歷 皆向來從者之周旋處也 每到佳處 未嘗不奉懷高風 而追恨其不少留 以作我主人也"라는 구절이 있다.

117 昨入白雲……必能道其詳也 : 《농암집農巖集》〈답이동보答李同甫〉에 "昨入白雲 盡日而歸 頗得舒暢幽鬱 徐郞同游 必能道其詳也"라는 구절이 있다.

데, 비록 때가 늦었지만 진면목은 사랑스러웠습니다. 다만 여정이 바빠 두루 돌아보지 못하고 돌아왔으니 이것이 아쉽습니다.[再昨入山 領略諸勝楓葉 雖晩眞面可愛 但行色怱遽 不能遍踏而歸 是可恨也] ○ 바다와 산의 특별한 유람에 다행히 뒤를 따르다가 작별하고 집으로 돌아왔으니 제 마음이 서운합니다.[海嶽奇游 幸躡後塵 拜辭以還 下懷冲悵] ○ 한 번 배를 타고 와서 덕봉德峯의 운수사雲水寺로 들어가니, 겹겹이 쌓였던 온갖 번뇌가 모두 말끔히 사라지는 것을 느끼겠습니다. 우리가 돌아가면 얼굴과 수염으로 반드시 증명될 것입니다.[一綽跳來 仍入德峯之雲水寺 千撓百惱 便覺消去 待吾歸 顔色鬚髮 須有以驗之] ○ 산에 들어가 나흘 동안 비가 내리는 바람에 발이 묶여 있다가 막 날이 개어 지금 마하연摩訶衍에 도착하였습니다. 저녁에 유점사楡店寺에 투숙하였는데, 형께서 심부름꾼을 주전廚傳[118]으로 보내 주시어 일행들이 무사할 수 있었으니 은혜가 참으로 큽니다. 감사함을 말로 할 수 없습니다.[入山四日滯雨 正陽今到摩訶 夕投楡店 蒙兄耑送廚傳 一行得以無事 受賜誠大矣 感荷不可言] ○ 형께서 돌보아주신 덕분에 산과 바다의 아름다운 경치를 찾아다닐 수 있었습니다. 이는 참으로 평생의 숙원이었는데 마음과 눈이 모두 트이는 것 같습니다.[賴兄眷顧 得以冥搜山海奇勝 此實平生宿願 頓覺心眼俱豁] ○ 산과 바다 벼랑에 유명한 분들이 남긴 글들을 많이 보고 저보다 먼저 이곳에 도착한

---

118 주전 : 나그네에게 숙식과 말이나 수레를 제공하는 곳을 이른다. 《한서漢書》〈왕망전王莽傳 중中〉에 "관리와 백성이 출입할 때 포전을 가지고 다니면서 관문을 출입할 때의 신표에 부응하였는데 그것을 가지고 다니지 않은 자에게는 주전에 머물지 못하도록 하였고 관문과 나루에는 가혹하게 심문하여 억류하였다.[吏民出入 持布錢以副符傳 不持者 廚傳勿舍 關津苛留]"라는 구절에 대한 안사고顔師古의 주석에 "주廚는 길을 다닐 때 음식을 먹는 곳이다. 전傳은 역에 두는 집이다.[廚 行道飮食處 傳 置驛之舍也]"라고 하였다.

것을 상상할 수 있었습니다. 당신의 뒤를 따를 수 있어서 매우 다행스러웠습니다.[山海巖壁之間 多見盛名之留題 可想先我着鞭 深幸追躡後塵耳] ○혹시라도 총석정에서 돌아가는 여정이 바쁘지 않았다면 감히 말씀드리지 않았겠습니까?[倘於叢石歸路 行色不遽 則敢不迤造耶] ○종 두 명을 빌려주어 길잡이로 삼게 하시니 매우 감사하였습니다.[二奴 荷此勤借 賴以指路 多謝] ○바다와 산의 봄 유람은 끝없이 변화하여 지금까지 여한이 없습니다. 하늘이 흰 구름과 단풍으로 단장한 별천지의 경치로 집사에게 베풀어 주니 부럽기 그지없습니다.[海岳春遊 未窮奇變 至今有餘恨 天以白雲紅樹粧點別景 厚餉執事 仰羨無已] ○명승지를 얼핏 스쳐 지나가고서 함부로 품평하였으니, 강산江山에게 비웃음을 당하지 않겠습니까?[瞥過名區 輕肆雌黃 得不爲江山之所笑耶]¹¹⁹ ○유람하는 방법은 마음에 흡족한 것이 으뜸이지, 기록의 유무가 무슨 손익이 되겠습니까?[游觀之法 會心爲上 記述有無 曷足損益哉] ○운대雲臺의 유람을 회상하니 마치 장박망張博望¹²⁰이 새로 은하수를 다가 돌아와서 스스로 자랑하는 마음을 가지는 것과 같습니다. 지금 한산도閑山島에 달이 떴다는 당신의 편지를 받고 저도 모르게 망연자실하였습니다. 지금부터는 촉석루矗石樓와 부석사浮石寺의 유람이 끝이 없을 것인데, 다만 땅벌레¹²¹의 탄식만 있을 뿐입

---

119 瞥過名區……得不爲江山之所笑耶: 《명재유고明齋遺稿》〈여라중보與羅仲輔〉에 "瞥過名區 輕肆雌黃 得不爲江山之所笑耶"라는 구절이 있다.

120 장박망: '박망'은 한나라 때 박망후博望侯에 봉해진 장건張騫을 이른다. 한나라 무제武帝가 장건에게 대하大夏에 사신으로 가서 황하黃河의 근원을 찾게 하였는데, 장건이 뗏목을 타고 가 은하수에 도착하여 견우牽牛와 직녀織女를 만났다고 한다.

121 땅벌레: 원문은 '壤虫'. 상대와 현격하게 차이가 나는 것을 이른다. 《회남자淮南子》〈도응훈道應訓〉에 "나를 부자에 비교하자면 마치 하늘 높이 나는 고니와 땅벌레와의 차이와 같아서 나는 종일토록 가도 지척의 거리를 떠나지 못하면서도 스스로 빠르다고 여기니, 어찌

니다.[回想雲臺勝覽 如張博望 新從星漢歸 持以自詑 今承閑山島泛月之敎 不覺憫然自失 自此蠹樓浮石 領略無窮 則秪有壞虫之歎耳] ○가을 기운이 점차 서늘해지면 필마匹馬로 찾아가 뵙고 아울러 산수의 경치를 감상하며 무한한 회포를 펼 수 있을런지요?[待秋氣漸涼 可以匹馬從游 兼賞山水之趣 可展無限所懷]¹²² ○따라가 단풍을 만끽하며 봉래산 가을빛을 감상하고 싶지만 세속인연에는 마장이 많으니, 어떻게 기필이야 하겠습니까?[欲趁楓葉之酣 一賞蓬萊秋色 而俗緣多魔 何可必也] ○만약 내년 봄에 꽃피고 날씨 따뜻해지면 거슬러 올라가는 유람을 하려고 하니, 혹시라도 청심대清心臺와 신륵사神勒寺 사이에서 만날 수 있을 것인데 이 또한 어떻게 미리 기약할 수 있겠습니까?[若待明春花暖時節 一作上流之行 或可以淸心神勒之間 而亦何可預期也]¹²³

청요류請邀類¹²⁴

▶둘째 아들의 관례冠禮를 이번 달 모일某日에 치르려고 합니다. 홀기笏記¹²⁵에 대하여 자세히 아는 사람을 찾기가 어려웠습니다. 그런데 형

슬프지 않겠는가.[吾比夫子 猶黃鵠與壤蟲也 終日行不離咫尺 而自以爲速 豈不悲哉]"라는 구절에서 유래하였다.

122 待秋氣漸涼……可展無限所懷 : 《기언별집記言別集》〈여송진사석호與宋進士錫祜〉에 "待秋氣漸涼 可以匹馬從遊 兼賞山水之趣 可展無限所懷"라는 구절이 있다.

123 若待明春花暖時節……而亦何可預期也 : 《식암선생유고息庵先生遺稿》〈답송간이상서단하서答松磵李尙書端夏書〉에 "若待明春和暖時節 一作上游之行 或可握手於淸心神勒之間 而亦何可預期耶"라는 구절이 있다.

124 청요류 : '청요'는 상대를 초청하여 맞이하는 것을 이른다.

125 홀기 : 의식의 진행 순서를 기록한 글을 이른다.

께서 정본을 베껴 두셨다는 말을 들었는데 빌려주시는 것이 어떻습니까? 그날 다른 손님이 없으니 아드님을 데리고 왕림하시는 것이 어떻습니까?[仲兒冠禮 欲行於今某日 而笏記之詳備者 甚難得 聞兄所謄留精本 幸借示之如何 其日無他客 幸攜令允 賁臨如何] ○내일 아들의 초례醮禮를 치를 것입니다. 초청한 사람은 몇 명의 친구인데 이들은 모두 오랜 명망있는 사람들입니다. 형께서는 부디 다른 핑계를 대지 마시고 일찍 새문 밖 누추한 저의 집에 왕림하시고 아울러 작별의 회포를 펴는 것이 어떻습니까?[明日 將行豚兒醮禮 所速者 若干親舊 而皆有故望 兄千萬休托 早臨于新門外陋止 兼作敍別之懷 如何] ○선친의 연시延諡[126]가 이번 달 모일某日에 있습니다. 혹시라도 왕림하여 손님들의 자리를 더욱 영광스럽게 하신다면 감사함이 어떠하겠습니까? 기대하고 있겠습니다.[先人延諡 在今某日 倘蒙賁然臨枉 俾客筵增榮 則何感如之 竊爲之凝企] ○오늘은 온 나라가 함께 경사스러워하는 날입니다. 식희飾喜[127] 유람은 다시 말씀드리지 않아도 대감께서는 반드시 오실 것이라 생각합니다.[今日 卽擧國同慶之日也 飾喜之游 想不待更提 而台必來會矣] ○정월 보름의 다리밟기는 대개 재액을 소멸한다는 뜻에서 나왔습니다. 그날은 달빛이 매우 좋고 의금부[金吾]에서 통금을 해제하니, 모쪼록 모우某友와 함께 왕림하여 사통팔달 길에서 태평스러운 상황을 맘껏 구경하시는 것이 어떻습니까?[上元踏橋 蓋出消厄

---

126 연시 : 시호諡號를 받들고 나온 선시관宣諡官을 그 본가에서 시호 받는 이의 신주神主를 모시고 나와 의식을 행하고 맞아들여 시호를 수령하는 일을 말한다.

127 식희 : 부모의 경사에 잔치를 베푸는 것을 이르는데, 여기서는 궁중의 경사로운 일을 이른다. 《예기禮記》〈악기樂記〉에 "음악은 선왕이 기쁨을 드러내는 방법이었으며, 군대와 부월은 선왕이 노여움을 드러내는 방법이었다.[夫樂者 先王之所以飾喜也 軍旅鈇鉞者 先王所以飾怒也]"라는 구절이 있다.

之義 而月色甚好 金吾弛禁 須與某友 攜手惠臨 縱觀康衢太平之像 如何] ○따뜻한 봄 기운이 펼쳐져 온갖 꽃들이 아름답게 피는 이때 방수訪隨의 행차[128]를 늦출 수 없습니다. 이미 모인某人과 남쪽 기슭에서 만나기로 약속하고 승경을 구경할 도구를 간략하게 갖추어 두었으니, 형께서는 모쪼록 밥을 먹고 나서 왕림하시는 것이 어떻습니까?[和煦舒長 百花暄姸 此時訪隨之行 有不可緩 已與某人 約會於南麓 而略辦濟勝之具 兄須飯後來臨 如何] ○오늘은 날씨가 더욱 화창하고 뜰에 심어 둔 꽃이 또 꽃망울을 터뜨리려고 하는 이때 어찌 약속을 저버릴 수 있겠습니까? 아마도 어젯밤 잠깐의 만남으로 책임을 때워서는 안될 것입니다. 일찍이 왕림하여 종일토록 이야깃거리로 삼으시고 또 맛있는 안주 한 그릇을 가지고 오시는 것이 어떻습니까?[今日 尤覺暄暢 庭畔新植 又欲綻紅 此時何可孤也 恐不可以昨夜霎時之會 塞責而止 早卽惠臨 以爲終日打話之地 亦具一器佳肴而來 如何] ○정월 대보름 높은 곳에 오르는 것을 세속에서는 '좋은 밤놀이'라고 하니, 휘황찬란한 불의 성[火城]을 보는 것도 장관입니다. 나란히 걸으며 배회하던 끝에 소당小堂으로 돌아와 술자리를 마련하고 도란도란 이야기를 나누는 것이 어떠합니까?[燈夕登高 俗稱良夜之遊 而煌煌火城 亦固壯觀 聯步徜徉之餘 歸到小堂 設酌款話 以爲如何] ○이것은 바로 모우某友의 편지입니다. 우산牛山에서의 활쏘기 놀이는 매우 좋았습니다. 당신의 병이 조금 좋아지면 발걸음을 옮겨 온종일 소나무 그늘, 계곡 물소리가 들리는 사이에서 회포를 푸는 것도, 어찌 하나의 아름다운 일이 아니겠습니

---

128 방수의 행차 : 꽃을 찾고 버들을 따라 구경한다는 뜻으로, 봄철 나들이를 이른다. 송나라 정명도程明道의 〈춘일우성春日偶成〉에 "엷은 구름에 살랑 바람 부는 정오 무렵, 꽃 찾아 버들 따라 앞 시내를 왔노라.[雲淡風經近午天 訪花隨柳過前川]"라는 구절에서 유래하였다.

까?[此乃某友書也 牛山射帿之遊 甚好甚好 美痾稍瘥 可能移屧 得以終日暢懷於松陰澗響之間 則亦豈非一段勝事耶] ○한동안 내리던 비가 막 개니 짙은 그늘에서 서늘한 기운이 생겨납니다. 가서 탕춘대蕩春臺의 수석을 구경하고 이어 탁영濯纓[129]할 계획을 세워 놓고 있으니, 형께서는 만사를 제쳐두고 함께 가시는 것이 어떻습니까?[積雨初霽 繁陰生涼 欲往觀春臺泉石 仍爲濯纓之計 兄須掃萬 偕往如何] ○내일 만약 날이 개면 수레를 출발할 것입니다. 당신께서 만약 건강하시면 검호劒湖에서 낚시할 도구를 챙겨 두고 기다리실런지요?[明若開霽 當發軔前進 尊若快健 則可能於劒湖理釣具以待否] ○물길을 거슬러 올라가는 놀이는 굳이 장대할 필요가 없으니 필요 없는 물건들은 없애고, 다만 어부 한 사람과 배 한 척만 있으면 가능합니다.[泝流之遊 不必張大 痛刪虛具 只帶一漁一艇可也] ○중구일重九日 약속은 늦게 들은 것이 괴롭고 한스럽습니다. 모든 일은 원래 꺼리는 것이 마음에 있으니 모쪼록 가벼이 발설하여 마장을 부르지 마십시오.[重九之約 苦恨其遲 而萬事從來忌有心 亦不須輕泄以招魔也] ○동쪽 울타리의 국화빛은 비가 오고 나서 더욱 아름다우니, 밥을 먹은 후 왕림하여 하늘이 내린 많은 복에 부응하시는 것이 어떻습니까?[東籬物色 經雨益佳 飯後卽來臨 以副天餉之厚 如何] ○오늘은 중양절重陽節입니다. 국화를 띄운 술잔을 들고 북쪽 성을 두루 답사하면 단풍을 감상하는 늙은이의 흥취가 참으로 얕지 않을 것입니다. 이번 행차에 족하가 없어서는 안되니, 세속의 자질구레한 일에서 벗어나 함께 할 수 있을지요?[今日 是重陽也 將把泛菊

---

129 탁영 : 《맹자孟子》〈이루離婁 상上〉에 "공자가 '얘들아, 들어 보거라. 물이 맑으면 갓끈을 빨고 흐리면 발을 씻으니, 스스로 취하는 것이다.'라고 하였다.[孔子曰 小子聽之 淸斯濯纓 濁斯濯足矣 自取之也]"라고 하였다.

之盃 踏遍北城 紅葉老興 固自不淺 而此行 不可無足下 可能擺脫俗冗而與之偕耶] ○찬 서리가 비로소 내리고 단풍이 사랑스러운데, 마침 맛있는 술 한 병을 얻었으니 와서 함께 마실 수 있는지요?[寒霜初落 紅葉可愛 適得一壺佳醞 可來共酌否] ○쌓일 만큼 내리던 눈도 이제 막 개고 달이 떠오르는데, 왕림하시려면 오늘 밤을 저버리지 마십시오.[積雪 初開霽 月方升 旣肯惠然 則今夜 不可孤矣] ○새로 담은 술이 비로소 익었으니 마땅히 달맞이 술을 함께 마셔야 할 것입니다. 당신의 병도 이미 나았는데, 어찌 왕림하시지 않는지요?[新釀初熟 宜共邀月之盃 美疢旣霍然 何不惠然俯臨耶] ○술 익고 달 밝은데 집안의 종들이 모두 친구가 당연히 올 것임을 알고 갑자기 바쁘게 오가니, 오늘 저녁에 다시 뵙지 않겠습니까?[酒熟月明 家僮 皆知故人之當來 率爾倏然之來往 不復見於今夕耶] ○오늘 사찰로 가는 행차도 청정한 일이라 흥취가 날아갈 듯할 것입니다. 드릴 것이 있으니 잠시 들리는 것이 어떻습니까?[今日 蕭寺之行 亦是淸事 想興致翩翩也 有奉贈者 暫爲歷入如何] ○간절히 뵙고 의논드릴 일이 있습니다. 형을 위해 쑥국을 끓이고 저녁밥을 차려 놓을 것이니, 핑계를 대지 마시고 곧바로 와서 따뜻한 밥을 드시고 함께 자는 것이 어떻습니까? 걸상을 쓸어 놓고[130] 기다릴 뿐입니다.[切有面議事 且爲兄煑艾羹 設夕飯 幸望無托 卽來以爲溫飽聯枕之地 如何 方掃榻以企耳] ○즉일 상의할 것이 있는데, 꼭 얼굴을 뵙지 않으면 안되니 잠시 왕림하시는 것이 어떻습니까?[卽有仰商者 而非面不可 幸暫臨如何] ○당신을 오도록 하시는 것[131]이 매우 편치 않다는 것을 알지

---

130 걸상을……놓고 : 손님을 맞이하려고 걸상을 청소하는 것이다. 송나라 육유陸游의 〈기제서재숙수동장寄題徐載叔秀才東庄〉에 "남대의 중승은 걸상을 쓸고서 만나고, 북문의 학사는 신발을 거꾸로 신고서 마중한다.[南臺中丞掃榻見 北門學士倒屣迎]"라고 하였다.

만 형과 저 사이에 어찌 불만이라 생각할 것이 있습니까?[極知坐屈之爲不安 而兄我間 豈以爲嫌耶] ○ 요사이 한 번 찾아와주시는 것도 어찌 아끼십니까? 긴요히 말씀드릴 것이 있으니 즉시 왕림해주십시오.[近日 何靳一枉 卽有緊緊可聞者 卽爲惠臨也] ○ 일전에 왕림하시려던 뜻이 있었지만, 기대를 저버리고 미리 막아 지금까지 서운하였습니다. 오늘 만약 일없이 한가하시면 혹시라도 오실 수 있는지요? 만약 타고 오실 것이 없다면 저의 말을 보내겠습니다.[日前 欲枉之意 孤負迎擊 至今悵歎 今日如無事閒養 或可肯顧否 如無所騎 鄙騶當牽送矣] ○ 이곳 누각의 경관이 비록 광란루廣寒樓와 수당睡堂의 승경에는 미치지는 못하지만 이곳도 자못 적으나마 아름다운 경치가 있으니, 어찌 형과 손을 맞잡고 함께 그 사이에 기대어 술 마시고 시를 읊조리며 풍악산楓嶽山의 옛 유람을 잇지 않겠습니까? 무심히 홀로 누대에 오르니 서운한 마음 배나 간절합니다. 조속히 한번 왕림하시어 아름다운 모임을 가지는 것이 어떻습니까?[此地樓觀 雖不及寒樓睡堂之勝絶 亦頗薄有佳致 安得與兄攜手 同憑觴詠於其間 以續楓岳舊遊耶 無心獨上 悵迕倍切 從速一枉 以做佳會 如何] ○ 날이 따뜻하고 바람이 온화하면 압록강 가 누대는 올라서 구경하기 딱 좋습니다. 또 보름 사이에 공적인 일로 영하營下에 갈 일이 있으니, 집사께서는 이 모임에 오시지 않으시겠습니까? 우리들이 관외關外에서 만나는 것 또한 결함이 있는 사바세계에서 얻기 어려운 일이니, 모쪼록 속히 도모하시기를 빕니다.[日暖風和 浿上樓臺 政合登覽 且望間因公 有營下之行 執事未可趁此一會否 吾輩關外相會 亦缺界難得之事 幸須亟圖之]

---

131 당신을……것 : 원문은 '坐屈'. 자신이 방문하지 않고 상대방을 오게 하는 것을 이른다.

{답장[答]}

▶아드님의 관례에 초대해 주셨지만 감히 나아가지 못하겠습니다. 어제 저녁부터 갑자기 감기 기운이 있는데, 비를 무릅쓰고 출입하다가 괴로움이 더할까 걱정이라 말석에 참석할 수 없으니 매우 탄식스럽습니다.[令胤冠禮 獲被盛速 敢不進赴 而昨夕以來 猝患暑感 冒雨出入 恐致添苦 不得趨參末席 極用瞻歎] ○ 부모님을 모시고¹³² 수연壽宴을 연다고 하셨는데, 생일을 맞이하여 정성을 다해 봉양하는 지극한 마음으로 지극함을 다하시니, 두 손 모아 경하드리는 마음을 어떻게 이기겠습니까? 연이어 심부름꾼을 통해 부르시니 내일 마땅히 찾아뵙겠습니다.[喜懼之日 壽席將設 忠養至情 靡不用極 其爲攢慶 尤何可勝 連荷伻速 明當進拜耳]¹³³ ○ 말씀하신 뜻은 삼가 다 알겠지만 제가 중복重服을 입고 있는 처지라 친구의 경사스러운 자리에도 모두 나아가지 않았습니다. 이는 성대한 잔치와는 차이가 있어 이를 통해 회포를 풀 수 있을 듯하니, 어찌 다행스럽지 않겠습니까? 다만 동료가 간절히 당직의 순서를 바꾸어줄 것을 청하니, 만약 제가 입직하지 않는다면 마땅히 찾아뵙겠습니다.[敎意謹悉 以身有重服之故 親舊設慶之處 皆不得往赴 而此則似與盛宴有異 因此爲敍 豈不爲幸 但同僚 方苦請替直 若不入直 則當委進以拜] ○ 모일某日 제사가 있는 상황이라 성대한 예식에 참석하기 어려울 듯하니, 한탄스러움이 어떠하겠습니까?[某日有忌 故勢難進參於盛禮 恨歎如何] ○ 삼가 들으니 오늘 수연壽宴 잔치

---

132 부모님을 모시고 : 원문은 '喜懼之日'. 《논어論語》〈이인里仁〉에 "부모의 연세는 알지 않으면 안 되니, 한편으로는 기쁘고 한편으로는 두렵다.[父母之年 不可不知也 一則以喜 一則以懼]"라는 구절에서 유래하였다.

133 喜懼之日……明當進拜耳 : 《명재유고明齋遺稿》〈답라현도答羅顯道〉에 "喜懼之日 忠養至情 誠無所不用其極 其爲攢慶 尤何可勝"이라는 구절이 있다.

를 뒤늦게 거행한다고 하시니 축하드리고 부럽습니다. 부모님을 진심으로 모신 나머지 그 마음을 남의 노인에게까지 미치셨습니다. 뜻은 지극하고 물건도 아름다우니 진귀함이 어찌 끝이 있겠습니까? 내일 저녁 모임에 감히 나아가지않겠습니까?[伏聞今日追擧壽酌 爲之慶豔 乃蒙以忠養之餘 及人之老 意至物嘉 珍戢曷已 明夕之會 敢不往赴耶] ○당신께서 초청하시니 감히 즐겁게 받아들이지 않겠습니까? 곧바로 서둘러 나아가겠습니다.[辱速 敢不樂聞 卽當翼如矣] ○내일 일은 화목하게 한데 어우러질 것이라 생각합니다. 한스럽게도 제가 굳게 칩거하고 있어 직접 찾아갈 방법이 없어 당신의 뜻을 저버리게 되었으니, 부끄럽고 탄식스러움이 어떠하겠습니까?[明日之事 湛樂融洽可想 恨此牢蟄 無由致身 孤負盛意 媿歎奈何] ○초청을 받은 즉시 달려 나아가야 했지만 마침 공무가 있어 그러질 못해 지금까지 서운하였습니다. 이후 병으로 골몰하여 아직도 답장을 드리지 못해 탄식스러움이 더욱 깊습니다.[辱招宜卽赴 而適有公冗 未果 至今恨仰 其後又汨病憂 闕焉無報謝 茹歎尤深] ○꽃을 구경하러 가자던 약속은 제가 병이 있어 이미 그때를 놓쳐 지금까지 서운하였습니다. 지금 꽃이 얼마 남지 않았지만 아직 다 시들지는 않았으니, 다시 서둘러 도모하는 것이 어떻습니까?[看花之約 緣弟有病 旣失其時 至今恨歎 迨此殘紅未謝 更爲亟謀之如何] ○봄놀이 모임[134]에 저도 모르게 정신을 몰두하였습니다. 마침 제가 좌제坐齋[135]가 있어서 부름에 달려갈 수 없으니 매우

---

134 봄놀이 모임 : 원문은 '浴沂'. '기수에서 목욕하다'는 말로, 봄놀이를 이른다. 《논어論語》〈선진先進〉에 "공자의 제자 증점曾點이 "늦은 봄에 봄옷이 만들어지면 관을 쓴 벗 대여섯 명과 아이들 대여섯 명을 데리고 기수에 가서 목욕을 하고 기우제 드리는 곳에서 바람을 쏘인 뒤에 노래하며 돌아오겠습니다.[暮春者 春服旣成 冠者五六人 童子六七人 浴乎沂 風乎舞雩 詠而歸]"라는 구절에서 유래하였다.

135 좌제 : '제사 전날'을 이르는 말로, 몸을 정갈히 하게 위해 재계하는 것을 이른다.

서운합니다.[浴沂之會 不覺神往 而適此坐齋 無以赴召 甚恨甚恨] ○탁영濯纓의 행차는 가려운 곳을 긁어 주는 것과 같다고 할 만합니다. 새로 빚은 술이 많지 않고 다만 한 병이 있으니 이렇게 먼저 보내드립니다. 취한 늙은이의 뜻이 술에 있지는 않지만, 비록 술이 없다고 하더라도 무슨 방해가 되겠습니까? 모우某友가 마침 자리에 있으니 당장 데리고 가겠습니다.[濯纓之行 可謂如癢得搔 新釀不多 止有一壺子 故玆先送之 而醉翁之意 不在酒 則雖無酒 亦何妨耶 某友 適在座 卽當拉去耳] ○강에 물고기를 잡으러 가신다는 말씀을 듣고 정신이 놀랐습니다. 늙은 두보杜甫가 매우 궁핍한데도 오히려 미파渼陂의 유람[136]을 그만두지 않았는데, 연하烟霞를 병적으로 좋아하는 저를 돌아보면 어찌 남보다 뒤질리가 있겠습니까?[承有江獵之敎 聞來神聳 老杜窮甚 猶不廢渼陂之游 顧此癖於烟霞者 豈有落後之理] ○16일 날 호수에 배를 띄우는 놀이에 저도 모르게 기쁨의 눈썹이 먼저 치솟았습니다. 고삐를 나란히 하고 나아가 경치를 구경할 도구를 잘 마련하는 것이 어떻습니까? 퉁소도 가져가야 할 듯합니다.[旣望 泛湖之遊 不覺喜眉先聳 當與某友 聯鑣出去 濟勝之具 善爲料理如何 一簫 恐不可已也] ○황금빛 국화를 마주하고 백주白酒를 기울이는 이때 감기가 아직 낫지 않아 모임 약속을 저버렸으니 한탄스러움이 어떠하겠습니까?[對黃傾白 正當其時 而感嗽未解 尙此孤負一會 恨歎當如何] ○이틀 동안 큰 눈이 내려 산 응달에는 눈이 줄어들지 않았습니다. 추위가 겁나 칩거하고 있어서 흥취를 타고 멀리 방문할 수 없으니, 참으로 부끄럽습니다.[兩日大雪 不減山

---

136 늙은……유람: '미파渼陂'는 섬서성陝西省 호현鄠縣 서쪽에 있는 물 이름으로, 일찍이 두보는 잠삼岑參의 형제와 함께 이 물에서 놀았다. 그리하여 "잠삼의 형제 모두 기이한 것을 좋아하여 나를 초청해서 멀리 와 미파에 놀았네.[岑參兄弟皆好奇 邀我遠來遊渼陂]"라는 시를 지었다.

陰 而畏寒蟄伏 無以乘興遠訪 良可媿也]

▶어제의 모임을 이루지 못해 밤새 배나 간절히 그리웠었는데, 즉일 방문하신다는 말씀을 받고 매우 위안되었습니다. 하릴없이 무료하게 지내고 있으니, 어찌 다른 일이 있겠습니까?[不成昨日之會 倍切終宵之戀 卽荷見訪之示 甚慰甚慰 端居無聊 豈有他冗耶] ○ 찾아오신다는[137] 뜻이 참으로 이른바 제가 요청하려던 말이었습니다. 손님이 오신다고 하니 기쁨이 어떠하겠습니까?[見訪之意 眞所謂正欲請言 聞客至者也 何喜如之] ○ 어제 편지를 받고 탄복하지 않은 곳이 없었으니, 직접 온화하게 웃는 모습을 마주하는 것과 무엇이 달랐겠습니까? 더구나 삼백三白[138]의 진솔한 벗들의 모임이 목전에 있으니, 기쁨이 어떠하겠습니까?[昨日惠覆 無非絶倒處 何異親接色笑也 況承三白眞率之會 卽在目前 其喜如何] ○ 때마다 베풀어지는 작은 모임에 어찌 태평스러움의 두려움에 이르겠습니까? 지난밤 문을 열었더니 짙은 구름이 말렸다 펴졌다 하고 달빛은 구름을 뚫고 비쳤으며, 텅 빈 뜰에는 인적도 없고 두 그루 오동나무는 그림자가 교차하는데 일어나 못 언덕을 걷고 싶었지만 함께 갈 사람이 없어 한참을 슬퍼하다가 돌아와 문을 닫았습니다. 이곳의 경계에 와서 반드시 발걸음을 옮기는 수고를 꺼리지 않을 것이라 생각합니다.[時時小集 何至有太

---

137 찾아오신다는 : 원문은 '見訪'. 상대가 찾아오는 것을 높여 이르는 말이다. '견과見過'·'견임見臨'이라고도 한다.

138 삼백 : 송나라 주반朱弁의 《곡유구문曲洧舊聞》에 "소식蘇軾이 일찍이 유반劉攽과 얘기하면서 '내가 동생과 과거 공부를 할 때 날마다 삼백을 먹었는데, 매우 맛이 좋아서 세상에 팔진미八珍味가 있다는 말을 믿지 않았다.'라고 하였다. 유반이 삼백이 무엇이냐고 묻자, '한 줌의 소금과 한 접시의 무김치와 한 그릇의 밥이 곧 삼백이다.'라고 하였다.[東坡嘗與劉貢父言 某與舍弟習制科時 日享三白 食之甚美 不復信世間有八珍也 貢父問三白 答曰 一撮鹽 一楪蘿蔔 一盌飯 乃三白也]"라고 하였다.

康之懼耶 去夜推戶 而視重雲卷舒 月光穿漏 庭虛無人 雙梧交影 欲起行池岸 無與共之者 怊悵良久 還自掩戶 想來此間境界 必不憚移屣之勞也] ○오늘 저녁의 모임에 비가 마장이 되니 탄식스럽습니다. 해가 저물고 서풍이 조금 일어나니 짙은 그늘이 말려 올라가고 진흙이 마르지 않을 것이라는 것을 어찌 알겠습니까?[今夕之會 雨爲之魔可歎 而晚後西風微起 安知不重陰之捲 而塗泥之乾耶]

차여류借與類[139]

▶모책某冊을 보내드리니 혼자서 보시고 다른 사람에게 빌려주지 않는 것이 어떻습니까?[某冊送呈 獨覽勿轉借如何] ○두 책을 삼가 돌려 드립니다. 이 아래 두 책도 빌려주시기를 희망합니다.[二冊 謹此奉完 此下二冊 亦望許借] ○보내온 책자는 자세히 보고 나서 돌려보낼 생각이니, 우선은 여기에 놓아두겠습니다.[送來冊子 俟細觀奉報 姑留之耳][140] ○보내시는 책이 빠르건 늦건 무슨 관계가 있겠습니까?[來冊 早晚何關耶] ○모책某冊에 정신을 몰두해서 보고 있는데 이해하기 전에 어려움이 있어 잠깐 놔두고 있었습니다. 그런데 '빌려간다[借]'는 한 글자만 써놓고 도리어 가져 가시니 어찌하겠습니까?[某冊 方耽看 講熟之前 有難暫捨 借之一字 還爲持去 如何] ○모책某冊을 보고 나서 돌려드립니다.[某本奉玩還納] ○모책

---

139 차여류 : '차여'는 물건을 빌려주는 것을 이른다.

140 送來冊子……姑留之耳 :《농암집農巖集》〈여이현익與李顯益〉에 "送來冊子 俟細觀奉報 姑留之耳"라는 구절이 있다.

某冊은 삼가 받았습니다. 정력이 미치는 바와 돌보아주시는 염려가 미치는 것이 일반적이지 않으니 감사합니다.[某冊伏受 精力所及 眷念所曁 不敢爲尋常 謝感語] ○ 모책某冊을 멀리서 보내시니, 손님을 수응하느라 바쁜 상황이라는 것을 아는데, 생각이 어찌 여기에까지 미쳤습니까? 비단 한 질의 좋은 문자가 서재를 빛나게 하였을 뿐 아니라 간절히 돌보아주시는 마음이 평범함에 그치지 않으니 감사할 따름입니다.[某冊 蒙此遠貽 固知酬應紛如 而何能念及於此耶 不但一帙好文字 得賁書廚 亦認勤眷 非止爲尋常 感謝而已] ○ 모책某冊은 오래전에 인출해도 된다는 허락을 받았는데, 가부의 말씀이 없으니 답답합니다. 공명이 사람을 취하게 하는 것은 참으로 이상한 일도 아닌데, 어찌 이렇게까지 서로 홀대하신단 말입니까?[某冊 印惠之諾久 無皁白可菀 功名之醉人 固非異事 而何相忽之至此耶] ○ 서울 소식은 막연하여 듣지 못하였는데 이렇게 편지를 보내시니, 덕분에 답답한 마음이 풀렸습니다. 받은 은혜가 많아 삼가 이렇게 구해드립니다.[洛奇漠未聞知 荷此諸紙之投示 賴以破菀 受賜多矣 謹此覓上] ○ 조지朝紙와 차자箚剌와 방안榜眼을 이렇게 보내시니 새로운 소식 아닌 것이 없어 얻어 보고는 오랫동안 답답한 끝에 귀먹은 사람의 청력을 열어주었으니, 얼마나 다행스럽던지요. 모두 돌려드립니다. 전에 보내온 것도 삼가 받았습니다.[朝紙政箚榜眼 荷此尚示 無非新消息 得之於久菀之餘 賴以破聾 何幸何幸 幷謹此還上 前來者 亦謹受耳] ○ 보내온 조보를 보고나서 돌려드리니 이후에도 이어서 보여 주시는 것이 어떻습니까?[來紙覽還 此後 亦望續示 如何] ○ 모某 물건은 참으로 오랫동안 빌려주시는 은혜를 입었습니다.[某物 誠荷久假之惠] ○ 모某 물건에 관해 잊고 있었던 것은 아닙니다. 시골에서 온 것이 있지만 아직 제 손에 들어오지 않았습니다. 요컨대 이달 안으로 보내드릴 것이니 우선 기다려주시는 것이 어떻습니까?[某物 非忘之也 方有自鄕來者 而未及入手 要之 此月內 可以奉完 幸姑俟之 如何] ○모某 물건은 시일을 끌다가 이 지경까지 이르렀습니다. 이 어찌 처음에 생각이나 했겠습니까? 비록 다시 말씀이 없지만 도모하고 있으니, 수일 후면 마땅히 답변드릴 수 있을 것입니다.[某物 遷就至此 此豈始料所及 雖無提敎 方極圖之 數日後 當有以奉報也]

수한류水旱類[141]

▶20일 동안 해가 뜨거워 온갖 곡식들이 마르는 병에 걸려 민망함을 말로 하겠습니까?[兩旬熱陽 百穀 無不受病渴 悶不可言] ○두 달에 걸쳐 가뭄이 극심해 사람의 머리가 다 희어져 갑니다.[跨朔亢旱 欲令人白盡頭髮] ○비가 올듯하다가[142] 다시 햇볕이 쨍쨍합니다.[143][若將祈祈 旋復杲杲][144] ○산골 농사의 재앙은 가뭄이 홍수보다 심하다고 하였습니다. 편지를 보내고 나서 만약 큰비가 온다면 거의 큰 흉년을 면할 수 있는지요? 형께서는 안정되어 복된 기운을 가지신 분인데, 굶주림을 구제하는 데

---

141 수한류 : '수한'은 홍수와 가뭄을 이르는 말이다.

142 비가 올듯하다가 : 원문은 '祈祈'. 《시경詩經》〈소아小雅 대전大田〉에 "뭉게뭉게 구름이 일어 천천히 비가 내리네.[有渰萋萋 興雨祈祈]"라고 하였다.

143 햇볕이 쨍쨍합니다 : 원문은 '杲杲'. 《시경詩經》〈위풍衛風 백혜伯兮〉에 "비가 올까 비가 올까 했는데 드높이 해가 솟았네.[其雨其雨 杲杲出日]"라고 하였다.

144 若將祈祈 旋復杲杲 : 《열암문집悅菴文集》〈용연사기우제문龍淵寺祈雨祭文〉에 "若將祈祈 旋卽杲杲"라는 구절이 있다.

노심초사하는 염려가 있으신지요?[峽農之災 旱勝於水 書後若能大雨 則庶幾 免大凶耶 兄是安靜 有福氣者 豈有飢飢勞心之慮耶] ○가뭄 끝에 비 내리는 계절을 만났으니 비록 때가 많이 늦었지만, 눈앞에는 식물의 푸른색으로 가득하여 아무것도 자라지 않던 때 보다 조금은 낫습니다. 하지만 추수를 할 수 있을런지는 장담하지 못하겠습니다.[旱餘得雨節 雖過晚 而滿目青色 差勝於赤地時 未知果能有秋否 秋熱而霜晚 則猶庶幾矣 此則在天 令人祝望]¹⁴⁵ ○새벽부터 비가 올듯하더니 먼저 가랑비가 내립니다. 세차게 비가 퍼부어 주기를 바랄 뿐입니다.[自曉有雨意 先以霢霂 沛然注下 顒祝顒祝] ○큰비가 비로소 내려 농가의 바람은 시원스럽게 만족시켜 주었지만, 또 너무 많이 내릴까 걱정입니다.[大雨始降 農望則快滿 而又恐其太過也]¹⁴⁶ ○지금에야 비가 내려 하룻밤 사이에 농부들의 마음을 충분히 위로할 만큼 흡족하니 공사간에 매우 다행이기는 한데, 또 너무 많이 내릴까 두렵습니다.[今始雨下 一夜之間 慰滿三農 公私大幸 而但恐又極備耳]¹⁴⁷ ○지금 다행히 비가 내려 모든 곡식이 깨어나 곡식을 먹을 것을 기대할 수 있었습니다. 그런데 어제부터 동풍이 연이어 불고 찬비가 그치지 않습니다. 이 또한 농가에서 크게 꺼리는 것이니 걱정을 이기지 못하겠습니다.[今幸得此滂霈 百穀發惺 可期食實 而昨日以來 東風連起 冷雨不止 此又農家大忌 不勝憂悶] ○비바람에 약간의 상처를 입어 안타까움을 이기지 못하

---

145 旱餘得雨節……令人祝望 : 《명재유고明齋遺稿》〈여백문옥與白文玉〉에 "旱餘得雨 節雖過晚 而滿目青色 差勝於赤地時 未知果能有秋否 秋熱而霜晚 則猶庶幾矣 此則在天 令人祝望"이라는 구절이 있다.

146 大雨始降……而又恐其太過也 : 《명재유고明齋遺稿》〈여재종제집중與再從弟執中〉에 "大雨始降 農望則快滿 而又恐其或過也"라는 구절이 있다.

147 今始雨下……而但恐又極備耳 : 《명재유고明齋遺稿》〈여박사원與朴士元〉에 "今始雨下 一夜之間 慰滿三農 公私大幸 而但恐又極備耳"라는 구절이 있다.

겠습니다. 그러나 이 또한 풍년에는 해가 되지 않을 것입니다.[風雨之 如干致傷 可勝咄咄 而亦不害爲大登] ○동풍이 목면에 재앙이 되니 참으로 걱정입니다. 요사이 날씨가 또 골라서 작년처럼 전부 잃어버릴 리는 없으니, 모쪼록 지나치게 걱정하지 마십시오.[東風爲災木綿事 誠可悶 而近日 日氣又調順 萬無如昨年全失之理 須勿過慮也] ○극비극무極備極無¹⁴⁸가 서로 재앙을 일으키니, 공사간에 걱정을 어찌 말로 하겠습니까?[極備極無 迭相 爲災 公私憂悶 如何可言耳]

겸황류歉荒類¹⁴⁹

▶한 도의 농사가 비록 진휼을 의논할 근심은 없지만, 그렇다고 풍년이라고 말할 수는 없습니다. 태수께서는 크게 마음 쓰이는 부분은 있지 않으신지요?[一路民事 雖無議賑之憂 猶不可謂豊年 太守不至有大關心耶] ○보리 농사가 생각에서 어긋나고 돌림병이 더욱 치성을 부리니 크든 작든 하여 차이가 있지 않습니다. 때때로 스스로 생각해 보면 끝내 편하게 벼슬을 그만두는 것¹⁵⁰이 나으니, 집사께서 이를 보시면 동병상련同病

---

148 극비극무 : '극비極備'는 우雨·양暘·욱燠·한寒·풍風 다섯 가지 기상 현상 중에 한 가지만 너무 갖추어진 것에서 유래하여 홍수를 뜻하고, '극무極無'는 다섯 가지 기상 현상 중에 한 가지만 너무 없는 것에서 유래하여 가뭄을 뜻한다. 《서경書經》〈주서周書 홍범洪範〉에 "서징庶徵은 비가 옴, 볕이 남, 더움, 추움, 바람이 붐, 때로 함이니, 다섯 가지가 와서 갖추어지되 각각 그 절후에 맞으면 여러 풀들도 번성할 것이다. 한 가지가 지극히 구비되어도 흉하며, 한 가지가 지극히 없어도 흉하다.[庶徵 曰雨 曰暘 曰燠 曰寒 曰風 曰時 五者來備 各以其敍 庶草蕃廡 一極備凶 一極無凶]"라는 구절에서 유래하였다.
149 겸황류 : '겸황'은 작황이 나쁜 흉년을 이른다.

相憐의 마음이 있을 것입니다.[麥農違料 癘氣益熾 爲民之憂 不以大小而有間 時自思惟 終不如家食之爲便 想執事覽此 而有同病之憐也] ○한 도의 백성들 근심과 농사는 어떻습니까? 돌림병이 아직도 사라지지 않아 마침내 앞으로 끝없는 근심이 있을 것이니 어찌하겠습니까?[一路民憂農形 果如何 時氣 尙未息歇 終有來頭無限之慮 奈何] ○보리농사는 끝내 처음 생각했던 것에서 어긋났으니 참으로 탄식스럽습니다. 목하의 가을 농사에 대해 모두 대풍을 바라고 있으니, 이후로 다른 재해가 없기만을 기대합니다. 영감의 생각도 이와 같을 것입니다.[麥事之終違始料 誠可歎惜 而目下秋農 擧有大登之望 此後無他災 惟是企祝 令心想 亦如此矣] ○보리농사가 흉년인 이유는 이미 첩사牒辭를 통해서 다 알았습니다. 처음에는 해충의 피해를 보고 끝에는 비로 손상을 입어 낫을 걸어두어야 하는 데가 많아 그곳에 거처할 수 없습니다. 조금 나은 곳도 전혀 곡식이 열매를 맺지 못하고 있어 비록 큰 흉작[151]이라고 하더라도 맞는 말입니다.[麥事 判歉之由 已悉於牒辭 而始被蟊傷 終爲雨損 多有掛鎌 不得處其中 稍勝者 亦全不成實 雖謂之大無 可也] ○장마 끝에 오랜 가뭄이 이와 같은데 도내의 농사는 어떻습니까? 관동지방은 농작물이 물에 잠기고 말라 죽으니, 큰 흉년을 피하지 못할 듯하여 매우 걱정입니다.[長霖之餘 久旱如此 道內農形 果如何 關東則浸於水 傷於枯 恐不免失稔 大是悶事] ○지난번 바람으로 인한 피해는 갑작스럽게 오랜 가뭄 끝에 있던 일이라 농사에 피해가 많은데, 귀도는 과연 이러

---

150 벼슬을……것 : 나라에서 맡은 직책이 없어서 봉록을 받지 않고 집에서 한가히 거처하는 것을 말한다. 《주역周易》대축괘大畜卦(䷙) 단전象傳에 "집에서 먹지 않게 되면 길하다.[不家食吉]"라고 하였다.

151 큰 흉작 : 원문은 '大無'. '다 없다'는 뜻으로 흉년을 이른다.

한 피해가 없는지 모르겠습니다.[向來風災 忽在久旱之餘 穡事多被傷損 未知貴道 果無此患否] ○도내 농사가 풍년이 들어가는 것은 모두 복성福星[152]이 비추어서 그러한 것인데, 양쪽 연안의 보리농사가 흉년이 들어 다소 신경이 쓰이실 듯합니다. 원래 정해진 수 외의 추가 분량을 과연 여러 도의 관례대로 지급하는 분량에 따라 마땅히 더 요청하셨는지요?[道內農形之向登 儘是福星所照 而兩沿麥荒 似費多少關念 定數外加分 果依諸道例量 宜加請否] ○언뜻 들으니 해변의 논은 낫을 대어 벨 만한 곡식이 전혀 없다고 하던데, 관할 구역[筒內] 백성들의 집들은 혹 흩어지는 폐단은 면하였는지요? 과연 그렇다면 농사에 반드시 전혀 근심을 잊을 수 없으니 걱정입니다.[似聞海邊水畓 全不掛鎌 筒內民戶 或不免流散之弊 果然則民事 必不能全然忘憂 奉念] ○흉년든 백성들의 근심으로 기쁜 표정을 지을 수 없겠지요?[荒歲民憂 能不上眉耶] ○흉년의 공무로 더욱 바쁘시리라 생각하는데 어떻게 스스로 위로하시는지요?[歉歲簽捧 想益紛汨 何以排遣] ○농사가 완전히 망쳐진 참혹함이 이곳보다 심하다고 하니, 온 경내의 굶주린 백성을 어떻게 구제하여 살릴런지요?[赤地之慘 聞有甚於此中 滿境飢餓之民 何以濟活耶][153] ○이미 한 고을에 대한 책임을 받은 이상 마땅히 구제할 방도를 생각해야 하는데, 어떤 계책을 내야 할지 모르겠습니다.[旣受一邑之責 當思所以救濟之道 未知何以爲計][154] ○진휼의 근심이 비록 깊지만 다만

---

152 복성: 원래는 목성木星이 세성歲星으로서 복을 주관한다고 하여 목성의 대칭으로 쓰였는데, 뒤에는 한 지역에 행복과 희망을 가져다주는 훌륭한 지방관이란 뜻으로 전용되었다. 자세한 내용은 100쪽 역주 212를 참조하기 바란다.
153 赤地之慘……何以濟活耶:《명재유고明齋遺稿》〈여재종제천종與再從弟天縱〉에 "第其處赤地之慘 有甚於此中云 滿境饑餓之民 何以濟活耶"라는 구절이 있다.
154 旣受一邑之責……未知何以爲計:《명재유고明齋遺稿》〈여재종제천종與再從弟天縱〉에 "然旣受一邑之責 當思所以救濟之道 未知何以爲計"라는 구절이 있다.

천천히 대응하고 조급하게 서두르지 말아야 절로 실마리를 찾을 수 있을 것입니다.[賑憂雖深 只思徐徐應之 毋躁擾 自可就緖爾] ○해변에 작년의 수재가 가볍지 않았는데, 봄이 되어 곤궁한 근심을 없는지요?[海邊 昨年水災非細 春來 能無顚連之患否] ○주부자朱夫子께서 절동浙東 지방에 굶주림으로 떠도는 사람들이 발생하자 단거單車를 타고 출발하였으니, 어찌 후학들의 지남指南[155]이 아니겠습니까?[朱夫子 以浙東游飢 單車就道 豈非後學之指南耶] ○도내의 6~7개의 연안 고을이 비록 재해를 입었다고는 하지만 본읍이 가장 더해 자못 을해년과 임오년의 흉년보다 심하여 참으로 당황스러우니, 어찌할 지를 모르겠습니다. 앞으로 진휼하는 여러 일들은 오로지 집사의 주선만을 믿겠습니다.[道內 六七沿邑 雖曰被災 惟本邑爲最 殆有甚於乙亥壬午之歉荒 誠罔措 前頭賙賑凡事 專恃執事周章] ○진휼하는 일이 이미 반이 지났을 것인데, 백성들은 죽음에 이르지 않고 곡식은 부족한 근심은 없는지요?[賑事 想已過半 民不至死亡 而穀物無不足之患否] ○큰 흉년에 백성을 구휼하는 정사로 매우 노심초사하여 왕께서 포상하시는 것이 정중하고 총애하여 내리신 물건이 많으니, 영광스럽고 감사한 끝에 보답할 근심으로 필시 잠을 이루지 못하실 것이라 생각하니 걱정입니다.[大歉 賙救之政 想極焦勞 而恩褒鄭重 寵賚便繁 榮感之餘 報答之憂 必當無寐 爲之奉念] ○흉년에 공도회公都會[156]가 고을에 끼치는 폐가 적지 않습니다. 또 선비들을 위로하는 데도 아무런 관계가 없으니, 어

---

155 지남 : 항상 남쪽으로 가리킨다는 뜻으로 지금의 나침반이다. 가르쳐서 인도함을 이른다.

156 공도회 : 각 도道의 감사監司 및 개성開城·강화江華의 유수留守 등이 관내의 유생을 대상으로 시행하는 소과小科 초시初試인데, 여기에 합격한 자에게는 다음 해의 소과 복시覆試에 응시할 자격을 주었다.

찌 물러가게 할 것을 요청하지 않으십니까? 이미 사례가 있을 듯하니 즉시 장계를 올려 주청하는 것이 어떻습니까?[歉歲 公都會之爲弊民邑 極不少 且無關於慰悅多士 何不請退行耶 似亦有已例 卽爲狀請如何] ○ 관서지방에 흉년이 든 것이 해를 이어 발생하니 매우 처참합니다. 어떻게 보살펴 한 지방 백성들을 구제하는지요? 잠시도 걱정이 잊히지 않습니다.[西土饑荒 連歲孔慘 其何以經紀 以濟一方生靈也 憂虞不暫忘也] ○ 한 도의 흉년과 전염병으로 우환이 매우 심한데 관찰사의 책무는 더욱 각 읍의 수령보다 클 것이라 생각하니 걱정이 적지 않습니다.[一路 災荒癘疫 憂患孔棘 想按道之責 尤大於各邑 貢溯不淺] ○ 도내에 농사가 크게 흉년이 들었다는 소식을 들었는데, 어떻게 경영하시면서 한 지방의 바람에 부응하시는지 모르겠습니다.[承道內 農形大無 不識何以經營 以副一方之望也] ○ 임기가 찼는데도 돌아가지 못하고 있고, 또 크게 구휼을 맡고 있으니 걱정이 그치지 않습니다. 다만 중한 임무를 맡아 오직 마땅히 자신의 임무를 다할 뿐이니 어찌하겠습니까?[瓜至未歸 又當大賑 獻念無已 第受重寄 惟當盡吾分而已 奈何]

촉탁류囑托類[157]

{사람을 보내다[送人]}

▶모인某人이 좌하座下께 말씀드릴 것이 있다고 지금 갔으니, 그를 맞이하여 특별히 베풀어 주시는 것이 어떻습니까? 이는 일을 요청하려는 것이 아니니 모쪼록 싫은 눈빛으로 보지 말아주시기 바랍니다.[某人 有

---

157 촉탁류 : '촉탁'은 '일을 부탁함'을 이른다.

所言於座下 今此委進 幸邀接另施 如何 此非甚干請事 須勿厭看也] ○이번에 가는 백족白足¹⁵⁸은 종승宗僧이니 모쪼록 불러서 만나보시기 바랍니다.[此去 白足 卽宗僧 望須招見賜顏] ○모인某人은 평소 저와 매우 친한 사이이고, 또 모우某友와도 매우 긴밀한 사이입니다. 본목本牧에 일이 있어서 지금 가니 곧바로 사람을 보내 안부를 묻고 살갑게 만나주시고 모든 일에 곡진히 은혜를 베풀어 주시는 것이 어떻습니까?[某人 素所親切間 而且於某友甚緊 有事本牧 今方進去 幸卽伻問 延見款遇 隨事曲施 如何] ○모인某人은 문하에서 친하고 사랑스러운 사람입니다. 당신이 다스리는 치하에 밭이 있어서 농사를 살피기 위해 내려가서 작황을 답사하려고 합니다. 모쪼록 관청의 힘에 의지하여 편지를 전한 뒤에 불러서 만나보고 그가 간곡히 바라는 대로 베풀어 주시는 것이 어떻습니까?[某人 門下親愛者也 有田土於治下 爲看秋下往 而且欲踏驗 須賴官力傳書後 招見賜顏 隨其所懇許施之如何] ○한 말씀 얻어서 일을 완성하려고 하니, 인정이 어찌 그렇지 않겠습니까? 그가 말하는대로 전례를 따르지 말고 특별히 베풀어 주시기를 지극히 바랍니다.[要得一言 以完其事 人情 安得不然 幸隨其所告拔例 另施至仰] ○모인某人은 친족으로 서로 아끼는 사이입니다. 유람을 위하여 지금 황해도와 평안도 지방으로 갔으니, 그를 불러 살갑게 대하여 저의 체면을 세워주시는 것이 어떻습니까? 일이 매우 어렵지 않은 것이라 감히 이렇게 말씀드립니다.[某人 卽親族相愛間 爲遊覽 方往西關 幸望招見款接 以爲生色如何 事極非難 敢此煩浼] ○궤안 사이에 이 벗을 불러¹⁵⁹ 그의

---

158 백족 : 세속의 더러움에 오염되지 않은 청정한 수도승修道僧을 이른다. 위魏나라의 승려 담시曇始는 발이 얼굴보다도 깨끗했는데 흙탕물을 걸어가도 발이 전혀 더러워지지 않았으므로 '백족화상白足和尙'이라고 한 데서 유래하였다.

언론을 듣고 그와 수창을 한다면 어찌 음악을 연주하는 것으로 울적함을 해소할 뿐이겠습니까?[羅致此友於几案間 試聽其言論 與之酬唱 則奚特吹竹彈絲之可解憂鬱也]

{편지를 전하다[傳札]}

▶ 태지胎紙 편지[160]는 고을 인편이 있으면 들어오는 길에 부치도록 명하여 그에게 곧바로 전달하게 하는 것이 어떻습니까?[胎上書角 如有邑便 幸命入裌 俾卽傳致之地 如何] ○ 이 편지는 영營에서 저리邸吏에게 의지하여 보내는 것이 어떻습니까?[此紙 自營憑邸下送 如何] ○ 이 편지가 도착하는 즉시 모某 어른의 유배지로 전송하고 영감께서도 특별히 마음을 써서 구휼하여 같은 조정에 있는 사람들의 체면을 세워주시는 것이 어떻습니까?[此札到 卽傳送於某丈謫所 令亦加意存恤 以生同朝光色 如何] ○ 이번에 보내는 편지는 모가某家에서 보내는 것이니, 답장을 받아서 빠른 인편으로 부쳐주시는 것이 어떻습니까?[此去書 出傳于某家 受答付之速褫 如何] ○ 아우의 행차가 있어 그 틈에 편지를 부치니, 모쪼록 오가는 인편을 통해 전해주시기 바랍니다.[家弟行中 因便送一書 望須討其往來便傳送也] ○ 모처某處에 보낸 답장은 이미 찾아오셨는지요? 길이 매우 멀어 우체를 통해 편지를 부치는 것도 쉽지 않아 부득이 집사의 위령에 기

---

159 불러 : 원문은 '羅致'. 한유韓愈의 〈송온조처사서送溫造處士序〉에 "대부 오공이 부월을 갖고 하양 절도사로 부임한 지 석 달 만에 석생을 인재로 여기고 예를 그물로 삼아 그물질하여 자기 막하로 끌어들이고, 또 몇 달도 안 되어 온생을 인재로 여기고 이번에는 석생을 중개자로 삼고 다시 예를 그물로 삼아 또 그물질하여 자기 막하로 끌어들였다.[大夫烏公以鈇鉞 鎭河陽之三月 以石生爲才 以禮爲羅 羅而致之幕下 未數月也 以溫生爲才 於是以石生爲媒 以禮爲羅 又羅而致之幕下]"라는 구절에서 유래하였다.

160 편지 : 원문은 '書角'. '편지'를 달리 이르는 말이다.

대어 소식을 이을 계획을 세웠습니다.[某處答札 已討來耶 道路絶遠 憑藉未易 不得不藉執事威令 以圖嗣音之計] ○이 편지는 궁문에서 막을까 걱정되어 봉투에 관인을 찍어 보낼 뿐입니다.[此書 恐或阻閽 作外封踏印以去耳] ○가까운 인편이 없어 이 사람을 통해 편지를 전하니, 이 사람이 돌아올 때 편지를 써서 보내주시는 것이 어떻습니까?[無近便 則當自此轉送 此回裁書以投 如何] ○사형에게 보내신 먹과 편지도 잘 도착하였으니 인편을 통해 삼가 전달하겠습니다.[舍兄邊 所惠墨封書角 亦依到當 因便謹傳]

{존문存問[161]}

▶족형 모某가 새로 치하의 모면某面에 우거하고 있습니다. 가난한 선비의 우거하는 상황이라 모든 일이 고생스러워 관부官府에서 돌봐주지 않는다면 더욱 모양새를 갖추기를 바랄 수 없습니다. 편지를 보시고 나서 굳이 의례적으로 하는 위로는 하지 마시고 곧바로 아전을 보내 전갈하고 불러서 한 번 만나보신다면 그의 사람됨이 결코 다스림에 해가 되지 않는다는 것을 알 것입니다. 이어서 서로 사귀어 일에 따라 비호해 주시는 것이 어떻습니까? 이 형은 바로 모관某官 모씨某氏의 아우로 한 번 만나도 구면이나 다름없을 듯합니다.[族兄某 新寓於治下某面 貧士寓況 事事辛酸 若非官府顧藉 則尤無成樣之望 幸於覽書後 不必例施存問 卽爲送吏傳喝 邀致一見 可知其爲人決不害於政體 仍與過從 隨事顧護 如何 此兄 卽某官某氏之弟 似或一面如舊矣] ○모인某人은 문아文雅한 사람으로 계주雞酒[162]로 위로

---

161 존문 : 지위가 높거나 윗사람이 신분이 낮은 아랫사람을 위로하는 것을 이른다.

162 계주 : '척계두주隻雞斗酒'의 줄임말로, 간단한 술과 안주를 이른다. 《후한서後漢書》〈교현전橋玄傳〉에 "죽은 뒤 무덤 앞을 지나는 일이 있을 때, 한 말의 술과 한 마리 닭을 가지고

하여 저의 체면을 세워주는 것이 어떻습니까? 이것은 긴밀한 요청이니 모쪼록 특별히 베풀어 주십시오.[某人 是文雅之人 幸以雞酒存問 俾生光色 如何 此乃緊請 須另施也] ○모모某의 집 논밭이 모면某面 모리某里에 있는데, 모인某人이 추수를 위해 이미 내려갔습니다. 계주로 위로하고 관청의 위엄에 도움을 받아 주간하는 일이 이루어지도록 하는 것이 어떻습니까?[某家田庄 在於某面某里 而某人爲秋收 才已下去 幸以雞酒存問 俾藉官威 得成所幹 如何] ○모가某家의 논밭이 치하에 있는데 그 일을 수습하기 위해 지금 막 친하고 믿을 만한 사람을 보냅니다. 지금 모처某處에 머물고 있으니, 즉시 위로하고 그가 하소연하는 것이 있으면 일일이 채택하여 베풀어 주시어 하는 일이 어긋나는 근심을 면할 수 있도록 지극히 바랍니다.[某家田庄 在於治下 爲其收拾 纔送親信人 方住某處 卽爲存問 如有所控 一一採施 俾免齟齬之患至仰] ○모인某人이 지금 세를 거두기 위하여 치하로 내려갔는데, 만약 관가의 비호가 아니면 먼 지방의 인심이 낭패 나지 않도록 보호하기 어려울 것입니다. 즉시 위로하시고 살갑게 대하여 저의 체면을 살려 주시는 것이 어떻습니까? 이 사람은 매우 친한 사이이기 때문에 이렇게 부탁을 드리는 것입니다. 누차 번거롭게 다시 바라니 데면데면 여기지 마시고 특별히 베풀어 주시기 바랍니다.[某人 今因收稅 下往治下 而如非官家顧護 遐土人心 難保其不狼狽 幸卽存問款接 以生光色如何 此是至切間 所托如是 縷煩更望 毋泛另施之] ○치하의 모보某甫는 이곳의 명망 있는 선비입니다. 유림의 집사가 감당할 수 없는 사람이 아니니 위로하고 비호하여 주시기 바랍니다.[治下某甫 此土望士也 儒林執事 無不可堪 幸望存問

무덤을 찾아 조상하지 않으면 수레가 세 걸음도 가기 전에 복통을 앓더라도 원망하지 말아야 할 것이다.[徂沒之後 路有經由 不以斗酒隻雞過相沃酹 車過三步 腹痛勿怨]"라는 구절에서 유래하였다. '적계서주炙鷄絮酒'·'적계준주隻雞樽酒'라고도 한다.

斗護也] ○치하의 모지某地의 모某는 저와 긴밀한 사이입니다. 매번 편지로 간청드리고 싶었지만 바빠서 그러지 못하였습니다. 시골살이에 없어서는 안되는 사람이니 관청으로부터 저의 체면을 살려 계주로 즉시 위로하여 주시기 바랍니다. 또 일마다 비호하여 만장이나 생색나게 하시는 것이 어떻습니까?[治下某地某 卽緊切緊切人也 每欲以書仰懇 而撓汨未果矣 鄕居 不可無者 自官生色 幸以鷄酒 卽爲存問 亦必隨事顧護 俾有萬丈光彩 如何] ○모인某人과는 친척 간의 정의情誼가 있는데 평소 친하게 지내며 아끼는 사람입니다. 시골에서 관가의 문안을 받으면 이웃들도 경외할 것입니다. 계주를 마련하여 아전을 보내 존궤存饋163하여 저의 체면을 살려 주시는 것이 어떻습니까?[某人有戚誼 而素親愛者也 鄕村 得官家問安 則鄰比聳然 幸以鷄酒遣一吏存饋 獲生光輝 如何] ○지난번 모某의 누이집으로 보내 칭념稱念164하였으니, 반드시 특별히 베풀어 주실 듯해서 다시 번거롭게 누차 말씀을 드리지 않겠습니다. 새로 먼 지방에 우거하고 있어 온갖 어려움을 생각만 해도 슬프고 가련합니다. 모쪼록 일마다 곡진히 염려해서 보존할 수 있도록 심히 바랍니다.[頃送某姊家 稱念 似必另施 不復煩縷 而新寓遐方 凡百之艱楚 想來悲憐 幸須隨事曲念 俾得保存甚仰] ○모인某人이 자식의 혼례를 치르기 위해 지금 내려갔습니다. 먼 시골에서 모든 것을 절로 관문官門에 도움을 받아야 할 것이 많지만 번거로워 모두 감히

---

163 존궤: 고을 수령이 관하의 노인을 문안하고 음식을 대접하는 것을 이른다. '존'은 '존문存問', '궤'는 '궤식饋食'의 줄임말이다.

164 칭념: 관원이 외방에 나아갈 적에 고관들이 사적으로 은근히 부탁하는 것을 말한다. 《성종실록成宗實錄》 9년 4월 8일에 "수령이 부임할 적에 그 지방 출신의 공경대부들이 그를 알든 모르든 간에 모두 술과 고기를 가지고 와서 전별하며 자기 노비들을 잘 봐 달라고 청하는 것이 상하 간에 풍속을 이루었는데, 이를 '칭념稱念'이라고 하였다.[凡守令之赴任也 公卿大夫 知與不知 皆持酒肉而餞之 請其奴婢完護 上下成俗 名之曰稱念]"라고 하였다.

말씀드리지 못하지만, 가장 필요한 단령團領과 사모紗帽[165]는 다른 곳에서는 얻을 수 없으니, 잠깐 허락하여 빌려주시는 것이 어떻습니까? 청컨대 베풀어 주시는 것은 어려운 것이 아닙니다. 바쁘신 중에 잊어버리기 쉬우니, 다시 특별히 염려하여 낭패의 지경에 이르지 않도록 해주십시오.[某人 爲過子婚 今方下去 遐鄕凡百 自多奉資於官門 而煩皆不敢 最是團領紗帽 他不可得 伏望暫許俯借 如何 請非難施 而撓惱中 或易遺忘 更乞另念 毋致狼狽也] ○ 모某 의원이 돌보아주니 감사합니다.[某醫 得蒙顧恤 與有感焉]

{환곡을 요청하다[請糴]}

▶모인某人은 평소 절친하고 또 의술에 식견이 깊어 병으로 근심이 있을 때마다 번번이 그의 힘에 의지하였으니, 서로 후대하려는 마음을 어찌 헤아릴 수 있겠습니까? 지금은 춘궁기春窮期라서 곡식이 모두 부족하여 이렇게 위급함을 말씀드립니다. 구제할 방법이 없으니 매우 걱정입니다. 듣기에 그가 차호借戶[166]로 환자還子[167]를 받았다고 합니다. 합등合等[168]하여 한꺼번에 받을 수 있다면 한때나마 의지할 수 있을 것

---

165 단령과 사모 : '단령'은 벼슬아치들이 입는 깃을 둥글게 만든 관복官服의 하나로, 당상관堂上官은 무늬가 있는 검은 실[絲]을 썼고 당하관은 무늬가 없는 검은 실을 썼다. 동정[領]이 '둥글다[團]'는 뜻에서 '단령'이라고 불렸다. '사모'는 관원들의 일상복에 착용하던 관모官帽이다. 겉면을 죽사竹絲와 말총으로 짜고 그 위를 사포紗布로 씌우는 데서 '사모'라고 불렸다.

166 차호 : 나라의 곡식을 빌릴 경우, 자기 집 대신 남의 집 이름을 빌려 쓰던 일을 이른다.

167 환자 : 춘궁기에 가난한 백성들에게 곡식을 빌려주고 추수기에 거두는 것을 이른다. '환곡還穀'·'환자還子'라고도 한다.

168 합등 : 한 해를 춘春·하夏·추秋·동冬 네 등급으로 나눌 경우, 춘하春夏 또는 추동秋冬으로 합하는 것을 이른다.

입니다. 이는 별환別還[169]과 다르니 바라건대 저의 이러한 긴절한 뜻을 완장阮丈[170]께 편지로 말씀드려 특별하게 베풀어 주시는 것이 어떻습니까?[某人 素所親切 而且深於醫 故每有病憂 輒賴其力 其欲相厚 豈有量哉 今當春窮 種粮俱乏 方此告急 無以救濟 甚悶甚悶 聞其家借戶 受巡還云 若合等都受 則可以一時聊賴 此與別還有異 幸以此緊切之意 書告于阮丈 以爲拔例 俯施之如何] ○ 모인某人이 환곡을 요청했던 일은 모우某友의 간절한 부탁으로 인하여 차례로 편지를 보내기도 하고 만나기도 해서 누차 언급하였는데 기억하고 계시리라 생각합니다. 다만 태지에서 요청드린 대로 허제許題[171]하고 나서 원장元狀을 즉시 면주面主나 면임面任[172]에게 주어 시기에 맞게 받을 수 있도록 간절히 앙망합니다.[某人 請糴事 因某友懇托 前後書與面 及之屢矣 想記有之也 第此胎上依所請 許題後元狀 卽爲出付面主人或面任 以爲及時受出之地 切仰] ○ 지난번 의논드린 별환別還에 관한 일은 마땅히 모某의 이름으로 장자狀子[173]를 올렸습니다. 만약 의례적으로 책임을 지우려고 하시면 매우 기대에 어긋나는 것입니다. 산역山役[174]과 장례를 치를 때 차례대로

---

169 별환 : 백성들이 사사로이 빌려 쓰던 환곡還穀을 이른다.

170 완장 : 남의 숙부를 높여 이르는 말이다. '완'은 진晉나라 때 죽림칠현竹林七賢에 속했던 완적阮籍과 그 조카 완함阮咸은 서로 숙질간이었기 때문에 남의 숙부를 '완장阮丈'이라 하고 남의 조카를 '함씨咸氏' 또는 '현함賢咸'이라고 한다.

171 허제 : 해당 관청에서 백성들이 제출한 청원서, 진정서 따위의 민원서류 여백에다가 그 처리와 관련된 지령指令을 써서 내어주는 것을 이른다. 이 지령문을 '제사題辭'·'제음題音'이라고도 한다. 이두吏讀로는 '뎨김[題音]'이라고 발음한다.

172 면주나 면임 : '면주面主'는 각 면에서 호적戶籍과 기타의 공공사무를 맡아보는 사람으로, '면임面任'·'면주인面主人'이라고도 한다. '면임'은 '면주'와 이름만 다를 뿐 동일한 업무를 수행하는 사람이다.

173 장자 : 청원할 것이 있을 때 관청에 내는 서면을 이른다. '소장訴狀'·'소지所志'·'소첩訴諜'이라고도 한다.

174 산역 : 장사지내기 위하여 무덤을 파고 관을 묻은 다음 무덤을 완성하기까지의 일을 아울

사용된 양식도 매우 부족합니다. 오로지 이를 믿고 있으니 헤아려 넉넉하게 베풀어 주시는 것이 어떻습니까?[頃議別還事 當以某名書呈狀子 而若或循例塞責 甚失所圖 山役及窆禮時 前後粮資 亦極不贍 而專靠於此 俯諒優施之如何] ○사돈댁 별환別還의 일에 관하여 이렇게 시원스럽게 베풀어 주시어 제가 그 은혜를 입었으니, 감사하고 다행스러움이 매우 많습니다. 소지명小地名[175]은 바로 모처某處입니다. 써서 올린 편지와 사통私通[176] 한 것을 함께 싸서 곧바로 보내 답변을 받아 보낼 뜻으로 분부하시는 것이 어떻습니까?[査家 別還事 蒙此快施 弟受其賜也 感幸不啻千萬 小地名 卽某處也 書簡裁上與私通同裏 卽卽付送 受答以投之意 分付如何] ○죽은 아내를 장례 치를 때 모읍某邑의 환미還米 몇 섬을 사용하고 순영巡營으로부터 가을이 오면 모두 거두어들이기로 약속을 했는데, 얼마 후 해임되고 나서 순상巡相이 임기를 다 채우지도 못하고 교체되는 바람에 마무리 지을 길이 없게 되어 이렇게 말씀을 드립니다. 이는 1~2포包의 자질구레한 물건이 아닌데 어려움이 있어 갑자기 간청을 드립니다. 상황이 참으로 부득이한 데서 나온 것이니, 가부를 헤아려주시는 것이 어떻습니까? 어제 편지를 써서 심부름꾼을 보낸 것은 바로 이 일 때문입니다. 만약 염려하려 하신다면 반드시 속히 도모해야 주패朱牌[177]의 곤란을 면할 수 있을 것입니다.[亡妻窆禮時 得用某邑還米幾石 約以自巡營秋來收殺矣 未幾解任 其後巡相亦徑遞 實無了當之路 玆以仰告 此非一二包零瑣之物 有難遽懇 而其勢

러 이른다.
175 소지명 : 마을 이름과 같은 작은 지역의 이름을 이른다.
176 사통 : 공적인 일에 관하여 편지 등으로 관원官員끼리 사사로이 주고받거나, 또는 그 편지를 이른다.
177 주패 : 관아에서 죄인을 호출할 때 발부하는 통지서로, '주첩朱牒'이라고도 한다.

誠出於不得已 幸商量可否如何 昨書發襪者 卽此事也 如欲相念 則必速圖然後 可免朱牌受困耳] ○모가某家의 환곡은 작년에 형님께서 방급防給[178]하여 곤란한 상황에서 벗어날 수 있었습니다. 올해도 대부분 바치지 못하여 독촉이 날로 심하다고 합니다. 바라건대 분부하시어 문서를 작성해서 발송하여 사통私通을 이루어 곧바로 방급하도록 하시는 것이 어떻습니까? 자못 동일하게 매년 저에게 공급하는 것도 전례에 따라 간청드리니, 꾸짖지 말아주시는 것이 어떻습니까? 소지小紙에 숫자를 기록하여 올리니 만약 너무 많아 싫다고 여기신다면 적당한 수를 헤아려 처리하십시오. 그러면 또한 다행일 것입니다.[某家還穀 昨年 蒙兄主防給 得免困境 今年亦多未輸 催督日甚云 幸乞分付 成送私通 俾卽防給如何 殆同每年應給弟 亦按例而仰乞 幸勿嗔呵如何 小紙錄數以上 如以太多爲嫌 量宜處之 亦幸矣] ○족제族弟 집의 환자미還上米는 특별히 독촉을 늦추어 주시니 참으로 감사합니다. 그렇지만 만약 이 일로 보답을 요구하시려면 저의 부탁을 차라리 베풀지 말아주십시오. 형의 말씀은 참으로 들어드리기가 어렵습니다.[族弟家還上 特蒙緩督 誠可感也 然若欲以此責報 則弟之所托 寧求勿施 兄之所教 實難聞命] ○삼종제의 집 환곡은 이미 다 납부를 하였으니, 태수께 근심을 끼치지 않을 것입니다.[三從弟家還穀 已畢納 而不貽太守之憂耶]

{양식을 돕다[助粮]}

▶모인某人은 바로 저의 재종으로 모지某地를 떠돌며 우거하면서 온갖 고생을 하였습니다. 지금 과거시험에 낙방하여 돌아가고 있는데, 가난

---

178 방급 : 조세 등을 먼저 대신 내주고 나중에 이익을 붙여 받는 것을 이르는 말이다.

한 선비[179]의 보따리가 텅 비어 길을 나설 수 없어 제가 비록 소략하게 도움을 주기는 했지만 먼 길을 한 발짝씩 나아가는 데 필시 궁핍한 근심이 많을 것입니다. 바라건대 힘닿는 대로 은혜를 베풀어 객점에서 굶주려 지체하는 것을 면하게 하는 것이 어떻습니까?[某人 卽弟之再從 而流寓某地 契闊艱辛 今方赴擧敗歸 貧措大行囊枵然 無以致身 弟雖略助 而遠路寸進 必多窘乏之患 幸乞隨力惠濟 俾免客店饑滯如何] ○모인某人은 바로 삼대에 걸쳐 세교를 맺고 있는 사람으로 친애한 관계임을 알 것입니다. 그가 모某 일로 귀부貴府로 갔는데 가난하여 양식을 가지고 갈 수 없었습니다. 양식과 콩[180]을 넉넉하게 베풀어 객지에서의 어려움과 궁핍함을 면하게 해주시는 것이 어떻습니까? 일은 어렵지 않습니다. 오로지 믿고서 부탁드리니 이해하실 것입니다.[某人 卽弟三代世交 其親愛可知 以某事下去貴府 而貧不能齎粮 幸以粮太從優帖惠 俾免客裏艱乏如何 事係不難 專恃奉托 可諒之也] ○모인某人이 지금 모처某處로 가면서 귀부貴府를 거쳐 가는데 양식과 비용을 얻어서 낭패를 면하고자 합니다. 바라건대 살갑게 맞아주시고 특별히 지급해주어 저의 체면을 살려주시는 것이 어떻습니까?[某人 方往某處 路過貴府 欲得粮費以免狼狽 幸須歀接賜顔 拔例覓給 以生光色 如何] ○이번에 가는 모某는 바로 이곳에서 시로 이름난 사람입니다. 지금 모아某衙로 가는데 본래 가난하여 노자도 없고 보따리도 텅 비어 있습니다. 바라건대 약간의 양식과 콩으로 은혜를 베풀어 시간을 헤아리는 급함을 도와주어 객지에서 서로 어긋나는 근심을 면하게 해주시는 것이 어떻습니까?[此去某 卽此處詩豪也 方赴遷某衙 而素貧無資 行囊蕭然 幸以如干粮太 惠

---

179 선비 : 원문은 '措大'. 뜻을 얻지 못하고 가난하게 지내는 선비를 낮잡아 이른다.
180 양식과 콩 : 일을 수행하며 머무는 동안에 사람과 말이 먹을 양식과 콩을 이른다.

助數時之急 俾免客地齟齬之患 如何] ○동상東牀[181]인 모某 진사가 성묘를 가기 위해서 당신의 지경地境을 지나게 되는데, 먼 길을 혼자서 말을 타고 가느라 행색이 단출하여 치읍에서 부득불 도와주실지는 모르겠습니다. 그렇지만 저의 사위를 좌우께서 대수롭게 여기신다면 어찌 유감이 있지 않겠습니까? 달리 믿을 곳이 없으니 존장께서는 힘써 도와주시는 것이 어떻겠습니까?[東牀 某進士 爲塋掃之行 將過境下 而千里單騎 行色草草 所知治邑不得不相資 吾之女婿 左右泛視 則豈不有憾乎 他無可恃處 尊須用力資助 如何]

{장례를 돕다[助葬]}

▶태지에 올린 짧은 편지는 저와 절친한 사람 간의 일입니다. 그가 어버이의 상을 당하여 천 리 먼 길이나 관을 옮겨야 하는데, 정리가 매우 슬픕니다. 간청드리는 것은 대단한 것은 아닙니다. 제가 보낸 편지대로 특별히 베풀어 주시는 것이 어떻습니까? 갚지 못할 처지에 있는 사람에게 은혜를 베푸는 것 역시 인정 중에 하나의 단서가 될 것이니, 다시 한 번 모쪼록 간절히 염려해 주시기 바랍니다.[胎呈小紙 卽切親間事也 方遭親喪 千里運柩 其情理切悲矣 所煩懇者 不至大段 幸望依此 另施如何 垂惠

---

181 동상 : '사위'를 이른다. 《진서晉書》〈왕희지열전王羲之列傳〉에 "태위 치감이 문생을 시켜 왕도의 집안에서 사위를 구하도록 하였다. 왕도는 동상에 가서 자제들을 두루 살펴보게 하였다. 문생이 돌아와서 치감에게 '왕씨의 여러 청년들이 모두 훌륭합니다. 그런데 소식을 듣고 모두가 스스로 자랑스러워했는데, 다만 오직 한 사람만이 동상에서 배를 드러내 놓고 식사하며 마치 듣지 못한 듯했습니다.'라고 하였다. 치감이 '바로 이 사람이 좋은 사위감이다!'라고 하였다. 그곳을 방문해 보니 곧 왕희지였다. 마침내 그를 사위로 삼았다.[太尉郗鑒使門生求女婿於導 導令就東廂遍觀子弟 門生歸 謂鑒曰 王氏諸少竝佳 然聞信至 咸自矜持 惟一人在東床坦腹食 獨若不聞 鑒曰 正此佳婿邪 訪之 乃羲之也 遂以女妻之]"라는 구절에서 유래하였다.

於不報之地 亦足爲仁政之一端 更須曲念焉] ○ 친척 숙부께서 모某 벼슬로 재임하다가 돌아가셨으니, 부모님을 모시는 정황이 사람으로 하여금 참혹하고 불쌍한 마음이 들게 합니다. 장차 보름 전에 임지에서 관을 옮겨오려고 이미 비변사에서 관문을 발송하여 경내의 길로 호송하려고 하니, 필시 간청을 드리지는 않았지만 이미 특별히 염려하실 것이라 생각합니다. 평소 이 숙부와 교분이 지극히 돈독하였기 때문에 이렇게 편지로 말씀을 드립니다. 다시 비옵건대 특별히 염려해서 장례의 행차와 가족들이 낭패의 근심에서 벗어나도록 해주시는 것이 어떻습니까? 간절히 빕니다.[戚叔某官 在任身故 侍下情境 令人慘矜 將以望前 自任所運柩而還 旣自備局發關 護送境內之道 必不待提懇 想已另念 而素與此叔 情好至切 第此專書以控 更乞拔例曲念 俾喪行與眷屬 獲免中路狼狽之患 如何 千萬切仰] ○ 장례의 행차가 경내에 도착하는 날짜가 늦을지 빠를지는 아직 모르지만, 미리 모쪼록 호상교리護喪校吏[182]를 선별하고 미리 숙소를 살펴 내외의 묵을 곳을 정하고 객점客店에 들르면 병풍과 장막을 치고 양식과 콩, 말에게 먹을 꼴을 구해주시기를 앙망합니다.[喪行到境 遲速未可知 預須擇定護喪 校吏前期探候宿所 分定內外下處 過店則設屏帳 覓給粮太柴馬草 亦仰] ○ 태지에서 말씀드리는 것은 매우 친한 사이의 일입니다. 천 리 멀리서 반인返靷[183]하는 심정을 가엽게 여길 만합니다. 바라건대 특별히 돌보아주어 상가喪家에서 잊기 어려운 감정이 들도록 하는 것이 어떻습니까?[胎

---

182 호상교리 : 초상 때 상례에 관한 일을 주선하고 보살피는 일이나, 그 일을 맡아서 하는 사람을 이른다.

183 반인 : 객지에서 죽은 사람의 시신을 고향이나 자기 집으로 옮겨 오는 것을 이른다. '반구返柩'·'반상返喪'이라고도 한다.

紙 卽切親間事 千里返翰 情事可矜 幸望拔例顧恤 俾爲喪家 難忘之感 如何] ○태지에 적어서 올린 소록小錄은 바로 친구 집에서 부탁한 것입니다. 가난한 선비로 지극히 세력이 없는 사람이니 특별히 베풀어 주시는 것이 어떻습니까? 사통私通을 상가喪家에서 전하려고 하는데, 이번에 회부回付하게 되어 다행입니다.[胎呈小錄 卽知舊家所托 而寒土之至無勢者也 幸另施之如何 私通 欲自喪家傳送 此回付之幸矣] ○재종집의 장례는 다음 달 모일某日로 정하였고, 장지는 모지某地 모동某洞입니다. 묘각墓閣과 제청祭廳과 삼물막三物幕[184]은 부근 동네에서 재목을 빌려서 만들 뜻으로 분부하시고, 본읍에 사통하여 기간을 어겨 낭패를 당하는 상황을 면하도록 하시는 것이 어떻습니까?[再從家葬禮 定於來某日 而葬地 卽某地某洞也 墓閣祭廳三物幕 以附近洞 借材造給之意 分付 私通於本邑 俾免愆期狼狽之地 如何] ○이 짧은 기록은 바로 돌아가신 모관某官 부인의 장례에 관한 일입니다. 저에게는 재종대고再從大姑[185]가 되는데 그 집에서 부탁하는 것이 간곡하였습니다. 바라건대 특별히 경계하여 포복匍匐의 의리[186]를 이루어 인가의 큰일을 이루어 주시는 것이 어떻습니까?[此小錄 卽故某官夫人喪葬事也 於弟爲再從大姑 而其家所托切緊 幸須拔例另飭 俾遂匍匐之義以完人家大事 如何] ○모가某家의 장례 행차는 영감의 간절한 염려에 힘입어 무사히 반

---

184 삼물막 : 매장할 때 쓸 석회·모래·백토를 섞기 위하여 세운 뜸집을 말한다.

185 재종대고 : 할아버지의 사촌 누이인 방계 인족姻族의 할머니를 이른다. '재종조고再從祖姑'·'족조고族祖姑'라고도 한다.

186 포복의 의리 : 기어서라도 힘을 다하여 가서 도와주는 의리를 이른다. 《시경詩經》〈패풍邶風 곡풍谷風〉에 "모든 사람이 상사가 있을 적에는 포복하여 달려가 구원하였노라.[凡民有喪 匍匐救之]"라고 하였고, 《예기禮記》〈공자한거孔子閒居〉에 "모든 사람이 초상이 있을 때, 포복하여 달려가 구원하는 것은 복이 없는 초상인 것이다.[凡民有喪 匍匐救之 無服之喪也]"라고 하였다.

장返葬할 수 있어서 다행입니다.[某家喪行 賴令勤念 得以無事返葬 可幸] ○ 노역을 하는 데 사용할 양식은 이미 허락하셨습니다. 만약 한 포의 쌀과 단 간장 조금을 얻을 수 있다면 일을 할 수 있을 것이니, 이대로 제급題給하여 주시는 것이 어떻습니까?[役粮 旣有諾矣 若得一包米及甘醬少許 則可以爲役 依此題給 如何]

{비호하다[庇護]}

▶ 모읍某邑의 새로 온 수령은 바로 옛날 한 동네에서 친숙하게 지낸 사람입니다. 또 그의 사람됨은 철저하여 백 리의 땅을 맡기에도[187] 충분한데 세력이 없습니다. 수령이 만약 영문營門[188]의 비호가 없으면 다스리기 어려울 것입니다. 바라건대 모든 일을 어느 곳에서나 보호하여 늙은 벗의 부탁을 저버리지 말아주십시오.[某邑新倅 卽舊日同閈親熟者 且其爲人精緊 足任百里 而此等無勢 弁倅 若無營門庇護 則難以爲治 幸望凡事 隨處斗護 無孤老友之懇托也] ○ 모진某鎭의 새로운 만호萬戶는 바로 문하의 친애한 사람으로 벼슬을 한지 수십 년이 되어 이제 척박한 진영鎭營으로 가게 되었으니 염려가 됩니다. 바라건대 모든 일을 비호해주시고 시종 잘 보살펴 주시는 것이 어떻습니까?[某鎭新萬戶 卽門下親愛之人 而積仕數十年 方得薄鎭以去 殊可念也 幸望隨事庇護 終始善視 如何] ○ 모某 별장은 모모某某의 종질

---

187 백 리의……맡기에도 : 원문은 '百里'. '백리지명百里之命'의 줄임말로, 고을 수령으로 임명되기에 충분한 자질을 갖추었음을 이른다. 《논어論語》〈태백泰伯〉에 "육척의 고아를 기탁할 만하고, 백 리쯤 되는 제후국의 정사를 맡길 만하며, 큰 절개를 당하여 지조를 빼앗을 수 없다면 군자다운 사람인가? 군자다운 사람이다.[可以託六尺之孤 可以寄百里之命 臨大節而不可奪也 君子人與 君子人也]"라는 구절에서 유래하였다.

188 영문 : 관찰사觀察使·병마절도사兵馬節度使·수군절도사水軍節度使 등이 공무를 보는 관아를 이른다.

로, 저의 집을 출입한 지 오래되었습니다. 오랫동안 군문에서 벼슬하다가 끝내 척박한 곳을 얻었으니, 군문의 돌보심이 아니면 일이 어긋나 보존하기 어려울 것은 불보듯이 뻔한 일입니다. 모든 일을 돌보아 주어 낭패를 면하게 하고, 또 찾아뵙는 날 특별하게 기쁜 안색을 보여주어 저의 체면을 살려주시는 것이 어떻습니까?[某別將 某某之從姪 而出入弟家舊矣 積仕軍門 竟得薄地 如非營門之顧視 則其齟齬難保必矣 幸乞隨事曲護 俾免狼狽 且於馳進之日 特賜顔色 以爲生光之端 如何] ○내종형 모某는 8년 동안 군문에서 벼슬하다가 겨우 별장 벼슬을 얻어 떠났는데 행색은 자못 유배지를 가는 사람이나 마찬가지라서 굶주림을 면하기 어려우니, 모쪼록 곡식과 콩을 넉넉하게 지급하시고 또 심부름꾼을 보내 안부하여 저의 체면을 살려주시는 것이 어떻습니까? 믿고 있겠습니다.[內兄 某八年積仕於軍門 厪得一別將而去 其行殆同謫客 難免饑餓 望須優給粮太 且卽伻問 以生光色如何 專恃專恃] ○이밖에 모든 일들을 돌보아주시고 막비幕裨[189]를 데리고 특별히 더 보호해주신다면 매우 생색이 날 것입니다.[此外 凡事看作帶率幕裨 另加顧護 則生色大矣] ○모某 아전과는 낯이 익은 사람이니 정성스럽게 응대하고 부려주시는 것이 어떻습니까?[某吏熟面也 款曲使令 如何] ○모某 일은 그의 사람됨이 사랑스럽고 저의 집과는 아주 가까운 사람으로 앞뒤로 누차 부탁을 드렸는데, 믿을 만한 사람이 몇이나 될지 모르겠습니다. 영감께서 체직되어 갈 때이니, 지금 생각한 바를 놓치게 된다면 무색하기 짝이 없을 것이니 더욱 마땅히 어떠하겠습니까? 처지를 바꾸어 놓고 생각하신다면 그렇게 하지 않을 듯하지만 헤아려 주

---

189 막비 : 감사監司·유수留守·병사兵使·수사水使·사신使臣 등에게 딸린 관원을 이른다. '막사幕史'·'막좌幕佐'·'비장裨將'이라고도 한다.

십시오.[某事 爲人之可愛 鄙家之親切 前後屢托 不知爲幾所恃者 令之遞來時矣 今失所料 則其爲無色 尤當如何 易地則似不然 諒之] ○ 모인某人은 깊이 은혜롭게 영감께서 돌보고 아끼시니 매우 감사합니다. 한결같이 잘 보살펴 주시는 것이 어떻습니까?[某人 深蒙令眷愛之恩 多感多感 幸須一向善視 如何]

{탈세頉稅}

▶ 모가某家의 약간의 전답이 모처某處에 있는데 올해 혹독한 수재를 당하여 수확할 희망이 없습니다. 집재執災[190]할 때 자세히 직접 답사하여 백지징세白地徵稅[191]하는 근심이 없도록 하시는 것이 어떻습니까?[某家如干田畓 在於某處 而今年酷被水災 殆無收穫之望 幸於執災時 詳細看踏 俾無白地徵稅之患 如何] ○ 치하의 모면某面에 작년 겨울 새로 며느리의 묘지를 정하고 나서 이미 묘진墓陳[192]으로 편입이 되었는데, 면임面任 무리들이 다그쳐 전세를 징수한다고 합니다. 모쪼록 엄히 타일러 함부로 침탈하는 상황이 없도록 하시는 것이 어떻습니까?[治下某面 昨冬新卜子婦葬地 已入於墓陳 而面任輩 責徵田稅云 幸須嚴飭俾 無橫侵之地 如何] ○ 모가某家은 바로 저의 가까운 인척의 집입니다. 최근 낙향하여 매우 가여운데 전결田結과 방역防役[193]이 아직 미납되었다고 날마다 호수戶首[194]의 독촉을 당하고 있습니다. 그런데 집에는 바깥 일을 맡아서 하는 사람이 없어 실로

---

190 집재 : 재해를 입은 논밭을 직접 가서 조사하여 그 결수結數를 기록하는 일을 이른다.
191 백지징세 : 조세를 물릴 만한 재산이나 납세 의무가 없는 사람에게 이유 없이 세금을 물리거나, 아무 관계 없는 사람에게 빚을 물리는 것을 이른다.
192 묘진 : 묏자리에 딸려 있어 조세租稅를 면제받는 논밭을 이른다.
193 방역 : 시골 백성이 부역을 대신하여 돈이나 곡식을 미리 바치던 것을 이른다.
194 호수 : 땅 여덟 목마다 한 사람씩 정하여 구실을 거두어 바치게 하던 그 대표자를 이른다.

가까운 시일 내로 준비해서 납부할 가망이 없는데, 소식을 들으니 참으로 걱정입니다. 바라건대 특별히 기한을 늦추어 내년 봄 이후에 준비하여 납부할 뜻으로 해당 색리色吏와 호수戶首에게 분부하여 가난한 집안이 편안히 한 해를 보낼 수 있도록 하시는 것이 어떻습니까?[某家卽弟之切姻家也 近日落鄕 最甚矜念 方以田結防役之未納 日被戶首之催督 家無外事主管之人 實無從近備納之望 所聞誠甚悶然 幸望特爲寬限 俾令開春後備納之意 分付於該色及戶首處 以爲窮家安穩過歲之地 如何] ○ 저의 논밭이 있는 모처某處가 모두 재앙을 입어 백성들이 뿔뿔이 흩어졌습니다. 지금 그들을 편안하게 할 방도는 내년 봄씨앗으로 사용할 곡식은 반드시 진념軫念[195]하시는 가운데 있을 듯합니다. 그래서 아울러 이렇게 미리 말씀을 드리는 것이니, 이는 실로 공을 위한 것이지 저를 위한 것이 아닙니다. 헤아려주십시오.[鄙庄某處 亦入全災中 居民離散 目下安集之方 來春種粮之資 似必在軫念中 故幷此預告 此實爲公而非爲此者 諒之]

▶둘째 누이의 집 산소가 당신의 치하에 있는데 하인 한 명만이 이를 지키고 있습니다. 그런데 도장都將의 일에 차임되어 달아나고 싶지만 과부인 조카며느리가 한마디 말로 주선해줄 것을 요청하여 비록 개인적인 부탁이기는 하지만 다스림에 크게 해가 되지 않는다면 고치도록 명하여 완문完文[196]을 작성해 보내 보전할 수 있도록 하는 것이 어떻습니까?[仲姊家 墓山在治下 只一奴看守 而見差都將之役 將欲逃走 寡居甥婦 要一言周旋 雖私囑 不至大害於政 幸命改之 成給完文 俾得保守如何] ○ 묘지기 모某 놈이 병영군兵營軍으로 들어간 적이 있는데 굳게 병사兵使에게 편지를 보

---

195 진념 : 존귀한 사람이 아랫사람의 사정을 돌보아 생각하는 것을 이른다.
196 완문 : 관에서 향교鄕校, 서원書院, 결사結社, 촌村, 개인 등에게 발급하던 문서이다.

내 겨우 탈하頃下¹⁹⁷하게 되었습니다. 그런데 이전 수령이 또 육군陸軍을 충원하여 곧바로 탈하되었습니다. 향소鄕所의 무리들이 공관空官¹⁹⁸을 틈타 또 억지로 어영군御營軍으로 정하였으니 인심이 매우 애통합니다. 선현의 묘지기는 많게는 세 사람에 지나지 않는데도 매번 이렇게 침탈을 당하니 곧바로 향소를 불러서 제멋대로 충정充定¹⁹⁹한 일을 꾸짖고, 이어 완문完文을 주어 이후로는 절대로 침탈하는 일이 없도록 하시는 것이 어떻습니까? 일은 매우 어렵지 않으니 데면데면하게 보지 마시고 반드시 시행해 주시기 바랍니다.[墓直某漢 曾入兵營軍 牢貽書兵使 僅得頉下 而前倅 又充陸軍 旋得頉下 聞鄕所輩 乘空官 又勒定御營軍 人心極痛惋 先賢墓直 多不過三人 而每混侵如此 卽招鄕所 責其任意充定之事 仍給完文 俾絶日後更侵之路如何 事甚不難 望須毋泛必施也]

{산소에 관한 송사[山訟]}

▶족숙 모某의 부모님 산소가 치하 모지某地에 있는데 그 단청룡單靑龍²⁰⁰의 50보 땅에 어떤 상놈이 투장偸葬²⁰¹을 하였다는 급한 소식을 듣고 도착하였습니다. 족숙은 북읍北邑에서 아직 도착하지 않았고, 그의 아들이 서둘러 내려와서 소식을 듣고 깜짝 놀랐습니다. 이곳은 사대부 집안의 선산이고 단청룡의 100보 안에 있으니 잘잘못을 아실 것입니

---

197 탈하 : 특별한 사정이나 재난이 생겨 대상에서 빼냄을 이른다.
198 공관 : 이전 수령이 교체되어 가고 새 수령이 아직 부임하지 않아, 자리가 빈 상태를 이른다.
199 충정 : 군역 따위에 정해져 있는 규정에 따라 인원을 보충하여 채우는 것을 이른다.
200 단청룡 : 풍수지리에서, 주산主山으로부터 왼쪽으로 뻗어 나간 여러 갈래의 산줄기에서 맨 안쪽의 줄기를 이른다.
201 투장 : 남의 산이나 묘지에 몰래 매장함을 이른다. '암장暗葬'·'투매偸埋'라고도 한다.

다. 모쪼록 잘 처결하여 지연되는 폐단이 없도록 하시는 것이 어떻습니까?[族叔某親山 在於治下某地 其單靑龍 五十步之地 有一常漢偸葬 急報來至 而族叔 則自北邑 未及上來 其胤蒼黃下去 聞甚驚惋 卽是士夫家先山 單靑龍百步內 則其曲直可知 幸須善爲決處 毋至遷延之弊 如何] ○ 이번에 보내는 소록은 매우 가까운 인척간의 일입니다. 상놈이 사대부의 산소에 투장을 하였으니 이미 변괴입니다. 이러한 송사는 반드시 엄단할 것이라 생각합니다. 이놈의 경우 일이 풍속에 관계된 것이니, 정장呈狀을 기다렸다가 곧바로 관차官差[202]를 보내 먼저 엄히 다스리고 이어 엄중히 가두고 무덤을 파가도록 독촉하는 것이 어떻습니까? 비록 한겨울이기는 하지만 너그럽게 용서하지 마시고, 기한을 정하여 무덤을 파가게 하는 것이 어떻습니까?[此呈小錄 卽連姻切親間也 常漢之偸葬士夫家山所局內 已是變怪 此等訟理 想必嚴斷 而至於此漢 則事係風化 幸待呈狀 卽發官差 先爲重治 仍嚴囚督掘之地 如何 雖當隆冬 切勿饒貸 刻期掘去 如何]

{완악한 사람을 징계하다[懲頑]}

▶이번에 올리는 태지는 바로 모某 집의 일입니다. 황해도 사람들의 인심이 평소 사납다고 하는데 태탄苔灘의 사건에까지 이르렀으니 지극합니다. 전에 이미 쫓겨 났지만 뜻밖의 염려가 없지 않았기 때문에 이렇게 번거롭게 말씀을 드립니다. 바라건대 의송議送[203]을 올릴 때를 기다렸다가 특별히 엄한 공문을 보내 무거운 법으로 완악한 습관을 징계하십시오. 또 사대부 집안에서 대대로 지켜오던 물건을 잃어버리지

---

202 관차 : 관에서 보내던 군뢰軍牢·사령使令 등의 아전을 이른다.
203 의송 : 사인私人이 관찰사觀察使나 순찰사巡察使 등에게 올리는 민원서를 이른다.

않도록 하시는 것이 어떻습니까? 이미 풍속의 다스림에 관계된 것이 누차 이 지경에 이르렀으니 모쪼록 특별히 헤아려주시기 바랍니다.[此呈胎紙 卽某家事也 海西人心 素稱獰悍 至於苔灘事而極矣 前旣見逐 不無意外之慮 故玆煩溷 幸待呈議送 特發嚴關重繩 以懲頑習 亦使士夫家世守之物 得以無失之地 如何 旣係風化之政 縷縷至此 幸須另諒焉] ○태지胎紙에서 말씀드린 것은 조카사위 집안에 관한 일로 크게 풍속과 관계되어 사람으로 하여금 대신 화나게 하였습니다. 이 기록을 보시면 다 아시겠지만 바라건대 엄히 다스리고 죄를 징계하고 나서 잡아 보내는 것이 어떻습니까?[胎告 卽姪婿家事 而大關風化 令人代憤 覽此錄可悉 幸痛治懲罪後 捉送如何] ○소지를 통해 말씀드린 것은 모두 비루한 종놈들의 일입니다. 사리가 명백하여 잘잘못이 쉽게 판별되니, 한 번 그 편지를 보시면 엄히 처결할 마음이 드실 것입니다. 모某놈이 여러 번 송사하여 여러 번 졌는데도 무고하다고 하소연하니 매우 원통합니다. 이번에 반드시 법에 따라 엄히 다스려 완악한 습관을 징계하시는 것이 어떻습니까?[小紙所報 都鄙儴事也 事理明白 曲直易卞 一覽其狀 想有以嚴決 某漢之屢訟屢屈 猶且誣籲者 極可痛 今番 則必須照法痛治 俾懲頑濫之習 如何] ○소지를 보시고 나서 각별히 엄히 다스리는 것이 어떻습니까? 일의 잘잘못을 따질 것도 없이 노비와 주인의 신분에 관한 것이라면 풍속과 관계된 일이니, 어찌 특별히 엄히 징계하지 않겠습니까?[小紙覽後 各別痛治 如何 無論事之曲直 卽是奴主之分 則風化所關 豈不拔例痛懲耶]

색인

* 한글음 가나다순으로 색인하였다

【ㄱ】

可呵	149, 169, 422
加減靡常	258
加乞	169
可見情眷	272
加苦此患	255
加冠	434
可掬	252, 416, 512
家國之戀	467
家國平安	468
暇隙	144
可肯顧否	535
佳妓也	150
家內不安	117
暇論	288
可能範圍否	96
家僮	534
可諒之也	558
可忘一憂	287
嘉命	438
可蒙恕諒	331
可蒙枉過	178
可無忽也	161
家門不幸	343, 347, 353, 357
家門凶禍	339
佳福	90
可復而復	223
可覆之語	267
可俯諒也	268
價不能	166
加分	546
家事之靡依	388
可想惱撓	97
可想愁惱	108
可想如海	525
加殽自愛	465
佳勝	90
可勝咄歎	428
加匙	277
假息島中	481

家食之爲便	545	可解憂鬱	550
家信驚心	381	加護杖屨	193
可悉	190, 246, 568	家禍未艾	345
佳什	510	家禍未殄	390, 391
佳兒佳婦	360	家禍之洊酷	355
家厄未盡	363	家禍洊疊	345
加額之望	440	嘉貺幾種	277
家嚴	342	嘉貺聯翩	222
──書信	153	可欠可呵	149
嘉悅益切	433	恪	41
嘉悅之狀	419	刻期掘去	567
嘉悅之榮	454	脚力萎苶	132
佳雨潤物	70	覺無佳趣	144
家運不幸	346, 377	覺迷而請益	515
加衛	90, 192	各色可玩	163
可謂幷得之	101	各色扇	164
加意	262, 451, 517	各自滾係	45
──撫摩	192	各種藥料	276
──操心工夫	517	各種之惠	377
──存恤	550	閣下	29
可以求敎	517	咯血之証	125
可以忘矣	374	間經關格	255
可以奉完	542	間經大病	121
可以傷心	402	間經愼節	258
家人共之	287	間經腫苦	257
加一層	333	間關歸稅	149
佳廸	90	間關跋履	150
可敵一面	211	間關跋涉	496
可敵一拜	222	間關嶺嶠	151
家庭書	227	艱窘之患	452
駕且發矣	466	間多嘔下	125
家借戶	555	竿牘之禮	44
可替顏面	210	簡墨	285
家親	133, 134, 361, 468, 477, 482	──之貺	285
可把	164, 288	簡封	284
嘉平日	200	簡畀鄭重	445
佳品優惠	168	看書有味	476
家學爲目	456	簡梳	285

看守	565	曷勝奉賀	450
澗水松聲之間	526	曷勝悲觖	316
間承委問	223	曷勝與榮之喜	96
看時有味	476	曷勝瞻慕之私	92
艱辛思得	516	曷勝瞻鬱	45
間又彌留	134	曷喩	124, 292
間有便褫	155	曷有其極	409, 410
間已收殺	97	曷有其既	440
刋印文字	483	曷已	43, 98, 119, 182, 185, 252,
諫長	36		270, 277, 292, 300, 429, 490, 537
簡靜好文字	512	曷任驚愕	376
簡紙	168, 174, 284	曷任區區	246, 257
艱此拜上	198	曷任慮仰	472
竿尺積阻	45	曷任慰慕	92
艱倩	197	曷任珍感	274
──不備	197	曷足損益	529
艱草	186, 187, 188	感媿隨之	247
──不成字	187	感舊之懷	418
看秋下往	549	感君之義	221
懇托	555, 562	感氣委頓	549
澗波溪茗	524	感氣已解	501
肝肺語	212	感氣頗深	130
簡幅	169, 283, 284	感戴攢頌	480
艱乏之際	287	撼頓而有損	460
看花之約	537	減得分數	132
間患風眩	131	感領無已	278
間闊	43	感領不知爲謝	290
──之餘	208	感領珍謝	281
曷可云諭	248	感領厚意	291
曷可形諭	57	鑑臨	199
曷堪摧痛	344	感銘感銘	276
渴求	446	感冒大添	130
曷勝感幸	212	感慕何如	334
曷勝歎歎	48	監務	37
曷勝警慮	106	感拜感拜	285
曷勝驚悵	224	感拜僕僕	290, 293
曷勝忕慰之忱	246	感拜之餘	294
曷勝奉念	256	勘簿	162, 486

색인 571

敢不周旋耶	262		甘澍沛然	409
敢不奉副	261		感戢無量	290
敢不往赴	537		感戢情義	355
敢不趨拜	181		感戢之私	262
監司	29, 37, 72, 99, 105, 212, 217, 265, 275, 295, 445, 482, 547, 563		感戢之深	51
			敢此唐突	161
敢辭不敏	521		敢此煩告	159
感謝不容諭	270, 277		敢此委告	167
感謝而已	541		鑑察	199, 305, 337
感謝千萬	262		──類	6, 12, 199
感暑非細	129		感愴	420, 435
感羨無已	283		感徹幽明	404
感悚之極	217		感涕盈襟	481
感噤未解	538		感則有之	476
感時攀隕	325		感祝無地	442
敢恃相愛	160		感祝恩私	147
感時號慕	327		感祝恩造	150
感時號隕	326		感祝而已	470
感仰之餘	271		感祝之外	470
堪抑	363, 364, 390		感祝何言	412
感與媿幷	217		感痛難狀	375
感慰	51, 218, 223, 245, 253, 475, 503		感佩良深	291
			甘霈普洽	409
──難量	225		感佩盛意	280
──萬萬	224		感佩殊切	269
──不可量	250		感佩深眷	212
──不可狀	211		甘霈沛然	73
──不可言	220		感佩何勝	251
──不淺	511		感佩厚眷	280
──之極	247		感荷良甚	217
──欣豁	248		感荷類	6, 14, 268
柑榴之惠	282		感荷無已	284, 296
感泣罔極	480		感荷倍至	281
感泣何言	480		感荷不可言	149, 528
感認風味	277		感荷誠萬萬	262
柑子	282		感荷尤至	270
甘醬	562		感荷之極	262
感篆無已	283		感幸	8, 51, 56, 164, 212, 273,

	275, 443, 457, 496, 556, 564
──當如何	286
──萬萬	252
──無以謝	285
──之私	432
──何如	219
感豁	233
感惶交切	441
感懷可想	104
甲於八路	450
甲日屆近	163
强加寬抑	344
强加疏食	306
强加饘粥	305, 307
康健	91
講經已爛熟	423
講工未熟	421
江光	525
康衢太平之像	532
强起	120, 138
康吉	91
康寧	88, 89, 106, 108
講度之已熟	520
江頭拜別	45
江頭分袂	47
降等	80, 307, 309, 310, 311, 338
强力起動	181
江獵之敎	538
薑醪	172
强飯姑安	474
强病與班	119
康復	91, 196, 256, 409, 502
康福	88
江榭閑趣	525
江山樓閣	102
江山之所笑	529
江山風物	103
江上冰消	524

江樹之歎	459
講熟之前	540
康勝	91, 105
强圉	201
講役當前	424
康旺	88, 312
江瑤柱	282, 283
江園消息	522, 523
强壯	470
江亭霽景	525
强拙免白	428
康重	89, 90
强疾奔走	118
强餐加愛	369
强策	118, 374
──奔忙	117
開見	32, 122
愾廓之痛	330, 334
蓋棺	368
慨念哽咽	344
開納	32
開敍襞積	185
改歲懸念	68
槪承	228, 244
──起居	228
槪審	63, 242
槪諗	243
揩眼	187
强疾略此	187
開眼如何	163
開硏雖久	508
慨然之敎	268
開慰	222, 252
開胃	282
開慰良至	252
開益良多	395
槪認	244
開霽	533

색인 573

開圻	32		更乞	560
──類	6, 32		──另念	554
皆平安否	109		更靠何處	385
開包眼明	278		更無餘憾	150
慨恨極矣	56		更無餘証	105
開緘未半	208		更無逮及	332
開缸一嘗	282		更拜敍別	462
客苦轉甚	154		更拜顔範	249
客臘遣書	59		更拚	493
客臘惠狀	219		更復何言	375
客冬情事	314		更奉之期	152
客履	88		更奉之爲企	98
客裏艱乏	558		更續舊筵	248
客裏聞訃	376		更須另施	165
客裏秋思	56		更尋竿尺	59
客史	31		羹魚啖鱍	279
客使入境	99		更有何言	470
客死之報	387		更提	267, 531
客狀粗安	152, 153		坑塹	518
客歲	218		更諦	243
──覆狀	286		更侵之路	566
客筵增榮	531		更何伏喩	389
客撓日曛	62		更何言也	123
客遊	103		更何言哉	325, 371
客店饑滯	558		擧家	431
客座	31		渠旣成長	420
客中	11, 31, 152, 270, 282		遽經成服	304, 307
──過歲	154		遽經襄奉	306
──緊需	285		遽哭長男	372
客地齟齬之患	559		巨口	282
客地板材	312		擧國同慶之日	531
客地萍逢	227		去冬以來	388
客榻	31		去留之懷	146
客軒	31		遽罹國哀	300
客還衙否	99		遽聞夭揆	378
客況	88, 259		遽聞還山	8, 49
客候	88		居民離散	565
更覺淸趣	483		巨藩勘簿	486

袪鄙吝	183		遽至斯境	312, 313, 318
居常耿結	48		遽至於斯	312, 365, 391, 399
居常儳劣	394		巨創	314, 316, 319, 359, 392
居常瞻耿	183		——中	318
遽承凶音	313		居處飮啜	474
去時失奉	462		袪體之喜	103
去夜推戶	540		炬燭	165
渠亦深德之	262		去便	207
居然隔宿	465		擧笏之慶	439
居然窮臘	80		擧火	162
居然三載	329		去後	488
居然歲暮	79, 322		去凶卽吉	404
居然阻隔	235		健脚	233
居然春已半	326		愆期狼狼	561
居然春盡	70		愆度	87, 254, 500, 503
居庸長城	464		乾鱗	278
居位去位	465, 486		愆傷	494
渠爲匪分	444		乾柹	283
遽有分張	455		——之屬	294
遽爾落莫	453		愆節	65, 87, 254
遽以訃至	401		愆節	87
遽爾分手	57		虔次	85
遽爾夭逝	390, 391		乾鯖	278
遽爾夭折	364		愆候	12
遽爾作別	67		愆候	9, 87, 105, 107, 254, 502
去益難抑	374		——未脫然	504
去益罔涯	300		乞回敎	514
去益不可忘	57		檢納	173
去益慘悼	376		劒湖理釣具	533
居者之媿	277, 293		隔年阻奉	179
擧子之忙	425		隔歲相阻	92
居者之恨	482		隔世消息	209, 249
遽作古人	397		隔歲阻戀	68, 249, 250
居諸如駟	301		隔歲阻候	43
居諸易得	333		隔歲之別	495
居諸易邁	330		格外恩資	443
居停不便	471		見屈	428
居停齟齬	477		見訪之示	539

색인

見訪之意	539	耿耿不能忘	189, 493
譴補	469	耿耿如昨	68
甄復	457, 458	耿耿願言	43
見不忍見之境界	138	耿耿一念	472
見日恒罕	78	耿耿一心	215
譴謫類	6, 407, 470	耿耿悵恨	68
牽情	483	耿耿瞻懸	207
見之戀戀	213	耿耿馳慮	255
見職獲遞	485	京口	448
譴罷之下	484	輕裘緩帶	101
見惠諸種謹領	269	煢疚之中	350
見效	502	京國杳然	148
缺界難得之事	535	京國渺然	467
決科	414	京國馳戀	103
決不可舉論	264	擎跽之苦	100
決于扇子	171	徑歸求解	486
関制	331	竟歸落莫	428
觖恨	491	竟靳迤訪	108
歉愧歉愧	375	經紀	99, 548
歉愧萬萬	265	驚氣亦發	138
兼無他恙	114	經紀諸務	99
歉負且悚	175	慶吉	91
歉歲	96, 101, 546, 548	敬納	40
歉悚無已	376	經年閱月	147
歉悚何已	175	經年重鎭	447
兼修起居	370	驚怛	304, 307, 318, 337, 341, 342, 344, 346, 364, 365, 371, 376, 388, 390, 396
歉歎萬萬	175		
歉歎不可言	175		
歉歎不已	62	——之極	313, 388
歉歎而已	318	——何言	366
歉歎何已	264, 492	——何已	384
歉荒類	6, 544	卿大夫間	328
敬	41	傾倒	235, 247, 328, 512
驚感何言	53	驚悼罔喻	383
傾蓋纔新	67	傾倒之極	328
耿耿關念	471	驚倒欣慰	324
耿耿未已	47	經毒瘴	145
耿耿伏慮	494	擎讀再四	218

經痘疫	139		頃承惠書	215
驚慮之至	500		竟失相面	226
梗路可慮	493		竟失所圖	182
京裏尤甚	168		竟失所料	182
耿慕方切	46		竟失一展	49
傾慕之餘	55		敬審	242
頃蒙枉顧	50		敬諗	243
瓊苗	289		驚心之報	380
竟無跫音	182		驚愕之極	358
敬問	80		驚愕慘痛	348
頃聞洛報	107		驚愕何言	376
慶忭曷諭	468		耿仰	77
慶忭喜躍	409		傾仰不自已	93
頃別	46		景仰之餘	66
敬覆	40		景仰則久	65
頃覆	237		經夜所愼	502
敬封	41		庚熱	73, 83
頃奉卒卒	55		——此酷	73
竟不起	396		庚炎	83
敬謝	40		慶豔	537
輕肆雌黃	529		驚惋	482, 567
景像	314		——何已	482
哽塞	340, 341, 359, 370		頃枉良感	50
驚惜	383, 431		頃枉尙感	223
驚旋賀	257		竟夭其生	365
慶設	425		經雨益佳	533
輕泄以招魔	533		瓊韻	510
景溯	43		驚隕欲絶	397
傾溯倍切	95		驚隕之極	343
傾溯不淺勘	95		傾慰難量	247
傾溯之至	525		傾慰倍劇	234
景溯何已	43		敬惟	80, 81
竟損館舍	341		哽嘖	402
驚悚何言	470		敬呈	40
敬修復書	237		庚弟	110, 111
頃脩覆語	60		京兆	35, 263
經宿	51, 53, 81, 256		竟遭室內喪	361
敬承	239		傾朝餞席	466

색인 577

京主人之役	466	溪居無事	524
經重証	255	悸恐憂畏	443
慶之大者	429	係官千里	357
竟至斯境	313	計今節蓋	461
竟止於斯	348	計多苦況	101
竟至於斯	343, 399	計多難耐	104
竟至於此	319, 348, 354	係戀	483
頃進迫嘸	54	薊門烟樹	464
頃進不利	55	桂坊	35, 458
驚慘痛惜	349, 377, 385	──牽復	458
徑遞	484, 487, 557	季方瘦銷	107
敬諦	243	季父捐世	346
經秋徂冬	47	稽謝欠恭	63
竟致落莫	428	稽顙	309
驚歎曷已	490	──謹封	41, 308
驚歎已極	478	──白	42
驚歎何言	473, 482	──言	42
驚慟倍切	365	溪上拜穩	53
京便	176	溪上一石一木	523
──甚闊	177	薊雪	465
罄乏已久	172	季氏貞疾	107
經夏涉秋	74	計於其間	349
輕寒未解	70	戒勸之辭	521
慶幸曷極	409	季胤	433
慶幸欣忭	409	繼以感荷	245
京鄉路左	306	繼以不安	271
傾嚮之久	55	計已俶裝	466
庚兄	35, 111	繼以慰仰	92
慶歡可掬	416	繼以慰喜	258
經幌	39	計已照察	318
敬候	40, 80, 81	計已下覽	59
庚後倍熱	74	計日耿耿	354, 356
慶喜可想	416	季子婦之夭	377
驚喜交切	257	季弟科名	417
驚喜之忱	413	雞酒存問	552
驚喜何量	217	啓處	88
戒駕	426	啓遷	403
啓居	88	繼痛	117

啓行卒遽	460		苦未遂誠	175
契許之意	521		姑未盡復	187
季兄	112		苦悶苦悶	131, 143
溪花盛開	522		苦悶奈何	121
溪花爭姸	524		苦悶何言	125, 138
契闊艱辛	558		姑保宿狀	137
稽後	376		高峯	283
固	41		告訃	301, 302
古甲子	201		姑不備	197, 198
孤苦之痛	325		姑不生病	114
故舊之心	107		孤負盛意	537
孤窮餘命	373		辜負實多	360
苦劇	506		孤負迎擊	535
孤寄邊塞	155		孤負一會	538
孤寄旅館	145		顧不足惜	387
孤寄孑孑	144		固不足恤	474
告達	302		孤負平昔	315
高堂	479		叩盆	362
孤獨之感	373		固非異事	541
姑得日課	509		姑舍	362
固慮生病	255		苦事苦事	402
孤露	417		姑俟之如何	542
──相依	391		苦狀非一	131
──餘生	345, 391		苦狀日甚	143
──餘喘	356		苦少寧日	487
──情事	345		孤孫	113, 310, 377, 378
──增感	417		叩首	42, 311
姑留不備	197		靠恃	378
苦霖乍收	74		叩心	319, 325
苦霖新霽	75		──號隕	332
故望	531		──呼天	319
姑免他故	484		高牙大纛	460
苦無佳趣	426		孤哀	113
苦無寧日	127		──孫	113, 310
苦無所乘	49		──子	113, 310
姑無他端	116		孤懷愈苦	354
苦無片隙	119		固如是耶	456
姑未構完	513		姑如昨	116

색인　579

敲熱	83	顧此淹滯	466
高臥	452	姑此遷就	494
──深營	102	姑倩	197
苦雨才過	72	高捷是企	422
固爲榮矣	266	苦草醬	282
姑爲陳置	421	姑置不論	372
姑惟	198	苦乏僅指	65, 229
高吟尋瀾之句	525	高行短命	398
姑依宿狀	116	姑幸粗遣	152
姑依前狀	115	膏香	281, 282
固已奇幸	423	高軒賁臨	50
故人念舊之厚	291	敲赫	83
古人滅性之戒	315	苦況	101
故人眉宇	212	孤懷甚悄悄	155
故人思想	524	孤懷寥廓	334
古人善喩	455	顧恤	554, 561
古人所戒	369	姑希	198
故人業嗜	282	哭訣	315
故人一面	63	哭季子	372
故人一札	475	哭女息喪	382
故人情味	281	曲念	553, 560
故人情札	235	曲諒曲施	157
故人之當來	534	穀物	547
故人之情	282	哭班之奉	58
故人淸風	287	曲副我願	432
孤子	308	曲副如何	159
固自不淺	534	哭殤慽者	386
高中	421, 422, 423	曲施	157, 159, 549
敲蒸殊甚	73	哭泣無時	361
藁紙	284	哭子之日	374, 375
叩地叫天	309, 311	曲至之念	284
固知無情	60	曲直可知	567
固知非樂	259	曲直易卞	568
姑此	65, 198, 494	困境	557
顧此家力	163	昆季分領	171
顧此苦銜	262	滾滾不自堪	154
姑此未果	65	滾泪	119
顧此癖	538	──無暇	48

──未果	48	──萬萬	259
──病冗	174	公都會	547, 548
困敦	201	貢慮	341, 493, 500
闋履	86	──無已	99
困不失亨	473	──不已	504
困憊之端	495	──何已	109
困暑不健	135	供老之需	280
坤聖	409	功名之醉人	541
困睡虛還	224	公務曠廢	488
滾擾稽復	62	公務勞擾	143
闋制	86	公務轉益	146
昆弟氣力	330	恐未易也	181
昆弟之落榜	428	恐煩酬酢	188
梱下	29	功服人	113
闋下	29	功服弟	113
闋況	86	工夫	361, 423, 507, 508, 517
闋候	86	恐不緊	175
汨病憂	49, 216, 537	恐不合用	316
汨於親病	176	公私滾撓	175
骨肉相依	373	公私	142
骨肉之情	380	──匃喜	415
骨肉之慽	373	──大幸	543
空簡	271	──兩幸	452
公故	48, 118, 120, 183, 462	──無補	119
──有甚	119	──悶迫	132
──之外	183	──悶戹	119
空谷之跫	3328	──撓惱	119
恐恐	187	──憂慮	143
空官	566	──憂悶	544
攻駒	86	──攢慶	439
恐久不能堪	155	──欣幸	246
空饋	377	──喜幸	440, 478
供劇	86, 119, 130, 482	拱俟回敎	60
孔棘	548	貢溯不淺	548
供劇之勞	482	空送歲月	127
供劇之狀	130	恭承	239, 413
恐難摻別	449	恭審	242
貢念	97, 109, 442	公冗滾汨	119

색인 581

公冗未果	537	――漸迫	424
公冗相仍	118	跨朔	542
公冗日劇	117	――馳策	152
公冗粗遣	118	過盛之懼	417
恭惟	80, 81, 304, 339, 340, 350	過歲之地	565
跫音無聞	182	科數	428
跫音寂然	182	科時酬應	173
共酌	534	果實	282
空齋幽獨	233	過語	289
空齋吟病	234	過於所望	436
工曹	35, 443	果如所期	415
孔慘	404, 548	科擾迫頭	115
空册	284	科儒之需	284
恐致添苦	536	果已關照	59
工判	36	果已料度	274
貢賀	453	果已快祛	105
孔懷之情	348, 351	果已快復	105
孔懷之慟	351	果已快愈	504
恭候	80	科日隔宵	425
恭喜	253	科日此迫	425
瓜葛之親	432	果入鑑否	59
科甲	413	過葬而歸	363
過去光景	260	過腆	296
寡居甥婦	565	過店	560
科慶	414, 415, 419	課做類	6, 506
過境所遭	478	瓜至未歸	548
科期迫止	425	過執之處	519
果能離却否	108	過荷勤念	294
跨歷兩月	121	過夏於越中	527
果領受否	173	科行	428
過晚	543	過行緬禮	404
寡妹	387	果恔淸賞	103
科名重重	411	過婚禮而歸	435
過蒙下恤	262	過婚類	6, 432
果無進退	527	果欠分曉	266
果無此患	105, 546	癨亂	130
科墨分上	173	霍亂大痛	130
科事	413, 417, 418, 427, 428	霍然不復作	105

廓然之慟	334	關節	168, 263, 264
郭外攀別	459	──之禁	263
官家	553	官廚	173
──顧護	552	寬中强食	351
官居少事	144	盥櫛	319
關格頻作	130	官差	567
款曲使令	563	觀瞻俱榮	445
觀光之計	426	官燭下穩話	190
關東	545	觀風	461, 465
冠禮	432	關河雲樹	492
官隷回	238	關河之爲遠	222
觀理善攝	367	寬限	565
館務疲神	119	冠婚之期	433
官府顧藉	551	刮目	509
寬譬加護	350, 367, 370, 384	恝視	158
寬譬萬一	351	刮眼	211
寬譬自愛	351	曠官之餘	147
寬譬之道	350	廣陵之行	156
觀象監	35	光牧	37
冠裳隨變	334	光範	43
冠裳盡變	334	曠世所未聞	480
關西伯	36	狂雨	493
管城	174	曠絶今古	444
觀勢圖之	261	曠摰	442
關數事耶	117	廣興倉	35
關數而然	428	掛鎌	545
盥手展讀	249	瓌傑之資	349
關心	103, 138, 142, 143, 424, 455, 467, 491, 544	愧媿	431
──者否	452	媿恧則深	162
灌藥	124	塊獨無悰	116
官樣奇怪	143	媿悶	141
關於數命	387	塊伏之中	328
寬抑理遣	369	媿悚	466
寬抑幸甚	385	──無量	323
關外	56, 57, 115, 451, 452, 453	──無已	294
──相會	535	──不安	296
官威	552	──之至	316
		──何喩	215

색인 583

媿我之慊	221	久假之惠	541
塊塱	394	軀殼徒存	125
媿於心	425	久客之苦	493
槐院	35	久居此世	378
媿在得之戒	289	俱經死境	138
怪証疊出	139	俱係緊用	274
媿戢之深	295	久繫冷狴	490
魁捷會圍	414	俱係切緊	271
媿仄媿仄	277	拘曲拙法	295
媿仄彌增	361	久曠參尋	49
媿歎奈何	537	久曠之餘	98
媿歎殊深	342	舊壙之災害	404
乖風	82	區區	350
媿恨耿耿	375	——感慰	245
媿汗媿汗	170, 521	——開豁	63
媿恨尤切	316	——擎慰	246
槐黃	425, 508	——驚喜	62
——之期	508	——貢溯	94
乖候	232	——慮仰	494
宏覽大都	465	——慕仰	91
交龜在何日	482	——慕用	46
翹企之私	441	——栢悅	411
交代已出	486	——抃幸	456
校吏前期	560	——伏慕	91, 92
校書館	35	——伏慰	245
矯首德音	177	——不任仰慰	246
矯首嶺雲	216	——悲係	350
交承	451	——悲禱	315
佼然於孝心	313	——伸喜	433
攪擾	55	——仰念	103
膠擾如未奉	54	——仰慰	251
膠擾之中	144	——慰釋倍常	247
交遊	464, 519	——慰仰	247
教意謹悉	536	——慰與溯抃	92
交切于中	418	——慰沃	248
較遲	177	——慰浣	246
俱可念也	493	——慰灌可言	246
舊家所托	561	——慰荷	247, 251

──慰幸	51, 440	口味尙不開	132
──拙法	295	久未承聞	153
──之望	192, 315, 330, 367, 413, 466	久未承候	47, 207
──且慰且漾	92	久未進拜	49, 119
──攢賀	245, 456	久未差	393
──賤悃	520	久未趨拜	140, 505
──瞻結	491	久未趨謁	49
──瞻耿	485	久未候訊	48
──瞻溯	94	舊民	111
──瞻戀	8, 93, 104	苟保頑喘	327
──瞻溼	92	久不淸快	125
──瞻賀	246	舊悲新愁	476
──瞻嚮之餘	246	九死歸來	480
──瞻懸	9, 71, 105	疚傷	389
──馳仰	249	求索以濟	276
──嚮往	94, 107	俱涉無媿	168
──懸念	329	俱涉危域	139
──欣慰	245	疚屬	381
──欣慰曷旣	250	俱屬筌蹄	267
──欣荷	248	丘嫂之病	137
──欣喜	412	俱勝	90
久屈之餘	423	舊時貌樣	122
久闕起居之禮	216	口訊	242
久闕書候	207	舅氏	479
救急	282	舊痾	103, 463
枸杞	275	口眼皆驚	279
久喫	278	求藥之書	276
久耐寒苦	255, 256	口語	241, 242
久念愈苦	393	──致謝	62
久當有問	418	久淹	145
口頭筆端	160	苟延頑喘	324
俱覽未	60	詬辱之來	519
久痢本証	501	久菀之餘	541
久未能定	387	九月	76, 84, 200, 201
久未聞	501	久違進拜	47
俱未拜復	61	久猶耿耿	46
久未報謝	375	久猶耿黯	45
久未奉問	65	久猶驚痛	348

久猶難釋	49	俱泰	90
久猶未已	380	久廢出入	183
久猶未弛	257	久旱如此	545
久猶恨然	54	久旱之餘	546
久矣阻候	45	求解之際	487
久而未定	366	久享	470, 476
久而靡定	358	俱叶養閒	450
久而不忘	276	俱欠從頌	55
久而猶酷	391	國練奄過	301
久而益甚	353	國祥奄過	301
久益驚慟	344	菊辰	84
久益兢惶	443	國哀類	6, 300
久益難抑	154	國哀普痛	300
久益惶懍	477	菊月	84, 201
俱入仕路	457	國子	35
俱在凜綴	342	──長	36
口占奉報	186	窘急之歎	485
口占一律	515	軍器寺	35
口占一絶	513	軍門	563
救濟之道	546	郡衙	29, 30
久阻音墨	43	郡齋	30
久阻音信	421	君親之戀	104
久阻積戀	209	浧灘	201
久阻徽音	210	羣品向蘇	325
苟存視息	309, 311	窘乏之患	558
柩至	372	屈指計程	178
求之應之	168	屈指歸日	372
久處濕地	326	屈指俟喜音	428
求請	161	屈指相別	225
久滯冷獄	490	窮家安穩	565
久滯嶺海	147	窮家形勢	313
久滯峽州	454	窮經爲學	448
求雉	265	窮谷	44, 46, 373
驅馳	59, 446, 461, 494, 496	──秋懷	175
──撼頓	59	窮途	285
──之勞	461	──慰感	477
灸雉爲肴	282	──之感	477
灸雉而飽	281	窮毒	403

窮獨之甚	363, 372	闃然若相忘	45
窮命累渠	401	闕外羈愁	52
躬視	353	闕之可也	433
躬侍杖屨	511	憒憒度日	129
穹壤罔極	332	几案間	550
窮陰	77, 85	饋遺類	6, 12, 169
窮人之幸	436	饋遺之節	272
窮寂	179	饋奠	87, 332, 333
宮中所有	476	――之餘	323
窮天冤酷	318	饋餉禮爲	271
窮天之痛	368	歸家屬耳	61
窮春民事	144	歸計	179, 486
窮蟄荒濱	328	貴稿	513
窮巷冷門	174	歸骨有期	480
窮巷臥雪之中	235	歸覲君親	150
窮海僻邑	448	歸期不遠	263
窮海訟慼	474	歸對慈顔	481
窮海囚山	475	貴道	546
窮海禦魅	475	――稽事	98
窮峽所無	279	歸到小堂	532
窮沍	84	歸來空谷	54
窮荒之地	472	歸來窮谷	46
捲卷輒忘	476	歸來團會	115
眷念所曁	541	歸來悵黯	57
眷念之篤	356	歸來悵仰	57
眷念之盛	151	歸路日力	181
勸勉類	6, 517	貴府	54, 97, 452, 558
眷屬	560	――以來	54
眷愛之恩	564	――耀事	97
眷寓之粗安	327	――珍産	164
眷意攸及	270	歸思益急	155
眷意至此	269	歸思日促	154
眷意之出常	269	歸思轉深	143
眷下	109, 110	歸省病親	156
眷厚之誼	162	鬼誠不仁	366
闕牀下之候	66	歸稅之後	496
闕焉無報謝	537	歸侍	150
闕焉至今	48	歸時	179

색인 587

鬼神不仁	343	極其非細	106
歸尋江舍	485	極其華侈	273
歸語家人	151	極戀之懷	288
歸臥田廬	487	亟謀之如何	537
貴邑	452	極悶極悶	130
歸依松楸	326	劇藩酬應	99
歸意甚忙	183, 184	極備	72, 543
貴人善忘	462	——極無	544
歸傳德音	228	——之憂	72
歸重新寓	259	極暑	83
歸卽顚仆	150	棘兒	362
貴治比前	451	劇熱	72, 83
歸蟄以後	115	極熱	83
歸蟄鄉曲	128	劇炎	83
歸虛	385	克完大事	317
貴縣爲尤甚	96	極撓	197
歸護病慈	480	極欲修賀	456
糾結難耐	146	極用奉慮	96
揆分惶懍	442	極用瞻歎	536
叫栯之痛	301	極用慰釋	252
睽違	392	極爲關心	148
奎章閣	35	棘圍漸近	425
閨閤	379	極慰阻信馳慕之忱	245
叫號穹壤	327	極慰向奉餘懷	250
均慶	90	極矣奈何	382
均福	90, 463	極意團欒	57
均勝	90, 193	極意消詳	520
均祉	90	棘人氣力	344
勻體	85, 192	棘人弱齡	359
勻軸	439	克體分憂之意	96
勻下	466	極熾之憂	116
勻候	85	劇寒	85
極可驚慮	324	極寒	84, 493
極呵極呵	103	劇歇無常	506
極可慮	489	劇冱	84
極佳甚幸	436	極冱	84
極可歎也	264	極好笑	171
極可痛	568	近更有損	136

僅遣	114, 117		堇保頑喘	329
近京之地	450		謹伏問	80
近苦無便	63		僅復不成狀	187
斤敎	514, 515, 522		謹伏承	239
近久奔疲	119		謹伏審	242
近久阻闋	45		謹伏諗	243
近久阻候	207		謹封類	6, 41
勤眷	541		近復如何	504
僅僅低此	148		謹上	39
勤企萬萬	180		近城尋醫	105
勤念之篤	273		近成弊局	452
勤念至此	271		僅甦	129, 348
謹當入思	261		僅蘇形神	122
勤讀如何	520		謹受多感	276
謹頓	41		謹受珍謝	288
僅得粗遣	114		謹承	239
堇得支綴	332		謹審	242, 323
近得臻安	106		——類	6, 14, 242
近得差安	506		謹諗	243
近得回勢	139		近甚阻闊	45, 206
近來勞滾	119		勤業之歎	507
近來如何	98		近又添感	137
近來之甚	69		近爲康寧	106
筋力康旺	312		根委頗深	139
筋力已殫	152		謹惟	80, 81
筋力漸疲	120		謹以敬領	284
筋力殆盡	118		近益僝劣	125
謹領繼此	289		近日落鄕	565
謹領多謝	272, 291		近日所著	512
謹領深幸	274		近日少旱	73
謹領情味	277		近作閒民	116
謹領珍戢	269		謹再拜上書	34, 39
僅免病苦	148		近纔少差	143
謹問	80		近纔回頭	121
近方少定	138		根柢未祛	132
謹拜上候狀	39		勤存	272
厪保病骸	116		勤摯	56, 222, 236, 262, 269
僅保宿狀	114		僅支頑喘	326

색인 589

勤借	529	今方下去	554
謹此覓上	541	今番	169, 428, 452, 568
謹此奉完	512, 513, 540	今夕之會	540
謹此修敬	176	今承俯惠	288
謹此呈上	514	今始告熟	172
謹諦	243	今始修候	176
厪草	186	今雨之壯	8, 72
近稍有勝	107	今又惠書	223
勤托至此	261	禁苑	502
近頗阻信	45	今已復常	105
近頗暄暖	73	今已往返	99
近便	551	今已快復	257
近海	471	今日還家	496
筋骸殆盡	119	琴杵之作歲	291
近幸小減	133	琴酒文字之會	397
近幸小安	114	禁中奉拜	52
近患感冒	130	今至何境	97
謹候	80, 81, 240	今札尤荷	223
──狀上	33, 40	琴軒	30
謹厚之道	519	今晦來初	180, 181
琴閣	30	急報來至	567
今皆已矣	399	及人之老	537
今遽失之	397	及至危急	319
今遽至此	395	矜念	565
今經渠役	139	豈敢忘之	261
今歸左矣	149	起居	63
錦囊中	461	──不瑕有損	105
今乃大謬	349	──安重	224
今年癘氣	100	──節	176, 228, 255
今年穡事	101	──之列	410
今年盛暑	72	──之候	67
今年糴政	101	──候	85
今年之災	102	旣驚且喜	478
琴堂	30	旣係緊用	165
──所事	100	箕功之慨	389
今得少愈	139	旣瓜還仍	452
禁裏	129	旣肯惠然	534
今方進去	549	祈祈	542

旣多感幸	273	豈非幸耶	426
幾多厚福	523	耆司一席	442
氣度	85	羈思之愁鬱	259
幾同送上	173	起想倍甚	177
起頭類	6, 8, 10, 42, 45, 47, 50, 53, 56, 59, 64, 65, 67, 206, 208, 213, 214, 216, 220, 224, 228, 230, 237	寄書問訊	271
		羈棲所須	166
		寄聲	177
旣慮且賀	258	騎省	35
氣力頓減	394	旣溯且慮	107
氣力保重	321	起送奴馬	162
氣力漸綴	134	幾殊向曉	130
氣力日敗	342	記述有無	529
氣力支保	323	豈勝嘉歎	412
氣力支嗇	317	豈勝感幸	8, 51
氣力何似	304	豈勝耿結	63
妓淚之多	483	豈勝耿耿	43, 44, 68
麒麟	431	豈勝驚慮	501
記末	110	豈勝驚愕	376
旣望	201, 538	豈勝驚歎	52, 64
企望行塵	462	豈勝貢念	109
箕氓	289	豈勝名諭	412
幾蕢	286	豈勝慕仰	92
——之惠	286	豈勝悶歎	50
奇妙	287, 422	豈勝栢悅	442, 457
記問	241	豈勝伏幸	245
氣味	88	豈勝悲念	314
幾返營矣	461	豈勝悚悵	49
奇變	529	豈勝仰賀	106, 447
畿輔按使	36	豈勝仰喜	102, 435
朞服人	112, 340	豈勝愛慕	257
朞服弟	112	豈勝珍謝	284
朞服座前	336, 337	豈勝悵仰	43, 451
幾鰒依領	292	豈勝瞻戀	45
祗奉几筵	309, 311	豈勝馳仰	94
肌膚飮啖諸節	254	豈勝獻念	109
氣憊	186	豈勝惶感	247
其憊可知	152	豈勝欣慰	251
豈非至幸	414	豈勝欣幸	106

豈是眞耶	399		氣體候	85, 191
起身牀席	130		其趣如何	423
記室	20, 31, 110		幾雉之惠	281
旣失其時	537		騎判	36
飢餓之民	546		飢飽云者	455
奇愛	378		記下	109
豈容言諭	435		——生	109, 110
丌右	38		幾何其盡	129
其慰可知	252		奇賀奇賀	419
幾危堇甦	348		祁寒	84
旣違拜辭	461		——雖過	69
其爲悲感	340		紀行	516
其爲慰賀	247		奇幸奇幸	139
幾危而甦	137		奇幸不可言	424, 431
旣慰且賀	246		起行池岸	540
起爲平人	124		寄餉	281, 282
旣有諾矣	562		寄餉各種	281
豈有量哉	555		期許不淺	341
旣有所懷	520		氣血凡百	254
豈有他冗	539		寄惠扇封	287
箕尹	37		寄惠諸種	269
畿邑殘況	270		幾乎頭白	140
旣已略備	296		幾乎不寐	439, 440
旣已卜吉	432		豈或歇後	261
豈以爲嫌耶	535		氣況	87
豈忍言喩	357		羈懷	286
忌日	295, 335		氣候	85, 106
幾日苦劇	506		——類	6, 11, 14, 85, 244
期日漸迫	404		其喜可知	227
其將奈何	373		奇喜之極	415
其將如何	444		旣喜替面	249
奇哉壯哉	414		緊緊可聞	44
畿甸奔走	450		緊需	169, 270, 281, 285
祇切冤號	334		緊於藥用	290
忌祭	334		緊於掩耳	273
幾種佳味	277		緊於奠需	294
幾種盛貺	269		緊切緊切	553
幾種呈上	172		緊切之意	555

緊請	552		難保其氣息	392
吉之爲慰	222		難保之慮	362, 392
吉叶年運	314		難抑奉念	104
吉凶拘忌	44, 519		鑾輿穩旋	408
金泥之喜	411		難醫之慮	139
金石以恃	379		難易如何	97
金吾	35, 36		難以爲治	562
――弛禁	532		難以追悔	403
金玉爾音	68		暖日茅簷	226
金玉之音	231		難支之境	342
喫到還甲	127		卵饌稍稀	173
喫飯僧	127		難處之端	147, 157
喫此以鎭胃	165		亂草不成書	187
			難朽之樂	53
			南麓	532
【ㄴ】			南牧	453
羅致此友	550		南門霙別	47
洛奇	410		南民	452
落來望外	211		覽書後	551
落莫之極	430		南扇之至	288
洛耗頓絶	177		南梟薪命	445
樂聞	522, 537		南入之計	149
落傷	254		南節已啓	214
落席叫絶	131		藍田	475
落手	227, 274		――之追送	475
樂趣	526		南中暑濕	125
落下數層	254		南中風土	451
洛行	180		南至日	200
落後之理	538		南至竹西	527
難堪奈何	116, 142, 153		覽此胎紙	163
難堪之端	99, 474		南草	46
難堪之際	286		南行已屆	491
欒棘之痛	314		南行之日	472
暖氣尙微	69		覽還	161, 541
難聊	156, 168, 447		南麾卽發	461
亂麻樣子	145		臘吉惠札	220
難忘之感	561		納福之外	193, 194
難免饑餓	563		臘月	79, 200, 201

색인

臘日	166, 200, 275	來人立督	186	
臘朳	163	來住近地	460	
臘前	180	內醫院	35, 166, 275, 441	
納節在邇	446	內從弟	112	
臘劑些儲	172	來紙敬覽	260	
臘劑如干種	172	來紙領留	261	
臘劑之貺	275	來此同省	48	
納祉	90	奈何奈何	115, 118, 123, 154, 328, 333,	
臘盡春歸	80		366, 368, 371, 386, 391, 393, 397, 509	
臘平	200	奈何之地	367	
臘寒	194	內翰	36	
納幣之儀	437, 438	內患	139	
臘寒	84	冷屋呵硯	424	
臘冱	84	冷雨不止	543	
曩辱寵訪	223	冷節	200	
狼藉	488	冷厨生色	281	
狼狽	263, 403, 427, 484, 489,	老惓	424	
552, 554, 558, 560, 561, 563		老境相依	391	
浪抛三餘	140	老境情鍾	378	
內閣	35	奴歸	217, 238	
來顧	182	老杜窮甚	538	
內艱	305, 306	勞頓於公故	120	
內局	35, 441	勞頓之餘	47	
來頭無限	545	路得寒感	148	
來頭事	480	勞來撫摩之政	293	
來頭之棟樑	349	勞碌	99, 115, 119, 142	
來頭之憂	86	──無已	120	
來無別語	223	──日甚	120	
乃反求之	174	老無睡者	168	
來使	186, 233	勞問鄭重	475	
來時忙卒	49	老白頭賺得	509	
來時書問	348	老病可堪	145	
來時一面	369	老病遠寄	476	
內外喪變	357	老病滋甚	128	
內外下處	560	老病轉苦	129	
來汝之教	433	老夫百戰	424	
來寓某家	116	老夫人産後	429	
來音稍阻	214	勞費良多	271	

路憊方作	187	勞弊神精	128
路憊委呻	148	老兄	35
老死無日	373	──類	35
路上	98	奴還	238
──得惠字	62	老懷	449
──霎面	57	老悔之戒	508
老少免恙	116	鹿角膠	274
勞心之慮	543	碌碌	372, 373
勞仰	43, 74, 77, 207	──度日	142
勞攘多端	99	綠水長沙	522
勞攘一倍	120	農家大忌	543
老炎	83	農家挿秧	72
勞撓	441	弄璋之慶	429
──貢念	97	籠中之儲	167
──不可言	150	農望	543
老人凡節	143	農形	545, 546
老人諸節	114	──大無	548
老友之懇托	562	屢經危域	121, 122, 506
老儒科事	427	屢空之患	173
老儒得失	424	樓觀	535
老儒落莫	422	屢屈之餘	420
老儒事	428	屢年之勞攘	260
老而不死	354	樓臺	535
老人凜然	398	屢代主祀	378
老人元氣	506	屢度晤言	54
老人在堂	399	縷縷	161, 175, 177, 187, 235, 265, 430
老慈	163		
──宿病	136	──滿紙	249
老者常事	129	──至此	266, 568
路程最遠	493	屢蒙周章	160
駑屍奈何	420	淚未乾	367
勞漸	122	縷煩更望	552
奴主之分	568	淚迸	375, 401
奴至	238	累舍之地	212
勞瘁則愈甚	123	屢朔沈苦	257
老親	134, 136	屢訟屢屈	568
──衰病	135	累倅	37
老下情境	313	屢承問札	221

색인 595

陋室多風	215	陵幸陪扈	187
屢辱伻訊	505	懍懍之慮	136
屢月愆候	502	懍悚感篆	474
屢擬伻候	64	凜有秋寒	75
累人	111, 509		
累日靡定	395		
屢日作惡	495	【ㄷ】	
纍弟	111	多感多感	274, 564
樓前霜鱗	173	多苦少樂	259
陋止	531	多男之福	429
屢進虛還	55	多多謝之	512
屢次煩瀆	160	多般藥治了	136
累幅手教	211, 236	多福	89, 90, 193, 437
屢被	239	多謝情餉	283
屢回顧否	466	多事之中	517
雷擊幸甚	189	多少關念	546
賴官力	549	多少竝漏	188
雷門太陽之下	516	多少病昏	187
賴令勤念	562	多少非書可悉	190
雷威稍霽	473	多少穩誨	228
賴以完襄	320	多少情懷	235, 236
賴以破菀	541	茶食	290
惱心奈何	115, 143	多撓未暇	488
惱心之端	97	多憂少喜	447
惱攮於不利之場	115	多慰	219, 253
惱擾可悶	435	多日驅馳	496
惱撓	97, 98, 145, 148, 446	多日彌留	136
――未果	500	多日憂惱	139
――不可言	424	茶竹	288
雷照如何	189	茶草	288
賴侈村廚	281	多被傷損	546
牢蟄	537	多荷善恕	360
賴荷厚意	279	端居無聊	539
賴兄眷顧	528	但結勞仰	77
綾牧	37	短晷行色	52
凌早	231	端揆	36
能免顚仆	152	團領	420, 554
能無所慎	98	團物	165

斷續看字之工	509	答平書	32
端肅	202	踏驗	549
單身空衙	146	當啓旌節	459
端陽	200	當歸	282, 492
端炎	82	當到貴治	150
但有勞仰	45	唐突	160, 161, 517
但有瞻耿	94	──於大巫	517
但積懸仰	328	當得好風	526
但切冲悵	472	唐鹿茸	166
但切下懷	309, 311, 340	當滅不滅	326
丹旌將啓	343	倘蒙採施	158
單車就道	547	當奉玩後	513
單青龍	566, 567	當復如何	352, 496
團聚	479	當復何懷	343
達宵苦劇	134	倘非至意	272
痰癖迭攻	123	倘賜斤敎	515
禫服人	113, 310	當暑供劇	119
禫服弟	113	當暑作行	455
禫事奄過	331	塘水	525
禫朔	333	當於晦間	149
湛樂融洽	537	當如何耶	396
痰証	131	當如何哉	409
禫祭	113, 306, 310, 329, 331, 333	當作何懷	350, 380
痰腫復發	131	當在卽否	449
痰喘	123	當在何間	258, 462
──甚劇	152	當在何時	482, 489
痰寒	124	當盡吾分	548
答簡	289	堂姪	112
踏橋	531	當此災歲	145
答付	550	當此風高	125
答上書	32, 237	當此寒節	273
答書	14, 32, 240	當寒作行	446
答疏上	32	當寒陟劇	121
答慰狀	338	當寒行事	148
答狀	206, 338	當寒懷緒	140
──式	6, 206	棠軒	29
答札	551	對佳	91
踏遍北城	534	大可慰也	252, 366, 491

색인 597

大監	34, 85, 107, 341, 343, 344	大雪	84, 538
──類	6, 34	──塞路	234
──喪事	344	戴星之餘	396
大監患候	107	大勢差減	258
大歉	547	大小而有間	545
大科類	6, 412	帶率幕裨	563
大關風化	568	對時加愛	194
大期已迫	395	大是望外	276
大段	133, 560	大是悶事	545
──所添	256	對時益衛	193
──損節	341	對時增哀	321
大登	544	對時增重	191
──之望	101, 545	對時號慕	322
大禮順成	433	對時和泰	256
對吏	489	大臣	30, 37
代面晤	231	大衙	29, 302
大鳴	423	大雅	34, 302, 369, 488
帶務棼集	142	大兒小成	420
代拜之資	513	大爺	106
大病未蘇	388	大於各邑	548
大府事繁	451	大淵獻	201
代憒	568	待吾歸	528
大費神用	101	大椀堅封	167
大士	34	大阮丈患節	106
大司諫	36	大雨沒郊	233
大司空	36	大雨始降	543
大司寇	36	大庭問安	106
大事既襄	320	大庭覵念攸及	151
大司農	36	大庭平音	106
大司馬	36	大宗伯	36
大司成	36, 402	大地騁目	465
大司憲	36	大憝	265
大傷	384	大闡	412, 414, 415
大祥	240, 306, 310, 329, 330, 331, 333, 363	大冢宰	36
		待秋氣漸涼	530
對牀劇談	155	臺評	482
大祥後	310	大寒	84
對序珍嗇	193	對黃傾白	538

大荒落	201	塗說	267
大孝	303, 305, 308	咷笑俄頃	478
大凶	543	度數幾何	501
德履	88	道修便稀	175
德門	349	都承旨	36
——敦厚	366	道視	85
——喪患	388	都是漫興	516
——禍變	359	徒御之發	503
德峯	528	度閱月	500
德業日新	193	屠維	201
德意隆厚	319	都留奉討	150
渡江時一書	468	度日如年	146, 488
屠江魚	280	都在下諒	189
到界神相	460	到底君恩	470
悼苦情理	362	到底恩造	142, 412
刀圭	123, 126, 137, 166	到底天恩	479
——之餘	167	徒切耿耿	49
道內農形	545, 546, 548	徒切黯然	462
道內癘疫	100	道左	308, 491
道內形勝	461	逃走	565
塗泥之乾	540	徒增哽塞	340, 341
到當	551	到柵下書	468
道塗艱關	481	到處同然	102
都令公	36	徒添儓損	429
道路間關	428	道體	88, 191
徒勞我心	71	圖遞不得	147
道路絶遠	551	渡灞行色	428
道路之間	150	都下	413
都留不備	197	道況	88
道履	88	都希	198
道務營樣	102	獨女之喪	382
都門	459	篤老貞疾	129
徒步行色	493	獨對官燭	56
都不掛心	504	獨覽勿轉借	540
都付夢想	523	篤老悲疢	381
都鄙儓事	568	篤老之年	371
都俟歸日披敍	190	篤老之親	398
悼死悶生	400	讀履	88

색인 599

毒病幾殊	122	憧憧	93
讀書	321, 507, 508, 519	——於日夕	47
——之課	321	——如結	46
毒暑所惱	496	——往來	43, 207, 524
讀案	39	——一念	93, 496
毒炎	83	——瞻言	207
獨自悵然	54	冬令又生	326
獨占豐登	100	冬令漸行	78
讀況	88	動履	88, 463
頓覺	177, 505, 528	東籬物色	525, 533
——衰謝	135	東臨大海	527
——有趣	140	同母喪者	363
頓無佳緒	118	凍霧乖常	80
頓無漸佳之效	121	冬務政殷	145
頓拜	202	東門握別	47
頓封	41	東民	445
頓謝	202, 203	同病相憐	164, 427
頓首	304, 307, 308, 437	同病之憐	164
——再拜言	304, 305	銅符	387
頓是仙味	280	同副令公	36
頓失病之所在	250	同辭請禁	264
豚兒	228, 531	東牀	559
敦牂	201	冬序强半	77
敦匠之任	443	冬序且深	326
咄咄	484, 544	冬序向深	327
——何已	428	童心如昨	431
突承凶音	312	凍魚	291
突而弁	434	童烏	385
東閣	30	同雲之喜	98
冬苽	283	東園春色	483
同過祀禮	416	同有髮僧	363
東郡之首擬	453	動引	88
東宮	457	動忍增益	59, 471
——痘候	409	動定	88
同歸於盡	402	動靜	44, 77, 88, 139, 258
同氣之慽	353	同情罔極	300
冬暖	80, 84	洞弟	111
——如春	80	同朝光色	550

同朝之喜	441	──惠札	233
同照此書	158	得失有命	518
動止	44, 85, 86, 149, 338, 339	得失有數	428
──候	85	得失何居	453, 487
童穉相長	391	得審	243, 504
童便	275	得友同處	520
東風	544	得意之行	460
──連起	543	得接	239
冬夏宜無異	496	得此	144, 240, 274, 282, 289, 523, 543
同閈親熟	562	得參	333, 335, 413, 423
東行旋發	150	膽留精本	531
東行纔返	214	登臨潾泱之間	511
冬行春令	80	登每荷此	273
東軒	30	膽上	513
同虎餐	476	燈夕	200
冬候乖常	79	──登高	532
冬候凝嚴	78	登熟	144
杜門看書	476	登徹	59
杜門窮居	114	燈火可親	508
杜門養閑	140		
杜門蟄居	140		
杜門蟄伏	487		
頭緒	95, 96, 142, 163, 426	【ㅁ】	
頭勢終不回	139	摩訶	528
痘瘡化去	399	磨驢之踏	458
鈍澁之惑	520	馬上揖鞭	57
窀穸之事	359, 368	馬往牛當往	431
得見邸報	478	馬已返廬	323
得男	430, 431	馬屠僕單	493
得達	470	馬草	493
得蒙恩遞	146	幕履	86
得蒙波及	285	漠未聞知	541
得無傷損	318	幕府	30
得拜	240, 247, 248, 491	莫非國恩	457
得陪杖屨	525	莫非命也	390, 391
得賁書廚	541	莫非衰相	127
得遂一見	55	莫非恩造	480
得承	219, 233, 239, 264	莫非罪悔	325

莫憑	43	萬事無緒	176
幕史	30, 563	萬事悲凉	373
邈若隔世	207	萬事已矣	343
邈焉阻脩	419	萬事一敗	373
漠然不知	323	萬山中	449
漠然遠坐	354	萬相	89
幕座	30	晚生	110
幕中	30	萬勝	90, 494
莫之省覺	356	晚時之歎	265
幕況	86	滿室感冒	138
幕候	86	滿室呻楚	137
萬康	88	滿室憂患	139
滿境	546	萬安	12, 88, 89, 191, 467
晚景之福	457	──類	6, 11, 14, 88, 244
晚景至樂	360	輓語	316
滿筐佳菜	280	晚熱轉劇	74
萬金	479	滿盈可懼	442
漫浪	508, 509	滿容之喜	106
晚來初仕	457	萬衛	89
萬里	468	萬裕	89
──歸來	468	萬二千峯	425, 452
──餘瘁	128	萬一之幸	128, 354
──之遠	465	萬丈光彩	553
──銜命	468	萬重	89, 191, 318, 339, 340, 489
萬萬艱草	186	萬支	91
萬萬渴急	163	萬祉	89
萬萬都在此人口傳	190	滿紙縷縷	235
萬萬惶悚	481	滿紙手墨	212
萬萬懷	188	萬護	91
萬望無忽	159	萬和方暢	71
滿目青色	543	晚後	81, 170, 540
晚福	434	──益冷	76
蔓福	89, 193	末殘之兒	385
──之外	192	末由面慰	360
萬不近似	128	末由撫柩	370
萬不能盡	187	末由奉慰	305, 307, 338
萬事都休	363	末由相奉	185
萬事無及	356	末由握慰	344

末由如誠	183	望日	201
末由趨慰	305, 337, 344, 371	亡子初期	375
末由稱意	162	望前	560
末由號訴	309, 311	亡弟葬事	354
末梢無慮	489	罔措	134, 135, 139, 333, 388, 473, 547
望間因公	535		
望竭人之忠	164	──罔措	138
望更加十	403	──何言	333
罔極奈何	304, 307	望助之處	167
罔極罔極	300, 354	罔知攸措	469, 474
罔極之思	404	望塵之計	491
忘略	170, 172	忘疾	523
──分呈	171	亡姪葬事	393
亡母諱日	336	忘僭	513
茫無頭緖	142, 163	莽蒼往復	222
忙未各候	189	亡妻	557
忙未修候	189	望蜀	168, 169
妄發參榜	417	──可媿	169
妄生	426	望秋未蘇	124
望須加意	262	妄稟	520
忙手開緘	212	忙披疾讀	233
望垂恕諒	292	梅官	440
忙手知味	277	每年記存	287
忙手披讀	211, 212	每年當暑	129
忙手披來	211	每多於此等之歲	96
忙手披展	247	梅堂	30
妄恃眷愛	159	每當作苦	122
望宸之戀	408	每到佳處	527
亡室	363	每得家信	153
──祥祭	363	每憐子子	139
忙甚胡草	186	每相愍念	107
罔夜下來	393	每想昔年	155
茫然不能已	465	每與某友	155, 165
惘然自失	530	每易生病	518
茫然慘然	388	霾熱	83
望霓之餘	98	──甚劇	73
忙撓可想	453	埋玉	380
妄用	501	賣屋僦居	128

霢雨伏枕	72	緬想慈愛	365
每隕自天	443	眠食	88, 116
每有病憂	555	粗穩	116
每有懷仰	216	緬惟	80, 81, 304, 307, 318, 339
每擬書候	48	面議事	534
每擬修候	175	面任	555, 564
每一企慕	208	面主人	555
每在其間	51	面稟書懇	157
每積勞仰	74	緬懷高風古之人	74
媒錢而來還	276	滅性之戒	312, 313, 315
每切奉念	101	銘感	291
每切仰念	99	——曷已	270
每切懸仰	67	——無已	273
寐証	133	——在心	282
每馳勞仰	106	——之極	287
埋土	363	名區主人	451
每便有書	235, 236	名區風烟之勝	151
梅軒	30	鳴禽求友	522, 524
麥農違料	545	明年式會	421
霢霂	543	明當進拜	536
麥苗滿野	522	命道奇薄	386
麥事之終	101, 545	名樓之勝	470
麥熟不遠	101	明命	439
麥漸黃	103	明發	493
麥秋且登	100	明府	37
孟春	82, 337, 338, 339, 436, 437	銘謝僕僕	278
——猶寒	337, 338, 339, 340	鳴謝僕僕	292
覓惠	163, 164	明夕之會	537
——速便	167	冥升可媿	443
——數斗	167	螟兒	387
面訣	353	明若開霽	533
勉戒切至	375	明悟	385
緬禮	363, 403, 404	冥頑	324
——類	6, 403	——苟息	327
——祥事	363	——不滅	333
面目幾不可識	225	——忍痛	332
免謗於目下	168	名論	248, 280, 412, 432, 439
面奉謦咳	213	明潤	404

命矣命矣	368		558, 559
明日之事	537	──平信	108
明日行役	491	──平音	107
明將轉進	152	慕仰方深	207
名亭之駕	495	慕仰日長	76
明珠	423	慕仰之誠	43
明窓暖室	476	某營	20, 108, 201
銘佩無已	151	──問安	108
明誨	183	冒雨到此	152
暮境	116	冒雨而至	233
──苦況	128	某友入地	127
──爲歡	454	冒雨出入	536
──情事	124	慕鬱何極	440
──摧悼	366	某尹	37
毛骨淸秀	226	某邑平信	109
某官類	6, 36	某醫命出何方	139
冒極炎	494	某人之來	63
暮年	392	某人忽至	63
某道刺史	36	某宰	37
某督郵	37	某鎭	20, 28, 201, 562
某洞	20, 29, 33, 201, 392, 396, 561	某冊送呈	540
		某處消息	109
慕慮之至	94	某妻之病	138
某令	37, 185, 396, 397	某判	37
冒潦跋涉	496	冒寒	120, 152, 331, 471, 493
某留	36	──歸來	152
某幕	28, 202	──奔走	120
某牧	28, 37	──遠枉	331
孟傷	545	──之役	493
暮色別顔	492	木瓜瓊琚之報	515
冒暑作行	152	牧履	86
慕羨益多	523	木綿事	544
冒受	296	牧伯	37
某守	37	牧史	30
某帥	36	木石之居	50
某倅	37	牧衙	29, 30
某丞	37, 227	目前慘境	384
某衙	33, 106, 107, 108, 201, 346,	目疾一連	131

目下	101, 168, 275, 388, 565	杳然如夢	57
──苦狀	132	卯酉奔走	451
──民憂	144	苗而不秀	390, 391
──秋農	545	墓直	566
牧軒	30	墓陳	564
牧況	86	妙饌也	150
沒其策	333	無可報者	410
沒廉	163	無價散	138
沒未面訣	353	無可言	354, 387, 393, 477
夢境	57, 58, 496	──者	128
──依然	56	無暇爲之	185
夢寐先感	217	無減對晤	246
夢寐之外	51, 371, 389	無撼損節	471
夢想敢到	481	無計送別	448
夢想徒勞	151	武庫	35
夢想所到	343	撫古痛悼	352
夢想攸料	443	撫棺以慟	371
蒙釋	482	撫棺一哭	369
冢孫婦	378	無官自適	487
蒙陞資	444	撫柩承訃	345
夢亦渺然	208	撫躬循省	126
夢囈語	237	無窮之抱	472
蒙恩賜環	479	無靳袖示	512
蒙點	453	無幾之餘日	371
夢中事	373	茂納增慶	89
蒙此慰問	377	茂納休慶	195
蒙此波及	292	無乃忘之	165
蒙此下惠	277	無乃緣撓	60
蒙荷委問	355	無乃太過	272
蒙荷委訪	52	無乃湖縣	453
蒙惠兩種	277	撫念今昔	481
蒙惠歲饌	291	撫念平昔	360
墓閣	561	舞蹈之外	410
妙墨	495	無樂乎刺史	104
墓山	565	無慮奈何	263
妙篆	163	無路覓得	168
卯申	481, 482	無路拜晤	184
渺然溯迂中	207	無路趨慰	367

無聊可歎	428	無雅	10, 43, 65, 230
無淚可揮	389	茂迓新祉	195
無望生全	308, 311, 480	無與共之	540
无妄之疾	91, 311, 501, 505	無與晤語	56, 175
無寐	133, 547	無餘憂否	105
無物相助	317	無餘地勢	129
毋泛另施	552	無緣摻別	462
毋泛必施	566	無往非罪	71
無法可醫	371	無撓上官	142
無病而健	396	誣籲	568
無病二字外	114	無由對展	461
無病粗過	477	無由面晤	185
無復餘地	145	無由奉際	66
無復人理	325	無有惹絆	526
無不可堪	553	無由一笑	184
無非過境	267	無由致身	537
無非緊要	290	無由討覆	63
無非德聲	51	撫戎	86
無非聖化	522	茂膺百福	89
無非數也	401	茂膺新福	193
無非厄會	478	茂膺休祉	89
無事歸來	496	茂膺休嘏	89
無事成禮	435	無意從權	323
無事安過	335	無意之職	443
無事出場	489	無以堪抑	363
無事閒養	535	無以救濟	555
無色	564	無以謄寫	517
――甚矣	171	無以方諭	477
無生意	129	無以奉紋	184
撫序痛裂	325	無以赴召	538
無聲可哭	389	無異宿契	230
無所爲憂	483	無以仰副	264
無所逮及	309, 311, 320, 333, 354	無以仰譬	362
無時可已	93, 95, 222	無以仰喩	217
撫時宛號	326	無異嚴冬	69
撫時孝思	322	無以如戒	264
無失之地	568	無以沃之	282
無心獨上	535	無以爲量	227

無以爲謝	269, 274, 291, 292, 294	無地自容	443
無以爲心	145, 394	無至毀傷	315
無以爲喩	222, 264, 269, 283	無處相議	427
無以爲情	462, 470	無添損節	502
無以爲悰	392	無忝淵源	456
無以爲懷	152, 467	毋致狼狽	554
無異一款	248	毋致傷損	366
無以自勝	336	無他纏繞	460
無以自伸	333	無退轉否	492
無以自定	362	無便未謝	220
無以將事	335	無限驚慮之心	254
無以詛嚼	127	無限悲惱	356
無異前多	128	無限所懷	530
無以致身	558	無限好事	226
無益之悲	351, 367, 371, 379, 381	無況可言	126
無人不痛	138	無休歇時	139
無人相問	328	墨封書角	551
無一可把	288	默會	119
無日悶憐	130	聞客至者	539
無日不病	122	文擧如流之感	154
無日不旌懸於左右也	94	聞見俱慘	345
無一言之及	139	聞跫	182, 212, 475
無任感謝	297	──之喜	475
無任區區	91, 245	聞命震悚	470
無任慕仰之至	92	問聞頓阻	216
無任僕僕	284	問聞積致阻絶	207
無任下誠	305, 309, 337, 485	問病	6, 8, 9, 104, 418, 500, 505
無任欣慰	441	文不進	520
撫字	86	門生	109, 559
務自樹立	413	問晨昏而奉饔湯	360
貿材之際	276	文雅之人	552
無適可往	117	文右	38
無前卻否	492	門運	345, 396
無前災歲	145	──不幸	345
無足奉道	114, 119	聞有湯憂	106
無足奉聞	114, 115, 128	文人窮命	385
無足言者	122, 123, 394	文字相與	271
無足慰也	469	聞在匪久	317

門庭之慶	415	尾及	191
聞遭巨創	319	未及敲椎	516
問存不怠	221	未及歸訣	346
蚊集	188	未及聞知	419
問札	216, 221, 237, 240	未及上來	567
門下生	109	未及修謝	221
門下親愛	549, 562	未及迎敍	52
問翰	211, 241	未及入手	542
文幌	39	未及作報	61
聞喜之席	416	未老得閑	141
聞喜之會	415	未能抃別	469
物簡情摯	269	未能之事	420
勿論緊歇	167	味道	88
勿論長幼	386	迷豚所苦	506
勿藥	91, 258, 311, 312, 343	未得遂意	315
――有慶	91, 312, 501, 505	微凉	84
――之慶	105	未聆動靜	44
物意兩重	270	彌留之報	107
物意之重	292	未亡之命	387
勿以爲咎	264	未免狼狽	263
勿以爲訝	296	未免阻候	268
勿以爲罪	296	未免虛還	107
物種不來	274	亹亹一念	93
勿之有悔	369	縻絆未歸	104
勿嗔如何	263	尾白	191
勿太劬勞	321	美赴	86, 89, 195
物必不逮	293, 294	未副其請	264
未暇一就	49	靡不用極	536
未暇進別	461	美赴增休	89
未見尙思	54	未謝爲罪	51
尾告	12, 191	未死之前	386, 402
未果躬候	107	未嘗不入於嶺雲也	93
味塊蟄	141	未嘗少弛	75
美疢	177, 256, 257, 501	尾扇別箋	288
未究積蘊	52	靡所自容	442
未究之恨	52	靡所止屆	322
米貴如珠	472	未修	67, 189, 427
未克自申	175	未輸	557

微收效	173	美疹加減	177
未承起居	67	美疹旣霍然	534
未承復敎	60	美疹爲苦	258
未承府答	60	未盡積懷	57
未承惠翰	225	未盡之惠	168
未審頮	6, 11, 80	美質懿行	399
未諗	80	迷錯不次	198
美痾	105, 533	未參殷奠	325
迷兒	417	未諦	80
――之病	506	靡逮之痛	330, 331, 333
――之竊科	417	未窆前山	404
美痾稍痊	533	渼陂之游	538
味惡難堪	289	靡懈	43, 91
未諳	80, 360	未解長時	120
微恙	254	未遑	500
美玉於地中	387	閩薑砂糖	166
未穩經宿	51	悶苦何諭	137
未穩悵悵	54	悶惱難狀	488
未遇的便	63	悶惱爲多	117
彌月愛玩	212	悶惱何喩	148
未委	80	悶憐曷已	119
未有伉儷	437, 438, 439	悶憐奈何	117, 118, 119, 120, 124, 125, 130, 133, 394, 458, 490
靡日或懈	207		
尾字	164	悶憐悶憐	118, 122, 148
未痊	137	悶憐何堪	150
未卽躬賀	414	悶憐何狀	121, 125, 148
未卽奉書以候	49	悶憐何言	120, 132
未卽奔慰	316	悶憐何諭	150
未卽修謝	63	民無損瘠	96
未卽討謝	62	悶迫悶迫	136, 139
未曾相拜	158	悶迫之餘	153
未曾識面	230	悶迫何言	147, 152
架增惶悚	520	悶不可言	120, 121, 123, 135, 137, 542
未知起居	254	民事漸簡	502
未知何事	261	悶笑悶笑	143
未知患候	254	民俗淳厚	100
未之果	228	民魚味佳	165
未殄	382, 390, 391, 395	悶如之何	119, 467

悶撓可諭	128		飯稻羹魚	142
悶擾何狀	506		伴來諸種	477
民憂去益	143		反面禮曠	98
民憂關心	103		攀慕靡逮之痛	330
民憂身病	146		攀慕如新	404
民憂貽惱	96		攀慕何窮	322
民憂之費神	101		盤磚	117
民憂且殷	445		半百妓嬌豔	486
悶鬱不可言	152		攀擗號實	314
悶人悶人	115		反覆思量	264
悶煎爲日	134		反覆丁寧	521
悶煎何言	133, 134		伴似	170
悶切何言	139		半死半生	496
悶蹙	120, 481		伴上	170
——不可言	481		反省如何	519
悶歎奈何	145, 147		半歲相望	44
悶痛何言	393		攀訴不遠	357
悶何可狀	426		盤飧	275
悶何可言	131, 137		攀送行塵	462
民形果如何	96		飯羞頓侈	279
蜜果一種	296		潘輿上官	463
密邇	177, 495		半月之內	392
			返爲稱念	262
			伴以某物	219
			搬移之計	259
【ㅂ】			返靷	560, 561
薄暮略申	188		半日相對	399
薄暮忙別之懷	250		半日之地	185
薄物仰呈	174		泮長	36
薄書之勞	483		返葬	562
襏外	238		伴呈	170
薄有秋意	75		——悲愧	317
薄地	563		盤饌垂乏	278
博粲	514		半體不遂	124
搏虎而弄璋	430		伴春還鄉	488
伴簡	12, 170, 297		返櫬之行	402
伴去	170		半割之痛	351
攀訣	318		班荊	491
盤供	278			

색인 611

──少語	58		方極圖之	542
攀號靡逮	301, 326		防給如何	557
攀號擗踊	308, 309, 311		芳年大闌	412
攀號隕絶	316		芳年所祟	507
攀號之痛	300, 404		方當秋務	101
攀和之餘	404		放倒	518
飯後來臨	532		方到此地	150
飯後卽來臨	533		邦籙無彊	410
撥亂成上	261		方謀就紱	8, 49
拔例	549, 555, 558, 560, 561		防墓有變	324
──顧恤	561		傍無書手	517
──優惠	288		方文奉提	276
──痛懲	568		方頌昨枉	223
跋履保重	195		訪隨之行	532
撥幕	178		放眼	465
髮白乃已	435		榜眼	411, 413, 541
撥上	59, 216		妨於筆札	108
跋涉	150, 494, 496		防役之未納	565
──之勞	465		放翁韻	514
發靷	358		方往西關	549
發靷前進	533		方用伏悵	221
發人好意思	523		方用奉慮	503
發楮	465		方用悚歎	505
發程	495		方擬遣書	228
──後	494		方擬遣伻	131
發春	67, 68, 82, 193		方擬伻探	228
發襯	557		方以爲慰	227
撥便急發	186		方以爲悵	224
發解高參	421		方以爲歎	54
發解類	6, 421		方以貽阻爲悵	207
發行期	449		方抵何境	462
發行後	493, 496		方積勞仰	207
發興	524		方切感戢	228
發喜	522, 523		方切悵戀	213
邦慶類	6, 408		方切憒然	352
邦慶疊臻	410		方切向仰之忱	208
方哭再從	392		傍腫又生	131
邦國之不幸	344		方此告急	555

方此苦痛	137	──候狀	13, 40
方此委苦	115	倍償如何	173
方冊之間	510	拜敍是企	180
滂霈	543	拜書申候	176
幇便	177, 238	拜書慰甚	219
方乏之餘	278	拜書之辱	217, 219
方患無食	272	配所	474
方懷耿耿	63	拜手	202, 203, 220
拜嘉曷喩	292	拜受慰荷	219
倍加寬抑	366	拜承	224, 239
拜嘉無已	269	──行李	465
拜嘉之餘	281	拜審	242, 243
拜嘉珍感	291	──多慰	219
倍覺憧憧	93	倍於他日	515
倍覺不佳	140	背如潑若決	130
倍覺愁菀	124	拜慰傾倒	235
倍覺悵惘	495	拜違門屛	43
倍覺忧然	127	拜慰之餘	109
排遣	108, 140, 546	拜而讀之	211
坏塊窮巷	481	拜玆	240
拜領盛意	270	──盛札	217
拜領情眷	282	倍切黯然	492
拜領情記	290	倍切怊悵	58
拜領情念	270	倍切馳仰	94
拜領珍感	271	倍切欣仰	232
拜領珍謝	288	拜呈	40
拜命惶感	443	倍增瞻溯	67
拜別	45, 491	拜此	240
──之後	47	──委問	217
──後瞻溯	46	徘徊洲渚	472
拜覆	40	徘徊悵想	511
背負烏柴斗	215	拜候	40, 59
拜謝曷已	292	──類	6, 39, 199
拜辭多月	46	──上	40
拜謝上	40	──狀上	40
拜辭以還	528	百簡	284
拜辭後	46	百感耿耿	78
拜上	34, 39, 40, 113, 198	百感交中	140, 154, 329

百感弸中	140	──之行	60
百感哀苦	326	伯從	112, 394
百感在中	355	白地徵稅之患	564
百穀	542, 543	白盡頭髮	542
──發惺	543	白粲	295
百念都灰	215	白淸	164, 290
百物蕩然	316	白葱	280
白眉陞秩	442	百蟄	183
百未有片效	131	百花暄姸	532
白髮	126, 502	煩懇	560
百步內	567	煩皆不敢	554
百福	89, 90, 193, 467	煩告	159
──茂集	193	藩閫類	6, 445
柏府	35	翻倒喜慰	248
百朋	212, 231, 269, 284, 475	煩浼	158, 549
──無異	269	煩冒未安	160
百事	472	煩不敢名	202
──不入手	404	────上書	202
──塡委	270	────再拜	202
──廢闕	375	煩不名	202
白是	34, 203	───頓	202
百柿	283	───拜	202
伯氏捐世	349	煩遠聞	481
伯氏遠來	226	繁陰生凉	533
伯氏從者	61	藩任	445, 446
伯氏台愆候	107	藩除	447
伯氏患候	107	煩逋	202
白岳窮交	102	──頓	203
栢悅之情	455	──拜	202
栢悅何量	455	煩稟	160
栢悅何諭	415	煩溷	568
伯玉知非之效	154	繁華膏腴之地	143
白雲山裏	397	煩欠	202
白雲秋景	523	──頓	202
白雲紅樹	529	──拜	202
伯胤	108, 454	──拜手	202
栢子	283	──謝	203
白足	60, 549	──悚	203

――悚悚	203	別証	313
犯戒	263	別紙	157, 158, 232, 426, 514, 516
凡具掃如	426, 436	――所教	521
凡百苟艱	290	――垂諭	266
凡百無足言	115	別幅	159, 190
凡百不成樣	142	――所示備閱	260
凡百愼悊	195	別品白淸	164
凡百之艱楚	553	別號	112
凡百支費	99	別還事	556
凡所游歷	527	別貱路資	292
泛視	162, 559	別懷	10, 43, 45, 46, 494
泛英之盃	525	――千萬	467
泛月之敎	530	別後	213
犯義而踰分	295	――三書	213
凡在交親	456	――瞻仰	46
凡諸請簡	263	――縣縣	213
泛湖之遊	538	――懷思	47
僻陋左顧	50	別后無聞	213
璧還	296	別后初信	213
便覺消去	528	病渴	542
便覺稍安	470	病喝	187
變怪	567	病苦未蘇	121
拚別	462, 469	病汩	48
邊塞山川	526, 527	病口多渴	282
拚送	466	病口生新	277
弁倅	562	病闕書候	49
怦躍惟勻	410	病劇	367, 506
變除之節	333	病記	110, 111
拚賀沒量	252	病難遙度	501
拚和	510, 511	病懶之餘	176
別告	311	病落窮鄕	344
瞥過名區	529	病劣如昨	146
別來歲換	231	病裏紆鬱	223
別無他可報	268	病裏懷緒	67
別世	301, 302	病母在牀	153
別時所溷	163	病無人事	214
別意	46	病未能爲	418
――黯然	46	病未能會	435

색인 615

病未造拜	466		555
病未造別	459	──惱心苦	139
病未卽還	156	──頻仍	137
病未就議	266	──相仍	315
病發益痼	122	──喪慽	394
迸伏江湖	462	──如灼	381
病伏邱園	400	──冗甚	48
病伏窮谷	44	病友所祝	467
病伏窮巷	215	病胃	277, 278
病伏窮鄕	328	──頓醒	277
病不離身	123	病委床笫	394
兵相	37	病意	491
病狀	139	竝日而行	469
──乖異	122	病日侵尋	125
──非細	124	屛帳	560
──殊殊	414	病情輕重	319
──如此	424	病情乖異	123
──日深	487	病情日痼	142
──一樣	121	病情轉苦	122
──粗免	328	病弟	110
病生	111	兵曹	35, 440
病嗽闋然	418	病拙	111
病隨衰集	127	病廚	276
病祟兟兟	120	病中	176, 177, 214
病祟在夏	125	──戀渴	179, 215
病兒行役餘	139	──所需	274
病淹楸下	125	──拙構	316
病淹海曲	216	──欣感	505
病餘	132	病症則固危篤	397
──奔走	118	病之加減	172
病與衰添	127	病且難强	146
兵營軍	566	病喘	324, 332
病撓不備	197	病倩	197
病擾又如此	175	病喘堇支	324
病冗未果	64	病草	197
病冗相續	61	病瘁之狀	501
病冗相仍	261	病侵應爾	126
病憂	49, 216, 253, 386, 504, 537,	病枕之蹶起	414

屛蟄郊外	462	伏感伏感	274, 288
病蟄聾瞽	376	伏感之至	273
屛蟄深巷	466	服闋之後	331
病榻逢新	125	福慶	411
竝通爲仰	161	復敎	60, 218, 241
兵判	36	覆敎	241
病昏	118, 183, 187, 197, 376	服記	113
──稽謝	215	福氣	543
──闕謝	62	福堂	489
──人事	62, 67, 331	伏讀再三	511
──走筆	237	伏慮無窮	493
病患急報	393	伏憐奈何	387
病患所用	166	複嶺重江	207
病患之報	313, 354	服履	87, 338, 359
病患之餘	134	──保嗇	359
病懷悵黯	57	──何似	338
寶蓋	453	僕馬盤費	495
報瓜之日	488	伏慕區區	92
報答之憂	547	伏慕類	6, 8, 11, 91
保釐體度	85	伏蒙	239, 309, 319, 339, 376, 437
保嗇	90, 359	──手書	319
保守	565	──尊慈	354
保安	91, 192	──怦問	376
報往之禮	267	──下問	505
補外類	6, 469	──下訊	64
補外守令	37	伏問	80, 107
報章	32	伏未審	80
保存甚仰	553	伏未諳	80
補中益氣方	501	伏未知其間	108
保護之地	441	伏未諦	80
普治畿內	96	伏悶何達	152
僕	11, 35, 71, 111, 117, 126, 269, 273, 277, 278, 281, 284, 288, 290, 292, 293, 323, 438, 493, 495	伏悶何諭	132
		伏拜	239
		僕僕起拜	281
伏	80, 81, 198, 304, 305, 314, 337, 339, 341, 342, 344, 346, 348, 349, 352, 358, 364, 365, 368, 376, 400, 437, 438, 460, 472, 521	僕僕無已	288
		僕僕拜謝	284
		僕僕不已	273
		伏奉	218, 239

색인 617

──復語	60	服人	42, 112, 113, 302, 310, 338, 339, 340
伏不勝瞻慕之至	92	服前	337
伏不任區區慰慕之至	92	伏呈	12, 169, 514
伏不任慰溯之至	92	服弟	112, 113
伏不任慰賀之至	245	服拙	113
伏不任且慰且賀之至	245	服座	38, 336, 337, 338
伏不任下誠欣慰之至	245	──前	38, 336, 337, 338
鵬舍	31, 479	──下	38, 85
伏上	12, 169	服中	42
復常	9, 91, 105, 246, 258	──動止	338
伏想嘉悅	422	復職類	6, 457
伏暑之証	125	服次	371
福星	100, 102, 103, 192, 445, 546	覆札	240
──所照	100, 102, 103	──纔去	222
服成屬耳	382	服體	87, 338
卜姓一念	102	伏枕艱草	187
伏受	284, 286, 541	伏枕涔涔	505
伏承	6, 209, 218, 220, 227, 239, 254, 319, 328, 344, 398, 403, 438, 503, 504	伏枕胡草	187
──類	14, 239	伏枕昏慣	187
──寵翰	213	腹痛便數	129
──台札	224, 323	伏賀萬萬	258
伏審	218, 242, 403	復何所言	327, 328
伏諗	243	復何言哉	399
服藥調治	167	復何如	247, 453
鰒魚	164	復何爲乎	354
福緣	451	伏幸伏幸	113
伏熱漸酷	74	伏幸何達	113
伏慰類	6, 14, 245	服況	87
伏慰且慕	91, 92	伏候	80, 81
伏慰且溯	92	服候	87
伏慰且迕	94	本來虛敗	137
伏慰且荷	245	本牧	549
伏惟類	6, 12, 13, 198	本無私儲	172
伏惟怨鑑	188	本病間發	121
伏惟愈哀	316	本不宜熱	125
伏惟沈痛	361	本生先府君	306
伏惟孝思	318, 322, 329	本營吏某人	228

本邑爲最	547	奉狀陳謝	341
捧檄之願	414, 448	奉索	284
捧檄之行	449	奉書以申	419
奉念	97, 100, 101, 104, 256, 258, 454, 479, 494, 504, 546, 547	奉書以候	49, 175
		封雪深巷	123
──曷已	98	奉遡	95
──奉念	451	奉施之道	263
──不已	104, 108	逢新情私	329
奉老凡百	116	奉審	243, 300
奉老粗遣	114	奉諗	243
奉老粗保	113	蠱釀色白	164
奉答	40, 342	封餘	292
奉讀三四	247	──珍味	292
奉讀慰荷	249	──呑魚	292
奉讀以來	354	奉晤難期	184
蓬萊秋色	530	奉晤未涯	184
奉慮區區	254	奉晤之期	180
奉慮實深	324	奉完	512, 513, 540, 542
奉慮亦切	182	奉玩還納	540
奉慮何已	259	奉慰	226, 253, 305, 307, 338, 484
奉領珍感	270	──且溯	95
奉老粗依	387	奉認情念	279
奉面難期	183	奉一書	320, 466
奉面在卽	180	奉資於官門	554
奉拜之便	182	奉傳	178
奉別久矣	48	奉呈	170, 173
逢別甚恩恩	52	奉際無因	184
逢別恩恩	227	奉際在邇	180
奉報	61, 114, 186, 540, 542	奉贈	534
奉復	202	奉職無狀	484
奉副	171, 261	奉諦	243
奉使	464	逢秋未蘇	123
奉謝	40	逢秋衛重	194
奉上	40	逢秋益切	146
奉狀	307, 311, 337, 338, 340, 341, 376	逢秋風	121
		逢寒苦劇	124
奉常寺	35	奉和諷詠之餘	511
奉狀仰慰	376	奉還	296

奉歡多趣	100	扶病奔奏	118
奉懷高風	527	覆瓿	516
奉候	40, 175, 177, 487	復陪牙纛	511
富家翁身世	272	夫復何言	312, 343, 349, 398
赴擧類	6, 425	復事詩酒	483
赴擧敗歸	558	俯賜慰問	309, 339, 354
浮誇	254	付上	170
賦歸	143, 144, 486, 487	賻喪問孤	319
——在邇	487	俯索諸篇	517
——之計	144	浮生脩短	402
復見今日	332	浮生早晩	401
俯念曲至	320	俯恕	158
拊念疇昔	316	訃書	301, 302, 313, 348
付答	237	簿書惱神	104
不多及	196	簿書凡百	452
不但在物	270	付書長弟	59
不待仰勉	350	訃書踵至	313
不待提懇	560	負席呻痛	131
付塗	169	負席涔涔	122
不徒在物	288	復誰咎也	473
不得不相資	559	俯垂慰問	309
不得相訣	397	夫孰不然	118
不得如是	263	負乘之懼	444
不得已	296, 557	附申慰忱	345
——之事	328	副牙	30
俯諒善恕	157	副衙	30
俯諒優施	556	府衙	29
俯諒而垂恕	516	俯仰穹壤	333
俯領爲望	173	俯仰叫號	333
賦命凶奇	382	俯仰悲怛	343
府伯	37	俯仰悲涕	344
副百里之望	192	俯仰人代	402
父母喪類	6, 301, 336, 342	俯仰之頃	332
俯問	225, 241	俯仰之際	317, 318
——之語	225	頻仰痛冤	334
付丙	159	俯仰號隕	327, 332
扶病強策	118	赴燕類	6, 463
扶病奔忙	120	負幽明多	316

賻儀	316	不知所言	356, 389
付入京褫	60	不知所云	462
不赀	89, 556	不知所喩	275, 312, 319, 320, 344, 398
——之軀	351, 367	不知所處	361
——之身	381	不知所出	443
不自堪忍	339, 343, 346, 347, 358, 364	不知爲謝	269, 290
不自死滅	309, 311	不知爲幸	412, 418
不自勝堪	339, 340, 353	不知攸達	268
不自意	211, 214, 238	不知攸謝	236, 270, 280, 287
復作熱	76	不知攸諭	292, 430
復作恒人	334	不至任情	361
不暫忘	548	付之邸便	237
拊掌而起	430	婦姪	112
不腆別錄	170	副此忉忉	193
不在物	277	副此瞻冀	367
婦弟	112	副此瞻禱	192
不祭之歎	335	副此瞻仰	194
付呈	352	副此瞻祝	194
不吊于天	320	副此馳情	451
不足道	121	俯札	240
不足奉報	114	負債如山	342
不足慰也	478	俯踐	166
不足爲賀	418	赴遷	559
不足之患	547	簿牒之勞	268
俯從禮制	547	簿牒之浩繁	450
不周悉	186	俯致存訊	226
府中百事	147	浮沈	155, 156, 237
不卽書賀	415	頻惠	284
不至惱神否	97	付惠速便	164
付之某便	324	俯惠節筐	287
不至費心	102	俯惠諸種	271, 277
不知憐我	262	付還	296
不至死亡	547	北客	154
不知死所	480	北關陞擢	446
不至傷損	318	北歸徒御	479
不知所達	319	北望耿結	92
不知所謝	262	北望悵缺	410
不知所酬	147	北壁龜島	527

색인

北巡已返	401		不聞動靜久矣	77
北轅纔返	150		不忘置而另施	436
北自叢石	527		不免間斷	476
北窓淸風	287		不免失稔	545
北還在邇	441		不免一行	425
分減	136		不謀而同	223, 229
分甘之惠	278		不敏多矣	48
焚膏難繼之時	278		不敏之罪	261
奔哭入城	393		不拜而受之	266
紛汩	546		不煩民力	99
──日甚	119		不病而病	137
紛膠比甚	189		不報之地	221, 560
分岐以後	58		不服之憂	471
粉黛之富	103		不奉施乎	261
分離之懷	447		不逢之爲愈	52
賁臨如何	531		不奉何異	178
奔忙中	49		不備	196, 197
分孭	430, 431		──謹疏	305
分味	164		──謹狀	337, 338, 340
噴飯	264		──類	6, 196
分付如何	556		──拜狀	198
奮身自致	155		──書例	198
紛如亂緖	147		──書禮	198
賁然臨枉	531		──書儀	198
分外科名	420		──式	198
分呈	170, 171, 172		──狀例	198
分定	560		──狀禮	198
奔走道周	460		不任驚感	253
奔走不息	119		不任耿耿	93, 94
奔走如前	20		不任哽咽	354
奔走之餘	487		不任驚歎	390
奔走之諸家	174		不任區區	92
奔走之中	67		────悲念之忱	92, 359
分痛之情	107		不任慮仰	504
奔遑悲勞之餘	134		不任卑情	245
不可孤矣	534		不任卑悰	92
不露慽容	381		不任溱仰	92
不滿三千	467		不任仰慮之至	105

不任鬱鬱	92	不洎之感	417
不任賤誠	246	不顧體例	157
不任瞻想之至	92	不恭之意	295
不任馳神	116	不過數日間	74
不任下誠	245, 305, 339, 470	不過五月	467
不任懸懸	381	不具	196, 197
不任欣倒	251	不救	114, 319, 386, 389
不次	198, 309, 311	不究	196
不淺	95, 164, 250, 341, 369, 434, 449, 504, 511, 534, 548	不久於世	122, 399
		不歸於善惡	519
不好可知	171	不禁憧憧	207
不遑把筆	48	不禁潸涕	314
不獲一面	230	不禁馳情	480
不獲就謁	50	不及之歎	160
不可窮已	403	不旣	196, 197
不可得也	449	不起	129, 302, 391, 396, 397, 398
不可名喩	262	不曁物也	271
不可無者	553	不緊之行	426
不暇奉報	61	不緊職名	120
不可不念	471	不難用之	289
不可狀諭	281	不佞	151, 230
不可勝言	247, 433, 494	不能口悉	186
不可悉言	246	不能究布	186
不可以風	183	不能搦管	63
不可盡信	519	不能宣悉	197
不覺憧憧	214	不能少弛	350
不覺涕下	348	不能勝也	348
不敢輕坼	153	不能悉意	186
不堪戀往	67	不能安也	271
不減復挹光塵	248	不能如誠	331
不減山陰	8, 77	不能穩討	52
不敢釋手	210	不能爲懷	317
不敢少弛	254	不能已也	8, 9, 104, 105, 262, 394
不堪用	169	不能已已	280, 304, 307, 337, 342, 344, 346, 350, 358, 365, 380, 395
不減淸言	249		
不減淸誨	474	不能一一	197, 357
不遽至斯	397	不能自已	329, 456
不輕是悶	431	不能自定	348, 378, 391, 399

不能自振	456	──之餘	359
不能自解	61	──之中	430
不能周悉	197	非久作行	492
不能盡所欲言	187, 188	備局發關	560
不能盡意	188	非勤念處	273
不能盡下忱	55	匪今斯今	153
不置遐外	230	備納之望	565
不寢不食	123	備納之意	565
不必費念	167	比年以來	566
不必張大	533	悲念之至	341, 396
不瑕無闕	495	匪怒之敎	473
不瑕有損	105, 460	比多不健	133
不幸之戒	416, 417	臂痰苦劇	131
不趐仙凡	450	悲悼尤切	371
不趐如山	514	悲悼之懷	363
不愜	449	悲悼沈慟	359
朋友之饋	296	悲悼沈痛	367
崩隕莫逮	332	悲悼何堪	358, 376
崩隕罔極	325	憊頓難振	129
崩隕情理	327	比來	81, 95, 401
崩隕痛迫	326	──淸趣	140
朋知痛惜	401	悲戀難遣	387
鄙家祭祀	296	悲戀憧憧	322
鄙家之親切	564	鄙鬣當牽送	535
比間	81	非賂不成	267
悲感交集	374	鄙吝	179, 183
悲感如新	316	──之懷	236
悲感益倍	374	匪望	238
悲觖無已	315	俾免	552, 558, 559, 561
悲係無已	330	──狼狽	563
悲係增深	305, 307, 338	非面不可	534
悲苦情理	374	悲慕煎悶	342
悲苦情緖	363	非罰伊恩	484
悲苦之懷	365	備邊司	35
悲疢	322, 370, 381, 390	悲夫悲夫	378
──常多	393	非不念	173
──嬰情	392	非不篤至	66
──有倍	376	非不源源	222

非不爲幸	420, 424, 458	鄙作書在小紙	514
非不爲喜	431	比昨尤甚	138
非不漸減	132	非璋而瓦	430
非分	442	比前若何	254
匪分恩資	443	比前差勝	132
悲儱忙撓	355	比諸滾汨於靑帷	147
悲嗇	90	非罪伊榮	469
非昔時	145	備知	244
匪所	31	非止爲尋常	541
悲勝	90	非眞	349, 370
費神之端	97	俾懲	568
備悉	244	批隴於各幅	513
備審	243	備諦	243
備諗	243	費鈔	168
備諳	243	比沖勝否	106
——靜中	526	非他人之比	350
悲哀中氣力	324	悲慟沈痛	350, 364
比熱	83	悲痛何勝	349
憊劣日甚	115	悲割痛毒	348
憊臥	186	非虛語也	92, 129, 209
非曰無之	516	庇護	562, 563
悲撓餘外	394	悲懷不自禁	374
悲撓何言	394	悲懷恩恩	391
臂右麻痛	126	非喜伊懼	417
比寓城外	117	非喜伊憂	417
臂有灸瘡	187	嬪宮	409
匪意	211, 212, 216, 238	頻勸如何	430
——類	6, 14, 238	頻繁哀感	328
——辭意	480	蘋蘩之重	378
——專翰	212	貧不能助	435
備認	244	頻頻繼惠	168
鄙人	112	頻頻送惠	168
比日	81, 181	貧士寓況	551
——多候	78	頻數從游	449
——冷雨	76	頻枉	449
非一端也	98	頻有愆候	9, 105
非一二	147, 557	頻入耳界	127
比者	81	濱海腥臭	173

색인 625

頻惠	280		四窮之最	348
──德音	177		思歸之日	486
鬢後癬瘡	134		事極非難	549
憑其口槪審	63		斯極之時	97
憑問無路	107		俟斤敎	514
憑伏審	242		謝難容喙	286
憑祗修敬	176		事多難堪	142
憑修謝	175		砂糖	166, 172
憑審	242		似當不專	508
憑諗	243		賜大	290
憑邸	550		使道	34, 85
憑諦	243		事同兒戲	264
憑祗未易	551		些略如此	172
憑便續惠	289		乍凉	83
			使露醜故	159
			賜賚之恩	444
【ㅅ】			四六文	438
査家	556		仕履	86
私家不幸	358, 362, 382		事理明白	568
謝簡	32, 345		死亡相續	143, 146
司諫院	35		死亡之慘	117
謝感語	541		紗帽	554
使价旁午事	142		思慕號絶	304, 307
使客支待	147		似聞	255, 361, 383, 479, 501, 546
事係關緊	157		斯文	34
事係關節	264		私門不幸	345, 364
私計良幸	487		私門酷禍	353
私計萬幸	146		似未及達	60
事係不難	558		事微而用緊	169
私計雖幸	446, 455		私悶奈何	446
私計甚幸	454		私悶私悶	131
事係切緊	160		私悶何喩	148
私計切悶	467		私悶何已	134
思苦鈍遲	516		乍配旋宥	478
四顧無親	384, 385		舍伯	112, 116, 342
舍館尙未定	259		──病証	137
辭敎截嚴	469		──所愼	137
使君	37		司僕寺	35

士夫家先山	567	謝慰疏	32
似不可已	426	嗣音之計	551
事不從心	264	四應	172
私分踰濫	443	查誼	164
事事	158, 551	辭意諄諄	395
──從心	486	辭意鄭重	374
──嗟感	141	事已了當	483
祀事	334, 335, 472	似已塵覽	59
──隔日	334	使人如倒	234
辭謝類	6, 294	四日滯雨	528
祀事利成	334	查丈	35
謝上	13, 40	四宰	36
死生之別	350	舍弟	112, 115, 139, 158, 353, 418, 539
死生之際	353		
謝書	32, 63	──科事	418
似涉不廉	165	賜第之恩	413
似涉如何	263	辭朝之日	462
斯世之不幸	349	乍阻悵仰	45
舍所	30, 31	辭拙	514
謝疏	32	捨舟西歸	527
──上	32	裌中	238
斯須按撥	465	──類	238
思熟講決	403	辭旨懇惻	354
舍叔之病	136	辭旨繾綣	230
乍勝旋苦	133	死之久	333
事實重大	403	四肢攣縮	130
私心感幸	443	思之渺然	231
私心奇幸	420	辭旨諄悉	224
事甚不難	566	思之如夢	58
私心哀感	320	思之如昨日	397
仕案	37	思之又思	349, 377, 388
卸鞍忙草	189	辭旨惻怛	319, 320
仕餘	85	司直令監	444
思與可意人	231	乍進乍退	139
事役所縻	337	謝札	32
司饔院	35	查處	489
四月	73, 82, 200, 294	四千里行役	150
巳月	82, 200	謝帖	32, 60

색인

乍遞	452	――病女	281
私囑	565	山裏罕接外人	349
私通	556, 557, 561	山林蕭索	194
――同裏	556	山社靜寂之中	507
辭退	47	山所	173, 317
――下懷	45	――局內	567
辭陛	459, 460, 461	山訟	566
――之日	461	山水松桂	450
捨彼就此	425	山水之趣	530
似必另施	553	山野興味	283
辭筆燦然	211	山役	404, 556
私幸	114, 115, 116, 149, 420	山人過此	523
――曷諭	153	山積	188
――萬萬	506	山廚暴富	281
――不可言	468	山地已卜	371
――私幸	431, 485, 487	山川悠邈	47
――何言	115, 485	山川有阻	209
――何諭	116	山川之脩阻	235
司憲府	35	山海奇勝	528
查兄	35	山海巖壁之間	529
舍兄邊	551	山海之遊	527
似乎無前	78	産後諸証	429, 431
使喚	457	殺機如熾	380, 386
賜環	477, 479	三見慘境	378
――之命	478	三庚已過	72
仕況	86	三公之所	523
私懷悵缺	468	三代世交	558
仕候	86	三物幕	561
射帿之遊	533	三白	539
索居無聊	126	三復感慰	218
朔書居魁	423	三復壁間	511
朔日	201	三朔沈苦	123
朔寒寥栗	466	三燈奄畢	334
山家索居	236	三陽獻歲	69
删改以呈	512	三陽回泰	69
山居無事	522	三餘之工	422, 509
疝結成痰	326	三月	71, 82, 108, 200, 550
山梁	280, 281	三日之晤	8, 51

三場壯元	410, 411	祥期奄迫	330, 363
三宰	36	祥期漸迫	330
三銓	36	祥期只隔數旬	332
三從	112, 519	祥期且近	329
──孫	112	祥期此迫	333
──弟	112, 557	想難堪處	330
──姪	112	霜冷	84, 557
三次之書	60	相念	283
三冊將擧	408	──之勤	262
三寸姑喪	346	想勞神用	96, 99
三娶	438, 439	想多難抑	104
霎拜	54	想多惱撓	98
霎奉	52, 178, 224, 492	想多眉攢	100
──餘懷	224	想多事自倍	99
霎時之會	532	想多愁寂	103
喪家	330, 561	想多酬接	175
──歲月	330	想多撓惱	486
──傳送	561	想多自便	102
尙覺耿然	46	想多淸趣	102
孀居	394	上達否	59
相居稍遠	306	祥禫	329, 334
相繼來訊	225	──次第奄過	333
尙稽書候	214	上答書	32
尙稽修謝繼	62	霜臺	35
尙稽造慰	323	相對妮妮	155
尙稽至今	50, 175	裳帶之憂	359
尙稽進承起居	49	相待之意	178
相繼痛出	117	想來悲憐	553
尙苦伏悶	136	霜冷加護	194
上官	86, 142, 463, 554	商量	557
尙苟活爾	333	霜凉	84
上國觀風	465	霜令	84
想極焦勞	547	霜露私感	336
尙靳信踐	436	霜露已降	322
尙今往來于中	57	霜露之感	325, 336
尙今作惡	46	上流之行	530
喪紀甫畢	359	相望落落	344
祥期不遠	330	相望杳然	474

색인 629

相望渺然	184	上巳日	200
相望不邇	185	相思一倍	230
相忘於江湖	68, 295, 479, 501	上狀	438
相望猶比肩	94	上書	20, 32, 33, 34, 39, 59, 203, 237, 550
尙無蘇意	121	——類	6, 32
想無進退	493	喪逝	339, 347, 353, 362, 390, 393
想默諭之矣	141	牀席奄奄	481
上眉	546	庠選	421
尙未康復	256	霜雪交下	69
尙未歸覲	154	喪小室	361
尙未良已	105	傷損	318, 361, 366, 494, 546
尙未逢便	62	傷水土	142
尙未蘇完	324	庠試二上	424
尙未遂意	48	常時之比	246
尙未艾矣	137	霜辰	84
尙未有定	317	霜信太早	76
尙未淸健	128	喪失家婦	376
尙未趨賀	415	想心力俱勞	260
尙未快	98, 124	想甚焦菀	106
——可	256	上衙	29
——復	256	相愛之望	194
——解	256	相愛之深	371
尙未通訃	398	相愛之至心	417
尙未和泰	256	徜徉之餘	532
庠榜高等	424	傷於枯	545
想倍費神	259	相憶何殊	46
常陪戚丈	228	喪餘隔宵	335
想倍他時	100	尙餘慰幸	57
上白是	34, 203	尙延視息	327, 328
喪病相仍	376	尙延殘喘	481
尙不止息	100	霜葉政酣	425
尙復何言	370	上營	460
尙復何喩	348	——珍重	89
想不容易	503	觴詠於其間	535
想費神用	96, 99	上誤特簡	145
上舍	34, 365	牀褥	124, 125, 131, 392
上謝書	32	尙用伏慰	53
祥事已過	330		

尙用慰荷	50		尙忍視息	382
尙右之痛	388		尙忍言諭	327, 362
上元	200, 531		尙忍言哉	392
上慰書	32, 40, 316, 318		祥日爲期	323
上慰疏	32		上章	201
上慰慈念	350, 366, 370		喪葬之餘	162
尙爲千金	512		尙在案上	219
尙有大乎	409		尙在眼中	369
常有色憂	502, 503		賞典	445
想惟哀懷	322		想切感祝	478
尙有餘耿	52, 54, 57		常切溯欝	206
尙有餘威	70		常切遜苑	45
尙有餘恨	46, 54		相照	268, 375
尙有餘幸	53		——而然矣	268
桑楡之托	378		尙阻奉敍	229
想應無憾	314		尙阻奉穩	68
想應奉答	342		相阻如隔世也	94
嘗擬一晉	50		尙阻一候	48, 207
相依之餘	57		相從未甚久	396, 397
想已啓之	494		尙遲霍然	121
想已過半	547		尙支頑喘	326
想已關照	60		尙遲于今	375
想已關聽	59		尙此感荷	218
尙爾惱人	75		尙此苟延	324
想已覽下	60		尙此難振	151
想已另念	560		尙此彌苦	506
想已留意	483		尙此未果	66, 175
想已俯領	60		尙此彌留	108, 137
想已始了	96		尙此爲慰	54
常貽遠慮	107		尙此爲幸	53
想已照過	59		想次第照至	59
想已照徹	60		喪慘連仍	128
想已塵案	60		喪慽比疊	359
尙爾貼席	121		喪慽情懷	385
尙爾獻念	256		喪慽之餘	394
想益悶惱	452		尙淺	453
想益深也	408		霜天	84
喪人	42, 314, 389, 396		上淸夙緣	449

색인 631

狀請如何	548		──而止	532
喪出之際	393		索居懷仰爲勞	77
相聚	507		穡事	98, 101, 546
上親下兒	114		色憂	196, 502, 503
上平書	32		生光色	552, 558, 563
霜風	84, 171		生光之端	563
──搖落	75, 233		生男類	6, 429
想必倍之	97		生梨	265
想必入照	60		生鰒	292
想必浩然	486		生父母喪	306
尙何可言	324		省事姑遣	114
尙何堪勝	330		省事粗安	114
尙何堪忍	345, 353		生色	281, 525, 553, 563
尙何具諭	136		──如何	157, 159, 549
上賀書	32, 40		生成之恩	480
尙何言喩	326, 334, 344, 382		生疎鈍拙	147
尙何言哉	334		生手孔途	142
尙何忍言	484		省言	42
牀下之款	218		生員	248, 305, 320, 410, 418,
常漢	567			420, 428
──之偸葬	567		生意都盡	373
傷恨益至	316		生意頓盡	127
喪行	560, 562		生意於歲問	170
──到境	560		生人之列	328
想叶私計	450		甥姪	394
箱篋之中	167		生趣	122
傷虎	365, 366		生還故土	480
祥和滿庭	435		生還雪崖	481
喪患	316, 376, 388		庶可無憂	139
──涉疑	316		書簡	32
霜候	84		──裁上	556
上候類	199		西去邈然	451
上候狀	13		書敎	227, 241
上候書	32, 39		庶幾	465, 515, 543
上候疏	32		西南	43, 324
塞無益之悲	379		──漠矣	45
塞徼邐邐之地	345		暑毒路憊	151
塞責	556		書來	210, 213, 494, 511

西來	156	──中	322
──民憂	96	──蒸溽	73
──後	150	書慰夜阻	433
書末	320	西爲之日	462
──云云	171	書意謹領	260
庶望有秋	101	暑日行役	472
西望號咷	370	逝者	367, 391, 392, 400
書問之阻	207	──甚好	402
西邊	98	──已矣	367, 369
敍別之懷	531	──之不瞑	367, 390
書不如人	212	書諸紙末	513
筮仕類	6, 455	書諸紙墨	375
書辭字畵	517	西銓新命	440
書辭親切	221, 222	書呈狀子	556
西産所餘	174	書題所	31
西産珍品	277	書至果爾	255, 256
徐徐應之	547	書札欲來	217
棲屑於郊坰	481	恕僭而俯探	520
暑泄之餘	129	舒暢幽鬱	527
書送三紙	516	書冊之疎	507
書手	426, 517	書尺往還	151
逝水之感	225	書尺之相阻	228
逝水之不可返	402	書帖	32
暑濕難堪	72	西出	462, 465
暑濕無前	75	──之日	462
暑濕生疾	471	棲蟄墳菴	127
暑濕所傷	123, 489	書探	229
─────之証	123	西土饑荒	548
恕施爲望	165	西土早寒	477
棲息	88	西風起時	181
書信之阻隔	207	西風微起	540
書室	30	西下有日	462
書與面	555	西湖幽期	236
書枉	65, 216, 229, 232	書候亦曠	47
暑溽	83	釋褐	412
書辱極慰	211	浙東游飢	547
暑雨	83	石頭沈可歎	61
──所阻	527	釋負之幸	485

색인

釋負就閑	485, 486	蟬聲益淸	74
碩士	33, 302	旋速嚴批	480
──類	6, 34	先送之	538
石魚	294	先承辱問	360
──新味	278	先施之問	216
昔有而今無	265	先施惠札	229
釋此憧憧	249	先我着鞭	529
石淸	290	仙案	37
夕投楡店	528	鮮魚珍謝	277
仙境事	523	先吾而去	401
先稿	517	先王大夫人	306
旋魁殿對	414, 415	先往謝簡中	345
仙區吏隱	103	旋用伏慮	109
善喫飯羹	430	旋用奉念	101
宣堂	29	善爲料理	538
先咷後笑	478	善人無福	386
旋得頎下	566	善人不幸	400
宣力	158	先人延謚	531
善類	441	先人之禮	437, 438
羨慕不得換	523	旋仍	452
旋蒙恩宥	479, 480	扇子	171, 284, 287, 288
仙味	280, 282	仙庄勝槪	51
仙凡路殊	451	旋切仰念	109
仙凡之隔	147, 462	旋切仰慮	109
扇柄	171, 287	先祖考	309, 310, 339
善保千金	473	──府君	306
旋伏切憂慮之至	109	先祖妣	309, 310, 340
旋復杲杲	542	善終是望	520
旋復觀理	379	旋卽蒙宥	478
旋復吉慶	196	旋卽勿藥	258
先府君	304, 306, 307	旋卽分手	58
先夫人	318	旋卽差完	257
先付一札	59	先此仰禀	161
先妣	309, 310	旋出郊外	485
繕寫呈上	515	扇便之候	60
善思之可	520	船行往返	322
善攝邇復	196	扇香覓上	495
蟬聲與澗響	524	先賢墓直	566

宣惠廳	35	城南一別	46
宣化堂	524	盛念	114, 147, 217, 296
宣化臨民	102	聖念追舊	442
設慶之處	536	聖痘	139
雪裏窮巷	77	星斗闌干	525
雪裏深臥	77	盛禮	433, 536
設夕飯	534	――謹封	337, 340
泄憂未霽	134	――類	6
設位一慟	351	聲淚之俱發	320
舌諭	64, 241	城裏膠擾	259
――虛辱	242	姓名類	6, 12, 13, 201
雪意陰寒	79	盛名之留題	529
設酌款話	532	省墓歸來	325
雪中塊坐	234	省墓之行	336
雪中意思	78	誠無所逃	261
雪中藏蟄	234	盛門禍威	345
雪徵悄愴	78	成服	303, 304, 307, 363
洩此悲	351	省奉如昨	118
雪晴月明之夜	141	誠非不切	174
雪寒	84	誠非樂事	509
――斗劇	79	盛暑	72, 83
雪冱	84	醒蘇	278
泄候	257	省掃之行	99
涉旬濱危	63	聖孫載誕	409
攝養	87	成送私通	557
――起居	257	盛水當不滲	512
攝提格	201	聖順	409
誠可感也	557	省式謹封	337, 340
誠可悶然	428	誠深到語	366
誠可歎惜	101, 545	誠甚悶然	565
省覺怳惚	136	成樣極悶	436
聖簡	447	成樣之望	551
聲光	65, 66, 177, 207, 516	盛宴有異	536
――漸近	150	盛熱	83
成均館	35, 416	盛炎	83, 358
成給完文	565	醒胃	277, 282
盛諾	276	盛諭	521
城南孤燈	214	聖恩如天	481

城主	34		歲暮懷人	234
盛札遠存	242		歲翻有日	68
誠何心者	422		世變	385
星漢歸	530		世上事	526
誠幸公私	487		歲色堂堂	79
盛貺連續	272		歲色無餘	79
盛貺周厚	272		歲色垂窮	79
盛誨	155		歲色已新	68, 232
誠孝所感	313		歲色將新	78
誠孝純至	379		歲色崢嶸	76
誠孝之感	312		歲序垂盡	78
誠孝之篤	385		歲星已周	68
誠孝之至	404		世所罕有	435
聖候	409		勢雖使然	466
誠喜聞也	252		世守之物	568
世間壽夭	396		世侍	39
歲改	68, 69, 193, 230		細審	225, 243
──以後	67		細審調候	225
細觀奉報	540		歲晏	46, 77, 235
細扣	228		──幽懷	128
歲窮加愛	194		──益切	77
歲饋	217, 290		──自愛	194
世記	11, 110, 111		──瞻遡	78
細量而指教	157		細譜	243
歲律云暮	80		勢也奈何	122, 377
歲律已改	68		歲籥載改	68
歲律之更	327		歲籥載新	67
歲暮江干	140		歲又新矣	68
歲暮關塞	143		歲云盡矣	79
歲暮落落	184		歲律	104
歲暮路遠	77		歲儀	170, 176, 231, 290, 291
歲暮殊鄉	154		──之惠	291
歲暮益苦	67		歲已翻矣	68
歲暮益勤	77		細字盈幅	236
歲暮益復怛怛	235		歲殘	85
歲暮之百感	126		歲將垂暮	77
歲暮天寒	76		歲將除矣	80, 208
歲暮懷仰	207		歲前歸計	179

歲前宥還	482	銷金帳中	102
洗脾之需	265	少年壯心	526, 527
世弟	111	溯念	95
歲除不遠	156, 195	――交至	95
稅止	494	素敦姻睦	400
勢之然也	154	所得如何	430
世之爭奪	360	所得之道	287
歲且欲盡	327	少得差勢	506
歲饌幾種	291	炤亮	199
歲初惠書	231	疏櫺冷屋	124
歲駸駸將盡矣	78	笑領如何	174
歲弊寒劇	79	小錄	157, 561, 567
歲幣寒甚	78	――事	157
世下	109	泝流憧憧	259, 260
――生	109, 110	泝流之遊	533
細蝦醢	164, 165	素履	88
歲寒陽復	79	掃萬	427, 533
歲行且盡	78, 80	疎慢	361
世或有之	411	少望	201
歲華垂盡	194	所望蔓福	193
歲換新舊	68, 121	所望之較量	171
歲換月將盡	229	素昧醫藥	319
歲換已久	67	少勿愁沮	431
歲換益切	67	素不健	321
歲換之時	104	蘇憊	181
少卻	132	所界之重	367
所幹如何	552	蕭寺	57
所幹何事	507	――之行	492, 507, 534
所看何書	507	小祥	301, 306, 310, 318, 319, 329, 333, 342, 363, 375
少減	122, 130, 506	疏上	13, 32, 113, 303, 304, 305, 308, 309, 310
少降爲慰多	504	所傷非細	490
少愆	182, 254, 502	小祥已過	319
蘇健	123, 132, 145	小生	11, 109
召檄之來	227	――類	6, 11, 109
消遣	522	少紓民憂	101
所苦漸篤	504	少選	81
所控	552		
小科類	6, 418		

掃設以候	180	──及來示	260	
小成	419, 420	──事	158, 262	
小歲已過	77	──詳覽	159, 260	
小小勞碌	99	──所報	568	
素所羸弱	358	──仰煩	157	
蘇甦杳然	506	少遲	449	
素所親切	549, 555	──爲嫌	261	
昭數伏領	270	疏暢之資	458	
所須甚緊	436	小川成龍	453	
疏食	280, 305, 306	少添亦可畏	256	
消息旣阻	155	素親愛	553	
消息不聞	474	素稱繁劇	450	
所愼奉念	258	素稱仙尉	103	
疎闇之質	488	蘇快如何	216	
溯仰之餘	105	所托如是	552	
昭陽	201	所托切緊	561	
嘯詠於松竹之間	103	掃榻以企	534	
蘇完杳然	133	素抱宿病	167, 348	
蘇完未易	121, 132	素抱宿疾	348	
踈外自處	161	所被恩譴	477	
所欲言者	159	小函	465	
素願	67, 485, 486	素行憂患	359, 360	
蘇慰可言	210	少許	562	
蘇慰倍常	253	──寄送	165	
溯慰溯慰	95	少歇	487	
少愈	120, 139	小壺	174	
少尹	37	宵環	81	
所以爲謝	295	所患加劇	259	
所以爲懷	258	所患不輕	254	
小人	109, 484	所患血証	320	
蘇子由	464, 465	宵回	81	
小酌	163	少晦	201	
所呈甚些	171	束閣	141, 509	
少弟	111	速圖然後	557	
少阻	213	速圖爲望	158	
所遭罔極	484	屬望不輕	365	
小紙	157, 158, 159, 160, 161, 514, 557, 559	續聞之	107	
		續拜	240	

──尤慰	220	──實深	485
速復天和	196	送來冊子	540
速賜嘉惠	160	送來華什	512
續續承聞	109	松留	36
速速造惠	163	悚懍尤如何	146
束手遑遑	319	悚凜之極	469
續承	109, 239, 277	訟理	567
──感荷	220	送吏傳喝	551
──訊札	222	悚悶何言	446
──專問	222	悚負之至	62
──尙書	223	送似	170
──惠札	222	竦謝而已	281
屬承聞否	106	頌聲載路	162
續示	541	悚息悚息	176
俗緣多魔	530	送我芳隣	453
俗冗	534	悚然起敬	249
屬意鄭重	211	悚踊之極	439
屬耳	61, 95, 142, 229, 263, 382	松陰潤響之間	533
續以挽語	376	松陰鶴步之間	510
速襯	550	送人	181, 495, 548
俗套	297	送呈	172, 173, 540
速便付惠	165	──由狀	156, 170, 171
續惠爲望	289	送弟西行	155
續惠至望	274	送之	12, 163, 170, 173, 174, 276, 289, 308, 538
續惠珍味	281		
續和之教	514	悚仄之至	160
續候	190	送親信人	552
孫婦之訃	377	悚歎	49, 505
損節	314, 341, 471, 502	──悚歎	157
損瘠之慮	96	送伻奉訊	65
率普惟均	300	悚汗悚汗	264
率爾	534	送惠幾種	272
──報去	522	悚惶罔措	473
送去	170, 171, 174	瑣屑之言	163
悚恐殊深	484	灑灑	212
送舊迎新	104	瑣言	160
悚懼尤深	445	衰可知矣	128
悚恧	276	衰境喪耦	362

색인 639

衰境危証	136	殊可愧也	429
衰境重病之後	254	殊可愧歎	173
衰境之所	446	殊可念也	563
衰氣不振	127	殊可惱悶	506
衰苶更甚	468	殊可傷悼	395
衰年	321	殊可賀也	454
──巨創	314	手簡	241, 320
──窮居	502, 503	修改軍器	99
──劇地	99	修敬曠遲	62
──吏役	146	數莖白髮	126
──弊局	142	手告	241
衰齡居憂	341	手教	211, 219, 220, 236, 241,
衰齡理劇	101		374, 474
衰齡抱痾	314	──遠墜	212
衰麻在身	360	──疊書	236
衰邁	312	──忽枉	209
衰門之幸	417	首揆	36
衰白	145, 502	殊極感荷	277
──之境	368	數斤草	172
衰病交侵	125	數旣夥然	288
衰病俱極	480	水氣及袵	404
衰病難振	175	受其賜	556
衰病常事	127	隨其所懇	549
衰病索居	521	受氣甚薄	401
衰病遠謫	480	殊難爲懷	482
衰病日深	126	收納	97
衰病日甚	125, 126, 128, 467	數年之間	353
衰病日添	128	愁惱不可言	142
衰病轉深	120	愁惱之端	95
衰病廢書	127	手段	171, 289, 450
衰服人	338	脩短	313, 402
衰相日加	127	──皆命	384
衰相層加	128	──莫非命	367
衰惡之膓	377	手段太少	289
衰人不死	372	受答以投之意	556
衰膓如抽	377, 379	隨當有書	190
衰骸之難支	128	睡堂之勝絶	535
衰昏日甚	122	須代之苦	488

手掉艱草	187	殊非人理	334
水到渠成	433	數婢痛出	116
水道上京	184	修謝	60, 62, 63, 175, 221, 222, 419
隨得裏送	171		
隨得錄示	511	隨事顧護	551, 553
愁亂境	145	隨事曲念	553
殊覽之適	381	隨事曲施	549
袖來惠復	226	受賜多矣	541
隨力惠濟	558	隨事反隅	519
守令	36, 37, 262, 414, 447, 553	受賜誠大	528
垂老一命	455	受賜殊多	274
垂老之境	386	隨事周章	262
酬勞之恩	443	囚山	369, 474, 475
雖無素分	65	——累蹤	369
雖無雅分	65	收殺	483, 557
雖無源源	66	修上慰書	316
雖無下書	63	脩上一候	59
須勿過慮	544	壽席將設	536
須勿厭看	549	數泄	186
首尾數朔	137	殊涉不虔	188
愁眉之攢	100	遂成勝事	56
水味清洌	103	遂成遠別	54
雖悶奈何	116	遂成闊別	156
愁悶病故	146	收稅	552
愁悶不可狀	124, 125	隨世之憎媚	360
愁悶何狀	119, 137	數宵謝	81
愁悶何言	123	收拾	552
殊方奉拜	66	隨時	230, 338
殊方逢別	58	——申候意	175
殊妨藝業	255	修新歲儀	231
數百里之遠	221, 222	殊甚悵歎	108
受病委頓	490	數十年從游	343
水部	35	囚㞃	489
修簿俶裝	483	手額	440
隨分偃仰	140	受言感戢	292
隨分飮啄	485	須與某友	532
殊不副實	521	雖曰豐歲	101
殊不自已	247	隨往山下	416

색인 641

愁擾之至	145	雖切奉慮	9, 105
殊用馳念	109	殊切仰念	99
數又夥然	283	殊切恨歎	52
隨遇自適	472	酬接之苦	95
愁鬱悶迫	144	守靜	519
殊菀殊菀	61	水亭翫易之樂	523
愁鬱之極	154	手足至情	350
讎月不遠	331	數種別錄	360
數月棲遑	128	數晝夜良話	53
數月之苦	272	袖中惠書	224
讎月此迫	332	數之未至	428
脩慰	360	手指所患	255
殊慰窮陋	212	遂至於再	51
修慰尙闕	366	嫂之慽	351
隨有覓借	434	壽辰志喜之作	510
垂喩云云	267	遂此願矣	356
須有以驗之	528	手札	209, 211, 212, 214, 225, 233, 236, 237, 240, 395
手把	287	——遠至	395
酬應紛如	541	——早枉	219
酬應甚繁	173	——之來	218
酬應之繁	461	酬唱	550
酬應之資	173	殊恨惘耳	455
隨意點抹	514	水寨	29
隨宜措語	306	隨處斗護	562
殊以悶撓	137	隨處而安	473
殊以爲鬱	266	隨處調護	488
數日來	81	水淸途近	455
數日奉穩	53	水淸沙白	449
修一札	488	數遞之餘	142
數日閑居	140	數軸	513
數日後	542	遂致闃然	419
手字	234, 236, 241, 374, 375	袖致惠書	225
手滋	217, 236, 241	雖歎奈何	129, 263
水災非細	547	水土	142, 471, 477, 502
殊適病口	277	——稍佳	477
手戰不成字	187	守土之憂	97
袖傳情札	224	殊怕煩人	175
殊切貢慮	341		

隋判	37	俶裝諸節	453
手畢	241	宿草	356
手翰	210, 217, 218, 236, 241	宿患	124, 301, 302, 312, 324
水旱類	542	──復苦	105
隨行氣力	317	──添㱡	139
數行手筆	288	──頗㱡	500
數行之書	517	旬間離發	491
殊鄕過歲	103	順經疹証	409
脩夐	43	循例	556
垂惠	560	巡路	461
受惠也厚	269	──之歷遍	461
收穫之望	564	巡履	85
手誨	241	──增福	194
修候	48, 170, 175, 176, 177, 189	旬履	85
肅	26, 41, 135, 202, 422, 448, 449	旬望之間	491
		順變抑哀	369
宿諾	160	順變節哀	315
叔度	178, 179	順變從禮	321
熟面	563	巡使	36
叔母所患	136	順產	430, 431
宿病逢春	120	巡相	36, 556, 557
宿病頻仍	119	順序加護	191
宿病如期	129	旬宣	85, 86
宿病添劇	121	巡營秋來	557
宿病秋蘇	257	循宜	90
宿病侵尋	118	循適	90
叔父母喪類	6, 342	順適	90
肅謝	449	純至之孝	314
宿暑添㱡	125	旬體	85
菽水之養	454	順解重握	488
宿痾復劇	63	巡還	555
宿痾之祛體	505	旬候	85
夙仰聲華	65	崇贖	220
夙夜	86	崇亮	199
──之役	120	崇復	220
倏焉歲阻	231	崇福	90
倏然之來往	534	崇庇	467
宿舂之地	108	崇毖	90, 191

색인　643

崇衛	90, 191, 193	乘船順流	527
──萬重	191	殊殊	327, 394, 414, 487
崇照	13, 199	承審	209, 242, 430, 502, 504
嵩臻天和	255	──仰慰	219
崇札	240	──慰滿	219
崇帖	241	──慰慰	220
崇翰	241	承晤	67, 183
崇護	90, 191	承枉訪荷	50
──萬安	191	承慰承慰	253
膝前兩嬌	380	陞移	452
膝下三珠	383	承已另施	262
膝下之痛	366	陞資	412
膝下慘傷	366	──之眷	412
習字之工	284	承政院	35
拾之如芥	411	乘除不遠	194
勝屈	380	承重	305, 306, 309, 310
承領慰荷	218, 286	承旨	36, 37
承領慰荷	218, 286	陞秩可喜	442
乘忙了當	520	承此	212, 240, 505
承命	264	陞遷秋曹	441
承文院	35, 423	陞擢太濫	470
承拜	66, 211, 213, 216, 240	承下札	222, 503
──其時	342	承誨經歲	43
──令翰	63	乘興遠訪	539
──手教	220	是可媿也	150
──審	242	是可悲悼	397
──下風	176	是可慰也	393
承訃驚怛	304, 307, 337, 342, 346, 365	是可自歎	457
承訃罔極	356	是可長歎	526
承訃亦晚	366	侍講院	35
承訃長痛	365	時見渠書	139
承訃痛哭	354	始驚旋喜	257
勝似洛下	144	總功之慽	390
勝常	91	侍敎生	110
升庠之歲	420	侍几席	526
承書感慰	218	是極奉念	479
承書良慰	219	侍丌	38
		是跂	179

時氣	137, 545	始焉驚慮	258
侍讀	87	侍餘	85
漸頓奈何	120	時憐悶	120
侍童	31	始熱	83
始得聞知	323	始炎	82
始慮之所及	150	侍外	85
時令類	6, 11, 14, 81, 244	是用不安	496
時令之証	354	時雨濛濛	232
始料所及	542	時雨沛然	73
侍履	87	試院穩展	53
時痢疾	255	時月之備	313
時物累遷	326	是爲可悶	454
侍奉	87, 192, 193, 194, 339, 340, 350, 351	始爲開做	509
		是爲私幸	115
——均勝	193	詩爲數十篇	516
——無事	147	時有愆度	254
——之計	354, 356	示意謹悉	260
——之下	350, 503	示意類	6, 14, 260
——下	502, 503	侍人	31
——幸免他苦	339	視印	86
時復成勞	44	時日爲急	156
漸憊不能振	148	時一披玩	231, 232
侍史	38	侍者	31, 39, 352
示事	260, 261, 267	時自思惟	545
——備悉	260	試場迫頭	65
侍事姑安	116	試場之役	99
侍事粗宜	116	施諸百里	448
侍生	110	侍奠	87, 349
柴束奉	173	視箋	86
時時小集	539	——之暇	426
時時鎖直	138	侍政	86
時時出讀	468	視政多暇	463
時時諷誦	63	時從令胤	228
是甚關心	143	侍做	87
是甚歎也	141	試紙	168
詩什類	6, 510	示之內間	434
侍案	33, 38	示之如何	172, 531
——類	6, 38	侍彩	87

색인 645

恃處	559		寔出情曲	292
漸綴	121, 123, 134, 333		息歇	545
試聽	550		識荊願切	66
市草	289		識荊之願	432
柴瘁無餘	392		識荊之幸	66
侍側如昨	114		飾喜之游	531
時値方春	416		新經美疾	258
是則幸甚	114		身計	141, 470, 487
侍湯諸節	502		辛苦萬狀	129
詩篇	510, 513		伸叩謝之意	183
侍下供歡	416		愼驅	460
侍下科名	420		申舊歲儀	176
侍下多幸	416		新舊之交	195
侍下奉檄	454		新舊何論	290
侍下生	110		新局新莅	142
是何言耶	348, 388		新奇	117
侍下遠役	148		神氣	121, 123, 394
侍下人	31, 124		愼起居節	255
侍下情境	358, 560		神氣漸綴	121
侍下情界	362		新年吉慶	408
侍下情理	371		新年一奉	68
侍學	87		新年第一信	62
始寒	84		新年此日	231
侍行無人	493		愼度	87, 501
時惠好音	177		新到紛撓	188
詩豪	559		新到屬耳	95
時或見面	52		新到之初	175, 296
時或省覺	329		呻頓孤館	124
侍歡	87, 101, 195		新凉	75, 76, 83, 84, 508
時患四熾	146		──可喜	76
侍況	87		──入郊	508
侍候	87		──漸動	75
食淡	476		新曆	163, 170, 286
食不下矣	469		身勞之可憂	517
食息不弛	496		新壟側	370
食息已也	383		神勒之間	530
食實	543		新莅	86, 89, 95, 142, 452
食飮全廢	125		──多福	89

──之初	95	信息難憑	74
神理	366	信息甚大	217
新襪惠意	274	矧審	243
新命	439, 440, 441, 442, 446, 447, 455, 459	矧諗	243
		身痾頻發	151
新莫伴來	286	新陽	82, 84
神明所佑	245, 312	身恙	135, 361
神明攸佑	89	新釀不多	538
神明攸衛	89	新釀初熟	534
新命纔下	459	訊語	242
新墨拜領	284	贐語三復	149
新門外	531	呻囈	120, 148
臣民慶忭	409, 410	──以度	148
臣民弗祿	300	神往	43, 46, 461, 524, 538
臣民痛寃	300	神聳	538
臣民欣忭	408	申庸僕僕	284
神福	90	新寓	114, 259, 260, 551, 553
新福萬重	489	──遐方	553
新卜子婦葬地	564	薪憂苦忣	488
神不可詰	351	新元	82, 193, 194
新婦甚佳	435	伸慰	361
申謝	176	神衛	89, 90
信禩未易	175	──萬康	89
神思日昏昏	121	申慰之言	370
身事閑適	526	神人胥悅	409
辛酸	402, 551	新人甚佳	436
新山之土性	404	神人之佑	313
新篁	170	身在罪謫	316
神相	89, 90, 192, 460, 503	信載之間	165
──萬重	89	身在千里	366
愼暑加重	194	身在兄傍	228
新歲一字	231	身在禍厄	331
新消息	541	愼節	87, 254, 256, 257, 258, 500
神孫載誕	410	──彌留	256
信宿餘懷	54	──伏慮多少	254
新倅	562	──頗深	500
矧承	244	新政	86
神識	368	新正	69, 82, 156

색인 647

新除有命	441		失巢之困	9, 117
新除邑況	454		實神奉祐	403
新兆	403		實深媿悚	296
──有定	403		實深悚懼	295
贐助之下念	292		失於將攝	137
愼飡	465		室憂	135, 137, 139
新札	523		──兒病	135, 137
訊札	216, 222, 240		實爲無欠	519
新榮膏雉	280		實爲未安	263
神天一理	387		實有關心	491
信草略此	186		實有如拜之慰	248
新春	82, 524		室邇人遐	45
──好消息	524		室人違背	358
神馳	465		失一奇才	399
辰下	81		實出意外	56
贐行	292		實愜私計	487
神形索然	130		悉懷	372
神護萬安	89		實獲我心	74
神昏且忙	187		甚可懼	519
愼況	87		深可憐悼	361
神會	188, 393		甚可憎	181
愼候	87		深可賀	452
信后多日	105		甚可喜	139
信后歲改	69		心肝腐蝕	353
申候之計	494		甚干請事	549
信后春暮	71		深感眷意	276
室家團欒	102		深感深感	266
實難貿用	167		深感至眷	271
實難聞命	557		深居悰地	487
實難彌縫	144		心界清閒	115
實難爲之仰念	256		甚苦思想	46
實難自堪	357		深媿有情	279
實多愁悶	142		甚難得	531
實妨看書	255		心亮	199
失拜伏悵	55		心諒	295
實不淺鮮	250		心力勞費	370
實非輕淺	320		沁留	36
實非易得	451		甚不佳	78

深副公朝之望	245	甚慰	251, 253, 539
甚不宜人	72	──渴仰	251
甚似	91	深以爲慮	255
深謝眷意	276, 277	深以爲悶	287
深思賦歸	143	深以爲恨	228
深謝深謝	222, 272, 274	甚以爲恨	227
尋常得書之比	229	深認相念	283
尋常伏悵	47	深認助祭	294
尋常悵仰	66	深自寬譬	360
尋常瞻耿	45	深自寬抑	337, 338, 359
尋常瞻慕	92	心腸焦煎	389
尋常瞻仰	43	深切在心之感	283
尋常寒暄語	215	深切喜幸	456
心緖	153	心定之人	517
──錯惡	372	心制人	113, 310
──忽忽	373	心制弟	113
甚褻	174	審遭殤慽	384
心身俱疲	150	深存滅性之戒	313, 315
心神如失	395	心之耿耿	102
心神長馳	74	甚至過洞	56
心神錯愕	387	甚恨甚恨	538
心神昏撓	357	心悵恨何如	259
甚失所圖	556	審諦	243
甚甚幸幸	272	深秋	84
心眼俱開	251	甚親之間	161
心眼俱豁	528	心痛復發	133
深夜專伻	224	甚荷勤念	272
深於醫	224	甚荷勤意	51
沈淹作苦	505	深荷盛情	271
尋玩之味	507	深荷情饋	282
深用感荷	505	甚寒	84, 496
深用未安	285	審解藩寄	486
深用戀想	44	甚幸甚幸	132, 275
深用慰釋	251	心畫	211, 212
深用瞻惜	428	心貺	285, 477
深慰	62, 219, 247, 253	──之惠	477
──阻思	61	深喜深喜	258
──阻懷耿耿	247	十瞽無相	385

색인 649

十分勉護	315		阿戎	225, 226, 434
十分纖悉	266		──來過	226
十分節哀	315		衙音每阻	151
十分支持	313		雅意	411, 449
十索藥債	276		──沖挹	411
十餘年來	8, 51		亞銓	36
十月	78, 84, 201		雅照	199
十一月	201		衙中	30, 393, 394
十日菜食之餘	280		阿仲與從第	420
十載顏面	51		兒穉光景	362
雙鯉之信	278		牙齒漸脫	279
雙城逢別	58		衙下	30
雙梧交影	540		兒咸所慎	106
			牙軒	29
			衙軒	30
【ㅇ】			牙頰生涼	511
雅契	39, 65		兒婚	435, 436
阿覩	187		雅況	88
雅履	88		雅候	88
鵝毛難致	285		握訣	392
衙門類	6, 16, 19, 35		惡根	131
兒病	135, 137, 506		握別	47
──苦劇	506		握慰	316, 344
迓福益休	195		安敢忘也	261
迓福增慶	89		眼鏡甚切	163
衙史	30		安過勤做	107
雅士	34		安吉	91, 194
迓三陽之慶	193		安寧	88, 91
俄書	266		按道之憂	100
──所報	266		安得不然	254, 259, 361, 504, 549
雅炤	199		按例而仰乞	557
兒少病憂	386		鞍籠謹領	163
迓新增祿	195		鞍馬之勞	493
迓新增福	89, 194		顏貌猶昔	226
兒憂稍霽	137		按撫加衛	192
兒憂沈重	504		顏範克肖	224
我爲添憂	444		安報	32
亞尹	37		安福	90

按部	85, 86	仰懇	158, 553
安恙	90	仰感盛眷	505
按使	36, 228	仰感仰感	291
安山守	37	仰感恩渥	482
顔色鬢髮	528	仰感情貺	284
眼眚	132, 144, 255	仰感之餘	271
安城	22, 37	仰感至意	273
安勝	90	殃咎在身	372
晏勝	90	仰念及勤摯	222
安信	32	仰念記有之眷	283
安穩	91, 468, 565	仰念類	6, 11, 14, 109
──做工	108	仰念無已	256, 450
案右	38	仰念未已	96
安憂念何勝	254	仰念殊切	384
安適	90	仰慮方深	258
安廸	90	仰慮不能已	256
安貞	91	仰慮不已	105, 106
安靜	543	仰慮不弛	317
──之致	517	仰慮不淺	449
安厝之孝心	403	仰慮之極	500
安重	90, 224	仰慮之餘	106
晏重	90	仰慮何已	255
安知非厚餉耶	140	仰領嘉貺	280
眼疾如此	335	仰領盛意	291
安集之方	565	仰沬	160, 516
眼靑之樂	116	仰問	80
眼眵	197	仰商	534
安蟄身計	141	仰羨無	529
案下	33, 38	仰泝區區	94
眼患方苦	255	仰泝彌切	94
關逢	201	仰溯不任	94
謁後	10, 43, 53	仰溯仰溯馳溯	95
黯然奈何	467	仰承	239, 311, 340
黯然神銷	465	──仁恩	309, 311
黯然之懷	214	仰申起居	177
黯然馳神	466	仰審	243, 323, 330, 344, 486, 503
黯愴	400	仰諗	243
狎昵戲謔	518		

색인 651

仰戀如結	94	涯角	207
仰用萬幸	245	哀感良深	309, 311, 391
仰用慰溯	92	哀感萬萬	328
秧雨旣足	100	哀感之極	294
仰慰兼溯	94	哀感之至	309, 339, 354
仰慰無已	251	哀感之懷	355
仰慰十分	63	哀苦之辭	320
仰慰仰慰	64, 253	哀疚之身	419
仰慰慈念	338	哀疚之中	322
仰慰之極	246, 250	愛其雅端	225
仰慰之餘	109	哀憐何達	326
仰慰且溯	92	哀履	87
仰慰且荷	251	哀暮境	314
仰惟	80, 81, 198, 330, 350, 351, 376, 404, 411, 416, 433	愛慕之極	397
		哀本淸弱	312
──孝思	403	哀不自制	361
仰議事	157	哀惜之懷	398
仰認	270	哀疏先至	324
──勤摯	269	哀孫	113, 310
──不遺	268, 269	哀侍	323, 348, 360, 361
──情味	277	──訃書	348
──厚眷	270	──太執	323
──厚誼	270	愛刃所割	379
鞅掌之中	236, 271	愛日之誠	101, 449
仰呈	169, 170, 172, 174	哀子	113, 310
仰提	436	哀前	38, 305, 306
仰諦	243	哀情同骨肉	315
仰荷	229	哀証危重	323
──款誼	269	哀座	38
──省錄	286	──前	38
仰賀曷已	429	──下	38
仰賀喜懼	510	哀至之時	325
仰溷	157	哀次	38
──之爲苟艱	168	哀札	323
仰候	12, 48, 59, 80, 81, 174, 175, 500	哀體	87
		哀蟄	329
──起居	176	哀痛奈何	304, 307
仰希	13, 198	哀痛罔極	318, 319

哀痛摧裂	337, 341	略復在裏紙	267
哀痛摧隕	344	若不可堪	369, 373
哀慟沈痛	343, 346	略備歲儀	170
哀況	87	略謝	187
哀遑奔走	317	藥山之會	495
哀候	87, 321	若序萬安	191
厄會	142	若是勤摯	262
厄會非輕	138	略伸	177
夜間	81, 138	若曰蘇健	132
夜帶	503	藥用地也	164
──未解	504	藥院	35, 172, 409
野臺盛詩	511	略有變動	133
夜燈	188	藥餌	133
──草草	188	──爲事	124
夜連拜書	222	略已聞矣	262
野老口吻	279	略以紙燭	317
夜夢丰範	230	若將載陽	69
夜謝	81	略助	558
爺孃純潔	385	若至置對	489
夜尤苦劇	126	略此	186, 187, 198, 283, 516
野人得早	278	──寄候	176
夜草僅此	188	──拜敬	177
野漢常態	163	──拜狀	198
夜回	81	──拜申	176
藥價喪需	342	──分呈	172
略加通變	519	──不備	197
略干掣礙	427	──回表	283
若干親舊	531	略倩	197
略貢鄙見	513	略辦	532
略貢賤見	520	略暴情實	520
略具別幅	159	若何	91, 254, 359, 401, 495, 501, 502
略給	166		
略得盡散	170	約會	532
藥爐伴身	125	若獲鐫誨	211, 236
藥料	172, 274, 276	良可媿戢	221
若蒙竝惠	165	良可憐悶	144
若無所止	334	良可悶也	152
略拜	189	良可傷歎	435

良可鬱也	139	──遠懷	218
兩家欣滿	434	涼意乍生	76
良可喜也	478	量宜處之	557
良感勤念	275	兩日大雪	538
良感且幸	222	兩日盛禮	433
襄期已定	313	兩日之間	319
羊踏蔬園	280	粮資	556
兩度付書	60	良自歉歎	171
量力而爲之	321	兩場無味	429
養得孤孫	378	良積懸仰	44
癢得搔	538	兩情厚薄	171
襄禮	318, 377	兩操不遠	99
襄奉奄過	318	兩照之情	268
襄奉之期	317	良足可惜	231
良非虛語	129	楊州鶴	272
襄事	355	諒此心否	520
──順成	369	兩疊	516
──有定	317	陽春白雪之和	515
──已過	344, 370, 377	亮出情念	270
兩書無復	61	粮太	558, 559, 560, 563
涼生不遠	194	涼風漸高	76, 322
諒恕	157, 264	良荷感意	211
量示之也	459	養鶴閒居	523
陽阿日暖	524	良愜願幸	432
良夜之遊	532	陽和	79, 127
兩年之間	378	壤虫之歎	530
兩年之內	372	魚卵	276
良亦費神	271	魚鮮	165
兩沿麥荒	546	語雖拙	515
良晤	178, 212, 217, 247, 248, 252	於焉頓釋	215
良用感謝	506	語言迷錯	136
良用慨鬱	436	御營軍	566
良用戀仰	95	於悒	347, 361
良用喞戢	394	魚饌	276, 294, 295
良用懸溯	95	魚蛤之饋	278
良用欣釋	251	言不可盡	247
陽月	201	唁狀	352
良慰	219, 253	偃息隨宜	144

言語之間	385		奄遭伯姊喪	356
言之奈何	484		奄畢親喪	334
言戲	274		嚴冱	84
俺	111		奄忽	304, 337, 342, 346, 357,
嚴譴	470, 473, 480, 484			364, 365, 367, 382, 385, 395, 396
奄見先逝	391		──棄背	339, 342, 343, 345
嚴決	568		──喪逝	304, 347, 353
奄闋喪制	334		──捐世	344
奄經大期	333		──違世	365
奄經祥禫	334		──長逝	395
奄哭老姊	356		業有加病無進	114
奄過祥日	332		業已回轅	149
奄過襄禮	318		如干	165, 166, 172, 515
奄過終祥	333		──粮太	559
嚴關重繩	568		──扇柄	171
奄棄榮養	304		──田畓	564
嚴斷	567		──致傷	544
嚴命	469		──把	170
閹茂	201		如渴於飮	60
奄聞哀音	346		餘憾於孝思	312
淹病多月	124		麗江之行	148
淹病閉戶	78		如戒爲之	261
奄成老人樣	132		餘姑不備	197
奄成永訣	352		如瞽失相	362
嚴囚督掘	567		旅館孤寂	518
奄奄有難久之勢	138		餘氣尙苦	130
奄捐館舍	304, 306, 343		餘氣尙多	132
奄捐夙齡	349		與其身俱長	108
奄然夭逝	353		癘氣愈熾	400
奄然至此	358		癘氣益熾	545
奄違色養	304, 306		如期而至	233
嚴威鎭日	79		餘當一叩	190
奄踰旬朔	309, 311		如對雅儀	248
奄作今古	391		如對晤語	210
嚴程倉卒	475		如對之慰	247
嚴程觸熱	470		與同日驚怛	344
奄遭大故	318		如得良晤	212, 217
奄遭愍凶	320		如得面談	249

색인 655

如得拜誨	247, 248	如是縷縷	161
如得一奉	226	如是神速	74
如得重奉	248	如矢已發	144
如得合席	211, 247, 250	如我老拙	162
戾洛	180	慮仰倍切	470
如聆談誨	468	輿御密邇	495
餘麓	312	如熱斯濯	250
餘留更候	190	餘炎	83
旅履	88	與雲俱溯	207
餘萬非穎可旣	189	旅遊已經年	104
輿望	192, 439	與有感焉	554
如無所騎	535	如宜	90, 257
旅味	277	餘意	493
餘味尙津津	53	如意優助	173
餘方卸鞍	189	如意厚贐	265
如奉高論	227	如宜欣慰	257
如奉崇誨	246	與日俱深	235, 476
餘憊成病	496	與日俱長	92
如非厚意	271	與日俱積	8, 93
廬史	31	如張博望	530
餘俟拜悉	190	餘在面悉	190
餘俟穩進	190	餘在奉討	190
如斯足矣	141	如在眼中	472
女喪類	6, 379	如在初炎	72
女婿	559	如接英昒	210
廬所	31, 322	餘証	105, 502
女息之病	506	──關心	138
女息婚嫁	435	──尙苦	124, 133
如剡之痛	352	──尙多	134
與歲俱新	93	──進退	506
與歲俱深	92	慮之所及	150, 484
如續款晤	253	慮之所不及	268
如續舊筵	216	廬次	31, 321, 322
如手如足	350	──卑濕	322
如承警咳	236	如此奈何	99
如承良晤	252	與此一般	329, 322
如承淸誨	245	茹悵曷勝	46
與時俱深	43, 47	餘債	516

如添一病	414	亦復不繼	151
與齒俱添	135	歷拜	184
旅櫬	401	──門下	176
茹歎尤深	537	力不及者	433
如瓢盛栗	362	役事所麼	305
廬下	31, 322	曆書	286
如何可言	135, 327, 356, 472, 544	歷歲如一日	214
如何可喩	93	易歲之際	67
如何了勘耶	97	力所及處	261
如何盡狀	420	役役少暇	49
餘何可聞	118	役已浩大	404
餘何足言	121	歷日驚悚	470
餘寒	82	歷日不安	445
──更酷	69	歷日愈深	444
──猶峭	70	域中珍味	279
如許情界	356	逆志之怨	521
餘禍	378	易地則似不然	564
──未艾	342, 377	力疾	186
旅宦之苦	448	易致傷損	361
旅況	88	易致柴毀	314
餘懷之地	179	歷探	527
如獲拜紋積襲	251	力學揚名	456
如獲百朋	212	延見款遇	549
如獲一晤	247	連見書	517
如獲重晤	251	戀結之忱	464
旅候	88	戀結之下忱	148
亦堪一愴	225	連泪場屋	427
歷過	182, 452	年過七十	392
──之路	180	捐館	304, 306, 343, 390
歷久不能已	313	練光浮碧之間	102
力圖	427	年久之後	403, 431
力都竭	150	戀闕之忱	465
役粮	562	筵几永撤	334
──凡事	404	年旣長成	437
歷路	179	涓吉	359, 432
逆理之慘	371	緣懶束閣	141
逆理之慽	366	連年不闋	272
亦復奈何	472	連年喪慽	377

색인 657

捐牘	241	緣我窮命	362
戀頭	238	緣於緊切	160
連得晤語	226	捐如干種	166
年來文逋	514	延年是遠	275
年齡雖卲	312	連用蔘劑	135
戀繆之極	209	燕雲	463, 464
戀慕之極	92	年月類	6, 12, 13, 200
緣木求魚	265	連爲承聞	108
蓮榜之喜	418	連爲安穩	468
戀范叔一寒	215	連有三書	61
捐背	358	沿邑	547
聯步	532	連姻	567
軟鮁	292	連日極寒	493
連服某藥	132	連日不開	494
戀思可言	95	連日委伻	107
練事旣過	329	連日籲雨之行	125
連事刀圭	137	連日風寒	494
戀思方深	208	連仍	227
燕山所攜	173	延佇	54, 178
年事違料	96	年壯氣完之日	365
練事奄過	331	年前喪禍	388
戀想難耐	179	年弟	111, 361
聯牀短檠	506	戀際	238
戀想之極	211, 216	──得書	220
捐世	344, 346, 349	戀中	323
連歲	548	年則無憾	397
年少同學	520	緣切	165
戀溯不已	94	──敢控	158
年少善疾	255	連接	239
年衰而然歟	494	涓定	376
年衰任重	446	緣弟有病	537
蓮帥	36	烟竹	289
連承	239	聯參科榜	420
──感慰	220	鉛槧之工	509
蓮實	274	連蟄鄕廬	115
戀仰何極	256	連値甚寒	496
戀憶女息	397	聯枕之地	534
年年衰膓	379	憐歎奈何	144

憐歎何言	122		念日	201
聯幅病錄	254		炎瘴	471
聯鑣出去	538		炎程	471
連被	239		念存	355
烟霞	538		念中	238, 565
連荷垂問	282		——書枉	216, 238
緣何疾恙	365		念之不能忘	402
連荷伻速	536		念之傷怛	394
連享康重	89		厭進	430
燕行所得	516		鹽包	173
年兄	35		念後晦間	149
姸好	386		另加顧護	563
燕鴻之歎	56		瀛閣	35
年華方富	464		令監	34, 85
連環之夢	471		榮感之餘	445, 547
連獲康寧	89		永感下	437, 438
熱門	174, 518		令季遽夭	349
烈炎又酷	72		聆高論	209
劣狀如昨	115		寧求勿施	557
熱陽	542		榮覲	415, 416
閱月彌苦	125		靈几	333, 351
閱月阻候	44		令起居	85
閱月進退	131		嶺南	10, 450
閱月添頓	504		另念俯施	160
列邑賑憂	142		另念特施	162
悅親	457		鈴堂	30
——之資	417		令動止	85
念及於此	541		零落相繼	401
染氣大熾	105		令郞令孫	225
念其平生	348		領略無窮	530
念到於此	155		另諒	568
炎凉之交	74		嶺路迢迢	207
炎令	231		令履	85
厭食羸疧	137		榮名	444
厭食一樣	130		營門	427, 562
厭食諸証	501		——庇護	562
念外	238		——之顧視	563
斂遠守分	518		嬴博事	370

迎拜	190	──喪慘	345
嶺藩	169	──小慶	419
令邊	479	──賢友	365
迎婦之禮	436	令胤科慶	415
寧不悵然	68	令胤棘人	358
領謝嘉貺	283	令胤某官之來訪	225
領謝眷意	269	令胤遠訪	224
嶺箑	288	領意	279
領相	36	令意如何	267
盈石之饋	295	令人可愛	226
令婿之夭	381	令人嘉悅	423
塋掃之行	559	令人健羨	416
令孫冠禮	435	令人哽塞	359
令孫來見	225	令人多感	221
令孫愛	438	令人落莫	427
令孫委來	225	令人惘然	466
零瑣之物	557	令人倍賀	414
令嫂之行	351	令人不樂	78
另施	162, 165, 262, 436, 549, 552, 553, 561	令人傷神	495
──如何	560	令人心開眼明	250
──切仰	158	令人黯黯	493
──至仰	549	令人仰念	503
嶺信	262	令人戀繆	108
榮案	38	令人紆鬱	109
永安體魄	404	令人凝佇	180
英英清眄	93	令人瞻仰	179
令愛之病	139	令人歆想	93
令愛凶報	380	令人欽歎	262
嶺臬命	445	寧日苦罕	394
嶺外遠問	477	營葬撫孤	359
嶺外萍會	57	營葬北上	176
鴒原遠別	116	領情如何	172
榮衛	88	營中	316
寧有是理	264	令之計得	483
令允	226, 361, 419, 423, 531	營鎭	302
──昆季	108	──類	6, 10, 21
──上舍	365	令姪愛	438
		令姪之喪	344

令札	241		例套	297
──先辱	214		禮判	36
另飭	561		隷便下書	210
營窀	370		吾家大慶	431
營下官	37		烏可已乎	449
營下劇地	99		午間之拜	54
營下酬應	170		五慶	408
營下轉進之意	149		五內分崩	309, 311
營下之行	535		五內如裂	356
獰悍	568		吾黨不幸	365
嶺海壯游	496		吾黨之厄運	344
榮幸感激	443		五斗	99, 484
榮行發去	416		──祿米	272, 273
榮行之時	419		──之故	99
榮幸何言	67		五馬	179, 180, 425, 426, 462
令兄起居節	228		寤寐如結	472
令兄之賜	295		吾輩本分	99
營況之豊	483		汚佛之罪	513
令候	85		鳴謝萬萬	269
預覺亟亟	465		五朔之瘧	502
曳椐	518		五鐥一壺	172
預告	565		誤食餠餻	130
預期	530		晤語頗款	226
曳白	427		午熱揮汗	187
例別	293		娛玩	523
預備之需	312		吾友	226, 521, 522
例賻	360		五月	73, 82, 200, 467
例不敢受	296		午月	82, 200
禮書之外	312		吾人姓名	428
例施存問	551		五日京兆	263
泄泄	488		五種	477
預用翹企	179		誤錯如此	517
預用欣企	180		玉堂	35
預用欣釋	180		玉署	35
預爲關心	455		獄案審理	443
禮宜就別	465		玉汝于成	471
禮曹	35		玉候康復	409
預切欣企	149		蘊結而已	175

穩過慶抃	433	枉顧陋居	51
穩奉輕輿	463	枉顧之示	179
穩承半日清誨	50	往哭喪次	356
穩尋弊居	151	枉過	51, 178, 182
穩展方冊	140	往來之便	274
溫燥之劑	501	往來便	49, 168, 550
穩攄積懷	52	王靈所曁	118
溫飽	534	王靈攸曁	468
穩還京第	478	枉臨	12, 179
擁衾吟病	215	枉訪	10, 43, 50, 181
顒企之餘	431	往陪杖屨	525
顒祝顒祝	543	往復如何	263
臥閣而有間	486	往復之爲難	297
玩景雖飽	152	汪然而已	369
宛對故人淸範	215	往往傷涕	343
緩督	557	枉臨草草	51
玩讀不置	219	枉札	240
頑濫之習	568	往秋萍會	57
頑命之苟延	332	枉翰	241
完文	565, 566	倭皇之福	258
玩物	163	鬼牘	241
頑不死滅	375	外累侵亂	518
頑習	568	外面	452
完襄	313, 320, 369	猥蒙	443
頑然苟遣	334	外封踏印	551
頑然不死	329	外生	112
頑然支活	327	外甥	112
頑忍苟延	325	畏暑蟄伏	49
頑忍苟活	332	外任	11, 95, 141
頑忍不滅	326, 334	外弟	112
頑忍不死	327	外除	455
頑忍尙全	325	外從	112
頑忍甚矣	375	──弟	112
頑忍之極	334	外此奔汨	114
頑喘苟延	331	鬼帖	241
頑喘苟存	327	鬼翰	241
頑喘菫支	326	畏寒龜縮	234
完聚以來	139	畏寒蟄伏	124, 539

聊可期興	147	瑤草	289
撓汨	114, 146, 268	潦草不盡懷	186
──未果	553	潦草欠敬	187
──少佳趣	115	邀致一見	551
窈糾方切	210	夭椓	385
了當之路	557	料表	209, 238
撓惱	99, 119, 120, 486, 492	僚下	110
──多端	147	僚兄	35
──中	554	徼倖	428
──之端	97, 425	僥倖錄名	424
饒貸	567	僥倖參榜	416
要得一言	549	遼闊	207
撓碌度日	142	欲遣一書	418
料理中事	483	欲歸未歸	144, 152
夭某之慘	387	浴沂之會	538
了無一分悰緖	141	欲圖一會	183
撓未穩	51	辱賜開示	266
撓不能悉	237	辱書	62, 211, 240, 241
遼冰	465	──委存	242
夭逝	353, 379, 390, 391	溽暑蒸濕	73
聊抒阻想	426	溽暑挾霾	232
遠膝不蕃	384	辱速	537
擾甚	197	辱手字慰存	374, 375
撓心之端	451	欲枉之意	535
潦熱	83	縟儀載擧	409
潦炎	83	辱字	241
料外	238	辱之以書	235
撓撓	197	辱札	240
潦雨如此	479	──垂問	377
邀月之盃	534	浴泉	502
聊以呴呴	436	辱帖	241
要在不遠	180	辱招	537
僚弟	110	欲還來耶	104
遙切攢聳	253	茸價之優助	276
邀接另施	549	冗故多端	508
夭札	380	庸供親廚	280
夭慽類	6, 383	龍頭巍捷	411
撓倩	189, 197	用力資助	559

龍灣	467		尤難爲懷	384
冗病滾汩	45		尤難自力	459
容俟少間	181		尤難自抑	145
容竢將息	181		憂念萬萬	493
容俟後日	513		憂念賤疾	505
庸醒病胃	277		憂惱袞袞	140
庸瑣依昔	131		憂惱爲事	123
用是奉慮	255		牛踏	280
用審	243		尤當如何	319, 392, 564
容顔	502		又當夏序	326
容易辦此	270		牛刀雞割	448
聳慰	253		優得	170
冗中忘過	166		憂慮萬萬	506
用處甚緊	284		憂慮倍切	255
用侈行廚	292		憂戀	305
庸暴賤悰	488		右令公	36
尤可歎媿	352		寓履	88
尤可媿也	128		郵履	86
尤可悶也	137		尤無足道	143
尤可賀也	226		憂悶不可言	137, 145
尤可幸也	278		憂悶之餘	106
尤可喜感	217		憂迫罔措	139
尤可喜也	100, 257, 273, 413, 504		又拜	219, 220, 240
尤覺酸痛	362		憂病滾撓	139
尤覺迅馳	330		憂病相仍	152, 306
尤覺恩卒	51		又逢此月	332
尤感情味	273		又復陰冷	69
尤見厚義	272		雨不愆	103
尤貢奉念	494		右副令公	36
雨過泉脉	525		又復如此	137
憂懼尤大	417		尤不勝感慨	402
右揆	36		寓史	31
尤極可怪	355		郵史	30
憂劇闋候	207		尤謝萬萬	276
尤極悲慘	389		牛山	25, 27, 94, 532, 533
優給粮太	563		右相	36, 264, 376
遇機錯過	157		尤想罔涯	313
尤難按住	153		寓狀寒苦	119

雨雪交作	469	尤爲之攢賀	411
雨雪中	234	尤爲慘痛	398
尤成冥漠	356	優游度日	116
雨勢	494	優遊善地	470
寓所	31	雨意方濃	72
尤所望也	313	尤認眷厚	223
尤所仰念	371	尤作喜感	274
尤所罕覯	411	雨節	543
尤所欣聞	252	尤切仰慮	314
雨水	72, 493	尤切藥用	274
――不少	101	友弟素篤	350
又承	222, 239, 355	雨足	525
郵衙	30	寓座	31
友愛加隆	346	雨中	64, 81, 232, 322
友愛加於人	352	――愁寂	232
友愛之隆	349	尤增感祝	470
雨餘	81	尤增悲慕	335
――殘暑	75	尤增悚惶	478
偶然一會	53	尤增慘傷	377
友緩而不振	265	尤增馳仰	75
憂撓裏許	135	紆軫	184
又欲送伻	64	又此歲半	75
尤用傾慰	252	寓此以來	476
尤用媿歉	170	又此餞迎	156
尤用鳴感	284	尤慘毒不忍言	380
尤用悚蹙	178	又添別証	124
尤用仰賀	252	寓榻	31
尤用珍謝	285	郵便	221, 222
尤用慘痛	391	寓下	31
尤用馳戀	67	郵下	30
尤用披豁	220	尤荷感意	266
憂虞	486, 548	尤荷今書	223
友于之篤	350	郵下史	30
踽踽之歎	460	優荷異渥	481
尤爲可惜	395	優閑亦可喜	485
尤爲悲念	355	遇寒以來	121
雨爲之魔	540	優閒自適	258
尤爲之悲念	314	遇寒添㤼	123

색인 665

右閤	36	留生者苦	402
尤幸尤幸	165	留書而歸	64
優餉	290	留守	29, 73, 547, 563
寓軒	31	流寓	558
郵軒	30	流月	201
優惠	163, 164, 168, 169, 288	留意於升庠	429
──於速褫	169	留作歉恨	207
憂患	11, 136, 137, 138, 139, 149, 359, 360, 548	留在案上	231
		留坐慁君	231
──少霽	258	類中之証	255
憂患纏綿	149	留之而來	173
寓況	551	柳晴登岸	522
憂惶	134, 503, 516	流涕而已	373
郵況	86	柳摠	440
憂惶之中	503	陸軍	566
尤悔日積	521	陸續	177
郵候	86	陸運	276
雨後	75, 81, 522, 523	六月	73
尤喜	253, 423	輪照爲望	189
芸閤	35	隆冬	567
雲觀	35	癃衰無餘地	128, 129
運柩	560	癃疾困篤	128
──而還	560	願加節抑	330
運氣所關	398	遠客懷緖	72
雲臺勝覽	530	遠近同然	143
運動絶矣	183	遠及海曲	288
雲嶺夐闊	155	元氣大敗	123
雲水寺	528	元氣澌敗	132
韻語	511	遠大之器	349
云壯遊也	464	遠途行邁	494
隕涕	389	遠路委伻	271
鬱陶	45, 97, 179	遠路寸進	558
──爲甚	45	遠路致意	271
──之懷	104	遠離當前	491
鬱鬱何極	183	遠離之餘	372
留念如何	160	遠離親側	474
流頭日	200	爰立之命	439
流散之弊	546	遠問書珍重	242

遠賜	374	遠在嶺外	353
遠塞宦遊	442	遠絕	527
遠書可旣	190	遠存至此	271
遠書珍重	286	遠坐如路人	356
遠送嶺外	449	遠地客況	259
原濕	496	遠地相寄	164
原隰	152, 446, 461, 496	遠地投寄	271
──已遍	152	怨天	401
──之驅馳	446	遠出	446
──之役	461	遠蟄絕海	318
遠承辱書	211	援筆至此	401
遠承惠札	220	遠行有日	491
願言勞結	94	冤號崩迫	331
願言憧憧	93	冤酷殘毒	386
願言瞻詠	69	遠洽尊德	142
遠役	148, 467, 468, 492	園花之不衰	483
──可念	473	月光穿漏	540
──關心	467	越禮而賀	433
──纏返	468	月方升	534
遠枉荒郊	50	月色甚好	532
遠外聞此	106	月餘之糧	289
遠外承訃	344	越自夏秋	122
遠外承凶	344	月前西歸	151
遠外焦慮	108	越添之報	135
源源過從之樂	185	慰可言	210, 216, 247
源源爲幸	185	慰可知矣	252
源源之地	453	慰感兼至	253
元月	82, 200	慰感交切	223
遠慰慈念	344	慰感交至	227
遠惟	80, 81, 194, 195, 198	慰感不勝言	221
元戎	36	慰感何極	50
遠貽	541	爲耿耿耳	140
遠邇同然	72	慰慶難量	457
遠邇之望	359, 360	爲公之幸	439
願益勉旃	419	危懼之狀	136
願一拜	179	爲國加護	467
遠臨厚意	50	爲國保攝	192
元子宮	410	委禽	366, 434

委茶	181	委席昏涔	124
爲念	95, 96, 255	爲先獲矣	371
慰念交切	320	違世	337, 342, 346, 357, 364, 365
爲念爲念	96	──之報	348
慰當面譚	64	慰疏	32
慰當奉晤多少	250	慰溯交摯	92
慰當一晤	251	爲遡無已	94
衛道	88	委溯何已	94
慰倒不可言	250	衛勝	90
慰倒何極	251	委呻	120, 148
委頓	118, 119, 122, 129, 133, 333, 459	慰甚可知	231
		慰甚當晤	251
──度日	490	爲甚晏寢	100
──不振	119	慰我親心	418
──牀席	125	慰仰當如何	229
──漸痛	130	慰仰倍至	251
慰慮交切	109	慰若穩晤	251
慰滿	219, 227, 256, 431, 495, 543	慰悅多士	548
慰晚景耳	422	違豫之候	409
委問	217, 220, 223, 355, 393, 506	慰沃難勝	233
		慰沃慰瀉	253
──忽及	393	慰浣	246, 253
慰問	309, 311, 316, 319, 339, 340, 354, 355, 374, 377, 391	──可掬	252
		謂外	238
──勤摯	236	委辱下札	220
爲民之憂	545	慰慰	220, 253
委病所須	166	爲位而痛	400
委奉	176	委意至此	293
慰不可言	220, 226, 430	逶迤於黃鳳	149
慰不減面討	250	爲人之可愛	564
爲貧之仕	457	爲日已久	136
爲私而已	458	痿者之不忘起	177
爲謝而已	269	慰茲嚮往	218
慰狀	342, 343, 347, 358, 364	慰狀	4, 14, 32, 336, 338, 342, 346, 347, 357, 358, 364
慰書	32, 40, 316, 318		
委書存問	236	爲政	86, 289, 306, 450, 504
慰釋	211, 247, 251, 252, 253	爲助大矣	292
委席呻楚	127	委造面別	449
委席涔涔	150		

危兆敗證	254	爲探近候	176
慰存款至	354	委痛幾日	505
衛重	90, 191, 194	胃敗却食	122
爲增瞻慰	494	委伻奉候	177
爲之奇喜	422	委伻遠至	64
爲之戀仰	259	委伻以書	279
爲之奉念	97, 100, 108, 547	慰荷	50, 212, 218, 219, 247, 249, 251, 252, 253, 286, 520
爲之悲念	314, 403	——曷已	252
爲之相憐	502	——兼至	252
爲之仰念	96, 103, 104, 254, 256, 445, 495	——交摯	247
		——區區	246
爲之仰賀	100, 419	——難量	209
爲之憂念	489	——不可極	246
爲之憂歎	256	——如對	251
爲之慰幸	317, 448	——至今	50, 251
爲之凝企	531	——之外	247
爲之愴悅	320, 321, 355, 385	——之至	251
爲之瞻慶	435	——何極	225
爲之馳仰	492, 507	委翰	229, 241
爲之馳豔	100, 419	慰幸無比	251
謂之何哉	138, 379, 428	慰幸深矣	213
委進	56, 549	慰幸爲多	420
——以拜	536	爲訽動止	149
——皁蓋	462	爲兄遙喜	422
——軒下	55	慰豁良多	226, 251
慰此渴仰	477	慰豁倍常	233
慰此慕用	193	爲況	85, 88, 195
爲此遲留	336	——增福	195
慰此瞻係	351	慰懷滿滿	236
慰此瞻禱	384	違繡	179
慰此瞻仰	177	慰喜	253, 258
委札	240	——慰喜	430
危綴欲絕	124	有加無減	137, 501
危𥱐	487	有感於心	521
——之中	485	有去無來	61
慰則多矣	211	幼孤滿室	399
慰濯	213, 246, 253	有高秋意	75
——倍之	251		

색인 669

游觀之法	529		惟是而已	467
愈久愈深	301, 352		有時自笑	143
諭及往事	319, 320		有時馳想	268
惟冀	191, 192, 193, 194, 195, 196, 304, 307, 338, 369, 467		惟是兄邊	155
			惟是欣企	487
──默會	188		有甚動靜	139
──斂哀	350		踰尋常	230
有難名諭	248		柔軟可食	165
猶難辨得	163		遊傲戲劇	518
有大關心	544		愈往愈毒	325
惟待死期	393		惟憂	504
惟同邊塞	408		惟願	192, 315, 413
油芚	169		──速死	356
遊覽	549		悠悠相憶	77
有力者	453		悠悠歲換	68
踰嶺	401, 429, 460, 487		悠悠馳仰	74
逾嶺	494		惟以未承復爲恨	60
有裏紙視	161		遊刃之一端	287
儒林執事	553		遊刃恢恢	450
遺忘	554		由入洛	180
幽明感泣	319, 320		猶子	112
幽明隕結	444		柔兆	201
孺慕罔涯	335		遊從幾年	395
猶夫前日	119		有志無年	390, 391
踰分	295, 444		有此勤念	262, 296
──之懼	412		有此新命	446
有不可恃	386		有唱無和	511
有不可言	143, 411		油淸	290
有不容諭	478		──之惠	294
惟思隕結	443		遺體	379
維霰之兆	502		有秋	75, 101, 543
油衫	169		惟祝	193, 194, 195, 315, 317, 360
有相	90		幼穉呱呱	362
遊賞類	526		有便輒分	272
游承	220		有何慮焉	160
惟是企祝	101, 545		宥還類	6, 477
惟是伏祝	473		宥還無望	477
惟是爲喜	416		宥還之命	479

有懷耿結	93	蔭路潦倒之人	457
惟希	192, 194, 321	淫霖蒸濕	72
遊戲	508	飮冰已苦	466
輶軒	465	飮食二款	255
六味之劑	133	音信	47, 69, 221, 222, 231, 421
肉札	242	──相屬	221
肉滯物	173	飮於會圍	429
胤輩解額	422	吟玩	510
允副昔人	440	音容日遠	325
閏月	201	淫雨竟月	75, 321, 322
潤肺	167	陰雨連日	72
允叶輿望	439	陰雲欲雨	494
隆寒	84	飮啄隨分	113
戎軒	20, 30	吟風弄月之趣	524
戎候	86	陰寒不弛	69
恩譴	472, 473, 477, 478	邑劇歲荒	145
恩敎	442	邑務	147
殷念	465	──民事	97, 98
銀臺	35	──不至甚妨工夫	423
恩補	469	邑樣不古	360
──曲怨	470	悒悒不佳	449
恩界善地	474	邑宰之拂袖	486
恩釋	480	邑之厚薄	454
恩數	443, 480	邑鎭類	6, 447
恩試	427	邑便	550
恩宥可幸	479	應物之際	519
恩宥歸	480	凝想之至	94
恩宥旣出	480	凝嚴	78, 85
恩宥之命	472	──轉酷	79
恩資惶感	444	凝寒	84
恩旨特宥	478	凝冱	84
銀唇	278	宜加請否	546
恩霈遍降	473	依耿倍多	54
恩襃鄭重	547	依舊	114, 145, 444, 495
乙亥	547	──離索	54
吟苦之意	512	──冥頑	382
飮啖頓却	132	──蕭然	481
飮啖全郤	124	──冗散	119

색인 671

──自有	525	──之慮	568
義禁府	35, 489	──之厄	489
宜多腦神	101	──寵擢	442, 443
儀度出羣	365	──行譴	473
意慮不到	482	──倖占	412
倚閭之憂	479	──獲參	416
倚閭之情	473	擬欲歷入	181
依領多謝	269, 292	依依難分	492
依領仰感	291, 292	依依不能忘	47, 58
依領哀感	294	宜節哀盡	361
依領爲荷	293	宜卽奉書	175, 419
依領珍戩	269	宜卽有謝	63
倚望辰樓	467	宜卽進唁	315
儀物簿可愧	170	意至物嘉	537
意襮	238	議賑之憂	544
議別還事	556	意眂甚重	236
宜不草草	348	意況如見	104
依庇之下	455	意眂鄭重	211
意想蕭然	472	擬候	228, 229
宜書而唁	381	二哥來訪	224
依昔滾擾	143	爾間	81
依受感荷	269	已感情念	281
醫藥	166, 319	已隔幽明	400
疑若非眞	349	以歉歲言	101
意外	56, 148, 209, 238, 225, 265, 355, 365, 390, 391, 397, 398, 417, 443, 446, 447, 452, 455, 469, 470, 473, 478, 479, 482, 487, 490, 492	已經襄葬	349
		離去	488
		理遣寬抑	367
		理遣達觀	383
──居土	484	已啓	214, 491, 492, 494, 507
──甄復	458	已戒闊別	465
──來訪	227	苢闊	86
──令允	226	以關以西	103
──藩任	446	已關照耶	59
──手書	210	已久無便	352
──新除	446	已歸自家	482
──夭憾	384	已極感慰	223
──一命	457	已極崩隕	333
──一麾	454	已極私幸	420

已極惶媿	442	利涉長途	466
已難勝堪	342, 371	以省記戀眷爲感	251
貽念	474	以盛滿爲懼	417
已得	104, 446, 496, 503	以疏替唁	315, 316
——復常	8, 9, 104	已屬深夏	233
邇來	81, 105	已屬前塵	343
移來隣洞	185	二豎	182
泥路多滑	493	已數十日	123
以忘爲主	379	已是可賀	431
耳目所及	267	以時衛重	191
已無可言	387	以時益深	324
以文會友	509	以時支護	321
已迫回日	468	以悉	244
已返面否	108	已悉於牒辭	545
離發以後	461	以審	243
已復常節	258	已深珍感	270
以副區區	193, 315, 367	已十餘年	225, 452
以負席爲命	122	二牙	30
以副遠想	192	二衙	30
以副遠誠	317	貳牙	30
已不可堪	132	貳衙	30
理不可諶	351	移秧稍早	101
已不可言	287, 395, 468	羸弱善病	318
以死傷生	312, 368, 369	耳痒	165
離思而已	46	頤養之地	450
離思益攪	46	頤養之效	141
離索爲苦	234	怡然安之	484
離索爲憂	233	苢營屬耳	142
離索之苦	155	履榮若惕	411
離索之懷	140	貽悅之孝	411
以散閑爲幸	485	利往穩旋	465
貳相	36	貽遠念	474
以書仰懇	553	履用	88
貽書托之	265	罹憂苦	306
移屣	533	履元	82
——之勞	540	梨園	35
以洩此悲	351, 400	二月	70, 82, 201
利涉美赴	195	離違大庭	156

색인 673

以爲耿耿	355	吏曹	35
以慰區區	315, 330, 360	已足開寫	235
以慰遠誠	338	姨從	112
離違情理	153	――弟	112
離闈情事	104	以罪爲榮	470
離闈情私	145, 153	以知	244
以爲至戒耶	266	理之常也	267
離闈之私	465	已臻平復	107
離違之餘	346	罹此巨創	314
以慰此戀	330	二冊	540
以慰瞻嚮	195	貽慽	377, 378, 379
以慰瞻懸	460	以諦	243
以慰馳誠	321	已就輕安	105
離違親側	479	離親去國之愁	146
以慰下情	191	離親情緒	154
已有定計	488	已快祛矣	9, 105
吏隱之淸福	118	已快差否	501
吏議	490	已討來耶	551
已矣已矣	368	吏判	36
理宜至此	397	羸敗生疾	362
理宜必毀	312	釐弊沒策	145
以認	244	貽弊甚多	496
二者竝求	165	貽弊於兄	276
履玆三陽	69	移避	117
履玆新正	69	以何福力	100
苡玆增祉	89	以荷以謝	477
移宰善地	192	里閈	185
已底快安	105	履寒益珍衛	194
以錢代惠	168	履況	86, 88
已折桂枝	422	苡候	86
苡政	86	羸毁無餘	321, 322
已整頭緖否	95	以孝傷孝	312
移除之報	455	益加保重	196
貽阻	207, 329, 352	益加調衛	196
――至此	43, 183	益加充闐	413
――此久	469	益覺難聊	168
――淸誨	236	益覺不逮	134
迤造	529	益覺衰頹	147

益覺餘生	362	益休	90, 195
益覺齒酸	146	人家大事	561
益感情眷	274	人家不幸	362
益耿耿	68	人家所罕	41
益難勝	328	仁閣	30
益勞心神	96	忍見亞歲	327
益勞瞻懸	78	鄰境	207
益罔極	332	靷歸	402
益茂	90	鄰記	110
益無佳悰	156	因其口傳	63
益無所仰	398	人氣不寧	232
益無依仰之所	345	仁堂	30
益無人事	523	引領悵望	460
益無逮及	327	引領馳想	185
益福	90, 192	人理可堪	382
益復難抑	331	人理所可忍	353
益復憧憧	69	人理所難	358
益復摩極	326	人理益窮	333
益復罔極	318, 323, 326, 327, 331	人理之故	361
益復無極	330	人理之所不忍	350
益復靡極	330	鄰末	110, 111
益復如新	351, 404	人民謠俗	526, 527
益復如初	329	人父之稱	431
益不可勝言	433	人不及	429
益不堪摧廓	392	鄰比聳然	553
益頌洪私	485	人非木石	138
益勝	90	引冰井	282
益延新慶	89	人事都廢	491
益元	275	人事悶迫	124
——散	166	隣舍不淨	116
益衛	90, 193	因事濡滯	154
翊衛司	35, 458	人事已窮	397
益有損重	317	人事自多	427
益膺神佑	89	人事之變	225, 397
益膺新祉	193	人事殆絕	44
益自靡極	326	因山奄迫	300
益切悵悒	56	因喪加髻	355
翌瘳之喜	409	人生之至頑	332

색인 675

因書忙及	266	日覺有趣味	524
人所難堪	353	日覺跆濫	70
人誰信之	518	日間	74, 81, 502
因循未果	229	一感一涕	374
因循未遂	149	一皆辭謝	264
因循至此	174	一擧大闡	412
人心無隔	209	一經兄眼	514
仁恩俯垂慰問	309, 311, 340	一塊嗣續	368
因意外事	148	一塊肉世間	386
仁人之政	162	一口難說	150
人日	169, 200, 402	日久爲藥	371
靷日已迫	316	一靳下復	60
人情	215, 235, 263, 281, 282, 350, 353, 380, 387, 456, 549	一器佳肴	532
		日氣甚好	522
仁政之一端	560	日氣又陰冷	215
姻弟	112	日氣又調順	544
隣宰	419	日氣淸和	433
鄰弟	110	日吉辰良	408
姻姪	112	日暖風和	71, 535
認出情貺	270	一年之學	509
因便	48, 172, 186, 237, 367, 550	一念耿耿	58, 207
——謹傳	551	一念倍切訝悵	61
——修敬	177	一念倍切瞻菀	207
人海雲面	57	一念之耿耿	329
靷行	315, 317	一念馳仰	47
靷行之前	315	一念懸結	320
仁軒	30	一段勝事	533
姻兄	35	一答一否	237
印惠之諾久	541	日對湖山	470
一呵	289	一渡前江	467
一哥科慶	414	一蠹虫	354
一家喪類	6, 388	一登楓嶽	527
一家喪變	394	一覽其狀	568
一家喪威	393	日來	81
一家二人	413	一歷刼事	155
一家長老	393	一路	100, 544, 545, 548
一家之稱賀	441	——佳作	461
一刻忘	489	——民事	544

――民憂	545	一倍欣仰	229
一縷苟活	333	一番大游	463
一吏存饋	553	一番穩拜	45
一面如舊	551	一癖	183
一無志趣	508	一抔良話	183
一味勞碌	115	一別經年	61
一味勞瘁	144	一別經冬	213
一味無勝	506	一別音斷	46
一味悶隘	480	一抔不許	261
一味病劣中	435	一病三朔	124
一味病伏	183	一病五旬	121
一味病散	140	一病支離	124, 129
一味病蟄	128	一病沈頓	121
一未奉玩	61	一抔揮罷	263
一未承答	61	一奉	68, 182, 226, 331
一未承候	208	――警咳	184
一味呻㗛	124	――書以謝	331
一味菀眘	63	日富	512
一味因循	316	一復一候	60
一味靜寂	114	日不暇神往	43
一味阻候	44	一不見惠	164
一味蹲滯	144	一不來	181
一味馳係	95, 222	一不枉訪	181
一味馳想	45, 93	一婢病臥	9, 117
一味沈綿	121	日事叫苦	121
一薄邑救飢	444	日事惱撓	145
一半日款	55	日事刀圭	123, 126, 137
一方生靈	548	日事潦倒	118
一方之望	548	日事呻頓	148, 150
一訪之意	182	日事呻吟	123
一倍耿耿	78	日事呻痛	125
一倍廓然	330	日事撓汨之中	146
一倍罔極	332	日事吟病	124
一倍悲念	371	日事湯杯	121
一倍生色	525	一賜揮灑	515
一倍添劇	127	一書未報	221
一倍清爽	525	一書百金	209
一倍摧痛	346	一書奉問	367

색인 677

一書相慰	320		一樣	91
一書相存	48		一陽已生	79
一書言	370		一陽纔生	235
一書千金	209		一陽之生	327
日夕耿結	46		一漁一艇	533
日夕叫隕	326		日熱愈熾	72
日夕未弛	494		一葉	289
日夕靡懈	91		一穩	178, 184
日夕悶撓	487		一瓦	431
日夕瞻耿政爾	207		一臥旬日	391
日夕淸氣	523		一莞爾	182, 513
日夕淸氣	76, 523		日用簡幅	169
一雪倍興	8, 77		日用緊需	270
一簾	538		日用緊要	284
一宵聯枕	52, 56		一雨滌暑	73
一宵之穩	57		日遠愈不忘	402
一疏替唁	316		日月幾何	330
一承兩書	217		日月流邁	304, 307
一勝事	465		日月無幾	334
日勝之勢	506		日月不居	309, 311, 318, 330
一時聊賴	555		日月雖久	390
一時尼會	490		日月迅駛	331, 468
一時恩譴	478		日月迅逝	301
一時之愼	502		日月荏苒	332
一時遞到	209		日月電邁	330
一時飭教	472		日月漸久	387
一識之願	66		日月漸積	374
一身窮獨	372, 373		日月閒暇	522
一身旅苦	153		日月環周	332
一身死生	474		一慰一慮	259, 502
日甚一日	143		一慰一愴	225
一心嚮慕	92		日有康勝	105
一安	91		一邑之責	546
日夜罔極	332		一宜	90
日夜默禱	354		一二强拙	517
一夜奉誨	52		日以邸祗	59
一夜之間	543		日益困劣	456
日夜跼蹐	444		日益漸綴	123

日益恩擾	147	一遭歷覽	526, 527
一一感領	285	一造從容	181
一一等待	150	一朝奪去	353
一一領謝	278	一紙兩書	475
一日泄痢	501	一紙所報	479
一一視至	512	一至於此	275, 366
一一如戒	261	一之猶難	411
一日之鳩	429	一之已幸	51
一日之雅	66, 230	日之駸駸將盡	176
一一採施	552	一直寒甚	79
一入海島	474	一進	49, 181, 190
日者歷枉	223	一疾不起	391
一字仰候	48	一帙好文字	541
一字之價	512	一出遼野	464
一字之問	462	日就大脫	506
日者惠書	210	一枕一卷	141
一綽跳來	528	一榻間	224
日昨承拜	66	一慟一握	370
日昨承誨	55	一把足矣	288
日昨有書	60	一需爽然	73
日昨之奉	51	一敗完復	256
一場過夢	483	一鞭往拜	175
一場良話	179	一萍場奇事	53
一場面晤	266	日被勞惱	142
一場騷擾	452	一何蹇也	428
日長如年	73	日下消息	153
一場唇舌	268	一何壯也	411
一場盍簪	233	一寒措大	271
日佇嗣音	231	日行百餘里	148
日前某人	226	一行治還	486
日前拜敍	54	一向康寧	89, 108
日前拜謁	53	一向萬安	89
日前復疏	330	一向彌留	135
一切阻候	74	一向閱塞	134
日漸屢劣	125	一向善視	564
一楪肴	174	一向安健	114
日早呵凍	188	一向支勝	108
一朝棄歸	486	一向支持	318

색인 679

一向沈綿	503	──如結	184	
一壺佳醞	534	臨便闕候	108	
一號令間	427	臨行	184	
日昏	121, 132, 188	──擾惱	466	
一會旣見	54	霖後驕陽	73	
日候漸嚴	78	入納	20, 32, 33, 302	
一候之計	175	入洛	180	
一麾	451	──之便	180	
──南來	454	立督	186	
日休	91	入城	8, 49, 52, 56, 189, 227, 336,	
日黑	237		393, 399, 426	
臨嫁患腫	424	──未奉	49	
稔經之故	470	入送勻敎	417	
臨顧	217	入全災中	565	
臨科奔忙	426	立秋以來	132	
臨歸忙了	171	入春未蘇	122	
林木翳如	524	入春尤苦	127	
臨民	86, 102	入襨	550	
臨發多撓	189	立促	186	
臨撥忙草	186	入夏以來	154	
臨訪之意	178	仍告	156	
臨泛之樂	524	仍控	156	
臨書漫貢	520	仍白	156	
臨書馳情	184	仍煩	156	
臨歲戾洛	180	仍伏審	242	
任所	469, 560	仍伏諦	243	
霖濕	83	仍想僉哀	349	
荏苒	232, 332	仍悚胎錄	158	
臨穩	178	仍承手札	225	
霖雨	83	仍審	101, 242, 502, 503	
壬午之歉荒	547	仍諗	243	
霖陰不止	75	仍與過從	551	
臨楮悃悃	184	仍臥不起	129	
臨政	86			
任情輕着	519			
任情號擗	314	【ㅈ】		
臨吊	374	自可勿藥	312	
臨紙	184, 188	自可隨分	294	

玆敢奉提	166	刺史之趣	101
自顧慙憐	140	刺史風味	460
自官生色	553	自西而還	208
自君之去	472	子姓蕃昌	429
慈宮	410	自速嚴譴	484
自難聊耳	156	自送令行	141
自南歸後	49	玆承	239
子女之病	398	自是奇境	525
自多奇觀	465	玆辰	81
自多惱心	115	自失某禩	63
自多惱撓	148	薿艾羹	534
自悼不已	372	慈愛隆深	364, 365, 367, 376
自諒服之	501	慈愛之心	380
自力之望	132	字語多疊未妥	514
自憐奈何	115, 125, 130, 132, 135	自餘勞碌	115
自憐而已	145	自易如此	324
自憐自憐	118, 127, 128, 129, 130	自厭餘生	129
字履	86	自往前書	60
自理遣	384	玆要書告	160
自罹荼毒	307	玆又承翰	222
自罹荼毒	304	玆又仰浼	160
自鳴天機	515	慈闈怹度	503
慈蒙	361	慈闈之念	473
玆蒙	239, 354	玆以覓呈	173
──枉書	354	玆以奉乞	169
自無不足故	296	玆以奉溷	167
滋味	280, 452	玆以修候	177
玆拜	64, 233, 240	玆以仰告	557
──崇敎	64	自貽阻闊	207
──惠札	233	自爾愴恨	481
子病沈淹	137	自爾忽忽	127
自鳳經歸	148	自任	560
玆奉伻仰	176	自作之孼也	473
自不能遣	377	煮醬	278
自不能已	107	趑趄到今	440
子婦喪慽	6, 17, 299, 375	慈癠	134
子婦之喪	376	自弟北返	151
子舍	30	自措	417

自憎	114		昨又枉書	223
慈天至情	368		昨又再感	137
刺痛	131		作遠役	492
自辦	166		昨因便回	237
姿稟異凡	365		昨日未盡懷	64
泚筆	390		昨日枉顧	50
自夏徂秋	74		昨日以來	543
自海而關	150		昨日臨顧	51
自鄉來者	542		昨日之會	53, 539
子婚	554		昨入白雲	527
自曉有雨意	543		昨適出他	53, 64
字候	86		作粥飯僧樣子	114
慈候	134		昨進門屛	55
斫桂之苦	173		昨札承慰	219
昨過喪餘	335, 336		作千古	398
昨到本縣	56		作何狀人	140
作頭痛耳	416		孱筋殆弊	443
雀羅之門	291		殘臘	85
昨暮還棲	152		殘毒慘痛	372
昨蒙委臨	51		殘曆無多	140, 476
昨蒙恩遞	487		殘薄官況	270
昨拜恩恩	54		殘暑	72, 75, 83
昨奉旣慰	223		――甚酷	72
昨奉手翰	218		殘雪疎籬	524
昨奉餘懷	224		殘歲之儀	235
昨奉頗穩	51		殘炎	83, 493
昨書未及謝	220		――尙熾	493
昨書拜慰	63, 219		殘營薄況	265
昨夕以來	536		殘邑厚貺	292
昨修謝書	63		殘喘	315, 481
昨承晤言	67		殘紅未謝	537
作我主人	527		殘況	270, 272
作噩	201		暫忘	373, 548
昨夜	121, 532		暫捨	540
雀躍爭相占	274		暫爲歷入	534
昨緣日暮	63		暫此憑候	170
作完人久	153		暫此替申	188
昨又過醮	434		暫許俯借	554

雜客下流	518	檣牙	29
雜冗	259, 508	醬惡如荼	472
將擧賀儀	409	掌樂院	35
長困	502	長夜無眠	126
將過境下	559	長語	12, 186
壯觀	461, 532	將如之何	446
――之願	461	長委牀褥	124
杖履動止	44	長委牀簀	128
杖履之奉	493	壯遊中州	465
將老粗安	113	長羨長羨	402
葬禮	380, 561	葬日不遠	371
長路跋履	494	長日昏昏	132
將理	450	長在道	150
莊苻動履	463	長在路上	98
莊苻淸休	89	長在牀褥	125, 131
長霖之餘	545	長在曹中	443
將命者	31	粧點別景	529
長民	86	長弟承拜	213
壯白紙	169	壯紙	168, 173
長病少健	154	葬地	561, 564
長沙	476, 479, 522	長至	200
狀上	13, 40, 197, 310, 336, 337, 338, 339, 340	壯紙幾束	173
		壯聽流	525
丈雪重霧	232	葬畢痛定	374
將攝	87, 137	長夏工夫	507
長少無間	384	長夏憧憧	71
長孫之喪	371	長夏病暑	127
仗鉞之榮	470	將何爲之	480
瘴濕所傷	255	瘴鄕經夏	98
瘴濕之地	142	張皇	159
葬時凡百	320	葬後	305, 310, 320
長時呻唔	123	長興庫	35
長時呻痛	131	在家之貧	476
長時憂惱	137	在渴急中	273
長時憂悶	135	纔經重疾	398
長時委頓	133	在京之日	449
長時作苦	491	在公	86, 107
長時進退	136	纔過喪餘	335

색인 683

載驅斯艱	465	再有書候	60
在疚積月	321	纔有一書未達	223
再期倏過	330	才已下去	552
再朞奄迫	332	在咽不下	49
再期此迫	333	再昨入山	528
災年孔路	145	再昨惠書	218, 218
災年弊局	170	災羅之政	97
栽答揭壁	62	才調夙茂	423
栽答頗積	189	才拙任重	142
在塗凡節	460	再從孫	112
在塗俯訊	60	再從弟	112, 297, 413, 415, 435,
在途諸節	469		448, 507, 543, 546
齋粮	558	再從姪	112
才罹荼毒	349	齎志就木	368
再拜	6, 12, 13, 16, 19, 34, 39,	宰秩	441
202, 203, 304, 305, 309		才實志尙	372, 373
——類	6, 12, 13, 16, 19, 202	再娶	438, 439
纔復前書	222	再值歉荒	144
纔付候矣	60	齋軒	38
齋史	38	災荒癘疫	548
再三披玩	210	再獲拜晤	55
才上覆帖	222	抵達	493
纔上一札	223	抵衙	86
再書良勤	61	齟齬	477, 563
裁書以投	551	——之患	552, 559
在城多日	54	著雍	201
齋所	38	邸遞	177
在所可略	481	邸便所惠書	62
纔修謝幅	221, 222	抵昏恩恩	186
才修一書	324	抵曛未謝	63
纔陞旋仍	452	適口	282
再承手札	237	——之味	165
在心之痛	371	積企之中	512
在我悵耿	61	積年貽阻	352
齋案	38	積年沈痾	502
才藝登名	412	積德之家禍	395
才猷	450	積德之門	389
才有書矣	59	積勞而傷	122

積贏之餘	132	積日不相聞	45
積霖猶苦	74	適入城裏	56
寂寞之濱	211, 282, 474	謫籍之羈孤	474
滴飯可拾	449	糶政	97, 101
謫福	476	積阻	45, 53, 72
──久享	476	──音信	69
適逢某奴	176	──之餘	62, 210
赤奮若	201	──之中	212
積儦未蘇	427	──至此	43
積仕	562, 563	──悵仰	44
糶事	97, 555	──瞻往	77
赤裳	103	適足以敗胃	165
赤舃造朝	440	適坐他所	189
積雪	525, 534	謫中	31
──窮陰	77	──苦況	476
──崢嶸	525	適增慙惡	360
積歲阻闊	43	赤地時	543
謫所	31, 550	赤地之慘	546
謫守	37	適此惶蹙	491
謫倅	37	積瘁兼發	148
適承誨諭	521	積瘁所祟	122
積殃	369, 373	適值駕言	55, 173
適撓胡寫	189	適值在公	107
積雨始霽	75	適值在鄉	61
積雨初收	75	適值恩擾	189
積雨初霽	533	跡遍名區	149
積月侍湯	392	謫況	474
積月阻候	44	田家雜冗	259
逖違	43	轉覺難堪	142
積委衰氣	129	轉覺無聊	72
適有去裖	176	煎薑而下	281
適有公故	48	專价來	238
適有緊聞	178	專价慰存	394
適有帶來	173	田結	564, 565
適有祀事	472	專靠	556
適有所得	170	詮告	12, 189
適有賤疾	460	專告之辱	213
逖矣貽阻	329	轉叩衡門	183, 184

洴泪病憂	216	腆備	293, 294
耑告	241	前史	38
耑教	64, 241	專使	170, 238
餞舊多祉	195	前賜慰狀	342
餞舊迎新之際	236	專使至	238
前期杳然	176	篆謝何量	277
前期渺然	176, 468	前上慰書	318
前期在邇	149	耑書	223, 241
前途人	440	──俯存	477
前頭	263, 547	──委問	217
──行部	132	專書	234, 241
轉頭之頃	333	──以控	560
傳來惠札	218	──致意	212
顚連之患	547	前書凌遽	61
前路不長	126	前書未復	220
前路尙遠	148, 152	前書纔復	222
專賴	496	前書照未	59
篆履	86	傳書後	549
轉眄間	468	轉成契闊	151
轉眄之間	332, 363	轉成轉筋	134
旃蒙	201	專城之養	450, 454
全未得知	319	轉送	551
煎悶曷諭	134	耑送廚傳	528
煎悶難狀	133	全受不安	296
煎悶罔措	135	前倅	566
煎迫罔措	134	專承哀慰	374
煎飯	133	專恃	162, 547
傳撥疾馳	469	──更煩	160
全榜已出	428	──屢控	159
前輩	484	──默運	488
腆封至此	285	──奉托	427, 558
顚仆道路	468	──專恃	563
全不掛鎌	546	殿試	410, 411, 414, 417
全不交睫	129	全失之理	544
全不成實	545	餞迓茂膺純嘏	195
顚仆之慮	374	餞迓增祉	195
全不嫺吏	488	前野圓平	449
顚踏於中道	150	煎藥之餘存	172

專於做工	108	傳筒	516
全然忘憂	546	專伻來	238
餞迎增祉	195	前便覆書	60
傳玩之資	515	傳布	158
前枉今書	223	轉布	189
煎撓度日	138	耑札	64, 209, 240
田園之樂	280	──俯存	242
田園之喜	525	──忽屆	231
前月奉命	150	專翰	212, 241
前月惠書	62	前和復出	404
專意	426, 509	腆貺	269
轉益難耐	151	箋況	86
轉益瘼苦	122	前後可欠	519
轉益右加	138	前後巧違	230
耑人奉書	65	前後屢托	564
專人訃告	301	前後撥便	221
專人送呈	173	前後三篇	512
專人惠書	212, 229	前後書	59, 223, 555
前者枉書	61	腆厚至此	272
煎灼何言	506	折簡之問	505
田庄	552	切緊	157, 160, 271, 553, 561
銓長	36	──酬應	261
專著	508	節度	36, 483, 562
殿庭臺奉	178	絕倒處	539
腆助	294	切望切望	427
專注	381	節旄	192, 460
傳札	550	──珍重	192
專札之賜	230	絕無餘暇	59
專帖	241	絕未承信	461
傳致	237	絕不得消息	75
──令季	170	節祀行事	335
──之地	550	節箑	171, 287, 288
跧蟄人事	66	──之惠	287
耑伻	240, 242	竊想哀懷	329
耑下疏	328	竊想僉哀	318
耑翰	241, 320	竊想台心	98
耑緘忽辱	215	節序流易	325
田土於治下	549	節序婉晼	75

색인 687

節扇下問	288	接應無暇	65
切悚仄	160, 294	接濟沒策	145
節順就禮	330	接濟奠安	96
切仰	99, 109, 158, 314, 555, 560	貞	23, 41, 91, 107, 122, 124, 129, 408, 427, 431, 443, 494
節哀加勉	349		
節哀加護	321	政閤	30
節哀自保	196	情境不可言	377
節哀從禮	315	情境之憯毒	353
節哀支保	315	情契	39
截然相阻	93	情界罔極	349
絶然阻候	43	情界之慘毒	393
折腰	272, 484	旌棨遄啓	459
竊惟孝思	321	頂圈色變	171
節飮加護	467	靜几	38, 39, 176
節日茶禮	283	情記	110, 290
節節難堪	146	精緊	562
節座	37	貞吉	91
切親間事	561	情念	270, 279, 281, 289, 291, 292
絶乏中	285	──可感	266
節下	20, 29	──新到	270
──類	6, 29	丁寧	436, 465, 521
漸覺愁惱	145	政堂	30
占科	417	正當其時	538
苫塊	314, 315	政當凉節	99
漸無餘地	129	正待主人	483
漸成癃尫	326	程途不邇	285
漸蘇	401	程道甚遠	454
漸熱	73, 83	整頓頭緒	96
占二頃於舊里	526	整頓之望	147
笘前	303, 305	整頓就緖	99
漸臻	107, 502	情亮	199
──康和	107	精力素强	341
漸就佳安	257	精力所及	541
佔畢工夫	508	精力則難支	152
佔畢之工	108	政履	86
點下	483, 484	靜履	88, 495
漸向差安	409	──依舊	495
點化處	512	情理切悶	148

情理切悲	560	情愛之間	158
情理絶悲	344	正陽	82, 528
情理之殘毒	387	靜養崇愆	191
情理慘毒	372	靜養之中	254
情理慘痛	382	定於某處	435
情理摧裂	382	靜業可理	257
情理廢矣	435	政餘	85, 86
頂門一鍼	266	正熱加愛	194
情薄之說	277	頂玉簪花	411
呈似	12, 169, 171, 172	情穩	179
政史	30	正欲請言	539
靜史	38	政用	86, 88
情事可矜	561	定寓舍後	181
情事可想	346	停雲靄靄	232
情私	136, 145, 153, 329	停雲之思	71
──罔極	404	正月	70, 82, 193, 200, 290
──悶憐	151	庭闈之望	412
──悲痛	356	政以爲悵	48
──煎迫	477	政爾凝悵	64
──切迫	136	政爾瞻注	206, 218
──痛割	377	政爾馳仰	43
政思鹹醋	278	鼎茵動止	85
情殺	403	鼎茵萬安	467
呈上	169, 172, 514, 515	情在	199, 335
政想煩惱	98	──是矣	515
井上枉蓋	51	定在不遠	472
頂上之物	283	定在何間	180, 449
情緒	154, 352, 363, 370	定在何時	104, 184
定數外	546	定在何日	460
庭信久阻	152	旌節	446, 459
庭信未由頻承	151	政切瞻耿	213, 232
情驢無易	465	情弟	110
精神默通之喜	231	情照	199
情訊先及	229	政拙心勞	142
政牙	29	情鍾之毒	380
政衙	20, 29	靜座	38
政眼	448, 456	政中	85, 86
靜案	38, 78, 79, 97, 185, 274	鄭重	211, 270, 328, 374, 394,

색인 689

	445, 475, 547
──之念	328
靜中滋味	280
政之一端	289, 560
情珍	280
貞疾	107, 122, 124, 129
政剳	541
情察	199
情札	224, 234, 235, 240
政體	551
精酋	386
政値霆炎	463
情翰	216, 218, 219, 241
──落來	211
情緘	210, 241
政合登覽	535
庭虛無人	540
政軒	30
証形屢變	126
証形又順	409
情好至切	560
証患旋瘳	106
政況	86
靜況	88
情貺歲儀	291
庭候	504
政候	86
靜候	88
第見	254
第告	156
啼哭悲愁	360
制闈	85
第控	156
提敎	542
製錦之試	447
題給	562
弟豈忘之	260
第當歉歲	96
諸道例量	546
提燈	141
第類	6, 11, 14, 95, 103, 104, 253, 447, 500
儕流憂久	401
第聞向來	9, 105
祭物依受	294
第拜	240
制煩	450
第煩	156
除煩	42
第犯霜風	171
除封	41
第不能詩	149
濟貧	267
除辭赴任	463
弟書兄看	160
除夕	200, 514
──在今	195
第所愼	98
祭需	293, 294, 378
弟雖滾汨	48
祭需及各種	293
第承	221, 239, 254, 255, 329, 379, 388, 503
──宿患	324
濟勝之具	532, 538
諸勝楓葉	528
除式	42
──封	41
第審	243, 254, 255, 256, 257, 390
制樣	287
製樣尤妙	288
除冗	42
第用悵惘	459
第用馳念	455
儕友	341
第有瞻言	494

第以稽謝爲愴	63	阻久多耿	45
濟以藥物	172	阻久戀深	209
第認	244	造給之意	561
除日	200	祖禰兩輔	403
第一音信	231	照單祇領	293
際玆益深	103	早達	419
祭奠之節	162	措大	271, 558
諸節加減	501	――本色	143
第切歎恨	419	調道益艱	162
第切神往	46	粗得支吾	143
第切恨念	49	刁蹬	167
第切恨歎	107	助粮	557
第切恨恨	68	阻戀方深	211
諸証	429, 431, 501	阻戀悲索之餘	249
諸種	268, 269, 271, 273, 274, 277, 291, 294, 296	照領僕僕	292
		阻路積阻	72
――之餉	272	調履	87
――之惠	270	阻莫近若	45
第中	156	早晩	402, 442
諸症越添	120	――放歸	477
弟之踈	266	――事	402, 412
諸紙之投	541	――相報	262
第此耿耿	48	――應爾	415
濟此急如何	162	――精靁	288
祭廳	561	――何關	515, 540
弟體中淸健	192	――盍簪	180
除八九矣	101	照末	237
醍醐	275	祖母喪	337
濟活	546	阻問久矣	47
題後元狀	555	造物無全功	123
朝家申明	263	造物所忌	353
皁蓋	106	造物兒之戱	526
――之臨	51	造拜	180, 181, 466
阻隔得手翰	210	阻拜之餘	226
阻隔如忘	45	早拜下札	224
粗遣	114, 118, 128, 152, 474	阻拜許久	43
朝見陛辭	466	阻拜惠復	211
稠廣雲奉	52	皁白可菀	541

遭伯父喪	345	──方至	206
照法痛治	568	──如渴	45
造別	49, 459	調養	87, 469, 484
調病養閒	485	──之具	275
粗保官次	147	──之道	469
遭服	388, 504	──之宜	282
措備凡百	435	阻餘	208
調史	39	──伏慰	210
阻思如結	94	──書辱	211
藻思清切	512	──承書	210
調事向減	132	──伻訊	64
阻想之極	212	──惠札	210
朝夕過活	476	早炎	82
朝夕侍奠	349	肇炎	82
祖先之餘慶	415	阻晤此久	43
調攝氣體	501	造穩	181
徂歲自衛	194	躁擾	547
祖孫之情	379	早有成名	413
措手無地	360	阻音	207
早睡方濃	55	──墨區區者	46
照數依領	277, 293	──殆一朔	45
遭叔母喪	345	粗依羈棲	152
阻承	72, 239	助葬	559
──書問	211	弔狀	303
早承	64, 219, 239	調將	87, 255
──深慰	219	──諸節	255
──伻問	64	照在	199
──惠翰	219	調節	87, 105
朝承伻存	223	遭制	370
阻信久矣	43	調座	39
阻甚	45, 95	調中	87, 501
操心慮患	471	遭重制	352, 359, 421
遭兒慽	383, 387	早卽惠臨	532
調案	39	朝紙	208, 541
粗安類	6, 9, 11, 113, 117, 120, 133, 136, 140, 141, 148, 152, 447, 490, 500	照至	59, 237
		兆之先見	395
早晏一進	190	早知如此	262
阻仰中	46	遭此巨創	392

遭此重制	341	足慰親心	431
照察	199, 318	足以養親	147
遭慽以後	383	足任百里	562
粗淺氣像	379	族丈	35
調體	87, 501	族弟	112, 557
調體有喜	501	族從	112
阻滯之患	479	足替良晤	247
調治之道	430	族下	112
朝伻怡慰	64	族兄	551
阻便	153	尊家事	413
朝晡哭撒	331	尊姑喪報	344
早被	239	存念備至	319
──崇諭	242	存沒分暌	359
──舌諭	64	存問	236, 551, 552, 553
──崇牘	220	──款接	552
照下	237	──斗護	553
肇寒	84	尊府氣力	341
粗幸依遣	114	尊府惠書	227
調護誠難	502, 503	尊侍	39
調護之力	496	存訊	226, 361
調護之際	259	尊愛我之深	149
阻閣	551	尊若快健	533
助婚之約	436	尊慈	74, 437
造化者	360	──俯賜慰問	309, 339, 354
阻闊	10, 42, 43, 45, 206, 207	──遠訊	374
──之餘	209	尊丈	35, 80, 336
──至此	183	──類	6, 35
──頗久	106	──患候	258
調況	87, 256	尊祖考	337, 341
阻懷如山	44	尊祖妣	337
調候	87, 105, 256, 502	尊之慘境	380
阻候此久	42	尊札	241
嘲戲太過	518	尊體起居萬重	339
足當面譚	216	尊體萬重	340
足了如年之暑	141	尊體何似	337
族末	112	尊翰	241
族孫	112	拙稿	516
足慰戀繆	218	卒哭	306, 310

拙構	316, 514	終夕苦待	182
猝難拔出	131	終歲不解	124
猝當	443	終宵之戀	539
拙當凶荒	145	從速一枉	535
拙狀姑遣	115	從孫	112, 435, 438, 477
拙狀猶前	115	宗僧	549
拙手段	171	終始善視	563
拙手敗局	145	終失一從容	54
拙語效嚬	514	從審	243
猝然危劇	319	腫瘍之証	341
猝辦	312	從容爲之可	520
猝何至此訖也	254	從容移暑	50
猝寒	84	從優覓副	167
拙和	516	從優帖惠	558
猝患暑感	536	從又篩縉	273
從可知矣	106	終違始料	101, 545
終暑應接	145	終爲雨損	545
從近圖遞	488	從遊之誼	401
從近來枉	178	從以作苦	144
從近謀動	178	從以渝耶	171
終靳一枉	56	宗人	112
從近入臨	181	從認	243
從今以往	362	終日	232
宗記	112	――伏次	325
從當發歸	156	――穩退	54
從來忌有心	533	――打話	532
種粮俱乏	555	――閉門	77, 234
種粮之資	565	――閉戶	476
宗末	11, 112	從子	112, 519
終無疾恙	469	踪跡參商	151
終無顯效	137	鍾情	381, 384
終未款曲	52	蹤情	328
腫病眼眚	144	鍾情有專	384
宗祀有托	378, 435, 436	從弟	112, 297, 391, 393, 394, 413, 415, 420, 435, 448, 507, 543, 546, 557
宗社之慶	409		
宗祀之托	379	宗從	112
終祥奄過	330	種種	404
終祥已迫	332	――伏慰	251

──悲念	350	坐想關外	116
──悲絕	362	左右	5, 93, 94, 181, 310, 369, 439, 461, 524
──書替	268		
──承聞	106	──泛視	559
──仰念	97	──純素之餘	341
──仰遡	94	──者	267
──憂慮	139	──情事	320
──憂悶	151	座右	38
──危苦	135	佐以紫露	283
──煎悶	135	坐齋	537, 538
──珍味	277	──無事	178
──慘切	353	座前	37, 38, 301, 302, 308, 310, 336, 337, 338, 339, 340
──燭悶	139		
──馳仰	106	坐閉門窮村	363
終臻脫然	257	座下	33, 37, 38, 108, 176, 215, 301, 336, 466, 548, 549
從姪	112, 438, 563		
從此將爲	457	左閤	36
腫處	131	佐軒	30
終天荼毒	325	佐況	86
終天悔痛	354, 356	佐候	86
宗下	112	罪大恩深	470
──生	112	罪大逋違	474
從兄病患	137	罪悚曷極	49
悰況之可言	151	罪悚尤極	366
終孝之地	315	罪逆不孝	319
坐看如湖	525	罪逆深重	309, 311
坐屈之爲不安	535	罪人	113, 472
左揆	36	罪積尸素	447
坐待新使	483	罪謫之分	476
左令公	36	罪弟	113
左錄盛餉	283	罪重罰輕	470
佐履	86	罪蟄棲屑	329
佐幕	30	罪蟄之人	284
左墨珍重	212	罪蟄之蹤	462
左副令公	36	罪釁之積	372
佐史	30	做佳會	535
座史	38	主客之道	476
左相	36, 62	做工	108, 506

색인 695

──計耶	425	籌軒	29
主管之人	565	做況	88
賙救之政	547	廚灰不盈簣	117
做丌	39	做候	88
珠璣	513	竹瀝	167, 274, 275
賙飢	543	蠢動之勢	414
做履	88	駿奔之餘	105
朱墨	453, 461	雋數尾	173
──瓜日	453	準施	276
──之暇	461, 515	蹲仍	144
賙民無策	145	重可貢幸	103
做史	39	中暍殊殊	487
籌司	35	重經毒感	143
周詳之喩	266	重光	201
疇昔之日	51	重九之約	533
周旋	158, 262, 565	重寄	548
──處	527	中年喪耦	358
周歲	46	中堂之饋	362
晝宵之役	118	中道之顚蹶	151
酒熟月明	534	中路狼狽	560
主臣	159	中路分手	46
做案	39	重牢盛事	435
晝夜奔忙	119	重發幾危	129
廚院	35	中房所	31
酒肉之受	295	重拜德意	275
主人款接之意	151	重病之後	254, 321
做一夜穩	179, 459	重服之故	536
做一穩耶	178	仲父舍伯	342
周章	160, 262, 547	中選成名	413
晝接芳訊	231	重試類	6, 410
賙賑凡事	547	重試巍擢	411
晝燭之光	394	重侍情境	361
珠胎墮空	431	重侍粗安	114
酒頗佳	174	重侍下	361, 437, 438
朱牌受困	557	中心耿耿	466
珠貝茝蘭之屬	433	中心頌之	282
走伻仰候	500	中心藏之圖	262
舟行歷訪	180	仲氏	321, 361, 479

仲兒	176, 531	──惠狀	216
重陽	84, 200, 525, 533	卽伏承	227, 239
中外忭慶	409	卽奔	316, 354
中外惟均	408	卽祇	238
中外之望	192	卽事堪羨	260
中外歡忭	408	卽賜令施	157
衆憂叢集	50	卽書申候	48
重雲卷舒	540	卽書尤慰	223
重衛	90	卽夕	201
重違勤敎	516	卽旋	201
重違勤索	514	卽承	216, 239
重爲之慮仰	109	──問札	216
重爲之戀仰	95	──伏仰慰	219
重爲之馳仰	93	──手滋	217
仲胤兩場	454	──手札	214
重陰之捲	540	──審	242
重以新曆	286	──情翰	216, 218, 219
重任獲解	484	──惠訊	217
中適	90	卽是情也	271
重制	341, 352, 359, 391, 421	卽辰	81
重慽摧痛	371	卽於匪意	211, 216
重忝科名	412	卽於祇中	238
重治	567	卽又拜書	219
重痛乍減	131	卽爲存問	552, 553
仲兒	112, 189, 352	卽惟	80, 81, 501
重患外感	124	卽日	201, 309, 339, 495
重患之餘	256	──蒙恩	309
中揮項次	273	──侍奉	340
卽見	32, 434, 486	──支況	318
卽當拉去	538	卽茲履端	69
卽當翼如	537	卽者人來	463
卽問	80, 281	卽茲春發	69
卽未審	80	卽在目前	539
卽拜	229, 239	卽傳	32, 550
──委存	217	──納	32
──下狀	216, 219	卽接	239
──下狀先辱	216	卽呈	40
──下書	220	卽朝	201

卽卽付送	556	只覺兢惶	443
卽卽修簿	488	只覺神往	461
卽卽傳	32	知簡之隆	441
卽此手翰	217	只堪憐歎	127
卽札尤荷	220	知感之懷	248
卽通慰問	316	只堪瞻悵	45
卽回	201	只見簡面	235
卽候	80, 81	脂膏之物	165
葺一小屋	169	知舊之間	516
增佳	89	知舊之意	467
增感咽矣	417	知舊凶聞	127
增慶	89	知君下來	227
蒸昆布	283	紙貴書艱	515
增吉	89	紙貴如金	169
增怛	371	至今	175, 381
增祿	89, 195	――感幸	56
曾蒙下照	59	――耿耿	47, 58
曾無雅契	65	――夢想	51
曾未幾何	264	――未已	55
增福	89, 194, 195, 463	――栢悅	419
增祕	90	――思之	394
增相	90	――如夢	46
曾所歷過	452	――茹悵	462
曾所稔知	100	――茹恨	49
增綏	89	――榮感	50
增勝	90	――爲愴	62
曾審入城	8, 49	――爲悵	419
增我懷伊	75	――依悵	55
蒸熱	83	――恨歎	55, 535
蒸炎釀雨	73	只冀加護	192
增衛	90	至當至當	521
增膺蔓祉	89	舐犢之悲	383
增廸	90	舐犢之私	373
增重	90, 191	只得一面	227
增祉	89, 195	指路	529
增嘏	89	支離何耶	372
增護	89	至望至望	160
增休	89	紙面之候	47

至夢不成	469	只以單種	168
紙墨	283, 285, 375	持以自詑	530
——及魚	296	只益憎神	125
至勿賜答	161	秪日呻疾	119
支保	91, 315, 322, 323, 359, 396	只自感祝	468
地部	35	只自耿耿	494
地不相遠	453	秪自耿耿	207
只俟後便	187	只自憐歎	496
支相	91	只自罔極	326
遲速	560	只自悶憐	119, 145, 424
紙束之貺	293	秪自悶憐	144
至須領之	174	只自嘯詠	470
支勝	91, 108, 330	只自憂悶	404
知申事	36	只自隕裂	327
支安	91, 359	秪自貽慽	379
至於不救	319	只自憎然	155
至於成名	420	只自悄菀	156
至於歲晏	235	只自馳爽	495
只餘兩三人	117	只自馳艷	118
遲延	158	只自馳豔	103
支吾奈何	125	只作悠悠	128
只用耿耿	176	持將	91
秪用僕僕	269	支將	91
至月	79, 84, 201	至切間	552
只爲瞻言	369	只切耿耿	48, 66
只有感頌	151	只切媿憐	126
只有耿耿	77	只切懍恐	117
秪有耿耿	207	只切慕仰	42
只有脉脉	52	只切悵悒	460
至有奔避	108	只切冲悵	183
只有悲涕	354	地中所樂	523
知有少愆	182, 254	只增悲係	371
只有神凝	77	只增神迬	184
只有一日	184	只增隕割	327
只有自悼	401	只增冲悵	184
只有悵仰	207	紙地	166, 169, 267, 284
至意見念	275	遲遲	176, 488
知已啓程	494	——未果	370

──一書	176	職業有守	305, 306, 307
支持	91, 313, 317, 318, 322	直抵長淵	149
紙地甚艱	169	直中	33, 38, 85
紙盡	190	直至歲暮	182
只此	12, 187, 189, 197, 198, 375	直請	160
──謹狀	197	直向	479
──不備	197	直軒	38
咫尺之近	49	直況	87
咫尺胡山	467	直候	87
至賤草材	167	嗔呵	557
遲滯可恨	324	鎭閤	30
紙促潦草	188	眞覺夢幻	397
至親喪變	392	震艮	88
至親情誼	352	珍感良深	279
地違南北	209	珍感無已	270, 279
至痛益復	316	珍感僕僕	277
只頹然而已	125	趁課	424
紙弊	210	塵襟之索	511
──而墨渝	249	軫念中	565
持被	465, 466	進德	88
知荷盛念	114, 147	塵瀆	161
持荷愛恤	262	儘得之矣	267
知荷情念	377	儘令人懷仰	8, 77
知荷知荷	64	震慄	480
至寒	84, 527	鎭履	86
只恨冥頑	326, 333	眞面可愛	528
至行無祿	398	儘無餘憾	393
地峽事簡	469	珍味之惠	277
支護	91, 321	珍飯加愛	195
祉護	90	進拜	47, 49, 119, 181, 486, 536
至沍	84	──計	183
至厚深謝	274	鎭福	90
只希春寒	321	珍愗	90
直廬	38	鎭史	30
直履	87	陳事	159
直史	38	珍謝萬萬	270
職事之來逼	525	珍謝不容喩	290
直所	38	珍謝不已	270

塵事與儜緣	527	鎭軒	30
賑事完了	96	眞玄	173, 285
盡傷	345	陳玄	285
珍嗇	90, 193, 495	珍護	90, 195
眞善喩也	509	儘好儘好	512
眞率之會	539	盡化爲黃壤	383
珍勝	90	眞確語	130
儘是奇事	413, 420	鎭況	86
進身辭別	488	鎭候	86
鎭衙	30	疹候霍然	409
盡然于心	320	疾病之時	353
賑憂雖深	547	疾病之餘	322
眞元日爍	129	疾病之侵	141
眞元日敗	135	疾病侵凌	481
眞元漸爍	132	疾病侵尋	327
珍衛	90, 194, 495	姪婦	355
儘有實獲	484	疾不起	391, 398
晉膺鼎席	439	迭相爲災	544
盡日而歸	527	姪婿	568
殄災殺機	380	疾憂未霽	473
賑政	96, 97, 101, 452	疾憂爲撓	115
鎭定	130	姪子	112, 390, 391
賑政可訖	101	執金吾	36
賑政才了	97	執禮致哀	348
珍重百福	467	執事	20, 31, 34, 158, 230, 262, 264, 314, 436, 437, 452, 527, 529, 535, 547, 553
珍重自愛	191		
趁卽造惠	273		
津津	53, 434	——覽此	545
秦晉之好	432	——類	6, 31
疹疾火熾	153	——誦之	473
珍戬曷已	537	——威令	551
進參	536	——以爲如何	147
儘出情念	291, 292	——之教	516
珍荷	292	執徐	201
——曷已	277	執書呼泣	319
——無量	512	執手以訣	371
——珍荷	283	執災	564
珍幸不已	286	懲頑	567, 568

徵測	389	此時瞻往	93
		且審	243, 256
		且諗	243
【ㅊ】		此心嚮往	230
此間	111, 117, 119, 130, 133, 139, 325, 392, 513, 540	且諝	243
		借與類	6, 540
──悶迫	162	此亦台賜	116
──悲悶如何	342	差員之行	98, 146
──心事	373	此月彼月	144
──調節	105	此爲私幸	115
──形勢	157	次胤解元	422
且感且愧	236	此意良厚	50
且感且慰	222	且認	244
且告	156	差自慰	254
且控	156	此將奈何	388
此年又盡	128	借材	561
差待過冬	144	此在吾人	418
差道	479	差適而行	141
次面	48, 232	此前何如	452
──之慰	208	次第	59, 333, 380, 431, 456
借尾	191	──過行	363
此悶如何	131	──喪逝	393
此拜	176, 177, 198, 240	──承領	221
且煩	156	──還之	512
此非細事	161	此際書至	233
此生良苦	379	此中	111, 114, 132, 180, 279, 546
且羨且愁	462	──所遭	473
此歲無餘	78	差池	526
此歲又盡	77	借之一字	540
此歲將窮	208	次次轉進	149
此歲將盡	207	且諦	243
此殊憖然	154	此痛曷旣	353
且承	160, 227, 244, 404	借便	370
差勝	132, 543	此何理耶	395
此時手札	236	此何人哉	377, 387
此時憂虞	486	此何情境	474
此時情札	234	此恨耿耿	49
借示之如何	531	此恨如何	525

且惶且感	268		459, 460, 492, 495
且喜吉迫	433	──可言	46
捉送如何	568	蒼莽間耶	451
攢慶	439, 536	悵惘不已	492
趲赴之勞	471	悵惘殊極	8, 49
攢謝無已	285	悵惘如結	43
贊成	36	悵望而歸	494
饌資	280	悵望瞻戀	465
攢賀	245, 411, 429, 456	瘡瘢	488
──之至	429, 454	悵想難勝	156
札到	550	悵想徒切	43
察眉憂深	98	悵想彌深	47
慘景	388	暢敍興會	231
參饋奠	333	悵遡難勝	52
慘矜	560	悵悚交至	49
慘報	176, 372	悵仰曷已	43
慚負幽明	371	悵仰交至	108
站上之役	99	悵仰采深	47
慘傷何勝	396	悵仰殊深	49
參尋	491	悵仰殊切	119
慘愕慘愕	389	悵仰實多	60
站役已送	99	悵仰深	66
慘然之懷	380	悵仰如何	183, 184
參祭	335	悵仰益切	56
慘遭兒慽	387	悵仰政深	213
參贊	36	悵仰至今	462
慘愴可知	363	悵仰何如	182
慙歎之至	360	悵如之何	177
慘慟隕獲	378	悵戀方深	46
慙恨尤切	367	悵然而返	149
參行	335	悵然之外	182
悵結之私	208	蒼髯襴衫	420
悵缺之至	67	悵注倍切	535
悵耿徒切	184	愴往而已	62
悵愧交摯	62	窓外風日	122
瘡口才完	131	悵鬱	474
悵念徒切	52	──曷已	182
悵惘	8, 43, 49, 57, 183, 446, 455,	倉卒	373, 475

색인　703

──初終	312	鶺鴒之分蜚	446
──治薄	453	戚末	112
悵歎可言	448	尺書替慰	376
悵歎而已	415	戚叔	560
悵歎何言	182	戚侍	39
愴痛깊切	363	戚誼	553
愴痛不可言	393	戚丈	35, 228
愴痛不自勝	363	戚弟	112
悵恨	50, 68, 182, 259	戚從	112
愴怳	320, 321, 355, 385	──姪	112
悄怳開緘	249	擲地當有聲	512
蒼黃歸護	135	尺紙之上	236
蒼黃下去	567	戚姪	112
暢懷	533	戚下	112
悵懷	47	拓懷暢思	465
──曷極	43	倩姑不備	197
愴喜交至	436	天官	35, 281, 362, 464
彩箱梳貼	274	荐及僻陋	285
採薪之憂	488, 505	天氣陰凝	79
彩歡	87	天氣漸熱	73
冊房	30	天道難知	386
責報	557	千里撼頓之餘	254
冊史	30	天理固應	429
冊舍薄況	104	千里論心	233
冊室	30	千里單騎	559
冊衙	30	千里跋涉	150
責諭之來	521	千里書來	210
策應	88	千里書回	215
責任尤重	447	千里嶺外	358
責徵田稅	564	千里外聞訃	346
處陋慮仰	489	千里有饋	269
妻病	135	泲罹此毒	353
妻喪類	6, 357	千萬開示	521
妻之夭	389	千萬苦狀	468
處處同然	117	千萬保重	466
處還	402	千萬不知所喩	344
擲琴之慟	361	千萬不盡說	197
戚記	112	千萬所祈	351

千萬意外	365, 391, 398	天地父母之恩	488
千萬自愛	255, 493	洊臻	408, 123
千萬切仰	560	賤疾	132, 133, 460, 505
千萬至禱	366	──少勝	116
千萬至祝	520	──沈頓	375
千萬惕念	297	──沈淹	121, 329
千萬恩恩不盡	189	洊疊	345, 359, 388
千萬幸甚	350	倩草	187, 197, 254
千萬休托	531	賤畜	363
遄蒙恩召	478	遷就	175, 494
遄蒙恩宥	478	──未遂	183
遄聞平信	196	──至此	261, 542
遄發	449	天討亟行	409
天放之樂	478	遷土棲遲	259
洊拜	240	倩布只此	187
倩白	187	天必佑善	343
遷奉之擧	316	天下之巨麗	465
天不佑善	341	天餉之厚	533
天崩之慟	300	天乎天乎	354, 389
遄損之喜	341	天和久愆	257
賤晬	174	天和少愆	254
洊承	239	徹座下否	176
──仰慰	220	撤罷之命	409
──下狀	222	撤還	461
天時	233	添加而雨露	328
──劇熱	73	瞻耿之餘	174
──向熱	73	添苦	135, 536
天安店舍	282	──下泄	130
遷延之弊	567	瞻翹之私	93
千撓百惱	528	瞻翹行塵	459
天佑小減	134	添劇	121, 127, 134
洊仍	388	歛氣力	322
淺酌短唱	102	瞻企爲勞	44
洊遭喪慽	393	瞻勞而已	94
荐遭酷禍	394	瞻慮	492
天中日	200	瞻戀奈何	185
天地間一窮人	354	瞻聆俱聳	411
天之難階	228	瞻聆喜動	441

색인 705

斂履	87	——倍切	70, 216
瞻望	155	——尤苦	233
——南天	74	——益勤	77
——依黯	462	——正苦	76
——之思	316	——政勤	69
——悵缺	491	斂哀	312, 316, 318, 349, 350
——悵然	448	——之所遭	389
——悽黯	155	瞻言慶慰	246
——行塵	460, 495	瞻言流悵	184
瞻慕	43	瞻言慕往	43
——益憧憧	78	瞻言思跂	94
——之誠	92	瞻言詠溯而已	93
——之餘	329	瞻言歎咄	48
——何極	47	瞻戀	8, 48, 93, 104, 206
添病叫痛	490	——常結	45
添病之慮	501	瞻詠可言	206
添病昏頓	118	瞻詠之懷	177
簽捀	546	瞻洼無時可已	95
斂史	39	瞻往倍常	54
瞻想方勤	207	瞻慰	92
瞻想政勤	207	——且溯	94
瞻想政勞	234	——瞻慰	95
斂書	216	瞻依之餘	453
添暑泄委頓	129	添一病端	144
瞻盛禮耶	433	添一齒	126
瞻溯	46, 67, 95	忝在僚末	520
——不可極	93	簽羅	426
——不任	94	斂前	39
瞻誦采勤	44	添丁之喜	431
瞻誦益勤	67	簽丁催科	97
瞻送行塵	460	斂座	39
斂侍	87	添罪戾	444
添痾	119	瞻悵可言	44
斂案	39	瞻悵曷已	185
瞻仰	10, 11, 43, 46, 92, 177, 179, 194, 213, 214	瞻悵當如何	449
		瞻悵何言	184
——耿耿	77	添齒之感	125
——倍自耿耿	233	忝親	437

瞻嚮之私	176	淸二蘇五	172
──曷勝	45	青一把	171
──之懷	207	淸適	90
瞻懸倍之	44	請糶	554, 555
僉况	87	淸廸	90
僉候	87	淸重	90
輒賴其力	555	淸秋	83
疊牀	159	淸趣類	6, 522
輒先迎候	440	請託	157
輒通書問	66	淸翰	241
輒被兩書	217	淸閒境界	451
淸健	90, 128, 192	淸和	433
淸潔不汚	518	淸况	88
青苽	280	淸誨	50, 236, 245, 474, 510
淸談	519	體國	193, 485
青銅	512	體氣	85, 87, 460
淸涼	502	──若何	359
青龍	566, 567	體內諸節	85
淸昢	93, 179	體內欠和	254
淸明日	200	體度	85
青門一別	46	體力	87
淸蜜	275	──節宣	321
淸福之難	360	體履	85, 88
聽不聽間	265	──萬勝	494
淸悊	90	棣履	87, 194
請非難施	554	──若序安吉	194
淸事	534	替面之資	177, 495
淸霜戒寒	78	替奉尺書	176
青扇	164	棣史	39
淸勝	90	體上	85
淸心	166, 172, 275, 530	替申	188, 328
淸晏	90	棣案	39
淸案	38	替唁	315, 316, 370
青魚之惠	292	體用	85
請邀類	6, 530	替慰	224, 376
淸衛	90	遞邑治簿	485
淸裕	90	遞傳旣稽	62
請宜調治	131	掣肘	146

색인 707

體中	85, 192, 500	焦熬捄視	367	
――久忿	256	稍用慰瀉	251	
――淸迪	258	焦憂之餘	381	
替直	536	稍慰	53, 56, 150, 250, 288, 323, 404, 503	
遞職	36, 487, 503			
涕沱	390, 391	――昨日	224	
禠便	238	――阻懷	252	
體況	85, 88	――此懷	235	
棣況	87	焦泣憂遑	134	
棣候	87	焦泣之狀	136	
替候起居	176	稍以奉慰	484	
體候若何	501	超資之恩	443	
草芥	168	焦灼難狀	136	
招見款接	549	焦灼無已	133	
招見賜顔	549	初場惠墨	429	
稍硬	127, 279	勦絶	387	
超高品場屋間	423	草政亦歉	168	
草饌頓絶	168	稍阻	45, 214	
初期奄過	375	初終凡百	312, 313	
初朞忽迫	342	初終凡需	313	
稍能優閒	485	初終凡節	314	
醮禮	531	初終諸需	313	
初味可喜	421	初終之時	393	
焦悶不可狀	134	怊悵良久	540	
焦悶何狀	506	草創愁亂	142	
焦悶何喩	133	草草單騎	444	
稍薄而然	453	草草拜書	60	
稍倦	401	草草付答	237	
稍紓勞結	251	草草只此	198	
初雪	84	草草欠穩	58	
招損之理	98	初秋尙熱	75	
超勝	90	初夏	73, 82	
超陞	442	初寒	84	
稍勝者	545	――斗劇	78	
悄然無意況	154	――甚祁	78	
悄然無好懷	194	――陟酷	78	
悄然寒苦	78	峭寒	82	
初炎始旺	73	杪寒	84	

草醱之伴貺	273	催老	468
觸境痛隕	327	縗服人	112
矗樓江流之間	512	縗服弟	112
矗樓浮石	530	最是難堪處	126
觸目傷痛	381	最樂聞	522
觸事疚懷	362	最爲益矣	520
觸事傷割	359	摧痛酸苦	339
觸事愁惱	435	摧痛之私	391
觸事觸境	327	摧痛何堪	344, 376, 392
觸眼	145	追擧壽酌	537
蜀日之罕見	71	追告	191
囑托類	6, 548	秋穀滿眼	272
觸昏潦謝	188	追控	191
寸牘之往復	268	秋氣頓生	75
村瘼漸盛	143	秋氣爽然	75
村店敎養	101	秋氣已入園林	523
寸情銘鏤	150	秋露	282
寸紙如金	169	秋老嶠南	74
恩遽	55, 528	秋霖	83
──作行	50	──支離	76
寵光隆摯	445	追慕如新	334
寵賚便繁	547	追慕之慟	318
叢石歸	529	追慕之痛	323
忽承情緘	210	蒭牧之責	96
恩卒	51, 57, 517	秋務	101, 143, 527
──如許	517	──煩劇	142
恩恩	52, 54, 55, 56, 186, 189, 214, 227, 391	──日復	142
		──纏綿	49
寵擢	442, 443	趨拜	505
寵翰	210, 213, 241, 510	──台座	140
──書尺	227	追白	191
──遠降	211	追別江上	46
摧感	293, 294	追副	174
摧苦慘裂	345	追思耿耿	55
催科已了	97	秋事慘慄	233
催科之政	101	僦舍相近	185
催督日甚	557	秋事已晚	76
摧裂不自勝	339	秋事將盡	46

색인 709

追思悵惘	57		追恨	527
秋山漸好	179		追惠	291
趨參末席	536		秋穫	179
追想於邑	348		秋懷慘慄	140
秋色向闌	76		秋後無聞	109
秋序旣盡	326		秋後迎歸	356
秋序已闌	326		祝望	543
秋序已入	108		逐日	118
秋夕	200		——勞擾	145
秋石	165		——奔汨	119
追躡後塵	529		——仰俟	258
秋收	552		——撓汨	114
秋深	84		縮地相會	524
秋熱	83		縮地術	507
——而霜晚	543		畜妾病死	363
——益苦	75		春間	527
秋炎	83		——奉拜	58
焞撓	386		——一別	46
秋雨連綿	76		——一書	62
趨慰	305, 315, 337, 344, 367, 371		春官	35
秋陰	83		春窮	554, 555
秋意已高	76		春宮異數	458
秋意崢嶸	76		春晷漸永	70
秋意漸生	75		春氣淸穆	70
推移	157		春暖	82
秋已抄矣	74		春臺泉石	533
秋日多雨	76		春冬以前	132
趨餞	465		春晩	82
秋曹	35, 441		春夢依然	46
秋盡寒屆	76		春坊	35
悵悵之懷	465		春府丈	106, 228, 341
秋晴	84		春府就吏	490
秋淸	84		春事漸闌	70
追逐之樂	185		春事向闌	71
抽出	527		春生書至	231
推測	387		春生阻候	69
秋判	36		春序過半	69
墜翰	241		春序已晩	71

春序向深	325	出付	555
春首	377	出按雄藩	460
春陽	82, 515	出於望外	287
春雨	82, 325	出於不意	316, 355
春陰	82	出於衰門	442
春意輕盈	70	出於至眷	295
春意漸和	69	出意外	56, 452
春日	69	出自至意	287
——載陽	70	出自此手	262
——漸和	70	出場	138, 489
春邸	409	出宰	448
春盡夏屆	44	——同道	451
春晴	82	——消息	448
春秋	146	出傳	550
春風	82	出接着力	426
——暸姸	71	出天之孝	314
——不調	70	出避	501
春夏	451, 554	出候道周	472
——勞碌	120	冲忎	90
——作文	510	冲嗇	90
——之沈綿	106	冲勝	90
春寒	82, 186, 321	忠養之餘	537
——乖常	70	忠養至情	536
——復肆	70	衝炎冒雨	150
——尙峭	70	冲裕	90
——甚嚴	70	冲廸	90
——惻惻	70	充定之事	566
春行冬令	69	冲泰	90
春和	82, 530	充馱之惠	272
——漸敷	70	充馱下送	162
春後所請	261	瘁日甚	120
春暄	82, 191	就告	156
——海曲	71	——類	6, 12, 156, 161
出彊	463	就控	156
——隔宵	466	就達	12, 156
出郊時	50	驟躓至此	443
出都之日	460	就理	489
出門意思	183	——類	6, 489

색인 711

趣味滋長	506	治簿諸節	483
就拜	49	馳思倍深	208
就白	156	致使惠書	53
就煩	12, 156	治喪之罔措	388
就別	460, 462, 465, 466	馳省	354
就伏白	12, 156	齒牙動搖	127
娶婦佳甚	378	馳仰逢秋彌深	74
取舍之嫌	264	馳仰益勤	78
聚散餘懷	58	馳仰增深	507
就敍	8, 49, 176	穉陽漸長	325
就緖	99, 547	馳戀不弛	95
就悚	156	馳往郊外	494
就承	239, 244	值有郊行	65
就審	243, 415	治邑	559
就諗	243	置在几案	468
就諳	243	馳情不已	525
就穩	190	馳情而已	156
醉翁之意	538	致阻閡	107
就醫洛下	131	致阻至此	55
就認	243	齒增	443
吹竹彈絲	550	馳進之日	563
就中	12	致此勤索	171
就閒而遇寒	118	治下	384, 385, 549, 551, 552,
驟行花事	231		553, 564, 565, 567
仄聞	105, 317, 491, 495	稚孩螟子	394
惻慘尤極	355	親見舊柩	403
惻愴難忘	396	親舊	531, 536
值駕未奉	55	──所屬	264
值駕言	55, 64, 173	──之饋問	296
馳念	95, 109, 254, 455	親病沈重	506
──行駕	469	親事	432
馳慮之懷	323	──涓吉	432
值命駕	55	親山	567
治民詰戎	145	親喪	334, 392, 560
馳拜	336	親侍几席	526
致煩酬應	466	親信	152, 153, 552
致膳便中	218	──未寧	136
治簿啓程	482	親心切悲	362

親愛之人	562	枕席間物	123
親愛加隆	343, 344	寢膳益減	136
親愛之戀	328	沈痾祛體	248
親榮	412	浸於水	545
親枉	161	寢啜粗安	474
親懿隆摯	344	沈痛	343, 346, 350, 358, 361, 364, 367, 393
親切間	549		
親接色笑	539	蟄伏郊坰	367
親瘠	50, 133, 134, 135	蟄伏人事	175
──身恙	135, 361	稱家行禮	294
──煎心	119	稱念	262, 553
親族相愛間	549	稱道太過	521
親知	401	稱情	265
──喪類	6, 395	──禮	316
──之列	484		
親戚熱門	518		
親戚之萍逢	57	【ㅋ】	
親下情境	353	快滿	543
親患	11, 133, 135, 506	快復	91, 256, 257, 501
親候多愆	133	快施	556
親候遇寒	134	快安	91, 105, 257
親候粗安	149	快有動靜	258
七夕	200	快痊	229
漆扇	163	快瘳	504
七十載之後	404	快解	488, 503
七十州	486	快許	157
七十治𦥑	128		
七月	75, 83, 200	【ㅌ】	
沈痼	312	他可略也	116
寢塊殀殀	327	他無可喩	125
鍼灸無效	131	他物之比	284
鍼灸之單	105	他撓	97, 150
寢啖粗遣	474	拖晉高軒	477
沈篤	343	馳賀	413
沈綿	106, 121, 313, 318, 503	他何可諭	116, 118
寢夢猶悸	385	他鄕歲換	104
寢席	273	託契之深	396, 397
──爲伴	127		

색인 713

擢冠上庠	418	迨今依依	57
濯纓之計	533	迨今悵戀	49
拆而讀之	215	太急則易退	354
度支	35, 36	台起居	85
——長	36	殆難堪克	118
殫竭筋力	267	殆難名狀	235, 246
灘頭出舟	524	殆難定心	494
誕得丈夫子	429	殆難支堪	120
坦郞	227	殆難支吾	118
歎服無已	236	太勞神用	98
吞聲	352	太多爲嫌	557
誕辰隔日	410	殆同病人	130
歎吒不已	428	台動止	85
彈鋏中	276	台履	85
彈鋏之歎	278	太僕	35
綻紅	532	殆不可狀	246
脫藁	516	殆不能寐	412
脫然排遣志	108	殆不相襯	143
脫出	490	殆不自已	51, 93
頉稅	564	太常	35
頉下	566	胎上書角	550
耽看	540	太傷於繁	512
探閱略遍	512, 513	胎上依所請	555
探候宿所	560	太守	37, 61, 155, 544
湯憂未已	503	——空簡	297
湯患彌留	258	——書尺	175
湯患未解	503	——之憂	96, 557
湯候不輕	503	台案	37
胎簡	157, 158	殆若初見	72
台監	33, 34, 52, 264, 341, 376	迨如夢境	58
台鑑	199	殆欲成病	154
太監	85	迨用耿然	462
迨感厚意	293	迨用慰幸	50
胎告	568	殆有餘情	64
太過	272, 518, 521, 543	台已東歸	151
——所望	272	迨以爲恨	52
迨極悵恨	50	泰長之慶	193
迨今伏慰	53	迨切欣幸	57

胎呈小紙	559	慟悼罔諭	399
台照	199	痛悼不可言	398
台座	37, 140	痛悼何言	392
──類	6, 37	痛慕如新	335
──前	37	痛慕益復靡逮	322
──下	33	痛慕之極	335
胎紙事事	158	痛迫何言	345
胎紙寫呈	515	痛刪虛具	533
胎紙所告	427	痛傷如何	397
迨戩至眷	279	慟惜	351
迨此依耿	57	──傷悼	382
台察	13, 199	──涕下	368
太倉	35	痛惜難勝	373
台體	85	痛惜之懷	395
苔灘事	568	痛惜慘憐	388
台下照	199	痛惜何言	398
台下察	199	痛勢苦劇	138
台下札	344	痛勢頗減	132
太候	85	通宵依耿	52
擇定護喪	560	痛若初歿	375
宅兆	316	痛惋	566
討答甚急	186	痛隕曷極	301
土望土也	553	痛隕如新	300
吐瀉過多	134	痛隕情私	331
兔絲子	275, 276	痛隕慘毒	350
土宜	265	痛隕何極	325
討此多少	182	痛宛彌新	335
討便未易	62	統惟	198
吐血之証	348	痛泣奈何	333
痛結奈何	400	痛定思痛	478
痛缺何言	335	痛治	568
痛苦益切	373	──懲罪	568
痛苦摧裂	339, 342	通判	37
慟哭之外	398	痛割益切	355
痛哭痛哭	302, 312, 313, 343, 371, 389, 391	痛酷之私	390, 391
		統希	198
痛哭何諭	355	──神會	188
筒內民戶	546	頹齡	373

색인 715

頹然一醉	282	擺脫	534
投簡紙	168	——不得	144
偸少隙	177	把筆	48, 320
投以手札	233	——擬候	229
偸葬	566, 567	罷解重任	485
特簡	145, 445	判歉之由	545
特款及此	262	判金吾	36
特蒙	320, 444, 480, 557	辦得	143, 163
——霈澤	480	板扉晝掩	522
特賜顔色	563	判義禁	36
忒甚	187, 188	八月	76, 83, 200
特除	441	敗局	145, 447
特次第事	456	浿上	535
特出	447	沛然注下	543
特惠祭需	293, 294	伻問	64, 376, 505, 549, 563
闖發	125	伻者虛枉	64
		伻存	223, 236, 241
		伻至	238
【ㅍ】		伻札之絡續	222
頗佳	174, 476	伻探	228, 229
頗覺優閑	487	伻還	182, 238
頗覺有益	510	伻回	258
破格	341, 343, 347, 358, 365	伻候	64, 229
破戒圖之	261	便近可喜	454
罷官歸家	485	遍踏而歸	528
波濤際天	472	便忙	12, 186
破聾	541	便面甚緊	284
波斯之府	513	編配	472
把書三歎	472	片帆一掛	492
頗穩經宿	53	便信稀闊	47
坡翁	474	便人	186
把玩	213	便中	218, 238
頗用慰幸	420	便至	238
罷寓還第	258	——惠書	231
頗爲欣企	180	偏親	353, 398
頗以爲苦	255	便風甚稀	366
破寂	265	便回	237, 238
破此聾寂	235, 236	砭骨	374

窆禮	556, 557	──隔日	464
砭炳罔效	131	──之期	449
貶辱	483	廢人事	465
平居病懶	66	閉戶窮蟄	141
平吉	91	閉戶獨臥	234
評來諸篇	514	閉戶獨吟	233
評論女色	518	閉戶養閒	140
平復	409, 501	布鼓螢爝	516
萍逢之喜	177	飽喫之苦	150
平生大經營	103	布德	127
平生宿願	528	葡萄之惠	283
平生好事	53	逋頓	203
平書	32	逋拜	202
平昔慕用	517	抱病離索	183
平昔之情	315	抱病宛轉	126
平善	91	匍匐之義	317, 561
萍水之懷	53	抱孫	430
平信	32, 108, 109, 196	──情境	434
平日	157	逋悚	203
──知愛	175	脯脩	285
──工夫	361	抱痾閱旬	121
──規模	484	飽仰聲光	65
──所期	313	抱玆苦毒	327
──游好之私	351	脯哉之稍硬者	127
──精神	348	布政	86, 99
──情誼	316	抛盡三餘	135
──操存	384	布此僅僅	186
平安消息	463	逋債	516
平廸	90	泡幻	379, 387
萍蹤身世隨處	58	俵災捧糶	145
平地神仙	452	表從	112
評還	514	品物條鬯	71
廢閣	136	品好	163
弊局荒政	142	風高江冷	75
閉門累日	523	風骨才華	382
弊民邑	548	楓菊政闌	76
陛辭	445, 448, 449, 463, 466, 488	豊年	544
		風痰轉肆	126

색인   717

風痰之疾	131		避寓	276
風燈泡幻	387		披慰可狀	211
豊碑	162		披慰可言	216
風雪關嶺	208		披慰傾倒	247
風雪惱人	77, 234		披慰領謝	286
楓岳舊遊	535		披慰沒量	209, 215
楓嶽所得	511		披慰倍劇	216
風烟中	123		披慰實多	219
楓葉之酣	530		披慰十分	251
諷詠百回	510		披慰如對	229
豊饒	452		披慰如得	249
風雨	544		披慰如合席	217
風儀頎然	226		披慰爲多	218
風災	546		披慰之極	247, 248
豊儲	35		披慰千萬	248
風疾爲祟	105		被災	547
風土	259, 451, 476		避接	116, 117
——不佳	454		彼此同之	385
——爲祟	255		彼此先後	324
風化	259, 451, 454, 476		彼此支離	160
疲汨無況	143		彼此行色	57
披襟宴坐	231		被薦名卿	456
披霧	179, 250		畢竟牽復	478
皮封式	6, 33		畢納	557
披復慰瀉	227		必多勞攪	460
披復欣釋	247		必多撓惱也	99
披瀉感慰	475		筆端	160, 188, 484
披瀉之至	474		匹馬從游	530
披寫欣倒	210		筆墨	285
披抒孤懷	475		筆舌可罄	189
披承	239		筆舌盡喩	456
披審	242		必有餘地	162, 287, 450
——多少	250		筆則勝	520
被嚴敎	481		畢婚	436
被嚴旨	482		乏騎未果	336
披閱欣感	248			
披玩慰聳	249			
披玩以還	233			

【ㅎ】

何可堪居	304, 307, 314	下官	37, 111
何可堪勝	343, 346, 350	何靳一示	511
何可堪處	330	何靳一枉	535
何可得也	179, 182	何其容易	411, 424
何可忘也	50, 53, 476	何其壯也	430
何可勝喩	376	何其洊疊	359
何可勝諭	342, 408, 409	何乃遽爾	486
何可勝任	337, 341	何耐辛酸	402
何可言者	125	何能如是	272
何可易也	429	何能遠念	285
何可盡狀	320	何能有此	284
何可盡言	212	何能爾也	293
何可盡諭	332, 453	何能已已	380, 455, 456, 472, 510
何可必也	262, 477, 530	何能盡意	58
何可形諭	134	何能辦此	270
何間	104, 180, 258, 402, 425, 426, 449, 462, 494	下答書	240
		何當遂此	183
夏間讀書	507	下堂之憂	440
何干於弟	267	賀得福星	445
夏間下書	209	何等驚惜	383
下鑑	13, 199	何等貢慮	500
何減見老爺	225	何等鳴謝	281
何堪耿結	104	何等福力	454
何減良覿	208, 246	何等奉慮	255
何敢忘	331, 375	何等仰慰	250, 251
何堪悲怛	400	何等哀感	393
何敢辭乎	266	何等慰滿	256
何敢少弛	91	何等慰濯	213
何堪言私	119	何等慰荷	252
何感如之	290, 531	何等慰賀	423
何感慰如之	51	何等欣釋	245
何減一晤	64	何等欣聳	252
下鑑察	199	蝦卵	280
下車	86	下覽	59, 199, 237
──卽問	281	下來苦望	179
──之初	270	下亮	13, 199
夏經重病	128	夏凉如秋	74
		何料一札惠然	233

색인 719

下問狀	240		452, 488, 453, 501, 518
下問書	240	下往治下	552
下復	241	下辱書	240
下覆	241	何憂之有	450
──書	240	何慰如之	252
下腹酸痛	124	瑕瑜	514
賀不容口	415	何由再榮	127
下庇	113	何由盡攄	467
下史	30, 38	賀儀將擧	408
何似	91, 304, 337, 338	賀儀將行	409
下山之景	129	賀儀載擧	408
下狀	216, 219, 222, 240, 242	荷意之厚	375
何嘗頃刻弛懷	98	何以加此	258
何嘗不在眼中	93	何以堪居	316
何嘗不切	235	何以堪遣	367
何嘗不在吾左右也	93	何以堪苦	99
下狀虛辱	242	何以堪忍	356, 365, 384
下生	109, 110, 112	何以堪之	103, 370, 388, 401
下書	63, 209, 210, 211, 216, 220, 240, 468, 503	何以堪此	138
──類	6, 14, 240	何以堪處	314, 317, 318, 329, 344, 348
賀書	32, 40, 448	何以經營	548
夏序將窮	326	何以及此	269, 273, 276, 285, 290
下送	162, 181, 274, 280, 286, 288, 550	何以念及	270
		遐邇同悲	300
──幾種	268, 280	何以得達	470, 471
──人馬	181	何異路人	354
──諸種	274	何以範圍	96
何崇	358	何以扶持	358, 388
何時可忘	228	何以成樣	312, 358
何時可已	92, 320	何以成就	139
何時可畢	97	何以運致	283
何時忘	466	何以爲計	546
何時不憧憧	469	何以爲懷	362
何時相對	185	何以忍遣	359
何若	91	何以自持	321, 322
何如	91, 99, 167, 182, 219, 247, 259, 304, 307, 322, 334, 381, 388, 421, 429,	何以抵達	471
		何以措辦	433
		何以支過	321

何以支保	322, 359, 396	遐鄕凡百	554
何以支持	317, 322	下惠	270
何以至此	281	──書寂中	217
何以支護	321	──祭需	293
何異盍簪	227	──諸種	291
下人	31, 124, 215	──行資	293
何日可弛	74	何患不繼用	169
何日不相思	45	何患不副望	103
下在	13, 199	下懷驚慮	257
遐征	465	下懷區區	92
下情惶悚	159	下懷慕仰	92
下情欣怃	410	下懷采切	92
下照	59, 199	下懷伏慕	91
何足道哉	458	下懷慰慕	91
何足論耶	430	下懷悵悢	453
何足慰惜	465	下懷冲悵	528
何足爲賀	457	夏候頗涼	72
何足賀耶	413	學履	88
下存書	218, 240	學味日新	194
荷紙尾之問	227	學案	39
夏盡秋屆	74	壑欲無厭	416
下執事	20, 31, 264	虐寒	84
荷此	240, 273, 394, 529, 541	學況	88
──記存	286	寒感委苦	127
──崇示	541	閒居吟弄	515
──盛副	273	恨結幽明	353
──委問	506	翰敎	241, 475
──委報	266	旱氣惱人	73
──情餉	291	寒令	84
──情貺	283	寒樓	535
──摯念	284	閑履	88
下察	199	汗漫文字	516
下札辱臨	236	閒漫書札	175
下札留案	63	閑漫說話	235, 236
下札適至	228	罕聞	380
何處得來	399	寒門盈戒	417
下悉先美	145	寒碧樓	527
遐土人心	552	恨不速化	373

색인　721

寒不如暑	496		割俸周急	295
寒士交際	279		割衰腸	379
寒事愈劇	79		含結	400
寒事漸逼	78		鹹淡得中	165
寒事之酷	78		緘封處	41
寒事此酷	488		緘書	222
閑山島	529, 530		涵泳書籍	258
寒霜初落	534		含意耿耿	65
漢城府	35		含意未遂	176
罕修人事	66		合眷	87
旱勝於水	543		闔眷	87
寒食日	200		閤內之喪	361
聞案	38		合等都受	555
旱餘	72, 98, 543		闔履	87
――得雨	98, 543		合祔之禮	314
――淫雨	72		合席	517
――陰雨	72		――娓娓	211
旱熱	83		――而承誨	250
旱炎	83		闔室	87
――比酷	73		――團會	142
――日覺熬人	72		溘然	382
寒威愈酷	79		盍簪未易	184
寒威折綿	79		閤下	29, 414, 415, 440
閑在宜書	141		闔候	87
旱災之酷	72		恒陰少晴	71
閑寂	11, 140		恒切瞻誦	228
汗呈	169		恒切瞻仰之私	214
寒廚生色	281		亢旱	542
閑中日月	286		――又如此	97
寒疾	122, 131		――之餘	72
翰村	36		奚暇自恤	482
恨歎當如何	538		解見禮	436
恨歎之甚	414		海曲逢新	152
寒士之至	561		解官	487
寒沍	84		――類	6, 485
聞況	88		海國凉動	76
聞候	88		海國春生	70
寒暄外	139		解歸之意	160

奚囊必富	461	――之奉	56
奚但在物	269	行駕	469, 494
解娩	430	幸加諒恕	264
海味	277	幸乞分付	557
解榜高中	421	幸乞留意	158
海伯	36	行譴之命	470
海邊	547	行囊	558
――水畓	546	――蕭然	559
解紱踰嶺	487	幸姑俟之	542
奚似	91	倖科	417
解似未易	486	行過某縣	149
海山遊賞之計	526	行具踈闊	469
海山之勝	147	行期	181, 449, 492
海上緣業	453	――已迫	148
海上晤	54	行己無常	484
該色	565	幸念	315
海西人心	568	行到所	31
海西之行	149	行道之志	101
海仙亭	452	幸得少減	506
咳嗽之証	133	幸得和解	137
奚啻百朋	231	幸覽之一笑	516
奚翅千金	232	幸另施之	162, 561
奚翅天淵	118	幸留意也	161
海嶽奇游	528	行履	88
海岳春遊	529	行李	88, 465, 495
奚若	91	――吉慶	465
奚如	91	――已返	495
偕往如何	533	――珍衛	495
海邑無別味	173	幸望無托	534
海邑適少事	470	幸望詳覽	160
奚異合席	63	幸望依此	560
海溢告歉	96	行邁之役	463
解任	485, 557	幸免委頓	118
解節	486	幸免顚仆	468, 496
蟹醢	278, 297	幸免添病	496
邂逅	10, 43, 56	幸蒙恩遞	487
――一夜話	57	幸無急冗	477
――之拜	57	幸勿漫浪	508

색인

行未還	156	──戻止	180
行儴轉添	148, 150	──利旋	495
行史	31	──珍護	195
幸賜德音	177	幸何可言	479
行事太遽	445	幸下施伏望	274
行色	529	行行不已	148
──之困頓	151	幸向速便	167
──蒼黃	469	行軒	31, 494
──草草	559	行憊入城	49
──恩遽	528	幸攜令允	531
幸躡後塵	528	鄕居	259, 285, 323, 553
行所	31, 516	向經危証	123
幸須亟圖	535	向諾	164
幸須領情	173	向對梅籠	514
幸遂識荊	66	香稻之俸	147
幸視至	172	向登	546
行識通敏	379	向來所愼	105
行役	139, 148, 150, 472, 491	──病情	318
──類	6, 11, 490	──奉面	57
──費力	148	──奉書	60
幸有以恕之	264	──不安節	8, 9, 104
倖矣倖矣	416	──上書	59
幸以雞酒	552, 553	──送別	46
行人一斷	233	──辱復	63
幸一莞爾	513	──恩資	444
行者之臚	292	──腫患	257
幸暫臨	534	──湯候	106
行將出疆	467	──伻候	64
幸傳戀意	189	──下札	219
倖占解榜	424	──惠書	62
行中	31, 550	向戀方深	232
──體氣	460	向戀方積	231
行塵漸遠	494	享禮如儀	218
行次臨過	226	香名滿耳	412
行次所	31	向聞聲光	66
倖參	168, 416	香味	274
幸值晴暖	433	向蘇	325, 479
行斾	195, 461, 491	鄕所	566

向修謝帖	60	虛枉	52, 64, 242
向承書問	218	——之擧	224
香岳之游	527	虛辱	53, 242
向仰尤切	176	——謝語	267
向戀日積	45	——盛眖	295
向熱	73, 82	許借	540
向炎	82	虛擲光陰	148
嚮往尤切	232	虛還	55, 65, 107, 224
鄕寓	259	獻念	109, 256, 441
香薷茶	138	——無已	109, 548
享有遐祉	379	獻發	193, 232
向人說道	516	——已久	68
向人言者	141	軒屛	181
向人作賀語	419	獻歲發春	67, 68, 193
向日閣患	108	憲長	36
向者拜候	59	軒陛庭闈之戀	103
鄕中所餘	171	赫蹄	215
鄕紙	168	賢契	39
向進未穩	54	賢季	351, 415
向札未復	62	——某官	349
鄕村	553	玄溪一巷之遊	141
向出東門	370	眩氣時發	136
向便下送	274	懸企好音	430
向風而傾慰	249	眩掉	187
向風馳仰	93	賢郞來	225
向風馳豔	451	賢勞	441
向何處	358	玄理杳冥	389
虛館送年	103	見方狼狽	427
許久未解	120	見方委頓	119
許久耀政	97	見方遑遑	506
許久阻候	206	縣紱未解	98
許久滯遠	259	懸仰中	208
許多歲月	362	見又發作	131
虛簿狼狽	484	賢允佳否	108
虛費光陰	150	賢胤來訪	225
虛受	521	賢胤文字	423
許施之道	158	賢允比健	108
虛語	92, 129, 209	賢允素病弱	108

색인 725

賢允惠然	323		兄札	219, 241
玄黙	294		──忽至	211
縣齋	30, 427		兄托至此	261
眩証頻作	123		形脫氣㾗	129
懸乏之中	283		刑判	36
賢咸科慶	415		兄必周詳	430
賢閤	357, 358		兄翰	241
賢閤喪事	358		惠閤	30
懸懸	107, 213, 236, 381		惠簡伏受	284
──如鯁	331		惠局	35
玄和復出	404		惠饋	279
顯效	135, 137		──諸種	269
血屬	381, 389		惠寄饌炭	277
血涕無及	325		惠牘	241
峽農之災	543		惠來幾種	269
峽裏	56		惠來三種	284
──乍逢	58		惠臨	532, 535
浹歲之久	465		──時	436
愜於榮養	502		蹊茅之長	507
浹月彌苦	132, 137		惠問鄭重	270
峽邑甚薄	293, 294		惠覆	539
峽邑閒靜	100		惠鯫	279
峽中珍味	281		惠復忽至	235
頗厚不見	476		惠箑	164
協洽	201		惠狀	216, 219, 240
兄邊消息	228		惠書	53, 62, 210, 212, 215, 217, 218, 221, 222, 223, 224, 225, 226, 227, 229, 231, 235, 241
荊病	135			
形勢可想	259			
形勢之甚艱	162		──遠枉	208, 242
兄如無故	178		──遠墜	209
形役之勞	142		──日前	213
荊憂復極	137		──虛枉	242
兄意如何	452		──忽至	234
兄弟之親	350		惠送簡幅	284
刑曹	35, 441, 443		惠送幾種	269, 292
兄主類	6, 34		惠送諸種	271, 273
兄主防給	557		惠輪送之際	276
兄之無情	181		惠魚	279

惠然俯臨	534	好笑	171, 425
惠然臨貢	50	護送境內	560
惠字	62, 234, 241	戶首	564, 565
惠濟	167, 558	湖水	525
惠助數時之急	559	戶首之催督	565
惠札	63, 210, 218, 220, 222, 229, 230, 233, 240	護勝	91
──留案	63	好樣前進	151
惠擲	169	浩然難遏	492
惠草	289	浩然甚樂	482
惠幅先墜	223	好緣業	451
惠翰	219, 225, 241	戶外昏明	129
──落手	227	好雨方始	98
惠蛤串	279	好雨知時	70
惠餉幾味	279	號隕	316
惠餉封餘	292	號冤之情	324
惠餉歲儀	291	壺子	538
惠貺幾種	269	號絶之慟	314
惠貺扇簡	287	戶庭外	183
好簡	174	湖亭之勝	524
號扣而已	354	戶曹	35
浩歸孔路	260	護重	90
湖南刺史	36	呼倩	197
呼燈	188	呼燭潦草	188
號慕	322, 327, 329, 335	號痛奈何	354
──罔極	317	戶判	36
──無極	330	沍寒	84
──如新	403	湖行未返	221
──痛毒	332	好況全沒	155
──何堪	318	或冀勿藥	343
好夢	425	酷毒錯愕	385
號擗莫逮	392	或聞之否	65
護封	41	酷罰罪苦	309, 311
虎符在肘	486	酷暑	83
湖山接隣之計	526	──無前	73
湖上景物之示	526	──愈甚	73
湖上小春	286	或恕宥也	175
湖西巡使	36	酷熱	83
		或風或雨	98

酷被水災	564	忽復歲新	67
酷寒	84, 85	忽復初冬	322
或烘熱或太冷	138	忽復初夏	73
婚具中長物	273	忽復駸駸	104
渾眷	87	忽承	239, 348
昏憒益甚	136	──寵帖	216
魂氣	373	──下書	211, 216
昏期已迫	433	──惠札	230
婚期此迫	436	忽辱崇疏	328
婚禮已過	435	忽已歲晏	46
昏眸	163	忽傳翰教	475
昏耄益甚	126	忽傳兄手札	212
昏憊忒甚	187	忽中風痰	136
婚書類	6, 436	忽之至此	541
渾室	381	忽地化去	396
渾衙	86, 109	忽此歲窮	375
昏囈奈何	151	忽被	213, 234, 239
婚日不遠	435, 436	──手字	234
婚日在近	434	──手翰	236
昏涔	122, 124	──專書	234
婚葬所緊需	169	忽忽無緒	140
溷側之上	129	忽忽已過	402
混侵	566	洪喬風者	61
渾脫宛轉	214	鴻臚	35
昏昏不知	138	紅露之約	165
渾況	87	紅白兩紙	411
忽見童丁	215	紅葉可愛	534
忽過二籌	236	紅葉老興	534
忽劇昏憊	124	泓穎數子	285
笏記之詳備	531	紅疹	385
忽念平生	374	華蓋	182
忽得泄痢	129	──賁臨	50
忽蒙恩數	443	禍及長子	372
忽聞是訃	378	花暖時節	530
忽拜	230, 240	和堂	30
──口語之訊	242	畫圖	525
忽奉	239	化民	111
──手教	474	禍迫如此	356

花發多風	71	還用呵呵	453
華髮之日添	144	還用不安	270, 272
禍變	356, 359	還用悚惕	266
畫餠	428	還用悚仄	271
禍福殃慶	519	還用仰念	109
花序正闌	71	還爲持去	540
花石佳會	57	還以奉納	295
禍殃未殄	382	還以爲幸	487
禍延先考	309, 311	還自掩戶	540
花辰	82	患癎	229
華什	512	還切	160, 417
畫中仙人	524	――貢念	109
畫地之困	490	――悶念	97
畫地之戹	490	――不安	276
花風	82	還呈	296
華翰	241	還朝	482
――追至	475	――時	440
華緘	241	還止行者	141
和煦	82	還次	115
――舒長	532	還治	86
還可笑也	267	――舊庄	259, 260
還家偃息之意	148	患候非細	135
還覺省事	140	患候添歇之報	312
患感憊痛	131	患候平復	409
患感呻楚	119	歡翕可想	479
患感一望	130	豁皆盪胸	465
還穀	426, 554, 555, 557	惶感交竝	470
還官	503	惶感萬萬	480
還極悚仄	271	惶感無已	286, 505
還多歉然	509	惶感無地	443
還米幾石	557	惶恐之極	444
還上	40, 541, 557	黃堂	30
還棲	117, 152, 229	況當劇務	145
還訟不敏	174	況當名節	146
歡侍增福	463	惶慄	442, 477, 484
還深不安	278	晛味	281
還衙	86, 99, 463	荒迷不次	198, 309
患兒疾	504, 505	怳奉德字	248

荒歲民憂	147, 546		──之意	486
惶悚何言	442		回承書	221
況承	244, 257, 539		會試	168, 414, 421, 429
貺室	437, 438		會心爲上	529
況審	243		會心人共	525
況諗	243		懷仰高風	525
怳若奉淸儀	209		懷仰方切	70
況若一夢	58		懷仰殊深	45
怳如奉良歡娓娓	247		懷仰益切	74
惶隕靡措	447		懷仰政苦	233
怳爾在眼	348		懷盈襟	233
況認	244		會穩	426
怳接淸儀	211		恢刃無可憂	451
貺之以物	235		懷人政切	77
怳瞻光塵	211		晦日	200, 201
荒陬	166		──書	220
惶蹙靡措	484		回傳	32
惶仄敢達	166		回呈	40
怳惚難狀	123		回照	32
恍惚如入	513		回瞻象魏	464
黃花已滿開	525		回春之望	354
煌煌火城	532		回便稱忙	186
回見	32		恢恢	287, 448, 450
回敬	237, 459		獲聞高名	66
回顧茫然	127		獲拜	55, 239, 251
回顧悵黯	152		──牀下	228
會工	424		獲奉	239
會期迫頭	424		──高論	225
回納	32		獲生光輝	553
回棹而餘症	136		獲遂素願	67
會面之路	400		獲承	229, 239
懷不能定	345		──良晤	248
懷事作惡	526		獲審	243
回上	40		獲安老境	256
回想	343, 530		獲與寓目	517
懷緖可想	389		獲翫	512
回甦	124		獲此	240
回首	58, 465		獲忝科名	420

獲佽官養	147		涸轍	295, 501, 502
獲被盛速	536		候帖	32
獲披一書	218		後瘳之報	257
橫罹痛酷	369		後便必示	512
橫侵之地	564		後學之指南	547
曉起	188		厚餉執事	529
孝廬	31, 322		厚貺兼之	270
孝履	87, 322		後會猶期	477
孝思感時	322		候虫時鳥	515
孝思罔極	403		薰德	43
孝思撫時靡極	322		薰染中	400
孝思號慕	329		訓將	36
曉夕之間	75		萱堂	413
嘵舌	440		暄冷不常	70
孝心罔極	330		萱闈慰滿	495
孝心無憾	313		暄暢	532
孝心純篤	314		毀損	314
孝心純至	304, 307, 337		麾下	29
枵然	558		揮汗忙草	187
孝子之心	313		揮汗佔畢	509
孝至誠深	318		休粮僧	165
候柬	32		休說	440
候簡	32		攜手惠臨	532
後期又遠	227		休暢	90
候牘	32		休戚之義	485
後無他災	101, 545		恤貧之義	162
候班相望	68		恤人	109
後死心事	400		凶疚人事	328
後死之痛	395		凶音此至	313
候狀	13, 40		黑荏	167
候書	32, 39		欣倒倍常	227
候疏	32, 240		欣倒已深	225
厚擁調治	128		欣倒何言	214
喉院	35		欣滿	434
厚意仰感	274		欣忭曷諭	411
厚紙幾束	173		欣忭之忱	408
後進之領袖	349		欣忭何言	408
候札	32		欣承	239

색인 731

欣審	243		欠拜	202, 203
欣仰倍至	227		欠謝	203
欣悅之意	418		欠悚	203
欣踊感誦	458		欠式	203
欣慰	210		欠安節	87
──沒量	217		欠適	500
──倍品	250		欠節爲悶	134
──不可言	226		欠草	203
──如面	62		恰如更對顔範	210
──之甚	246, 247		恰慰隔歲阻戀之思	249
──且感	248		吸草	289
──千萬	253		興居	88
──披豁	248		興致翩翩	534
忻祝萬萬	409		喜感交至	209
欣快之餘	486		喜跫音萬萬	209
欣幸可言	409		稀覯之盛事	458
欣幸可知	55		喜懼之日	536
欣幸萬萬	495		喜極公私	445, 452, 455
欣幸亦深	106		喜極而悲	420
欣幸何已	56		喜氣溢門	416
欣豁一倍	213		喜眉先聳	208, 538
欣喜良深	442		喜眉先之	423
迄稽謝儀	63		喜不可言	252, 441
迄今感荷	50		喜承	239
迄今耿悵	462		喜審	243
迄今仰慰	219		喜與感幷	434
迄今披慰	219		喜而不寐	413, 456
迄未奔慰	357		喜而失寐	414
迄未蘇健	123		喜賀實深	442
迄未就拜	49		喜幸曷言	416
迄用慰豁	57		喜幸之餘	276
迄茲耿耿	54		喜幸之至	489
迄此闋然	48		喜幸喜幸	151
迄致闋然	331			
欠恭	63, 189			
欠寧	135			
欠頓	202, 203			
欠名	202			

지명 색인

* 한글음 가나다순으로 색인하였다

【ㄱ】

駕洛	25	江原監營	21
嘉林	22	剛州	25
嘉山	27	康津	24
家山	567	江華	547
嘉州	27	巨濟	25
加平	22, 248	居昌	25
嘉平	22, 84, 200	居陀	25
嘉禾	26	黔州	22
杆城	27	見州	22
甘州	25	結城	23
甲山	28	潔州	23
甲州	28	京圻監營	21
江界	21, 26, 209	京畿水營	21
康翎	26	慶山	25
江陵	27	慶尙監營	21
江西	27	慶尙右兵營	21
江陽	25	慶尙左兵營	21
岡營	21	慶尙左水營	21
康營	21	鏡城	28
江營	21	慶源	28
		慶州	24

慶興	28	光州	21, 23
鷄林	24	匡州	28
稽山	23	槐山	23
桂陽	22, 317	槐州	23
古谷	26	喬桐	22
古寧	25	交河	22
高靈	25	求禮	24
高林	22	駒城	22
古阜	24	龜城	27
孤山	23	龜州	27
高山	24	軍威	25
固城	25	窮岳	28
高城	27	斤平	22
高陽	22	錦溪	24
高原	28	錦山	24
古隱	26	錦城	23
固州	25	衿陽	22
高敞	24	錦營	21
高興	24	錦州	24
谷山	26	譽丘	26
谷城	24	歧山	25
昆南	25	杞城	23
昆山	25	箕城	26, 27, 149, 168
昆陽	25	歧城	25
孔城	28	基陽	25
公州	22, 236	畿營	21
孔州	28	箕營	21
果川	22	基州	25
郭山	27	吉城	28
郭州	27	吉州	28
關東	27	金溝	24
關北	28	金羅	25
冠山	23	金陵	22, 25, 26
關西	26	金馬	24
管城	174	金山	22, 25
觀城	28	金城	27
光山	23	金壤	27
匡城	28	金池	23
光陽	24	金川	26

金化	28	唐津	23
		大邱	25
		大寧	26
【ㄴ】		大良	25
萊山	25, 493	大麓	23
來蕪	22	帶方	23
萊營	21	大山	23
南兵營	21	大靜	24
南城	21	大興	23
南陽	22, 414	德寧	28
南原	23	德孟	27
南川	22	德山	23
藍浦	23	德城	25
南平	24	德陽	22
南海	25	德原	25
良州	25	德源	28
狼川	28	德恩	23
奈生	27	德州	27
奈城	27	德川	27
隴西	26	德豊	23
能城	27	道康	24
尼城	23	道山	25
		道城	27
		道安	23
【ㄷ】		桃源	27
丹溪	25	東京	24
丹山	22	東萊	21, 25
丹城	25	同福	24
丹陽	22	銅山	27
湍州	22	東城	26
峕州	28	東陽	27
端川	28	東營	21
達城	25	桐營	21
潭陽	23	洞陰	22
潭州	23	東州	27
唐山	27	同昌	27
唐城	22	杜山	24
唐岳	27	登州	28
唐恩	22		

【ㅁ】

麻耕	26
馬山	22, 23
麻田	22
萬頃	24
萬年	27
灣營	21
妹城	28
梅營	21
孟山	27
孟州	27
沔州	22
沔川	22
明原	28
明川	28
牟陽	24
木谷	23
木州	23
木川	23
撫靈	27
武靈	24
茂山	28
武城	24
茂松	24
務安	24
茂長	24
茂朱	24
武珍	23
舞鶴	27
聞慶	25
文城	27
聞韶	25
文義	23
文州	28
文川	28
文化	26
聞喜	25, 415, 416, 434
味谷	23
眉山	22

【ㅂ】

密山	27
密陽	25
密州	25
博陵	27
博州	27
博川	27
防禦使	21, 29
白城	22
白鳥	27
白州	26
白川	26
碧骨	24
碧潼	27
碧珍	24
保寧	23
寶城	24
報恩	443
甫州	25
福州	28
蓬萊	25, 511, 530
鳳山	24, 26, 149
鳳城	24, 25, 148
鳳陽	26
奉化	25
富居	28
富林	22
富城	23
富安	22
扶安	24
夫如	28
扶餘	23
夫只	23
富平	22
北兵營	21
北營	21
北靑	28

盆城	25		瑞興	26
比安	25		西興	27
庀仁	23		石山	23
比豊	23		石城	23
			析陽	24
			石陽	22
【ㅅ】			石州	26
蛇山	23		善山	25
史城	22		宣城	22, 25
沙熱	22		善州	25
泗州	26		宣州	26
泗川	26		亼槎	27
朔寧	22		宣川	26
朔庭	28		雪山	24
朔州	26		雪城	22, 23, 24, 27
山陽	24, 25		星山	24
三嘉	25		成州	26
三江	28		星州	24
三歧	25		成川	26
三登	27		邵城	22
三山	23, 28		蘇營	21
三水	28		松都	21
三陟	27		松壤	26, 27
三和	27		松禾	26
上黨	22		水城	27
上洛	425		隋城	21, 37
上芼	23		遂安	26
常山	23		首陽	26
祥原	27		水原	21, 37
尙州	24, 28		愁州	28
牲川	28		樹州	22
西京	26, 509		遂州	26
瑞寧	23		壽春	27
西林	22		肅川	26
瑞山	23		蓴城	22
西原	22		順安	27
西州	22		順州	27
舒川	22		淳昌	24
西河	26, 27		順天	23, 308

順川	27	安邊	28
淳化	24	安朔	28
順和	27	安山	22, 37
順興	25	安城	22, 37
崇善	25	安水	27
習漢	28	安岳	26
升州	26	安陽	27
昇州	23	安營	21
昇天	22, 23	安州	26
始寧	26	安峽	28
時利	28	安興	27
始安	23	野城	25
市津	23	藥山	26
始興	22	楊口	28
息城	26	楊溝	28
息遠	27	楊根	22
新溪	26	陽德	27
新寧	25	懹德	23
新城	26	楊麓	28
信安	26	襄山	27
新恩	26	陽山	22
信州	26	陽城	22
新昌	23	陽岳	24
信川	26	陽岩	27
新村	23	陽襄	27
悉直	27	楊州	272
沁營	21	陽智	22
雙城	28, 58	陽川	22
		陽平	22
		彦陽	25
【ㅇ】		汝湄	24
牙山	23	餘美	23
牙善	27	汝濱	24
牙城	27	餘沙	26
牙州	23	餘善	25
鵝州	22	餘州	23
安南	24	歷陽	28
安東	24, 25	淵康	26
安陵	26	燕山	23, 172, 173

延安	26	猊來	24
延陽	26	禮山	44
蓮營	21	五關	26
漣川	180	鰲戴	28
延日	26	烏山	23, 24, 27
延昌	22	鰲山	24, 25, 28
延豊	23	烏川	26
憐豊	25	玉溪	24
緣驍	28	玉果	24
悅城	23	沃溝	295
鹽州	26	玉山	24, 25
永嘉	24	沃州	23
永康	26	玉州	24
靈光	26	沃川	23, 24
嶺南	450	玉川	24
寧邊	26, 495	溫山	23
寧山	23, 28	穩城	28
永寧	27	溫陽	23
盈德	25	溫昌	23
永同	23	溫泉	23
永山	23	瓮城	24
迎山	26	瓮津	26
永陽	25	瓮遷	26
英陽	26	完山	23
永柔	27	完營	21
寧越	27, 527	遼山	26
營將	21	遼遠	27
永定	25	浴州	24
榮州	25	湧州	28
瀛州	24	牛山	25, 27, 94, 532, 533
永昌	22	雲鳳	25
榮川	25	雲山	27, 397, 527
永川	25	雲水	24, 528
永淸	27	雲州	27, 463
永春	23	雲中	27
永平	22, 24	蔚山	25
永豊	26	蔚營	21
永興	28	蔚州	25
寧海	25	蔚珍	27

熊山	26	仁州	22
熊州	22	仁川	22
熊津	22	一牟	23
熊川	26	任城	23
園山	25	任實	24
原營	21	任存	23
原井	22		
原州	27		
越浪	24	【ㅈ】	
月城	26	慈山	27
威城	27	慈仁	26
慰城	23	慈州	26
渭原	27	子春	23, 440, 510
殷栗	26	獐口	22
殷山	27	長髻	26
殷州	27	長湍	22
恩津	23	長潭	26
銀川	26	長連	26
陰潼	27	長命	26
陰城	23	長沙	24, 476, 479, 522
陰岑	23	獐山	25
陰竹	22	長城	24, 278, 464
宜山	25	長水	24
宜城	28	長延	23
義城	25	長淵	26, 149
義原	23	長靜	26
宜州	28	長州	24
義州	21, 26, 467	長津	28
宜春	25	長興	23, 35
伊城	24	載雲	22
利原	28	猪足	28
夷州	28	赤羅	25
理州	27	積城	22
伊珍	27	赤城	22
伊川	27	赤川	24
益山	24	全歧	23
益州	24	全羅監營	21
仁同	25	全羅兵營	21
麟蹄	28	全羅右水營	21

全羅左水營	21
氈城	28
全義	23, 149
全州	23
定山	23
旌善	27
定安	23
定襄	27
定原	26
井邑	24
旌義	24
定州	26
靜州	24
井村	24
定平	28
貞海	23
齊安	26
濟州	23
濟昌	25
堤川	23
朝陽	27
鳥川	26
鍾山	28
鍾城	28
朱溪	24
朱陳	27
竹山	22
竹樹	23
竹州	22
中軍	21
重城	22
中原	22
中和	27
甑山	27
知禮	25
砥堤	22
砥平	22
砥峴	22
稷山	23

鎭國	26
珍島	24
眞寶	25
晉山	24
珍山	24
珍城	25
眞安	25
鎭安	24
晉陽	24
振威	22
鎭岑	23
晉州	24
珍州	24
鎭川	23
眞海	25
鎭海	25
眞峴	23

【ㅊ】

車城	26
昌寧	26
昌山	26
昌城	26
昌原	24
昌州	26
昌平	24, 464
陟州	27
天安	23, 282
鐵山	27
鐵城	25, 27
鐵原	27
鐵州	27
淸溪	25
淸道	25
靑武	23
靑山	23
靑松	25
淸安	23

靑陽	23, 82	通津	22
靑營	21	通川	27, 402
淸源	26		
淸州	22		
靑州	25, 28	【ㅍ】	
淸風	287	巴陵	22
淸河	25	坡州	22, 389
淸漢	27	坡平	22
淸和	22, 82, 101, 433	八莒	25
草溪	25	八溪	25
楚山	24, 27, 404	八鎭	25
蠢營	21	浿營	21
秋溪	22	貝州	24
秋城	23	平康	28
春川	27	平江	28
忠州	22	平京	27
忠淸監營	21	平郊	27
忠淸水營	21	平山	26
鷲山	24	平安監營	21
鷲城	26	平安兵營	21
雉城	28	平壤	26, 289
漆谷	25	平原	26
七城	24	平州	26
漆原	25	平昌	27
漆堤	25	平澤	23
		平海	27
		苞山	25
【ㅌ】		抱州	22, 26
耽羅	23	抱川	22
耽津	24	豊基	25
太山	24	豊德	22
泰安	22	豊岩	27
太原	22	豊州	26
泰仁	24	豊川	26
泰州	27	陂山	24
泰川	27		
土山	27		
統營	21		
統制營	21	【ㅎ】	
通州	26, 27	河南	25

夏城	26	湖西	10, 22, 36
河陽	25, 550	洪爐	24
河州	25	鴻山	23
鶴林	27	洪陽	22
鶴城	25	洪原	28
翰山	23	洪州	22
韓山	22, 296	洪川	28
咸鏡監營	21	洪獻	28
咸寧	25	花林	25
咸羅	24	花山	24, 25, 27, 28
咸山	28	花城	25
含城	25	華城	21
咸安	25	和順	24
咸陽	25	花田	25, 28
咸悅	24	歡州	23
咸營	21	黃澗	23
咸從	27	黃溪	23
咸州	25	黃山	23
咸昌	25	黃州	26
咸平	24	潢川	28
咸豊	24	黃海監營	21
咸興	28	黃海兵營	21
陜川	25	黃海水營	21
合浦	24	回江	25
恒陽	22	會山	28
海南	24	檜山	24
海美	23	淮陽	27
海西	10, 26, 102, 149, 568	懷仁	23
海洋	28	橫城	28
海陽	25	鵂岩	26
海營	21	歙谷	27
海州	26, 150	興德	24
海珍	24	興城	24
海豊	22	興陽	24
獻陽	25	興州	25, 28
玄豊	25	興海	25
玄風	25	熙州	27
楛城	22	熙川	27
湖南	10, 23, 36, 98	洪肯	28
壺山	23		

743

역주 한훤차록寒暄箚錄
조선시대 간찰 서식집

2025년 07월 01일 초판 1쇄 발행

편저자	남윤묵
역자	박상수
교정·윤문	전병수
발행인	전병수
편집·디자인	배민정
발행	도서출판 수류화개
	등 록. 제569-251002015000018호 (2015.3.4.)
	주 소. 세종시 한누리대로 312 노블비지니스타운 704호
	전 화. 044-905-2248
	팩 스. 02-6280-0258
	메 일. waterflowerpress@naver.com
	홈페이지. http://blog.naver.com/waterflowerpress

ⓒ 도서출판 수류화개, 2025

값 48,000원
ISBN 979-11-92153-23-0 (93810)

이 책은 저작권법에 따라 보호받는 저작물이므로 무단전제와 무단복제를 금지하며, 이 책 내용의 전부 또는 일부를 이용하려면 반드시 저작권자와 도서출판 수류화개의 서면동의를 받아야 합니다.

잘못된 책은 바꾸어 드립니다.